孫瑜憲原著
金甲千編著

# 陽宅秘訣

明文堂

## 머 리 말

 살아 있는 사람들의 세계를 陽界라 하고 죽은 자가 가는 곳을 陰界라고 한다. 따라서 산 사람이 거주하는 곳을 陽宅이라 하고, 죽은 이가 묻혀 있는 곳을 陰宅 또는 유택(幽宅)이라고 한다.
 그런데 우리 인간뿐 아니라 모든 동물들 즉 날짐승과, 길짐승 심지어 벌 개미 따위의 곤충에 이르기까지도 아무데나 집을 짓지 않고, 각각 나름대로 살기에 편리하고 적으로부터 공격을 받지 않는 곳을 가려서 집을 짓는다. 한두 가지 예를 든다면 제비는 반드시 사람이 살고 있는 집 방문 앞 추녀 밑에 집을 짓는데, 이는 사람의 보호를 받기 위해서이다. 만약에 사람이 살지 않는 빈 집이나 사람의 눈에 잘 뜨이지 않는 곳에 집을 짓는다면, 뱀 따위의 침입을 받을 위험성이 있기 때문이다.
 또 까치는 높은 나뭇가지 위에다 집을 짓고, 출입문은 東南으로 향하지를 않는 것은 비를 피하기 위해서라고 한다.
 동물들도 이러하거늘 하물며 우리 인간들이야 동물에 비할 바가 아니다. 예로부터 좋은 터에다 삶에 편리한 구조로 건물의 좌향에 출입문의 선정이며, 큰방과 부엌의 위치는 피흉취길이 되도록 세심한 배려를 해서 집을 짓고 살아왔다. 그뿐 아니라 죽은 이 섬기기를 산 사람 섬기듯 하는 마지막 孝心으로 조부가 돌아가신 후에도 幽宅의 선택에 있어 陽宅 이상으로 중요시해 온 것이 사실이므로 이를 숭조사상(崇祖思想)이라 하며, 墓를 잘 쓰면 발복되고, 잘못 쓰면 禍敗를 당한다는 인습에서도 吉地에 安葬하려고 한다. 이러한 인습이 현재에도 風水地理에 대한 관심도가 높아 山理에 밝은 地

師를 초빙하여 좋은 자리를 찾으려고들 한다.
　祖父의 遺體를 좋은 땅에 安葬함으로써 과연 발복하느냐에 대한 문제는 음택에 관한 문제이므로 따로 음택론에서 언급하려니와 본 책자에서는 오로지 陽宅에 관해 다루는 것이므로, 陽宅의 중요성에 관해서만 책머리에 몇마디 해두고 싶다.
　陰宅은 묘지(墓地) 한 자리의 유택(幽宅)이지만, 산 사람이 사는 집은 온 가족이 함께 거처하는 곳이므로, 吉한 집이면 온 가족이 다 편안하고, 집이 不吉하면 온 가족이 불안하고 災殃이 바로 直結되기 때문에, 陰宅보다 陽宅이 더 중요하다고 생각된다. 대개가 각자의 능력에 맞게 땅의 넓이와 모양에 따라 建築士의 지혜와 建築主의 구상으로 풍부한 資料에 의하여 훌륭한 집을 지어 삶을 추구하지만, 사람의 화복(禍福)은 집이 크고 적은 것과는 아무 상관이 없다.
　고대광실(高大廣室)의 훌륭한 집에 살아도 재난(災難)은 면할 수 없고 草家三間에 살아도 子孫昌盛에 健康長壽를 한다. 물론 각자가 타고난 복분이 禍福의 관건이 되겠지만, 태어나 자라온 주거지의 환경에 따라 차이는 다르기 마련이다. 때문에 타고난 복분도 중요하지만 어떠한 집에서 먹고 자면서 살아가느냐에 따라 禍福이 作用된다는 점을 배제할 수 없다.
　이는 筆者의 일반적인 견해가 아니라 옛 현철(賢哲 : 지혜가 높고 사리가 밝은 분)이 남긴 書冊을 통하여 느끼는 바이며, 그분들의 經驗으로 증거가 되었노라는 그 말을 含蓄性있게 받아들여 慶州 校洞의 崔富者宅의 건물 配置圖에서 입증하였고, 慶州市 江洞面 良洞마을 朝鮮朝 때의 性理學者며 文臣이었던 회재 李彦迪 선생의 宗家집과 그 주변의 건물 配置圖에서 이 民宅三要에 一致하였고, 그리고 慶南 密陽郡 校洞마을 古代名家인 孫氏의 古家들도 하나같이 이 民宅三要에 어긋남이 없었다.

이렇게 賢哲의 말씀이 확실하게 입증되었기에, 이 陽宅三要를 모두에게 알리고 싶은 마음이 간절하여 이 책자를 의역(義譯)하려고 외람되게 펜을 들었다. 그런데 原著者는 순수한 한옥(韓屋)에 관해서 譯하였는데, 필자는 현재 거주하고 있는 빌라 APT 단독주택의 현관문을 위주하여 거주자의 命을 중요시하여 完譯하였음을 밝혀두고자 한다.

　이 陽宅三要는 中國 唐나라 때의 楊均松 著인데 西紀 1891년 경에 慶南 密陽郡 山外面 茶竹里에 계시던 竹訥 선생께서 上京하여 우연히 어느 易官의 집에서 習得하여 37년이란 旅程 속에 숙독(熟讀)하고 터득하여 신술묘결(神術妙訣)이라고 極讚하여 모든 사람에게 혜택을 줄 수 있는 보감(寶鑑)이라고 自負하면서 朝鮮民宅三要라 하였다.

　이 民宅三要는 평민의 집에서 출입문에서 주인방과 부엌의 配合關係를 吉凶에 따라 화복(禍福)이 곧바로 應하는 것을 설명하였다. 그러므로 본문 그대로 직역(直譯) 또는 의역(義譯)해서 가능한 한 原文의 뜻을 살리는 데 重點을 두었다.

　응용편(應用篇)에서는 八卦門에서 八卦方의 主와 주방의 해설이 미흡하여 원문 末尾에 있는 周易八卦인 六十四卦를 그대로 適用하여 吉凶을 推理하는데, 확인을 거듭하면서 정리하는 데 최선을 다했다. 筆者는 墓地의 吉凶에 대하여 賢哲이 남기신 書冊을 숙독(熟讀)하고 탐사(探査)하여 後孫에게 미치는 영향이 티끌만큼도 거짓이 없다는 賢哲의 말씀을 입증하여, 筆者와 함께 공부하는 諸賢들로 하여금 발길 닿는 곳마다, 看法한 墓의 吉凶에 대하여 驚異로운 결과를 말할 수 있도록 하는 데 寄與했다고 自負하는 바이나, 陽宅에 대해서는 六壬과 門路方과 家相學에 依存하여 오던 중, 地理에 밝은 道人이 계신다는 大田을 찾아갔다.

　그분께서는 祈禱로써 어느 세상을 볼 수가 있다는 분인데, 중요한 것은 그분이 所藏하고 있는 많은 古書였다. 큰절을 하고 몇 권의 古書를 얻게 된 것 중에서 緊要한 朝鮮民宅三要가 있었다. 얼마나 고마웠는지 모른다. 온 世上을 얻은 것 같은 心情이었다. 그리하여 쉬운 것부터 발췌(拔萃)하여 陰宅에 적용하여 본 결과, 驚異로운 學問임을 확신하여 이 책을 완역하는 데 心神을 기울인 지어언 5年이란 歲月이 흘렀다.

山書와 易書의 大家이신 韓重洙 선생님의 指導로 이 책을 完譯하게 되었으므로 고개숙여 感謝를 드린다. 그리고 미완성된 敎材로 강의중에 校訂에 애써주신 諸賢들께 더 더욱 감사를 드린다.

楊均松 聖賢의 陽宅三要를 孫瑜憲 선생은 朝鮮民宅三要라 했으나, 필자는 內容이 驚異로워 陽宅秘法이라 하겠다. 이 秘法은 먹고 잠자는 곳도 중요하지만, 事業場에도 建物의 坐와 출입문의 위치와 社長室의 출입문과 책상의 坐가 重要하다는 것을 分明히 밝혀두고자 한다. 商街나 식당에는 門과 주방과 計算臺가 配合을 이루어야 한다.

이 학문의 神術妙訣을 排他하고 嘲笑하는 것은 學問의 眞理를 잘못 인식하고 있기 때문이다. 그래서 筆者는 聖賢의 學問을 탐독하고 확인하여 정리하는 과정을 지켜보면서, 忠告와 격려(激勵)해 주신 태창목재 吳補亨 사장님과 이 陽宅秘訣이 세상을 보게 出刊에 協助해 주신 〈주〉강남건설 徐雲洙 사장님께 眞心으로 感謝를 드린다.

혼신(渾身)을 다했으나 원래가 淺學菲才라서 흡족한 글이 되지를 못함을 自認하면서 여러분의 容恕를 비는 바이다.

       2001年 10月
         湖亭 金 甲 千 識

## 추천의 말

　사람으로 태어나 한평생 살아가는 것은 마치 未知의 길을 걸어가는 나그네와 같다. 도착할 목적지가 정해진 이상 그곳을 향해 걷는 것이지만, 여러 갈래의 길 중에서도 험난한 길도 있고, 평탄한 길도 있게 마련이다. 슬기로운 사람은 길을 잘 아는 사람에게 물어서 평탄한 길로 들어서 순조롭게 목적지에 이를 수 있지만, 自慢과 我執으로 인해 잘 아는 이에게 묻지 않고, 무턱대고 길을 걷는다면 건너기 힘든 물에 막힐 수도 있고, 넘기 어려운 泰山峻嶺을 만나 온갖 苦難을 겪으며 가야 할 것이다.
　그러기에 우리는 살아가는 人生行路가 비록 險難할지라도 슬기를 자아내면, 피흉취길(避凶就吉 : 흉한 것은 피하고 길한 데로 나아감)함으로써 한 생애(生涯)를 비교적 평탄하게 걸을 수 있다. 聖賢의 말씀에 천재(天災 : 하늘이 내리는 災殃)는 피하기 어려워도 인재(人災 : 사람이 만든 災殃)는 막을 수 있다고 하였다.
　하늘이 정해준 복분이야 아무리 지혜를 지녔다 해도 어찌하겠는가. 그러나 人生萬事가 모두 정해진 복분으로만 화복(禍福)이 결정되는 게 아니다. 때문에 예로부터 風水學에도 관심을 두어 陰陽宅을 막론하고, 凶地를 피하고 吉地를 가려 幽宅을 정하고, 아울러 陽宅을 정하여 이 方面에서도 避凶就吉하기에 노력하였다.
　지금의 이 시대를 첨단문명(尖端文明)이라 한다. 그럼에도 불구하고 8·15光復 이후 陰陽說에 대한 관심도가 그 전에 비해 높아졌으므로 四柱推命學과 風水學에 관한 책자가 숱하게 출간되어 오늘날 그 전성시대라 해도 지나친 표현은 아닐 것이다. 그런데 단 陽宅에 관한 글을 써내는 이가 없어서인지 몰라도 출간된 책자가 한두 권 있을 뿐 별로 눈에 띄지 않았다. 이러한 즈음에 金甲千 선생이 陽宅秘法을 執筆해서 세상에 내놓았음은 매우 반가운 일이다.

　本人은 본 책자를 출간하기 이전에 그 本稿를 일일이 읽어보았는데 좋은 글과 훌륭한 義譯에 感歎하는 바다. 金甲千 선생은 風水地理 陰宅에도 해박(該博)한 知識을 지닌 분으로 현재 風水地理學 講師로서 많은 제자들을 배출하고 있다. 여러 면으로 이분의 知識과 才能, 그리고 사학(斯學) 發展에 熱意를 쏟고 있는 것을 볼 때 讚辭를 아끼지 않는다.

　본인 역시 陰陽學 分野의 글을 많이 써 왔던 著者로서 眞心으로 여러분에게 一讀을 권하는 바다. 어찌 오류(誤謬)가 있는 글을 감히 推薦하겠는가, 이 分野의 學問을 硏究하는 분이거나 직접 活用코자 하는 분에게 많은 도움이 되리라 믿으면서 推薦의 말을 끝맺는다.

　　　　　　　　　　　　　　　2001年　10月
　　　　　　　　　　　　　　　　白愚堂　韓　重　洙

## 易斷繪圖朝鮮民宅三要 序篇(原著者 序)

**우리나라에서 예로부터 응용(應用)해 오던 民宅三要란?**

 원래 陽宅에 관한 글은 거의가 中國에서 들어온 것으로서, 동정(動靜) 변화인 四宅法은 높고 큰 住宅에 대한 길흉(吉凶)의 理論이며 이보다 더 큰 관청건물(官廳建物)과 사찰(寺刹) 그리고 商街建物에 이르기까지 陽宅法에 맞는 理論이 明白하게 記錄되어 있다. 그러나 一般 百姓들이 居住하는 家屋에 한해서는 소홀히 다룬 때문에 一般家屋을 짓는 法式이 中國과 우리나라와는 判異하다고 보겠다.
 이러한 까닭에 陽宅에 관한 書를 보는 올바른 理論이 없으므로 중간 크기의 건물에 準해서 八卦(乾巽艮坤 坎離震兌)坐의 家屋에 坐向에 該當하는 卦를 정할 뿐 그 머리방[頭房]에 該當하는 卦는 모르고 있었다. 예를 들어 壬子癸坐는 巽方에 出入門이 生氣方이라 해서 吉한 것으로만 알고 있지만, 頭房은 艮方에 該當하는지라 巽方 出入門을 基準하면 艮方에 頭房은 絶命이 되는 것은 알지를 못한다. 그래서 壬子癸坐에 巽方에 출입문을 내고, 멸문(滅門)의 재앙(災殃)을 초래(招來)하고 있으니 탄식(歎息)할 일이다. 어질고 지혜(知慧)로운 선비라면 이러한 우(愚)를 범(犯)하고 災殃을 당하는 것을 어찌 차마 보고만 있겠는가?
 또 한가지 첨부한다면 조[廚房]인데, 廚(부뚜막)가 出入門을 보고 있으니, 어찌 그릇됨이 없겠는가? 하물며 나경(羅經)을 놓는 位置를 알지 못해서 大門 위에다 羅經을 놓는 수도 있고, 또는 안방의 한복판에다 놓는 수도 있으며, 혹은 처마끝에 물이 떨어지는 地點에 다 놓는 예도 있다. 이와 같이 羅經을 놓는 位置가 틀리고 보면, 八卦가 거꾸로 되고, 五行의 生剋관계도 혼동을 일으켜 吉方을 凶方으로, 凶方을 吉方이라고 하는 사례가 非一非再하므로 庶民에게 害를 끼치는 술사(術士)들이 그 수를 모를 만큼 많은 것으로 안다.

筆者가 우연히 辛卯年(1891) 가을에 서울에 갔다가 어느 역관(易官)의 집에서 본 陽宅에 관한 책자를 얻게 되었다.

몇번이고 숙독(熟讀)하고, 硏究하면서 百姓들이 살아가고 있는 家屋을 일일이 탐사(探査)하고 확인(確認)하는 데 38年이란 긴 歲月을 거쳐서 터득하게 되었다.

이러한 努力의 보람으로, 陽宅에 대한 要領과 法式을 깨우치게 되어, 이에 여러 책자 가운데 긴요(緊要)한 秘方만을 취하여 變化와 동정(動靜)의 二宅으로 分類해서 一般人들의 陽宅法에 대해 應用토록 하였고, 겸하여 廚(부뚜막)의 位置로 廚口의 向이 吉凶이 東四宅(坎離震巽) 西四宅(乾坤艮兌)이며 八卦命과 八卦宮에 관한 길흉까지를 정확히 알 수 있도록 술(術)하였다.

그러므로 이 法이 참된 陽宅法의 신술묘결(神術妙訣)로써 모든 사람들에게 혜택(惠澤)을 주는 보감(寶鑑)이라 自負할 수 있으니 讀者는 이 法을 터득해서 실제로 居住하는 곳(家屋)을 看法하여 보면 이 글이 거짓이 아님을 알게 될 것이다.

본 책자 안에 수록된 圖表는 일반적으로 우리나라 일반 家屋의 모양을 형상(形象)하여 門卦와 머리방[頭房]과 가옥의 坐向을 알기 쉽도록 形象하였다. 이와 같이 陽宅書를 術한 뒤 이름은 朝鮮民宅三要라 하였으니 이해하기 바란다.

戊辰年(1928) 十月 六日(辛酉)
慶南 密陽郡 山外面 茶竹里  竹訥 孫瑜憲 序

# 차 례

머리말 ...................................................................................... 3
추천의 말 .................................................................................. 7
易斷繪圖朝鮮民宅三要 序篇(原著者 序) ......................... 9
陽宅의 三要 ........................................................................... 23

## 제1장  기초 상식

1. 십간(十干)과 십이지(十二支) ..................................... 28
   (1) 간지(干支)의 명칭과 순서 ..................................... 28
2. 오행(五行)의 생극(生剋) ............................................. 29
   (1) 정오행(正五行) ......................................................... 29
   (2) 오행(五行)이 생극(生剋) ....................................... 30
   (3) 쌍산오행(雙山五行) ................................................ 31
   (4) 납음오행(納音五行) ................................................ 31

3. 역법(曆法) ········································································ 34
4. 六十甲子에서 생갑(生甲)을 찾는 法 ·········································· 35
5. 二十四방위 배열도 ······························································· 36
6. 정양 정음 정국(淨陽 淨陰 定局) ·············································· 37
7. 干支의 합(合)과 충(沖) ·························································· 37
8. 천을귀인 정국(天乙貴人 定局) ················································ 38
9. 생기복덕(生氣福德) 조견표 ···················································· 38
10. 황도(黃道) 연월일시 조견표 ·················································· 40
11. 나경(羅經) 사용법 ································································ 41
12. 팔괘 소속 일람표(八卦 所屬 一覽表) ······································ 46
13. 추운법(推運法) ····································································· 48
　　(1) 선천수 추운법(先天數 推運法) ········································ 48
　　(2) 오행 추운법(五行 推運法) ·············································· 48
14. 동서사택론(東西四宅論) ························································ 49
　　(1) 동사택(東四宅) ······························································ 49
　　(2) 서사택(西四宅) ······························································ 49
　　(3) 구성(九星)의 명칭(名稱) ················································ 51
　　(4) 구성의 오행 소속(五行所屬) ·········································· 51
　　(5) 구성 정국(九星 定局) 작괘법(作卦法) ···························· 51
　　(6) 구성(九星) 조견표 ························································· 53
　　(7) 구성 길흉 흥패론(九星 吉凶 興敗論) ······························ 54

(8) 궁성 상극론(宮星相剋論) ..................................................... 55
15. 구성(九星)과 팔택(八宅) 관계 ........................................... 55
   (1) 구성(九星)의 생왕방(生旺方)과 吉凶論 ................................. 56
   (2) 구성(九星) 위치론(位置論) ..................................... 57
   (3) 구성(九星)의 응기(應期) ........................................... 58
   (4) 오행(五行)과 질병관계 ............................................... 59
   (5) 구성 총론(九星 總論) .................................................. 60
   (6) 화상가(化象歌) ....................................................... 63
16. 피흉취길법(避凶就吉法) ................................................ 63
   (1) 흉살제복(凶殺制伏) .................................................. 63
   (2) 길주방(吉廚房) 분변법(分辨法) ................................. 64
   (3) 흉방의 주방을 해소시키는 법 ..................................... 65
17. 주방의 좌(坐)에 대하여 ................................................ 66
   (1) 본명정국(本命定局) .................................................. 66
   (2) 주방의 좌(坐)에 화문(火門 : 아궁이) ........................... 69
   (3) 작주방 기절연 화일(作廚房 忌絶烟 火日) ................. 70
   (4) 분거절연화살일(分居絶烟火殺日) ............................... 71
   (5) 최자법(最子法) ....................................................... 71
   (6) 최재법(最財法) ....................................................... 72
18. 기　타 ............................................................................ 72
   (1) 묘택론(墓宅論) ....................................................... 72

(2) 가옥의 좌(坐)가 당년(當年)에 미치는 영향 ................. 74
   (3) 가옥의 坐에서 당년에 미치는 영향 .......................... 75
   (4) 분방론(分房論) ................................................... 76
19. 고대방론(高大房論) ................................................. 77
20. 길흉좌법(吉凶坐法) ................................................. 82
   (1) 成造運坐는 生甲에서 年干을 보고, 年干에서
       干坐를 본다 ..................................................... 83
   (2) 신살 길흉 해설(神殺 吉凶 解說) ............................. 84
21. 개문연운길흉(改門年運吉凶) ...................................... 85
   (1) 신살 기본도(神殺 基本圖) ..................................... 85
   (2) 개문연운길흉(改門年運吉凶) .................................. 87
22. 금경도(金鏡圖) ....................................................... 89
   (1) 신살(神殺)의 길흉(吉凶) ....................................... 89
   (2) 금경도(金鏡圖)*정양정국(靜陽定局) ......................... 90
   (3) 금경도(金鏡圖)*정음정국(靜陰定局) ......................... 91
23. 명전오위택신론(命前五位宅神論) ................................. 91
24. 팔좌대통법(八坐大通法) ............................................ 92
   (1) 좌(坐)의 길흉 해설 ............................................. 93
   (2) 차사성소조처 조장이사 무불발복
       (此四星所照處 造葬移徙 無不發福) ......................... 94
25. 성조(成造) 길흉운 ................................................... 95

26. 육임좌법(六壬坐法 : 墓, 家坐에서 太歲 確認) ............... 97
　(1) 육임등명(六壬登明) 방위 해설 ..................... 98
　(2) 성조길흉년길좌(成造吉凶年吉坐) 응용 ............... 99
　(3) 필자의 제언 ..................................... 100
　(4) 家相의 극비전(極秘傳)에서는 ....................... 102
　　○ 대지 선택 ...................................... 103
　　○ 배치와 설계도 .................................. 103
　　○ 가옥 구조 ...................................... 104
　　○ 우물 길흉방 .................................... 104

## 제2장　三要 應用

1. 동택(東宅)과 정택(靜宅) ............................... 107
　1) 구성정국(九星定局)과 오행소속(五行所屬) ............ 107
　2) 동서사택(東西四宅) ................................ 108
　　① 東四宅 ......................................... 109
　　② 西四宅 ......................................... 109
　(1) 건명(乾命) ....................................... 109
　　① 乾門에 乾命과 乾主圖 ........................... 111
　　② 乾門에 乾命과 坎主圖 ........................... 115
　　③ 乾門에 乾命과 艮主圖 ........................... 122

④ 乾門에 乾命과 震主圖 ………………………………… 129
　　⑤ 乾門에 乾命과 巽主圖 ………………………………… 136
　　⑥ 乾門에 乾命과 離主圖 ………………………………… 143
　　⑦ 乾門에 乾命과 坤主圖 ………………………………… 149
　　⑧ 乾門에 乾命과 兌主圖 ………………………………… 156
(2) 乾門과 乾命으로 主人房과 주방을 看法 …………… 162
　　① 혼인(婚姻) ……………………………………………… 165
　　② 질병(疾病) ……………………………………………… 166
　　③ 재화(災禍) ……………………………………………… 167
(3) 곤문(坤門)과 곤명(坤命) ………………………………… 168
(4) 곤문(坤門)과 八主와 八廚房 …………………………… 171
　　① 坤門과 坤主와 乾 廚房圖 …………………………… 171
　　② 坤門과 兌主圖 ………………………………………… 177
　　③ 坤門과 乾主圖 ………………………………………… 183
　　④ 坤門과 坎主圖 ………………………………………… 191
　　⑤ 坤門과 艮主圖 ………………………………………… 198
　　⑥ 坤門과 震主圖 ………………………………………… 204
　　⑦ 坤門과 巽主圖 ………………………………………… 210
　　⑧ 坤門과 離主圖 ………………………………………… 216
(5) 坤命이 八卦方으로 출입문과 주방일 때 …………… 222
　　① 혼인(婚姻) ……………………………………………… 222

② 질병(疾病) ………………………………………… 223
③ 재화(災禍) ………………………………………… 223
(6) 艮門과 艮命·八主·八廚와의 관계 ……………… 224
　① 艮門과 艮主圖 …………………………………… 226
　② 艮門과 震主圖 …………………………………… 231
　③ 艮門과 巽主圖 …………………………………… 237
　④ 艮門과 離主圖 …………………………………… 243
　⑤ 艮門과 坤主圖 …………………………………… 249
　⑥ 艮門과 兌主圖 …………………………………… 255
　⑦ 艮門과 乾主圖 …………………………………… 260
　⑧ 艮門과 坎主圖 …………………………………… 266
(7) 艮命이 八卦方으로 출입문과 주방일 때 ………… 272
　① 혼인(婚姻) ………………………………………… 272
　② 질병(疾病) ………………………………………… 272
　③ 재화(災禍) ………………………………………… 274
(8) 兌門과 兌命·八主·八廚와의 관계 ……………… 275
　① 兌門과 兌主圖 …………………………………… 276
　② 兌門과 乾主圖 …………………………………… 281
　③ 兌門과 坎主圖 …………………………………… 286
　④ 兌門과 艮主圖 …………………………………… 291
　⑤ 兌門과 震主圖 …………………………………… 297

⑥ 兌門과 巽主圖 …………………………………… 303
　　　⑦ 兌門과 離主圖 …………………………………… 304
　　　⑧ 兌門과 坤主圖 …………………………………… 314
　　(9) 兌命이 八卦方으로 출입문과 주방일 때 ………… 320
　　　① 혼인(婚姻) ………………………………………… 320
　　　② 질병(疾病) ………………………………………… 321
　　　③ 재화(災禍) ………………………………………… 321
　　　○西四宅延年得位歌 ………………………………… 323
2. 동사택론(東四宅論) ……………………………………… 324
　(1) 坎門과 坎命 ………………………………………… 325
　　　① 坎門과 坎主圖 …………………………………… 326
　　　② 坎門과 艮主圖 …………………………………… 331
　　　③ 坎門과 震主圖 …………………………………… 337
　　　④ 坎門과 巽主圖 …………………………………… 342
　　　⑤ 坎門과 離主圖 …………………………………… 348
　　　⑥ 坎門과 坤主圖 …………………………………… 354
　　　⑦ 坎門과 兌主圖 …………………………………… 359
　　　⑧ 坎門과 乾主圖 …………………………………… 365
　　(2) 坎命이 八卦方으로 출입문과 주방일 때 ………… 371
　　　① 혼인(婚姻) ………………………………………… 371
　　　② 질병(疾病) ………………………………………… 372

③ 재화(災禍) ………………………………………………… 373
(3) 離門과 離命 ……………………………………………… 374
　① 離門과 離主圖 …………………………………………… 375
　② 離門과 坤主圖 …………………………………………… 380
　③ 離門과 兌主圖 …………………………………………… 386
　④ 離門과 乾主圖 …………………………………………… 392
　⑤ 離門과 坎主圖 …………………………………………… 398
　⑥ 離門과 艮主圖 …………………………………………… 403
　⑦ 離門과 震主圖 …………………………………………… 409
　⑧ 離門과 巽主圖 …………………………………………… 415
(4) 離命이 八卦方으로 출입문과 주방이 있을 때 ……… 420
　① 혼인(婚姻) ……………………………………………… 421
　② 질병(疾病) ……………………………………………… 421
　③ 재화(災禍) ……………………………………………… 421
(5) 震門과 震命·八主·八廚와의 관계 …………………… 422
　① 震門과 震主圖 …………………………………………… 423
　② 震門과 巽主圖 …………………………………………… 429
　③ 震門과 離主圖 …………………………………………… 434
　④ 震門과 坤主圖 …………………………………………… 440
　⑤ 震門과 兌主圖 …………………………………………… 446
　⑥ 震門과 乾主圖 …………………………………………… 451

⑦ 震門과 坎主圖 ……………………………………… 457
　　⑧ 震門과 艮主圖 ……………………………………… 463
(6) 震命이 八卦方으로 출입문과 主房 또 주방則 ……… 469
　　① 혼인(婚姻) …………………………………………… 469
　　② 질병(疾病) …………………………………………… 471
　　③ 재화(災禍) …………………………………………… 471
(7) 巽門과 巽命・八主・八廚와의 關係 ………………… 472
　　① 巽門과 巽主圖 ……………………………………… 473
　　② 巽門과 離主圖 ……………………………………… 478
　　③ 巽門과 坤主圖 ……………………………………… 484
　　④ 巽門과 兌主圖 ……………………………………… 490
　　⑤ 巽門과 乾主圖 ……………………………………… 496
　　⑥ 巽門과 坎主圖 ……………………………………… 502
　　⑦ 巽門과 艮主圖 ……………………………………… 508
　　⑧ 巽門과 震主圖 ……………………………………… 514
(8) 巽命이 八卦方으로 출입문과 주방
　　또는 房일 때 子女數 ………………………………… 520
　　① 혼인(婚姻) …………………………………………… 520
　　② 질병(疾病) …………………………………………… 521
　　③ 재화(災禍) …………………………………………… 521

## 제3장 其 他

1) 만수진종천상거(萬水盡從天上去) ······································ 525
2) 개문단결(開門斷訣) ····················································· 526
3) 압살법(壓殺法) ··························································· 528
4) 門에서 化粧室 位置와 吉凶論 ········································ 528

## 陽宅의 三要

陽宅의 三要는 출입문[門]과 주인방[主房]과 부엌[廚房]을 말한다. 門은 가옥(家屋)의 大門을 말하는데, 현대식 단독주택 APT나 빌라 등은 현관문을 大門으로 대칭(對稱)한다.
주방(主房)은 세대주가 거처하는 큰방이며, 두방(頭房:침실)이

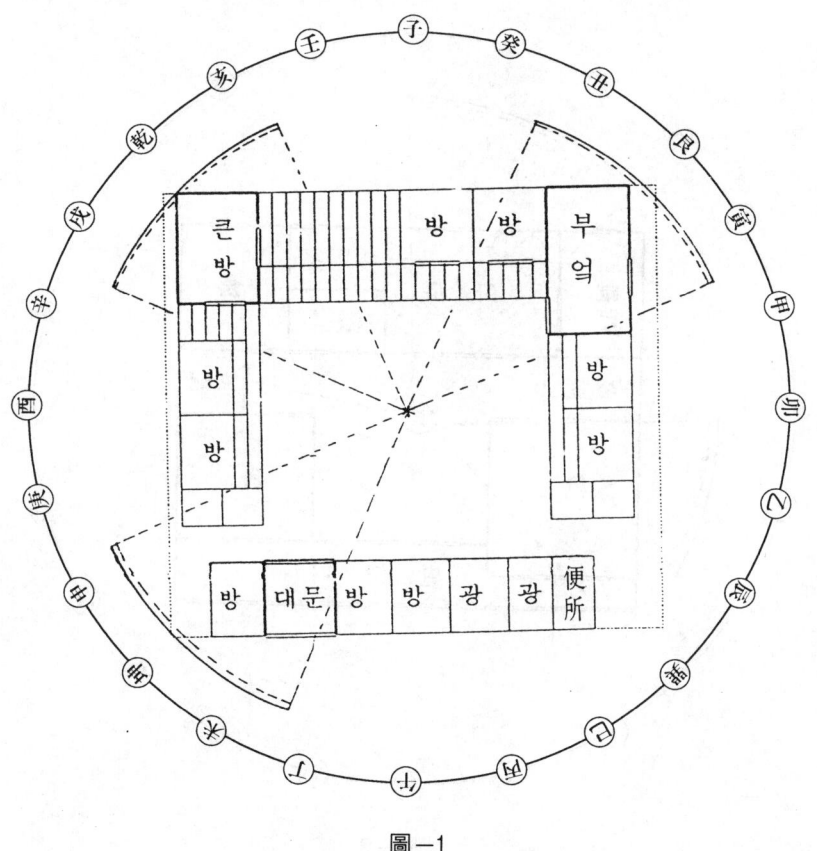

圖-1

다. 주방(廚房)은 음식을 만드는 부엌을 주방이라 하고, 주좌(廚座)는 부뚜막인데 현대식 부엌에서는 가스대의 위치라고 이해하기 바란다.

그러므로 양택법(陽宅法)에서 제일 먼저 대지(垈地)에서 대문의 위치를 보는데, 고가(古家)나 한옥(韓屋)에서는 圖-1과 같은 집을 포함한 垈地의 中心에서 大門, 큰방, 부엌이 어느 方位에 있는가를 확인하고, APT나 빌라 단독주택은 圖-2와 같이 가옥(家屋)의 中心인 居室에서 玄關門과 큰방[主房], 식당[廚房]에 가스렌지가 어디에 있는가를 確認한다.

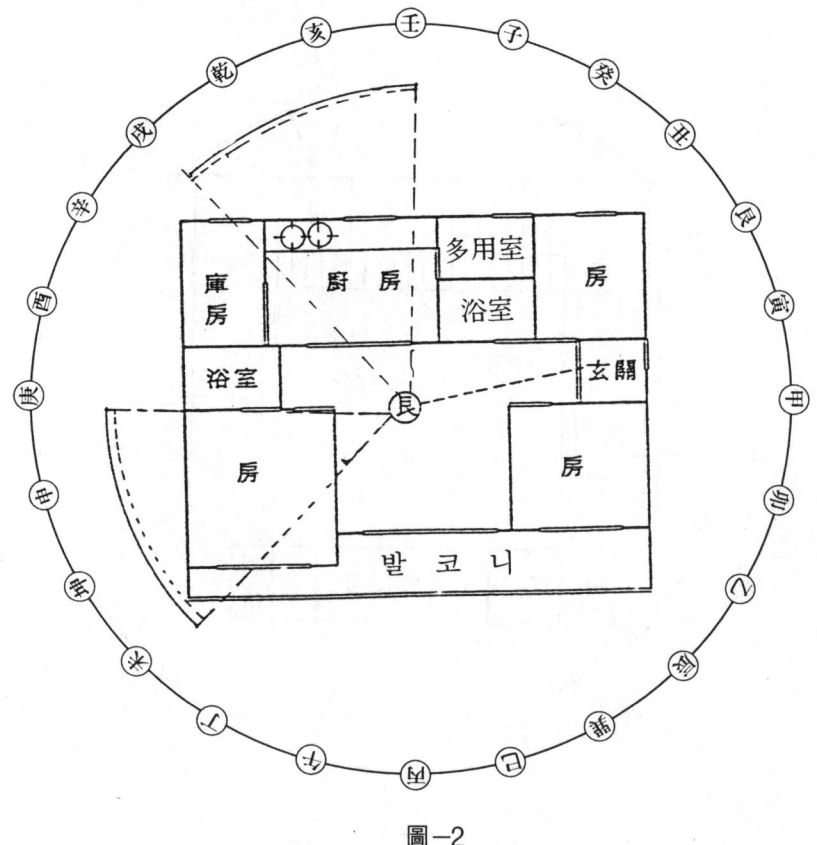

圖-2

다음은 門과 廚房, 主房이 동사택(東四宅)과 서사택(西四宅)으로 구분(區分)이 된다. 東四宅은 감이진손(坎離震巽)이라 하고, 西四宅은 건곤간태(乾坤艮兌)라 한다.

陽宅에서 중요한 것은 門과 主人房과 廚房이 상생(相生)이 되고, 음양(陰陽)으로 부부정배합(夫婦正配合)을 이루면, 길(吉 : 좋다)하다고 하는데 이는 東四宅은 東四宅끼리 만나야 吉하고, 西四宅은 西四宅끼리 만나면 吉하다. 만약에 東西四宅이 혼합(混合 : 섞이면)되면 상극(相剋)이 되므로 흉(凶 : 나쁘다)하다는 것이 陽宅의 吉凶에 필연(必然)한 이치(理致)이다.

주방은 음식(飮食)을 만들어 가족(家族)의 양생(養生)을 담당하는 곳이므로 역시 중요한 곳이다. 그래서 먼저 출입문과 주방의 方位가 相生이 되고, 다음은 主人房(큰방)과 주방이 相生이 되어야 한다. 그렇지 아니하고 주방이 위치한 方位만을 중요시하여 곧바로 화복(禍福)을 단정하는 것은 모순(矛盾)이다.

그리고 출입문과 주인방의 상극(相剋)관계를 가볍게 여기는 것은 옳은 논리(論理)가 아니다. 그러므로 門(出入門)과 主(주인방)와 廚(주방)의 세 곳이 각각 吉한 위치를 얻어야만 된다.

즉 출입문은 주인방을 生하고, 주인방은 주방을 生하고, 주방은 門을 生하여, 家主의 부부명(夫婦命)이 吉法에 합치(合致)되면 인정(人丁 : 남자)이 왕성(旺盛)하고 수(壽)와 복록(福祿)이 쌍전(雙全)한다. 옛날 양균송(楊均松 : 중국 당나라 때의 풍수지리 大家)은 陽宅法을 터득하여 後世에 전하였으니, 이 陽宅의 진리(眞理)를 알고자 하는 사람은 다른 법(法)에 현혹되지를 말고, 오직 이 陽宅 三要를 오랫동안 숙독(熟讀)해서 八宅(東四宅 : 坎離震巽, 西四宅 : 乾坤艮兌)의 理致를 밝게 알 것이며, 아울러 五行의 생극(相生과 相剋)과 음양(陰陽)의 配合과 궁성(宮星)의 生剋을 적응(適應)하면 티끌만큼도 거짓이 없을 것이라 하였다.

그리고 家坐로써 東西四宅을 단정하는 것은 잘못이다. 陽宅三要에서는 출입문이 감이진손(坎離震巽) 방위에 있으면, 이를 東四宅이라 하고, 건곤간태(乾坤艮兌) 방위에 있으면, 이를 西四宅이라고 한다.

다시 한번 거론(擧論)하자면, 家坐로서 東西四宅으로 甲論乙論을 하는데, 먼저 여기서 언급하고자 한다.

공장건물(工場建物)을 신축함에 있어 垈地의 中心에서 出入門의 위치를 선정하여 東四宅에 해당되면 東四宅의 坐를 놓는 것이 마땅할 것이다. 다음은 사무동(社務棟)은 生方으로 配置하고 화장실과 변압기(變壓器), 오수시설(汚水施設)은 흉살(凶殺)方에다 設置하는 게 마땅할 것이다.

얼마전 筆者가 工場을 建築할 現場에 이르러 보니, 공장부지(工場敷地)로서는 좋은 곳이었다. 그런데 出入門이 나야 할 方位는 손이(巽離) 方位인데 건물의 배치는 건해(乾亥)坐였다. 乾戌龍에 乾坐라면, 富라고 할 수 있는데, 이는 東宅인 門과 西宅인 坐는 혼합이 되므로 大凶하다고 하였다. 그래도 多幸스럽게 設計中이라서 壬坐로 바꾸는 데는 큰 어려움이 없었다.

離門에 壬坐는 夫婦正配이다. 事務棟 建物은 離門에서 坎方(延年)이나 震方(生氣)으로 배치를 하게 하였다. 다음은 事務棟의 出入門과 社長室의 배치는 陽宅法으로 配置를 하였다.

다음은 住宅에서 陽宅三要를 立證할 수 있는 名門古家를 살펴보기로 하자. 學界에서나 風水地理에 入門하신 분들은 그 지역에서 古家들을 답사(踏査)한 경험이 있을 것으로 믿어 마지않는다.

筆者가 踏査한 名門 고가옥(古家屋)에 대하여 언급(言及)하고자 한다. 200년의 역사를 간직한 조선시대(朝鮮時代)의 民家인 경상북도 경주시 교동 최씨의 고택과 강동면 양동리 朝鮮朝 때의 성리학자(性理學者)이며 문신(文臣)이었던 회재(晦齋) 이언적(李彦

迪 : 1491~1553) 선생의 종가댁(宗家宅)과 별당(別堂 : 사랑채), 그리고 경남 밀양군 교동마을 손씨 일가의 150년 전후의 만석꾼의 大家屋과 기타 지역에서 몇천 석을 했다는 대가옥(大家屋)들은 한결같이 곤문(坤門)에 壬子坐였는데, 주인방은 건(乾:서북간)方에 거(居 : 거처하고)하고, 부엌은 간(艮 : 동북간)方에 있었다.

우리는 여기서 분명히 짚고 넘어가야 할 사안(思案)이 있다. 坐를 위주(爲主)하여 東四宅으로 고집을 한다면, 감좌(坎坐)에서 乾方에 주인방은 절명(絶命)이 되고, 艮方에 부엌은 오귀(五鬼)가 되므로 大凶한 宅이라 한다.

그렇다면 곤문(坤門)에서는 乾方에 주인방은 연년(延年)이 되고, 艮方에 부엌은 생기(生氣)가 된다.

여기에 주인 부부의 命이 합치되면 大吉한 宅이라고 하였다. 만약에 家坐가 西四宅에 해당된다면 더더욱 좋을 것이다.

이러한 명문(名門) 대가옥(大家屋)으로 하여금 문에서 주인방과 부엌의 위치가 西四宅字 方位에 居하였기 때문에 몇 代를 내려오면서 부귀(富貴 : 거부에 큰벼슬을 하는 것)를 입증하였기 때문에 2백~3백 년이 흘러온 지금도 그대로 보존을 하면서 재래식 부엌을 그대로 사용하고 있음은 그 子孫이 건재하다는 뜻이다.

다만 지적한다면 송구스럽기는 하나, 上記에 指摘한 古家屋 중에는 坐를 爲主하여 坤門을 이문(離門)으로 개문(改門 : 고쳐내었다)한 後로는 한난(寒暖 : 춥고 따뜻함, 즉 좋은 일과 나쁜 일이 있었다)을 거듭 하였다는 사실을 後孫으로 하여금 立證하였다. 그러므로 陽宅三要인 門에서 주인방과 주방의 세 곳이 서로 生하여 음양(陰陽)과 부부정배(夫婦正配)에 주인(主人)의 부부(夫婦)명(命)이 합치된다면 만문길경 복무강(滿門吉慶 福無疆)일 것이다.

## 제1장   기초 상식

### 1. 십간(十干)과 십이지(十二支)

#### (1) 간지(干支)의 명칭과 순서

干은 하늘을 상징하여 천간(天干)이라고 하며, 또는 그 수가 열이므로 十干이라고 한다.

支는 땅을 상징하여 지지(地支)라고 하며, 또는 그 숫자가 열둘이므로 십이지(十二支)라고 한다.

天干 : 甲 乙 丙 丁 戊 己 庚 辛 壬 癸
　　　(갑)(을)(병)(정)(무)(기)(경)(신)(임)(계)
地支 : 子 丑 寅 卯 辰 巳 午 未 申 酉 戌 亥
　　　(자)(축)(인)(묘)(진)(사)(오)(미)(신)(유)(술)(해)

上記의 干支는 몇 번이고 숙독(熟讀)하여 이해를 하는 것이 학문(學問)의 기초(基礎)가 되는 과정이다.

상기의 干支가 합하여 六十甲子가 탄생(誕生)되었고, 동서남북(東西南北)으로 표현(表現)하기도 하다.

그리고 天干에서는 무기(戊己) 두 글자를 빼고 甲 乙 丙 丁 庚 辛 壬 癸인 8字와 地支인 子 丑 寅 卯 辰 巳 午 未 申 酉 戌 亥인 열두字와 사태(四胎)라고 하는 건(乾) 손(巽) 간(艮) 곤(坤)인 네字를 합하면 모두 24字가 된다.

이 24字를 15度씩에 나열하면 360度(24×15=360)의 둥근 원

이 된다. 이것이 풍수지리(風水地理 : 동서남북을 가려 바람[風]과 물[水]이 人間生活에 미치는 影響을 가리는 학문)를 알게 되는 근본(根本)이 되는 것이다.

그리고 干支에서 오행(五行)이 비롯되고, 신체(身體)의 부분을 표현하기도 하고, 음양(陰陽)으로 배속(配屬)되기도 한다.

또는 숫자를 나타내어 길흉의 연대를 추정(推定)하는 데 일익을 담당한다. 그러므로 干支와 四胎를 알지 못하면 風水地理와 인간 生活의 진리(眞理)를 이해할 수가 없을 것이다.

## 2. 오행(五行)의 생극(生剋)

五行에는 생극(生剋)과 비화(比和)가 있다. 生을 받거나 生해주는 관계를 상생(相生)이라 하고, 극(剋)을 받거나 剋해 주는 관계를 상극(相剋)관계라 하며, 같은 五行끼리를 比和라고 한다.

그리고 五行에는 정오행(正五行) 쌍산오행(雙山五行) 홍범오행(洪範五行) 납음오행(納音五行) 등이 있으며 五行에는 陰陽과 변화가 있다.

(1) **정오행**(正五行) : **목**(木) **화**(火) **토**(土) **금**(金) **수**(水)의 배속

| 干支＼五行 | 陽 木 陰 | 陽 火 陰 | 陽 土 陰 | 陽 金 陰 | 陽 水 陰 |
|---|---|---|---|---|---|
| 천간(天干) | 甲　乙 | 丙　丁 | 戊　己 | 庚　辛 | 壬　癸 |
| 지지(地支) | 寅　卯 | 午　巳 | 戌辰　丑未 | 申　酉 | 子　亥 |
| 사태(四胎) | 巽 | | 艮　坤 | 乾 | |
| 방위(方位) | 東(동) | 南(남) | 中央 | 西(서) | 北(북) |
| 신체 오장 | 肝(간) | 心(심) | 脾(비) | 肺(폐) | 腎(신) |

### (2) 오행(五行)이 생극(生剋)

○상생：木生火, 火生土, 土生金, 金生水, 水生木

木인：寅甲卯乙은 火인：巳丙午丁을 生해주고, 水인：亥壬子癸의 生을 받는다.

火인：巳丙午丁은 土인：戊己辰戌丑未를 生해주고, 木인：寅甲卯乙의 生을 받는다.

土인：戊己辰戌丑未는 金인：申庚酉辛을 生해주고, 火인：巳丙午丁의 生을 받는다.

金인：申庚酉辛은 水인：亥壬子癸를 生해주고, 土인：戊己辰戌丑未의 生을 받는다.

水인：亥壬子癸는 木인：寅甲卯乙을 生해주고, 金인：申庚酉辛의 生을 받는다.

○상극：木剋土, 土剋水, 水剋火, 火剋金, 金剋木

木인：寅甲卯乙은 土인：戊己辰戌丑未를 剋하고, 金인：申庚酉辛의 剋을 받는다.

土인：戊己辰戌丑未는 水인：亥壬子癸를 剋하고, 木인：寅甲卯乙의 剋을 받는다.

水인：亥壬子癸는 火인 巳丙午丁을 剋하고, 土인：戊己辰戌丑未의 剋을 받는다.

火인：巳丙午丁은 金인：申庚酉辛을 剋하고, 水인：亥壬子癸의 剋을 받는다.

金인：申庚酉辛은 木인：寅甲卯乙을 剋하고, 火인：巳丙午丁의 剋을 받는다.

### (3) 쌍산오행(雙山五行 : 干支의 三合으로 본다)

| 天干<br>천간 | 乾甲丁<br>건갑정 | 木 | 巽庚癸<br>손경계 | 金 | 艮丙辛<br>간병신 | 火 | 坤壬乙<br>곤임을 | 水 |
|---|---|---|---|---|---|---|---|---|
| 地支<br>지지 | 亥卯未<br>해묘미 | | 巳酉丑<br>사유축 | | 寅午戌<br>인오술 | | 申子辰<br>신자진 | |

雙山五行은 干支와 사태(四胎)의 세자가 짝을 이루면 上記와 같이 합을 이루어 五行으로 表示한다.

풍수지리(風水地理)에서는 자좌(子坐)에 신득(申得)에 진파(辰破)가 되면 이를 水局이라고 하고, 水에 生을 받는 망명(亡命 : 돌아가신 분)이 납음오행(納音五行)에 木命을 모시면 吉하다는 것이다.

그리고 택일(擇日)에도 辰年 申月 子日에 같은 要領으로 사용한다. 친우(親友)를 사귈 적에도 합이 되는 사람끼리 만나면 서로간에 피해를 끼치는 일은 없을 것이다. 그 외에도 여러 가지로 응용(應用)하면 일상생활에 많은 도움이 될 것이다.

### (4) 납음오행(納音五行 : 주로 亡命을 爲主하여 사용한다)

#### 六十甲子 納音五行

| 甲子<br>旬中 | 甲子 乙丑<br>海中金<br>해중금 | 丙寅 丁卯<br>爐中火<br>노중화 | 戊辰 己巳<br>大林木<br>대림목 | 庚午 辛未<br>路傍土<br>노방토 | 壬申 癸酉<br>劍鋒金<br>검봉금 | 戌亥<br>空亡 |
|---|---|---|---|---|---|---|
| 甲戌<br>旬中 | 甲戌 乙亥<br>山頭火<br>산두화 | 丙子 丁丑<br>澗下水<br>간하수 | 戊寅 己卯<br>城頭土<br>성두토 | 庚辰 辛巳<br>白臘金<br>백납금 | 壬午 癸未<br>楊柳木<br>양류목 | 申酉<br>空亡 |

| 甲申旬中 | 甲申 乙酉 泉中水 천중수 | 丙戌 丁亥 屋上土 옥상토 | 戊子 己丑 霹靂火 벽력화 | 庚寅 辛卯 松柏木 송백목 | 壬辰 癸巳 長流水 장류수 | 午未 空亡 |
|---|---|---|---|---|---|---|
| 甲午旬中 | 甲午 乙未 沙中金 사중금 | 丙申 丁酉 山下火 산하화 | 戊戌 己亥 平地木 평지목 | 庚子 辛丑 霹上土 벽상토 | 壬寅 癸卯 金箔金 금박금 | 辰巳 空亡 |
| 甲辰旬中 | 甲辰 乙巳 覆燈火 복등화 | 丙午 丁未 天河水 천하수 | 戊申 己酉 大驛土 대역토 | 庚戌 辛亥 釵釧金 채천금 | 壬子 癸丑 桑柘木 상자목 | 寅卯 空亡 |
| 甲寅旬中 | 甲寅 乙卯 大溪水 대계수 | 丙辰 丁巳 沙中土 사중토 | 戊午 己未 天上火 천상화 | 庚申 辛酉 石榴木 석류목 | 壬戌 癸亥 大海水 대해수 | 子丑 空亡 |

納音五行의 운극(運剋)을 망명(亡命)에 불용(不用 : 사용 못함)하지만 상극(相剋)이라도 剋을 받는 것과 무관한 관계를 참고하기 바란다.

甲子 乙丑 海中金＝戊午 己未 天上火 戊子 己丑 霹靂火 忌한다
丙寅 丁卯 爐中火＝丙午 丁未 天河水 壬戌 癸亥 大海水 忌한다
戊辰 己巳 大林木＝壬申 癸酉 劍鋒金　　　　　　　　忌한다
庚午 辛未 路傍土＝壬午 癸未 楊柳木 庚寅 辛卯 松柏木 忌한다
壬申 癸酉 劍鋒金＝丙寅 丁卯, 戊午 己未, 戊子 己丑 火 忌한다
甲戌 乙亥 山頭火＝丙午 丁未 天河水　　　　　　　　忌한다
丙子 丁丑 澗下水＝庚午 辛未 路傍土 戊申 己酉 大驛土 忌한다
戊寅 己卯 城頭土＝壬午 癸未, 庚寅 辛卯, 戊辰 己巳 木 忌한다
庚辰 辛巳 白臘金＝戊子 己丑, 戊午 己未, 丙寅 丁卯 火 忌한다
壬午 癸未 楊柳木＝壬申 癸酉 劍鋒金　　　　　　　　忌한다

甲申 乙酉 泉中水=戊寅 己卯 城頭土 戊申 己酉 大驛土 忌한다
丙戌 丁亥 屋上土=庚申 辛酉 石榴木 忌한다
戊子 己丑 霹靂火=丙午 丁未 天河水 忌한다
庚寅 辛卯 松柏木=壬申 癸酉 劍鋒金 忌한다
壬辰 癸巳 長流水=庚午 辛未, 戊寅 己卯, 戊申 己酉 土 忌한다
甲午 乙未 沙中金=丙寅 丁卯 爐中火 吉神이면 吉, 凶神이면 凶.
丙申 丁酉 山下火=壬辰 癸巳, 丙午 丁未, 甲寅 乙卯 水 忌한다
戊戌 己亥 平地木=壬申 癸酉 劍鋒金 忌한다
庚子 辛丑 壁上土=壬午 癸未, 庚寅 辛卯, 庚申 辛酉 木 忌한다
壬寅 癸卯 金箔金=丙寅 丁卯, 戊子 己丑, 戊午 己未 火 忌한다
甲辰 乙巳 覆燈火=壬辰癸巳, 壬戌癸亥, 甲寅乙卯, 壬戌癸亥 水 忌한다
丙午 丁未 天河水=戊申 己酉 大驛土 忌한다
戊申 己酉 大驛土=戊辰 己巳, 庚寅 辛卯, 庚申 辛酉 木 忌한다
庚戌 辛亥 釵釧金=丙寅 丁卯, 甲戌 乙亥, 丙申 丁酉 火 忌한다
壬子 癸丑 桑柘木=壬申 癸酉 劍鋒金 忌한다
甲寅 乙卯 大溪水=戊申 己酉 大驛土 忌한다
丙辰 丁巳 沙中土=戊辰己巳, 壬午癸未, 庚寅辛卯, 庚申辛酉 木 忌한다
戊午 己未 天上火=丙午 丁未 天河水 忌한다
庚申 辛酉 石榴木=壬申 癸酉 劍鋒金 忌한다
壬戌 癸亥 大海水=戊申 己酉 大驛土 忌한다

　以上과 같이 相生이 되고, 相剋이 되는 바가 있으니 參考를 하되 만약에 相剋을 사용하게 되면, 亡人의 영혼(靈魂)이 불안해지므로 재앙(災殃)이 子孫에게 미친다고 한다.

## 3. 역법(曆法 : 月建과 時頭法)

| 年干＼月別 | 1月 | 2月 | 3月 | 4月 | 5月 | 6月 | 7月 | 8月 | 9月 | 10月 | 11月 | 12月 |
|---|---|---|---|---|---|---|---|---|---|---|---|---|
| 甲 己年에는 月頭에 起丙 | 丙寅月 | 丁卯月 | 戊辰月 | 己巳月 | 庚午月 | 辛未月 | 壬申月 | 癸酉月 | 甲戌月 | 乙亥月 | 丙子月 | 丁丑月 |
| 乙 庚年에는 月頭에 起戊 | 戊寅月 | 己卯月 | 庚辰月 | 辛巳月 | 壬午月 | 癸未月 | 甲申月 | 乙酉月 | 丙戌月 | 丁亥月 | 戊子月 | 己丑月 |
| 丙 辛年에는 月頭에 起庚 | 庚寅月 | 辛卯月 | 壬辰月 | 癸巳月 | 甲午月 | 乙未月 | 丙申月 | 丁酉月 | 戊戌月 | 己亥月 | 庚子月 | 辛丑月 |
| 丁 壬年에는 月頭에 起壬 | 壬寅月 | 癸卯月 | 甲辰月 | 乙巳月 | 丙午月 | 丁未月 | 戊申月 | 己酉月 | 庚戌月 | 辛亥月 | 壬子月 | 癸丑月 |
| 戊 癸年에는 月頭에 起甲 | 甲寅月 | 乙卯月 | 丙辰月 | 丁巳月 | 戊午月 | 己未月 | 庚申月 | 辛酉月 | 壬戌月 | 癸亥月 | 甲子月 | 乙丑月 |

| 日干＼時 | 子時 11-1時 前 | 丑時 1-3時 前 | 寅時 3-5時 前 | 卯時 5-7時 前 | 辰時 7-9時 前 | 巳時 9-11時 前 | 午時 11-1時 前 | 未時 1-3時 前 | 申時 3-5時 前 | 酉時 5-7時 前 | 戌時 7-9時 前 | 亥時 9-11時 前 |
|---|---|---|---|---|---|---|---|---|---|---|---|---|
| 甲己日 頭甲 | 甲子 | 乙丑 | 丙寅 | 丁卯 | 戊辰 | 己巳 | 庚午 | 辛未 | 壬申 | 癸酉 | 甲戌 | 乙亥 |
| 乙庚日 頭丙 | 丙子 | 丁丑 | 戊寅 | 己卯 | 庚辰 | 辛巳 | 壬午 | 癸未 | 甲申 | 乙酉 | 丙戌 | 丁亥 |
| 丙辛日 頭戊 | 戊子 | 己丑 | 庚寅 | 辛卯 | 壬辰 | 癸巳 | 甲午 | 乙未 | 丙申 | 丁酉 | 戊戌 | 己亥 |
| 丁壬日 頭庚 | 庚子 | 辛丑 | 壬寅 | 癸卯 | 甲辰 | 乙巳 | 丙午 | 丁未 | 戊申 | 己酉 | 庚戌 | 辛亥 |
| 戊癸日 頭壬 | 壬子 | 癸丑 | 甲寅 | 乙卯 | 丙辰 | 丁巳 | 戊午 | 己未 | 庚申 | 辛酉 | 壬戌 | 癸亥 |

## 4. 六十甲子에서 생갑(生甲 : 띠)을 찾는 法

다음은 나이는 아는데 生甲(띠)을 모를 때 찾는 공식이다.
보기 1은 天干字를 찾는다.

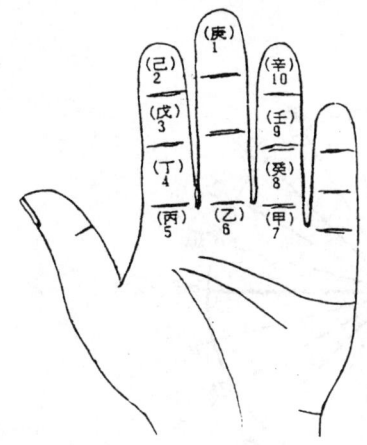

금년에 58세이면 무슨 生甲인가를 알아보려면 보기 1에서 2000年은 庚辰年이므로 그림과 같이 甲-癸까지 天干字인 庚에서 역행으로 숫자를 집는다. 庚=1. 己=2. 戊=3. 丁=4. 丙=5. 乙=6. 甲=7. 癸=8. 壬=9. 辛=10.이므로 58세는 天干字는 癸이다. 모든 生甲의 天干字를 찾을 때는 끝숫자가 生甲(띠)인 天干字이다.

보기 2는 地支字를 찾는다.
2000年은 庚辰年이므로 辰을 그림과 같이 집는다. 한 살을 辰에서 順行하여서 巳를 넘어서 午=10歲. 未를 넘어서 申=20歲, 酉를 넘어서 戌=30歲, 亥를 넘어서 子=40歲, 丑을 넘어서 寅=50歲이다. 다시 寅에서 51을 집고 역행을 하여 丑=52歲, 子=53歲, 亥=54歲, 戌=55歲, 酉=56歲, 申=57歲, 未=58歲가 된다. 즉 58歲는 계미 (癸未)生이다. 이러한 方法으

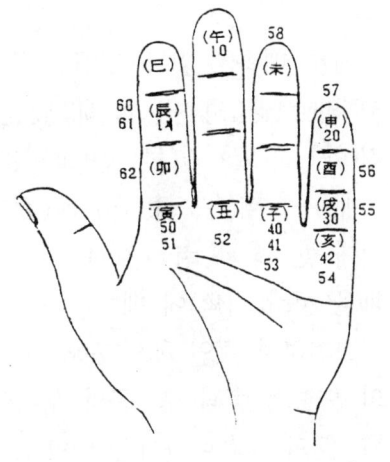

로 生甲을 찾으면 대단히 편리하다.

## 5. 二十四방위 배열도

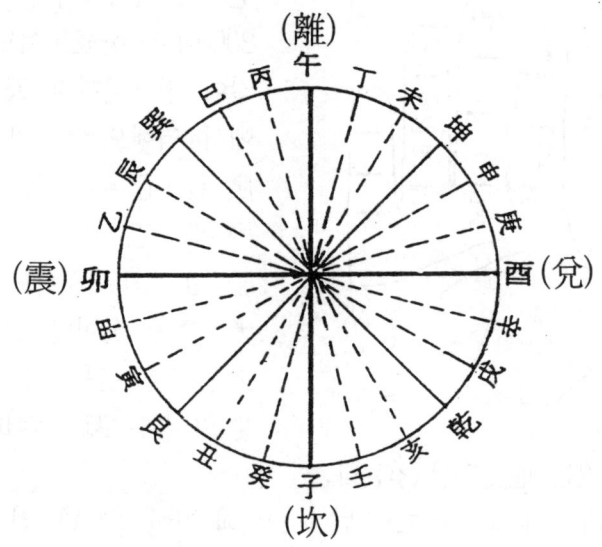

方位 배속(配屬)은 天干 : 甲 乙 丙 丁 庚 辛 壬 癸, 戊己를 뺀 8字와 地支 : 子 丑 寅 卯 辰 巳 午 未 申 酉 戌 亥 12와 四胎 : 건(乾) 손(巽) 간(艮) 곤(坤) 4字로 하여금 上記와 같이 配列한다.

北(子) 南(午) 東(卯) 西(酉)로 기준(基準)을 두고, 西와 北 사이에 乾, 東과 南 사이에 巽, 東과 北 사이에 艮, 南과 西 사이에 坤을 사각(四角)에 배치한다.

그리하여 東인 卯의 左에 甲, 右에 乙, 午의 左右에 丙과 丁, 酉의 左右에 庚과 辛, 子의 左右에 壬과 癸를 쓰고, 艮의 左右에 丑寅, 巽의 左右에 辰巳, 坤의 左右에 未申, 乾의 左右에 戌亥가 음

양(陰陽)으로 배속이 된다.
 이것이 風水地理學의 길흉(吉凶)을 가리는 나경(羅經 : 패철)의 글자를 이해할 수 있는 과정이므로 必히 알아야 한다.
 그리하여 다음은 三字와 四字를 묶어서 외우면 이해가 빠르다.

 壬子癸 丑艮寅 甲卯乙 辰巽巳 丙午丁 未坤申 庚酉辛 戌乾亥
 임자계 축간인 갑묘을 진손사 병오정 미곤신 경유신 술건해

 子−午 卯−酉, 乾−巽 艮−坤, 甲−庚 丙−壬, 乙−辛 丁−癸, 辰−戌 丑−未, 寅−申 巳−亥, 이 四字는 좌(坐)와 향(向)과 상대와 충을 알 수 있다.

## 6. 정양 정음 정국(淨陽 淨陰 定局)

 **정양**(淨陽)=건갑(乾甲) 감계신진(坎癸申辰) 곤을(坤乙) 이임인술(離壬寅戌)
 **정음**(淨陰)=간병(艮丙) 진경해미(震庚亥未) 손신(巽辛) 태정사축(兌丁巳丑)

## 7. 干支의 합(合)과 충(沖)

 天干合  甲−己 合  乙−庚 合  丙−辛 合  丁−壬 合
         戊−癸 合
 天干沖  甲−庚 沖  乙−辛 沖  丙−壬 沖  丁−癸 沖
         戊−己 沖

 地支 合  子丑合  寅亥合  卯戌合  辰酉合  巳申合  午未合
 地支 沖  子午沖  丑未沖  寅申沖  卯酉沖  辰戌沖  巳亥沖

干 三合   乙三合   艮丙辛三合   乾甲丁三合   巽庚癸三合
支 三合   申子辰三合   寅午戌三合   亥卯未三合   巳酉丑三合

## 8. 천을귀인 정국(天乙貴人 定局)

各種 擇日에서 日干에서 보고, 生甲에서도 干支로 확인한다.

| 區分＼干 | 甲 | 乙 | 丙 | 丁 | 戊 | 己 | 庚 | 辛 | 壬 | 癸 |
|---|---|---|---|---|---|---|---|---|---|---|
| 天乙貴人 | 丑未 | 子申 | 亥酉 | 亥酉 | 丑未 | 子申 | 丑未 | 午寅 | 巳卯 | 巳卯 |
| 正祿 | 寅 | 卯 | 巳 | 午 | 巳 | 午 | 申 | 酉 | 亥 | 子 |
| 食神 | 丙 | 丁 | 戊 | 己 | 庚 | 辛 | 壬 | 癸 | 甲 | 乙 |
| 正官 | 辛 | 庚 | 癸 | 壬 | 乙 | 甲 | 丁 | 丙 | 己 | 戊 |
| 正財 | 己 | 戊 | 辛 | 庚 | 癸 | 壬 | 乙 | 甲 | 丁 | 丙 |
| 七殺 | 庚 | 辛 | 壬 | 癸 | 甲 | 乙 | 丙 | 丁 | 戊 | 己 |

## 9. 생기복덕(生氣福德) 조견표

生氣福德은 구궁(九宮)표에 의하여 兌에서 外宮으로 女子는 逆行, 男子는 順行을 하여 연령(年齡)이 떨어지는 궁(宮)에서 일진(日辰)을 찾아 吉日을 擇日하거나 出行時에 使用한다.

1. 생기(生氣 : 吉日)
2. 천의(天醫 : 吉日)
3. 절체(絶體 : 平日)
4. 유혼(遊魂 : 平日)
5. 화해(禍害 : 凶日)
6. 복덕(福德 : 吉日)
7. 절명(絶命 : 凶日)
8. 귀혼(歸魂 : 平日)

| 巽(손) | 離(이) | 坤(곤) |
|---|---|---|
| 生氣=子　　禍害=戌亥<br>天醫=未申　福德=午<br>絶體=卯　　絶命=丑寅<br>遊魂=酉　　歸魂=辰巳 | 男子(40)　　女子(20)<br>生氣=卯　　禍害=丑寅<br>天醫=酉　　福德=辰巳<br>絶體=子　　絶命=戌亥<br>遊魂=未申　歸魂=午 | 生氣=丑寅　禍害=卯<br>天醫=辰巳　福德=酉<br>絶體=戌亥　絶命=子<br>遊魂=午　　歸魂=未申 |
| 震(진) | 女子는 兌에서 10歲로 出發하여 外宮인 坤으로 逆行한다.<br>男子는 兌에서 10歲로 出發하여 外宮인 乾으로 順行한다. | 兌(태) |
| 男子(30)　　女子(30)<br>生氣=午　　禍害=未申<br>天醫=戌亥　福德=子<br>絶體=辰巳　絶命=酉<br>遊魂=丑寅　歸魂=卯 | | 男子(10)　　女子(10)<br>生氣=戌亥　禍害=子<br>天醫=午　　福德=未申<br>絶體=丑寅　絶命=卯<br>遊魂=辰巳　歸魂=酉 |
| 艮(간) | 坎(감) | 乾(건) |
| 生氣=未申　禍害=午<br>天醫=子　　福德=戌亥<br>絶體=酉　　絶命=辰巳<br>遊魂=卯　　歸魂=丑寅 | 男子(20)　　女子(40)<br>生氣=辰巳　禍害=酉<br>天醫=丑寅　福德=卯<br>絶體=午　　絶命=未申<br>遊魂=戌亥　歸魂=子 | 生氣=酉　　禍害=辰巳<br>天醫=卯　　福德=丑寅<br>絶體=未申　絶命=午<br>遊魂=子　　歸魂=戌亥 |

## 10. 황도(黃道) 연월일시 조견표

(각종 택일에 사용하는 데 참고하면 도움이 될 것이다)

| 年月日時＼黃道 | 青龍 청룡 吉 | 明堂 명당 吉 | 天刑 천형 凶 | 朱雀 주작 凶 | 金櫃 금궤 吉 | 大德 대덕 吉 | 白虎 백호 凶 | 玉堂 옥당 吉 | 天于 천우 凶 | 玄武 현무 凶 | 司命 사명 吉 | 句陳 구진 凶 |
|---|---|---|---|---|---|---|---|---|---|---|---|---|
| 寅1月 申7月 | 子 | 丑 | 寅 | 卯 | 辰 | 巳 | 午 | 未 | 申 | 酉 | 戌 | 亥 |
| 卯2月 酉8月 | 寅 | 卯 | 辰 | 巳 | 午 | 未 | 申 | 酉 | 戌 | 亥 | 子 | 丑 |
| 辰3月 戌9月 | 辰 | 巳 | 午 | 未 | 申 | 酉 | 戌 | 亥 | 子 | 丑 | 寅 | 卯 |
| 巳4月 亥10月 | 午 | 未 | 申 | 酉 | 戌 | 亥 | 子 | 丑 | 寅 | 卯 | 辰 | 巳 |
| 午5月 子11月 | 申 | 酉 | 戌 | 亥 | 子 | 丑 | 寅 | 卯 | 辰 | 巳 | 午 | 未 |
| 未6月 丑12月 | 戌 | 亥 | 子 | 丑 | 寅 | 卯 | 辰 | 巳 | 午 | 未 | 申 | 酉 |

＊參考 : 庚辰年 4月 25日을 보는 법(陰曆으로 본다)

辰을 庚辰年으로 보고, 吉月에 該當되는 辰(青龍) 巳(青龍) 申(金櫃) 酉(大德) 亥(玉堂) 寅(司命)이다. 이 중에서 月을 선택한다.

巳를 巳月로 보면, 午(青龍) 未(明堂) 戌(金櫃) 亥(大德) 丑(玉堂) 辰(司命)이므로 이중에서 日을 선택한다.

戌을 戌日로 보면, 辰(青龍) 巳(明堂) 申(金櫃)이다. 이중에서 巳를 巳時로 선택한다.

＊庚辰年 4月(巳月) 25日(丙戌) 巳時(午前 9~11時前)가 된다.

**삼살방위**(三殺方位) : 巳酉丑年 東, 亥卯未年 西, 申子辰年 南, 寅午戌年 北

**대장군방**(大將軍方) : 巳午未年 東, 亥子丑年 西, 申酉戌年 南, 寅卯辰年 北

## 11. 나경(羅經) 사용법

지사(地師)들의 속된 말로 쇠[鐵] 또는 패철(佩鐵) 나반(羅盤) 윤도(輪圖) 등으로 호칭(呼稱)하나 본 책자에서는 나경(羅經)이라고 통칭(通稱)한다.

羅經의 제정(制定)은 그 원본(原本)이 태극(太極)에 있음을 가늠하여 地 人 天은 지반정침(地盤正針) 인반중침(人盤中針) 천반봉침(天盤縫針)으로 구별되어 來龍과 入首 山形과 水의 흐름을 看法한다.

나경(羅經)을 규구(規矩 : 표준)라 하였으니, 그 경중(輕重)은 권도(權度 : 법칙이며 저울과 자[尺])가 정확(正確)하여, 방원(方圓)을 이루게 된 것이라 하였다.

금침(金針 : 지반정침)은 天地와 더불어 바람[風]과 물[水]을 定할 수 있게 되었다. 만약에 羅經과 天地가 없었다면 南(午)과 北(子)을 정할 수 없었을 것이며, 五行의 생극관계(生剋關係)도 論할 수 없게 되고, 天干과 地支의 효과(效果)도 기대(期待)할 수가 없었을 것이다.

이 羅經에는 동(動)과 정(靜)이 分別되고, 팔괘(八卦)로 나누어져 吉凶을 論할 수 있으니 경이(驚異)롭다고 하겠다.

그런데 羅經을 사용하는 데 있어 각자(各自)의 주장(主張)이 조금씩 다르게 使用하고 있는가 하면, 아예 무시하는 사람이 있음은 참으로 개탄(慨歎)할 일이다.
　羅經은 구층(九層)을 기준하여 준칙(準則)을 說明하고저 한다.
　앞의 그림에서 안에서 밖으로 하여 1층 2층 3층 4층으로 칭한다. 1層의 8칸에는 寅 卯 辰 巳 午 未 申 酉 戌 亥가 있는데, 4층에 壬子癸 上인 1層에 辰, 丑艮寅 上에 寅, 甲卯乙 上에 申, 辰巽巳 上에 酉, 丙午丁 上에 亥, 未坤申 上에 卯, 庚酉辛 上에 巳, 戌乾亥 上에 午로 지칭(指稱)한 것은 壬子癸 坐이면 8층의 辰方에 水가 있으면 이를 八曜殺水라 한다.
　이 八曜水를 수래거(水來去 : 오는 물이나 나가는 물)라 論하는데 筆者의 확인에 의하면 所在方에 고여 있는 물이라고 분명히 말하고자 한다. 이 水가 저촉(抵觸)이 되면 소아난양(小兒難養) 또는 잉태불가(孕胎不可)라고 한다.

　옆의 그림에서 2층에는 24칸이 있는데, 天干字 甲 上에 艮, 乙 上에 巽, 丙 上에 巽, 丁 上에 坤, 庚 上에 坤, 辛 上에 乾, 壬 上에 乾, 癸 上에 艮으로 四胎字가 배속되고, 四胎字 乾 上에 辛壬, 巽 上에 丙乙, 艮 上에 癸甲, 坤 上에 丁庚이 二字씩 配列되어 있다. 대개 地師들의 오해(誤解)가 있는 層이다. 묘(墓)가 乾坐이면 1層에 있는 辰을 8층에서 辰方을 살펴야 하고, 2층에 있는 壬辛은 向을 살펴야 하는데, 이를 두고 혹자는 乾의 兩便에 있는 壬과 辛인 어깨를 살피라고 하고, 혹자는 8층에서 壬辛方에 물을 살피라고 하는데, 이러한 분들의 誤解된 部分을 믿고 따르는 추종(追從)자에게 이

층만은 분명히 밝혀두고자 한다.

　乾坐에 壬辛向은 壬의 向은 丙이고, 辛의 向은 乙이다. 乾坐의 案面에 8층에서 丙方이나 乙方에 水가 있으면 黃泉水殺이다. 이 水 역시 고여 있는 물이다. 대개가 두레박으로 논에 퍼올리는 웅덩이가 있을 경우에는 수족(手足)이 절단(切斷)되든지 정신질환(精神疾患)이나 참상사(慘狀死)에 손재(損財)가 있을 것이라 하였다. 이 황천수살(黃泉水殺)에 저촉되면, 墓地 봉분(峰墳) 주위에는 청태(靑苔 : 푸른 이끼)가 낀다. 이렇게 되면 주로 불치병(不治病) 환자가 발생한다. 또한 乾龍에 壬辛坐는 黃泉坐이다.

　3층은 地支字 上에 木 火 金 水의 五行이 있다. 이는 子上(水), 辰上(水), 申上(水)이므로 申子辰 三合은 水局이라고 한다.
　亥上(木), 卯上(木), 未上(木)이므로 亥卯未 三合은 木局이다. 寅上(火), 午上(火), 戌上(火)이므로 寅午戌 三合은 火局이라고 하며, 巳上(金), 酉上(金), 丑上(金)은 巳酉丑 三合은 金局이다.
　이 三合을 五行하는 분들은 나름대로 편리한 대로 응용(應用)하고 있는데, 墓地風水에서는 子坐에 申得이고 辰破로 이루어지면, 이를 水局이라고 하고, 납음(納音)五行에서 망명(亡命 : 돌아가신 분)이 戊辰이나 己巳生이면, 木이 된다. 이 木의 亡命이 여기에 안장(安葬)되면, 水 生 木으로 生을 받아 吉하는 것이다.

　4층은 지반정침(地盤正針)이라고 한다. 이 층은 天干 8字 地支 12字, 四胎 4字를 配列하여 24方位를 固定하여 6층(人盤中針)과 8층(天盤縫針)을 지시(指示)하는 基準層이며, 내룡(來龍)과 입수(入首)와 좌(坐)를 지칭(指稱)하는 風水地理의 길흉화복(吉凶禍福)을 論하는 層이다.

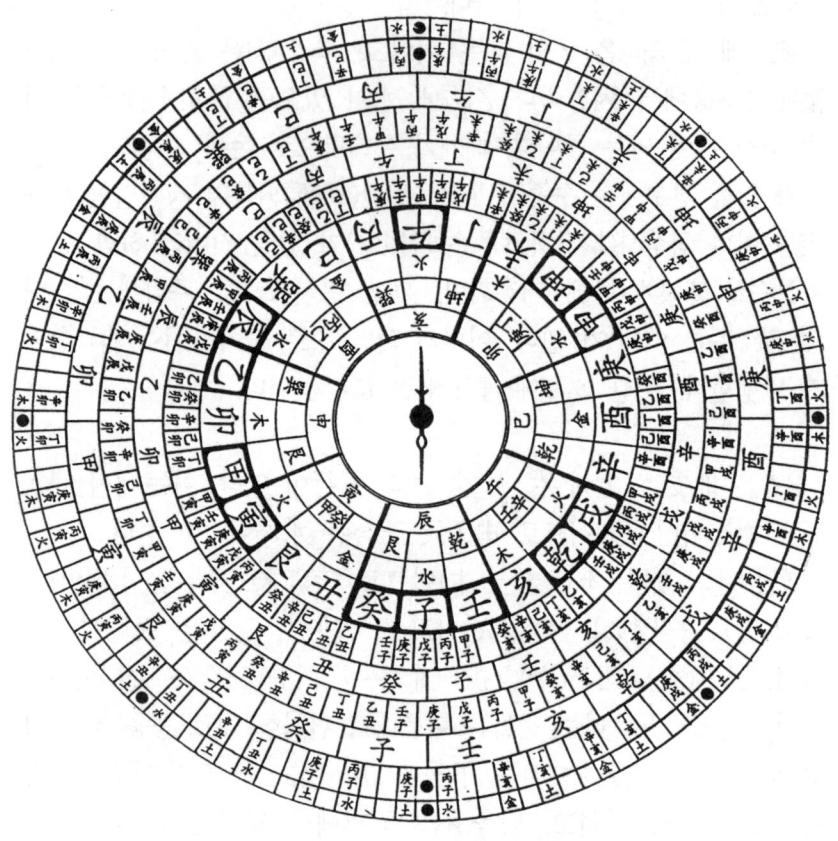

　　5층은 천산(穿山) 72龍 또는 망산투지(望山透地)라고 한다. 이 층을 72龍이라고 하는 것은 4층 地支字 下에 5칸씩 配列된 60甲子와 天干字 下 8칸 四胎字 下 4칸을 합하여 72칸이 되는 것을 72龍이라 칭하고, 來龍에서 入首의 吉凶을 論하는 데 應用하고, 左右의 山의 形象을 보고, 子坐이면 壬坎脈 癸坎脈으로 分別하기도 한다.

　　6층은 人盤中針이라고 하는데, 羅經 子字 中央을 살펴보면, 子

字가 6층에서는 7.5度 左便에 있고, 8층에서는 子字가 7.5度 右便에 配置되어 있다. 그래서 6층은 만물(萬物)인 정(靜 : 움직이지 않는)의 所在를 간법(看法)하는 층이므로, 이 층을 正確하게 看法하여야 한다. 특히 양택(陽宅)에서 세심한 看法이 必要로 하는 층이다.

대지(垈地)나 건물(建物)의 중심점(中心點)에서 주방(廚房)에 가스대의 位置를 지반정침(地盤正針)으로 看法하는 경우와 인반중침(人盤中針)으로 看法하는 境遇는 7.5度의 差異가 있으므로 吉이 凶이 되고, 凶이 吉이 되는 경우를 두고서 이 學問을 云云하지 말고, 序頭에 言及한 羅經은 권도(權度 : 法則이며 저울과 자)임을 명심하길 바란다. 다시 말해서 한치의 거짓이 없다는 것을 聖賢들께서는 거듭 말씀하셨다.

7층은 60龍으로 秤하고, 納音으로 亡命을 相生시킨다고 하오나 筆者로서는 아직 깊은 뜻을 헤아리지 못하여, 죄송하오나 來龍과 入首의 準則에 의거하고 있음을 알려두고자 한다.

8층은 천반봉침(天盤縫針)으로서 동(動) 정(靜)의 水를 看法하는데, 세심(細心)한 所在地를 확인(確認)하는 것을 必要로 한다.

9층은 쉽게 말하여 분금선이다. 下棺時에 亡命의 生甲을 納音五行으로 生하는 층인데, 參考할 것은 四正龍에는 直龍 直坐가 可하다고 하였으니 명심하기 바란다.

羅經은 13층 또는 36층이 있다는 것을 기억해 두고 모양이 다른 羅經은 天盤縫針 地盤正針 人盤中針으로 알고 사용하면 된다.

## 12. 팔괘 소속 일람표(八卦 所屬 一覽表)

| 八卦 | 乾(건) ☰ | 巽(손) ☴ | 艮(간) ☶ | 坤(곤) ☷ | 坎(감) ☵ | 離(이) ☲ | 震(진) ☳ | 兌(태) ☱ |
|---|---|---|---|---|---|---|---|---|
| 方位 | 西北間 戌乾亥 | 東南間 辰巽巳 | 東北間 丑艮寅 | 西南間 未坤申 | 北 壬子癸 | 南 丙午丁 | 東 甲卯乙 | 西 庚酉辛 |
| 五行 | 陽 金 | 陰 木 | 陽 土 | 陰 土 | 陽 水 | 陰 火 | 陽 木 | 陰 金 |
| 身體 | 頭 머리 | 股 다리 | 手 손 | 腹 복부 | 耳 귀 | 目 눈 | 足 발 | 口 입 |
| 腸腑 (장부) | 肺經 (폐경) | 肝經 (간경) | 脾胃 (비위) | 脾胃 (비위) | 腎經 (신경) | 心經 (심경) | 肝經 (간경) | 肺經 (폐경) |
| 人間 | 老父 | 長女 | 末男 | 老母 | 中男 | 中女 | 長男 | 末女 |
| 相生 | 坤艮(土) 生 乾 (金) | 坎 (水) 生 巽 (木) | 離(火) 生 艮 (土) | 離 (火) 生 坤 (土) | 乾兌(金) 生 子 (水) | 震巽(木) 生 午 (火) | 坎 (水) 生 卯 (木) | 艮坤(土) 生 酉 (金) |
| 相剋 | 離 (火) 剋 乾 (金) | 乾兌(金) 剋 巽 (木) | 震巽(木) 剋 艮 (土) | 震巽(木) 剋 坤 (土) | 艮坤(土) 剋 子 (水) | 坎 (水) 剋 午 (火) | 乾兌(金) 剋 震 (木) | 離 (火) 剋 酉 (金) |
| 比和 | 乾 兌 | 震 巽 | 艮 坤 | 坤 艮 | 坎 | 離 | 震 巽 | 乾 兌 |

## 八卦方位所屬

| (4) (손) 巽<br>辰 巽 巳<br>(음木)<br>장녀 | (9) (이) 離<br>丙 午 丁<br>(음火)<br>중녀 | (2) (곤) 坤<br>未 坤 申<br>(음土)<br>노모 |
|---|---|---|
| (3) (진) 震<br>甲 卯 乙<br>(양木)<br>장남 | (5)<br>中央<br>(陽土) | (7) (태) 兌<br>庚 酉 辛<br>(음金)<br>말녀 |
| (8) (간) 艮<br>寅 艮 丑<br>(양土)<br>말남 | (1) (감) 坎<br>癸 子 壬<br>(양水)<br>중남 | (6) (건) 乾<br>亥 乾 戌<br>(양金)<br>노부 |

### 作卦

乾 : ☰

巽 : ☴

艮 : ☶

坤 : ☷

坎 : ☵

離 : ☲

震 : ☳

兌 : ☱

　상기의 九宮表는 우주 원리가 그 속에 있으므로 무궁무진하오니 의미를 터득하여서 많은 활용을 하여야 할 것이다.

1. 숫자대로 세어가는 것을 順行이라 하고, 끝에서 아래 숫자로 세는 것을 逆行이라 한다. 또는 時計바늘 모양으로 外宮으로 도는 것을 順行, 反對로 도는 것을 逆行이라 한다.
2. 方位로는 北을 子(坎) 南을 午(離) 東을 卯(震) 西를 酉(兌)
3. 五行으로 北을 陽(水) 南을 陰(火) 東을 陽(木) 西를 陰(金)
4. 分房으로 北을 中男, 南을 中女, 東을 長男, 西를 末女
　　　　　乾을 老父, 巽을 長女, 艮을 末男, 坤을 老母

## 13. 추운법(推運法)

집을 짓고 몇년 만에 吉凶이 응(應)하는가를 추리(推理)하는 法인데, 두 가지 要領이 있다. 하나는 건물(建物)의 坐에 선천수(先天數)에 의하고, 또 하나는 오행운법(五行運法)에 의한다.

### (1) 선천수 추운법(先天數 推運法)

| 天干 | 甲己坐 | 乙庚坐 | 丙辛坐 | 丁壬坐 | 戊癸坐 | |
|---|---|---|---|---|---|---|
| 地支 | 子午坐 | 丑未坐 | 寅申坐 | 卯酉坐 | 辰戌坐 | 巳亥坐 |
| 支天數 | 九 年 | 八 年 | 七 年 | 六 年 | 五 年 | 四 年 |

### (2) 오행 추운법(五行 推運法)

| 山 坐 法 | 吉凶年應 |
|---|---|
| 坎山 (壬子癸坐)과 艮山 (丑艮寅坐) | 三~八年 木運 應 |
| 乾山 (戌乾亥坐)과 兌山 (庚酉辛坐) | 二~七年 火運 應 |
| 離山 (丙午丁坐)과 坤山 (未坤申坐) | 四~九年 水運 應 |
| 震山 (甲卯乙坐)과 巽山 (辰巽巳坐) | 1~6. 5~10年 水土運 |

예를 들면 建物의 坐가 갑(甲)坐나 자(子)坐나 오(午)坐이면, 吉凶은 9년 後부터 應한다는 것이다.

또는 감산(坎山 : 壬子癸坐) 建物이 흉격이 되었으면 빠르면 3년, 늦으면 8년 後에 흉액(凶厄)이 應한다는 뜻이다.

이상과 같이 확인하고 六壬을 함께 보면 어긋남이 없을 것이다.

## 14. 동서사택론(東西四宅論)

(1) **東四宅**=坎(壬子癸) 離(丙午丁) 震(甲卯乙) 巽(辰巽巳) 字
    동사택=감(임자계) 이(병오정) 진(갑묘을) 손(진손사) 자

(2) **西四宅**=乾(戌乾亥) 坤(未坤申) 艮(丑艮寅) 兌(庚酉辛) 字
    서사택=건(술건해) 곤(미곤신) 간(축간인) 태(경유신) 자

양택법(陽宅法)에는 문(門)과 주인방(主人房)과 주방(廚房)을 三要 또는 삼대요소(三大要素)라 하는바 이 세 가지 조건을 配合함에는 東四宅은 東四宅끼리, 西四宅은 西四宅끼리 배합되어야지 東西四宅字가 혼합(混合)되면 불길하다고 한다.

그러므로 서책(書冊)에 이르기를 東四宅(坎離震巽)에 西四宅(乾坤艮兌)의 글자가 만나지 않아야 한다 하였다.

만일 잘못하여 서사택(西四宅)에 감(坎) 이(離) 진(震) 손(巽) 글자 중 그 한 자라도 범하면, 가족이 사망하고 재앙이 자주 일어난다 하였다.

또 東四宅에 건(乾) 곤(坤) 간(艮) 태(兌) 글자 중 어느 하나라도 범하지를 않는다면, 즉 東四宅끼리 配合되면, 子孫이 흥왕(興旺)하고, 영화가 이른다 하였다.

이유(理由)는 東四宅은 坎(중남) 離(중녀) 震(장남) 巽(장녀)이므로 坎과 離는 中男과 中女이고, 震과 巽은 長男과 長女가 되므로, 이를 음양(陰陽)에 부부정배합(夫婦正配合)이라고 한다.

西四宅에 乾(老父) 坤(老母) 艮(末男) 兌(末女)가 된다. 乾과 坤은 노부(老父)와 노모(老母)이고, 艮과 兌는 末男과 末女가 되므로 이를 陰陽에 夫婦正配合이 되기 때문이다.

東四宅과 西四宅이 혼합되지 않아야 하는 이유는 또 있다.

東四宅인 坎(陽水) 離(陰火) 震(陽木) 巽(陰木)이 된다. 만약에 震門에 巽(木)方이나 離(火)方이 主人房에 있으면, 木과 木比和나 木 生 火가 되고, 坎(水)方에 주방(廚房)이 있으면 水 生 木으로 相生을 이루고, 구성(九星)으로는 震門에서 主人房은 離方이면 生氣가 되고 廚房은 坎方에 있으므로 天乙이 되고, 廚房과 主人房은 연년(延年)이 되므로 三吉星을 得하여 五行과 일치가 되므로 吉한 宅이라고 한다.

西四宅인 乾(陽金) 坤(陰土) 艮(陽土) 兌(陰金)가 된다. 만약에 坤門에 乾(金)方에 主人房이고, 艮(土)方에 廚房이 있으면, 坤門(土)에서 乾主房(金)은 土生金이 되고, 艮(土)은 비화(比和)가 된다.

九星으로는 곤문(坤門)과 건주(乾主 : 큰방)는 연년(延年)이 되고 간주방(艮廚房)은 생기(生氣)이고, 主人房과 廚房은 天乙의 三吉星을 얻어서 大吉한 宅이라고 한다.

그러므로 집을 짓고 부귀(富貴)를 누리며, 잘살았던 집을 확인해 보면, 三吉星인 生氣・天乙・延年을 得하지 않고서는 발복(發福)이 이루어질 수가 없었음을 확신하였다.

만약에 東四宅에 西四宅이 혼합되었으면 자연적으로 木剋土, 火剋金, 金剋木에 해당되며, 육살(六殺) 화해(禍害) 오귀(五鬼) 절명(絶命)이 된다.

양(陽)이 극(剋)을 받으면, 男子가 손상(損傷)되고 음(陰)이 剋을 받으면, 婦女子가 損傷된다. 그리고 가정(家庭)을 유익토록 하는 가족(家族)이 없으므로 재산(財産)이 亡하지를 않으면, 代를 이어갈 자손이 끊기게 된다.

그러면 무엇이 서로 混合되었다고 하겠는가?

예를 들어 出入門이 東四宅(坎離震巽)에 해당(該當)되는데, 주인방(主人房)이나 주방(廚房)이 西四宅에 해당되는 것을 말한다. 이렇게 되면 위에서 지적한 凶星이 되므로 大凶한 宅이 된다.

　　(3) 구성(九星)의 명칭(名稱)

1. 생기(生氣)　2. 오귀(五鬼)　3. 연년(延年)　4. 육살(六殺)
5. 화해(禍害)　6. 천을(天乙)　7. 절명(絶命)　8. 복위(伏位)

　　(4) 구성의 오행 소속(五行所屬)

생기(生氣) : (木)　오귀(五鬼) : (火)　연년(延年) : (金)
육살(六殺) : (水)　화해(禍害) : (土)　천을(天乙) : (土)
절명(絶命) : (金)　복위(伏位) : (木)

上記의 九星 명칭과 九星의 五行은 이 서책을 공부하는 데 없어서는 안될 중요한 것이므로 이 九星과 九星五行은 암기를 하여야 됨을 강조하는 바이다.

　　(5) 구성 정국(九星 定局) 작괘법(作卦法)

一上 生氣,　二中 五鬼,　三下 延年,　四中 六殺,
五上 禍害,　六中 天乙,　七下 絶命,　八中 伏位

요령은 해당 宮에서 作卦하여 上記의 九星을 號順한다. 坤卦에서 一上 生氣는 艮, 二中 五鬼는 巽, 三下 延年은 乾, 四中 六殺은 離, 이렇게 계속한다.

| 辰 巽 巳 | 丙 離 丁 | 未 坤 申 |
|---|---|---|
| 甲 震 乙 | 一上（生氣）<br>二中（五鬼）<br>三下（延年）<br>四中（六殺）<br>五上（禍害）<br>六中（天乙）<br>七下（絕命）<br>八中（伏位） | 庚 兌 辛 |
| 寅 艮 丑 | 癸 坎 壬 | 亥 乾 戌 |

### (6) 구성(九星) 조견표

垈地나 建物의 中心에서 出入門을 방위로 보고 다음에는 門에서 主房과 廚房을 본다.

| 主房/廚房<br>出入門 | 坎<br>廚房/主人房 | 艮<br>廚房/主人房 | 震<br>廚房/主人房 | 巽<br>廚房/主人房 | 離<br>廚房/主人房 | 坤<br>廚房/主人房 | 兌<br>廚房/主人房 | 乾<br>廚房/主人房 |
|---|---|---|---|---|---|---|---|---|
| 坎門 | 伏位<br>(복위) | 五鬼<br>(오귀) | 天乙<br>(천을) | 生氣<br>(생기) | 延年<br>(연년) | 絶命<br>(절명) | 禍害<br>(화해) | 六殺<br>(육살) |
| 艮門 | 五鬼<br>(오귀) | 伏位<br>(복위) | 六殺<br>(육살) | 絶命<br>(절명) | 禍害<br>(화해) | 生氣<br>(생기) | 延年<br>(연년) | 天乙<br>(천을) |
| 震門 | 天乙<br>(천을) | 六殺<br>(육살) | 伏位<br>(복위) | 延年<br>(연년) | 生氣<br>(생기) | 禍害<br>(화해) | 絶命<br>(절명) | 五鬼<br>(오귀) |
| 巽門 | 生氣<br>(생기) | 絶命<br>(절명) | 延年<br>(연년) | 伏位<br>(복위) | 天乙<br>(천을) | 五鬼<br>(오귀) | 六殺<br>(육살) | 禍害<br>(화해) |
| 離門 | 延年<br>(연년) | 禍害<br>(화해) | 生氣<br>(생기) | 天乙<br>(천을) | 伏位<br>(복위) | 六殺<br>(육살) | 五鬼<br>(오귀) | 絶命<br>(절명) |
| 坤門 | 絶命<br>(절명) | 生氣<br>(생기) | 禍害<br>(화해) | 五鬼<br>(오귀) | 六殺<br>(육살) | 伏位<br>(복위) | 天乙<br>(천을) | 延年<br>(연년) |
| 兌門 | 禍害<br>(화해) | 延年<br>(연년) | 絶命<br>(절명) | 六殺<br>(육살) | 五鬼<br>(오귀) | 天乙<br>(천을) | 伏位<br>(복위) | 生氣<br>(생기) |
| 乾門 | 六殺<br>(육살) | 天乙<br>(천을) | 五鬼<br>(오귀) | 禍害<br>(화해) | 絶命<br>(절명) | 延年<br>(연년) | 生氣<br>(생기) | 伏位<br>(복위) |

### (7) 구성 길흉 흥패론(九星 吉凶 興敗論)

　九星에는 吉星이 생기(生氣) 천을(天乙) 연년(延年)이고, 凶星은 오귀(五鬼) 육살(六殺) 화해(禍害) 절명(絶命)인데, 단 복위(伏位)는 吉도 되고 凶도 되는바 주(主)가 吉하면 吉한 作用을 하고, 主가 凶하면 凶한 作用을 한다.

| 九星 吉凶 | 五行 | 吉 凶 論 | 해당 子孫 |
|---|---|---|---|
| 1. 生氣 (생기) | 木 | 五兄弟에 영웅(英雄)이나 文學과 예능가(藝能家) 出. 만사가 순조롭다. | 長子孫이 發福한다. |
| 2. 五鬼 (오귀) | 火 | 두 兄弟나 家門을 亡친다. 폭력(暴力)과 무기(武器)로 남이나 자신을 상해(傷害)한다. | 長子孫 損傷 빈궁(貧窮) |
| 3. 延年 (연년) | 金 | 四兄弟에 군자(君子)로 孝子孫에 多才多能한 子孫이 명성(名聲)을 떨친다. | 末子孫이 發福한다. |
| 4. 六殺 (육살) | 水 | 외아들에 간질병(癇疾病) 정신질환으로 유산탕진하고 離鄕 | 中子孫이 失敗한다. |
| 5. 禍害 (화해) | 土 | 무자식에 가족이 질병으로 旺하지 못하며, 사업불성(事業不成)한다. | 末子는 失敗한다. |
| 6. 天乙 (천을) | 土 | 三兄弟에 男子와 財物이 旺하고, 家業이 興, 聰明才士 出하여 공명성취 혹 名醫出 | 中子孫이 發福한다. |
| 7. 絶命 (절명) | 金 | 寡婦出 각종 疾病과 부상(負傷)으로 男女가 단명(短命)하다. | 長子孫은 貧窮하다. |
| 8. 伏位 (복위) | 木 | 兄弟에 合이면 吉한 作用을 하고, 凶하면 凶한 作用을 한다. | 아들 兄弟 |

(8) 궁성 상극론(宮星相剋論)

| 九　　星 | 宮　　入 | 해　당　자 |
|---|---|---|
| 生　氣 (木) | 艮　宮 (土) | 少男이 손상(損傷)을 당한다 |
| 五　鬼 (火) | 乾　宮 (金)<br>兌　宮 (金) | 老父에게 우환(憂患)이 發生한다<br>末女에게 憂患이 發生한다. |
| 延　年 (金) | 震　宮 (木) | 長男에게 憂患이 發生한다. |
| 六　殺 (水) | 離　宮 (火) | 中女에게 재앙(災殃)이 發生한다. |
| 禍　害 (土) | 坎　宮 (水) | 中男에게 災殃이 發生한다. |
| 天　乙 (土) | 坎　宮 (水) | 中男에게 災殃이 發生한다. |
| 絶　命 (金) | 巽　宮 (木) | 長女나 長婦에게 災殃이 發生한다. |
| 伏　位 (木) | 坤　宮 (土) | 老母에게 憂患이 發生한다. |

## 15. 구성(九星)과 팔택(八宅) 관계

　연년(延年) : 乾 坤(老父와 老母) 震 巽(長男과 長女) 坎 離(中男과 中女)의 配合이므로 이를 夫婦 正配合이라고 한다.
　천을(天乙) : 震 坎(長男과 中男) 乾 艮(老父와 末男) 巽 離(長女와 中女) 坤 兌(老母와 末女)의 配合이다. 다만 相生은 이루었으나 순양과 순음의 配合이다.
　생기(生氣) : 坎-巽, 艮-坤, 震-離, 乾-兌인데 이는 相生과 比和이며, 陰과 陽의 配合이다.
　오귀(五鬼) : 坎-艮, 乾-震, 巽-坤, 離-兌로 이루어지니 純陽 純陰의 配合에다 相剋되므로 凶한 配合이다.
　육살(六殺) : 乾 坎, 震 艮, 兌 巽, 坤 離로 이루어지는데 오직 乾

坎은 相生이지만 陽대陽에 東西가 혼합되고, 震艮 兌巽 坤離는 純陰 純 陽에다 相剋이고, 또는 東西가 混合되어 凶格의 配合이 된다.

화해(禍害) : 兌 坎, 離 艮, 震 坤, 乾 巽으로 이루어지니 陰陽配合은 되고, 生도 되고, 剋도 되는데, 但 東西四宅이 混合에 禍害가 되므로 不吉이라 한다.

절명(絶命) : 坎 坤, 艮 巽, 震 兌, 乾 離로 이루어지는데 오직 陰陽만의 配合일 뿐 水剋土, 木剋土, 金剋木, 火剋金으로 相剋된 데다 東西四宅이 혼합되고, 또 절명(絶命)이므로 凶配合이라 한다.

### (1) 구성(九星)의 생왕방(生旺方)과 吉凶論

生氣인 (木)이 坎宮에 거(居)하면 家業 번창(繁昌)으로 官職이 오른다.

天乙인 (土)가 離宮에 居하면, 財物 흥성(興盛)에 子孫이 富貴한다.

延年인 (金)이 坤宮에 居하면, 家業 융창(隆昌)에 장수(長壽)한다.

五鬼인 (火)는 家族에게 疾病이 發生하여 凶한 災殃이 發生한다.

六殺인 (水)는 육축(六畜)이 損傷되고, 경황지사(驚惶之事)가 있을 것이며, 불량(不良)한 女息이나 婦人 또는 子婦가 不良하다.

絶命인 (金)은 家族에게 災殃이 있어 항상 재난(災難)이 따른다.

禍害인 (土)는 家族에게 害가 이르고, 災殃이 發生한다.

伏位인 (木)은 萬事에 吉하나 主에 따라 吉凶이 左右된다.

위와 같이 吉星은 生을 받는 方位에 居함이 마땅하고, 凶星은 예를 들면 六殺 水가 艮坤의 土宮에 들면, 土剋水로 힘을 못쓰므로 凶殺이 제거되어, 害가 없다고 한다.

### (2) 구성(九星) 위치론(位置論)

生氣(木)가 坎 離 震 巽宮이면 發福이 장구(長久)하고, 乾兌宮이면 剋을 받고, 艮坤宮이면, 木剋土로 凶한 作用이 감소(減少)가 된다.

延年(金)이 乾兌宮이면 比和가 되고, 艮坤宮이면 土生金으로 生을 받아 吉하고, 離宮이면 火剋金으로 剋을 받고, 震巽宮이면 金剋木으로 凶한 작용이 감소된다.

絶命(金)이 離宮이면 不利하고, 震巽宮이면 간신(奸臣)이 권세를 잡아 忠臣을 모함하는 格이고, 艮坤宮이면 財物과 食糧을 도둑맞고, 또는 범을 길러 禍를 입는 格이며, 坎宮이면 맹수(猛獸)를 함정(陷穽)에 넣으므로 주위가 요란하고, 乾兌宮이면, 올빼미가 氣勢 등등하게 달려드는 형상이므로 不吉하다.

五鬼(火)가 震 巽宮이면, 年年이 도둑이 들어 損財하고 가족 이산(離散)이나, 事業失敗 또는 子孫이 火傷을 당한다. 離宮이면 初年에는 長次子孫이 榮華가 있으나, 長男은 財産을 독차지하지만, 결국에는 탕진하는 災殃을 자초한다. 艮 坤宮이면 家畜이 다 죽으며 家族에게 災殃이 이른다. 坤宮에는 다섯 식구, 艮宮은 세 식구를 잃는다.

禍害(土)가 震 巽宮이면 사나운 노복(奴僕)이 주인(主人)에게 꾸지람을 듣고 원한(怨恨)을 품는 격이고, 乾 兌宮이면 형세가 불리한 상대가 고분고분 順從하다가 끝에는 背反하는 형상이고, 離宮이면 도둑의 근성을 지닌 자식이 집의 財産을 훔쳐다 쓰는 격이고, 坎宮이면 他人을 信任한 결과가 不良輩가 되어 횡포(橫暴)를 부리는 것과 같고, 艮 坤宮이면 親友들의 꾀임에 빠져 집안을 망치는 것과 같다.

六殺(水)이 乾 兌宮이면, 음란(淫亂)해서 남의 집 담장을 넘어다 보는 형상이고, 艮 坤宮이면, 사대부(士大夫)가 늙고 추한 여자를 아내로 삼는 격이다. 震 巽宮이면, 정조(貞操)를 지키던 여인이 貞操를 잃어 自身의 德과 家門을 더럽히는 형상이다. 坎宮이면 婦女子가 뽕나무밭에서 男子를 몰래 만나고, 離宮이면, 婦女子가 쓸데없는 말만 지껄이는 것과 같다.

天乙(土)이 震 巽宮이면 剋을 받고, 離宮이면 財物興盛에 子孫富貴이고, 艮坤宮이면 비화되고, 乾兌宮이면 相生으로 吉하고, 坎宮이면 土剋水로 吉의 작용이 減少된다.

伏位(木)가 震 巽宮이면 比和가 되고, 離宮이면 子孫富貴하고, 艮 坤宮이면 木剋土로 吉의 작용이 감소하며, 坎宮이면 相生으로 吉하다.

### (3) 구성(九星)의 응기(應期)

문(出入門) 주(主人房) 조(廚房)의 三要素에 吉星과 凶星이 부합되면 大吉하고, 凶星을 범하면 大凶함이 당연하다. 그런데 길흉간에 발응하는 年月日이 있으니 應用하기 바란다.

**구성응기조견표**(九星應期早見表)

| 九星 | 吉　凶 | 應驗年月 |
|---|---|---|
| 生氣<br>(생기) | 財物이나 子孫을 얻으려면 生氣方으로 主人房이나 廚房을 내어라. | 亥 卯 未 年 月<br>해 묘 미 년 월 |
| 五鬼<br>(오귀) | 災殃이 발생한다. 官災 訟詞 口舌이 자주 있는 까닭은 五鬼方에 主人房 또는 廚房이 있어서이다. | 寅 午 戌 年 月<br>인 오 술 년 월 |
| 延年<br>(연년) | 만약 疾病을 물리치고 가족이 함께 있기를 원한다면 延年方으로 廚房을 내어라. | 巳 酉 丑 年 月<br>사 유 축 년 월 |

| | | |
|---|---|---|
| 六殺<br>(육살) | 災殃이 發生한다. 財物 損失 사기(詐欺)나 盜賊은 六殺方에 主人房 또는 廚房이 있기 때문이다. | 申子辰年月<br>신자진년월 |
| 禍害<br>(화해) | 災殃이 發生하고, 가족과 다투고 타인과 원수지면 禍害方에 主人房과 廚房이 있기 때문이다. | 申子辰年月<br>신자진년월 |
| 天乙<br>(천을) | 憂患 질병과 災殃을 물리치려거던 天乙方으로 主人房이나 廚房을 내어라. | 申子辰年月<br>신자진년월 |
| 絶命<br>(절명) | 災殃이다. 疾病과 死亡의 원인은 絶命方에 主人房이 있는 까닭이다. | 巳酉丑年月<br>사유축년월 |
| 伏位<br>(복위) | 吉한 일이 발생한다. 구하는 바가 순조롭게 되는 것은 伏位方에 주방이 있기 때문이다. | 亥卯未年月<br>해묘미년월 |

廚房은 반드시 生氣 延年 天乙 伏位方에 해당되어야 福이 이르고 災殃이 이르지 않는다는 뜻이다.

### (4) 오행(五行)과 질병관계

九星에 소속(所屬)된 五行이 어떤 질병(疾病)을 앓게 되는가를 추리할 수 있다.

금(金)이 剋을 받으면, 해수병, 천식, 깜짝깜짝 놀라는 병, 힘줄 당기고 뼈 아픈 병, 몸이 수척해지는 것 등의 질환이 생긴다.

목(木)이 太旺하거나 剋을 받으면, 팔다리가 몹시 저리고 아프거나 부자유하고, 관절염, 결리는 병[담], 중풍으로 몸의 한쪽이 뒤틀리거나 입 혹은 눈이 비뚤어지는 환자(患者)가 발생한다.

수(水)가 太旺하거나 剋을 받으면, 침이 줄줄 흐르는 병, 냉병, 자면서 정액이 나오는 병[遺精], 女人의 經水가 白色으로 나오는 백탁(白濁), 요통, 신허(腎虛: 신장 또는 생식기가 허약함), 임력

(淋瀝 : 소변이 자주 나오거나 잘 나오지 않는 疾患), 토사, 구역질, 피로, 벌레가 장부에 있는 病이 발생한다.

화(火)가 太旺하거나 剋을 받으면, 두통, 뇌의 열병, 삼초(三焦) 疾患, 침이 마르는 병, 광언증(狂言症), 상한(傷寒), 심복통(心腹痛 : 가슴앓이·배앓이), 악창(惡瘡 : 종기) 등이 발생한다.

토(土)가 太旺하거나 剋을 받으면, 비위 허약, 배가 붓는 병, 황달 부종(浮腫), 전염병 등이 발생한다.

金 剋 木이면 精神疾患者가 發生하거나 惡疾 및 사고로 慘傷死 出한다.

木 剋 土면 위장병(胃腸病) 환자가 많이 발생한다.

水 剋 火면 가정불화가 자주 발생한다.

火 剋 金이면 오장육부(五臟六腑)에 벌레가 생기고 재앙(災殃)이 발생(發生)한다.

### (5) 구성 총론(九星 總論)

역(易)에 팔괘(八卦)가 있고, 집[宅]에는 팔방향(八方向)이 있으며, 이를 四吉方과 四凶方으로 나누는 바, 누구에게도 집이 있기 때문에 吉凶方이 있게 마련이다.

팔방 가운데 가장 길한 것은 生氣인 貪狼 木이다. 陽宅에서 生氣方을 得하면, 子孫 5兄弟요 모두가 官祿에 入門하고, 사업번영(事業繁榮)으로 大富 大貴한다고 한다. 자손번성(子孫 蕃盛)으로 慶事가 많으며 발복이 장구하다고 하다.

다음에 吉한 것은 天乙인 (土)이다. 만약에 世帶主인 夫婦의 명(命)에 附合이 되고, 出入門(현관문)에서 主人房(큰방) 廚房(가스렌지) 가운데 하나라도 해당이 되면 현명(賢明)한 아들 3兄弟를 얻고, 富貴를 누리며 우환과 질고(疾痼)가 없으며 육축(六畜)이 왕성하고, 응(應 : 발할 때)할 때를 만나면, 크나큰 財物을 얻을 것이다.

延年은 (金)이다. 世帶主인 夫婦의 命에 附合이 되고, 出入門이나 주방(廚房)이 延年에 해당되면, 아들 4兄弟에 中上層 정도의 富貴를 누리며, 온 家族이 장수(長壽)한다. 그뿐 아니라 歲月이 갈수록 재물이 쌓이고, 부부화목(夫婦和睦)에 子孫의 혼인(婚姻)이 잘 이루어지며, 육축번성(六畜蕃盛)과 만사가 형통하여 좋은 일이 연이어 발생한다.

伏位는 (木)이다. 여기에 해당되면, 수복(壽福)을 누리고, 날마다 財物이 생기며, 자식의 숫자는 적으나, 出入門이 가주(家主 : 세대주)의 命이 伏位에 해당되고, 천을귀인(天乙貴人)이 伏位에 居하는 年에는 반드시 아들을 낳아 健康하게 기를 수 있을 것이다.

以上의 生氣 天乙 延年 伏位 등의 네 곳에다 침실(寢室) 및 出入門 또는 房門을 내면 吉하고, 또는 근본적으로 원칙이면 大吉하다.

凶星론에서 첫 번째 凶星은 絶命인 金星이다. 主房(큰방)이나 주방(廚房 : 부엌)이 절명(絶命)에 해당되면, 자손(子孫)의 대(代)가 끊기고 자신(自身)도 장수(長壽)를 못하고, 질병과 손재로 가축(家畜)에도 손상과 재앙(災殃)이 따를 것이다.

두 번째 凶星은 五鬼인 火星이다. 五鬼方을 犯하면, 노복(奴僕)이 달아나고, 다섯 차례나 도둑을 맞으며 火災가 발생하고, 질병과 구설(口舌)에 損財요 심지어는 사람과 六畜까지 損傷을 입는다.

세 번째 凶星은 六殺인 水星이다. 六殺方을 犯하면, 사기(詐欺)나 실패 등으로 가옥(家屋)과 전답(田畓)을 팔아 없애고, 육축(六畜)까지도 손실(損失)을 한다.

네 번째 凶星은 禍害인 土星이다. 禍害方을 犯하면, 주로 관재(官災) 시비(是非)와 疾病이 따르고, 가족에게 우환(憂患)이 이르며 財物이 나간다.
 그러나 家主의 命에 해당하는 네 곳 凶方에다 화장실을 만들거나 장독대 또는 굴뚝 방앗간 나무간 객실(客室) 등을 만들면, 도리어 凶殺을 진압하는 것이 되어 재난(災難)이 이르지 않고 복록(福祿)을 누릴 수 있으니 알아두기 바란다.
 생기(生氣) 연년(延年) 천을(天乙)은 陽에 속하고, 오귀(五鬼) 육살(六殺) 화해(禍害) 절명(絶命) 복위(伏位)는 陰에 속하며, 건(乾)은 父, 감(坎)은 中男, 간(艮)은 末男, 진(震)은 長男으로 陽宮에 속하고, 손(巽)은 長女, 이(離)는 中女, 곤(坤)은 母, 태(兌)는 末女로 陰宮에 속한다.
 그리고 궁(宮)은 內가 되고, 성(星)은 外가 되는바, 내[宮]에서 外[星]을 극(剋)하면, 흉액(凶厄)이 절반 정도 작용하고, 外[星]가 內[宮]를 극(剋)하면, 흉액이 전부 작용한다.
 양성(陽星)이 음궁(陰宮)을 剋하면 婦女子에게 불리하고 음성(陰星)이 양궁(陽宮)을 剋하면 男子에게 불리하다.
 예를 들어 화해(禍害)는 陰土인데 감궁(坎宮)에 임하면, 음성(陰星)이 양궁(陽宮)을 剋하는지라 中男이 不利하다는 것이다.

| 巽<br>陰(木)<br>長女 | 離<br>陰(火)<br>中女 | 坤<br>陰(土)<br>老母 | 陽星 : 生氣 延年 天乙 |
|---|---|---|---|
| 震<br>陽(木)<br>長男 |  | 兌<br>陰(金)<br>末女 | 陰星 : 五鬼 六殺 禍害<br>　　　 絶命 伏位<br>陽宮 : 乾宮 坎宮 艮宮<br>　　　 震宮 |
| 艮<br>陽(土)<br>末男 | 坎<br>陽(水)<br>中男 | 乾<br>陽(金)<br>老父 | 陰宮 : 巽宮 離宮 坤宮<br>　　　 兌宮 |

(6) 화상가(化象歌)

순음매세다질병(純陰每歲多疾病) 순양재왕무아손(純陽財旺無兒孫)
내극외효적불입(內剋外爻賊不入) 외극내효상주신(外剋內爻傷主身)
음입양궁선생녀(陰入陽宮先生女) 양입음궁정생남(陽入陰宮定生男)

음성(陰星)이 음궁(陰宮)에 들면 순음(純陰)되고, 양성(陽星)이 양궁(陽宮)에 들면 순양(純陽)이다. 純陰은 해마다 질병(疾病)이 많고, 純陽은 재물은 생기지만 子孫이 없다.

宮이 星을 剋하면 이를 內剋 外星이라 主人이 침입자(侵入者)를 물리치는 형상이므로 도둑이 들지를 않으나, 星이 宮을 剋하면 外剋內라 他人이 主人을 害치는 형상이므로 主人이 손상(損傷)을 당한다.

그리고 陰星이 陽宮에 들면 딸부터 낳고, 陽星이 陰宮에 들면, 아들을 먼저 낳는다.

## 16. 피흉취길법(避凶就吉法)

陽宅에는 흉살(凶殺)이 위치(位置)하는 凶方을 피하고, 吉星이 居하는 吉方을 얻어야 하는 것은 너무나 당연한 이치이다. 요는 出入門과 主房(큰방)과 廚房(부엌)이 生氣 延年 天乙 伏位에 居하면 당연한 피흉취길이 되는 것이지만 같은 凶殺이라도 제복(制伏)의 효과가 큰 吉星이 있으므로 이를 適用하면 좋을 것이다.

(1) 흉살제복(凶殺制伏)

生氣 延年 天乙은 吉星이다. 이 세 가지 吉星은 능히 五鬼 六殺 禍害 絶命을 제화(制化)하는 能力이 있다.

그 중에서도 生氣는 五鬼를 항복(降伏)시키고, 延年은 六殺과 禍害를 제압(制壓)한다. 天乙은 絶命을 달래어 化한다.

### (2) 길주방(吉廚房) 분변법(分辨法)

사람의 家庭에 子孫이 창성(創成)하고, 財物이 發하면 이보다 더 바랄 것이 없다. 그런데 재물은 족해도 子孫이 귀해서 男子는 적고 설사 子息이 있더라도 잦은 病치레로 기르기 어려운 예가 많다.

만약에 小兒가 불육(不育 : 자라지 못함)이거나 얻기가 힘들어 늙을 무렵까지 子息이 없거나, 있는 가족(家族)에게 우환(憂患)이 따르거나 질병(疾病)이 오래도록 낫지를 않거나, 子息의 혼인(婚姻)이 이루어지지를 않거든 天乙方으로 주방(廚房)을 개수(改修)하고, 겸하여 세대주(世帶主)의 命으로 天乙方에 침상을 設置하고, 廚房에 가스대를 天乙方에다 안치하면, 子孫을 두어 건강히 자랄 것이다. 부엌이란 양생지소(養生之所)라 한다. 이는 飮食을 만들어 사람의 生命力을 기르는 영양을 보급하는 곳에 해당하기 때문이다.

아무리 공부를 해도 국가고시(國家考試)나 입사시험(入社試驗)에 不合格되거나 혹은 경제적(經濟的)으로 궁핍(窮乏)을 면치 못하거든 生氣方으로 出入門을 내되, 生氣의 五行이 生하도록 하면, 效力이 빨라서 百日 이내에 財物이 생기고 3年內에 고시(考試)나 입사시험에 合格할 것이다.

家族의 男女를 막론하고 壽命이 짧고 기타 좋지 못한 일이 자주 발생하거든 延年方으로 부엌을 내보라. 곧바로 財物이 생기고 壽命이 길어지리라. 특히 出入門이 延年方이고, 또는 世帶主의 命이 天乙에 해당되면 發福은 더욱 정확하리라.

以上의 生氣 延年 天乙方 가운데 하나에 해당하도록 부엌을 내고 겸하여 主人公의 命과 吉局으로 합치가 되어야 한다.

만약에 命과 잘 맞지를 않거든 침상의 놓는 方位, 또는 부엌의 가스대의 위치가 命의 吉方에 居하면 吉할 것이다.

出入門과 主人房의 침상과 廚房의 가스대 位置가 모두 命에 吉格을 얻는다면, 최상의 吉格이라 하겠다.

(3) 흉방의 주방을 해소시키는 법

주방이란 음식을 만들어 온 家族의 영양을 보급함으로써 가족의 건강(健康)과 질병(疾病)은 주방에서 만들어 먹는 음식과 밀접한 관계가 있다. 그러므로 사람이 사는 住宅 가운데서 중요한 곳이 되니 길흉화복(吉凶禍福)의 應이 신속(迅速)하게 미치는 곳이다.

이러한 때문에 廚房은 生氣 延年 天乙의 吉方 가운데 하나가 되도록 배치(配置)해야지 오귀(五鬼) 육살(六殺) 화해(禍害) 절명(絶命)方을 범해서는 안된다.

凶方 가운데 五鬼方이 가장 나쁘고, 다음은 六殺方이다. 잘못해서 이 두 凶方을 犯하면, 가족에게 좋지 못한 일이 생기거나, 혹은 환자가 많이 발생할 것이다.

이러한 우환질고를 속히 물리치려면, 방법이 있다고 하였다. 다름이 아니고 부엌 바닥의 회토(灰土 : 시골 부엌바닥에 흙과 재가 다져진 것)를 긁어모은 뒤 맑은 물로 부엌 청소를 깨끗이 한다.

그리고 5日 뒤에 긁어모은 灰土를 江이나 냇물에 버리면 된다. 만약에 가까운 곳에 냇물이 없으면 十字路 한복판에 묻는다.

이렇게 한 다음 집을 고치되 出入門과 主人房을 吉方으로 내는 것은 물론이거니와 주방은 天乙方이 되도록 하는데 단 다른 곳에서 깨끗한 흙을 취하여 수리(修理)해야 한다.

이와 같이 하면 凶殺이 제화(制化)되어 즉시 효험이 있게 될 것이다. 生氣方을 얻으면 30日, 天乙方을 得하면 50日, 延年方을 得

하면 40日, 伏位方을 얻으면 60日 後에 吉凶이 응하여 吉廚에는 疾病이 완쾌하고 財物이 생기며 子孫은 3年 이내로 貴히 되거나 사업이 잘될 것이라 한다. 그런데 凶方에서 사용하던 廚房의 器機 가운데 쇠붙이는 강한 물건이므로 凶한 氣運이 쉽게 흩어지지 않는다고 한다.

그러므로 쇠붙이는 빈방에다가 백일간을 두었다가 사용하면 凶氣가 사라진다고 한다. 사기 그릇은 그냥 써도 무방하다.

[筆者의 말] 現在는 아파트 빌라 등이고 농촌도 개량주택(改良住宅)이다. 설사 부엌이 凶方일지라도 위에서 論한 해소법(解消法)은 사용할 수가 없다. 다만 현대식 가옥 구조에서는 주방의 위치를 吉方으로 옮기되 가스대의 위치가 중요할 것이다.

## 17. 주방의 좌(坐)에 대하여

(1) **본명정국**(本命定局)

本 冊字 내용 중에 本命이란 술어(述語)가 가끔 나온다. 이는 甲子年 乙丑年에 태어난 태세(太歲)를 本命이라고 하는데, 여기서는 本命定局이 따로 있으니, 그 本命定局을 알아야 한다.

上元 甲子生(1864年 甲子年~1923年 癸亥年에 태어난 사람)
中元 甲子生(1924年 甲子年~1983年 癸亥年에 태어난 사람)
下元 甲子生(1984年 甲子生~2043年 癸亥年에 태어난 사람)

男子 : 상원(上元) 甲子生은 감궁(坎宮), 중원(中元) 甲子生은 손궁(巽宮), 하원(下元) 甲子生은 태궁(兌宮)에서 逆行를 하여 自己의 太歲(生甲)가 닿는 宮이 命이 되는 것이다.

女子 : 상원(上元) 甲子生은 중궁(中宮), 중원(中元) 甲子生은 손궁(巽宮), 하원(下元) 甲子生은 간궁(艮宮)에서 順行하여 自己의 太歲(生甲)가 닿은 宮이 命이 되는 것이다.

[例] 男子 : 辛卯生(1951年)은 中元 甲子에 속하므로, 巽宮에서 甲子를 起하여 九宮으로 逆行하면, 乙丑(3) 丙寅(2) 丁卯(1) 戊辰(9) 己巳(8) 庚午(7) 辛未(6) 壬申(5) 癸酉(4) 甲戌(3) 乙亥(2) 丙子(1) 丁丑(9)

| 巽(4) | 離(9) | 坤(2) |
|---|---|---|
| 震(3) | 中(5) | 兌(7) |
| 艮(8) | 坎(1) | 乾(6) |

戊寅(8) 己卯(7) 庚辰(6) 辛巳(5) 壬午(4) 癸未(3) 甲申(2) 乙酉(1) 丙戌(9) 丁亥(8) 戊子(7) 己丑(6) 庚寅(5) 辛卯(4)는 巽宮이므로 辛卯生인 男子의 本命은 巽命이 되고, 女子는 坤에서 順行이므로 辛卯生인 女子의 本命은 坤命이 된다.

女子 : 己亥生(1979年)은 中元 甲子에 속하므로 坤宮에서 甲子를 起하여 九宮으로 順行하면, 乙丑(3) 丙寅(4) 丁卯(5) 戊辰(6) 己巳(7) 庚午(8) 辛未(9) 壬申(1) 癸酉(2) 甲戌(3) 乙亥(4) 丙子(5) 丁丑(6) 戊寅(7) 己卯(8) 庚辰(9) 辛巳(1) 壬午(2) 庚寅(3) 甲申(4) 乙酉(5) 丙戌(6) 丁亥(7) 戊子(8) 己丑(9) 庚寅(1) 辛卯(2) 壬辰(3) 癸巳(4) 甲午(5) 乙未(6) 丙申(7) 丁酉(8) 戊戌(9) 己亥(1)는 坎宮이므로 己亥生인 女子의 本命은 坎命이 되고, 己亥生인 男子는 巽宮에서 逆行하니, 中宮에 해당한다. 단 男子는 中宮이면 坤命이 되고, 女子는 中宮이면 艮命이 된다.

生年에서 일일이 九宮을 順行 또는 逆行하는 것보다 간편한 조견표(早見表)를 이용하면 대단히 편리할 것이다.

### 本命 早見表

| 生年 | | | | | 男女<br>三元 | 男　子 | | | 女　子 | | |
|---|---|---|---|---|---|---|---|---|---|---|---|
| | | | | | | 上元 | 中元 | 下元 | 上元 | 中元 | 下元 |
| 甲子 | 癸酉 | 壬午 | 辛卯 | 庚子 | 己酉 | 戊午 | 坎 | 巽 | 兌 | 中(艮) | 坤 | 艮 |
| 乙丑 | 甲戌 | 癸未 | 壬辰 | 辛丑 | 庚戌 | 己未 | 離 | 震 | 乾 | 乾 | 震 | 離 |
| 丙寅 | 乙亥 | 甲申 | 癸巳 | 壬寅 | 辛亥 | 庚申 | 艮 | 坤 | 中(坤) | 兌 | 巽 | 坎 |
| 丁卯 | 丙子 | 乙酉 | 甲午 | 癸卯 | 壬子 | 辛酉 | 兌 | 坎 | 巽 | 艮 | 中(艮) | 坤 |
| 戊辰 | 丁丑 | 丙戌 | 乙未 | 甲辰 | 癸丑 | 壬戌 | 乾 | 離 | 震 | 離 | 乾 | 震 |
| 己巳 | 戊寅 | 丁亥 | 丙申 | 乙巳 | 甲寅 | 癸亥 | 中(坤) | 艮 | 坤 | 坎 | 兌 | 巽 |
| 庚午 | 己卯 | 戊子 | 丁酉 | 丙午 | 乙卯 | | 巽 | 兌 | 坎 | 坤 | 艮 | 中(艮) |
| 辛未 | 庚辰 | 己丑 | 戊戌 | 丁未 | 丙辰 | | 震 | 乾 | 離 | 震 | 離 | 乾 |
| 壬申 | 辛巳 | 庚寅 | 己亥 | 戊申 | 丁巳 | | 坤 | 中(坤) | 艮 | 巽 | 坎 | 兌 |

上元 : 西紀 1864年(甲子生)에서 1923年(癸亥生까지)
中元 : 西紀 1924年(甲子生)에서 1983年(癸亥生까지)
下元 : 西紀 1984年(甲子生)에서 2043年(癸亥生까지)

### (2) 주방의 좌(坐)에 화문(火門 : 아궁이)

주방의 坐란 한식(韓式)에서 부엌의 솥과 아궁이를 말한다. 現代의 주방에서는 싱크대와 가스대의 위치라 말할 수 있다. 그래서 주방의 坐를 편리상 아궁이로 대칭(代稱)하니 이해하기 바란다. 陽宅三要에서는 사소한 일까지 신경쓰면서도 陽宅法 가운데 아궁이의 重要性을 모른다고 强調하였다.

만약 본명괘(本命卦)가 火門인 生氣方을 剋하면, 귀태(鬼胎 : 배속에 핏덩어리가 생겨 임신된 것 같은 증세이다) 또는 낙태(落胎)가 되고, 子息을 두어도 어리석으며 家族은 늘지를 않고, 財物과 가축 등의 損失을 많이 보게 된다.

本命이 天乙方을 剋하면, 신체가 몹시 허약하거나 오랜 질병으로 자리에서 일어나지를 못하고 藥을 먹어도 효험이 없다.

本命이 延年方을 剋하면, 가족들이 단명하고, 子息의 혼인이 성립되지 않으며, 夫婦不和이다. 뿐만 아니라 가족이 늘지를 않고 土地와 가옥(家屋)을 팔아 없앤 뒤 빈궁해지며 주인공(主人公)에게는 질병이 따른다.

本命이 伏位方을 剋하면, 무재(無財)에 단명하고 가난을 면하기 어려울 것이라 하였다.

本命이 絶命方을 剋하면, 질병이 없고 장수(長壽)하며 자손이 창성하며, 재물은 증가되고 노복(奴僕 : 하인)이 많이 모이고 재난(災難)이 없을 것이다.

本命이 六殺方을 剋하면, 자손왕성(子孫旺盛)하고 財物增加에 재앙이 없고 가정이 편안하다.

本命이 五鬼方을 剋하면, 화재(火災)와 도난이 없고 노복이 충성하여서 덕을 보며, 질병이 없고 재물 증가와 가축이 번성한다고 한다.

本命이 禍害方을 剋하면, 재물증가에 가족이 온전하고, 질병이 없으며 관재(官災)도 있을 수 없다고 한다.

그러므로 建築을 계획함에 있어서 上記의 지적 사항을 잘 활용하여 침실인 主人房을 延年方으로 배치하고, 주방은 生氣方으로 배치하되 가스대의 정확한 위치만 선정된다면 이상적인 建築이 될 것임을 확신한다.

주좌(廚坐)에 화문(火門)이란 부엌의 부뚜막에 솥을 걸고 불을 때는 아궁이를 말한다. 이 아궁이가 吉方으로 向하면, 發福이 속해서 몇달 안으로 기쁜 일이 應한다고 한다.

그러나 현시대는 부엌의 구조가 전혀 다르다. 筆者의 확인에 의하면 중요한 것은 가스대의 위치이다. 이 가스대를 오귀(五鬼)方에 두고 만든 음식은 첫째로 불사음식(不思飮食 : 음식을 먹을 생각이 없을 것이고, 즉 맛이 없다)일 것이고, 둘째로 이 方에서 만든 음식을 오래도록 먹게 되면 적(積)이 생기며 체수(體瘦 : 몸이 여위다) 하게 되는데, 침실(本人命)이 어느 方位에 있느냐에 따라서 근골통 (筋骨痛 : 뼈가 쑤시고 아픔), 심동(心疼 : 가슴앓이), 탄탄(癱瘓 : 사지가 틀어지는 경우), 또는 요통수족마(腰痛手足麻 : 허리가 아프고 수족 마비 증세), 특히 심불매(心不寐 : 잠이 잘 오지를 않는 증세) 등이며, 여러 가지 질환(疾患)이 있을 것이다.

그러므로 이 書冊에서는 子孫의 유무(有無), 빈부(貧富), 재난 (災難), 질병(疾病), 수명(壽命)의 장단(長短)을 가스대에서 만드는 음식(飮食)과 잠자는 곳에서 근본을 삼는다고 하였다.

(3) **작주방 기절연 화일**(作廚房 忌絶烟 火日)

농촌 한옥(韓屋)의 경우 부엌을 고치고 부뚜막과 아궁이를 만들고 솥을 거는 데 이 날을 피하여 온 것이다.

성현(聖賢)들께서 지적한 日辰이니 현재에도 주방기구(廚房器

具：가스대)를 설치하는 데 해당 月에 忌하는 日辰을 피하는 게 마땅할 것이라 생각된다.

| 月　　別 | 忌　　日 | 月　　別 | 忌　　日 |
|---|---|---|---|
| 1月 5月 9月 | 丁卯日 | 3月 7月 11月 | 癸酉日 |
| 2月 6月 10月 | 甲子日 | 4月 8月 12月 | 戊己日 |
| 적명살(的命殺) | 丙丁日 | 토황살(土皇殺) | 戊己日 |

(4) **분거절연화살일**(分居絶烟火殺日)

다음은 절연화살일(絶烟火殺日)인데 분거(分居 : 살림을 따로 내는 것)하는 데 꺼리는 날이다. 사람들이 이 絶烟火殺日을 두려워하지를 않지만 범하면, 열사람 가운데 아홉사람은 패망(敗亡)하니, 주의하기 바란다.

| 月　　別 | 殺　　日 | 月　　別 | 殺　　日 |
|---|---|---|---|
| 1月　 7月 | 辰戌日 | 4月　 10月 | 丑未日 |
| 2月　 8月 | 巳亥日 | 5月　 11月 | 寅申日 |
| 3月　 9月 | 子午日 | 6月　 12月 | 卯酉日 |

(5) **최자법**(最子法)

最子法이란 아들을 두기 원하거든 다음과 같은 방법을 선택(選擇)하라. 십취수모측(十臭水毛廁 : 냄새나는 10가지 동물의 배설물 뒷간) 등을 本命의 凶方에 내어 누르고, 음식 만드는 곳의 가스대는 命의 生氣인 吉方으로 한다면 몇해 안에 貴子를 낳을 뿐 아니라 백사길상(百事吉祥 : 백사가 좋은 일만 있을 것이다)이라 한다.

本 陽宅論에서 강조하는바 門에서 主人房 또는 주방이 生氣를 得하면, 반드시 5子를 두게 되고, 그 子息이 총명하여 功名成就한다고 하였다. 그러므로 命이 合이면 이는 필연 길상(吉祥)이라고 한다.

(6) 최재법(最財法)

最財法이란 財物이 이르도록 하는 방법이다. 이 십취수모측(十臭水毛厠 : 냄새 나는 동물의 배설물 변소) 등을 本命의 六殺方位에 만들고, 주방 가스대의 위치가 吉方인데 이 위치가 本命에 符合되어 延年이 된다면 1개월내에 적은 財物이 생기고, 3개월이면 상당한 財物이 생기며, 1년이 지나면 크나큰 財物이 생길 것이라고 한다.

## 18. 기 타

(1) 묘택론(墓宅論)

問 : 子孫이 없는 땅에다 祖上의 墓를 썼을 경우라도, 陽宅法에 맞게끔 집을 짓는다면 子孫을 많이 둘 수가 있겠는가?
答 : 書에 이르기를 祖上의 유택(幽宅 : 묘지)도 吉하고, 사는 집도 吉하면, 子孫 代代로 富貴昌盛한다. 그리고 祖上의 幽宅은 不吉하더라도 사는 집이 吉하면, 그 子孫들은 식속보존(食粟保存)이라고 한다.
　　그러나 祖上의 幽宅과 사는 집이 둘다 不吉하면, 子孫은 없게 되고, 있는 子孫도 타향을 떠돌아 다닌다고 하였다.

問 : 집터는 나쁘더라도 建物 구조를 陽宅法에 맞도록 집을 지으

면 子孫이 번창하여 부귀를 누릴 수가 있겠는가?
答 : 진룡(眞龍)과 진혈(眞穴)에 生氣가 나는 대지(垈地)라 할지라도, 이 法式을 벗어난 집에는 가족 중에 괴질(怪疾) 환자가 발생하고 吉凶이 번갈아 發生한다고 한다.

택경(宅經)에 이르기를 吉한 땅에는 陽宅의 法式에 어긋나지를 않으면, 대대로 貴한 子孫에 명성(名聲)을 떨치는 영웅(英雄)이 나올 수 있으나, 법식을 벗어나면 유시무종(有始無終)이다.

穴이 아니더라도 法式에 어긋나지를 않으면, 의식(衣食)만은 풍족하리라 하였다. 그러나 穴도 아니고 法式도 어긋나면 집안이 폐허(廢墟)가 되어 그 子孫은 떠돌아 다닌다 하였다.

問 : 子息을 두는데 아들과 딸을 두는 것은 무엇으로 알 수 있는가?
答 : 宅經에서는 門은 주인인 男子가 되고, 주방은 손님인 婦人이 된다고 한다. 예를 들어 家屋이 南向인 壬子坐에다 巽門인 韓屋 마당에서 봐서 왼편에 主人房이 乾方에 있는데, 이는 禍害이고, 부엌은 오른편 艮方에 있는데, 이는 絶命方이므로 5女를 두게 된다.

乾方에 主人房이 있고, 丙門이면 7女, 午門은 9女, 丁門은 6女이고, 坎方에 主人房이 있고, 未坤門이면 8女, 申門이면 7女이다. 震方에 主人房이 있고, 庚門이면 8女, 酉門은 6女, 辛門은 7女이다. 대개가 絶命에 저촉되면, 아들이 없고 딸자식뿐이라고 하는데, 딸만 두는 경우는 最子法을 活用하면, 반드시 아들을 얻을 것이라고 한다.

## (2) 가옥의 좌(坐)가 당년(當年)에 미치는 영향

| 坐 \ 區分 | 坤 二 眼損 | 震 三 食神 | 巽 四 甑破 | 中 五 五鬼 | 乾 六 合食 | 兌 七 進鬼 | 艮 八 官印 | 離 九 退食 | 坎 一 天祿 |
|---|---|---|---|---|---|---|---|---|---|
| 亥壬子癸坐 는 戊子~戊寅까 지를 坤起順 | 戊子 丁酉 丙午 乙卯 甲子 癸酉 | 己丑 戊戌 丁未 丙辰 乙丑 甲戌 | 庚寅 己亥 戊申 丁巳 丙寅 乙亥 | 辛卯 庚子 己酉 戊午 丁卯 丙子 | 壬辰 辛丑 庚戌 己未 戊辰 丁丑 | 癸巳 壬寅 辛亥 庚申 己巳 戊寅 | 甲午 癸卯 壬子 辛酉 庚午 己卯 | 乙未 甲辰 癸丑 壬戌 辛未 庚辰 | 丙申 乙巳 甲寅 癸亥 壬申 辛巳 |
| 丑艮寅甲坐 는 戊寅~戊辰까 지를 坤起順 | 戊寅 丁亥 丙申 乙巳 甲寅 癸亥 | 己卯 戊子 丁酉 丙午 乙卯 甲子 | 庚辰 己丑 戊戌 丁未 丙辰 乙丑 | 辛巳 庚寅 己亥 戊申 丁巳 丙寅 | 壬午 辛卯 庚子 己酉 戊午 丁卯 | 癸未 壬辰 辛丑 庚戌 己未 戊辰 | 甲申 癸巳 壬寅 辛亥 庚申 己巳 | 乙酉 甲午 癸卯 壬子 辛酉 庚午 | 丙戌 乙未 甲辰 癸丑 壬戌 辛未 |
| 卯乙辰巽坐 는 戊辰~戊午까 지를 坤起順 | 戊辰 丁丑 丙戌 乙未 甲辰 癸丑 | 己巳 戊寅 丁亥 丙申 乙巳 甲寅 | 庚午 己卯 戊子 丁酉 丙午 乙卯 | 辛未 庚辰 己丑 戊戌 丁未 丙辰 | 壬申 辛巳 庚寅 己亥 戊申 丁巳 | 癸酉 壬午 辛卯 庚子 己酉 戊午 | 甲戌 癸未 壬辰 辛丑 庚戌 己未 | 乙亥 甲申 癸巳 壬寅 辛亥 庚申 | 丙子 乙酉 甲午 癸卯 壬子 辛酉 |

1. 천록(天祿) = 관직 얻고 재물증가
2. 안손(眼損) = 官災, 안질 고생
3. 식신(食神) = 인구증가 재물 얻음
4. 증파(甑破) = 재산 가족 이별
5. 오귀(五鬼) = 우환질고 구설
6. 합식(合食) = 가족증가 식록
7. 진귀(進鬼) = 가족우환 질병
8. 관인(官印) = 국가자격고시 진급
9. 퇴식(退食) = 자녀출산 경사 있음

### (3) 가옥의 坐에서 당년에 미치는 영향

| 坐＼區分 | 坤 二 眼損 | 震 三 食神 | 巽 四 甑破 | 中 五 五鬼 | 乾 六 合食 | 兌 七 進鬼 | 艮 八 官印 | 離 九 退食 | 坎 一 天祿 |
|---|---|---|---|---|---|---|---|---|---|
| 巳丙午丁坐는 戊午~戊申까지를 坤起 順 | 戊午 丁卯 丙子 乙酉 甲午 癸卯 | 己未 戊辰 丁丑 丙戌 乙未 甲辰 | 庚申 己巳 戊寅 丁亥 丙申 乙巳 | 辛酉 庚午 己卯 戊子 丁酉 丙午 | 壬戌 辛未 庚辰 己丑 戊戌 丁未 | 癸亥 壬申 辛巳 庚寅 己亥 戊申 | 甲子 癸酉 壬午 辛卯 庚子 己酉 | 乙丑 甲戌 癸未 壬辰 辛丑 庚戌 | 丙寅 乙亥 甲申 癸巳 壬寅 辛亥 |
| 未坤申庚坐는 戊申~戊戌까지를 坤起 順 | 戊申 丁巳 丙寅 乙亥 甲申 癸巳 | 己酉 戊午 丁卯 丙子 乙酉 甲午 | 庚戌 己未 戊辰 丁丑 丙戌 乙未 | 辛亥 庚申 己巳 戊寅 丁亥 丙申 | 壬子 辛酉 庚午 己卯 戊子 丁酉 | 癸丑 壬戌 辛未 庚辰 己丑 戊戌 | 甲寅 癸亥 壬申 辛巳 庚寅 己亥 | 乙卯 甲子 癸酉 壬午 辛卯 庚子 | 丙辰 乙丑 甲戌 癸未 壬辰 辛丑 |
| 酉辛戌乾坐는 戊戌~戊子까지를 坤起 順 | 戊戌 丁未 丙辰 乙丑 甲戌 癸未 | 己亥 戊辛 丁巳 丙寅 乙亥 甲申 | 庚子 己酉 戊午 丁卯 丙子 乙酉 | 辛丑 庚戌 己未 戊辰 丁丑 丙戌 | 壬寅 辛亥 庚申 己巳 戊寅 丁亥 | 癸卯 壬子 辛酉 庚午 己卯 戊子 | 甲辰 癸丑 壬戌 辛未 庚辰 己丑 | 乙巳 甲寅 癸亥 壬子 辛巳 庚寅 | 丙午 乙卯 甲子 癸酉 壬午 辛卯 |

1. 천록(天祿)＝官職 得 財物增加
2. 안손(眼損)＝官災 眼疾患 有
3. 식신(食神)＝人口增加 財物 得
4. 증파(甑破)＝散財 家族 離別
5. 오귀(五鬼)＝憂患 疾瘤 口舌
6. 합식(合食)＝家族增加 食祿
7. 진귀(進鬼)＝家族憂患 主人 疾病
8. 관인(官印)＝考試合格 進級
9. 퇴식(退食)＝子女出産 慶事 有

(4) 분방론(分房論)

分房이란 무엇인가? 요즈음 사회풍토는 소위 핵가족시대(核家族時代)라 하여 男女가 짝만 지으면 長男 次男 관계없이 따로 나가 사는 게 보편화되어 있다.

그러나 60年代 이전만 해도 대가족제도여서 한집에 3代 이상까지도 함께 살았다. 本文은 옛글인만큼 대가족제도에 의해 說明하므로 참작하기 바란다.

分房이란 祖父母 父母 自己 子女 손자녀 형제자매 심지어는 백숙부모까지 함께 살 경우 각각 居住에 적합한 方位가 있다는 것이다.

이것을 일일이 지적할 수는 없으나 건물의 東西南北 네 모퉁이에 房이 있으면, 방위에 따라 吉凶이 다르므로, 이것을 모르고 어기면 좋지 않다. 혹 단칸방 또는 두서너칸 방밖에 안되는 작은 집도 있겠으나, 어쨌든 本命의 吉格에 合致되어야 可하다.

예를 들어 아우가 東命에 속한다면, 東宮에 거처하고, 西命에 속하면 서쪽에 거처하여야 壽와 福을 누리지, 이를 어기면 빈천(貧賤)에 短命할 것이다.

현대식 건물에도 방위 보는 요령은 마찬가지일 것이니 잘 應用하여 가족의 分房에 많은 活用이 되었으면 한다.

筆者도 建築에 30여년을 從事해 오면서 느낀 바가 있어 이 學問에 뜻을 두고 남다른 努力과 體驗을 통하였으나, 아직 이 학문이 이것이라고 말하기에는 이르지만, 분명히 밝혀두고자 하는 것은 風水地理는 있는 그대로를 보고서 吉凶을 論할 수 있는 것이 이 學問이다.

賢哲들께서는 自然과 人間과의 無言의 대화를 기록으로 전하는 과정에서 이해 못하는 부분에 대하여 云云하지만 그 眞意를 올바르게 전하는 者 없으며, 또한 部分을 헤아리는 者 얼마나 되는지 의심스럽다. 그리고 風水地理 하면 墓地風水로만 理解하고 있고, 이것으로만 學問의 전체로 알고 있는데, 이는 참으로 한심스러운 일이라 하겠다.

祖上의 유택(幽宅)도 重要하지만 바로 本人이 먹고 잠자는 곳에서 일어나는 일련의 吉凶을 어찌 祖上의 墓地로만 탓할 수 있으랴!

더 중요한 것은 本人이 거처하는 곳에서, 먹고 잠자는 것이 本人과 가족에게 어떠한 영향이 있는가를 확인하는 학문임을 자부(自負)하는 바이다.

## 19. 고대방론(高大房論)

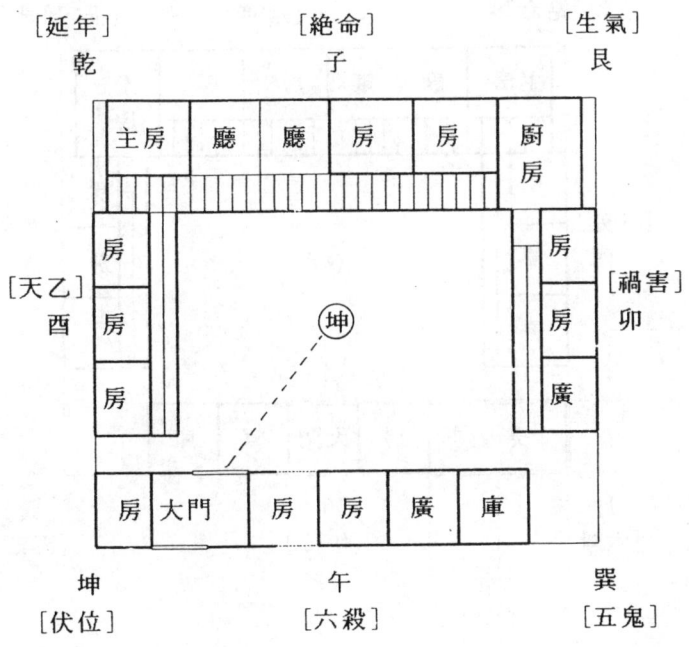

高大房과 高大屋이란 옛날 수십칸의 방을 구비한 으리으리한 부 잣집이다. 즉 큰 韓屋이다. 韓屋에서는 戶主가 거처하는 침실(寢 室)을 高大屋으로 삼고, 頭房에서도 큰방을 高大房이라 하였다.

다음의 韓屋圖는 名門大家의 9代 萬石이었던 慶州市 校洞의 名門大家의 안채이다. 坐는 坎坐에 坤門이다. 흔히들 말하는 東四 宅에 西門이다. 이는 혼합이라 凶宅이라고들 한다. 銘心해야 한다. 大門이 西宅에 속하므로 이는 西宅이 된다.

이러한 그림은 慶州良洞 마을의 희재 이언적 先生의 본가와, 밀 양군 산외면 다죽리 孫氏家와 校洞 孫氏家가 거의 한결같이 子坐 에 坤門이었다. 대개가 2百年 前後의 建築이라고 추정한다. 살펴 보면 坤門에 乾主는 延年이고, 주방은 生氣이다. 主房과 주방은 天乙이다. 이러한 집에는 부부의 命宮合이면, 이는 필시 부부는 好

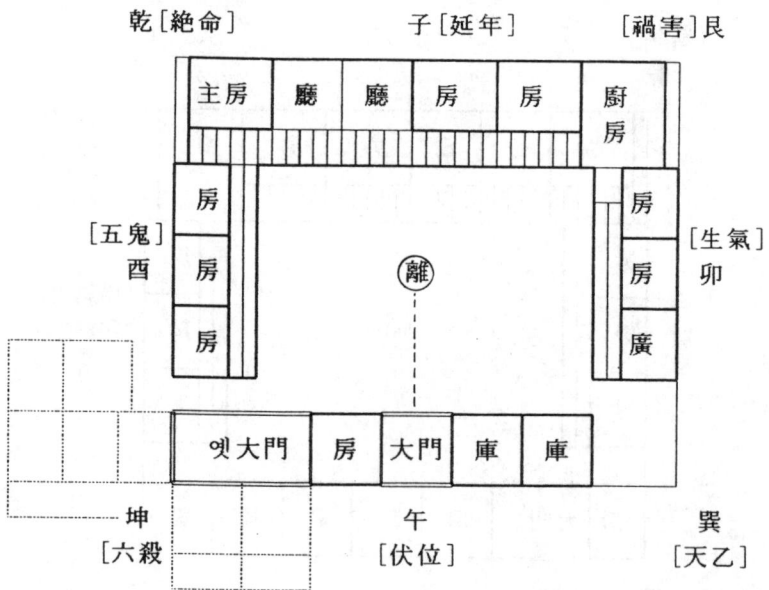

善하고, 子孝 孫賢하니 총명재사가 반드시 나와 科甲이 연면(連綿)하고 夫婦는 해로(偕老)한다.
　坎坐는 東四宅이다. 離門은 東四宅에 東門은 大吉한 집이라고들 한다. 이 집은 처음은 坤門이었는데, 年代는 알 수 없으나 측근으로부터 確認에 의하면 離門으로 改門한 以後로는 患亂이 거듭하였다는 말씀이었다. 이러한 집은 慶南 웅촌면 李氏 宗家집도 同一한 構造의 開門 後로 환란이 거듭되었음이 확인되었으므로 門에서 四宅論이 마땅함을 강조하는 바이니 착오(錯誤)없길 바란다.
　앞의 韓屋圖는 名門大家의 韓屋이다. 즉 慶州市 校洞의 名門大家이다. 이 집은 9代萬石이라 하는데 이 집을 두고서 갑론을론하는 증거가 제시된다. 年代는 알 수 없으나 두선 부분을 철거하여 외동을 증축하는 과정에서 坤門을 離門으로 변경한 증거는 기둥의 수장구멍으로 確認할 수가 있었다. 그 후로 이 집은 환란을 거듭하였을 것이다. 그래서인지 외동을 철거한 흔적은 주춧돌로써 확인할 수가 있다.
　왜 保存을 못했는지를 살펴보자. 흔히들 東宅에 東門은 吉한 宅이라 하지만 그렇지 않다는 事實을 여기서 立證할 수가 있다. 離門에서 乾主는 絶命이고, 艮廚房은 禍害이다. 이렇게 되면, 사업불성에 각종 疾病과 負傷으로 男女가 夭死하고, 次子는 榮貴한다고 하나 끝내는 婦女持家라고 한다.
　다음의 배치도는 名門大家의 韓屋이다. 이 집은 陽宅의 산원인 密陽郡 校洞에 있는 孫氏의 同族마을에 宗家집으로 오랜 세월에 걸쳐 많은 人物을 배출한 집이다. 이곳에서는 특이한 것이 坤門에 延年인 乾方의 主人房 部分과, 生氣인 艮方의 부엌 부분을 뒤에 한칸씩 더 배치한 것이다. 吉한 方位를 최대한 활용했다는 것은 욕심이라기보다, 경이롭다고 하겠다. 모두들 風水地理는 墓地風水로만 생각하게 되고, 거기서만 吉凶을 論하였는데, 陽宅에서 이처럼

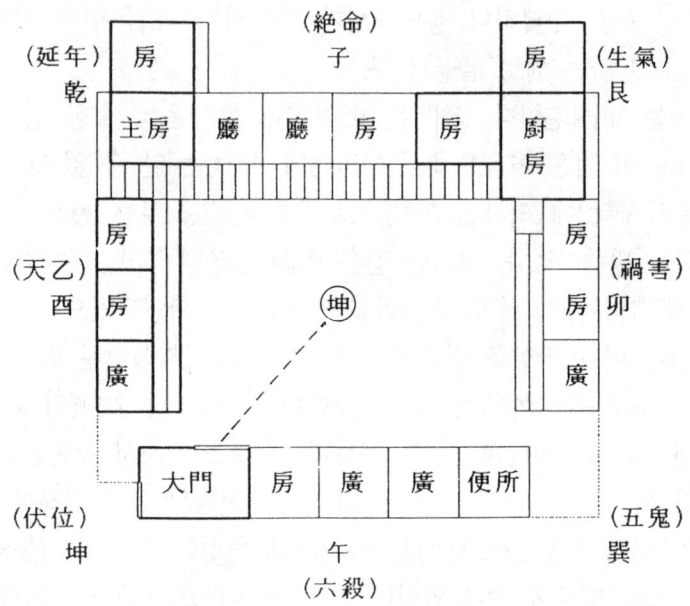

손문(巽門)에 감주(坎主)와 감(坎)부엌의 배치도

吉凶에 집착하여 한칸씩 더 배치한 부분과 몇代를 내려오면서 부엌을 그대로 保存하여 사용하는 그 고집 또 한번 경의를 드리고 싶다. 만약에 그 부엌을 현대식으로 改造하고, 大門의 위치를 바꾸었다면, 이는 불문가지(不問可知)이다.

　다음의 配置圖는 慶尙北道 安東市 豊川面 河回洞의 古宅인 보물 제306호인 양진당이다.

　이 마을은 고려말 朝鮮初에 공조전서(工曹典書)를 지낸 유종혜공이 입향한 이래, 朝鮮 명종 때 황해도 觀察使을 지내신 입암 유중영(1515~1573년) 선생과 겸암 유운룡(1539~1601) 先生이 퇴계 선생의 문하를 거쳐서 안동현감 풍기군수를 거친 유능한 官吏를 지내신 父子의 宗家이다. 또한 25세에 文科及第하여 宣祖朝에 명상으로서 역사의 최대 난국인 임진왜란의 위국을 수습하는 데 중임을 맡아 불멸의 훈공을 남기신 서애 유성룡(柳成龍 : 1542~1607) 先生이 자라온 집이다.

　추정컨대 450년전 그 당시에도 이 陽宅法으로 구조를 配置하여 오늘에 이르게 한 先人들의 知慧에 驚異를 금할 수 없다.

　양진당의 內棟은 巽門에서 坎方에 주인방, 부엌은 東西宅에서 崔吉한 生氣方에 배치하였다. 門에서 주인방이 生氣를 得하면 五子를 得하고, 男女가 준수(俊秀 : 용모가 뛰어나다)하며, 子孝 孫賢하고 兒孫이 滿堂하여 科甲이 連綿하니, 貴는 極品이 되고, 부부제미(夫婦齊眉 : 부부는 공손하다)하여 世代에 榮華롭다. 이러한 집은 가무백정(家無白丁 : 집안에 벼슬을 못하는 사람이 없다)이다. 다음은 巽門에서 震房은 延年이 되므로 이는 二本이 成林하니 功名이 雷聲이라고 한다. 주로 登科及第하여 관봉자조수은

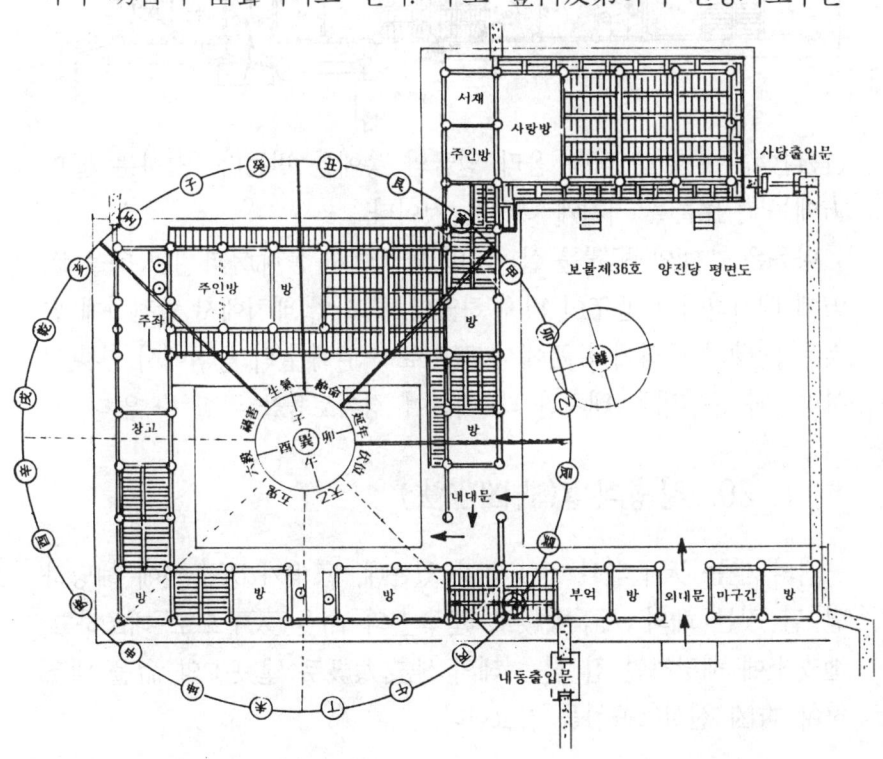

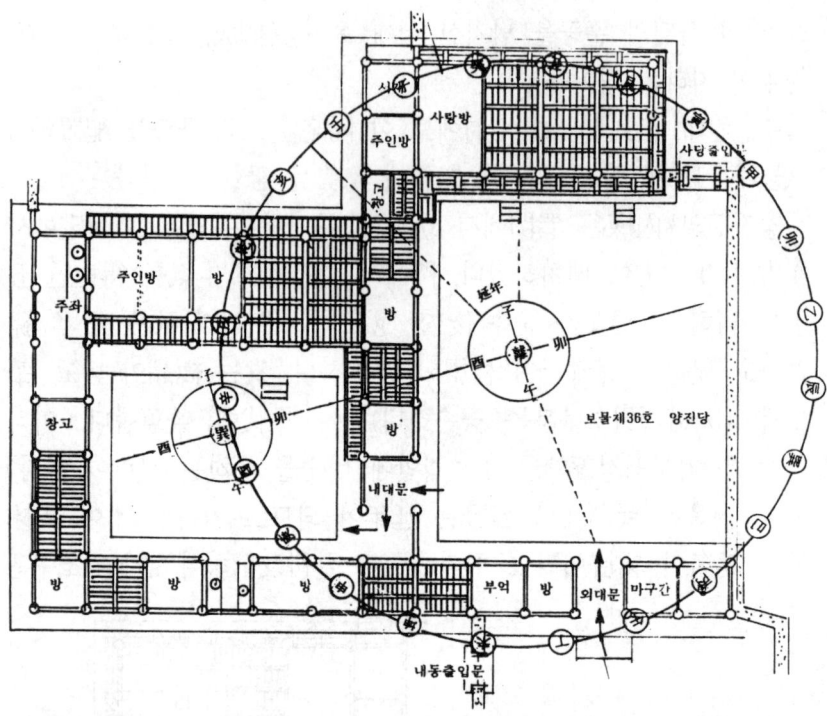

(官封紫詔授恩 : 관직에 올라 임금의 총애를 받는다)을 하는 延年 方에는 子孫들을 거처케 하였을 것이다.

다음은 外棟의 配置를 살펴보면 離門에서 舍廊房과 主人房을 坎方에 배치하여서 延年이 되게 하였다. 構造의 배치에서 발견하게 된 것은 內棟의 중심에서 西에서 東으로 一直線上의 중심에서 外東의 사랑방과 주인방을 배치한 데 대하여 경이로움을 금할 수 없다.

## 20. 길흉좌법(吉凶坐法)

집의 坐는 天干坐와 地支坐가 있는데, 家坐가 天干坐에 해당하면 집 짓는 해의 天干太歲로 建築主의 命을 天干으로 대조하고, 地支坐에 해당하면 집 짓는 해의 地支太歲로 建築主의 命을 대조하여 吉凶 신살(神殺)을 참고한다.

## (1) 成造運坐는 生甲에서 年干을 보고, 年干에서 干坐를 본다

| 神殺 \ 生甲=年 坐 | 甲 生年, 坐 | 乙 生年, 坐 | 丙 生年, 坐 | 丁 生年, 坐 | 戊 生年, 坐 | 己 生年, 坐 | 庚 生年, 坐 | 辛 生年, 坐 | 壬 生年, 坐 | 癸 生年, 坐 |
|---|---|---|---|---|---|---|---|---|---|---|
| 정명(正命) | 甲 | 乙 | 丙 | 丁 | 戊 | 己 | 庚 | 辛 | 壬 | 癸 |
| 모성(耗星) | 乙 | 丙 | 丁 | 戊 | 己 | 庚 | 辛 | 壬 | 癸 | 甲 |
| 복덕(福德) | 丙 | 丁 | 戊 | 己 | 庚 | 辛 | 壬 | 癸 | 甲 | 乙 |
| 편식(偏食) | 丁 | 戊 | 己 | 庚 | 辛 | 壬 | 癸 | 甲 | 乙 | 丙 |
| 초화(招禍) | 戊 | 己 | 庚 | 辛 | 壬 | 癸 | 甲 | 乙 | 丙 | 丁 |
| 천재(天財) | 己 | 庚 | 辛 | 壬 | 癸 | 甲 | 乙 | 丙 | 丁 | 戊 |
| 칠살(七殺) | 庚 | 辛 | 壬 | 癸 | 甲 | 乙 | 丙 | 丁 | 戊 | 己 |
| 관인(官印) | 辛 | 壬 | 癸 | 甲 | 乙 | 丙 | 丁 | 戊 | 己 | 庚 |
| 편인(偏印) | 壬 | 癸 | 甲 | 乙 | 丙 | 丁 | 戊 | 己 | 庚 | 辛 |
| 장생(長生) | 癸 | 甲 | 乙 | 丙 | 丁 | 戊 | 己 | 庚 | 辛 | 壬 |

예) 甲子生이 성조연운을 보려면 甲年은 正命, 乙年은 耗星, 丙年은 福德으로 보고, 만약 官印은 辛卯年에 건축한다면 家坐는 辛에서 보면 癸坐는 福德, 乙坐는 招禍, 丙坐는 天財이다. 이와같은 요령으로 天干 地支 모두 生甲에서 年을 보고, 年에서 坐運을 본다.

| 神殺 \ 生甲=年 坐 | 子 生年坐 | 丑 生年坐 | 寅 生年坐 | 卯 生年坐 | 辰 生年坐 | 巳 生年坐 | 午 生年坐 | 未 生年坐 | 申 生年坐 | 酉 生年坐 | 戌 生年坐 | 亥 生年坐 |
|---|---|---|---|---|---|---|---|---|---|---|---|---|
| 정명(正命) | 子 | 丑 | 寅 | 卯 | 辰 | 巳 | 午 | 未 | 申 | 酉 | 戌 | 亥 |
| 모성(耗星) | 丑 | 寅 | 卯 | 辰 | 巳 | 午 | 未 | 申 | 酉 | 戌 | 亥 | 子 |
| 복덕(福德) | 寅 | 卯 | 辰 | 巳 | 午 | 未 | 申 | 酉 | 戌 | 亥 | 子 | 丑 |
| 편식(偏食) | 卯 | 辰 | 巳 | 午 | 未 | 申 | 酉 | 戌 | 亥 | 子 | 丑 | 寅 |

| 神殺＼坐 生甲=年 | 子 生年坐 | 丑 生年坐 | 寅 生年坐 | 卯 生年坐 | 辰 生年坐 | 巳 生年坐 | 午 生年坐 | 未 生年坐 | 申 生年坐 | 酉 生年坐 | 戌 生年坐 | 亥 生年坐 |
|---|---|---|---|---|---|---|---|---|---|---|---|---|
| 초화(招禍) | 辰 | 巳 | 午 | 未 | 申 | 酉 | 戌 | 亥 | 子 | 丑 | 寅 | 卯 |
| 천재(天財) | 巳 | 午 | 未 | 申 | 酉 | 戌 | 亥 | 子 | 丑 | 寅 | 卯 | 辰 |
| 칠살(七殺) | 午 | 未 | 申 | 酉 | 戌 | 亥 | 子 | 丑 | 寅 | 卯 | 辰 | 巳 |
| 관인(官印) | 未 | 申 | 酉 | 戌 | 亥 | 子 | 丑 | 寅 | 卯 | 辰 | 巳 | 午 |
| 편인(偏印) | 申 | 酉 | 戌 | 亥 | 子 | 丑 | 寅 | 卯 | 辰 | 巳 | 午 | 未 |
| 장생(長生) | 酉 | 戌 | 亥 | 子 | 丑 | 寅 | 卯 | 辰 | 巳 | 午 | 未 | 申 |
| 순중(旬中) | 戌 | 亥 | 子 | 丑 | 寅 | 卯 | 辰 | 巳 | 午 | 未 | 申 | 酉 |
| 공망(空亡) | 亥 | 子 | 丑 | 寅 | 卯 | 辰 | 巳 | 午 | 未 | 申 | 酉 | 戌 |

(2) 신살 길흉 해설(神殺 吉凶 解說)

| 신살(神殺) | 吉 凶 解 說 |
|---|---|
| 정명(正命) | 兄弟 家族이 건강하다. |
| 모성(耗星) | 女弟로 主로 財物이 손실(損失)된다. |
| 복덕(福德) | 子孫이라 아들을 두게 된다. |
| 편식(偏食) | 딸을 두어도 유익(有益)함이 없다. |
| 초화(招禍) | 아내 외에 다른 여자로 禍를 불러 財物이 흩어진다. |
| 천재(天財) | 본부인으로 하여금 橫財로 치부(致富)한다. |
| 칠살(七殺) | 相沖 相剋이니 主로 失敗와 負傷에 골치아픈 일이 있다. |
| 관인(官印) | 官祿 주로 昇官에 이로우며 正妻로 橫財 致富한다. |
| 편인(偏印) | 損財가 아니면 主官災이다. |
| 장생(長生) | 生氣 進神이라 주로 長壽, 吉應은 辰·戌·丑·未年에 있다. |
| 旬中·空亡 | 大凶하다. |

## 21. 개문연운길흉(改門年運吉凶 : 門 고치는 運)

1. 횡재(橫財)   2. 봉적(逢賊)   3. 창성(昌盛)
4. 사송(詞訟)   5. 천리(天理)   6. 금은(金銀)
7. 전곡(錢穀)   8. 퇴재(退材)   9. 화앙(禍殃)

上記의 神殺을 九宮에 入中宮하여 順行하여 門 고치는 年運을 가린다.

### (1) 신살 기본도(神殺 基本圖)

甲子辰生은 坤宮에서 甲子 順行
寅午戌生은 艮宮에서 甲子 順行
亥卯未生은 乾宮에서 甲子 順行
巳酉丑生은 巽宮에서 甲子 順行
하여 당년이 어느 宮에 해당하느냐에 따라 吉凶을 가린다.

| 4 巽<br>사송<br>(詞訟) | 9 離<br>화앙<br>(禍殃) | 2 坤<br>봉적<br>(逢賊) |
|---|---|---|
| 3 震<br>창성<br>(昌盛) | 5 中<br>천을<br>(天乙) | 7 兌<br>전곡<br>(錢穀) |
| 8 艮<br>퇴재<br>(退材) | 1 坎<br>횡재<br>(橫財) | 6 乾<br>금은<br>(金銀) |

예) 巳酉丑生이 己卯年에 改門 한다면 巽宮에서 甲子를 순행 하면 中=乙丑, 乾=丙寅, 兌=丁卯, 艮=戊辰, 離=己巳, 坎=庚午, 坤=辛未, 震=壬申, 巽=癸酉, 中=甲戌, 乾=乙亥, 兌=丙子, 艮=丁丑, 離=戊寅, 坎=己卯年이다. 當年 太歲인 己卯年-1=橫財, 庚辰年-2=逢賊, 辛巳年-3=昌盛, 壬午年-4=詞訟, 癸未年-5=天乙, 甲申年-6=金銀, 乙酉年-7=錢穀, 丙戌年-8=退財, 丁亥年-9=禍殃으로 吉年을 찾는다.

그러므로 巳·酉·丑生이 己卯年에 改門한다면 坎宮인 橫財가 되는데 표-2에서 坎宮은 壬·子·癸方에 改門을 할 수 있다는 것이다.

예) 申子辰生이 己卯年 改門한다면 坤宮에서 甲子를 순행, 震 乙丑, 巽 丙寅, 中 丁卯, 乾 戊辰, 兌 己巳, 艮 庚午, 離 辛未, 坎 壬申, 坤 癸酉, 震 甲戌, 巽 乙亥, 中 丙子, 乾 丁丑, 兌 戊寅, 艮에 當年 太歲는 己卯年이다. 太歲인 艮宮이 退財가 되므로 改門이 凶하다.

寅午戌生이 己卯年에 改門한다면 艮宮에서 甲子를 順行, 離 乙丑, 坎 丙寅, 坤 丁卯, 震 戊辰, 巽 己巳, 中 庚午, 乾 辛未, 兌 壬申, 艮 癸酉, 離 甲戌, 坎 乙亥, 坤 丙子, 震 丁丑, 巽 戊寅, 中 己卯다.

그러므로 寅·午·戌生이 己卯年에 改門한다면 中宮인 天乙에 該當된다. 표-2에 보면, 中宮에서 天乙은 맨 아래에 있다. 왼편으로 가면 丙·午·丁方이 있다. 즉 寅·午·戌生이 문을 고치게 된다면 己卯年에는 天乙인 남쪽에 丙午丁方으로 할 수 있다는 것이다.

## (2) 개문연운길흉(改門年運吉凶)

표-1

| 輪年에서 改門<br>하고자 하는<br>年을 찾아<br>아래 九宮<br>에서 神殺<br>을 가려<br>서 選擇<br>하는<br>方法 / 十二支同生宮 | | | | | | | | |
|---|---|---|---|---|---|---|---|---|
| | 甲子 | 乙丑 | 丙寅 | 丁卯 | 戊辰 | 己巳 | 庚午 | 辛未 | 壬申 |
| | 癸酉 | 甲戌 | 乙亥 | 丙子 | 丁丑 | 戊寅 | 己卯 | 庚辰 | 辛巳 |
| | 壬午 | 癸未 | 甲申 | 乙酉 | 丙戌 | 丁亥 | 戊子 | 己丑 | 庚寅 |
| | 辛卯 | 壬辰 | 癸巳 | 甲午 | 乙未 | 丙申 | 丁酉 | 戊戌 | 己亥 |
| | 庚子 | 辛丑 | 壬寅 | 癸卯 | 甲辰 | 乙巳 | 丙午 | 丁未 | 戊申 |
| | 己酉 | 庚戌 | 辛亥 | 壬子 | 癸丑 | 甲寅 | 乙卯 | 丙辰 | 丁巳 |
| | 戊午 | 己未 | 庚申 | 辛酉 | 壬戌 | 癸亥 | | | |
| 申子辰生<br>改門時<br>坤宮起 甲子 順行 | 坤<br>2<br>逢賊 | 震<br>3<br>昌星 | 巽<br>4<br>詞訟 | 中<br>5<br>天乙 | 乾<br>6<br>金銀 | 兌<br>7<br>錢穀 | 艮<br>8<br>退財 | 離<br>9<br>禍殃 | 坎<br>1<br>橫財 |
| 寅午戌生<br>改門時<br>艮宮起 甲子 順行 | 艮<br>8<br>退財 | 離<br>9<br>禍殃 | 坎<br>1<br>橫財 | 坤<br>2<br>逢賊 | 震<br>3<br>昌星 | 巽<br>4<br>詞訟 | 中<br>5<br>天乙 | 乾<br>6<br>金銀 | 兌<br>7<br>錢穀 |
| 亥卯未生<br>改門時<br>乾宮起 甲子 順行 | 乾<br>6<br>金銀 | 兌<br>7<br>錢穀 | 艮<br>8<br>退財 | 離<br>9<br>禍殃 | 坎<br>1<br>橫財 | 坤<br>2<br>逢賊 | 震<br>3<br>昌星 | 巽<br>4<br>詞訟 | 中<br>5<br>天乙 |
| 巳酉丑生<br>改門時<br>巽宮起 甲子 順行 | 巽<br>4<br>詞訟 | 中<br>5<br>天乙 | 乾<br>6<br>金銀 | 兌<br>7<br>錢穀 | 艮<br>8<br>退財 | 離<br>9<br>禍殃 | 坎<br>1<br>橫財 | 坤<br>2<br>逢賊 | 震<br>3<br>昌星 |

예) 申子辰生이 己卯年에 改門하고자 하면, 甲子 順行에서 두

번째 줄 일곱 번째에 己卯가 있다. 己卯에서 아래쪽 艮宮에 해당되면 艮은 退財이므로 즉 申·子·辰生은 己卯年에 改門하면 退財가 된다.

寅·午·戌生이 庚辰年에 改門하고자 하면, 己卯 庚辰에서 아래쪽 乾宮이 된다. 乾은 金銀이므로 吉하다.

亥·卯·未生이 辛巳年에 改門하고자 하면, 己卯 庚辰 辛巳 아래쪽 中宮에 해당되며 中은 天乙이므로 吉하다.

表-2

| 方＼宮 | 坎 1 | 坤 2 | 震 3 | 巽 4 | 中 5 | 乾 6 | 兌 7 | 艮 8 | 離 9 |
|---|---|---|---|---|---|---|---|---|---|
| 壬子癸方 | 1橫財 | 9禍殃 | 8退財 | 7錢穀 | 6金銀 | 5天乙 | 4詞訟 | 3昌星 | 2逢賊 |
| 未坤申方 | 2逢賊 | 1橫財 | 9禍殃 | 8退財 | 7錢穀 | 6金銀 | 5天乙 | 4詞訟 | 3昌星 |
| 甲卯乙方 | 3昌星 | 2逢賊 | 1橫財 | 9禍殃 | 8退財 | 7錢穀 | 6金銀 | 5天乙 | 4詞訟 |
| 辰巽巳方 | 4詞訟 | 3昌星 | 2逢賊 | 1橫財 | 9禍殃 | 8退財 | 7錢穀 | 6金銀 | 5天乙 |
| 中 | 5天乙 | 4詞訟 | 3昌星 | 2逢賊 | 1橫財 | 9禍殃 | 8退財 | 7錢穀 | 6金銀 |
| 戌乾亥方 | 6金銀 | 5天乙 | 4詞訟 | 3昌星 | 2逢賊 | 1橫財 | 9禍殃 | 8退財 | 7錢穀 |
| 庚酉辛方 | 7錢穀 | 6金銀 | 5天乙 | 4詞訟 | 3昌星 | 2逢賊 | 1橫財 | 9禍殃 | 8退財 |
| 丑艮寅方 | 8退財 | 7錢穀 | 6金銀 | 5天乙 | 4詞訟 | 3昌星 | 2逢賊 | 1橫財 | 9禍殃 |
| 丙午丁方 | 9禍殃 | 8退財 | 7錢穀 | 6金銀 | 5天乙 | 4詞訟 | 3昌星 | 2逢賊 | 1橫財 |

예) 巳·酉·丑生이 己卯年에 改門한다면 改門年運吉凶 表-1에서 己卯年 아래쪽 坎宮이 된다. 坎은 橫財이므로 吉하다.

그러면 申子辰生은 己卯年에 改門하면 退財이므로 凶이 되고, 寅·午·戌生은 庚辰年에 改門하면 金銀이 되므로 吉하고, 亥·卯·未生은 辛巳年에 改門하면 天乙이므로 吉하고, 巳·酉·丑生은 己卯年에 改門하면 橫財이므로 吉하다.

그러면 吉이 되는 金銀 天乙 橫財가 어느 方位에서 吉凶에 저촉되는가를 表-2에서 간법한다.

表-1에 寅·午·戌生이 改門하고자 하는 庚辰年 아래쪽 乾이 金銀이 되어 吉이니 可하다. 그러나 24방위 전체가 吉한 것은 아니므로, 吉方을 가리는 方法은 表-1에서 '乾'이 表-2에서 乾宮이 된다.

表-1 乾上에, 辛未 庚辰 己丑 戊戌 丁未 丙辰이 表-2에서 乾宮이다. 表-2 乾宮 下에 天乙:坎方, 金銀:坤方, 錢穀:震方, 退財:巽方, 禍殃:中, 橫財:乾方, 逢賊:兌方, 昌星:艮方, 詞訟:離方이다.

## 22. 금경도(金鏡圖 : 畜舍 吉凶方)

축사를 짓는 데 吉凶方을 보는 法을 金鏡圖라 한다. 이는 建物 24방에 神殺을 參考하는 것이다. 淨陽(乾甲 坎癸申辰 坤乙 離壬寅戌)을 陽坐, 淨陰(艮丙 震庚亥未 巽辛 兌丁巳丑)을 陰坐로 하여 神殺 吉凶을 參考하는 法式이다.

(1) **신살**(神殺)**의 길흉**(吉凶)

일덕(一德) : 이 방위에 마방(馬枋)을 지으면 吉하다.
삼태(三台) : 이 방위는 돼지우리를 지으면 吉하다.
기라(綺羅) : 이 방위는 우방(牛枋 : 외양간)이 吉하다.

자기(紫氣) : 이 방위는 양(羊)우리를 지으면 吉하다.
탐랑(貪狼) : 이 방위는 닭과 오리를 기르면 吉하다.
태양(太陽) : 이 방위는 六畜(牛·馬·羊·猪·犬·鷄)에 모두 吉하다.
호표(虎豹), 호리(狐狸) : 이 방위는 六畜의 어느 것을 길러도 不可하다.
혈기(血忌) : 이 방위는 六畜이 生肉中 까닭없이 죽는 凶方이다.
도병(刀兵), 도침(刀砧), 표랑(豹狼) : 모든 畜舍를 짓는 것은 不可하다.

(2) **금경도**(金鏡圖 : 동물의 사육 방위 길흉)＊**정양정국**(靜陽定局)

| 巽 | 離 | 坤 |
|---|---|---|
| 辰 : 一德 馬枋(마구간) | 丙 : 貪狼 鷄鴨(닭오리) | 未 : 三台 猪枋(돼지우리) |
| 巽 : 虎豹 호표(범표범) | 午 : 太陽 六畜(牛馬猪犬鷄) | 坤 : 綺羅 牛室(외양간) |
| 巳 : 狐狸 호리(여우, 살쾡이) | 丁 : 豹狼 표랑(표범, 이리) | 申 : 血忌 혈기(생육불가) |
| 震 | 乾　　甲　坐<br>坎　癸　申　辰　坐<br>坤　　　　乙　坐<br>離　壬　寅　戌　坐 | 兌 |
| 甲 : 刀兵 도병(축사조) | | 庚 : 刀兵 도병(축사조) |
| 卯 : 刀砧 도침(不可) | | 酉 : 刀砧 도침(不可) |
| 乙 : 紫氣 羊 (양) | | 辛 : 紫氣 羊 (양) |
| 艮 | 坎 | 乾 |
| 丑 : 三台 猪枋(돼지우리) | 壬 : 貪狼 鷄鴨(닭오리) | 戌 : 一德 馬枋(마구간) |
| 艮 : 綺羅 牛室(외양간) | 子 : 太陽 六畜(牛馬猪犬鷄) | 乾 : 虎豹 호표(범표범) |
| 寅 : 血忌 혈기(생육불가) | 癸 : 豹狼 표랑(표범, 이리) | 亥 : 狐狸 호리(여우, 살쾡이) |

## (3) 금경도(金鏡圖 : 동물의 사육방위 길흉)＊정음정국(靜陰定局)

| 巽 | 離 | 坤 |
|---|---|---|
| 辰 : 三台　猪枋(돼지우리)<br>巽 : 綺羅　牛室(외양간)<br>巳 : 血忌　혈기(생육불가) | 丙 : 刀兵　도병(육축사)<br>午 : 刀砧　도침(不可)<br>丁 : 紫氣　羊　(양) | 未 : 一德　馬枋(마구간)<br>坤 : 虎豹　호표(육축불가)<br>申 : 狐狸　호리(성하다) |
| 震 | 巽　　辛　坐<br>兌　丁　巳　丑　坐<br>艮　　　丙　坐<br>震　庚　亥　未　坐 | 兌 |
| 甲 : 貪狼　鷄鴨(닭오리)<br>卯 : 太陽　六畜(駢羊戌豬)<br>乙 : 豹狐　표호(육축불가) | | 庚 : 貪狼　鷄鴨(닭오리)<br>酉 : 太陽　六畜(牛駢羊戌豬)<br>辛 : 豹狐　표호(육축불가) |
| 艮 | 坎 | 乾 |
| 丑 : 一德　馬枋(마구간)<br>艮 : 虎豹　호표(축사불가)<br>寅 : 狐狸　호리(축사불가) | 壬 : 刀兵　도병(축사불가)<br>子 : 刀砧　도침(길하다)<br>癸 : 紫氣　羊　(길하다) | 戌 : 三台　猪枋(돼지우리)<br>乾 : 綺羅　牛室(외양간)<br>亥 : 血忌　혈기(생육불가) |

## 23. 명전오위택신론(命前五位宅神論)

　十二命과 流年을 대조하여 五行의 生旺 休囚로 吉凶을 論하는 法式이다. 命前 五辰은 子 丑 寅 卯 辰 巳 午 未. 여섯 번째인 巳를 宅神이라 하고, 여덟 번째를 墓神이라 하여 吉하다고 한다.
　命後 二辰인 亥를 破宅이라 하고, 命前 二辰인 丑을 破墓라 하여, 破宅 破墓는 凶이라 하여 家屋을 新築하는 데 參考한다.

| 區分＼生年 | 子 | 丑 | 寅 | 卯 | 辰 | 巳 | 午 | 未 | 申 | 酉 | 戌 | 亥 |
|---|---|---|---|---|---|---|---|---|---|---|---|---|
| 택신(宅神) | 巳 | 午 | 未 | 申 | 酉 | 戌 | 亥 | 子 | 丑 | 寅 | 卯 | 辰 |
| 파택(破宅) | 亥 | 子 | 丑 | 寅 | 卯 | 辰 | 巳 | 午 | 未 | 申 | 酉 | 戌 |
| 묘신(墓神) | 未 | 申 | 酉 | 戌 | 亥 | 子 | 丑 | 寅 | 卯 | 辰 | 巳 | 午 |
| 파묘(破墓) | 丑 | 寅 | 卯 | 辰 | 巳 | 午 | 未 | 申 | 酉 | 戌 | 亥 | 子 |

| 生年＼太歲 | 甲己年 | 乙庚年 | 丙辛年 | 丁壬年 | 戊癸年 |
|---|---|---|---|---|---|
| 亥子生 | 倉庫 | 白衣 | 盜賊 | 靑龍 | 明喜 |
| 丑寅生 | 白衣 | 盜賊 | 靑龍 | 明喜 | 倉庫 |
| 卯辰生 | 盜賊 | 靑龍 | 明喜 | 倉庫 | 白衣 |
| 巳午生 | 靑龍 | 明喜 | 倉庫 | 白衣 | 盜賊 |
| 未申生 | 靑龍 | 明喜 | 倉庫 | 白衣 | 盜賊 |
| 酉戌生 | 明喜 | 倉庫 | 白衣 | 盜賊 | 靑龍 |

## 24. 팔좌대통법(八坐大通法:成造四正八坐)

子年에 建築한다면, 壬子坐는 戌月, 甲卯坐는 丑月, 丙午坐는 辰月, 庚酉坐는 未月에 建築하면 大吉하다는 것이다.
丑年에 建築한다면, 壬子坐는 亥月, 甲卯坐는 寅月, 丙午坐는 巳月, 庚酉坐는 申月에 建築하면 大吉하다는 것이다.
寅年에 建築한다면, 壬子坐는 子月, 甲卯坐는 卯月, 丙午坐는 午月, 庚酉坐는 酉月에 建築한다면 大吉하다는 것이다.

〈早見表 參考〉

| 坐\年 | 壬子 | 癸丑 | 艮寅 | 甲卯 | 乙辰 | 巽巳 | 丙午 | 丁未 | 坤申 | 庚酉 | 辛戌 | 乾亥 |
|---|---|---|---|---|---|---|---|---|---|---|---|---|
| 子年 | 戌 | 亥 | 子 | 丑 | 寅 | 卯 | 辰 | 巳 | 午 | 未 | 申 | 酉 |
| 丑年 | 亥 | 子 | 丑 | 寅 | 卯 | 辰 | 巳 | 午 | 未 | 申 | 酉 | 戌 |
| 寅年 | 子 | 丑 | 寅 | 卯 | 辰 | 巳 | 午 | 未 | 申 | 酉 | 戌 | 亥 |
| 卯年 | 丑 | 寅 | 卯 | 辰 | 巳 | 午 | 未 | 申 | 酉 | 戌 | 亥 | 子 |
| 辰年 | 寅 | 卯 | 辰 | 巳 | 午 | 未 | 申 | 酉 | 戌 | 亥 | 子 | 丑 |
| 巳年 | 卯 | 辰 | 巳 | 午 | 未 | 申 | 酉 | 戌 | 亥 | 子 | 丑 | 寅 |
| 午年 | 辰 | 巳 | 午 | 未 | 申 | 酉 | 戌 | 亥 | 子 | 丑 | 寅 | 卯 |
| 未年 | 巳 | 午 | 未 | 申 | 酉 | 戌 | 亥 | 子 | 丑 | 寅 | 卯 | 辰 |
| 申年 | 午 | 未 | 申 | 酉 | 戌 | 亥 | 子 | 丑 | 寅 | 卯 | 辰 | 巳 |
| 酉年 | 未 | 申 | 酉 | 戌 | 亥 | 子 | 丑 | 寅 | 卯 | 辰 | 巳 | 午 |
| 戌年 | 申 | 酉 | 戌 | 亥 | 子 | 丑 | 寅 | 卯 | 辰 | 巳 | 午 | 未 |
| 亥年 | 酉 | 戌 | 亥 | 子 | 丑 | 寅 | 卯 | 辰 | 巳 | 午 | 未 | 申 |

## (1) 좌(坐)의 길흉 해설

| 同宮坐 | 吉 凶 | 發 應 年 |
|---|---|---|
| 壬子坐 | 財物興盛, 田畓進, 富貴子孫 昌盛 | 6년 내 |
| 癸丑坐 | 家長死亡, 田畓 財物 衰敗 無後絶祀 | 13년 내 |
| 艮寅坐 | 三年後 子孫 또는 家長 慘狀死, 財物 散盡 | 巳酉丑, 寅午戌年 |
| 甲卯坐 | 田畓 財物 官祿 昇進 富貴昌盛 | 申子辰, 亥卯未年 |

| 同宮坐 | 吉 凶 | 發 應 年 |
|---|---|---|
| 乙辰坐 | 憂患不絶, 百事不盛, 子孫多死 大敗 | 亥卯未年 |
| 巽巳坐 | 年年이 大凶, 家屋 田畓이 自然空虛 | 申子辰, 亥卯未年 |
| 丙午坐 | 財物興盛, 子孫昌盛, 富貴榮華 | 申子辰, 亥卯未年 |
| 丁未坐 | 田畓消敗, 牛馬損失, 父母 또는 子孫 敗凶 | 亥卯未年 |
| 坤申坐 | 財物自退, 凡事大盛, 大凶 | 巳酉丑, 寅午戌年 |
| 庚酉坐 | 財物自進, 巳酉丑, 寅午戌年 百事大吉 | 申子辰亥卯未年 登科 |
| 辛戌坐 | 妻子夭死, 財物自損, 必敗亡 | 巳酉丑年 |
| 乾亥坐 | 官災口舌, 財物退하고, 牛馬損失 必凶 | 申子辰, 亥卯未年 |

解說 : 上記의 坐에서 특이한 것은 24坐에서 八坐를 大通하다고 한 것은 家坐에서 壬子坐, 甲卯坐, 丙午坐, 庚酉坐가 吉坐이다.

이 吉坐를 年과 月에 맞추어서 建築하라는 것이다. 成造運에서 南向인 壬子坐의 建築을 하려면, 子年에 戌(9)月에 하고, 甲卯坐는 丑(12)月에, 丙午坐는 辰(3)月에, 庚酉坐는 未(6)月에 하면 된다.

(2) **차사성소조처 조장이사 무불발복**(此四星所照處 造葬移徙 無不發福)

五庫 : 일명 천고성(天庫星)이라 財物과 보화(寶貨)가 날로 이르
(오고) 고 많은 子孫에 영화(榮華)롭다. 卯年에 乾方을 수리(修理)하면 當年에 벼슬에 오르고, 辰年에 丙午方을 수리하면 오래도록 귀하게 되고 榮華롭다.

五龍 : 일명 天星 또는 제성군(帝星君)이라, 이날에 성조(成造)
(오룡) 와 장사(葬事) 또는 이사(移徙)하게 되면, 창고(倉庫)에는

곡식(穀食), 금고(金庫)에는 보화(寶貨)요, 平民이라도 공경(公卿)이 된다.

貴人(귀인) : 貴人方이면 生貴子를 얻고, 횡재(橫財)로 토지와 전답(田畓)을 마련하며, 60일 내지 백일이면 고시합격(考試合格)이나 특채로 귀한 신분이 된다.

武庫(무고) : 유익한 子孫이 孝順하고, 分明한 것은 未年 甲日에 修理를 하게 되면, 當年에 진급(進級)이 있을 것이다.

**八坐大通法 吉日 方位**

| 年\星 | 子年 | 丑年 | 寅年 | 卯年 | 辰年 | 巳年 | 午年 | 未年 | 申年 | 酉年 | 戌年 | 亥年 |
|---|---|---|---|---|---|---|---|---|---|---|---|---|
| 五庫 | 乾亥日方 | 壬子日方 | 癸丑日方 | 艮寅日方 | 甲卯日方 | 乙辰日方 | 巽巳日方 | 丙午日方 | 丁未日方 | 坤申日方 | 庚酉日方 | 辛戌日方 |
| 五龍 | 巽巳日方 | 丙午日方 | 丁未日方 | 坤申日方 | 庚酉日方 | 辛戌日方 | 乾亥日方 | 壬子日方 | 癸丑日方 | 艮寅日方 | 甲卯日方 | 乙辰日方 |
| 貴人 | 艮寅日方 | 甲卯日方 | 乙辰日方 | 巽巳日方 | 丙午日方 | 丁未日方 | 坤申日方 | 庚酉日方 | 辛戌日方 | 乾亥日方 | 壬子日方 | 癸丑日方 |
| 武庫 | 坤申日方 | 庚酉日方 | 辛戌日方 | 乾亥日方 | 壬子日方 | 癸丑日方 | 艮寅日方 | 甲卯日方 | 乙辰日方 | 巽巳日方 | 丙午日方 | 丁未日方 |

上記의 早見表에서 子年에 成造 葬事 移徙 擇日에 巳日이면 五龍, 亥日이면 五庫, 寅日이면 貴人, 申日이면 武庫에 해당된다. 또 子年에 巽巳方 五龍, 乾亥方 五庫, 艮寅方 貴人, 坤申方 武庫에 해당된다.

## 25. 성조(成造) 길흉운

성조운(成造運)을 태세(太歲)로 보는데 두 가지 방법이 있다. 금루사각법(金樓四角法)과 잠사각법(蠶四角法)이 있다. 두 가지 방법 중 금루사각법보다 잠사각법을 많이 활용하고 있다.

감(坎) 이(離) 진(震) 손(巽)宮에 太歲가 해당되면 大吉하다.

乾宮 : 父母死角이므로 부모에게 불리하나 안 계시면 무관하다.
巽宮 : 牛馬死角이므로 무관하다고 하나 牛馬損失, 牛馬舍는 不可.
艮宮 : 本人과 子息에게 불리하다.
坤宮 : 婦人에게 불리하다.
中宮 : 잠사각(蠶四角)이므로 大凶하니 成造 不可라고 한다.

1. 金樓死角圖

| 巽 | 離 | 坤 |
|---|---|---|
| 8, 18, 28, 38 | 9, 19, 29, 39 | 10, 20, 30, 40 |
| 震 | 中 | 兌 |
| 7, 17, 27, 37 | 4, 5, 14, 15, 24, 25, 35 | 1, 11, 21, 31, 41 |
| 艮 | 坎 | 乾 |
| 6, 16, 26, 36 | 3, 13, 23, 33, 43 | 2, 12, 22, 32, 42 |

2. 蠶死角圖

| 巽 | 離 | 坤 |
|---|---|---|
| 8, 17, 26, 34, 43, 53 | 9 18, 27, 36, 44 ,54 | 1, 10, 19, 28, 37, 46 |
| 震 | 中 | 兌 |
| 7, 16, 24, 33, 42, 52 | 5, 15, 25, 35, 45, 50 | 2, 11, 20, 29, 38, 47 |
| 艮 | 坎 | 乾 |
| 6, 14, 23, 32, 41, 51 | 4, 13, 22, 31, 40, 49 | 3, 12, 21, 30, 39, 48 |

金樓四角은 兌에서 出發 外宮으로 順行하는데 中宮으로 四歲 五歲 十四 十五 二十四 二十五로 四와 五는 모두가 中宮에 해당하고, 乾은 2, 艮은 6, 巽은 8, 坤은 10, 20, 30으로 해당되므로 끝수가 同一하다.

蠶四角은 坤으로 出發 外宮으로 順行하여 中宮에 五歲 十五歲 二十五歲 五十歲, 즉 끝자가 五만 中宮 蠶事角에 해당한다. 그리

고 蠶四角에 到來하는 세태가 각각 다르므로 이 法을 使用함이 마땅하다.

六壬坐法은 陰陽宅을 不問하고 吉凶에 적중률(適中率)이 높은 學問이다. 그리고 垈地의 選擇과 家相을 列擧하니 參考하기 바란다.

## 26. 육임좌법(六壬坐法 : 墓, 家坐에서 太歲 確認)

| 坐\生 | 壬子坐 | 癸丑坐 | 艮寅坐 | 甲卯坐 | 乙辰坐 | 巽巳坐 | 丙午坐 | 丁未坐 | 坤申坐 | 庚酉坐 | 辛戌坐 | 乾亥坐 |
|---|---|---|---|---|---|---|---|---|---|---|---|---|
| 子生 | 神后 | 大吉 | 工曹 | 太沖 | 天罡 | 太乙 | 勝光 | 小吉 | 傳送 | 從魁 | 河魁 | 登明 |
| 丑生 | 大吉 | 工曹 | 太沖 | 天罡 | 太乙 | 勝光 | 小吉 | 傳送 | 從魁 | 河魁 | 登明 | 神后 |
| 寅生 | 工曹 | 太沖 | 天罡 | 太乙 | 勝光 | 小吉 | 傳送 | 從魁 | 河魁 | 登明 | 神后 | 大吉 |
| 卯生 | 太沖 | 天罡 | 太乙 | 勝光 | 小吉 | 傳送 | 從魁 | 河魁 | 登明 | 神后 | 大吉 | 工曹 |
| 辰生 | 天罡 | 太乙 | 勝光 | 小吉 | 傳送 | 從魁 | 河魁 | 登明 | 神后 | 大吉 | 工曹 | 太沖 |
| 巳生 | 太乙 | 勝光 | 小吉 | 傳送 | 從魁 | 河魁 | 登明 | 神后 | 大吉 | 工曹 | 太沖 | 天罡 |
| 午生 | 勝光 | 小吉 | 傳送 | 從魁 | 河魁 | 登明 | 神后 | 大吉 | 工曹 | 太沖 | 天罡 | 太乙 |
| 未生 | 小吉 | 傳送 | 從魁 | 河魁 | 登明 | 神后 | 大吉 | 工曹 | 太沖 | 天罡 | 太乙 | 勝光 |
| 申生 | 傳送 | 從魁 | 河魁 | 登明 | 神后 | 大吉 | 工曹 | 太沖 | 天罡 | 太乙 | 勝光 | 小吉 |
| 酉生 | 從魁 | 河魁 | 登明 | 神后 | 大吉 | 工曹 | 太沖 | 天罡 | 太乙 | 勝光 | 小吉 | 傳送 |
| 戌生 | 河魁 | 登明 | 神后 | 大吉 | 工曹 | 太沖 | 天罡 | 太乙 | 勝光 | 小吉 | 傳送 | 從魁 |
| 亥生 | 登明 | 神后 | 大吉 | 工曹 | 太沖 | 天罡 | 太乙 | 勝光 | 小吉 | 傳送 | 從魁 | 河魁 |

### (1) 육임등명(六壬登明) 방위 해설

① 神后 : 해마다 재물이 증가되고, 申·子·辰年 巳·酉·丑月의 出生者는 貴하게 될 것이고, 이러한 年에는 가축(家畜)이 번성할 것이며, 西南向(西向 또는 南向)집은 財物을 얻는다.

② 大吉 : 辰·戌·丑·未年 子·午·卯·酉月에는 財物이 나가지 않으면, 가족 중에 질병(疾病)이 있을 것이다. 6~13年內로 女子로 인하여 財物에 손재가 있을 것이다.

③ 工曹 : 寅·午·戌年 亥·卯·未月의 出生者는 貴하게 되고, 西南向 집에 사는 사람은 財物을 얻을 것이고, 家畜이 번성할 것이다.

④ 太冲 : 3年內 또는 子·午·卯·酉年 辰·戌·丑·未月에는 가족 중 疾病이나 損財가 있든지, 官災가 없으면, 生離別이나 死別이 있다.

⑤ 天罡 : 申·子·辰年 巳·酉·丑月에는 많은 財物이 생길 것이며, 貴한 子息을 얻을 것이다.

⑥ 太乙 : 寅·申·巳·亥年 寅·申·巳·亥月에는 官災로 財物이 나가는 일이 없으면, 生離別이나 死別하는 일이 있을 것이다.

⑦ 勝光 : 寅·午·戌年 亥·卯·未月에는 집이나 땅을 사게 되고, 모든 일이 뜻대로 잘 이루어진다.

⑧ 小吉 : 辰·戌·丑·未年 子·午·卯·酉月에는 땅이나 집으로부터 損財가 없으면, 生離別이나 死別이 있을 것이다.

⑨ 傳送 : 申·子·辰年 巳·酉·丑月에는 財運이 大吉하여 금은옥백(金銀玉帛)으로 橫財하여 食口나 職員이 增加하게 될 것이다.

⑩ 從魁 : 子·午·卯·酉年 辰·戌·丑·未月에는 관재구설(官災口舌)이나 疾病이 없으면, 부부파란(夫婦波蘭)으로 生離別이나 死別한다.
⑪ 河魁 : 寅·午·戌年에 亥·卯·未月에는 귀한 子息이 出生할 것이고, 田畓이나 집을 사게 되고, 財物은 홍성(興盛)할 것이다.
⑫ 登明 : 寅·申·巳·亥年 寅·申·巳·亥月에 官災나 損財가 없으면, 生離別이나, 疾病으로 死亡할 것이다.

筆者는 六壬을 墓地에 확인해본 결과 체백(體魄)이 육탈(肉脫)되는 15年 前後로 하여 경이(警異)로움을 입증(立證)하였다.
陽宅에는 가족이 거주하는 곳이므로 각자의 太歲(나이)에 따라서 吉凶이 相反되나 대체로 家主의 太歲로 간법(看法)한다.

### (2) 성조길흉년길좌(成造吉凶年吉坐) 응용

성조운(成造運) : 44歲의 丁酉生이 집을 짓고자 하는데, 어느 해에 成造할 수 있으며 어떠한 坐를 했으면 좋겠는가?

① 잠사각(蠶四角) 參考. 10歲를 坤에서 出發 20歲 兌宮, 30歲는 乾宮, 40歲 坎宮, 41歲 艮宮, 42税 震宮, 43歲 巽宮, 44歲 離宮이다. 44歲 庚辰年에 成造할 수 있는 大運이 왔다.
② 庚辰年에 成造한다면, 길흉좌법을 干支로 보는데 먼저 生干인 丁 아래로 年干을 찾으면, 丁=정명, 戊=모성, 己=복덕, 庚=편식이 되므로 나쁘다. 그러면 生支로 찾으면, 生支인 酉 아래에 年支를 찾으면, 酉=辰年은 官印이므로 吉年이 된다. 다음은 辰年 下에 午=福德坐, 酉=天財坐가 되므로 可하다.

③ 命前五位宅神論 參考

辰年에 宅神은 酉坐, 墓神은 亥坐, 酉生이 庚年에 成造하면 倉庫이다.

④ 八坐大通法 參考

辰年에 庚酉坐는 亥(10)月 酉日에 着工하면, 大吉하다.

⑤ 來龍을 확인한다. 九星과 破得을 참고하면 더욱더 좋을 것이다. 庚辰年에 天財인 酉坐를 선택하면, 丁酉生에는 正命에 해당하고, 命前五宅論에는 宅神이 되고, 八坐大通法에는 四胞인 酉坐에 해당된다. 六壬에는 丁酉生이 勝光이 되므로 最古坐이다.

⑥ 家坐가 當年에 미치는 吉凶 坐는 酉·辛·戌·乾坐는 庚辰年이 官印이 된다.(國家考試 資格試驗 昇進)

⑦ 着工 月日은 四星 所照處인 辰年에 五龍인 酉日에 着工하게 되면, 大吉한 擇日이다.

단 銘心해야 할 것이 있다. 擇日도 중요하지만, 더 중요한 것은 建物의 配置圖에서 陽宅三要에 어긋남이 없어야 全部를 누릴 수 있다.

(3) 필자의 제언

필자는 風水地理에 대하여 깊이 탐구(探究)해 오는 과정에서 음택풍수(陰宅風水)에 대해서는 나름대로의 學問을 정리(整理)하여 吉凶을 논하는 데는, 현철(賢哲)의 말씀대로 이 學問이 티끌만큼도 거짓이 없다는 것을 부인(否認)할 수가 없었다.

그러나 돌아가신 祖上의 무덤으로만 風水를 論하고, 그 무덤에 祖上의 체백(體魄)에 한하여 단정하는바, 화장문화(火葬文化)니, 납골당(納骨堂)이니 운운하는데 이 부분은 陰宅에서 論하기로 하겠다.

陽宅이라고 해서 경시(輕視)해서는 안된다는 것을 말하고자 한다. 가급적 來龍을 확인하면 반드시 坐向이 있을 것이다. 그리고 만봉(巒峰)이 수려(秀麗)하면 吉星에 부합될 것이다.

어느 노승(老僧)께서 암자를 建築하였는데, 그곳에서 오래도록 머무르지 못하고 他界하였다. 놀라운 것은 그 庵子가 자리한 곳은 丑艮龍에 癸丑坐였다. 이러한 坐는 속성속패(速成速敗)라고 한다.

甲卯方이 凹하면은 長男方에는 눈물 그칠 날이 없다는 것은 양자에 養子가 거듭됨을 말하는 것이다.

그 地方에서 3千石 했다는 古家屋이 자리한 곳은 동쪽[甲卯]이 凹해 있었다. 長孫의 말씀은 養子를 거듭하였다고 하였다. 물론 집은 坎坐에 坤門이었다. 乾方에 主人房(延年)이고, 부엌은 艮(生氣)方으로 배치되어 있었다.

祖父 때에 안채를 改修하면서 離門으로 하고는 환난(患難 : 근심과 재난)이 거듭되었다고 하였다. 지금은 文化財 所管이었다.

艮寅方이 凹하면 정신질환(精神疾患)이나 간질병자(癎疾病者)가 발생하는 것은 묘지(墓地)나 집에서나 다를 수가 없었다.

그리고 墓地에서 쌍둥이가 出生하는 경우를 확인할 수가 있었는데 집에서도 이러한 쌍둥이가 出生하는 경우는 墓地와 다를 수가 없다는 사실이 立證되었다.

그러므로 風水地理를 論하면 묘지풍수(墓地風水)로만 단정하는 것은 속단(速斷)이다. 그래서 陽宅三要에서는 좋은 터에 법식에 어긋남이 없으면 다행이지만, 이러한 법식을 경시(輕視)하는 것은 재화(災禍)를 自招할 것이라 하였다.

다음은 가상학(家相學)에서 논하는 대지(垈地)의 선택과 구조 배치도 등을 간추려 설명하고자 한다.

### (4) 家相의 극비전(極秘傳)에서는

① 龍이 끝나는 벼랑 밑이나, 골을 등지고 자리한 집은 갖가지 질병(疾病)으로 苦生하다가 死亡하는 경우도 있으며, 물론 事業은 不盛하다.
② 길이 막다른 곳의 집은 나쁘다고 하였다.
③ 住宅의 서편에 大路가 있으면 吉하다고 한다.
④ 大門 앞에 큰 나무가 있으면 禍를 부른다고 하여 凶하다.
⑤ 집의 西北便에 큰 나무가 있으면 幸福을 主管하는데, 乾方의 큰 나무는 함부로 베면 大難을 당한다고 한다.
⑥ 子息이나 兄弟의 집을 한 울안에 짓는 것은 한쪽이 衰하므로 凶하다고 한다.
⑦ 임신(姙娠)중에 집 수리를 하는 것은 不可라고 하였다.
⑧ 정원(庭園)의 큰 나무는 재해(災害)의 근원(根源)이 된다.

⑨ 庭園의 가운데 연못은 氣溫을 차게 하므로 凶하고, 포석(布石 : 서있는 돌)은 陰氣를 부른다고 하여 凶하다고 하였다.
⑩ 집보다 담이 높으면 빈곤(貧困)하여진다고 한다.

○ 대지 선택

① 垈地는 후고(後高 : 뒤가 높고) 전하(前下 : 앞이 낮다)가 진토(晋土)라 하니 삶이 吉하다고 한다.
② 垈地는 艮方이나 坤方이 들어가거나 나온 것은 凶한 것이고, 乾方이나 巽方位로 좀 내민 듯함이 吉하다.
③ 三角形의 宅地는 火災나 쟁론(爭論)을 발(發)하는 상(相)으로 凶하다.
④ 시냇물을 택지(宅地) 안으로 끌어들이는 것은 凶하다.
⑤ 도로 편보다 안쪽으로 길면 有福하다고 한다.
⑥ 수목(樹木)이 울창(鬱蒼)하던 땅에는 뿌리를 남기지 말라.

○ 배치와 설계도

① 食口가 적은데 집이 크면 점차(漸次)적으로 빈궁(貧窮)하다.
② 食口가 많고 집이 작으면 漸次적으로 富貴 昌盛할 것이다.
③ 住宅에는 간수(間數)에 吉凶이 있다고 한다. 1칸은 吉하고, 2칸은 무관하고, 3-4칸은 凶, 5-6-7칸은 吉하고, 8칸은 凶하고, 9칸은 吉하다.
④ 집의 中央에 居室을 配置하고, 居室을 中心으로 房의 配置가 바람직하다.
⑤ 大門과 현관(玄關)은 一直線上의 배치는 凶하다.
⑥ 뒷 창문(窓門)이 없는 집은 夫婦 中 어느 한쪽이 禍를 당한다.
⑦ 침실(寢室)과 玄關門이 一直線上에 있으면 凶하다.
⑧ 부엌 아궁이의 불이 길에서 보이는 것은 大凶하다.

⑨ 집 한가운데 화장실을 두면 家主가 병신(病身)이 되며 유약(柔弱)하다.
⑩ 北方의 화장실은 大凶하고, 玄關門과 마주 대하면 종기(腫氣)를 앓는다.
⑪ 계단(階段)을 中央에 設置하면 凶하다.
⑫ 창문(窓門)은 東向이 제일 길하고, 北向 창문은 婦人이 경수 불순(經水不順)하다.
⑬ 本宅의 서편에 別堂이 있으면 夫婦가 하는 일이 吉하다.

○ 가옥 구조

① 통행(通行)하는 길 위의 방(房)은 大凶하다고 한다.
② 처마나 차양에 구멍을 내도려서 나무를 살리는 것은 大凶하다.
③ 기둥을 잇거나 땜질은 大凶하다.
④ 마루나 방을 층이 되게 꾸민 집은 大凶하다.
⑤ 正面에서 보아 凸字形 山字形 火字形 家屋은 火災를 당한다.
⑥ 木村을 거꾸로 세워 쓰면 禍를 당한다고 한다.
⑦ 大門은 크고 집은 작으면 凶하다.
⑧ 빗물이나 下水口가 艮이나 坤方으로 나가면 凶하고 쓰레기를 버려도 나쁘다고 한다.
⑨ 아궁이가 우물을 향하면 損失이 많으니 凶하다고 한다.

○ 우물 길흉방

子方 泉 : 도난 失物, 丑方 泉 : 子孫 淫亂, 寅方 泉 : 文章 子孫 나옴
卯方 泉 : 富貴 雙全, 辰方 泉 : 衣食 豊足, 巳方 泉 : 半吉 半凶
午方 泉 : 牛馬 蕃盛, 未方 泉 : 家事 豊足, 申方 泉 : 家中 貧困
酉方 泉 : 子孫 淫亂, 戌方 泉 : 兄弟 不和, 亥方 泉 : 子孫 長壽

이 學問에 대해서 각자의 주장과 고집이 다르다 보니, 받아들이는 입장에서는 혼돈을 하지 않을 수 없다.

그래서 筆者는 어느 書冊이든지 그 내용을 답사(踏査)하여 확인한 결과에 승복(承服)하고, 그 學問을 信奉하여 자신있게 말할 수 있다는 것은 잘못된 부분은 다른 書冊과 비교하여 오해(誤解)되거나, 인쇄체로 잘못된 점을 바로잡아 정리(整理)하였지만 아직도 해결되지 못한 부분을 상의할 스승이 없음을 개탄(慨歎)하는 바이다.

東西四宅論에 대해서도 그렇다. 東四宅 坎離震巽을 坐라고 하는데 坎離震巽字라고도 말할 수가 있다. 東四宅은 집이니까 坐라고 하는 게 옳다고 생각하고 그렇게 정리해서 전하여 오고 있다.

앞에서도 古大家의 三要에서 거론하였다. 양택삼요(陽宅三要)는 分明하게 말해서 門에서 主人房과 부엌인 주방이 居하는 곳이 동사택자궁(東四宅字宮 : 坎離震巽)에 해당되므로 東四宅字라고 하는 게 타당하고, 집坐가 東四宅字에 속하면 이 또한 東四宅字이다.

書冊에 의하면 東西四宅이 혼합되면 대흉(大凶)하다고 한다. 그러나 混合되어도 無妨한 글자가 있다. 이는 집의 坐와 三要에서 말하는 分房인 主人房과 주방이다.

이렇게 되어 있는 집은 慶州市 校洞 崔富者의 古宅과 慶州市 江洞面 良洞里 李彦迪 先生의 宗家집이며, 慶南 密陽市 校洞 孫氏의 宗家집과 그 一族의 家屋이 거의가 壬子坐이고, 坤門에 乾주인방과 艮주방인 부엌이다.

그런데 慶北 安東市 河回마을의 한 古宅의 年代는 450年으로 推定되는데, 이 집은 家坐가 西宅字인 未坐이고, 艮門에 坤주인방이고 兌方이 부엌이었다.

이러한 집은 門과 주인방, 부엌, 그리고 家坐 모두가 西四宅字였다. 그러므로 모두가 東西字에 혼합되지를 않는다면 더더욱 좋을 것이라 믿어 마지않는다.

그리고 혼합이라는 것은 家坐를 제외하고 출입문에서 주인방과 부엌이라는 것을 분명히 말할 수가 있다.

그러나 공장건물을 계획한다든지 감정(鑑定) 때에는 陽宅三要에서 말하는 三要인 門에서 주인방과 부엌의 기준을 어디에 두어야 하겠는가? 확인에 의하면 출입문에서 건물의 坐를 보고, 다음은 사무실의 所在를 확인할 것이며 특히 便所의 위치를 확인하는 것을 잊지 말아야 한다.

주인이 자주 바뀌는 공장이나 상가점포(商街店鋪)는 坐와 출입문, 그리고 사무실 또는 계산대(計算臺)의 위치가 東西四宅字에 혼합되어 있었고, 禍害 絶命 五鬼方에 있어야 할 便所는 吉方에 있었다.

그리고 사무실에서는 출입문에서 주인의 책상坐가 生甲의 吉星에 居함이 마땅하다. 물론 이러한 배치도도 중요하겠지만, 공장 또는 상업 건물은 來龍의 吉坐를 論하는 것이 타당하다.

來龍의 坐를 경시하거나, 골을 가까이 한 건물은 주인이 자주 바뀌어도 몇년 후에는 가동이 멈추게 되고, 흉물(凶物)로 방치(放置)되는 것을 도처에서 볼 수가 있다.

놀라운 사실은 乾亥龍에 壬子坐에 震門인 집의 主는 未生이었다. 이 집은 龍에 坐를 犯則했고, 主의 生甲에는 小吉에 저촉되었다. 聖賢의 말씀대로 티끌만큼도 거짓이 없었음을 立證하였다.

# 제2장  三要 應用

## 1. 동택(東宅)과 정택(靜宅)

民宅三要에는 팔괘명(八卦命 : 三元에서 本命이 八卦宮에 떨어지는 곳을 命이라 한다), 팔문(八門 : 八卦方에 소속되는 門을 八門이라 한다)과 팔주(八廚 : 八卦方에 소속되는 主人房을 말한다)와의 관계를 吉凶으로 논하고, 건물의 坐向에 대한 것을 그림으로 表示하면서 동택(動宅)과 정택(靜宅)을 설명하고자 한다.

動宅이란 2층 이상의 건물 또는 출입문[大門]이 2重 3重으로 된 큰 저택(邸宅)을 말하고, 정택(靜宅)은 단층 건물이나 출입문이 하나밖에 없는 일반 주택이라 하겠다.

그러므로 한옥(韓屋)과 양옥(洋屋)을 막론하고, 2층 이상의 건물과 옛날 富貴人이 살던 저택과 현대의 빌딩 빌라 고급 아파트 등이 動宅에 속하고, 단층 주택과 대문이 하나로 된 일반 주택이 靜宅이라고 한다.

### 1) 구성정국(九星定局)과 오행소속(五行所屬)

1. 생기(生氣 : 木)   2. 오귀(五鬼 : 火)   3. 연년(延年 : 金)
4. 육살(六殺 : 水)   5. 화해(禍害 : 土)   6. 천을(天乙 : 土)
7. 절명(絶命 : 金)   8. 복위(伏位 : 木)

作卦와 함께 사용하면 대단히 편리하다. 九星은 暗記해야 한다.

## 2) 동서사택(東西四宅)

東四宅과 西四宅은 건물의 坐로서 말하나, 民宅三要에서는 분명히 출입문이 東宮(坎離震巽)에 있으면 이를 東四宅이라고 하고, 西宮(乾坤艮兌)에 속하면 이를 西四宅이라고 하니 錯誤 없기 바란다.

* 參考로 말하고자 한다. 或者는 건물의 坐가 東四宅(坎離震巽)이면 東四宅 所在의 門을 吉한 집이라고 固執하는데, 이는 잘못 理解하고 있다는 것을 證言하고자 한다. 慶尙北道 慶州市 江洞面 良洞 마을이다. 朝鮮朝 때의 性理學者이며 文臣이었던 회재(晦齋) 이언적(李彦迪 : 1491~1553) 先生의 宗家집은 子坐에 坤門이며, 乾주인방(延年)이고 艮주방(生氣)이다. 乾主에서 艮주방은 天乙이 된다.

이러한 집은 문과 주인방은 陰陽에 夫婦正配이므로 가정이 화목하고 上下仁義和順하며, 산업풍륭(産業豊隆)에 人口興旺하다. 六畜이 茂盛하니, 巳・酉・丑年은 필주응서(必主應瑞)한다. 십년형화 발문헌(十年螢火 發文軒 : 10년간 추녀끝에서 밝힌 반딧불로 공부하여)하여 서기영문 인칭쾌(瑞氣盈門 人稱快 : 상서로운 기운이 문안에 가득하다)하니, 부귀영화 사해전(富貴榮華 四海傳)이고, 坤門에 艮주방은 적토성산(積土成山)에 금은전재 광진래(金銀錢財 廣進來)에 편심소자 다애(偏心小子 多愛)한다.

乾主에 艮주방이면, 父慈 子孝하니 문정광현 흥왕발달(門庭光顯 興旺發達)에 예불(禮佛) 호선(好善)하니 복덕자손 흥왕하다. 이 외에 高臺廣室을 도처에서 확인에 의하면, 坎坐에 坤門은 乾주인방 艮부엌이 한결같음을 분명히 말하고 싶다.

### ① 東四宅

東四宅은 건물의 坐나 출입문이 坎・離・震・巽 방위에 해당되는 것인데, 주로 출입문(大門)의 宮卦에서 九星으로 生氣 五鬼 延年 六殺 禍害 天乙 絶命 伏位를 붙여 길흉화복(吉凶禍福)을 論하는데 生氣가 上格이고, 延年이 다음이고, 그 다음은 天乙이다.

門卦에서 주인방이나 주방이 生氣 延年 天乙에 해당하면 吉格이 되고, 五鬼 六殺 禍害 絶命에 해당하면, 凶格이 된다고 한다.

### ② 西四宅

西四宅은 건물의 坐나 출입문이 乾・坤・艮・兌의 방위에 해당되는 것인데, 주로 출입문(大門)의 宮卦에서 九星으로 生氣 五鬼 延年 六殺 禍害 天乙 絶命 伏位를 붙여 吉凶禍福을 논하는데, 西四宅에서는 延年이 最上이고, 다음이 生氣이고, 그 다음이 天乙에 해당되면 吉格이 되고, 五鬼 六殺 禍害 絶命에 해당되면, 凶格이 된다.

예를 들어 西四宅은 출입문이 西宅에 해당되면, 이를 西宅이라고 하고, 坤門이 되면, 陰陽의 夫婦正配가 되는 乾主가 延年이 되고, 兌門이 된다면, 陰陽의 夫婦正配가 되는 艮主가 延年이 된다. 東宅에서도 震門이 되면, 陰陽의 夫婦正配가 되는 巽主가 延年이 되고, 離門이 된다면, 陰陽의 夫婦正配가 되는 坎主가 延年이 된다.

### (1) 건명(乾命)

男女의 命이라는 것은 太歲에서 말하는 甲子生 乙丑生이 아니다. 民宅三要에서 말하는 命은 三元(上元 中元 下元)에서 上元에 속하는 男子는 甲子를 坎宮에서 逆行하여 太歲가 乾宮에 떨어지면 乾命이라 하고, 女子는 甲子를 中宮에서 順行하여 太歲가 艮宮

에 떨어지면 艮命이라고 한다. 男子 中元은 巽宮에서, 下元은 兌宮에서 甲子를 逆行한다. 女子 中元은 坤宮에서, 下元은 艮宮에서 甲子를 順行하여 떨어지는 宮이 命이다. 만약 男子가 中宮에 떨어지면 坤命이 되고, 女子가 中宮에 떨어지면 艮命이 되는 것을 명심하기 바란다.

上元 : 1864年 甲子에서 1923年 癸亥까지의 出生者를 말한다.
中元 : 1924年 甲子에서 1983年 癸亥까지의 出生者를 말한다.
下元 : 1984年 甲子에서 2043年 癸亥까지의 出生者를 말한다.

| 巽 四 | 離 九 | 坤 二 |
|---|---|---|
| 甲子 병인<br>癸酉 을해 | 戊辰 신미<br>丁丑 경진 | 丙寅 갑자<br>乙亥 계유 |
| 震 三 | 中 五 | 兌 七 |
| 乙丑 을축<br>甲戌 갑술 | 壬申 정묘<br>辛巳 병자 | 庚午 기사<br>己卯 무인 |
| 艮 八 | 坎 一 | 乾 六 |
| 己巳 경오<br>戊寅 기묘 | 丁卯 임신<br>丙子 신사 | 辛未 무진<br>庚辰 정축 |

例 : 男子 1940年 出生者는 庚辰生으로 中元에 해당된다. 中元 男子는 巽宮에서 甲子를 逆行하면, 乙丑=震, 丙寅=坤, 丁卯=坎, 戊辰=離, 己巳=艮, 庚午=兌, 辛未=乾, 壬申=中, 癸酉=巽, 甲戌=震, 乙亥=坤, 丙子=坎, 丁丑=離, 戊寅=艮, 己卯=兌, 庚辰은 乾宮이므로 乾命이라고 한다.

例 : 女子 1940年 出生者는 庚辰生으로 中元에 해당된다. 中元 女子는 坤宮에서 甲子를 順行하면, 乙丑=震, 丙寅=巽, 丁卯=中, 戊辰=乾, 己巳=兌, 庚午=艮, 辛未=離, 壬申=坎, 癸酉=坤, 甲戌=震으로 해서 庚辰은 離宮이므로 離命이라고 한다.

男子 : 1922, 1931, 1940, 1949, 1958, 1967, 1976, 1985, 1994, 2003

女子 : 1919, 1928, 1937, 1946, 1955, 1946, 1973, 1982, 1991, 2000

① 乾門에 乾命과 乾主圖

옛날 古家는 울타리 안에서 中心을 잡아 羅經을 보면 출입하는 곳이 戌·乾·亥方에 있으면 乾主라고 한다.

현대식 주택은 출입하는 곳이 현관이기 때문에, 집의 中心인 거실에서 羅經을 보아 戌·乾·亥方에 현관문이 있으면 乾門이라 하고, 큰방이 戌乾亥方에 있으면 乾主라 한다. 또한 주방이 丑艮寅方에 있으면 이를 艮廚라고 한다.

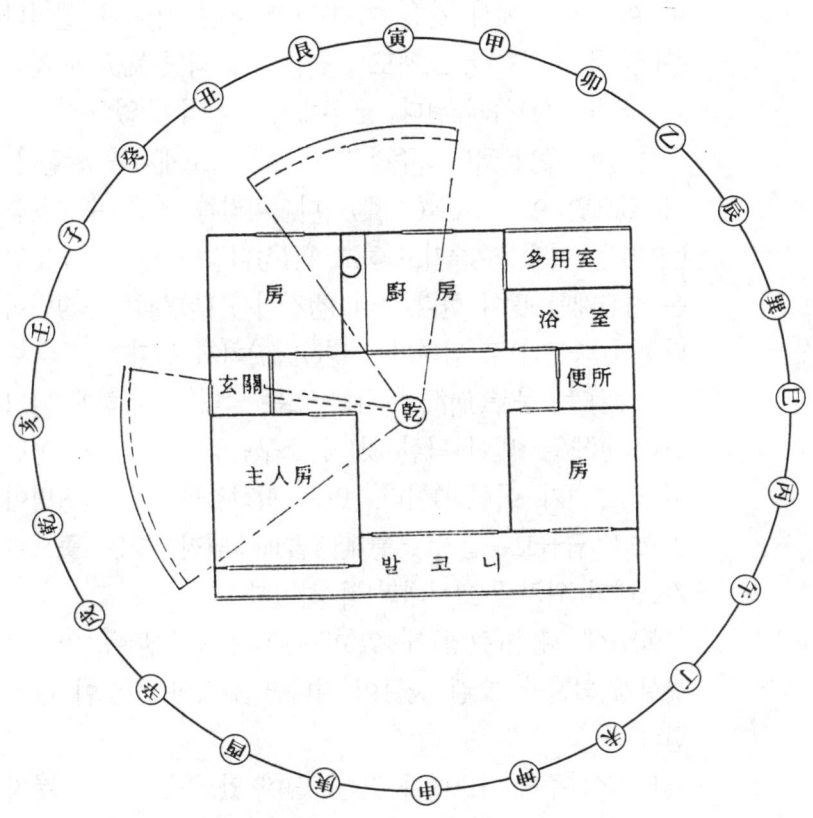

앞의 그림은 乾門에서 乾主와 艮주방에 寅坐인 西四宅字이다. 이러한 집은 初年에는 모든 일이 잘 이루어지고, 재물(財物)이 풍족하여 가정이 화목하다. 예불호선(禮佛好善)하며 아버지는 자혜(慈惠)롭고 子息은 孝道하며 공명(功名)을 성취하는 명의원(名醫院)이 나올 수 있는 집이다. 그러나 순양(純陽)의 배치(配置)가 되었으므로 세월이 지나면 婦女子와 長子는 단명(短命)하게 되고, 여러번 장가를 가게 되나 끝내는 養子가 代를 이어가는 집이다.

### 乾門에서 乾主와 八廚와의 관계

乾門　　乾方에 乾主(큰방)가 있으면 이를 비화(比和)라고 하며 이러한 곳에서 잠을 자면, 初年에는 財産이 일어나 부(富)를 누리지만, 오래도록 居住하게 되면 婦人과 자식이 단명(短命)하게 된다. 兄弟에게도 자식이 없다.

　　　　坎方에 주방(廚房 : 주방은 가스대의 소재지를 말한다)이 있으면 이는 육살(六殺)이다. 이러한 집은 수성호음(中男은 여색을 즐기고)하고, 금성다람(金星多濫 : 노인은 성관계를 많이 한다)하니, 정갈이사(精竭而死 : 정력이 다하여 죽는다)로 남녀가 단명(短命)하게 된다.

　　　　婦女子는 붕루(崩漏 : 下血) 또는 낙태(落胎)하게 되고 변탁(便濁 : 소변이 탁한 것)에 소구난양(小口難養 : 어린이 기르기가 어렵다)이다. 또는 정신질환이나 간질병이 있으니 급급보수길지(急急補修吉地 : 빨리 좋은 곳으로 가스대의 위치를 고쳐내라)라 하였다.

乾門　　乾方에 乾主(큰방)가 있고 初年에는 財産이 일어나 잘살게 되지만, 오랜 歲月이 지나면 婦人과 子息이 短命한다.

　　　　艮方에 주방(가스대가 있는 곳)이 있으면, 자래추 부자자효(子來趣 父慈子孝 : 부자간에 정이 두터워 아버지는 子息을 아끼고, 자식은 父母에게 효도한다)하므로 문정광현 흥왕발달(門庭光顯 興旺發達 : 영예로운 자손이 태어나 家門을 일으킨다)하며 예불호선(禮佛好善)하나, 음인소구질병(陰人小口疾病 : 부녀자와 어린이는 질병을 앓는다)이다.

乾門　　乾方에 乾主(큰방)가 있고, 震方에 주방이 있으면 오귀(五鬼)이다. 이러한 집에는 상 장자손(傷 長子孫 : 장자손이 일찍 죽는다)이며, 해수천식(咳嗽喘息 : 기침과 호흡장애)과 근골통(筋骨痛 : 근육에 고통) 및 자액도상인명흉사(自縊刀傷 人命凶死 : 목매 죽거나 칼날에 흉사)가 없으면, 화도관재 화환연흉(火盜官災 禍患連凶 : 화재 도난 관재의 화가 연이어 발생한다)하고, 자손패역(子孫悖逆 : 자손이 부모의 뜻을 거스리고)에 육축손상(六畜損傷 : 가축이 죽는다)이라 하였다.

乾門　　乾方에 乾主(큰방)가 있으면, 初年에는 財産이 일어나 잘살게 되지만, 오랜 歲月이 지나면 婦人과 子息이 短命한다.

　　巽方에 주방(가스대의 위치)이 있으면, 長婦나 長女에게는 재물에 손실이 있든지, 조사(早死)하게 될 것이다.

　　그리고 가족은 탄탄(癱瘓 : 몸이 뒤틀린다)이고, 근골동통(筋骨疼痛 : 근육이 시리고 아프다)에 기옹(氣癰 : 숨이 차는 증세)이다. 또는 산망(産亡) 관재(官災) 도난이 있을 수 있으며, 구안와사(口眼歪斜 : 입이나 눈이 비뚤어진다)하는 자가 생긴다.

　　이러한 집에 오래 살게 되면, 중처첩심감차 종수영락환

과(重妻妾甚堪嗟 終須零落鰥寡 : 탄식할 일이로다 여러 婦人을 맞이하여도 끝내는 홀아비와 과부만 남는다)이다.

乾門　　乾方에 주방이 있으면, 이는 二金이 比和되므로 初年에는 財産이 일어나 잘살게 되지만, 이러한 집은 先吉하고 後凶하므로 각주상처 상자(却主傷妻 傷子 : 주로 보면 婦人이나 子息이 죽는다)는 유양무음 호고서(有陽無陰 好孤恓 : 외로움을 근심하게 됨은 음이 없이 양만 있기 때문이다)이므로 형제동거결사(兄弟同居缺嗣 : 兄弟도 함께 살게 되면 子息이 없어진다)가 된다.

乾門　　離方에 주방이 있으면, 절명(絶命)이다. 이러한 집은 선상노공 차손중녀(先傷老公 次損中女 : 먼저 호주가 죽고, 다음에 가운데 딸이다)이며, 가족에게는 허노(虛勞 : 허약하고 피로한 증세), 천수(喘嗽 : 천식·해수), 황종(黃腫 : 누렇게 붓는 증세), 토혈(吐血), 탄환(癱患 : 중풍으로 사지가 뒤틀린다), 안질(眼疾), 악창(惡瘡) 疾患이나, 자액투하(自縊投河 : 목매 죽거나 물에 빠져 죽는다)가 없으면 화도관재시비(火盜官災是非 : 화재나 도난 관재가 있다)이니, 구내재패핍사(懼內財敗乏嗣 : 두렵도다 재산은 없어지고 후사가 없다)는 장유질병효상(長幼疾病爻傷 : 어른 아이를 막론하고 疾病으로 사망한다)이다.

乾門　　坤方에 주방(가스대가 있는 곳)이 있으면, 乾과 坤은 연년(延年)으로 음양(陰陽)에 부부정배(夫婦正配)가 된다.

　　이러한 집은 財産이 크게 일어나 부귀쌍전(富貴雙全 : 부자가 되고 벼슬을 한다)하게 되므로 이를 부모구경 복수강녕재왕(父母俱慶 福壽康寧財旺 : 재산은 일어나고 父母는 壽福을 누린다)하고, 자수군자 가관진록(子秀君

子 加官進祿 : 뛰어난 子息은 벼슬을 얻어 높은 지위에 오른다)에 이르니 효의화동부부량(孝義和同夫婦良 : 부부는 화목하고 자식은 효도하며 형제간에는 우애가 있다)이니, 주우길성 무개조칙 만문길경복무강(廚遇吉星 無改造則 滿門吉慶福無疆 : 문과 주방이 길한 배합인데, 어리석게 고치지만 않는다면 복록이 발해서 날로 이르는 경사를 당할 수가 없을 것이다)이다.

乾門　　乾方에 乾主(큰방)가 있으면, 初年에는 財産이 일어나 잘살게 되지만, 오랜 歲月이 지나면 婦人과 子息이 短命한다.

　　　　兌方에 주방(가스대가 있는 곳)이 있으면 生氣이다. 이러한 집은 가도무불화열(家道無不和悅 : 집안에 즐겁지 않은 날이 없다)이며, 인재양발 부귀쌍전 필출문인수사 생사자성립(人財兩發 富貴雙全 必出文人秀士 生四子成立 : 남자와 재물이 발하여 뛰어난 재주에 문장가가 나오며 네 아들이 성공하여 부귀를 함께 누린다)이나, 주총첩 당가편애(主寵妾 當家偏愛 : 주인은 젊은 부인만을 좋아한다)이다.

乾門　　乾方에 乾主(큰방)가 있고, 乾方에 주방(가스대)이 있으면, 初年에는 재산흥발(財産興發 : 재산이 크게 일어난다)하나, 상처극자(傷妻剋子 : 부인과 자식이 죽는다)하니, 처첩중취(妻妾重娶 : 여러 부인을 맞아들인다)나 종래는 고독을 면치 못한다.

② 乾門에 乾命과 坎主圖

아래 그림은 집의 中心에서 羅經을 보아 戌·乾·亥方에 출입문이 있으면 乾門이라고 하고, 주인방(큰방)이 坎方에 있으면 坎

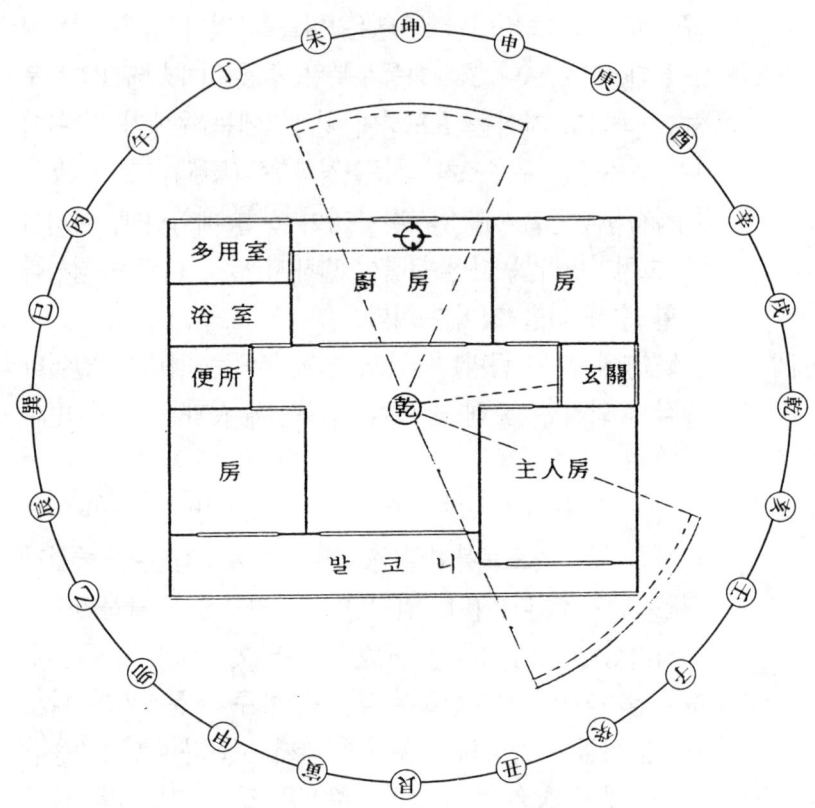

主라 한다.

門과 주인방은 六殺이 되고, 乾門과 坤주방은 延年이다. 絶命인 離方에 변소를 배치하여서 흉살(凶殺)方을 제압하게 된다.

이러한 집의 배치에서는 乾門에 坎주인방과 坤주방의 길흉은 孝子 孝孫에 多才多能한 子孫이 이름을 떨치나, 歲月이 지나면, 妻子를 잃게 되고, 事業不成으로 방탕(放蕩)한 생활을 하며, 혹시 정신질환자(精神疾患者)나 간질병자(癎疾病者)가 있으면 그로 인하여 있는 재산을 탕진(蕩盡)하게 될 것이며, 老父母는 풍광(風狂 : 치매)이나 탄환(癱患 : 중풍으로 四肢가 뒤틀어진다)이고, 婦女子는 타태신사(墮胎身死 : 죽은 아이를 낳든지 産母가 죽는다)나, 농아자

(聾啞者)나 수류(嫂瘤 : 혹이 생긴다)이고, 남녀조영(男女凋零 : 부부가 떨어져 산다)이며 가족이 손상되고 가축이 잘 죽는다.

### 乾門에서 坎主와 八廚와의 관계

乾門　　坎方에 坎主(큰방)가 있으면, 金生水이나 설기(洩氣)가 된다. 또한 坎方에 주방(가스대)이 있으면, 수성호음 금성다람 노공정갈이사(水星好淫 金星多濫 老公精竭而死 : 가운데 아들은 여색을 즐기고, 아버지는 성행위를 지나치게 하므로 정력이 고갈되어 사망한다)이고, 또한 가운데 자식은 바람 나서 집을 나가고, 婦女子는 短命하게 되든지, 낙태(落胎), 수고(水蠱 : 암질환), 붕루(崩漏 : 월수가 쏟아져 나옴), 부종(浮腫 : 붓는 병), 요유사음(尿遺邪淫 : 저절로 음수가 쏟아져 나오는 것)이나 변탁(便濁 : 소변이 뜨물처럼 탁하다)이며, 사송(詞訟)이 있을 것이다.

　　소구난양(小口難養 : 어린이 양육이 어렵고)하고, 자손오역우완(子孫忤逆愚頑 : 자손이 뜻을 거역하거나, 어리석고 고집이 세다)이니, 남환여과 호고서 음인질병불리(男鰥女寡 好孤恓 陰人疾病不利 : 남녀가 홀애비나 과부인데 男子는 고독하고 여자는 疾病으로 죽는다)이다.

乾門　　坎方에 坎主(큰방)가 있으면, 금성수성호음(金星水星好淫 : 중자와 아버지는 여색을 즐기고)하고, 자식은 가출(家出 : 집나가는 것)을 하게 될 것이다.

　　婦女子는 낙태(落胎), 수고(水蠱 : 암질환), 붕루(崩漏 : 月水가 쏟아진다), 부종(浮腫 : 붓는 병), 요유사음(尿遺邪淫 : 저절로 음수가 쏟아져 나옴)하고 소변은 뜨물처럼 나오는 증세가 있으며, 短命하는 수도 있을 것이다.

 그러나 주방(가스대)이 艮方에 있으면, 父慈하고 子孝하니 집안은 날로 번창(繁昌)해서 문정광현 흥왕발달 예불호선(門庭光顯 興旺發達 禮佛好善 : 가문이 날로 발달해서 隆昌하며 예불하고 베풀기를 좋아한다)하나, 세월이 오래 지나면 음인소구질병(陰人小口疾病 : 婦人과 어린이는 질병이 생긴다)이라 하므로 상처극자(傷妻剋子 : 婦人과 子息이 죽게 된다)이다. 그러나 복덕자손(福德子孫)은 興旺하다는 것은 末子에게만은 피해가 없다는 뜻이다.

**乾門**  坎方에 坎主(큰방)가 있으면, 金生水이나 설기(洩氣)가 된다.

 그리고 금성수성호음(金星水星好淫 : 부자간에 여색을 즐긴다)하므로 가정에는 부녀자와 어린이에게는 단명을 自招하든지 또는 집을 나가게 될 것이다.

 震(甲卯乙)方에 있는 주방에서 가스대가 이 방위에 설치되어 있으면 오귀(五鬼)가 된다. 이러한 집에는 長子孫이나 長婦에게 기괴팽심(氣塊膨心 : 기가 치밀어 심장을 찌르고), 인후조색(咽喉阻塞 : 목구멍이 부어서 막힘), 해수(咳嗽)에 근골통(筋骨痛 : 근육이 시리고 저리는 현상)으로 고생할 수도 있고, 또는 자액도상 인명흉사(自縊刀傷 人命凶死 : 목을 매거나 칼날에 다쳐 흉사한다)를 하든지 화도관재 화환연흉(火盜官災 禍患連凶 : 화재 도난 관재의 재앙이 연이어 발생한다)하고, 小兒 六畜이 불안하다. 이러한 재앙이 主로 老公과 長子에게 미친다고 한다.

**乾門**  坎方에 坎主(큰방)가 있으면, 금성수성호음(金星水星好淫 : 중자와 아버지는 여색을 즐기고)하고, 자식은 가출

(家出)하게 될 것이다.

婦女子는 낙태(落胎), 수고(水蠱 : 암질환), 붕루(崩漏 : 月水가 쏟아진다), 부종(浮腫 : 붓는 병), 요유사음(尿遺邪淫 : 저절로 음수가 쏟아져 나옴)하고 소변은 뜨물처럼 나오는 증세가 있으며, 단명(短命)하는 수도 있을 것이다.

그리고 주방(가스대)이 巽方에 있으면, 화해(禍害)이다. 이러한 집에는 傷長女, 長婦이다. 그리고 근골동통(筋骨疼痛 : 근육이 시리고 아프다)에 기옹(氣癰 : 숨이 차고)하고 탄탄(癱瘓 : 몸이 뒤틀린다)하는 자가 나오든지 산망관재도적(產亡官災盜賊 : 出産中 죽든지 관재나 도난이 있을 것이다)이 있든지 혹 구안의사(口眼歪斜 : 입이나 눈이 비뚤어진다)하는 자가 생긴다.

그리하여 요사탕산망가(夭死蕩産亡家 : 일찍 아기를 낳다 죽으며 財産을 날린다)이니, 중처첩심감차(重妻妾甚堪嗟 : 여러 아내를 맞이한다)이나, 종수영락환과(終須零落鰥寡 : 마침내는 아무도 없이 혼자 산다)한다.

乾門　　坎方에 坎主(큰방)가 있으면, 金生水이나 설기(洩氣)가 된다.

그리고 금성수성호음(金星水星好淫 : 부자간에 여색을 즐긴다)하므로 가정에는 부녀자와 어린이에게는 단명을 自招하든지 또는 집을 나가게 될 것이다.

離(丙午丁)方에 있는 주방에서 가스대가 이 방위에 설치되어 있으면, 절명(絶命)이 된다. 이러한 집에는 老公은 心身이 허약하고 천식(喘息)이나 황종(黃腫 : 누렇게 붓는 증세)이 있거나, 탄환(癱患 : 中風으로 몸이 뒤틀린다)이 있을 수 있고, 중녀혈산(中女血産)하든지 열식가패인망(嘻食家敗人亡 : 家産이 패하며 먹은 것을 토하며 사망한다)이며 화재나 도적의 재앙(災殃)이 침입하여 안질(眼疾), 악창(惡瘡) 질환과 자액투하(自縊投河 : 목매 죽든지 물에 빠져 죽는다)하는 흉변이 있을 수 있다. 그리고 장유질병효상(長幼疾病爻象 : 어른 아이를 막론하고 질병을 앓는다)이다.

乾門　　坎方에 坎主(큰방)가 있으면, 금성수성호음(金星水星好淫 : 중자와 아버지는 여색을 즐기고)하고, 자식은 가출(家出)하게 될 것이다.

그러나 주방의 가스대가 坤方에 있으면 이는 延年宅이 된다. 이러한 집은 소인첨정진재 대길지주(小人添丁進財 大吉之廚 : 남자식구와 재물이 늘어나는 아주 좋은 부엌이다)이므로 부모구경 복수강녕재왕(父母俱慶 福壽康寧 財旺 : 父母는 壽와 福을 함께 누리며 건강하고, 재물은 풍족하다)하니, 자수군자 가관진록(子秀君子 加官進祿 : 자식은 총명하여 벼슬을 얻어 높은 직위에 오른다)하는 집인데, 주우길성 무개조즉 만문길경복무강(廚遇吉星 無改造則 滿門吉慶福無疆 : 문과 부엌이 좋은 배합인데, 고쳐내지만 않는다면 복록이 발해서 慶事가 날로 이른다)이다.

여기서 參考해야 할 事項이 있다. 原文에서는 주방과 대문을 우선으로 하였으나 필자의 確認에 의하면, 夫婦의 正配인 延年은 문과 주인방을 基準하는 것이 마땅하다.

乾門　　坎方에 坎主(큰방)가 있으면, 金生水이나 설기(洩氣)가 된다.

그리고 금성수성호음(金星水星好淫 : 부자간에 여색을

즐긴다)하므로 가정에는 부녀자와 어린이에게는 단명을 自招하든지 또는 집을 나가게 될 것이다.

兌(庚酉辛)方에 있는 주방에서 가스대가 이 방위에 설치되어 있으면, 생기(生氣)가 된다. 이러한 집에는 대체적으로 가도무불화열(家道無不和悅 : 집안에 즐겁지 않은 날이 없다)이라 한다. 이는 인재양발 부귀쌍전 필출문인수사 생사자성립(人財兩發 富貴雙全 必出文人秀士 生四子成立 : 자손과 재물이 발하여 富와 貴를 함께 누리며, 네 자식이 秀才와 文章家로서 모두 成功한다)인데, 단 주총첩 당가편애(主寵妾 當家偏愛 : 主人은 젊은 첩을 얻어 사랑한다)한다.

乾門에 태주방(兌廚房 : 酉方의 가스대)은 재왕발복(財旺發福)하고 노양소음동상(老陽少陰同床)하는 象이다.

**乾門**　　坎方에 坎主(큰방)가 있으면, 금성수성호음(金星水星好淫 : 중자와 아버지는 여색을 즐기고)하고, 자식은 가출(家出)하게 될 것이다.

그러나 주방의 가스대가 乾方에 있으면 이는 伏位宅이 된다. 이러한 집은 初年에는 재산흥발가부(財産興發家富 : 재산이 불같이 일어나 집안이 넉넉하다)이나, 순양무음(純陽無陰 : 男子만 있고 女子가 없는 격이다)이니, 각주상처상자(却主傷妻傷子 : 주인공은 婦人과 子女가 죽는다)이다.

이는 유양무음 호고서(有陽無陰 好孤恓 : 음이 없이 양만 있기 때문이다)이므로 형제동거결사(兄弟同居缺嗣 : 형제가 함께 살게 되면서 그 형제에게도 대를 이을 자식이 없다)이다.

＊그러므로 陰陽의 配合은 有形無形을 가릴 것 없이

宇宙에서 存在하는 모든 것에 적응되어서 나타나는 形象은 참으로 驚異롭다. 이러한 作用이 우리 생활과 밀접한 관계에 있음은 名文古家에서 立證하여서 밝혀두는 바이다.

③ 乾門에 乾命과 艮主圖

다음 그림은 집의 中心에서 羅經을 보아 戌·乾·亥方에 출입문이 있으면, 乾門이라 하고, 주인방이 艮方에 있으면, 艮主라고 한다.

門과 주인방은 天乙이 되고, 乾門과 兌주방은 生氣가 된다. 六殺인 坎方에 변소를 배치하여서 흉살(凶殺)方을 제압하게 된다.

이러한 집의 배치에서는 乾門에 艮주인방과 兌주방인데 발복은 효자 孝孫에 다재다능한 자손이 명성을 떨치며, 필히 재물은 있을 것이고 登科하는 자는 연달아 있으니, 이를 富와 貴를 함께 누리는 집이라 한다.

그러나 老公은 젊은 婦人을 偏愛하니, 그 婦人은 집안을 左右하는 경향이 있으며, 그 老公을 속인다.

그러나 아무리 吉한 집이라도 夫婦의 命에 부합되지 못하면, 그 效力을 다하지 못한다. 다시 말해서 土房에 生하든지 生을 받는 자가 居해야 한다는 것이다.

### 乾門에서 艮主와 八廚와의 관계

乾門　　艮方에 큰방인 '艮主'가 있으면, 土生金으로 相生이 되므로 자래추 부자자효(子來趨 父慈子孝 : 父子간에 정이 두터워 아버지는 子息을 아끼고, 子息은 父母에 孝道한다)하므로 문정광현 흥왕발달 예불호선(門庭光顯 興旺發達 禮佛好善 : 家門이 날로 발달해서 隆昌하며 禮佛하

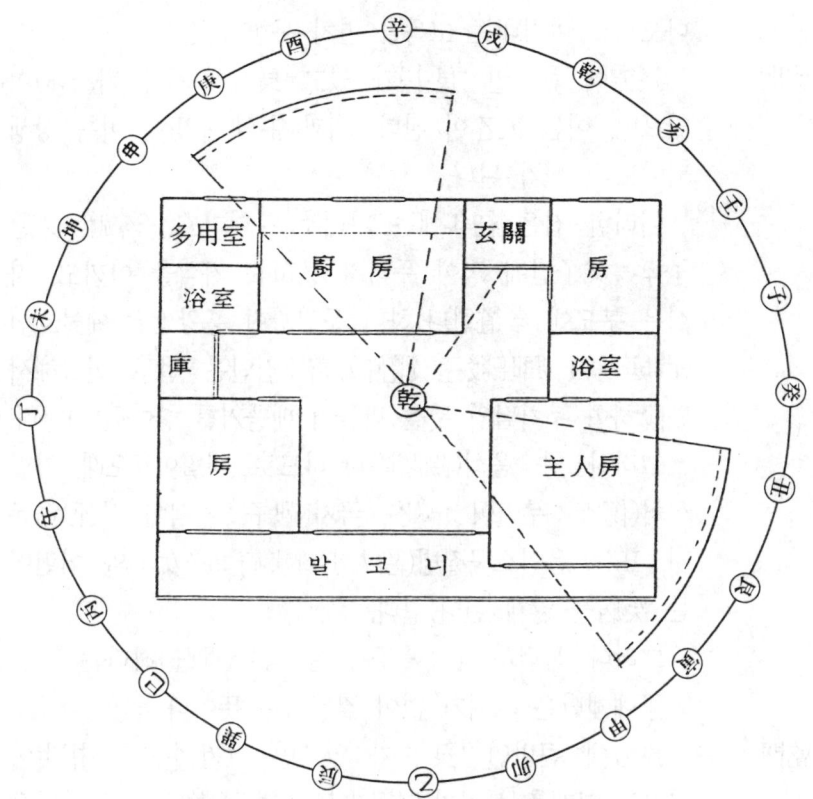

고 베풀기를 좋아한다)한다.

 이러한 집은 末男은 發福하여 興旺하나, 歲月이 오래 가면 婦女子와 어린이는 질병을 앓게 된다.

 또한 坎方에 주방(가스대)이 있으면, 수성금성호음(水星金星好淫 : 가운데 아들과 아버지는 여색을 즐긴다)하거나, 子息이 집을 나가게 될 것이며, 부녀자는 단명하게 되든지, 붕루(崩漏 : 월수가 쏟아져 나오는 것) 또는 부종(浮腫 : 붓는 병) 변탁(便濁 : 소변이 뜨물처럼 탁하다)이며, 사송(詞訟)이 있을 것이다.

 어린이 양육이 어려우며, 어리석고 고집이 센 자식이

나오므로 마침내는 고독을 면치 못한다.

乾門　　艮方에 큰방인 '艮主'가 있고 艮方에 주방(가스대)이 있으면, 이는 天乙이 된다. 門과 主와 주방이 비록 상생되어도 不配가 된다.

이러한 집은 初年에는 자래추 부자자효(子來趨 父慈子孝 : 父子간에 정이 두터워 父母는 자식을 아끼고, 자식은 부모에 孝道한다)하니 문정광현 흥왕발달 예불호선(門庭光顯 興旺發達 禮佛好善 : 집안은 날로 번창해서 興隆하며 부처님의 뜻을 받들어 베풀기를 좋아한다)한다.

그러나 양승음쇠(陽勝陰衰)하므로 세월이 오래 가면 상처(傷妻 : 부인이 早死), 극자(剋子 : 자식이 早死)하든지, 또는 음인소구질병(陰人小口疾病 : 婦女子와 어린이는 疾病을 앓게 된다)한다.

그러나 복덕자손(福德子孫)은 흥왕(興旺)하다는 것은 末子에게만은 피해가 없이 잘된다는 뜻이다.

乾門　　艮方에 큰방인 '艮主'가 있으면, 土生金으로 相生이 되므로 자래추 부자자효(子來趨 父慈子孝)하므로 집안은 날로 번창하게 되고, 남에게 베풀기를 좋아하나 세월이 오래가면 婦女子와 어린이는 질병을 앓게 된다.

震(甲卯乙)方에 있는 주방에서 가스대가 이 방위에 설치되어 있으면, 오귀(五鬼)가 된다. 이러한 집에는 長子孫이나 長婦에게 기괴팽심(氣塊膨心 : 기가 치밀어 심장을 찌르고), 인후조색(咽喉阻塞 : 목구멍이 부어서 막힘), 해수(咳嗽)에 근골통(筋骨痛 : 근육이 시리고 저리는 형상)으로 고생을 할 수도 있고, 또는 자액도상 인명흉사(自縊刀傷 人命凶死 : 목을 매거나 칼날에 다쳐 흉사한다)하든지 화도관재 화환연흉(火盜官災 禍患連凶 : 화재 도난 관재의 재앙이 연이어 발생한다)하고, 小兒 六畜이 不安하다. 이러한 재앙은 주로 老公과 長子에게 미친다고 한다.

乾門　　艮方에 큰방인 '艮主'가 있으면, 土生金으로 相生이 되므로 자래추 부자자효(子來趨 父慈子孝 : 父子간에 정이 두터워 아버지는 자식을 아끼고, 자식은 父母에 孝道한다)하므로 문정광현 흥왕발달 예불호선(門庭光顯 興旺發達 禮佛好善 : 家門이 날로 발달해서 융창하며 부처님의 자비를 받들어 베풀기를 좋아한다)한다. 그러나 歲月이 오래 가면 婦女子와 어린이는 질병을 앓게 되는데, 末子만은 發福하게 된다.

그러나 주방(가스대)이 巽方에 있으면, 화해(禍害)이다. 이러한 집에는 傷長女, 長婦이다. 그리고 근골동통(筋骨疼痛 : 근육이 시리고 아프다)에 기옹(氣壅 : 숨이 차고)하고 탄탄(癱瘓 : 사지가 뒤틀린다) 환자가 나오든지 산망관재도적(産亡官災盜賊 : 出産中 죽든지 관재나 도난이 있을 것이다)이 있든지 혹 구안의사(口眼歪斜 : 입이나 눈이 비뚤어진다)하는 자가 생긴다

그리하여 요사탕산망가(夭死蕩産亡家 : 일찍 죽고, 아기 낳다 죽으며 財産을 날린다)이니, 중처첩심감차(重妻妾甚堪嗟 : 여러 아내를 맞이한다)이나, 종수영락환과(終須零落鰥寡)라, 마침내는 남편이나 처자 없이 혼자 산다.

乾門　　艮方에 큰방인 '艮主'가 있으면, 土生金으로 相生이 되므로 부자지간에는 정이 두터워 아버지는 자식을 아끼고, 자식은 부모에게 효도를 하고, 집안은 날로 번창을 하여서 남에게 베풀기를 좋아하나, 부녀자와 어린이는 질병을 앓게 된다.

離(丙午丁)方에 있는 주방에서 가스대가 이 방위에 설치되어 있으면, 절명(絶命)이 된다. 이러한 집에는 老公은 心身이 허약하고 천식(喘息)이나 황종(黃腫 : 누렇게 붓는 증세)이 있거나, 탄환(癱患 : 中風으로 몸이 뒤틀린다)이 있을 수 있고, 중녀혈산(中女血産)하든지 열식가패인망(噎食家敗人亡 : 家産이 패하며 먹은 것을 토하며 사망한다)이며 화재나 도난의 재앙이 침입하여 안질(眼疾), 악창(惡瘡) 질환과 자액투하(自縊投河 : 목매 죽든지 물에 빠져 죽는다)하는 흉변이 있을 수 있다. 그리고 장유질병효상(長幼疾病爻象 : 어른 아이를 막론하고 질병을 앓는다)이다.

**乾門**　　艮方에 큰방인 '艮主'가 있으면, 天乙로 비록 생(生)하여도 초년에는 집안이 興旺 발달하여서 末子에게는 발복을 하나, 부녀자와 어린이는 질병을 앓게 된다.

그러나 주방의 가스대가 坤方에 있으면 이는 延年宅이 된다. 이러한 집은 소인첨정진재 대길지주(小人添丁進財大吉之廚 : 남자식구와 재물이 늘어나는 아주 좋은 부엌이다)이므로 부모구경 복수강녕재왕(父母俱慶 福壽康寧財旺 : 父母는 壽와 福을 함께 누리며 건강하고, 재물은 풍족하다)하니, 자수군자 가관진록(子秀君子 加官進祿 : 자식은 총명하여 벼슬을 얻어 높은 직위에 오른다)하는 집인데, 주우길성 무개조즉 만문길경복무강(廚遇吉星 無改造則 滿門吉慶福無疆 : 문과 부엌이 좋은 배합인데, 고쳐내지만 않는다면 복록이 발해서 慶事가 날로 이른다)이라 하였다.

여기서 參考해야 할 事項이 있다. 原文에서는 주방과 대문을 우선하였으나 필자의 確認에 의하면, 夫婦의 正

配인 延年은 문과 주인방을 基準하는 것이 마땅하다.

乾門　　艮方에 큰방인 '艮主'가 있으면 天乙이 되고, 艮主와 兌주방은 연년(延年)이 되므로, 이러한 집은 家門이 날로 興旺하고, 父子간에는 사랑받고 존경받으며 베풀기를 좋아하는 집으로 특히 末子가 發福받는 집이다.

兌(庚酉辛)方에 있는 주방에서 가스대가 이 방위에 설치되어 있으면, 생기(生氣)가 된다. 이러한 집에는 대체적으로 가도무불화열(家道無不和悅 : 집안에 즐겁지 않은 날이 없다)이라 한다. 이는 인재양발 부귀쌍전 필출문인수사 생사자성립(人財兩發 富貴雙全 必出文人秀士 生四子成立 : 자손과 재물이 발하여 富와 貴를 함께 누리며, 네 자식이 秀才와 文章家로서 모두 成功한다)인데, 단 주총첩 당가편애(主寵妾 當家偏愛 : 主人은 젊은 첩을 얻어 사랑한다)한다.

乾門에 태주방(兌廚房 : 酉方의 가스대)은 재왕발복(財旺發福)하고 노양소음동상(老陽少陰同床 : 늙은이가 젊은 여자를 데리고 사는)하는 象이다.

乾門　　艮方에 큰방인 '艮主'가 있으면, 父子간에는 정이 두터워서 아버지는 子息을 아끼고, 子息은 父母에게 孝道를 하나, 婦女子와 어린이는 질병을 앓게 될 것이다.

그러나 주방의 가스대가 乾方에 있으면 이는 伏位宅이 된다. 이러한 집은 初年에는 재산흥발가부(財産興發家富 : 재산이 불같이 일어나 집안이 넉넉하다)이나, 순양무음(純陽無陰 : 男子만 있고 女子가 없는 격이다)이니, 각주상처상자(却主傷妻傷子 : 주로 보면 婦人과 子女가 죽는다)이다.

이는 유양무음 호고서(有陽無陰 好孤恓 : 음이 없이

양만 있기 때문이다)이므로 형제동거결사(兄弟同居缺嗣 : 형제가 함께 살게 되면서 그 형제에게도 자식이 없다)이다.

　＊그러므로 陰陽의 配合은 有形無形을 가릴 것 없이 우주에 존재하는 모든 것에 적용되어서 나타나는 形象은 참으로 驚異롭다. 이러한 작용이 우리 생활과 밀접한 관계에 있음은 名門古家에서 立證하여서 밝혀두는 바이다.

### 건문에 艮主와 兌廚 配置圖

다음의 배치도는 거실 맞은편에 주인방을 배치한 것은 祖上의

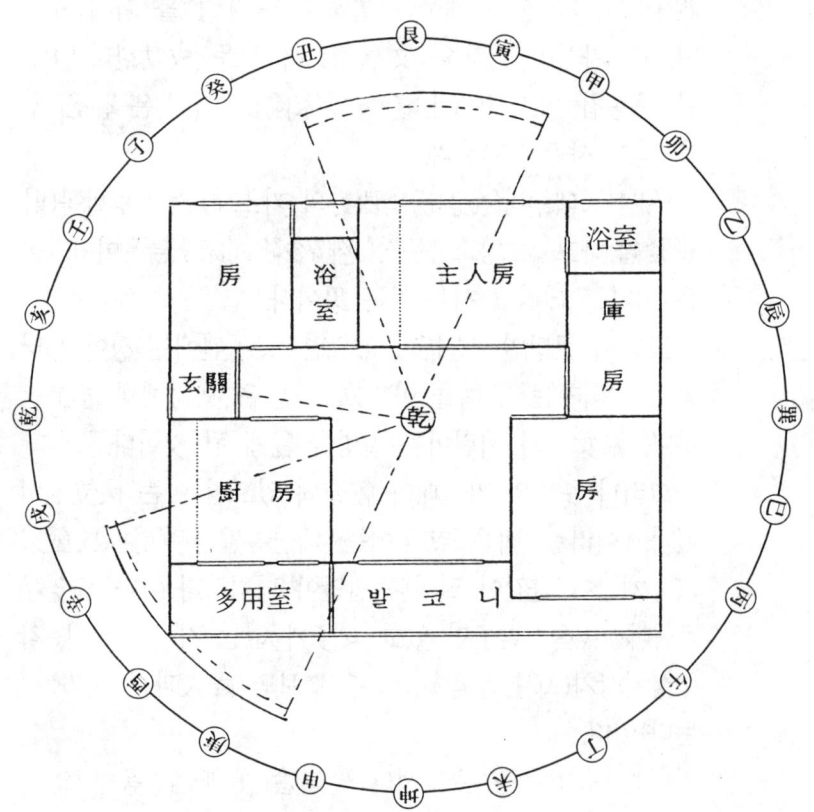

제사를 모시는 데 편리하기 때문이다. 그리고 서편에 주방을 配置한 것이 보기에는 부적절할지 모르지만, 吉한 配置임에는 틀림없다.

陽宅三要에서 말하는 西宅에 西門은 吉한 집이라 하는데 살펴보기로 하자. 乾門에서 艮方의 큰방은 天乙이고 兌方의 주방은 生氣이다. 그리고 方과 주방은 延年이 된다. 만약 이러한 집에 살게 되면, 효자효손에 다재다능한 자손이 반드시 나와 명성을 떨치며 考試 합격자가 끊이지를 않고, 夫婦는 해로(偕老)하며 子孫은 만당(滿堂)하고, 萬事가 영화로워 부귀쌍전(富貴雙全 : 부자와 벼슬을 함께하는 것)하는 집이다.

### ④ 乾門에 乾命과 震主圖

다음의 그림은 집의 중심에서 羅經을 보아 戌·乾·亥方에 출입문이 있으므로 乾門이라 하고, 주인방이 震方에 있으므로 震主라고 한다.

乾(金)과 震(木)은 金剋木이고, 이를 相剋이라고 한다. 이러한 配置는 五鬼에 속하므로 이를 귀입뢰문 상장자(鬼入雷門 傷長子 : 집안에 天鬼가 侵入하여 長子를 해친다)라 하였다.

이를 五鬼宅이라 한다. 수극되면 災禍가 매우 빠르다. 6年이 되면 官災 訟詞 口舌과 火災나 盜難으로 財産을 없앤다. 五鬼宅은 鬼神 요마(夭魔)가 장난을 치므로 男女가 怪疾患으로 夭死한다. 産厄, 心腹痛, 筋骨痛, 喘息, 小兒와 六畜이 不安하다. 뿐만 아니라 自縊이나 刀傷이 있을 것이다. 長子孫이 不利하다. 혹 난폭한 子孫이 나오든지 남을 害하든지, 아니면 자신이 禍를 당할 수 있다.

**乾門에서 震主와 八廚와의 관계**

乾門　　　震方에 큰방인 '震主'가 있으면, 오귀(五鬼)가 된다. 이는 金剋木이 되므로, 先長子孫 次老公에게 禍가 미친다.

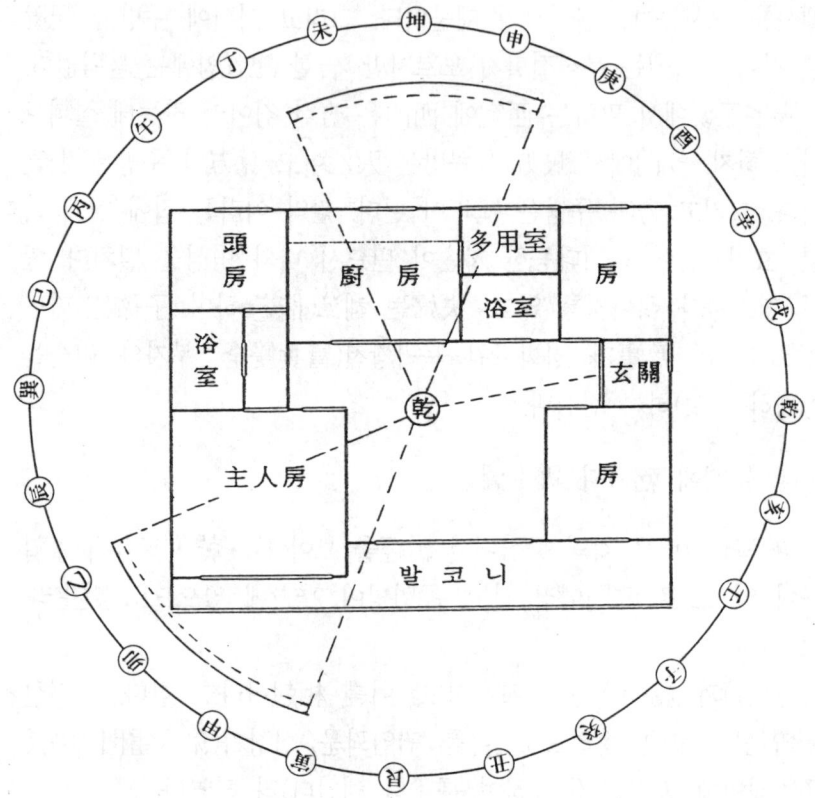

婦女子에게는 기괴팽심(氣塊膨心 : 기가 치밀어 심장을 찌르는 것 같은 증세) 또는 인후조색(咽喉阻塞 : 목이 막히는 증세) 또는 해수(咳嗽) 근골통(筋骨痛)의 질병이 있으며, 자액도상 인명흉사(自縊刀傷 人命凶死 : 목매 죽거나 칼날에 다쳐서 흉사한다)이거나, 화도관재 화환연흉(火盜官災 禍患連凶) 등이 발생한다.

또한 坎方에 주방(가스대)이 있으면, 수성금성호음(水星金星好淫 : 中男과 아버지는 여색을 즐긴다)하거나, 子息이 집을 나가게 될 것이며, 부녀자는 단명하게 되든지, 붕루(崩漏 : 월수가 쏟아져 나오는 것) 또는 부종(浮腫 :

붓는 병) 변탁(便濁 : 소변이 뜨물처럼 탁하다)이며, 사송(詞訟)이 있을 것이다.

어린이 양육이 어려우며, 어리석고 고집 센 子息이 나오므로 종구고독난면(終久孤獨難免)이다.

乾門　震方에 큰방인 '震主'가 있으면, 五鬼가 된다. 이러한 곳에서 居하게 되면 심불매(心不寐 : 잠이 잘 들지를 않는다) 症勢에 인후조색(咽喉阻塞 : 목이 답답함)에 해수(咳嗽 : 기침에 숨차는 증세) 또는 근골통(筋骨痛 : 근육이 당기고 아픈 증세) 症勢가 있으며, 자액도상 인명흉사(自縊刀傷 人命凶死)가 있거나, 화도관재 화환연흉(火盜官災 禍患連凶 : 火災나 도난, 몸을 다쳐 傷하는 일이 연이어 발생한다)이라고 한다.

그러나 艮方에 주방의 가스대가 있으면, 자래추 부자자효(子來趨 父慈子孝)하여 문정광현 흥왕발달 예불호선(門庭光顯 興旺發達 禮佛好善 : 家門이 날로 발달해서 융창하고 베풀기를 좋아함)하나, 음인소구질병(陰人小口疾病 : 婦女子와 어린이는 질병을 앓게 된다)한다.

그러나 복덕자손(福德子孫)은 흥왕(興旺)하다는 것은 末子에게만은 피해가 없이 잘된다는 것이다.

乾門　震方에 큰방인 '震主'가 있으면, 이는 五鬼가 된다. 그리고 震方인 주방에 가스대가 있으면 이 또한 五鬼이다. 震方의 큰방과 震方의 가스대는 伏位가 된다.

이러한 집은 初年에는 장남주사재백 유공명리(長男主事財帛 有功名利 : 장남은 사업에 성공하여 돈과 재물이 있으며, 이름도 떨친다)이나, 단 패소부녀요사 소아난양(敗少婦女夭死 小兒難養 : 말자는 패하며 부녀자는 단명하게 되고 어린이 양육이 어렵다)이든지 치농우완지인(癡

聾愚頑之人 : 어리석고 못 듣고 미련하여 固執 센 子孫이 나온다)이다.

오랜 뒤에는 주로 자액도상 인명흉사(自縊刀傷 人命凶死 : 목을 매거나 칼날에 다쳐 흉사한다)하든지 화도관재 화환연흉(火盜官災 禍患連凶 : 화재 도난 관재의 재앙이 연이어 발생한다)하고, 小兒 六畜이 不安하다. 이러한 재앙은 主로 老公과 長子에게 미칠 것이다.

**乾門** 　震方에 큰방인 '震主'가 있으면, 오귀(五鬼)가 된다. 巽方인 주방에 '가스대'가 있으면 화해(禍害)가 된다. 그리고 艮方의 큰방과 巽方인 주방의 가스대는 절명(絶命)이다.

이러한 집에는 먼저 長子 長婦 또는 長女에게 다음은 老公에게 재화(災禍)가 미칠 것이다. 기괴팽심(氣塊膨心 : 기가 치밀어 심장을 찌르고)과 해수병(咳嗽病 : 기침에 숨가쁜 증세)으로 심불매(心不寐 : 잠이 잘 들지를 않고 꿈자리가 나쁠 것이다)이고, 또는 자액도상 인명흉사(自縊刀傷 人命凶死)나 화도관재 화환연흉(火盜官災 禍患連凶)이다. 그리고 근골동통(筋骨疼痛 : 근육이 시리고 아프다)에 기옹(氣壅 : 숨이 차고)하고 탄탄(癱瘓 : 사지가 뒤틀린다)하는 자가 나오든지 산망관재도적(産亡官災盜賊 : 出産中에 죽든지 관재나 도난이 있을 것이다)이 있든지 或 구안와사(口眼歪斜 : 입이나 눈이 비뚤어진다)하는 이가 생긴다.

그리하여 요사탕산망가(夭死蕩産亡家 : 갑작스레 죽고 財産을 날린다)이니, 중처첩심감차(重妻妾甚堪嗟 : 여러 아내를 맞이한다)이나, 종수영락환과(終須零落鰥寡 : 마침내는 가족이 없이 혼자 산다)이다.

제2장 三要 應用 133

乾門　　震方에 큰방인 '震主'가 있으면, 五鬼가 된다. 그리고 離方인 주방에 '가스대'가 있으면 이는 절명(絶命)이 된다. 그러나 震方의 큰방과 離方의 주방(가스대)은 生氣이다.

　　이러한 집은 初年에는 초재진보 우인수사 과갑연등(招財進寶 又人秀士 科甲連登 : 재물과 보화가 날로 이르고 총명한 수재가 태어나 연달아 급제한다)은 할 수가 있으나, 長子나 老人과 婦女子에게 不利하다.

　　기괴팽심(氣塊膨心 : 기가 치밀어 심장을 찌르고) 근골통(筋骨痛)이고, 중녀혈산(中女血産)하든지 열식가패인망(噎食家敗人亡 : 家産이 패하며 먹은 것을 토하며 사망한다)이며 화재나 도적의 재앙(災殃)이 相侵하여 안질(眼疾), 악창(惡瘡) 질환과 자액투하(自縊投河 : 목매 죽든지 물에 빠져 죽는다)하는 흉변이 있을 수 있다. 그리고 장유질병효상(長幼疾病爻象 : 어른 아이를 막론하고 질병을 앓는다)이다.

乾門　　震方에 큰방인 '震主'가 있으면, 五鬼가 된다. 坤方인 廚房에 '가스대'가 있으면 연년(延年)이 되고, 震方의 큰방과 坤方의 주방(가스대)은 화해(禍害)가 된다.

　　그러나 주방의 가스대가 坤方에 있으면 이는 延年宅이 된다. 이러한 집은 소인첨정진재 대길지주(小人添丁進財 大吉之廚 : 남자식구와 재물이 늘어나는 아주 좋은 부엌이다)이므로 부모구경 복수강녕재왕(父母俱慶 福壽康寧 財旺 : 父母는 壽와 福을 함께 누리며 건강하고, 재물은 풍족하다)하니, 자수군자 가관진록(子秀君子 加官進祿 : 자식은 총명하여 벼슬을 얻어 높은 직위에 오른다)하는 집인데, 주우길성 무개조즉 만문길경복무강(廚遇吉星 無

改造則 滿門吉慶福無疆 : 문과 부엌이 좋은 배합인데, 고쳐내지만 않는다면 복록이 발해서 慶事가 날로 이른다)이라 하나, 乾門과 震主는 五鬼가 되므로, 長子와 老人 또는 婦女子에게 不利하다.

해수(咳嗽), 근골통(筋骨痛)에 자액도상 인명흉사(自縊刀傷 人命凶死)나 화도관재 화환연흉(火盜官災 禍患連凶)할 것이다.

乾門　　震方에 큰방인 '震主'가 있으면, 이는 五鬼가 된다. 兌方인 주방에 '가스대'가 있으면 生氣가 되고 震方의 큰방과 兌方의 주방(가스대)은 절명(絶命)이 된다.

이러한 집은 初年에는 인재양발(人財兩發 : 사람과 재물이 함께 일어난다)하여 부귀쌍전(富貴雙全 : 부자와 벼슬을 함께 누린다)하여 가도무불화열(家道無不和悅 : 즐겁지 않은 날이 없다)이나 歲月이 오래 가면 長子나 老人과 婦女子는 기괴팽심(氣塊膨心 : 기가 치밀어 심장을 찌르고)이나 인후조색(咽喉阻塞 : 목구멍이 막힘) 증세나, 해수(咳嗽 : 가래와 심한 기침을 한다), 근골동통(筋骨疼痛 : 근육이 당기고 시리고 아픈 증세)에 요통(腰痛) 등의 증세가 있을 것이다.

그리고 자액도상 인명흉사(自縊刀傷 人命凶死 : 목을 매거나 칼날에 다쳐 흉사한다)하는 일이 없으면, 火災나 도난 官災 등의 나쁜 일이 연달아 있을 것이다.

乾門　　震方에 큰방인 '震主'가 있으면, 이는 五鬼가 된다. 乾方인 주방에 '가스대'가 있으면 伏位가 되고, 震方에 큰방과 乾方의 주방은 또한 五鬼가 된다.

그러나 주방의 가스대가 乾方에 있으면 이는 伏位宅이 된다. 이러한 집은 初年에는 재산흥발가부(財産興發家

富 : 재산이 불같이 일어나 집안이 넉넉하다)이나, 순양무음(純陽無陰 : 男子만 있고 女子가 없는 격이다)이니, 각주상처상자(却主傷妻傷子 : 주로 婦人과 子女가 죽는다)이다.

이는 유양무음 호고서(有陽無陰 好孤恓 : 음이 없이 양만 있기 때문이다)이므로 형제동거결사(兄弟同居缺嗣 : 형제가 함께 살게 되면서 그 형제에게도 子息이 없다)한다.

乾門에서 震方에 큰방이 있으면 먼저 長子孫에게 불리하고 다음은 老人과 婦女子이다. 이러한 곳에서 오래

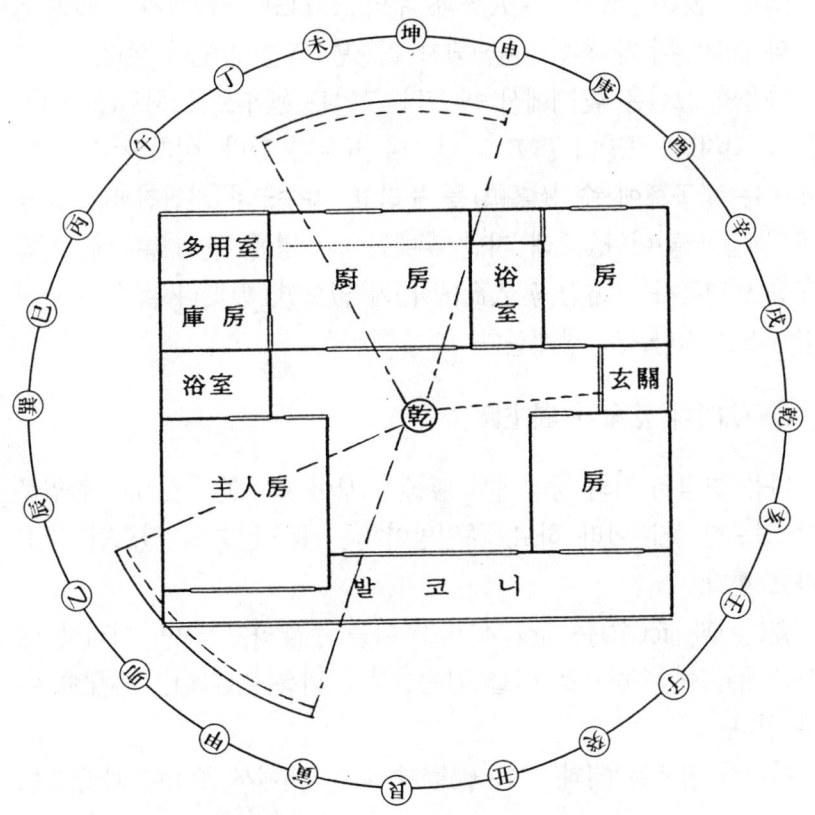

도록 居하면 심장이 찌르는 것 같은 苦痛과 잠을 제대로 잘 수가 없을 것이며, 자액도상 인명흉사(自縊刀傷 人命凶死)가 없으면, 또는 火災 도난 또는 官災가 있든지 또한 갑작스런 疾病으로 夭死한다.

**乾門에 震主와 坤廚 配置圖**

앞의 배치도는 일반형이다. 이 집은 坤坐에 乾門이다. 여기서 論하는 것은 家坐에서 東西四宅을 운운하는데, 이는 잘못이다. 다시 말해서 東四宅은 東四宅(坎離震巽) 글자에 西四宅字가 混合이 없어야 吉宅이라는 것이다.

陽宅三要는 門에서 主人房과 부엌, 그리고 家坐까지도 東四宅字와 西四宅字가 혼합(混合)되지 않으면 필연 吉宅이 된다.

다음의 그림은 乾門에서 坤方의 부엌은 延年으로 최길(最吉)한 配置 같지만, 큰방이 震方에 있으니 五鬼가 된다. 이러한 집은 初年에는 孝子孫에 수복(壽福)을 누리고, 자수군자 가관진록(子秀君子 加官進祿)이나, 오래 지난 후에는 해수병에, 筋骨痛症에, 자액도상 인명흉사(自縊刀傷 人命凶死)가 없으면, 火災나 官災 도난에 갑작스런 질환으로 早死한다.

⑤ **乾門에 乾命과 巽主圖**

다음 그림은 집의 중심에서 羅經을 보아 戌・乾・亥方에 출입문이 있으면 乾門이라 하고, 주인방이 辰・巽・巳方에 있으면 巽主라고 한다.

乾(金)과 巽(木)은 金剋木이고, 이를 不配라고 하며, 이러한 배치는 禍害에 속하므로 이를 건손산망 심퇴통(乾巽産亡 心腿痛)이라 한다.

이러한 집에는 門과 主는 禍害가 되고, 門에서 주방이 坤兌方에

제2장 三要 應用  137

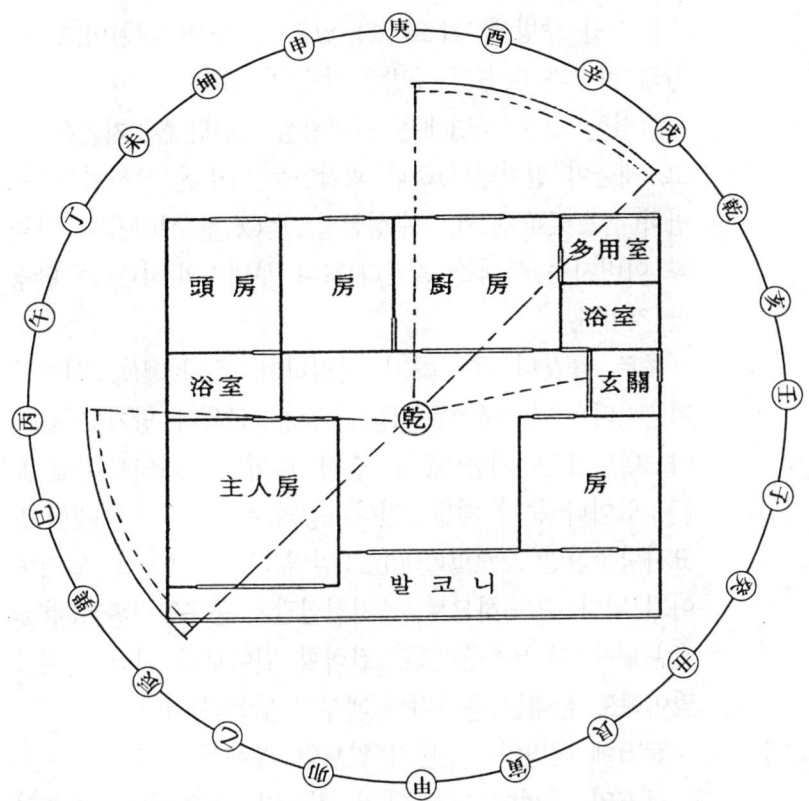

속하므로 生氣 延年이 된다. 종합적인 평가는 재물이 족하고 文學이나 예능계에서 명성을 떨칠 것이며, 孝子孫에 다재다능한 자손이 생기지만 질병으로 夭死할 것이다. 여기에 命이 주방과 상극되면 乏嗣가 된다.

 이러한 집에는 婦女子가 産亡하고 심장병, 대퇴질환(大腿疾患)으로 고통스러울 것이며, 세월이 지날수록 官災 송사와 도난으로 失物할 것이다.

### 乾門에서 巽主와 八廚와의 관계

乾門　　　巽方에 큰방인 '巽主'가 있으면, 화해(禍害)가 된다.

坎方인 주방에 '가스대'가 있으면, 육살(六殺)이고, 巽方의 큰방과 坎方의 주방은 生氣가 된다.

이러한 집은 초년에는 인재왕성(人財旺盛 : 자손은 많고, 재물이 일어난다)하니 과갑연등(科甲連登)하여, 부귀영화(富貴榮華)로서, 수성금성호음(水星金星好陰 : 아들과 아버지는 여색을 즐긴다)하니 부녀자와 小兒는 단명할 것이다.

주로 長女나 長子婦가 불리하여, 탄탄(癱瘓 : 사지가 뒤틀린다)이나, 근골동통(筋骨疼痛 : 근육이 당기고 몹시 아프다) 또는 기옹(氣壅 : 숨이 막힘), 구안와사(口眼歪斜 : 입이나 눈이 삐뚤어진다) 등의 疾病이 있을 것이고, 요사탕산산망(夭死蕩産産亡 : 일찍 죽고 財産을 날리며 아기 낳다 죽음)하므로, 중처첩심감차 종수영락환과(重妻妾甚堪嗟 終須零落鰥寡 : 탄식할 일이로다 여러 아내를 맞이해도 끝내는 홀아비와 과부만 남는다)이다.

乾門　　巽方에 큰방인 '巽主'가 있으면 禍害가 된다.

艮方인 주방에 '가스대'가 있으면, 天乙이다. 巽方의 큰방과 艮方의 주방은 絶命이다.

이러한 집은 初年에는 문정광현 흥왕발달 예불호선(門庭光顯 興旺發達 禮佛好善 : 집안이 날로 발달해서 융창하며 자비로운 뜻을 받들어 베풀기를 좋아한다)하나, 세월이 지나면 長女나 장부(長婦 : 큰며느리)가 불리하다.

탄탄(癱瘓 : 사지가 뒤틀린다)이나 근골통(筋骨痛 : 근육통과 뼈가 아리는 증세)에 기옹(氣壅 : 숨이 막힘) 증세에 산망(産亡)이 있거나 관재(官災)나 도난으로 失物하고, 또한 구안와사(口眼歪斜 : 입과 눈이 삐뚤어진다)하는 자가 있을 것이다.

부녀영수형상(婦女瀛瘦刑傷 : 부녀자는 몸이 바싹 마르고 결국 오래 살지를 못한다)이고, 절사파가 인조앙(絕嗣破家 人遭殃) 비재종천횡강(飛災從天橫降 : 하늘로부터 재앙이 내려 재산은 흩어지고, 사람은 결국 대가 끊긴다)이라.

乾門　　巽方에 큰방인 '巽主'가 있으면, 이는 禍害가 된다. 그리고 震方인 주방에 '가스대'가 있으면 이 또한 五鬼이다. 巽方의 큰방과 震方의 가스대는 延年이 된다.

　　이러한 집은 6년 안에 길응(吉應)하는데 亥·卯·未年에 태어난 子孫은 명성(名聲)을 떨치게 된다.

　　그러나 長女나 長子婦에게는 불리할 것이다. 탄환(癱患 : 중풍으로 사지가 뒤틀린다)이거나 근골동통(筋骨疼痛 : 근육이 당기고 뼈가 아리는 증세)으로 고생하게 될 것이며, 또한 구안의사(口眼歪斜 : 입과 눈이 삐뚤어진다)이다.

　　오랜 뒤에는 주로 자액도상 인명흉사(自縊刀傷 人命凶死 : 목을 매거나 칼날에 다쳐 흉사한다)하든지 화도관재 화환연흉(火盜官災 禍患連凶 : 화재 도난 관재의 재앙이 연이어 발생한다)하고, 小兒 六畜이 불안하다. 이러한 재앙은 주로 老公과 長子나 長女 長婦에게 미칠 것이다.

乾門　　큰방이 巽方에 있으면 이를 '巽主'라고 하고, 화해(禍害)가 되고, 주방의 '가스대'가 巽方에 있으면 이 또한 禍害가 된다.

　　그리고 큰방과 주방은 복위(伏位)가 된다. 이러한 집은 반드시 출간부지 가입업(出幹婦持 家立業 : 재주있는 부인이 집안을 일으킨다)이나, 단 순음부장 인정단명(純陰不長 人丁短命 : 순음이라 남자는 단명한다)한다.

　　　　　세월이 갈수록 상부극자난부(傷夫剋子難富 : 지아비와 자식이 죽으니 살림을 부지하기 어렵다)하니, 풍광(風狂 : 치매)이나 해수병(咳嗽病)으로 苦生한다. 그리고 근골동통(筋骨疼痛 : 근육이 시리고 아프다)에 기옹(氣壅 : 숨이 차고)하고 탄탄(癱瘓 : 몸이 뒤틀린다)하는 자가 나오든지 산망관재도적(産亡官災盜賊 : 出産中에 죽든지 관재나 도난이 있을 것이다)이 있든지 혹 구안와사(口眼喎斜 : 입이나 눈이 비뚤어진다)하는 자가 나온다.

　　　　　그리하여 요사탕산망가(夭死蕩産亡家 : 소년에 죽고 산액으로 죽으며 財産을 날린다)이니, 중처첩심감차(重妻妾甚堪嗟 : 여러 아내를 맞이한다)이나, 종수영락환과(終須零落鰥寡 : 마침내는 자식이 없고 또는 홀아비 과부가 혼자서 산다)이다.

乾門　　큰방이 巽方에 있으면 이를 '巽主'라고 하고, 화해(禍害)이다. 주방의 '가스대'가 離方에 있으면 절명(絶命)이 된다. 큰방과 離方의 주방(가스대)은 天乙이 된다.

　　　　　이러한 집에는 부녀작가 전산풍후(婦女作家　田産豊厚 : 부녀자가 똑똑해서 토지와 재산을 늘려 넉넉하다)하나, 단 순음부장 자손희소(純陰不長　子孫稀少 : 순음이 되어 남자는 扶持 못하고 子孫이 적다)하다. 가다호선 고부질투생(家多好善　姑婦嫉妬生 : 가족들은 남에게 좋은 일을 많이 하지만, 자식이 없어 고부간에는 사이가 좋지 않다)이라.

　　　　　세월이 가면 인재양패(人財兩敗 : 사람과 재물이 패한다)이며, 각종 災殃이 서로 침입한다. 화재 관재 도난으로 실물이 없으면, 자액투하(自縊投河 : 목매 죽든지 물에 빠져 죽는다)하는 흉변이 있을 수 있다. 그리고 장유

질병효상(長幼疾病爻象 : 어른 아이를 막론하고 질병을 앓는다)이다.

乾門 큰방이 巽方에 있으면 '巽主'라고 하고, 이는 禍害가 된다. 주방의 '가스대'가 坤方에 있으면 연년(延年)이 되고, 巽方의 큰방과 坤方의 주방(가스대)은 오귀(五鬼)가 된다.

그러나 주방의 가스대가 坤方에 있으니 이는 延年宅이 된다. 이러한 집을 소인첨정진재 대길지주(小人添丁進財 大吉之廚 : 남자식구와 재물이 늘어나는 아주 좋은 부엌이다)이므로 부모구경 복수강녕재왕(父母俱慶 福壽康寧 財旺 : 부모는 壽와 福을 함께 누리며 건강하고, 재물은 풍족하다)하니, 자수군자 가관진록(子秀君子 加官進祿 : 자식은 총명하여 벼슬을 얻어 높은 직위에 오른다)하는 집인데, 주우길성 무개조즉 만문길경복무강(廚遇吉星 無改造則 滿門吉慶福無疆 : 문과 부엌이 좋은 배합인데, 고쳐내지만 않는다면 복록이 발해서 慶事가 날로 이른다)이라 하나, 乾門과 巽主는 禍害가 되고, 房과 주방이 五鬼가 되므로 세월이 오래 지나면 각종 질병과 재앙이 발생한다.

해수(咳嗽), 근골통(筋骨痛)에 자액도상 인명흉사(自縊 刀傷 人命凶死)나 화도관재 화환연흉(火盜官災 禍患連凶)할 것이다.

乾門 큰방이 巽方에 있으면 '巽主'라고 하고, 화해(禍害)가 된다. 주방의 '가스대'가 태방(兌方)에 있으면 生氣가 되고 巽方의 큰방과 兌方의 주방(가스대)은 육살(六殺)이 된다.

이러한 집은 初年에는 인재양발(人財兩發 : 사람과 재물이 함께 일어난다)하여 부귀쌍전(富貴雙全 : 부자와 벼슬을 함께 누린다)하여 가도무불화열(家道無不和悅 : 즐겁지 않는 날이 없다)이나, 歲月이 오래 가면 長女나 老人과 婦女子는 기괴팽심(氣塊膨心 : 기가 치밀어 심장을 찌르고)이나 인후조색(咽喉阻塞 : 목구멍이 막힘) 증세나 해수(咳嗽 : 가래와 심한 기침을 한다), 근골동통(筋骨疼痛 : 근육이 당기고 시리고 아픈 증세)에 요통(腰痛) 등의 증세가 있을 것이다.

그리고 자액도상 인명흉사(自縊刀傷 人命凶死 : 목을 매거나 칼날에 다쳐 凶死한다)하는 일이 없으면, 火災나 도난 官災 등의 나쁜 일이 있으며, 家出하는 子孫이 있을 것이다.

**乾門**  큰방이 巽方에 있으면 '巽主'라 하고 이는 禍害가 된다. 주방의 '가스대'가 乾方에 있으면 伏位가 되고, 巽方의 큰방과 乾方의 주방은 또한 화해(禍害)가 된다.

이러한 집은 初年에는 재산흥발가부(財産興發家富 : 재산이 불같이 일어나 집안이 넉넉하다)이나, 순양무음(純陽無陰 : 男子만 있고 女子가 없는 격이다)이니, 각주상처상자(却主傷妻傷子 : 주로 婦人과 子女가 죽는다)이다.

이는 유양무음 호고서(有陽無陰 好孤恓 : 陰이 없이 陽만 있기 때문이다)이므로 형제동거결사(兄弟同居缺嗣 : 형제가 함께 살게 되며, 그 형제에게도 子息이 없다)이다.

乾門에서 巽方에 큰방이 있으면 먼저 長女나 長子婦에게는 不利하고, 다음은 老人이다. 이러한 곳에서 오래도록 居하면 심장이 찌르는 것 같은 苦痛과 잠을 제대로 잘 수가 없을 것이며, 자액도상 인명흉사(自縊刀傷 人命凶死)가 없으면, 또는 火災, 도난으로 失物이 있든지 또는 관재(官災)가 없으면 갑작스런 疾病으로 夭死한다.

### ⑥ 乾門에 乾命과 離主圖

다음 그림은 집의 중심에서 羅經을 보아 戌·乾·亥方에 출입문이 있으면 乾門이라 하고, 주인방이 丙·午·丁方에 있으면 離主라고 한다.

乾(金)과 離(火)는 火剋金이고, 이를 不配라고 하며, 이러한 배치는 絶命에 속하므로 이를 극이과거 생안질(剋離寡居 生眼疾 : 離火의 剋을 받아 과부가 살고 눈병이 생긴다)이라 한다.

이러한 집에는 門과 主는 絶命이 되고, 門에서 주방이 艮方에

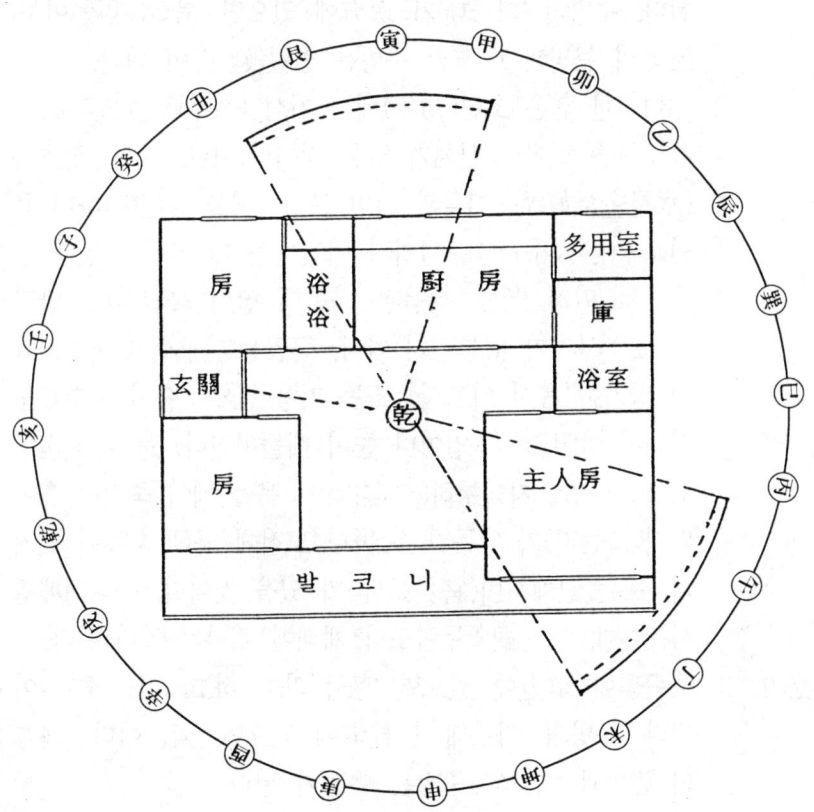

배속하므로 天乙이 된다. APT에서 보편적인 配置圖로 사용하기에 편리한 집이다. 그런데 사용하기에는 편리할지 모르나 生活하는 데는 답답함이 그지없을 것이다. 이러한 집에는 初年에는 人財가 旺하나, 오래 지나면 老翁은 夭死하고, 안혼(眼昏 : 시력이 흐림), 두통(頭痛), 악창(惡瘡)의 疾患에 財物이 흩어질 것이다. 또는 각종 疾病과 負傷으로 男女夭死 아니면 生離別할 것이다. 마침내는 대가 끊긴다.

### 乾門에서 離主와 八廚와의 관계

乾門　　큰방이 離方에 있으면 '離主'라고 하고, 이는 絶命이 된다. 주방의 '가스대'가 坎方에 있으면, 육살(六殺)이고, 離方의 큰방과 坎方의 주방은 연년(延年)이 된다.

　　이러한 집은 초년(初年)에는 기성유성무패(旣成有成無敗 : 무슨 일이나 실패가 없을 것이다)이나, 수성금성호음(水星金星好淫 : 아들과 아버지는 여색을 즐긴다)하니 음인소구(陰人小口 : 부녀자와 어린이는 短命)하게 된다.

　　주로 먼저 老公, 다음은 가운데 딸이 불리하다. 탄탄(癱瘓 : 사지가 뒤틀린다)이나, 근골동통(筋骨疼痛 : 근육이 당기고 몹시 아프다) 또는 기옹(氣癰 : 숨이 차고) 구안와사(口眼歪斜 : 입이나 눈이 삐뚤어진다) 등의 疾病이 있을 것이고, 자액투하(自縊投河 : 목을 매어 죽거나 물에 빠져 죽는다)가 있든지, 火災나 도적에 의한 失物이 있거나, 또는 관재시비(官災是非)가 있을 것이다. 구내재패핍사(懼內財敗乏嗣 : 두렵도다 재패에 후사가 없다)이다.

乾門　　큰방이 離方에 있으면 '離主'라고 하고, 이는 絶命이 된다. 주방의 '가스대'가 艮方에 있으면, 天乙이다. 離方의 큰방과 艮方의 주방은 禍害가 된다.

이러한 집은 자래추 부자자효(子來趨 父慈子孝 : 부자 간에 정이 두터워 父는 자식을 아끼고 子는 부모에 효도한다)이니 문정광현 홍왕발달 예불호선(門庭光顯 興旺發達 禮佛好善 : 집안이 날로 발달해서 隆昌하며 慈悲의 마음으로 베풀기를 좋아한다)하나, 세월이 갈수록 많은 가족이 질병을 앓게 된다. 주로 老人은 해수병(咳嗽病)으로 苦生을 하든지 탄환(癱瘓 : 사지가 뒤틀린다) 또는 기천(氣喘 : 숨차는 증세)과 안질(眼疾), 심동(心疼 : 가슴앓이)에 온역황종흉사(瘟疫黃腫凶死 : 염병 종기를 앓든지 凶死를 한다)이다.

그리고 婦女子는 性品이 난폭하여지면서 집안 살림을 左右하게 되고, 子息들은 家出을 하게 될 것이다. 인이재산(人離財散 : 사람과 재물이 흩어진다)의 집이다.

**乾門**  큰방이 離方에 있으면 '離主'라 하고, 이는 絶命이 된다. 주방의 '가스대'가 震方에 있으면, 五鬼가 되며, 離方의 큰방과 震方의 주방은 生氣나 不配合이다.

이러한 집에는 부능작가 전산진익(婦能作家 田産進益 : 부녀자가 능히 살림을 일으킨다)하며, 인재청수급제(人才淸秀及第 : 뛰어난 자손이 나와 급제한다)이나, 화재(火災) 도난 관재(官災)가 화환연흉(禍患連凶 : 어려운 일들이 연달아 닥친다)이며, 자액도상투하 인명흉사(自縊刀傷投河 人命凶死 : 목을 매 죽거나 칼날이나 물에 빠져 죽는 慘死)가 있을 것이다.

그리고 장유질병효상(長幼疾病爻象 : 어른 아이를 막론하고 질병을 앓는다)인데, 천수(喘嗽 : 천식과 해수병)에 탄환(癱患 : 사지가 뒤틀어지고)이거나, 안질(眼疾), 악창(惡瘡 : 종기)이니, 구내재패핍사(懼內財敗乏嗣)이다.

乾門　　큰방이 離方에 있으면 이를 '離主'라 하고, 이는 絶命
이 된다. 주방의 '가스대'가 巽方에 있으면, 이는 화해(禍
害)가 된다. 離方의 큰방과 巽方의 가스대는 천을(天乙)
이 된다.

　　이러한 집은 지가부녀현량(持家婦女賢良 : 부녀자가 똑
똑하여 집안을 잘 다스린다)하나, 차주결사 소아랑(此廚
缺嗣 小兒郎 : 이러한 부엌은 사내애가 고생하고 후사가
없다)이므로, 수방음인괴양(須防陰人怪樣 : 모름지기 여
자가 괴이한 짓을 못하도록 막으라)이라 하였다. 상장녀
장부(傷長女長婦)이고, 해수병(咳嗽病)으로 고생한다. 그
리고 근골동통(筋骨疼痛 : 근육이 시리고 아프다)에 기옹
(氣壅 : 숨이 차고)하고 탄탄(癱瘓 : 사지가 뒤틀린다)하
는 자가 생기든지 산망관재도적(産亡官災盜賊 : 出産中에
죽든지 관재나 도난)이 있든지 혹 구안의사(口眼歪斜 :
입이나 눈이 비뚤어진다)하는 자가 생긴다.

　　그리하여 요사탕산망가(夭死蕩産亡家 : 갑작스레 죽고
財産을 날린다)이니, 중처첩심감차(重妻妾甚堪嗟 : 여러
아내를 맞이한다)이나, 종수영락환과(終須零落鰥寡 : 마
침내는 집안이 빈궁해지고 홀아비 과부가 생긴다)이다.

乾門　　큰방이 離方에 있으면 이를 '離主'라 하고, 絶命이 된
다. '가스대'가 離方에 있으면, 또한 絶命이다. 큰방과 부
엌은 伏位가 된다.

　　이러한 집은 초년에는 소료공가 도치성(炤燎空家 道熾
成 : 빈집에 재산이 불꽃같이 일어난다)이나, 男女는 요사
(夭死)하고, 부녀지가(婦女持家 : 부녀자가 집안을 꾸려
간다)이다.

　　담결(痰結 : 가래가 뭉쳐 목구멍에 붙어 있는 증세), 탄

환(癱患 : 중풍으로 사지가 뒤틀리고), 안홍(眼紅 : 시력이 흐리고), 심동(心疼 : 가슴앓이), 두통(頭痛), 음병(陰病 : 성병), 심초(心焦 : 가슴 부위) 등의 질환이며 多女小男의 宅이다.

또한 붕태상아역군(崩胎傷兒役軍 : 배 속의 애는 떨어지고 난 애는 죽는다), 온역황종흉사(瘟疫黃腫凶死 : 염병 종기 흉사이다), 인구패절이양(人口敗絕異樣 : 後嗣가 없다)이다. 그리고 火災나 官災가 있을 것이고, 오래 지난 뒤에는 고과(孤寡)가 생긴다.

乾門　　큰방이 離方에 있으면 '離主'라고 하고, 이는 絕命이 된다. '가스대'가 坤方에 있으면, 연년(延年)이 되고, 離方의 큰방과 坤方의 주방(가스대)은 육살(六殺)이 된다.

이러한 집은 初年에는 가정간 존비상하 인의화순(家庭間 尊卑上下 仁義和順 : 어른과 아이 형제간에 우애가 돈독하여 가정이 화목하다)하고, 산업흥륭(産業興隆 : 사업이 잘되고)에 인구흥왕(人口興旺 : 어린이는 잘 자라고)하고, 육축무성(六畜茂盛)함은 4~5년이나 巳·酉·丑年에는 필주응서(必主應瑞 : 좋은 일이 생김)하나, 老公은 해수병(咳嗽病)이나, 탄탄(癱瘓 : 사지가 뒤틀린다), 안질(眼疾), 심동(心疼 : 가슴앓이) 등의 질환이 있게 되고, 火災나 官災가 있을 것이다.

오랜 歲月이 지나면, 子息은 疾病이나 家出이 있을 것이고 음인내란가재(陰人內亂家財 : 집안에서 女子는 소란을 피운다)하니, 남자는 早死를 하게 된다. 그리하여 양자(養子)를 들이게 되나 그 子息 또한 죽게 되는 집이다.

乾門　　큰방이 離方에 있으면 '離主'라고 하고, 절명(絕命)이

된다. 주방의 '가스대'가 兌方에 있으면 生氣가 되고, 離方의 큰방과 兌方의 주방(가스대)은 오귀(五鬼)가 된다.

이러한 집은 初年에는 인재양발(人財兩發 : 사람과 재물이 함께 일어난다)하여 부귀쌍전(富貴雙全 : 부자와 벼슬을 함께 누린다)하여 가도무불화열(家道無不和悅 : 즐겁지 않은 날이 없다)이나 歲月이 오래 가면 선상노공 차손중녀(先傷老公 次損中女 : 먼저 호주가 죽고 다음은 중년 부인이나 가운데 딸이 죽게 된다), 황종(黃腫), 해수(咳嗽 : 가래와 심한 기침을 한다), 근골동통(筋骨疼痛 : 근육이 당기고 시리고 아픈 증세)에 요통(腰痛) 등의 症勢가 있을 것이다.

그리고 자액도상 인명흉사(自縊刀傷 人命凶死 : 목을 매거나 칼날에 다쳐 흉사한다)하는 일이 없으면, 火災나 도난 官災 등의 나쁜 일이 있으며, 家出하는 子孫이 있을 것이다.

**乾門** 큰방이 離方에 있으면 '離主'라고 하고, 이는 絶命이 된다. 주방의 '가스대'가 乾方에 있으면 伏位가 되고, 離方의 큰방과 乾方의 주방은 또한 절명(絶命)이 된다.

이러한 집은 初年에는 재산흥발가부(財産興發家富 : 재산이 불같이 일어나 집안이 넉넉하다)이나, 순양무음(純陽無陰 : 男子만 있고 女子가 없는 격이다)이니, 각주상처상자(却主傷妻傷子 : 주로 부인과 자녀가 죽는다)이다.

이는 유양무음 호고서(有陽無陰 好孤恓 : 陰이 없이 陽만 있기 때문이다)이므로 형제동거결사(兄弟同居缺嗣 : 형제가 함께 살게 되며, 그 형제에게도 子息이 없다)이다.

乾門에서 離方에 큰방이 있으면 먼저 주인이 죽게 되

므로 不利하고, 다음은 중년 여자이다. 이러한 곳에서 오래 살면 심장이 찌르는 것 같은 苦痛과 잠을 제대로 잘 수가 없을 것이며, 자액도상 인명흉사(自縊刀傷 人命凶死)가 없으면, 또는 火災 도난으로 失物이 있든지 혹은 관재(官災)가 없으면 갑작스런 질병으로 夭死한다.

### ⑦ 乾門에 乾命과 坤主圖

다음 그림은 집의 중심에서 羅經을 보아 戌·乾·亥方에 출입문이 있으면 乾門이라 하고, 주인방이 未·坤·申方에 있으면 坤主라고 한다.

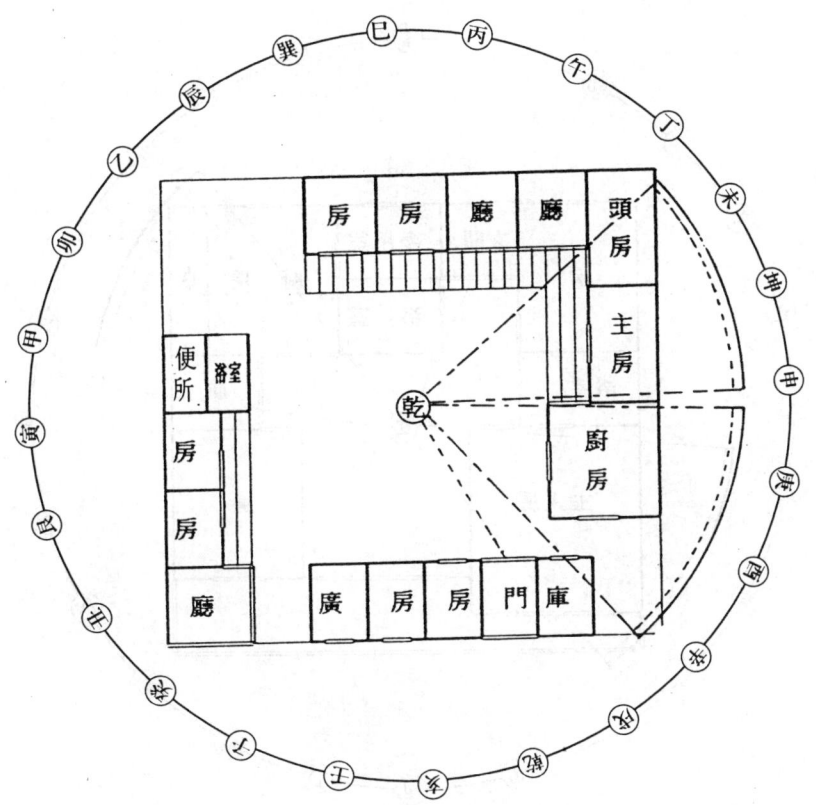

乾은 天이고 坤은 地이므로 이는 老父와 老母을 象徵하여, 正配合이라고 한다. 이러한 집을 천문도지 주영화(天門到地 主榮華)라고 하여 무병장수(無病長壽)에 부귀영창댁(富貴榮昌宅)이라 한다.

乾門(金)과 坤主(土)는 延年이다. 이러한 문과 주인방의 배치는 아들 4兄弟에 父는 仁慈하고, 子는 孝하며, 孫은 賢하다. 그리하여 多才多能한 子孫은 名聲을 떨칠 것이다. 그러나 다음은 주방의 位置에 따라 家運이 바뀌어질 수가 있다. 그러므로 명심해야 할 것은 西門이면 반드시 西宮이 되어야 吉한 집이 될 수 있으나, 東宮에 해당되면 吉凶은 相反된다는 事實을 알아두기 바란다.

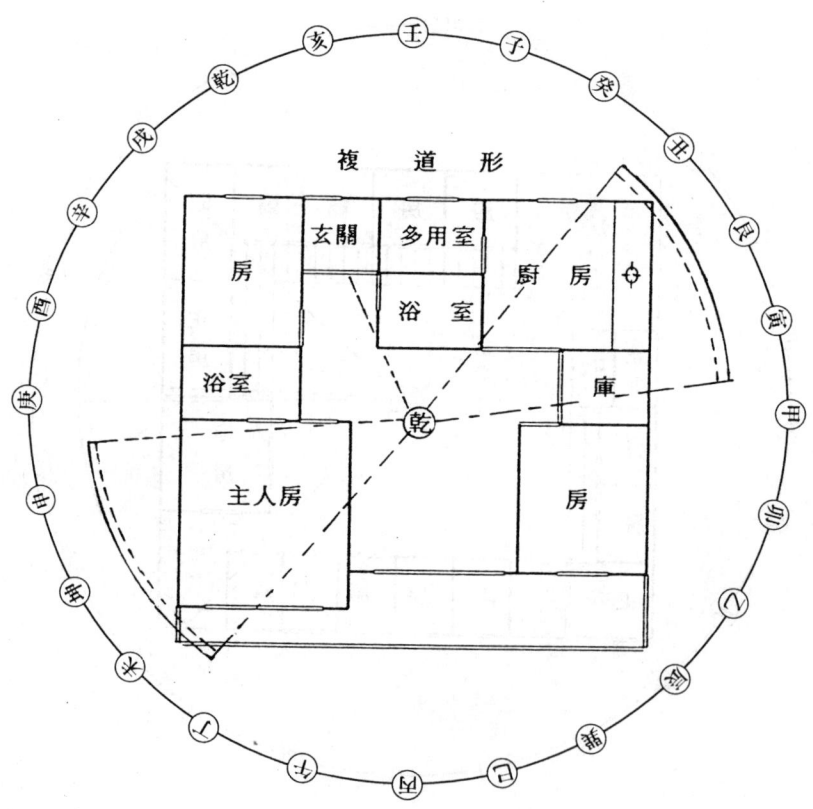

### 乾門에 坤主와 艮廚 配置圖

다음의 배치도는 복도식이다. 이러한 집이 壬坐에 乾門이면 흉택(凶宅)이라고 단정하는데 이는 잘못된 것이다. 양택삼요(陽宅三要)에서는 東西四宅字로 분류하는데, 출입문이 西四宅字(乾兌艮坤)에서 주인방과 부엌이 西四宅字에 해당되어야 하고, 家坐가 역시 西四宅字에 해당되면 더욱 좋다는 것이다.

그리하여 門에서 큰방과 부엌(가스대)의 所在가 配合이 되느냐가 중요하다. 위 그림은 乾(老父)門에서 坤(老母)主房은 延年이 되고 夫婦正配이다. 艮(末男)주방은 天乙이 된다. 이러한 집에 夫婦의 命宮이면, 복사분왕(福似汾王 : 복이 분왕과 같음)에 부비석숭(富比石崇 : 부는 석숭에 비교됨)이며 귀여배두(貴如裵杜 : 귀는 배두와 같음)하니 정여문왕(丁如文王 : 남자식구는 문왕과 같음)하다.

### 乾門에서 坤主와 八廚와의 관계

乾門　　큰방이 坤方에 있으면 '坤主'라고 하고, 이는 延年이 된다. 주방의 '가스대'가 坎方에 있으면, 육살(六殺)이고, 坤方의 큰방과 坎方의 주방은 절명(絶命)이 된다.

　　이러한 집은 初年에는 정위개소언(正位開笑言 : 정배합이므로 웃음이 가득하다)으로 사자호강 탈단계(四子豪强 奪丹桂 : 네아들이 똑똑해서 과거에 급제한다)하고, 개개아손 호영현(個個兒孫 號英賢 : 자손들은 다 어질고 영특하다)이니, 서기영문 인칭쾌(瑞氣盈門 人稱快 : 상서로운 기운이 집안에 가득하다)이다.

　　그러나 세월이 지나면, 수성금성호음(水星金星好淫 : 중년 남자와 아버지는 여색을 즐기고)하게 되고, 子孫은 가출하게 될 것이다. 婦女子는 短命하게 되는데, 수고(水

蠱 : 배가 부어오름)나 붕루(崩漏 : 月水가 쏟아져 나옴), 부종(浮腫 : 붓는 병), 변탁(便濁 : 소변이 뜨물처럼 탁하다) 등의 症勢이다.

그리고 소구난양(小口難養)에 자손오역우완(子孫忤逆愚頑 : 자손은 어리석고 완악해서 부모의 뜻을 어긴다)이라 하였다.

乾門　　큰방이 坤方에 있으면 '坤主'라고 하고, 이는 延年이 된다. 주방의 '가스대'가 艮方에 있으면, 天乙이다. 坤方의 큰방과 艮方의 주방은 生氣가 된다.

이러한 집은 자래추 부자자효(子來趨 父慈子孝 : 부자간에 정이 두터워 父는 자식을 아끼고 子는 부모에 효도한다)이니 문정광현 흥왕발달 예불호선(門庭光顯 興旺發達 禮佛好善 : 집안이 날로 발달해서 隆昌하며 慈悲의 마음으로 베풀기를 좋아한다)하니, 인구흥왕(人口興旺 : 어린이는 잘 자라고)하며, 산업흥륭(産業興隆)하다.

4~5年內에 또는 巳·酉·丑年에는 필주응서(必主應瑞 : 반드시 좋은 일이 생김)한다. 乾門에 坤主는 정위개소언(正位開笑言 : 正配이므로 웃음이 가득하다)이라, 십년형화 발문헌(十年螢火 發文軒 : 10年간 추녀끝에서 밝힌 반딧불로 工夫하여 문장을 성취함)이니, 서기영문 인칭쾌(瑞氣盈門 人稱快 : 상서로운 기운이 집안에 가득하다)하므로 부귀영화 사해전(富貴榮華 四海傳 : 부귀영화가 세상에 가득하다)이라 하였다.

乾門　　큰방이 坤方에 있으면 '坤主'라 하고, 이는 延年이 된다. 주방의 '가스대'가 震方에 있으면, 五鬼가 되며, 坤方의 큰방과 震方의 주방은 禍害가 된다.

이러한 집에는 초년에는 부자간에 정이 두터워 아버지

는 자식을 아끼고, 자식은 父母를 존경(尊敬)하며 孝道하니 家門은 날로 번창하여 남에게 베풀기를 좋아하며 종교(宗敎)에 대한 信心이 두텁다.

그러나 세월이 갈수록 婦人과 큰 子息에게는 기괴팽심(氣塊膨心 : 기가 치밀어 심장을 찌르는 증세), 인후조색(咽喉阻塞 : 목구멍이 막히고), 해수(咳嗽), 근골통(筋骨痛 : 근육이 당기고 고통스러운 증세) 등의 증세가 있든지, 자액도상 인명흉사(自縊刀傷 人命凶死 : 목을 매 죽거나 연장에 다쳐 흉사한다)나 화도관재 화환연흉(火盜官災 禍患連凶 : 화재 도난 관재 등의 어려움이 연이어 닥친다)이다.

乾門　　큰방이 坤方에 있으면 이를 '坤主'라 하고, 延年이 된다. 주방의 '가스대'가 巽方에 있으면, 이는 화해(禍害)가 된다. 坤方의 큰방과 巽方의 가스대는 五鬼가 된다.

이러한 집은 老翁과 老母가 夫婦正配가 되므로 初年에는 집안에는 즐거운 일로 웃음이 가득하다. 그리고 네 아들마다 사내다운 기질을 타고나 벼슬에 오르며, 여러 子孫은 영특하므로, 집안에는 상서(祥瑞 : 복스럽고 좋은 일)로운 기운이 가득하나, 세월이 갈수록 不幸한 일들이 닥친다. 이는 주방의 배치가 잘못되어 있기 때문이다.

먼저 長女나 長子婦에게 不幸한 일이 닥치고, 재물에 손실이 있을 것이다. 그리고 탄탄(癱瘓 : 사지가 뒤틀린다)이나 근골동통(筋骨疼痛 : 근육이 당기는 증세)이고, 氣壅이며 구안와사(口眼歪斜 : 입이나 눈이 비뚤어 진다)하는 자가 생긴다.

그리하여 요사탕산망가(夭死蕩産亡家 : 소년시절에 죽고 財産을 날린다)이니, 중처첩심감차(重妻妾甚堪嗟 : 여러 아내를 맞이한다)이나, 종수영락환과(終須零落鰥寡 : 마침내 자식이 없고 홀아비 과부가 생긴다)이다.

乾門　　큰방이 坤方에 있으면 이를 '坤主'라고 하고, 延年이 된다. 주방의 '가스대'가 離方에 있으면, 이는 절명(絶命)이 된다. 坤方의 큰방과 離方의 주방은 육살(六殺)이 된다.

이러한 집은 초년에는 부자간에 신망(信望)이 두터워 아버지는 자식을 아끼고, 자식은 부모에게 존경하며, 효도를 하는 집안이다. 그러므로 가정은 화목하고, 번창하여 자선(慈善)하는 집안으로 宗敎에 대한 信心이 두텁다.

그러나 세월이 갈수록 心身이 허약하고, 천수(喘嗽 : 천식과 해수), 황종(黃腫 : 누렇게 붓는 병), 토혈(吐血), 탄환(癱患 : 중풍으로 사지가 뒤틀린다), 안질(眼疾), 악창(惡瘡) 등의 질환이 있다.

또한 화재 도난 관재 시비가 없으면 자액투하(自縊投河 : 목매 죽거나 물에 빠져 죽는다)가 있을 것이니, 구내 인재 패핍사(懼內人財 敗乏嗣 : 두렵도다, 사람과 財物이 없어지고 후사가 없다)이다.

乾門　　큰방이 坤方에 있으면 '坤主'라고 하고, 이는 延年이 된다. 주방의 '가스대'가 坤方에 있으면 연년(延年)이 되고, 離方의 큰방과 坤方의 주방(가스대)은 육살(六殺)이 된다.

이러한 집은 초년에는 가정간 존비상하 인의화순(家庭間 尊卑上下 仁義和順 : 어른과 아이 형제간에 우애가 돈독하여 가정이 화목하다)하고, 산업흥륭(産業興隆 : 사업이 잘되고)에 인구흥왕(人口興旺 : 어린이는 잘 자라고)하고, 육축무성(六畜茂盛)함은 4~5년이나 巳・酉・丑年에는 필주응서(必主應瑞 : 반드시 좋은 일이 생김)하나,

老公은 해수병(咳嗽病)이나, 탄탄(癱瘓 : 사지가 뒤틀린다), 안질(眼疾), 심동(心疼 : 가슴앓이) 등의 질환이 있게 되고, 火災나 官災가 있을 것이다.

오랜 歲月이 지나면, 子息은 疾病이나 家出이 있을 것이고, 음인내란가재(陰人內亂家財 : 집안에서 女子는 소란을 피운다)하니, 남자는 일찍 죽게 된다. 그리하여 양자(養子)를 들이게 되나 그 子息 또한 오래 살지 못하게 되는 집이다.

乾門　　큰방이 坤方에 있으면 '坤主'라고 하고, 연년(延年)이 된다. 주방의 '가스대'가 兌方에 있으면 生氣가 되고, 坤方의 큰방과 兌方의 주방(가스대)은 천을(天乙)이 된다.

이러한 집은 초년에는 인재양발(人財兩發 : 사람과 재물이 함께 일어난다)하여 부귀쌍전(富貴雙全 : 부자와 벼슬을 함께 누린다)하여 가도무불화열(家道無不和悅 : 즐겁지 않은 것이 없다)이며, 사자호강 탈단계(四子豪强 奪丹桂 : 네 아들은 호걸스러우며 과거에 급제함)이고, 개개아손 호영현(個個兒孫 號英賢 : 자손들은 다 어질고 영특하다)하므로 4~5年이나 巳·酉·丑年에는 반드시 應하여 인정무성(人丁茂盛 : 남자가 잘되는 집)하고 사업번창을 하게 된다.

그러나, 主人은 젊은 첩을 얻어 편애(偏愛)하는 경향이 있을 것이며, 그 첩은 主人을 속여 財物을 챙기는 일이 있음을 명심해야 한다.

乾門　　큰방이 坤方에 있으면 '坤主'라고 하고, 이는 延年이 된다. 주방의 '가스대'가 乾方에 있으면 伏位가 되고, 坤方의 큰방과 乾方의 주방은 또한 연년(延年)이 된다.

이러한 집은 부모구경 복수강녕재왕(父母俱慶 福壽康

寧財旺 : 부모는 오래 살면서 복받아 건강하고, 재물은 풍족한 집이다)하고, 자수군자 가관진록(子秀君子 加官進祿 : 뛰어나고 총명한 자식은 벼슬을 얻어 진급한다)하고 소인첨정진재 대길지주(小人添丁進財 大吉之廚 : 사내애가 늘어나고 재물이 날로 늘어나는 길한 門과 부엌이다)인데, 주우길성 무개조즉 만문길경 복무강(廚遇吉星 無改造 則 滿門吉慶 福無疆 : 문과 부엌이 좋은 배치인데, 고쳐내지만 않으면, 복록이 발해서 좋은 일만 날로 이른다)이다.

그러나 오래 살게 되면은 부인과 자식이 죽게 되므로, 여러 婦人을 맞아들이게 되나, 子息이 없게 되는 경우가 있을 것인데, 이러한 일은 命宮이 不配가 되면 더 빠르게 당하는 일이 생길 수 있다.

### ⑧ 乾門에 乾命과 兌主圖

다음 그림은 집의 중심에서 羅經을 보아 戌・乾・亥方에 출입문이 있으면 乾門이라 하고, 主人房이 庚・酉・辛方에 있으면 兌主라고 한다.

乾門과 兌主는 生氣이므로 이는 노인과 젊은 여인이 짝을 지은 격이라, 이를 천택재왕 다음란(天宅財旺 多淫亂 : 재물은 많으나 바람둥이가 많음)이라고 하는데 재물이 旺盛하고, 淫亂한 子孫이 많이 태어난다는 것이다.

乾門(金)과 兌主(金)은 生氣이다. 그러나 比和되므로 초년에는 부귀가 發하고, 人丁이 왕하여 장수한다고 하나, 오랜 세월이 지나면, 집주인은 중취처첩(重娶妻妾 : 여러번 婦人을 얻는다)하나, 寡婦가 권세를 잡는데 次男과 次孫은 吉하다고 한다.

중요한 것은 우선적으로 來龍과 坐가 중요하고, 六壬에서 거주자의 太歲에 따라 輪年에 吉凶이 左右된다. 주변의 砂格에서 凹를

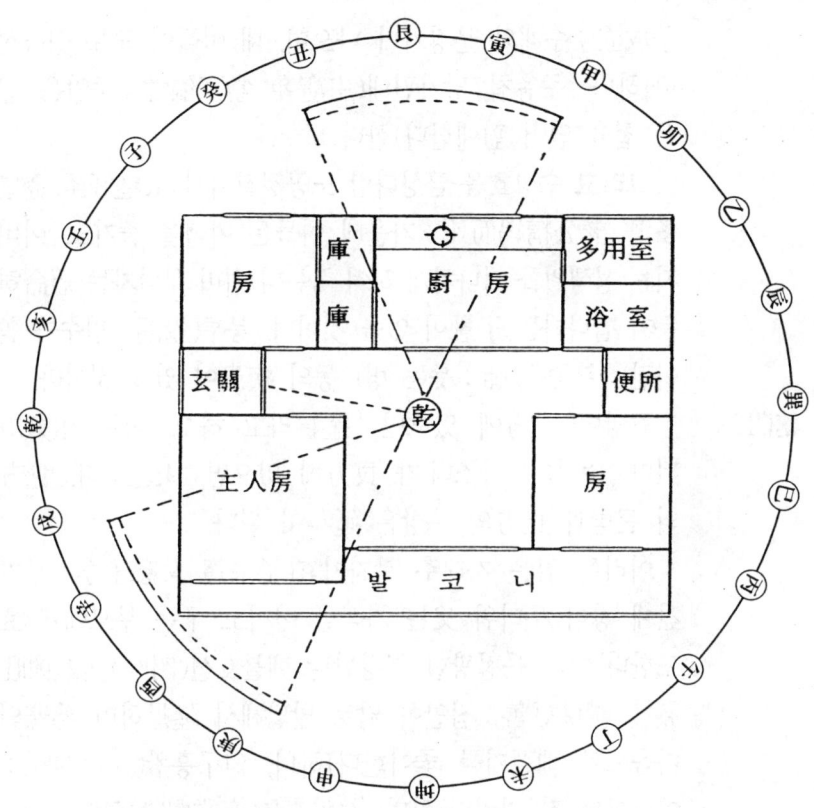

필히 살펴야 할 것이다.

### 乾門에서 兌主와 八廚와의 관계

乾門　　큰방이 兌方에 있으면 '兌主'라고 하고, 生氣가 된다. 주방의 '가스대'가 坎方에 있으면 육살(六殺)이고, 兌方의 큰방과 坎方의 주방은 화해(禍害)가 된다.

　　이러한 집은 초년에는 가도무불화열(家道無不和悅 : 즐겁지 않는 것이 없다)이며, 인재양발 부귀쌍전(人財兩發 富貴雙全 : 사람과 재물이 발하여 부와 귀를 함께 누린다)한다. 필출 문인수사 생사자성립(必出 文人秀士 生四

子成立 : 수재와 문장가가 나오며, 네 아들이 모두 성공한다)하나, 주총첩 당가편애(主寵妾 當家偏愛 : 주인은 젊은 첩을 얻어 편애한다)한다.

그리고 수성호음 금성다람 노공정갈이사(水星好淫 金星多濫 老公精竭而死 : 가운데 아들은 여색을 즐기고, 아버지는 성행위를 지나치게 하여 죽는다)하며 부녀자는 短命하든지 집나가는 子息이 있을 것이다. 붕루(崩漏 : 월수가 쏟아짐), 부종(浮腫 : 붓는 병) 등의 疾患이 있을 것이다.

**乾門**　큰방이 兌方에 있으면 '兌主'라고 하고, 이는 生氣가 된다. 주방의 '가스대'가 艮方에 있으면, 天乙이다. 兌方의 큰방과 艮方의 주방은 延年이 된다.

이러한 집은 자래추 부자자효(子來趨 父慈子孝 : 부자간에 정이 두터워 父는 자식을 아끼고 子는 부모에게 효도한다)이니 문정광현 흥왕발달 예불호선(門庭光顯 興旺發達 禮佛好善 : 집안이 날로 발달해서 隆昌하며 慈悲의 마음으로 베풀기를 좋아한다)하니, 인구흥왕(人口興旺 : 어린이는 잘 자란다)하며, 산업흥륭(産業興隆)하다.

4~5年內에 또는 巳・酉・丑年에는 필주응서(必主應瑞 : 반드시 좋은 일이 생김)한다. 乾門에 坤主는 정위개소언(正位開笑言 : 正配이므로 웃음이 가득하다)이라, 십년형화 발문헌(十年螢火 發文軒 : 十年간 추녀끝에서 밝힌 반딧불로 工夫하여 학문을 성취함)이니, 서기영문 인칭쾌(瑞氣盈門 人稱快 : 상서로운 기운이 집안에 가득하다)하므로 부귀영화 사해전(富貴榮華 四海傳 : 부귀영화가 세상에 가득하다)이라 하였다.

**乾門**　큰방이 兌方에 있으면 '兌主'라 하고, 이는 生氣가 된다. 주방의 '가스대'가 震方에 있으면, 五鬼가 되고, 兌方

의 큰방과 震方의 주방은 絕命이 된다.

이러한 집은 초년에는 가도무불화열(家道無不和悅 : 즐겁지 않는 것이 없다), 인재양발 부귀쌍전(人財兩發 富貴雙全 : 사람과 재물이 발하여 부와 귀를 함께 누린다)이고, 필출 문인수사(必出 文人秀士)에 생사자성립(生四子成立)이라고 한다.

그러나 세월이 갈수록 婦人과 큰자식에게는 기괴팽심(氣塊膨心 : 기가 치밀어 심장을 찌르는 증세), 인후조색(咽喉阻塞 : 목구멍이 막히고), 해수(咳嗽), 근골통(筋骨痛 : 근육이 당기고 고통스러운 증세) 등의 증세가 있든지, 자액도상 인명흉사(自縊刀傷 人命凶死 : 목을 매 죽거나 연장에 다쳐 흉사한다)나 화도관재 화환연흉(火盜官災 禍患連凶 : 화재 도난 관재 등의 어려움이 연이어 닥친다)이다.

**乾門** 큰방이 兌方에 있으면 이를 兌主라 하고, 生氣가 된다. 주방의 '가스대'가 巽方에 있으면, 이는 화해(禍害)가 된다. 兌方의 큰방과 巽方의 가스대는 六殺이 된다.

이러한 집은 초년에는 가도무불화열(家道無不和悅 : 즐겁지 않은 것이 없다) 인재양발 부귀쌍전(人財兩發 富貴雙全 : 사람과 재물이 발하여 부와 귀를 함께 누린다)이고, 필출 문인수사 생사자성립(必出 文人秀士 生四子成立 : 수재와 문장가가 생기고 아들 넷이 성공)이나, 세월이 갈수록 어려운 일들이 닥친다. 이는 주방의 배치가 잘못되어 있기 때문이다.

먼저 長女나 長子婦에게 불행한 일이 닥치고, 재물에 손실이 있을 것이다. 그리고 탄탄(癱瘓 : 중풍으로 사지가 틀린다)이나 근골동통(筋骨疼痛 : 근육이 당기는 증세)이 있고, 氣癰이며 구안의사(口眼歪斜 : 입이나 눈이 비뚤어진다)하는 자가 생긴다.

그리하여 요사탕산망가(夭死蕩産亡家 : 일찍 죽고 財産을 날린다)이니, 중처첩심감차(重妻妾甚堪嗟 : 여러 아내를 맞이한다)이나, 종수영락환과(終須零落鰥寡 : 마침내는 자손이 없고 홀아비 과부가 생김)이다.

乾門　큰방이 兌方에 있으면 이를 兌主라고 하고, 生氣가 된다. 주방의 '가스대'가 離方에 있으면, 이는 절명(絶命)이 된다. 兌方의 큰방과 離方의 주방은 오귀(五鬼)가 된다.

이러한 집은 초년에는 가도무불화열(家道無不和悅 : 즐겁지 않은 것이 없다), 인재양발 부귀쌍전(人財兩發 富貴雙全 : 사람과 재물이 발하여 富와 貴를 함께 누린다)이고, 필출 문인수사(必出 文人秀士 : 수재와 문장가가 나온다)라고 한다.

그러나 세월이 갈수록 心神이 허약하고, 천수(喘嗽 : 천식과 해수), 황종(黃腫 : 누렇게 붓는 병), 토혈(吐血), 탄환(癱患 : 중풍으로 사지가 뒤틀린다), 안질(眼疾), 악창(惡瘡) 등의 질환이 있다.

또한 화재, 도난, 관재 시비가 없으면 자액투화(自縊投火 : 목매 죽거나 불에 타서 죽는다)가 있을 것이니, 구내인재 패핍사(懼內人財 敗乏嗣 : 두렵도다, 사람과 財物이 없어지고 후사가 없다)이다.

乾門　큰방이 兌方이 있으면 '兌主'라 하고, 이는 生氣가 된다. 주방의 '가스대'가 坤方에 있으면 연년(延年)이 되고, 兌方의 큰방과 坤方의 주방(가스대)은 천을(天乙)이 된다.

이러한 집은 초년에는 가정간 존비상하 인의화순(家庭

間 尊卑上下 仁義和順 : 어른과 아이 형제간에 우애가 돈독하여 가정이 화목하다)하고, 산업흥륭(産業興隆 : 사업이 잘됨)에 인구흥왕(人口興旺 : 어린이는 잘 자람)하고, 육축무성(六畜茂盛)하며 4~5년이나 巳·酉·丑年에는 필주응서(必主應瑞 : 반드시 좋은 일이 생김)한다.

　　부모구경 복수강녕왕재(父母俱慶 福壽康寧旺財 : 부모는 건강과 복을 갖추고 재물은 풍족하다), 자수군자 가관진록(子秀君子 加官進祿 : 자식은 총명해서 벼슬을 얻어 높은 지위에 오른다)하고, 소인첨정 진재대길지주(小人添丁 進財大吉之廚 : 보통 사람은 남자 식구가 늘어나고 재물이 늘어나는 길한 배합이다)이다.

　　이러한 門에 부엌이 되면, 효의화동 부부량(孝義和同 夫婦良 : 부부는 화목하고 자손은 효도하며 형제간에는 우애가 있는 집안이 된다)이라.

**乾門**　　큰방이 兌方에 있으면 '兌主'라고 하고, 생기(生氣)가 된다. 주방의 '가스대'가 兌方에 있으면 生氣가 되고, 兌方에 큰방과 兌方에 주방(가스대)은 비화(比和)가 된다.

　　이러한 집은 가도무불화열(家道無不和悅 : 집안에는 즐겁지 않은 날이 없다), 인재양발 부귀쌍전(人財兩發 富貴雙全 : 사람과 재물이 발하여 富와 貴를 함께 누린다)하여 가도흥륭(家道興隆)하나, 세월이 오래 가면 발소상대(發小傷大 : 次子측의 자손은 잘되고, 長子孫측은 損傷됨)하는 집이라고 한다.

　　그리고 소부전권 요가불녕(小婦專權 擾家不寧 : 젊은 婦人이 집안 살림살이를 마음대로 하니, 집안이 불편하다)하며, 생질괴충심(生疾塊沖心 : 배 속에 핏덩어리가 생겨 심장을 찌르고)이요, 위질불식지병(胃疾不食之病 :

위병으로 먹지 못하는 환자가 발생한다)이다. 오랜 세월이 되면 차택무정 진가방(此宅無丁 振家邦 : 이러한 집은 남자가 없이 여자가 권리 행사를 한다)이다.

乾門　　큰방이 兌方에 있으면 '兌主'라고 하고 이는 生氣가 된다. 주방은 '가스대'가 乾方에 있으면 伏位가 되고, 兌方의 큰방과 乾方의 주방은 또한 生氣가 된다.

이러한 집은 재산흥발가부(財産興發家富 : 재산이 일어나 살림은 풍부하다)하여 전재진익 미곡풍영(錢財進益 米穀豊盈 : 돈과 재물이 쌓이고 곡식은 넘친다)하다.

자손총혜 부녀미려(子孫聰慧 婦女美麗 : 자손은 총명하고 부녀자는 예쁘고 아름답다), 중처총첩 자다서출(重妻寵妾 子多庶出 : 부인을 많이 얻어 첩을 좋아하며, 서출이 많이 태어난다)이다. 이러한 집을 지인옹녀배합(只因翁女配合 : 다만 노인과 젊은 부인과의 배합일 따름이다)이라고 한다.

그러나 오래 살게 되면 부인과 자식이 죽게 되므로, 여러 婦人을 맞아들이게 되나, 子息이 없게 되는 경우가 있을 것인데, 이러한 것은 命宮이 不配가 되면 더 빠르게 당하는 일이 있을 수 있다.

### (2) 乾門과 乾命으로 主人房과 주방을 看法

| 吉凶 星 | 乾門과 乾命에서 | 吉凶 解說 |
|---|---|---|
| 生氣(木) | 兌(庚酉辛) 주방 | 五子를 得하고 |
| 五鬼(火) | 震(甲卯乙) 주방 | 傷長子 後有 二子(長男死 後二男得) |
| 延年(金) | 坤(未坤申) 주방 | 四子를 得하고, 産業興隆 |
| 六殺(水) | 坎(壬子癸) 주방 | 傷中子 後有 一子 |

| 吉凶 星 | 乾門과 乾命에서 | 吉凶 解說 |
|---|---|---|
| 禍害(土) | 巽(辰巽巳) 주방 | 傷長婦 雖無子나 長壽한다 |
| 天乙(土) | 艮(丑艮寅) 주방 | 三子를 得하고 |
| 絶命(金) | 離(丙午丁) 주방 | 先傷中女 後絶嗣 |
| 伏位(木) | 乾(戌乾亥) 주방 | 딸만 두게 된다. |

上記의 乾命에 八廚座를 論하는 데 있어서, 한옥(韓屋)에서는 부뚜막(밥짓는 솥이 있는 곳)을 말하고, 現代式 주방에서는 '가스대'가 있는 곳을 韓屋인 廚座로 지칭(指稱)하여서 論하는 것이 마땅할 것이다.

가스대의 위치(位置)를 廚座라 하고 손잡이가 보는 곳을 向이라고 한다.

乾命人이 난득자(難得子: 자식을 낳기가 어려움)하면, 公(原著者 竹訥) 운(云) 부뚜막의 아궁이 向으로써 生氣 延年 天乙을 論하여 生子를 둘 수가 있다고 하였다. 오늘날에는 現代式 주방이기 때문에 아궁이 방향을 '가스대'가 있는 곳의 向으로 대칭(對稱)하여 논함이 마땅하다는 것을 筆者는 確認에 의하여 강조하는 바이다.

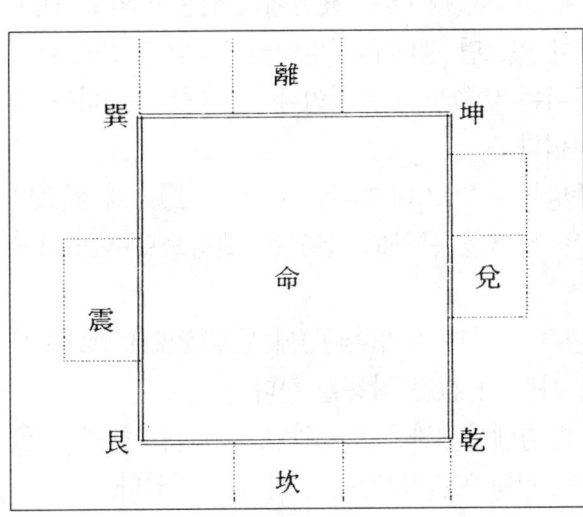

그러므로 제가(諸家)는 집안을 中心에서, 나경(羅經)을 놓는 데 있어 주의하여야 한다. APT 빌라 등에서는 슬라브

에 철근이 들어 있기 때문에 羅經의 방향이 움직이고 있음을 명심하여야 할 것이다. 그리고 정확한 중심에서 출입문이 있는 곳을 나경 6층선으로 봤을 때, 乾方에 있으면 乾門이라고 하고, 그 자리에서 큰방과 침실·부엌에서 '가스대'가 있는 곳을 6선으로 보는 것이다.

다시 정리하면, 집안의 중심에서 乾門이면 乾字는 西四宅字이기 때문에 이를 西四宅이라 칭하고, 큰방이 坤方에 있으면, 이는 延年이 되고, 부엌의 '가스대'가 兌方에 있으면, 生氣가 되고 艮方에 있으면 天乙이 된다는 것이다.

公(竹訥)에 의하면 生氣方에다 '가스대'를 설치하면 5子를 둘 수가 있고, 延年方에다 설치하면 4子를 둘 수가 있고, 天乙方에다 설치하면 3子를 둘 수 있다는 것은 경험으로 증거가 되었노라고 提示하였다.

그러나 이러한 配置를 하였다 해서, 누구에게나 해당되는 것은 아니다. 다만 婦人의 命이 乾命이 되었을 때에 이와 같은 법식에 저촉이 되는 것임을 명심하여야 한다.

보면은 乾命人이 부엌에서, 戌·乾·亥方에 출입문이 있고, 戌·乾·亥方에 '가스대'가 있으면 생녀무자(生女無子 : 딸만 있고 아들이 없다)라 하였다. 이는 伏位星은 무생리야(無生理也 : 생하는 이치가 없다)이기 때문이다.

또한 乾命人이 주방에서 '가스대'가 離(丙·午·丁)方에 있으면 자식을 잃든지, 혹은 낳지를 못하고, 본인은 질병으로 단명하게 된다.

이 절명성(絶命星)은 질병과 무자(無子)에 단명(短命)으로 후사(後嗣 : 제사를 모실 사람)가 없는 작용을 한다.

지난번에 乾命이 離方에다 3칸을 증축하니, 그 다음 해에 子息이 죽게 되고, 本人도 탈항증(脫肛症)에 걸려 死亡하였다.

乾命人이 남쪽의 客地에서 머물게 되면, 경불생환(竟不生還 : 필경 살아서 돌아오지 못한다)이라, 총체적으로 乾命人은 離(絶命)方을 犯하게 되면, 이는 주방에서 음식을 만드는 '가스대'나 잠자는 큰 房이나, 또한 離方으로 출입문을 내든지, 또는 離方으로 이사(移徙)나 시집가면은 반드시 凶한 일이 있을 것이다.

어떤 乾命人의 女人이 兌(生氣)方으로 시집가서 다섯 아들을 낳았는데, 뒤에 兌方에 있는 주좌(廚座 : 솥이 걸린 곳)를 離方으로 개수(改修 : 고친다)하니, 먼저 가운데 아들이 夭死하고, 해수(咳嗽), 기타 疾患으로 나머지 子息을 다 잃게 되었다고 한다.

그러므로 누구든지 本命의 生氣方에다가 음식 만드는 '가스대'를 설치하면 子息을 낳아 잘 기를 것이다. 가족이 잠자는 방을 선택하거나, 점포(店鋪)를 修理하는 데는 출입문의 선정(選定)이 凶方을 忌하고, 吉方으로 하게 되면 반달 안에 효험(效驗)이 있을 것이라 한다.

① 혼인(婚姻)

乾命의 男子는 坤命(延年)人의 女子를 만나면 이는 陰陽에 夫婦 正配가 되므로 살아가는 데 있어, 웬만한 어려움은 극복할 것이다.

다음은 兌命(生氣)人의 女子와 艮命(天乙)人의 女子이다. 만약 巽命(禍害)人의 女子를 만나면, 그 女子는 자액(自縊 : 목매 죽는다)하는 일이 있을 것이다. 그리고 乾命人의 女子를 만나면 그 婦女子는 남성적인 기질(氣質)을 가지게 된다.

어느 乾命人이 公에게 혼인에 대해서 묻는데, 公은 말하기를 구혼난취(求婚難就 : 구혼이 어렵다)에는 分房이 可速이라 하고는, '밥솥을 延年'方에 설치하여 밥먹게 하고, 부모는 坤方에다가 침상(寢床)을 놓게 하고, 乾命人의 거처(居處)를 坤方에 있도록 하였더니, 과연 반년쯤 지나서 장가를 들었는데 기이(奇異)하게도 延年인

坤方에서 아내를 맞이하게 되었다고 한다.

② 질병(疾病)

어느 乾命人의 男子가 주방을 개수(改修 : 고친다)하면서, '가스대의 위치를 離(絶命)方에다 설치하고서 乾命人 본인이 화(禍)를 당했다. 이런 까닭에 心火가 치열해서 먼저 심동(心疼 : 가슴앓이)과 담화(痰火 : 얼굴이 붉어지고 열이 나고 호흡이 곤란함) 증세가 생기더니, 후에는 해수(咳嗽)병으로 폐(肺)가 상해서 토혈(吐血)하고, 두통(頭痛) 증세와 비상유수(鼻常流水 : 콧물이 항상 흐른다)였다고 한다.

이를 본 양균송(楊均松) 성현(聖賢)은 환자에게 離方에 있는 솥에서 만든 음식을 먹지 못하도록 하고, 화로(火爐)를 艮(天乙)方으로 옮겨놓고, 그곳에서 환자의 음식을 만들도록 하였으며 乾命人에게 凶인 離(絶命)方에다 나쁜 것을 놓아 凶한 기운을 제거하였다.

그렇게 하여 새로 지은 음식을 먹은 결과 한달 남짓하여 모든 병이 낫게 되었다고 한다. 그 뒤에도 병이 재발하지 않았는데, 대체로 天乙은 질병(疾病)을 除去시키는 作用力이 있는 吉星이기 때문이다.

어느 乾命人이 震(五鬼)方에다 주좌(廚座 : 부뚜막)를 만들고, 巽(禍害)方에다 출입문을 개수(改修)하고는, 간질환(肝疾患), 눈병, 수족상질(手足傷跌 : 다쳐서 손이나 발이 뒤틀린다)이나, 마풍창(摩風瘡), 탄탄(癱瘓 : 사지가 뒤틀린다) 등의 환자가 발생하였다고 한다.

乾命人이 震(五鬼)方에서 만든 음식을 오래도록 먹게 되면 각창(脚瘡 : 다리의 악창)이나 학질병 또는 신허(腎虛 : 根氣가 약한 것) 등의 질환을 앓게 된다고 한다.

乾命人 婦女子가 坎方(六殺)에서 만든 음식을 먹든지, 또한 잠자리가 六殺方이 되면 백경수(白經水)나 월경불순(月經不順)이며 첩차소산(疊次小産 : 거듭 낙태를 한다)하게 된다.
 이러한 경우 乾命人은 출입문이나 '가스대' 위치를 艮(天乙)方에 설치하고, 잠자리는 坤方에서 거하게 되면 수명장수(壽命長壽)한다고 한다.
 그런데 현대식 APT나 빌라 단독주택에는 위에서 論하는 바가 어려우나, 먼저 문에서 큰방과 가스대의 위치를 論하고, 다음은 命에서 論하여, 어느 하나라도 좋은 집이 되면 初年에는 어려움이 없다. 그런데 문도 命도 큰방과 부엌의 가스대가 配合을 이루지 못하면 반드시 患亂이 있을 것임을 명심하고, 피함이 마땅할 것이다.

③ 재화(災禍)
 어느 乾命人이 주방의 가스대를 離(絶命)方으로 옮겼던바 즉시 관재구설과 災禍에 가운데 며느리가 패역하고 婦人과 子女를 잃게 되었다.
 또는 乾命人이 주방의 출입문을 離方으로 개수하니, 婦人이 음란하여지니, 자사령(子師令 : 子息 스승의 지시)으로 부엌 廚座를 兌(生氣)方으로 改修하면서, 주방의 坐에서 연통을 離門의 뒤에다 세워서 흉살을 제압하니 婦人이 淫亂한 짓을 멈추었다고 한다.
 또는 乾命이 坎(六殺)方으로 출입문을 내고, 廚座를 坎方에 설치하였더니 인명풍파를 당했다. 震方으로 출입문을 개수하니 노비가 재물을 훔쳐 달아나고, 失物하거나 火災로 패망하였다. 뿐만 아니라 장남을 잃게 되었다. 그리고 巽(禍害)方에 출입문을 개수하면 東南方에 사는 여인이 사송을 일으키고, 또는 母親이나 婦人과 長子女를 잃으며, 질병이 따르는 門이다.

○ 건명(乾命)

乾命 : 三元定局에서
上元 1864年 甲子~1923
年 癸亥 出生者
中元 1924年 甲子~1983
年 癸亥 出生者
下元 1984年 甲子~2043
年 癸亥 出生者

| 巽 4<br>甲子 병인 | 離 9<br>戊辰 | 坤 2<br>丙寅 갑자 |
|---|---|---|
| 震 3<br>乙丑 을축 | 中 5<br>정묘 | 兌 7<br>기사 |
| 艮 8<br>己巳 | 坎 1<br>丁卯 | 乾 6<br>무진 |

男子 : 上元=坎宮, 中元=巽宮, 下元=兌宮에
서 甲子를 起하여 逆行한다.

女子 : 上元=中宮, 中元=坤宮, 下元=艮宮에서 甲子를 起하여 順行한다.

例 : 男子 1928年 生은 己巳生으로 中元에 해당된다.
中元 男子는 巽宮에서 甲子를 起하여 逆行하면, 乙丑은 震, 丙寅은 坤, 丁卯는 坎, 戊辰은 離, 己巳는 艮이므로 艮命이 된다.

(3) **곤문**(坤門)**과 곤명**(坤命)

垈地나 建物의 中心線 位置에서 羅經을 보아, 출입문이 未·坤·申方에 있으면 坤門이다. 그리고 이를 西宅이라고 한다.

東西四宅字에 대하여 論하고자 한다. 대체로 東西四宅坐에는 東門이 吉宅이라고 하나, 家坐와 四宅字의 분별을 하여야 한다. 위의 그림은 坎坐에 坤門이 된다. 主人方은 乾方에 있고, 廚座는 艮方

제2장 三要 應用 169

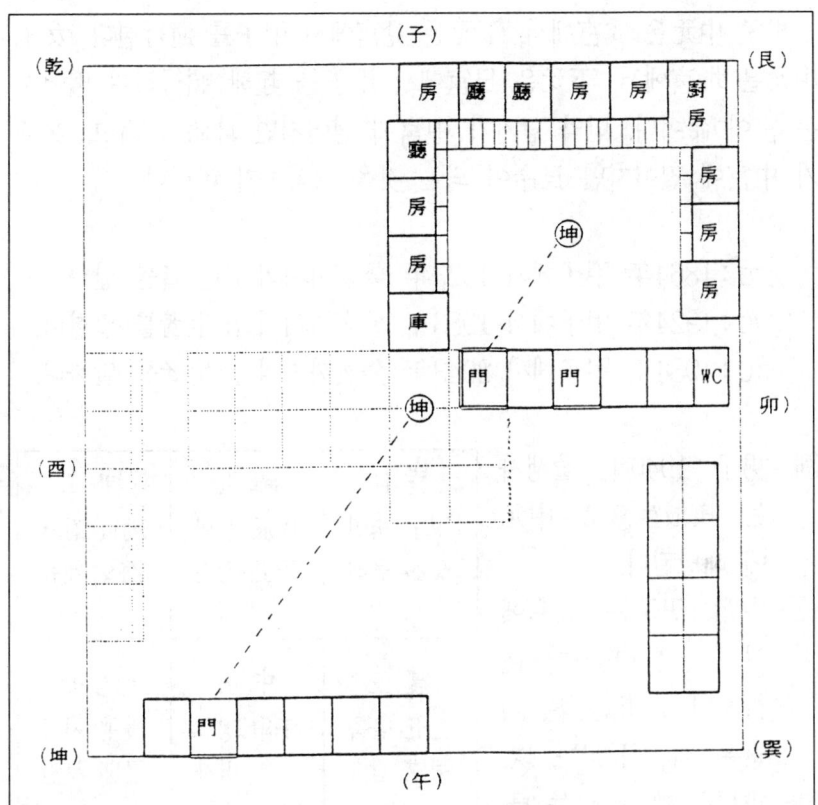

에 있다.

陽宅三要에서는 坤門에서 乾주인방은 延年이 되고, 艮廚座는 生氣가 된다. 만약 家坐가 坎坐이기 때문에, 離門을 낸다면 乾主는 絶命이 되고, 艮廚座는 五鬼가 되는 것이다.

男女의 命이라는 것은 太歲에서 말하는 甲子生 乙丑生이 아니다. 民宅三要에서 말하는 命은 三元(上元 中元 下元)에서 上元에 속하는 男子는 甲子를 坎宮에서 逆行하여 太歲가 坤宮에 떨어지면 坤命이라 하고, 女子는 甲子를 中宮에서 順行하여 太歲가 艮宮에 떨어지면 艮命이라고 한다.

男子 中元은 巽宮에서, 下元은 兌宮에서 甲子를 逆行한다. 女子 中元은 坤宮에서, 下元은 艮宮에서 甲子를 起해 順行하여 떨어지는 宮이 命이다. 만약 남자가 中宮에 떨어지면 坤命이 되고, 女子가 中宮에 떨어지면 艮命이 되는 것을 명심하기 바란다.

上元: 1864年 甲子에서 1923年 癸亥까지의 出生者를 말한다.
中元: 1924年 甲子에서 1983年 癸亥까지의 出生者를 말한다.
下元: 1984年 甲子에서 2043年 癸亥까지의 出生者를 말한다.

例: 男子 1940年 출생자는 庚辰生으로 中元에 해당된다.

中元 男子는 巽宮에서 甲子를 起하여 逆行하면, 乙丑은 震, 丙寅은 坤, 丁卯는 坎, 戊辰은 離, 己巳는 艮, 庚午는 兌, 辛未는 乾, 壬申은 中, 癸酉는 巽, 甲戌은 震, 乙亥는 坤, 丙子는 坎, 丁丑은 離,

| 巽 四<br>甲子 병인<br>癸酉 을해 | 離 九<br>戊辰 신미<br>丁丑 경진<br>(命) | 坤 二<br>丙寅 갑자<br>乙亥 계유 |
|---|---|---|
| 震 三<br>乙丑 을축<br>甲戌 갑술 | 中 五<br>壬申 정묘<br>병자 | 兌 七<br>庚午 기사<br>己卯 무인 |
| 艮 八<br>己巳 경오<br>戊寅 기묘 | 坎 一<br>丁卯 임신<br>丙子 | 乾 六<br>辛未 무진<br>庚辰 정축<br>(命) |

戊寅은 艮, 己卯는 兌, 庚辰은 乾이므로 乾命이라고 한다.

例: 女子 1940年 出生者는 庚辰生으로 中元에 해당된다.

　中元 女子는 巽宮에서 甲子를 起하여 順行하면, 乙丑은 震, 丙寅은 巽, 丁卯는 中, 戊辰은 乾, 己巳는 兌, 庚午는 艮, 辛未는 離, 壬申은 坎, 癸酉는 坤, 甲戌은 震, 乙亥는 巽, 丙子

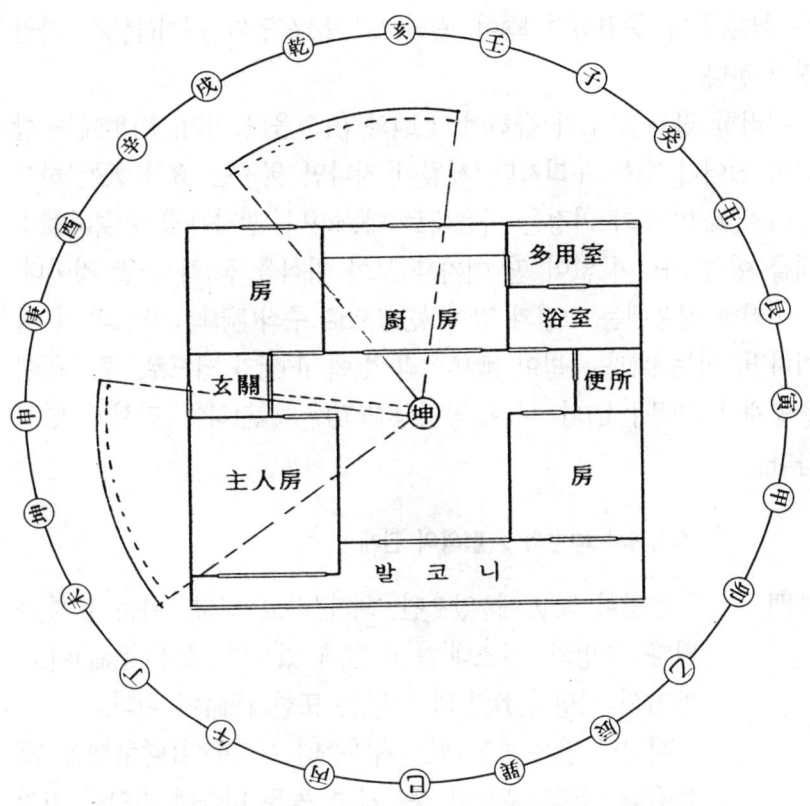

는 中, 丁丑은 乾, 戊寅은 兌, 己卯는 艮, 庚辰은 離宮이므로 離命이라고 한다.

(4) 곤문(坤門)과 八主와 八廚房

① 坤門과 坤主와 乾 廚房圖

다음의 그림은 집의 가운데서 羅經을 보아 未·坤·申方에 출입 문이 있으므로 坤門이라 하고, 주인방이 坤方에 있으니 坤主라고 한다.

坤門에서 坤主는 중지고과 장가원(重地孤寡 掌家園)이라는 것은 坤陰土가 중첩되면 陰이 盛하므로 婦女子가 지가(持家 : 가권 장악)한다.

이러한 집은 二土가 合하여 土地와 田畓을 늘이며, 初年에는 살림이 일어나 富는 누리지만, 세월이 지나면 男子는 요사(夭死)하고 부녀자(婦女子)가 가정을 마음대로 다스리니, 핍사과계(乏嗣過繼 : 대를 이을 자식이 없어 딴 여자를 보아 자식을 둠)하게 할 것이다.

이러한 경우에는 그림과 같이 乾方으로 주좌(廚座 : 가스대)를 설치하면, 이는 門과 주방이 延年이라 生에 正配가 되므로, 孝子孫에 총명재사(聰明才士)가 나와 공명성취(功名成就)하여 만사가 영화롭다.

### 坤門에서 坤主와 八廚와의 관계

坤門　　큰방이 坤方에 있으면 '坤主'라고 하고, 이는 伏位가 된다. 주방의 '가스대'가 坎方에 있으면, 절명(絶命)이고, 坤方의 큰방과 坎方의 주방은 또한 絶命이 된다.

　　　　이러한 집은 초년에는 재백풍영 부귀유여(財帛豊盈 富貴有餘 : 돈과 재물이 풍부하고 높은 벼슬에 집안이 편안하다)하나, 다녀소남 노모지가(多女少男 老母持家 : 아들보다 딸이 많고 노모가 가정을 꾸려간다)로 가중평온도 춘추(家中平穩度 春秋 : 집안이 가을같이 풍요롭고 봄날같이 평온하다)이나, 즘내무아절손(怎奈無兒絶孫 : 어찌할고 절손이 된다)이다. 도음태루(逃淫胎淚 : 바람이 나서 家出하거나 姙娠중 피같은 액체가 나온다)에 풍광(風狂 : 치매), 농아(聾啞), 수고(水蠱 : 암질환), 삽변(澁便 : 소변이 잘 안나오는 증세)이 있을 것이고, 세월이 지나면 일인수익상인(溢刃水溺傷人 : 칼날이나 물에 빠져 죽는다) 파재화환 긴임신 근가일자개문(破財禍患 緊臨身 僅

제2장 三要 應用   173

可一子開門 : 재산을 다 날리고, 재화가 몸에 따르니 간신히 一子를 둔다)이라 하였다.

坤門     큰방이 坤方에 있으면 '坤主'라고 하고, 이는 伏位가 된다. 주방의 '가스대'가 艮方에 있으면, 生氣이다. 坤方의 큰방과 艮方의 주방은 生氣가 된다.

　　이러한 집은 재백풍영 부귀유여(財帛豊盈 富貴有餘 : 돈과 재물이 풍부하고, 높은 벼슬에 집안이 편온하다)하고, 금은전재 광진래(金銀錢財 壙進來 : 금은보화와 돈이 창고에 가득 쌓인다)이나, 세월이 갈수록 다녀소남 노모지가(多女少男 老母持家 : 아들보다 딸이 많고 노모가 가정을 꾸려간다)에 편심소자다애(偏心少子多愛 : 막내 子息만을 좋아한다)이다.

　　우양전잠성수(牛羊田蠶盛收 : 소와 양과 田畓과 누에 농사가 잘 되어 收入이 많다)라 가중평온도 춘추(家中平穩度 春秋 : 집안이 가을같이 풍요롭고 봄날같이 평온하다)하나, 오랜 歲月이 지나게 되면 즘내무아절손(怎奈無兒絶孫 : 어찌할고 子息이 없어 절손이 되는구나)이다. 이러한 집은 乾方에다가 주인방을 만들어 居하게 되면 만사형통(萬事亨通)할 것이다.

坤門     큰방이 坤方에 있으면 '坤主'라고 하고, 이는 伏位가 된다. 주방의 '가스대'가 震方에 있으면, 禍害가 되고, 坤方의 큰방과 震方의 주방은 禍害가 된다.

　　이러한 집은 初年에는 재백풍영 부귀유여(財帛豊盈 富貴有餘 : 돈과 재물이 풍부하고, 높은 벼슬에 집안이 편안하다)하나, 다녀소남 노모지가(多女少男 老母持家 : 아들보다 딸이 많고 늙은 어머니가 가정을 꾸려간다)이다.

　　그러나 歲月이 갈수록 노모 가장견염왕 골육구극참상

(老母 家長見閻王 骨肉仇隙參商 : 노모는 염라대왕을 만나보고 골육지간에 원수처럼 지내는 것을 보게 된다)이다.

가족에게는 주로 면황(面黃 : 누렇게 뜨고), 체수(體瘦 : 몸이 바싹 마르고), 열식(噎食 : 목이 잠기고), 기고(氣蠱 : 발암), 풍광(風狂 : 치매), 노역(癆疫 : 염병) 등의 질환(疾患)과 상인손축 퇴패전산(傷人損畜 退敗田産 : 사람은 죽고 가축과 재산에 실패다)이라.

**坤門**   큰방이 坤方에 있으면 '坤主'라고 하고, 이는 伏位가 된다. 주방의 '가스대'가 巽方에 있으면, 오귀(五鬼)가 된다. 坤方의 큰방과 巽方의 가스대는 五鬼가 된다.

이러한 집은 初年에는 재백풍영 부귀유여(財帛豊盈 富貴有餘 : 돈과 재물이 풍부하고, 높은 벼슬에 집안이 편안하다)하나, 다녀소남 노모지가(多女少男 老母持家 : 아들보다 딸이 많은데 老母가 가정을 꾸려가게 된다)이나, 가중평온도 춘추(家中平穩度 春秋 : 집안이 가을같이 풍요롭고 봄날같이 평온하다)라.

그러나 歲月이 지나면 즘내무아절손(怎奈無兒絶孫 : 어찌할고 子息이 없어 絶孫이 된다)이니라.

먼저 長女나 長婦에게는 탄탄(癱瘓 : 사지가 뒤틀린다)이나 근골동통(筋骨疼痛 : 근육이 당기는 증세)이고, 氣壅이며 구안의사(口眼歪斜 : 입이나 눈이 비뚤어진다)하는 자가 나온다.

그리하여 요사탕산망가(夭死蕩産亡家 : 일찍 죽고 財産을 날린다)이니, 중처첩심감차(重妻妾甚堪嗟 : 여러 아내를 맞이한다)이나, 종수영락환과(終須零落鰥寡 : 마침내는 집안이 망하여 홀아비 과부가 혼자 살아감)이다.

坤門     큰방이 坤方에 있으면 '坤主'라고 하고, 이는 伏位가 된다. 주방의 '가스대'가 離方에 있으면, 이는 육살(六殺)이 된다. 坤方의 큰방과 離方의 가스대는 六殺이 된다.

    이러한 집은 初年에는 재백풍영 부귀유여(財帛豊盈富貴有餘 : 돈과 재물이 풍부하고, 높은 벼슬에 집안이 편안하다)하나, 다녀소남 노모지가(多女少男 老母持家 : 아들보다 딸이 많은데 老母가 가정을 꾸려가게 된다)이다.

    그러나 세월이 갈수록 心神이 허약하고, 남녀단명(男女短命)하게 되니 소아난양(小兒難養 : 어린이 기르기가 어렵다)에 심동(心疼 : 가슴앓이), 경체(經滯 : 경맥이 막힌다), 적괴공심(積塊攻心 : 배 속에 핏덩어리가 뭉쳐 심장을 찌른다), 吐血 등으로 부녀자가 夭死할 것이다.

    택내음예 아손희(宅乃陰穢 兒孫稀 : 婦女子가 집안을 더럽히고, 男子孫이 적다)이므로 종구외성승계(終久外姓承繼 : 마침내는 다른 성 가진 사람이 상속받는다)이다.

坤門     큰방이 坤方에 있으면 '坤主'라고 하고, 이는 伏位가 된다. 주방의 '가스대'가 坤方에 있으면, 비화(比和)가 되고, 坤方의 큰방과 坤方의 廚房(가스대)은 伏位에 比和이다.

    이러한 집은 二土가 比和이니, 재백풍영 부귀유여(財帛豊盈 富貴有餘 : 돈과 재물이 풍부하고, 높은 벼슬에 집안이 편안하다)하나, 다녀소남 노모지가(多女少男 老母持家 : 아들보다 딸이 많고, 늙은 老母가 가정을 꾸려간다)이다.

    우양전잠성수(牛羊田蠶成收 : 육축과 전답 누에 등에서 수입이 많다)이고, 가중평온도 춘추(家中平穩度 春秋 : 집안이 가을같이 풍요롭고, 봄날같이 평온하다)하나, 즘내무아절손(怎奈無兒絶孫 : 어찌할고 子息이 없어 절손이 된다)이다.

坤門의 坤主나 주방은 과부(寡婦)에 핍사(乏嗣 : 후사가 없다)이다.

**坤門** 큰방이 坤方에 있으면 '坤主'라 하고, 이는 伏位가 된다. 주방의 '가스대'가 兌方에 있으면 天乙이 되고, 坤方의 큰방과 兌方의 주방(가스대)은 天乙이 된다.

이러한 집은 재백풍영 부귀유여(財帛豊盈富貴有餘 : 돈과 재물이 풍부하고, 높은 벼슬에 집안이 편안하다)하고, 우양전잠성수(牛羊田蠶成收 : 육축과 전답 누에 등에서 수입이 많다)이며, 가중평온도 춘추(家中平穩度 春秋 : 집안이 가을같이 풍요롭고, 봄날같이 평온하다)나, 다녀소남 노모지가(多女少男 老母持家 : 아들보다 딸이 많고, 노모가 가정을 꾸려간다)이다.

이러한 집은 財産은 일어나나 男子孫이 적고, 온 가족이 베풀기를 좋아하나, 끝내는 養子를 들이든지, 또는 사위로 하여금 代를 잇게 할 것이다.

음성양쇠 불필과 보수방성전괘(陰盛陽衰 不必誇 補修方盛全卦 : 음이 성하고 양이 쇠한 까닭이니, 방위를 고쳐내면 된다)이다.

**坤門** 큰방이 坤方에 있으면 '坤主'라고 하고, 이는 伏位가 된다. 주방의 '가스대'가 乾方에 있으면 延年이 되고, 坤方의 큰방과 乾方의 주방은 夫婦正配에 吉한 집이다.

이러한 집은 가정간 존비상하 인의화순(家庭間 尊卑上下 仁義和順 : 어른과 아이 형제간에 우애가 돈독하니 가정이 화목하다)하고, 산업흥륭 인구흥왕(産業興隆 人口興旺 : 사업은 잘되고, 가족은 건강하다)하며, 육축무성(六畜

茂盛 : 가축도 잘 자란다)하다. 4~5年이나, 巳·酉·丑年
에는 필주응서(必主應瑞 : 반드시 좋은 일이 생김)라.

　　재백풍영 부귀유여(財帛豊盈 富貴有餘 : 돈과 재물이
풍부하고, 높은 벼슬에 집안이 편안하다)함은 개개아손
호영현(個個兒孫 號英賢 : 자손이 다 영특하다는 명성이
있다)이고, 십년형화 발문헌(十年螢火 發文軒 : 10년간 추
녀끝의 반딧불로 밝힌 빛에서 공부하였다), 서기영문 인
칭쾌(瑞氣暎門 人稱快 : 상서로운 기운이 집안에 가득하
다)하므로 부귀영화 사해전(富貴榮華 四海傳 : 부귀와 영
화가 온 세상에 가득하다)이라.

② 坤門과 兌主圖

　다음의 그림은 집의 中心에서 羅經을 보아 未·坤·申方에 출입
문이 있으므로 坤門이라 하고, 주인방이 庚·酉·辛方에 있으면 兌
主라고 한다. 坤門과 兌主는 지택진재 절후사(地宅進財絶後嗣)는
땅과 못의 관계로 재물은 날로 증가되지만 純陰이 되어 代를 이을
子孫이 없다.
　이러한 집은 婦女子는 선량하고, 초년에 발복되어도 陰盛陽衰하
여 오랜 歲月이 지나면, 人丁은 夭死하고, 小兒는 기르기 어려우므
로 婦女子가 가권을 쥐니, 여식에게 애정을 다하여 데릴사위를 하
든지, 他人의 자식을 데려다 품에 안는다. 그러므로 비록 坤門과
兌主가 天乙이 되어도 이는 부녀가 동거하는 격이니, 이를 不配라
고 한다. 이것은 門과 主房이 그렇다는 것이고, 중요한 것은 門과
주방, 그리고 主房과 주방의 配合 關係이다.

　　　　**坤門에서 兌主와 八廚와의 관계**

**坤門**　　　큰방이 兌方에 있으면 '兌主'라고 하니, 이는 天乙이

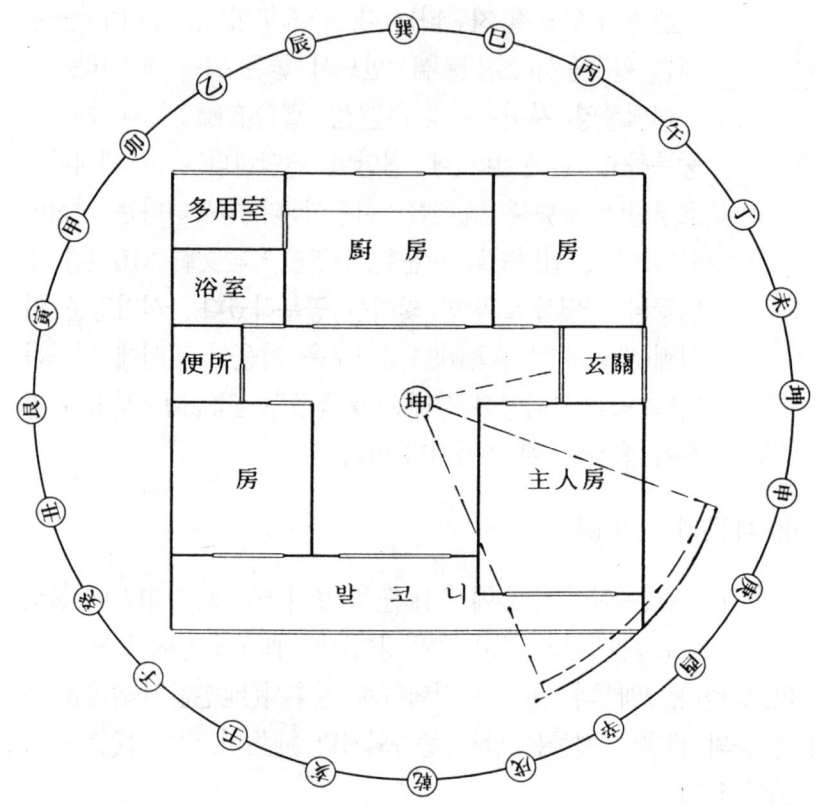

된다. 주방의 '가스대'가 坎方에 있으면, 절명(絶命)이고, 兌方의 큰방과 坎方의 주방은 또한 禍害가 된다.

이러한 집은 初年에는 재산일성 자손희소(財産一盛 子孫稀少 : 재산은 일어나나 자손이 적다)하므로 노모당가 익애소아소녀(老母當家 溺愛小兒小女 : 어머니가 집안을 꾸려 가다. 그리고 어린 子女를 끔찍이 사랑한다)이며, 가다호선 우 총서(家多好善 又 寵壻 : 가족이 베풀기를 좋아하며 또는 사위를 사랑한다)이다.

그러나 세월이 갈수록 풍광(風狂 : 치매), 농아(聾啞 :

못듣고 말 못하고), 황종(黃腫 : 누렇게 붓는 병), 삽변(澁便 : 소변이 잘 안나오는 증세) 등의 질환이 있을 것이다.

  그리고 가출하는 자손이 있든지 부녀자는 임신중 피같은 액체가 나올 것이며, 또한 일인수익상인(溢刃水溺傷人 : 무기에 의하거나 물에 빠져 죽는 사람이 있을 것이다)이라.

**坤門**  큰방이 兌方에 있으면 '兌主'라고 하니, 이는 天乙이 된다. 주방의 '가스대'가 艮方에 있으면, 生氣이다. 兌方의 큰방과 艮方의 주방은 延年이 된다.

  이러한 집은 금은전재 광진래(金銀錢財廣進來 : 금과 은, 돈이 창고에 쌓인다)하고, 소남투 노모지회 자모유환열지상(少男投 老母之懷 子母有歡悅之象 : 어린 사내가 노모 품에 안기어 모자가 기뻐하는 얼굴이다)에 가업흥왕(家業興旺)하고 자녀선행(子女善行)한다.

  이러한 집의 배치에는 재산은 일어나나, 자식은 적으면서 늦게 두게 되는데 그렇게 태어난 자손은 여모정절 자이선 남효재량 충차현(女慕貞節 慈而善 男效才良忠且賢 : 아름답고 부드럽고 절개를 지키는 여자이고, 어질고 공손하고 재주를 갖춘 훌륭한 남자이다)이다. 그러나 오랜 세월이 지나면, 비허(脾虛 : 위가 허약하다)하여 불식복통(不食腹痛 : 복통으로 먹지를 못한다)이나 황병(黃病)으로 고생할 것이다.

**坤門**  큰방이 兌方에 있으면 '兌主'라고 하고, 이는 天乙이 된다. 주방의 '가스대'가 震方에 있으면, 禍害가 되고, 兌方의 큰방과 震方의 주방도 絶命이 된다.

  이러한 집에는 초년에는 재산일성 자손희소(財産一盛 子孫稀少 : 재산은 일어나나 자손이 적다)하므로 노모당가 익애소아소녀(老母當家 溺愛小兒小女 : 어머니가 집 안을 꾸려 가면서 어린 자녀를 끔찍이 사랑한다)이며, 가다호선 우총서(家多好善 又寵壻 : 가족이 베풀기를 좋아하며 또는 사위를 사랑한다)이다.

그러나 세월이 갈수록 노모가장 견염왕 골육구극참상(老母家長 見閻王 骨肉仇隙參商 : 노모와 장남은 염라대왕을 만나게 되고 또는 골육지간인데 원수처럼 지내는 것을 보게 된다)이고, 가족은 면황(面黃 : 누렇게 뜨고), 체수(體瘦 : 몸이 바싹 마르고), 열식(噎食 : 목이 쉬고), 풍광(風狂 : 치매), 노역(癆疫 : 염병) 등의 질환과 상인손축퇴패전산(傷人損畜 退敗田産 : 사람은 죽고 가축과 재산에 실패다)한다.

**坤門**  큰방이 兌方에 있으면 '兌主'라고 하고, 이는 天乙이 된다. 주방의 '가스대'가 巽方에 있으면, 이는 오귀(五鬼)가 된다. 兌方의 큰방과 巽方의 가스대는 六殺이 된다.

이러한 집에는 초년에는 재산일성 자손희소(財産一盛 子孫稀少 : 재산은 일어나나 자손이 적다)하므로 노모당가 익애소아소녀(老母當家 溺愛小兒小女 : 노모가 가정을 꾸려가면서 어린 자녀를 끔찍이 사랑한다)이며, 가다호선 우총서(家多好善 又寵壻 : 가족이 베풀기를 좋아하며 또는 사위를 사랑한다)이다.

그러나 오랜 歲月이 지나면 長女나 長婦는 아기를 낳기가 어려울 것이며, 상정파재(傷丁破財 : 남자는 죽고 재물은 흩어질 것이다)이다. 노역(勞疫 : 염병), 비질(脾疾 : 위장병), 복창(腹脹 : 배가 붓는 병), 풍광(風狂 : 치매), 열격(噎隔 : 목이 쉬고), 토혈(吐血) 등의 질환이 있게 된다.

그리하여 산병혈고(産病血蠱 : 산후병이나 발암)이거나, 전광(纒狂 : 미친병), 음도(淫逃 : 바람이 나서 가출함)이니, 가재산업탕진(家財産業蕩盡 : 집안 살림과 사업체를 없앤다)한다.

坤門　　큰방이 兌方에 있으면 이를 '兌主'라고 하고, 天乙이 된다. 주방의 '가스대'가 離方에 있으면, 이는 육살(六殺)이 된다. 兌方의 큰방과 離方의 주방은 五鬼가 된다.

　　이러한 집은 초년에는 재산일성 자손희소(財産一盛 子孫稀少 : 재산은 일어나나 자손이 적다)하므로 노모당가 익애소아소녀(老母當家 溺愛小兒小女 : 노모가 가정을 꾸려 가면서 어린 자녀를 끔찍이 사랑한다)이다.

　　그러나 歲月이 갈수록 心神이 허약하고, 남녀단명(男女短命)하게 되니 소아난양(小兒難養 : 어린이 기르기가 어렵다), 심동(心疼 : 가슴앓이), 경체(經滯 : 경맥이 막힌다), 적괴공심(積塊攻心 : 배 속에 핏덩어리가 뭉쳐 심장을 찌른다), 吐血 등으로 부녀자가 夭死할 것이다.

　　택내음예 아손희(宅乃陰穢 兒孫稀 : 婦女子가 집안을 더럽히고, 男子孫이 적다)이므로 종구외성승계(終久外姓承繼 : 마침내는 다른 성 가진 이가 상속받음)이다.

坤門　　큰방이 兌方에 있으면 '兌主'라고 하고, 이는 天乙이 된다. 주방의 '가스대'가 坤方에 있으면, 비화(比和)가 되고, 兌方의 큰방과 坤方의 주방(가스대)은 天乙이 된다.

　　이러한 집은 二土가 比和이니, 재백풍영 부귀유여(財帛豊盈 富貴有餘 : 돈과 재물이 풍부하고, 높은 벼슬에 집안이 편안하다)하나, 다녀소남 노모지가(多女少男 老母持家 : 아들보다 딸이 많고, 老母가 가정을 꾸려간다)이다.

　　　　　우양전잠성수(牛羊田蠶成收 : 육축과 전답 누에 등에서 수입이 많다)이고, 가중평온도 춘추(家中平穩度 春秋 : 집안이 가을같이 풍요롭고, 봄날같이 온화하다)하나, 즘내무아절손(怎奈無兒絶孫 : 어찌할꼬 子息이 없어 절손이 된다)이다.
　　　坤門의 坤主나 주방은 과부(寡婦)에 핍사(乏嗣 : 후사가 없다)이다.

坤門　　큰방이 兌方에 있으면 '兌主'라고 하고, 천을(天乙)이 된다. 주방의 '가스대'가 兌方에 있으면 天乙이 되고, 兌方의 큰방과 兌方의 주방(가스대)은 伏位에 比和가 된다.
　　　이러한 집은 초년에는 가도흥륭(家道興隆 : 집안이 잘 되어 번성한다)하나, 불생자손희소(不生子孫稀少 : 자손이 생기지 않거나, 있어도 적다)하다. 그러나 발소상대(發少傷大 : 말자는 잘되지만, 장자는 요사하게 된다)하므로, 소부전권 요가불녕(少婦傳權 擾家不寧 : 젊은 부녀자가 가정일을 마음대로 하게 되니 집안이 불편하다), 위질불식지병(胃疾不食之病)이다. 즘내유음무양(怎奈有陰無陽 : 어찌할꼬 陰만 있고 陽이 없으니), 차택무정 진가방(此宅無丁 振家邦 : 이러한 집은 남자가 없이 여자가 권리행사를 하게 된다)이다.
　　　음성양쇠 불필과 보수방성전괘(陰盛陽衰 不必誇 補修方盛全卦 : 음이 성하고 양이 쇠한 까닭이니, 방위를 고쳐내면 된다)이다.

坤門　　큰방이 兌方에 있으면 '兌主'라고 하고, 이는 天乙이 된다. 주방의 '가스대'가 乾方에 있으면 延年이 되고, 兌方의 큰방과 乾方의 주방은 生氣가 된다.

이러한 집은 가정간 존비상하 인의화순(家庭間 尊卑上下 仁義和順 : 어른과 아이 형제간에 우애가 돈독하니 가정이 화목하다)하고, 산업흥륭 인구흥왕(産業興隆 人口興旺 : 사업은 잘되고, 가족은 건강하다)하며, 육축무성(六畜茂盛 : 가축도 잘 자란다)하다. 4~5年이나, 巳·酉·丑年에는 필주응서(必主應瑞 : 반드시 좋은 일이 생김)라.

재백풍영 부귀유여(財帛豊盈 富貴有餘 : 돈과 재물이 풍부하고, 높은 벼슬에 집안이 편안하다)함은 개개아손 호영현(個個兒孫 號英賢 : 자손이 다 영특하다는 명성이 있다)이고, 십년형화 발문헌(十年螢火 發文軒 : 10년간 추녀끝에서 반딧불 빛으로 공부하여 학문이 출중함), 서기영문 인칭쾌(瑞氣暎門 人稱快 : 상서로운 기운이 집안에 가득하다)하므로 부귀영화 사해전(富貴榮華 四海傳 : 부귀와 영화가 온 세상에 가득하다)이나, 노모익애 소아소녀(老母溺愛 小兒小女)이다.

### ③ 坤門과 乾主圖

垈地나 건물의 중심에서 羅經을 보아 未·坤·申方에 출입문이 있으면 坤門이라 하고, 주인방이 戌·乾·亥方에 있으면 乾主라고 한다.

坤門과 乾主는 지기천문 부귀창(地起天門 富貴昌)이라는 것은 하늘과 땅이 화합하니 부귀창성(富貴昌盛)한다는 것이다.

坤門과 乾主는 延年이다. 이러한 집에 夫婦의 명궁구합(命宮俱合)되면 수명장수(壽命長壽)하고, 子孝하고 孫賢하니 과갑연면(科甲連綿 : 고시합격자를 연달아 배출)하여 명성을 떨친다.

자손만당(子孫滿堂 : 子孫은 집안에 가득하다)하며, 귀여배두(貴如裵杜 : 부귀는 배두라는 사람을 닮았다)할 것이고, 부비석숭(富比

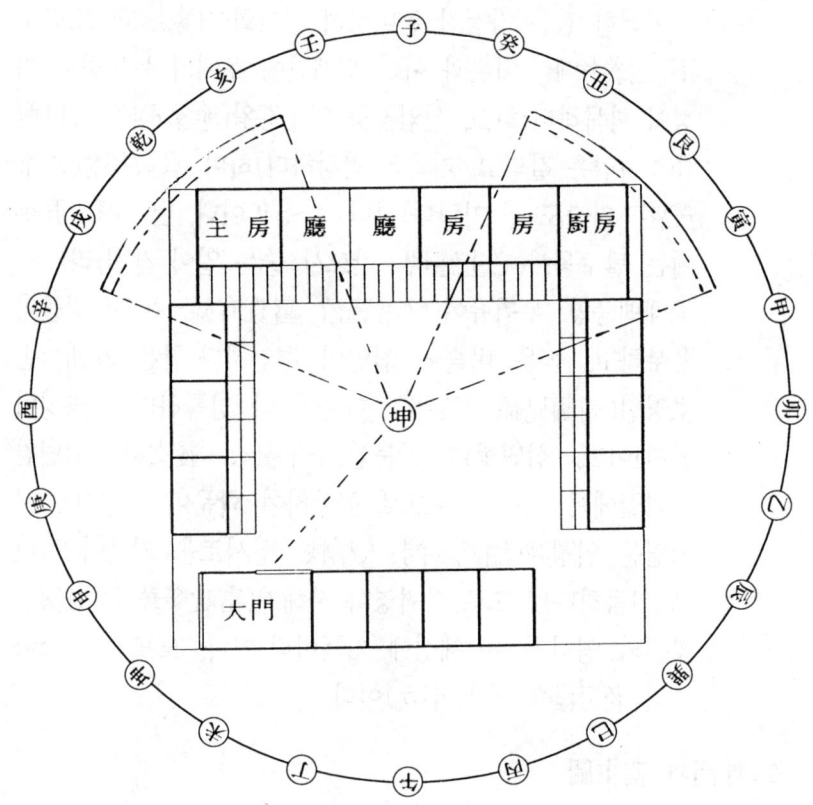

石崇 : 재물은 석숭에 비유할 만하다), 그리고 자손 많기는 文王이 부럽지 않을 것이라 하였다. 그러나 夫婦의 命宮합이 아니면, 불능여시(不能如是 : 이상과 같이 되지 않음)라 하였다.

다음의 배치도는 경주시 교동의 명문대가인 11대 만석 9대 진사였던 최부자댁의 안채이다. 확실한 연대는 알 수가 없으나, 점선 부분을 철거하여 밖에 사랑채를 증축하는 과정에서 坤門을 離門으로 변경하였다. 측근에 의하면 이 집은 환란(患亂)을 거듭하였다고 한다. 그래서인지 외동을 철거한 증거로는 주춧돌이 그대로 보존되고 있다.

우리는 여기서 명백히 밝혀야 할 사안이 있다. 東四宅(子坐) 東

### 離門에 乾主와 艮廚 配置圖

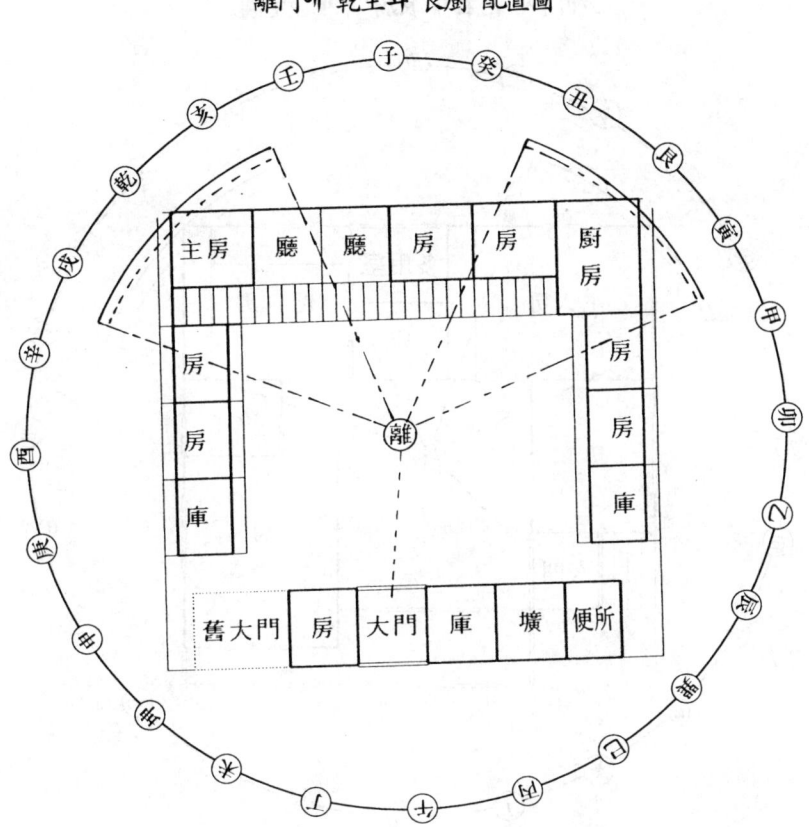

門(離門)이 吉한 집이라 하는데 왜 보존을 못했는지를 살펴보자. 離門에서 乾主는 絶命이고, 艮주방은 禍害가 된다. 이렇게 되면 眼疾, 心疼, 其他 疾病과 官災 또는 火災로 橫禍不祥으로 人離散財이다.

다음의 배치도는 子坐 坤門이다. 名門大家들의 한옥에 基準하여 단독주택을 계획한다면, 陽宅三要에 어긋남이 없는 집이 될 것이다.

이는 坤門에서 乾方에 주인방이 되면 延年이 되므로 夫婦正配

### 坤門이 乾主와 艮廚(單獨住宅圖)

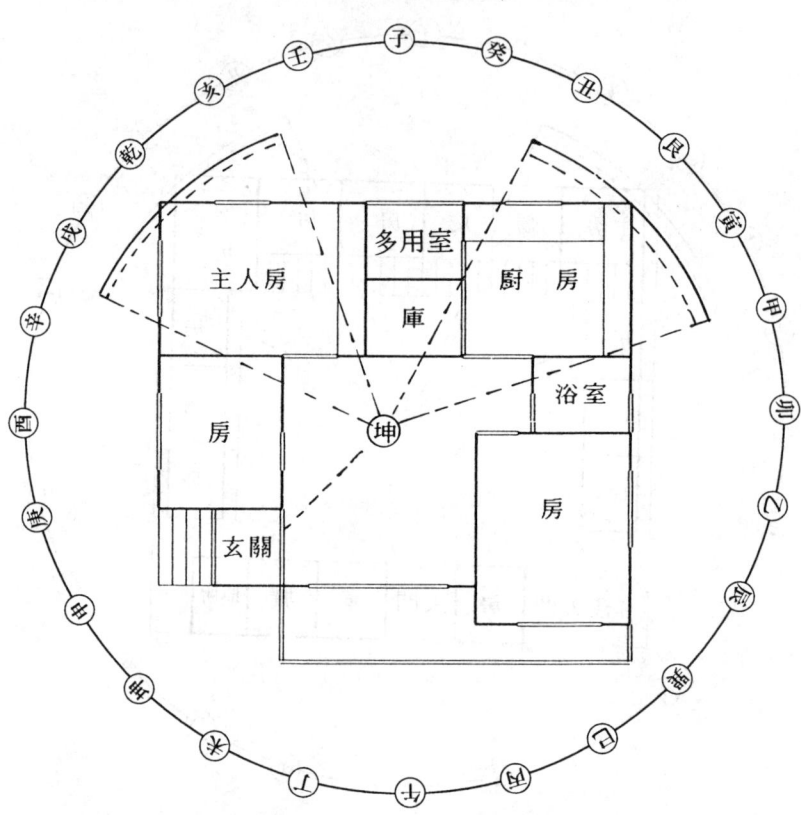

가 되고, 艮方에 부엌의 '가스대'가 있으면 生氣가 되고, 큰방과 부엌은 天乙이 되므로 여기 命宮俱合이면 最爲吉宅이다.

　이러한 집은 서기영문 인칭쾌(瑞氣盈門 人稱快 : 상서로운 기운이 집안에 가득하다)하여 인구흥왕(人口興旺)에 산업흥왕(産業興旺)하며, 가축이 무성하여, 巳·酉·丑年에는 필주응서(必主應瑞 : 주인에게 필히 좋은 일이 있을 것이다)이다. 열심히 공부한 자녀에게는 좋은 결과가 있어서 부귀영화 사해전(富貴榮華 四海傳 : 富는 풍요롭고, 貴는 높으니 온 세상에 펼친다)이라.

### 坤門에서 乾主와 八廚와의 관계

坤門　　큰방이 乾方에 있으면 '乾主'라고 하고, 이는 延年이 된다. 주방의 '가스대'가 坎方에 있으면, 절명(絶命)이고, 乾方의 큰방과 坎方의 주방은 六殺이 된다.

　　이러한 집은 정위개소언(正位開笑言 : 부부정배합이 되므로 웃음이 가득하다), 쌍쌍부모 희길경(雙雙父母 喜吉慶 : 양친은 해로하면서 기쁜 慶事를 만난다)이며, 개개아손 호영현(個個兒孫 號英賢 : 자손들이 다 어질고 영특하다)하니 사자호강 탈단계(四子豪强 奪丹桂 : 네 아들이 모두 호걸다우며 과거에 급제함)이므로 서기영문 인칭쾌 부귀영화 사해전(瑞氣盈門 人稱快 富貴榮華 四海傳 : 상서로운 기운이 집안에 가득하여 풍요로움과 높은 관직이 세상에 펼친다)이나, 오랜 세월이 지나면, 풍광(風狂 : 치매), 농아(聾啞 : 못듣고 말 못하고), 삽변(澁便 : 소변이 잘 안나오는 증세) 등의 질환자가 나오고, 家出者가 있을 것이며, 무기나 물에 빠져 죽는 이가 있을 것이다.

坤門　　큰방이 乾方에 있으면 '乾主'라 하고, 이는 延年이 된다. 주방의 '가스대'가 艮方에 있으면, 生氣이다. 乾方의 큰방과 艮方의 주방은 天乙이 된다.

　　이러한 집은 금은전재 광진래(金銀錢財廣進來 : 금과 은, 돈이 창고에 쌓인다)하고, 소남투 노모지회 자모유환열지상(少男投 老母之懷 子母有歡 悅之象 : 어린 사내가 노모 품에 안기어 모자가 기뻐하는 얼굴이다)에 가업 흥왕하고 자녀선행한다.

이러한 집의 배치에는 재산은 일어나나, 자식은 적으면서 늦게 두게 되는데 그렇게 태어난 子孫은 여모정절 자이선 남효재량 충차현(女慕貞節 慈而善 男效才良 忠且賢 : 여자는 정조가 강하고 착하고 인자하며, 남자는 어질고 지혜로움)이다. 그러나 오랜 세월이 지나면, 비허(脾虛 : 위가 허약하다)하여 불식복통(不食腹痛 : 복통으로 먹지 못한다)이나 황병(黃病)으로 고생할 것이다.

坤門　　큰방이 乾方에 있으면 '乾主'라 하고, 이는 延年이 된다. 주방의 '가스대'가 震方에 있으면, 禍害가 되고, 乾方의 큰방과 震方의 주방은 五鬼가 된다.

이러한 집에는 초년에는 정위개소언(正位開笑言 : 부부정배합이 되므로 웃음이 가득하다), 쌍쌍부모 희길경(雙雙父母 喜吉慶 : 양친은 해로하면서 기쁜 경사스러운 일만 있다)으로 자손들이 어질고 영특하고, 온순하면서 사내다운 기질로서 남 앞에서 우두머리 역할을 할 수 있다. 그러나 세월이 갈수록 노모가장 견염왕 골육구극참상(老母家長 見閻王 骨肉仇隙參商 : 노모와 장남은 죽어서 염라대왕 앞으로 가고 골육지간에 원수처럼 지낸다)이고, 가족은 면황(面黃 : 누렇게 뜨고), 체수(體瘦 : 몸이 바싹마르고), 열식(噎食 : 목이 쉬고), 풍광(風狂 : 치매), 노역(癆疫 : 염병) 등의 질환(疾患)과 상인손축 퇴패전산(傷人損畜 退敗田産 : 사람은 죽고 가축과 재산에 실패다)한다.

坤門　　큰방이 乾方에 있으면 '乾主'라고 하고, 이는 延年이 된다. 주방의 '가스대'가 巽方에 있으면, 이는 오귀(五鬼)가 된다. 乾方의 큰방과 巽方의 가스대는 禍害가 된다.

이러한 집에는 초년에는 정위개소언(正位開笑言 : 부부

정배합이 되므로 웃음이 가득하다), 양친(兩親)은 해로(偕老)하면서 기쁜 일만 있을 것이다. 자손들이 영특하여서 사내다운 기질로서 남의 지도자가 될 것이다. 그리하여 풍요로움과 높은 관직이 명성을 떨칠 것이다.

그러나 오랜 세월이 지나면, 長女나 長婦는 아기를 낳기가 어려울 것이며, 상정파재(傷丁破財 : 남자는 죽고 재물은 흩어질 것이다)이다. 노역(勞疫 : 염병), 비질(脾疾 : 위장병), 복창(腹脹 : 배가 붓는 병), 풍광(風狂 : 치매), 열격(噎隔 : 목이 쉬고), 토혈(吐血) 등의 질환이 있게 된다.

그리하여 산병혈고(産病血蠱 : 산후병이나 발암)이거나, 전광(纏狂 : 미친병), 음도(淫逃 : 바람이 나서 가출할 것이고)이니, 가재산업탕진(家財産業蕩盡 : 집안 살림과 사업체를 날린다)이다.

**坤門**    큰방이 乾方에 있으면 이를 '乾主'라고 하고, 延年이 된다. 주방의 '가스대'가 離方에 있으면, 이는 六殺이 된다. 乾方의 큰방과 離方의 주방은 絶命이 된다.

이러한 집에는 초년에는 정위개소언(正位開笑言 : 부부 정배합이 되므로 웃음이 가득하다)으로 이는 子孫들이 영특해서 사내다운 기질로서 다른 사람의 지도자가 되며 집안은 풍요롭고, 높은 관직에 오를 수 있다.

그러나 歲月이 갈수록 心神이 허약하고, 남녀단명(男女短命)하게 되니 소아난양(小兒難養 : 어린이 기르기가 어렵다)이다.

심동(心疼 : 가슴앓이), 경체(經滯 : 경맥이 막힌다) 적괴공심(積塊攻心 : 배 속에 핏덩어리가 뭉쳐 심장을 찌른다), 吐血 등으로 婦女子가 夭死할 것이다.

택내음예 아손희(宅乃陰穢 兒孫稀 : 부녀자가 집안을 더럽히고, 사내 자손이 적다)이므로 종구외성승계(終久外姓承繼 : 나중에는 남이 이어받는다)이다.

**坤門** 큰방이 乾方에 있으면 '乾主'라고 하고, 이는 延年이 된다. 주방의 '가스대'가 坤方에 있으면, 비화(比和)가 되고, 乾方의 큰방과 坤方의 주방(가스대)은 延年이 된다.

이러한 집은 二土가 比和이니, 재백풍영 부귀유여(財帛豊盈 富貴有餘 : 돈과 재물이 풍부하고, 높은 벼슬에 집안이 편안하다)하나, 다녀소남 노모지가(多女少男 老母持家 : 아들보다 딸이 많고, 늙은 老母가 가정을 꾸려 간다)이다.

우양전잠성수(牛羊田蠶成收 : 육축과 전답 누에 등에서 수입이 많다)이고, 가중평온도 춘추(家中平穩度 春秋 : 집안이 가을같이 풍요롭고, 봄날같이 온화하다)하다.

坤門에 乾主는 영특한 자손이 태어나 온순하면서 강직한 氣質로서 만인의 지도자가 될 것이다. 그리하여 풍요로움과 높은 관직으로서 명성을 떨칠 것이다.

**坤門** 큰방이 乾方에 있으면 '乾主'라고 하고, 延年이 된다. 주방의 '가스대'가 兌方에 있으면 天乙이 되고, 乾方의 큰방과 兌方의 주방(가스대)은 生氣가 된다.

이러한 집에는 초년에는 정위개소언(正位開笑言 : 부부 정배합이 되므로 웃음이 가득하다)이며 부모는 해로하며 영특한 자손이 태어나 온순하면서 강직한 氣質로서 남의 지도자가 될 것이다. 재산은 풍요로우나 자손은 적을 것이다. 그리고 노모당가 익애소아소녀(老母當家 溺愛小兒少女 : 늙은 어머니는 어린 자녀를 끔찍이 사랑한다)이고, 주총첩 당가편애(主寵妾 當家偏愛 : 주인은 젊은 첩만을 아낀다)하는 집이다.
　　각주총첩기장(却主寵妾欺長 : 사랑을 받는 첩이 주인을 속이는 것을 볼 수가 있다)이라.
　　음성양쇠 불필과 보수방성전괘(陰盛陽衰 不必誇 補修方盛全卦 : 음이 성하고 양이 쇠한 까닭이니, 방위를 고쳐내면 된다)이다.

坤門　　큰방이 乾方에 있으면 '乾主'라고 하고, 이는 延年이 된다. 주방의 '가스대'가 乾方에 있으면 延年이 되고, 乾方의 큰방과 乾方의 주방은 比和가 된다.
　　이러한 집은 가정간 존비상하 인의화순(家庭間 尊卑上下 仁義和順 : 어른과 아이 형제간에 우애가 돈독하니 가정이 화목하다)하고, 산업흥륭 인구흥왕(産業興隆 人口興旺 : 사업은 잘되고, 가족은 건강하다)하며, 육축무성(六畜茂盛 : 가축도 잘 자란다)하다. 4~5年이나, 巳・酉・丑年에는 필주응서(必主應瑞 : 좋은 일이 생김)라.
　　재백풍영 부귀유여(財帛豊盈 富貴有餘 : 돈과 재물이 풍부하고, 높은 벼슬에 집안이 편안하다)함은 개개아손호영현(個個兒孫 號英賢 : 자손이 다 영특하다는 명성이 있다)이고, 십년형화 발문헌(十年螢火 發文軒 : 어렵게 공부해서 학문을 성취함), 서기영문 인칭쾌(瑞氣暎門 人稱快 : 상서로운 기운이 집안에 가득하다)하므로 부귀영화 사해전(富貴榮華 四海傳 : 부귀와 영화가 온 세상에 가득하다)이다.

④ 坤門과 坎主圖

　垈地나 건물의 중심에서 羅經을 보아 未・坤・申方에 출입문이 있으므로 坤門이라 하고, 主人房이 壬・子・癸方에 있으면 坎主라고 한다.

坤門과 坎主는 곤감중 남명부존(坤坎中 男命不存)이라는 것은 坤土가 坎水를 剋하니 가운데 아들이 불리하다는 것이다.

坤門과 坎主는 絶命이다. 이는 水가 土의 剋을 받으므로 심동(心疼 : 가슴앓이), 적괴공심(積塊攻心 : 배 속에 핏덩어리가 뭉쳐 고통을 준다)으로 가운데 아들이 요사(夭死)할 것이다.

이러한 집은 각종 질병과 부상이 따르며, 남녀가 夭死하고, 관재(官災)나 도적이 있으므로 전산퇴패(田産退敗 : 전답과 사업체를 다 날린다)이고, 종구과거핍사(終久寡居乏嗣 : 끝내는 후사가 없이 과부만 살아가게 된다)이다.

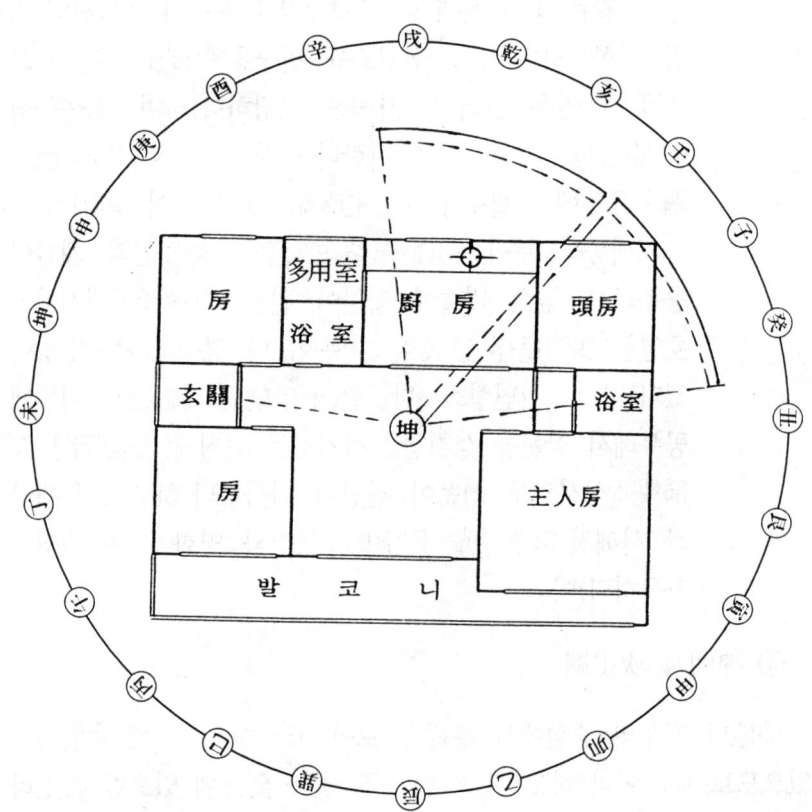

### 坤門에서 坎主와 八廚와의 관계

坤門　　큰방이 坎方에 있으면 '坎主'라 하고, 이는 絶命이 된다. 주방의 '가스대'가 坎方에 있으면, 절명(絶命)이고, 坎方의 큰방과 坎方의 주방은 伏位에 比和가 된다.

　　　　이러한 집은 初年에는 산업흥륭(産業興隆 : 사업이 번영하고), 전재부후(錢財富厚 : 돈과 재산이 풍부하고)하여 구년리교오속(九年利驕傲屬 : 9년간은 뽐내며 산다)하고, 중남낙수 다음탕(中男落水 多淫蕩 : 가운데 아들은 溺死하거나 여색에 빠진다)하고, 상처(喪妻)나 자식난양(子息難養)이다.

　　　　그리고 부녀자는 도음태루(逃淫胎漏 : 바람이 나서 家出하든지, 임신중 피같은 액체가 陰門으로 나오는 증세)이든지 일인수익상인(溢刃水溺傷人 : 칼날이나 물에 빠져 죽는다)이며, 파재화환 긴임신(破財禍患 緊臨身 : 재산을 날리고 온갖 어려움이 급히 이른다), 근가일자개문(僅可一子開門 : 간신히 자식 하나가 代를 잇게 한다)이라.

坤門　　큰방이 坎方에 있으면 '坎主'라 하고, 이는 絶命이 된다. 주방의 '가스대'가 艮方에 있으면, 生氣이다. 坎方의 廚房은 五鬼가 된다.

　　　　이러한 집은 금은전재 광진래(金銀錢財 廣進來 : 금과 은, 돈이 여러 곳에서 이른다)하고, 소남투 노모지회 자모유환 열지상(少男投 老母之懷 子母有歡 悅之象 : 어린 사내가 노모 품에 안기어 모자가 기뻐하는 얼굴이다)에 가업흥왕(家業興旺)하고 자녀선행(子女善行)한다.

　　　　그러나 오랜 세월이 지나면 풍광(風狂 : 치매), 농아(聾啞), 황종(黃腫 : 누렇게 붓는 병), 수고(水蠱 : 발암), 인후통(咽喉痛 : 목이 아프고), 삽변(澁便 : 소변이 잘 안나 오는 증세) 등의 질환이 있을 것이다.

　　일인수익상인(溢刃水溺傷人 : 칼날이나 물에 빠져 죽는다)이며, 파재화환 긴임신(破財禍患 緊臨身 : 재산을 날리고 온갖 어려움이 급히 이름), 근가일자개문(僅可一子開門 : 僅可라, 간신히 一子가 대를 잇는다)한다.

坤門　　큰방이 坎方에 있으면 '坎主'라 하고, 이는 絶命이 된다. 주방의 '가스대'가 震方에 있으면, 禍害가 되고, 坎方의 큰방과 震方의 주방은 天乙이 된다.

　　이러한 집에는 도음태루(逃淫胎漏 : 바람이 나서 가출하든지, 임신중 피같은 액체가 陰門으로 나오는 증세)든지, 일인수익상인(溢刃水溺傷人 : 칼날에 의하거나 물에 빠져 죽는다)이며, 파재화환 긴임신(破財禍患 緊臨身 : 재산을 날리고, 온갖 어려움이 급히 이른다)이며, 간신히 一子가 대를 잇는다.

　　그러나 세월이 갈수록 노모가장 견염왕 골육구극참상(老母家長 見閻王 骨肉仇隙參商 : 노모와 장남은 죽어서 염라대왕 만나보고 골육지간은 원수처럼 지내는 것을 보게 된다)이고, 가족은 면황(面黃 : 누렇게 뜨고), 체수(體瘦 : 몸이 바싹 마르고), 열식(噎食 : 목이 쉬고), 풍광(風狂 : 치매), 노역(癆疫 : 염병) 등의 질환과 상인손축 퇴패전산(傷人損畜 退敗田産 : 사람은 죽고 가축과 재산에 실패다)한다.

坤門　　큰방이 坎方에 있으면 '坎主'라 하고, 絶命이 된다. 주방의 '가스대'가 巽方에 있으면, 이는 오귀(五鬼)가 된다. 坎方의 큰방과 巽方의 가스대는 生氣가 된다.

　　이러한 집에는 초년에는 남총녀수자 효손현(男聰女秀

子 孝孫賢 : 男兒는 총명하고 여자는 아름다우며, 자식은 효도하고 孫子는 어질다)하여서 전재풍성 과갑연등(田財豊盛 科甲連登 : 전답과 재물이 풍족하고 考試 합격자가 연달아 나옴)이 있을 수 있다.

그러나 오랜 세월이 지나면 長女나 長婦는 아기를 낳기가 어려울 것이며, 상정파재(傷丁破財 : 남자는 죽고 재물은 흩어질 것이다)이다. 노역(癆疫 : 염병), 비질(脾疾 : 위장병), 복창(腹脹 : 배가 붓는 병), 풍광(風狂 : 치매), 열격(噎隔 : 목이 쉬고), 토혈(吐血) 등의 질환이 있게 된다.

그리하여 산병혈고(産病血蠱 : 산후병이나 발암)이거나, 전광(纏狂 : 미친병), 음도(淫逃 : 바람이 나서 가출함)이니, 가재산업탕진(家財産業蕩盡 : 집안 살림과 사업체를 날린다)한다.

**坤門**　큰방이 坎方에 있으면 이를 '坎主'라 하고, 絶命이 된다. 주방의 '가스대'가 離方에 있으면, 이는 육살(六殺)이 된다. 坎方의 큰방과 離方의 주방은 延年이 된다.

이러한 집은 초년에는 유성무패(有成無敗 : 무슨 일이나 실패가 없으나)이나, 지수고목재(秖愁瞽目災 : 눈먼 장님이 생겨나는 재난이 있을까 근심됨)이고, 오랜 세월이 지나게 되면 젊은 부녀자가 요사(夭死)할 것이다.

그러나 세월이 갈수록 心神이 허약하고, 남녀단명(男女短命)하게 되니 소아난양(小兒難養 : 어린이 기르기가 어렵다), 심동(心疼 : 가슴앓이), 경체(經滯 : 경맥이 막힌다), 적괴공심(積塊攻心 : 배 속에 핏덩어리가 뭉쳐 심장을 찌른다), 吐血 등으로 부녀자(婦女子)에게 불리(不利)하다.

택내음예 아손희(宅乃陰穢 兒孫稀：婦女子가 집안을 더럽히고, 男子孫이 적다)이므로 종구외성승계(終久外姓承繼：마침내는 남이 가통을 이어받음)이다.

坤門　　큰방이 坎方에 있으면 '坎主'라고 하고, 이는 絶命이 된다. 주방의 '가스대'가 坤方에 있으면, 比和가 되고, 坎方의 큰방과 坤方의 주방(가스대)은 絶命이 된다.

이러한 집은 二土가 比和이니, 재백풍영 부귀유여(財帛豊盈 富貴有餘：돈과 재물이 풍부하고, 높은 벼슬에 집안이 편안하다)하나, 다녀소남 노모지가(多女少男 老母持家：아들보다 딸이 많고, 老母가 가정을 꾸려간다)이다.

우양전잠성수(牛羊田蠶成收：육축과 전답 누에 등에서 수입이 많다)이고, 가중평온도 춘추(家中平穩度 春秋：집안이 가을같이 풍요롭고, 봄날같이 온화하다)하나, 婦女子가 바람이 나서 家出하든지, 임신중 피같은 액체가 쏟아질 것이다.

그리고 집안에서 필요로 하는 사람이 칼날에 몸을 상하거나 익사(溺死)할 것이며, 간신히 한 자식이 남아 代를 잇게 한다.

치매나, 말 못하고 못듣는 사람이 있을 것이고, 눈병이 있든지 小便을 잘 볼 수 없는 가족이 있을 것이다.

坤門　　큰방이 坎方에 있으면 '坎主'라 하고, 絶命이 된다. 주방의 '가스대'가 兌方에 있으면 天乙이 되고, 坎方의 큰방과 兌方의 주방(가스대)은 禍害가 된다.

이러한 집은 초년에는 발재자만(發財子晚：재물은 발하지만 자식은 늦다)이거나, 재산일성 자손희소(財産一盛 子孫稀少：재산은 한번 일어나나 자손은 적다)하니, 노모

당가 익애소아소녀(老母當家 溺愛小兒少女 : 노모가 가정을 꾸려가면서 어린 자녀를 끔찍이 사랑한다)이거나, 사위를 끔찍이 사랑하게 될 것이다. 부녀도음태루(婦女逃淫胎漏 : 부녀자는 바람이 나서 가출하든지 임신중 피 같은 액체가 나오는 증세)가 있을 것이고, 또한 치매환자가 있거나, 못듣고 말 못하는 사람이 있든지, 소변이 잘 안나오는 증세가 있을 것이다.

칼날에 참상(慘傷) 또는 익사(溺死)하는 경우와 온갖 재앙이 긴요한 사람에게 닥치게 된다. 간신히 一子가 代를 잇는다.

**坤門**  큰방이 坎方에 있으면 '坎主'라 하고, 이는 絶命이 된다. 주방의 '가스대'가 乾方에 있으면 延年이 되고, 坎方의 큰방과 乾方의 주방은 六殺이 된다.

이러한 집은 가정간 존비상하 인의화순(家庭間 尊卑上下 仁義和順 : 어른과 아이 형제간에 우애가 돈독하니 가정이 화목하다)하고, 산업흥륭 인구흥왕(産業興隆 人口興旺 : 사업은 잘되고, 가족은 건강하다)하며, 육축무성(六畜茂盛 : 가축도 잘 자란다)하다. 4~5年이나, 巳·酉·丑年에는 필주응서(必主應瑞 : 반드시 좋은 일이 생김)라.

재백풍영 부귀유여(財帛豊盈 富貴有餘 : 돈과 재물이 풍부하고, 높은 벼슬에 집안이 편안하다)함은 개개아손호영현(個個兒孫 號英賢 : 자손이 다 영특하다는 명성이 있다)이고, 부녀도음태루(婦女逃淫胎漏 : 부녀자는 바람이 나서 가출하든지, 임신중 피 같은 액체가 나오는 증세)가 있거나, 못듣고 말 못하는 사람이 있든지, 소변이 잘 안나오는 증세가 있을 것이다.

또한 칼날에 몸을 다치거나 溺死者와, 온갖 재앙이 쓸모 있는 사람에게 닥칠 것이나, 간신히 一子가 代를 잇게 된다.

### ⑤ 坤門과 艮主圖

대지나 건물의 중심에서 羅經을 보아 未·坤·申方에 출입문이 있으면 坤門이라 하고, 주인방이 丑·艮·寅方에 있으면 艮主라고 한다.

坤門과 艮主는 지산토중 전산족(地山土重 田産足)이라는 것은 坤土가 艮水가 거듭된 形象이므로 田畓이 즐비하다는 뜻이다.

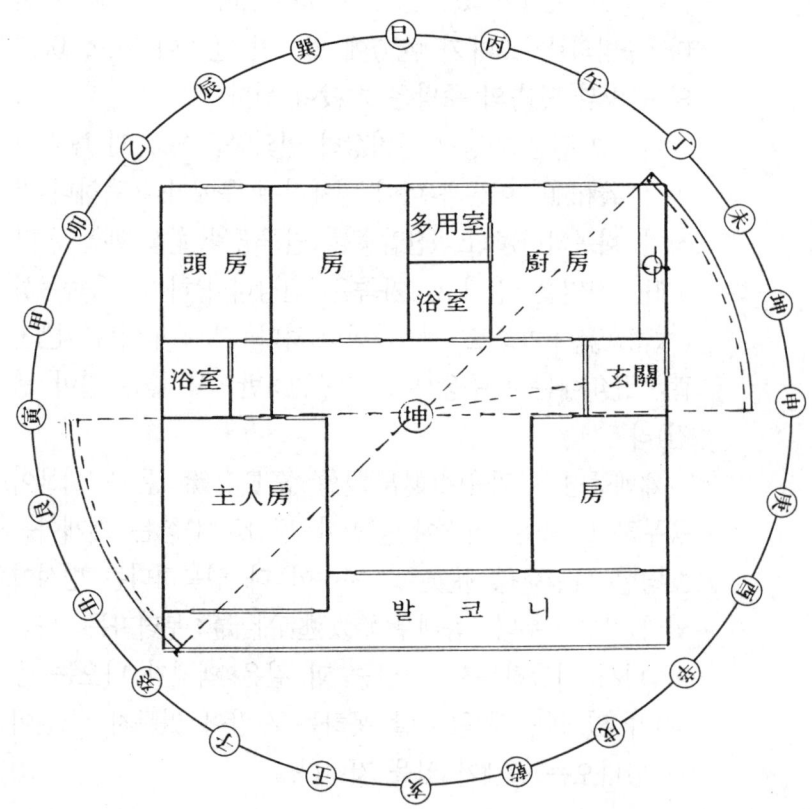

坤門과 艮主는 生氣宅이다. 土와 土가 比和되니, 土地가 증가되고 육축이 흥왕하고, 子孝 孫賢하여 특히 문학과 예능에 명성을 떨치는 자손이 나온다. 그리고 남녀가 壽命長壽한다고 하나, 오랜 세월이 지나면 어려운 재난이 있을 것이라 한다. 이는 門과 주방에서 그런 것이고, 門과 주방에서 함께 吉凶을 論하여야 되는 것이다.

### 坤門에서 艮主와 八廚와의 관계

坤門　　큰방이 艮方에 있으면 '艮主'라 하고, 이는 生氣가 된다. 주방의 '가스대'가 坎方에 있으면, 절명(絶命)이고, 艮方의 큰방과 坎方의 주방은 五鬼가 된다.

　　이러한 집은 초년에는 적토성산(積土成山 : 재물이 쌓여지고) 금은전재 광진래(金銀錢財 廣進來 : 금은과 돈이 창고에 쌓인다)이고, 자투모회 유환열(子投母懷 有歡悅 : 자식은 노모 품에 안기어 모자가 기뻐한다)하며, 편심소자다애(偏心少子多愛 : 막내자식만을 편벽되게 좋아한다)이다.

　　그리고 婦女子는 도음태루(逃淫胎漏 : 바람이 나서 家出하든지, 임신중 피 같은 액체가 陰門으로 나오는 증세)이든지 일인수익상인(溢刃水溺傷人 : 칼날에 의하거나 물에 빠져 죽는다)이며, 파재화환 긴임신(破財禍患 緊臨身 : 재산은 날리고 온갖 어려움이 긴요한 사람에게 닥친다), 근가일자개문(僅可一子開門 : 간신히 한 자식이 代를 잇게 한다)이라.

坤門　　큰방이 艮方에 있으면 '艮主'라 하고, 이는 生氣가 된다. 주방의 '가스대'가 艮方에 있으면, 生氣이다. 艮方의 큰방과 艮方의 주방은 伏位에 比和가 된다.

　　이러한 집은 금은전재 광진래(金銀錢財 廣進來 : 금과

은, 돈이 창고에 쌓인다)하고, 소남투 노모지회 자모유환 열지상(少男投 老母之懷 子母有歡 悅之象 : 어린 사내가 노모 품에 안기어 모자가 기뻐하는 얼굴이다)에 가업흥왕(家業興旺)하고 자녀선행(子女善行)한다.

그러나 오랜 세월이 지나면 비허불식복통(脾虛不食腹痛 : 위가 허약하여 복통으로 먹지를 못한다)이거나, 식질팽민(食疾膨悶 : 밥을 먹은 것같이 속이 더부룩한 증세) 등의 증세가 있을 것이다. 그리고 부녀자는 단명하게 되고, 어린이 양육이 어려울 것이다.

끝내는 외성의자동거(外姓義子同居 : 다른 성씨의 子息을 데려다 동거한다)이다.

**坤門**  큰방이 艮方에 있으면 '艮主'라 하고, 이는 生氣가 된다. 주방의 '가스대'가 震方에 있으면, 禍害가 되고, 艮方의 큰방과 震方의 주방은 六殺이 된다.

이러한 집에는 초년에는 재산이 일어나, 금은(金銀)과 돈이 창고에 쌓이나, 자식은 늦게 두게 된다.

오랜 歲月이 지나면, 음인질병창광(陰人疾病猖狂 : 부녀자에게는 질병이나 정신이상의 증세가 있다)이든지, 관재시비(官災是非)가 있을 것이다.

그리고 세월이 갈수록 노모가장 견염왕 골육구극참상(老母家長 見閻王 骨肉仇隙參商 : 노모와 장남은 죽어서 염라대왕 만나보고 골육지간은 원수처럼 지낸다)이고, 가족은 면황(面黃 : 누렇게 뜨고), 체수(體瘦 : 몸이 바싹 마르고), 열식(噎食 : 목이 쉬고), 풍광(風狂 : 치매), 노역(癆疫 : 염병) 등의 질환에 가재모산(家財耗散 : 재산이 흩어진다)이다.

**坤門**  큰방이 艮方에 있으면 '艮主'라 하고, 生氣가 된다. 주

방의 '가스대'가 巽方에 있으면, 이는 五鬼가 된다. 艮方의 큰방과 巽方의 가스대는 絶命이 된다.

이러한 집은 初年에는 적토성산(積土成山 : 재물이 쌓인다) 금은전재 광진래(金銀錢財 廣進來 : 금은과 돈이 여러 군데서 이른다)하고, 자투모회 유환열(子投母懷 有歡悅 : 자식은 노모 품에 안기어 모자가 기뻐한다)며, 가업이 흥왕(興旺)하고 자녀선행(子女善行)한다.

그러나 오랜 세월이 지나면 장녀나 長婦는 아기를 낳기가 어려울 것이며, 상정파재(傷丁破財 : 남자는 죽고 재물은 흩어질 것이다)이다. 노역(癆疫 : 염병), 비질(脾疾 : 위장병), 복창(腹脹 : 배가 붓는 병), 풍광(風狂 : 치매), 열격(噎隔 : 목이 쉬고), 토혈(吐血) 등의 질환이 있게 된다.

그리하여 산병혈고(産病血蠱 : 산후병이나 발암)이거나, 전광(纏狂 : 미친병), 음도(淫逃 : 바람이 나서 가출함)이니, 가재산업탕진(家財産業蕩盡 : 집안 살림과 사업체를 날린다)한다.

坤門　　큰방이 艮方에 있으면 이를 '艮主'라 하고, 生氣가 된다. 주방의 '가스대'가 離方에 있으면, 이는 六殺이 된다. 艮方의 큰방과 離方의 주방은 禍害가 된다.

이러한 집에는 초년에는 금은(金銀)과 재산이 창고(倉庫)에 쌓이고, 늦게 얻은 자식은 노모 품에 안기어 기뻐하며, 그 자식만 사랑하게 된다. 가업(家業)은 날로 일어나고 자녀들은 착한 일을 하게 된다.

그러나 세월이 갈수록 心神이 허약하고, 남녀단명(男女短命)하게 되니 소아난양(小兒難養 : 어린이 기르기가 어렵다), 심동(心疼 : 가슴앓이), 경체(經滯 : 경맥이 막힌다), 적괴공심(積塊攻心 : 배 속에 핏덩어리가 뭉쳐 심장을 찌른다), 吐血 등으로 부녀자에게 불리하다.

　　택내음예 아손희(宅乃陰穢 兒孫稀: 婦女子가 집안을 더럽히고, 男子孫이 적다)이므로 종구외성승계(終久外姓承繼: 마침내는 성이 다른 사람이 대를 잇는다)이다.

坤門　　큰방이 艮方에 있으면 '艮主'라 하고, 이는 生氣가 된다. 주방의 '가스대'가 坤方에 있으면, 비화(比和)가 되고, 艮方의 큰방과 坤方의 주방(가스대)은 生氣가 된다.

　　이러한 집은 二土가 比和이니, 재백풍영 부귀유여(財帛豊盈 富貴有餘: 돈과 재물이 풍부하고, 높은 벼슬에 집안이 편안하다)하나, 다녀소남 노모지가(多女少男 老母持家: 아들보다 딸이 많고, 老母가 가정을 꾸려간다)이다.

　　우양전잠성수(牛羊田蠶成收: 육축과 전답 누에 등에서 수입이 많다)이고, 가중평온도 춘추(家中平穩度 春秋: 집안이 가을같이 풍요롭고, 봄날같이 온화하다)하나, 婦女子가 바람이 나서 家出하든지, 임신중 피 같은 액체를 쏟아낼 것이다.

　　그리고 집안에서 필요로 하는 사람이 칼날에 몸을 상하거나 익사(溺死)할 것이며, 간신히 한 子息이 남아 代를 잇게 된다.

　　치매나, 말 못하고 못듣는 사람이 있을 것이고, 눈병이 있든지 小便을 잘 볼 수 없는 가족도 있을 것이다.

坤門　　큰방이 艮方에 있으면 '艮主'라 하고, 生氣가 된다. 주방의 '가스대'가 兌方에 있으면 天乙이 되고, 艮方의 큰방과 兌方의 주방(가스대)은 延年이 된다.

　　이러한 집은 초년에는 발재자만(發財子晩: 재물은 발하지만 자식은 늦다)이거나, 재산일성 자손희소(財産一盛 子孫稀少: 재산은 한번 일어나나 자손은 적다)하니, 노모

제2장 三要 應用 203

당가 익애소아소녀(老母當家 溺愛小兒少女 : 노모가 가정을 꾸려가면서 어린 자녀를 끔찍이 사랑한다)이거나, 사위를 끔찍이 사랑하게 될 것이다. 가업흥왕(家業興旺 : 대대로 이어받은 사업이 번창한다)하고, 자녀선행(子女善行 : 자식들은 착하다)하며, 예불호선(禮佛好善 : 부처님전에 예불하고 선행을 좋아한다)하나, 오랜 세월이 지나면 비허불식복통(脾噓不食腹痛 : 위가 허약하여 복통으로 먹지 못하는 증세)이나, 황병(黃病) 등의 질환이 있을 것이다.

坤門　　큰방이 艮方에 있으면 '艮主'라 하고, 이는 生氣가 된다. 주방의 '가스대'가 乾方에 있으면 延年이 되고, 艮方의 큰방과 乾方의 주방은 天乙이 된다.

　　이러한 집은 가정간 존비상하 인의화순(家庭間 尊卑上下 仁義和順 : 어른과 아이 형제간에 우애가 돈독하니 가정이 화목하다)하고, 산업흥륭 인구흥왕(産業興隆 人口興旺 : 사업은 잘되고, 가족은 건강하다)하며, 육축무성(六畜茂盛 : 가축도 잘 자란다)하다. 4~5年이나, 巳·酉·丑年에는 필주응서(必主應瑞 : 반드시 좋은 일이 생김)라. 재백풍영 부귀유여(財帛豊盈 富貴有餘 : 돈과 재물이 풍부하고, 높은 벼슬에 집안이 편안하다)함은 개개아손 호영현(個個兒孫 號英賢 : 자손이 다 영특하다는 명성이 있다)이다.

　　그러나 오랜 세월이 지나면 때로는 비허불식복통(脾噓不食腹痛 : 위가 허약하여 복통으로 먹지를 목한다)하며, 음인소구질병(陰人小口疾病 : 부녀자와 어린이는 질병을 앓게 된다)으로 조사(早死)하게 될 것이다.

### ⑥ 坤門과 震主圖

坐地나 건물의 중심에서 羅經을 보아 未·坤·申方에 출입문이 있으면 坤門이라 하고, 主人房이 甲·卯·乙方에 있으면 震主라고 한다.

坤門과 震主는 인임룡위 모산망(人臨龍位 母産亡)이라는 것은 사람이 龍을 타고 앉았으니 이는 母親이 산액(産厄)으로 사망한다.

坤門과 震主는 禍害宅이다. 木剋土 相剋이므로 모자간에는 정이 없으므로 母子不和이다. 먼저 財物이 없어지고, 後에는 男子가 손상(損傷: 다치거나 죽는다)하고 황종(黃腫), 위장병으로 苦生할 것

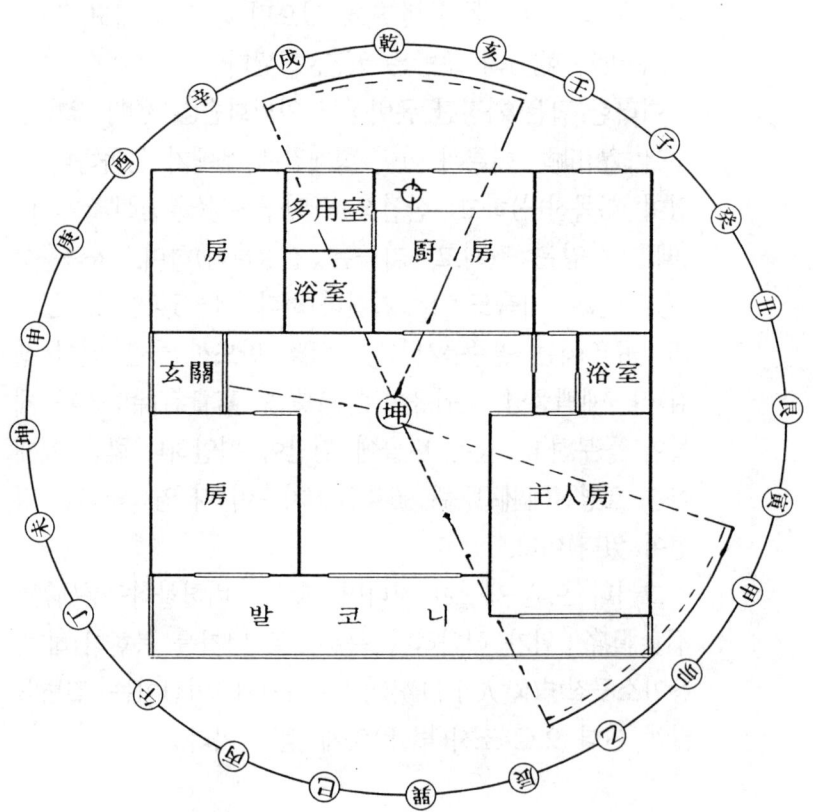

이다. 이러한 집은 유재무정(有財無丁 : 재물은 있으나 자식이 없다)이나, 유정무재(有丁無財 : 자식은 있으나 재물은 없다)라 한다.

### 坤門에서 震主와 八廚와의 관계

坤門　　큰방이 震方에 있으면 '震主'라 하고, 이는 禍害가 된다. 주방의 '가스대'가 坎方에 있으면, 絶命이고, 震方의 큰방과 坎方의 주방은 天乙이 된다.

　　이러한 집은 초년에는 재흥부옹(財興富翁 : 재물이 쌓여지니 부자라는 이름을 듣는다)에 자손이 잘생기고 총명하여 及第해서 윗사람의 총애를 받을 수 있으나, 가재모산(家財耗散 : 재산은 흩어지고), 음인질병 창광(陰人疾病 猖狂 : 부녀자는 질병을 앓든지 극심한 정신이상이 있다) 증세가 있고, 노모가장 견염왕 골육구극참상(老母家長 見閻王 骨肉仇隙參商 : 노모와 장남은 죽어서 염라대왕 앞에 가고 골육지간인데 원수처럼 지낸다), 도음태루(逃淫胎漏 : 바람이 나서 家出하든지, 임신중 피 같은 액체가 나올 것이다)이고 일인수익상인(溢刃水溺傷人 : 칼날에 의하거나 익사한다)이며, 파재화환 긴임신(破財禍患 緊臨身), 근가일자개문(僅可一子開門)이다.

坤門　　큰방이 震方에 있으면 '震主'라 하고, 이는 禍害가 된다. 주방의 '가스대'가 艮方에 있으면, 生氣이다. 震方의 큰방과 艮方의 주방은 六殺이 된다.

　　이러한 宅은 금은전재 광진래(金銀錢財 廣進來 : 금과 은, 돈이 여러 곳에서 이른다)하고, 소남투 노모지회 자모유환 열지상(少男投 老母之懷 子母有歡 悅之象 : 어린 사내가 노모 품에 안기어 모자가 기뻐하는 얼굴이다)에 가업흥왕(家業興旺)하고 자녀선행(子女善行)한다.

그러나 오랜 歲月이 지나면 면황(面黃 : 얼굴이 누렇게 뜨고), 체수(體瘦 : 몸이 바싹 마르고), 풍광(風狂 : 치매) 증세가 있을 것이다. 상인손축 퇴패전산(傷人損畜 退敗田散 : 사람은 죽고 가축과 재산은 실패한다)으로 가재모산(家財耗散 : 재산은 흩어지고), 음인질병창광(陰人疾病猖狂 : 부녀자는 질병을 앓든지 정신이상에 걸린다)이며, 노모가장 견염왕 골육구극참상(老母家長 見閻王 骨肉仇隙參商 : 노모와 호주는 죽어서 염라대왕 앞에 가고 골육지간인데 원수처럼 지낸다)이다.

**坤門** 큰방이 震方에 있으면 '震主'라 하고, 이는 禍害가 된다. 주방의 '가스대'가 震方에 있으면, 禍害가 되고, 震方의 큰방과 震方의 주방은 伏位가 된다.

이러한 집에는 초년에는 장남주사 재백유공명리(長男主事 財帛有功名利 : 장남은 사업에 성공하여 돈과 재물이 있으며 이름도 떨친다)한다. 단, 발장패소 부녀요사 소아난양(發長敗少 婦女夭死 小兒難養 : 장남은 발복하고 말자는 패하며, 부녀자는 단명하든지 어린이 양육이 어렵다)이다.

그러나 세월이 갈수록 노모가장 견염왕 골육구극참상(老母家長 見閻王 骨肉仇隙參商 : 노모와 호주는 죽어서 염라대왕을 만나보고 골육지간인데 원수처럼 지낸다)이고, 가족은 면황(面黃 : 누렇게 뜨고), 체수(體瘦 : 몸이 바싹마르고), 열식(噎食 : 목이 쉬고), 풍광(風狂 : 치매), 노역(癆疫 : 염병) 등의 질환에 가재모산(家財耗散 : 재산이 흩어진다)이다.

**坤門** 큰방이 震方에 있으면 '震主'라고 하고, 禍害가 된다. 주방의 '가스대'가 巽方에 있으면, 이는 五鬼가 된다. 震

方의 큰방과 巽方의 가스대는 延年이 된다.
　　이러한 집은 이목성림 연월일시구신(二木成林 年月日時俱新 : 두 나무가 숲을 이루니 해마다 다달이 나날이 시시로 새롭다)이다. 관봉자조수은(官封紫詔受恩 : 일품 관직에 올라 임금에게 고하고 은혜를 받는다)이다.
　　그러나 오랜 세월이 지나면 長女나 長婦는 아기를 낳기가 어려울 것이며, 상정파재(傷丁破財 : 남자는 죽고 재물은 흩어질 것이다)이다. 노역(癆疫 : 결핵과 염병), 위장병이나 복창(腹脹 : 배가 붓는 병), 풍광(風狂 : 치매), 열격(噎隔 : 목이 쉬고), 토혈(吐血) 등의 질환이 있을 것이다.
　　노모가장 견염왕 골육구극참상(老母家長 見閻王 骨肉仇隙參商 : 노모와 호주는 죽어서 염라대왕을 만나보고 골육지간인데 원수처럼 지낸다), 가재모산(家財耗散 : 재산이 흩어지고), 음인질병창광(陰人疾病猖狂 : 부녀자는 질병을 앓든지 纏狂人이 있다)한다.

坤門　　큰방이 震方에 있으면 이를 '震主'라고 하고, 禍害가 된다. 주방의 '가스대'가 離方에 있으면, 이는 六殺이 된다. 震方의 큰방과 離方의 주방은 生氣가 된다.
　　이러한 집은 초년에는 부능작가 전산진익(婦能作家 田産進益 : 부녀자가 능히 살림을 크게 일으킨다)이나, 심동(心疼 : 가슴앓이), 경체(經滯 : 경맥이 막힌다), 적괴공심(積塊攻心 : 배 속에 핏덩어리가 뭉쳐 심장을 찌른다), 노역(癆疫 : 결핵과 염병) 등의 症勢가 있을 것이다.
　　가재모산(家財耗散 : 재산이 흩어지고), 음인질병창광(陰人疾病猖狂 : 부녀자는 질병을 하든지 정신질환이 있다) 증세이고, 노모가장 견염왕 골육구극참상(老母家長

見閻王 骨肉仇隙參商 : 노모와 호주는 죽어서 염라대왕을 만나보고 골육지간인데 원수처럼 지낸다)이다.

택내음예 아손희(宅乃陰穢 兒孫稀 : 婦女子가 집안을 더럽히고, 男子孫이 적다)이므로 종구외성승계(終久外姓承繼 : 남이 대를 이음)이다.

**坤門**　큰방이 震方에 있으면 '震主'라 하고, 이는 禍害가 된다. 주방의 '가스대'가 坤方에 있으면, 比和가 되고, 震方의 큰방과 坤方의 주방(가스대)은 禍害가 된다.

이러한 집은 二土가 比和이니, 재백풍영 부귀유여(財帛豊盈 富貴有餘 : 돈과 재물이 풍부하고, 높은 벼슬에 집안이 편안하다)하나, 다녀소남 노모지가(多女少男 老母持家 : 아들보다 딸이 많고, 老母가 가정을 꾸려간다)이다.

우양전잠성수(牛羊田蠶成收 : 육축과 전답 누에 등에서 수입이 많다)이고, 가중평온도 춘추(家中平穩度 春秋 : 집안이 가을같이 풍요롭고, 봄날같이 온화하다)하나, 婦女子가 바람이 나서 가출하든지, 임신중 피 같은 액체가 있을 것이다.

그리고 가재모산(家財耗散 : 재산이 흩어지고), 음인질병창광(陰人疾病猖狂 : 부녀자는 질병을 하든지 정신질환이 있다)이고, 어머니와 장자는 골육지간인데 원수처럼 지내는 것을 보게 되고 치매나 얼굴이 누렇게 뜨는 증세, 또는 몸이 바싹 마르는 사람이 있을 것이다.

**坤門**　큰방이 震方에 있으면 '震主'라 하고, 禍害가 된다. 주방의 '가스대'가 兌方에 있으면 天乙이 되고, 震方의 큰방과 兌方의 주방(가스대)은 絶命이 된다.

이러한 집은 초년에는 발재자만(發財子晚 : 재물은 발하지만 자식은 늦다)이거나, 재산일성 자손희소(財産一盛

子孫稀少 : 재산은 한번 일어나나 자손은 적다)하니, 노모 당가 익애소아소녀(老母當家 溺愛小兒少女 : 노모가 가정을 꾸려가면서 어린 자녀를 끔찍이 사랑한다)이거나, 사위를 끔찍이 사랑하게 될 것이다. 가업흥왕(家業興旺 : 대대로 이어받은 사업이 번창한다)하고, 자녀선행(子女善行 : 자식들은 착하다)하며, 예불호선(禮佛好善 : 부처님 전에 예불하고 선행을 좋아한다)하나, 오랜 세월이 지나면 비허불식복통(脾噓不食腹痛)이며 재산은 흩어지고, 부녀자는 정신질환이 있을 것이고 모자간에는 골육지간인데 원수처럼 지내는 것을 보게 된다.

**坤門** 큰방이 震方에 있으면 '震主'라 하고, 이는 禍害가 된다. 주방의 '가스대'가 乾方에 있으면 延年이 되고, 震方의 큰방과 乾方의 주방은 五鬼가 된다.

이러한 집은 가정간 존비상하 인의화순(家庭間 尊卑上下 仁義和順 : 어른과 아이 형제간에 우애가 돈독하니 가정이 화목하다)하고, 산업흥륭 인구흥왕(産業興隆 人口興旺 : 사업은 잘되고, 가족은 건강하다)하며, 육축무성(六畜茂盛 : 가축도 잘 자란다)하다. 4~5年이나, 巳·酉·丑年에는 필주응서(必主應瑞 : 반드시 좋은 일이 생김)라.

재백풍영 부귀유여(財帛豊盈 富貴有餘 : 돈과 재물이 풍부하고, 높은 벼슬에 집안이 편안하다)함은 개개아손호영현(個個兒孫 號英賢 : 자손이 다 영특하다는 명성이 있다)이다.

그러나 오랜 세월이 지나면 때로는 비허불식복통(脾噓不食腹痛 : 위가 허약하여 복통으로 먹지 못한다)이며, 가재모산(家財耗散), 부녀자는 정신질환이 있을 것이고, 모자간에는 원수처럼 지내는 것을 보게 된다.

### ⑦ 坤門과 巽主圖

垈地나 건물의 中心에서 羅經을 보아 未·坤·申方에 출입문이 있으면 坤門이라 하고, 주인방이 辰·巽·巳方에 있으면 巽主라고 한다.

坤門과 巽主는 인매지호 노모사(人埋地戶 老母死)라는 것은 사람이 땅 구덩이에 묻힌 형상이니 老母가 사망한다는 뜻이다.

坤門과 巽主는 五鬼宅이다. 木剋土 상극이므로 모녀간에 剋이 되어 모녀가 夭死한다. 純陰이라 남자도 夭死한다. 황종(黃腫), 비위(脾胃)에 官災가 있고, 도박과 주색으로 패가망신하든지 자타상

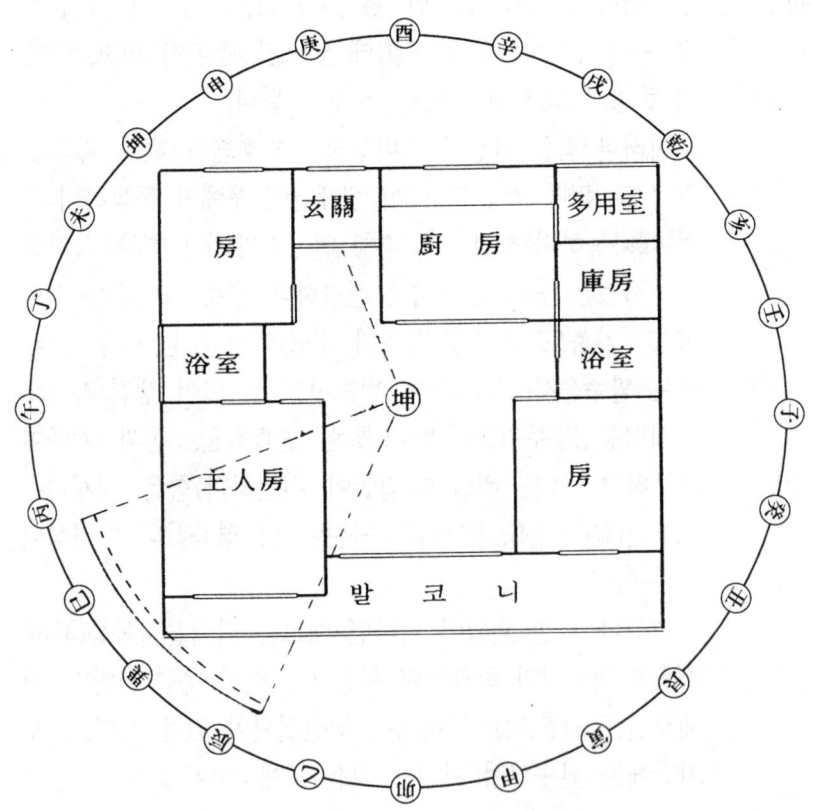

해(自他傷害 : 타인을 害하든지 본인이 禍를 당한다) 또는 자액(自縊 : 목매 죽는다)이나 괴질환(塊疾患)으로 夭死할 것이다. 이러한 집에 오래도록 居하면 핍사(乏嗣 : 대를 이을 자식이 없다)되므로 의자승계(義子承繼 : 양자가 代를 잇는다)이다.

### 坤門에서 巽主와 八廚와의 관계

坤門　　큰방이 巽方에 있으면 '巽主'라 하고, 이는 五鬼가 된다. 주방의 '가스대'가 坎方에 있으면, 絶命이고, 巽方의 큰방과 坎方의 주방은 生氣가 된다.
　　이러한 집은 장부산난(長婦産難 : 長婦는 아기 낳기가 어렵다)이며, 노역(癆疫 : 결핵이나 염병), 비질(脾疾 : 위장병), 풍광(風狂 : 치매) 등의 증세이고 상정파재(傷丁破財 : 남자는 죽고 재물은 흩어진다)이다.
　　그리고 농아(聾啞 : 못듣고 말 못하고), 인후통(咽喉痛 : 목구멍이 아프고), 삽변(澁便 : 소변이 잘 안나오는 증세), 허로(虛勞 : 심신이 허약하고)하다.
　　부녀도음태루(婦女逃淫胎漏 : 부녀자는 바람이 나서 가출하든지, 임신중 피 같은 액체가 나온다)이다. 일인수익상인(溢刃水溺傷人 : 칼날에 죽든지 물에 빠져 죽는다)에 파재화환 긴임신(破財禍患 緊臨身), 근가일자개문(僅可一子開門)이다.

坤門　　큰방이 巽方에 있으면 '巽主'라 하고, 이는 五鬼가 된다. 주방의 '가스대'가 艮方에 있으면, 生氣이다. 巽方의 큰방과 艮方의 주방은 絶命이 된다.
　　이러한 집은 금은전재 광진래(金銀錢財 廣進來 : 금과 은, 돈이 창고에 쌓인다)하고, 소남투 노모지회 자모유환열지상(少男投 老母之懷 子母有歡 悅之象 : 어린 사내가 노모 품에 안기어 모자가 기뻐하는 얼굴이다)에 가업흥왕(家業興旺)하고 자녀선행(子女善行)한다.

그러나 오랜 歲月이 지나면 상노모(傷老母)에 장부산난(長婦産難 : 長婦女子는 아기 낳기가 어렵다)이며, 노역(癆疫 : 결핵이나 염병), 비질(脾疾 : 위장병), 복창(腹脹 : 배가 붓는 병), 풍광(風狂 : 치매), 열격(噎隔 : 목이 쉬고), 실혈(失血 : 피를 흘린다) 등의 증세에 상정파재(傷丁破財 : 남자는 죽고 재물은 흩어진다)에 官災나 구설이 있으며, 존비불화(尊卑不和)이고, 疾病이 來侵하여 대를 이어갈 자손이 없을 것이다.

**坤門** 큰방이 巽方에 있으면 '巽主'라 하고, 이는 五鬼가된다. 주방의 '가스대'가 震方에 있으면 禍害가 되고, 巽方의 큰방과 震方의 주방은 延年이 된다.

이러한 집에는 초년에는 자손이 현명하여 형제자매간에 우애가 지극하며, 훌륭한 인물이 나오나, 가재모산(家財耗散 : 재산이 흩어지고), 음인질병창광(陰人疾病猖狂 : 부녀자는 질병을 앓든지 정신질환이 있을 것이다)한다. 그리고 尊卑不和이고, 男子가 조사(早死)하고 재산이 흩어질 것이다.

그리고 세월이 갈수록 노모가장 견염왕 골육구극참상(老母家長 見閻王 骨肉仇隙參商 : 노모와 장남은 죽어서 염라대왕을 만나보고 골육지간은 원수처럼 지낸다)이고, 가족은 면황(面黃 : 누렇게 뜨고), 체수(體瘦 : 몸이 바싹 마르고), 열식(噎食 : 목이 쉬고), 풍광(風狂 : 치매), 노역(癆疫 : 결핵과 염병) 등의 질환에 대를 이어갈 자손이 없을 것이다.

**坤門** 큰방이 巽方에 있으면 '巽主'라 하고, 五鬼가 된다. 주

방의 '가스대'가 巽方에 있으면, 이는 五鬼가 된다. 巽方의 큰방과 巽方의 가스대는 伏位에 比和가 된다.

이러한 집은 출간부지 가입업(出幹婦持 家立業 : 재주 있는 부인이 집안을 일으킨다)이나 단, 순음부장 인정단명(純陰不長 人丁短命 : 순음이 되어 남자는 단명한다)이다.

그러나 오랜 세월이 지나면 장녀나 長婦는 아기를 낳기가 어려울 것이며, 상정파재(傷丁破財 : 남자는 죽고 재물은 흩어질 것이다)이다. 노역(癆疫 : 결핵과 염병), 위장병이나 복창(腹脹 : 배가 붓는 병), 풍광(風狂 : 치매), 열격(噎隔 : 목이 쉬고), 토혈(吐血) 등의 질환이 있게 된다.

이러한 집을 장초귀매(長招鬼魅 : 항상 도깨비와 귀신이 있다)라 한다. 그리하여 존비불화(尊卑不和 : 위 아래가 불화이다)이고, 갑작스런 질병(疾病)으로 인하여 代를 이어갈 자손이 없을 것이라 한다.

**坤門**　　큰방이 巽方에 있으면 이를 '巽主'라 하고, 五鬼가 된다. 주방의 '가스대'가 離方에 있으면, 이는 六殺이 된다. 巽方의 큰방과 離方의 주방은 天乙이 된다.

이러한 집은 초년에는 부능작가 전산풍후(婦能作家 田産豊厚 : 부녀자가 똑똑해서 토지와 재산을 늘인다)이나, 단, 순음부장 자손희소(純陰不長 子孫稀少 : 순음이 되어 남자는 없고 자손은 귀하다), 가다호선 고부질투생(家多好善 姑婦疾妬生 : 가족이 남에게 베풀기를 하나, 고부간에는 서로 시기한다)이며, 남녀가 단명하게 되니 소아난양(小兒難養 : 어린이 양육이 어렵다)이다.

심동(心疼 : 가슴앓이), 경체(經滯 : 경맥이 막힌다), 노역(癆疫 : 결핵과 염병), 토혈 등으로 婦女子가 단명하게 된다.

상음사 처중취(傷陰死 妻重娶 : 아내를 잃고 여러번 장가가게 되나, 끝내는 성이 다른 자식을 데려다 키운다)한다.

坤門　큰방이 巽方에 있으면 '巽主'라 하고, 이는 五鬼가 된다. 주방의 '가스대'가 坤方에 있으면, 比和가 되고, 巽方의 큰방과 坤方의 주방(가스대)은 五鬼가 된다.

이러한 집은 二土가 比和이니, 재백풍영 부귀유여(財帛豊盈 富貴有餘 : 돈과 재물이 풍부하고, 높은 벼슬에 집안이 편안하다)하나, 다녀소남 노모지가(多女少男 老母持家 : 아들보다 딸이 많고, 老母가 가정을 꾸려간다)이다.

우양전잠성수(牛羊田蠶成收 : 육축과 전답 누에 등에서 수입이 많다)이고, 가중평온도 춘추(家中平穩度 春秋 : 집안이 가을같이 풍요롭고, 봄날같이 온화하다)하나, 婦女子가 바람이 나서 가출하든지, 姙娠중 피 같은 액체가 나올 것이다.

그리고 가재모산(家財耗散 : 재산은 흩어지고), 음인질병창광(陰人疾病猖狂 : 부녀자는 질병을 앓거나 정신질환이나 음란하다)이고, 장자부나 장녀는 자식을 낳기 어려울 것이며, 갑작스런 질병으로 사망하여 代를 이어갈 子孫이 없을 것이다.

坤門　큰방이 巽方에 있으면 '巽主'라 하고, 五鬼가 된다. 주방의 '가스대'가 兌方에 있으면 天乙이 되고, 巽方의 큰방과 兌方의 주방(가스대)은 六殺이 된다.

이러한 집은 초년에는 발재자만(發財子晩 : 재물은 발하지만 자식은 늦다)이거나, 재산일성 자손희소(財産一盛

子孫稀少 : 재산은 한번 일어나나 자손은 적다)하니, 노모당가 익애소아소녀(老母當家 溺愛小兒少女 : 노모가 가정을 꾸려가면서 어린 자녀를 끔찍이 사랑한다)이거나, 사위를 끔찍이 사랑하게 될 것이다. 가업흥왕(家業興旺 : 대대로 이어받은 사업이 번창한다)하고, 자녀선행(子女善行 : 자식들은 착하다)하며, 예불호선(禮佛好善 : 부처님 전에 예불하고 선행을 좋아한다)하나, 오랜 세월이 지나면 長婦는 아기를 낳기 어려우며, 결핵이나 염병, 붓는 병, 치매 등의 증세가 있으며, 남자는 죽고 재산은 흩어지고 갑작스런 질환으로 대를 이을 자손이 없다.

坤門    큰방이 巽方에 있으면 '巽主'라 하고, 이는 五鬼가 된다. 주방의 '가스대'가 乾方에 있으면 延年이 되고, 巽方의 큰방과 乾方의 주방은 禍害가 된다.

이러한 집은 가정간 존비상하 인의화순(家庭間 尊卑上下 仁義和順 : 어른과 아이 형제간에 우애가 돈독하니 가정이 화목하다)하고, 산업흥륭 인구흥왕(産業興隆 人口興旺 : 사업은 잘되고, 가족은 건강하다)하며, 육축무성(六畜茂盛 : 가축도 잘 자란다)하다. 4~5年이나, 巳·酉·丑年에는 필주응서(必主應瑞 : 반드시 좋은 일이 생김)라.

재백풍영 부귀유여(財帛豊盈 富貴有餘 : 돈과 재물이 풍부하고, 높은 벼슬에 집안이 편안하다)함은 개개아손호영현(個個兒孫 號英賢 : 자손이 다 영특하다는 명성이 있다)이다.

그러나 오랜 세월이 지나면 때로는 비허불식복통(脾噓不食腹痛 : 위가 허약하여 복통으로 먹지를 못한다)이며, 상정파재(傷丁破財 : 남자는 죽고 재산은 흩어지고)하고,

가족간에 不和이고 갑작스런 질환으로 대를 이어갈 자손이 없게 되므로 끝내는 외성승계(外姓承繼 : 남의 성 가진 이를 데려다가 대를 잇게 한다)가 될 것이다.

### ⑧ 坤門과 離主圖

垈地나 건물의 中心에서 羅經을 보아 未·坤·申方에 출입문이 있으면 坤門이라 하고, 主人房이 丙·午·丁方에 있으면 離主라고 한다.

坤門과 離主는 인문견화 다과모(人門見火多寡母)라는 것은 사람이 家門에 火를 많이 보았으므로 寡婦가 많이 나온다는 뜻이다.

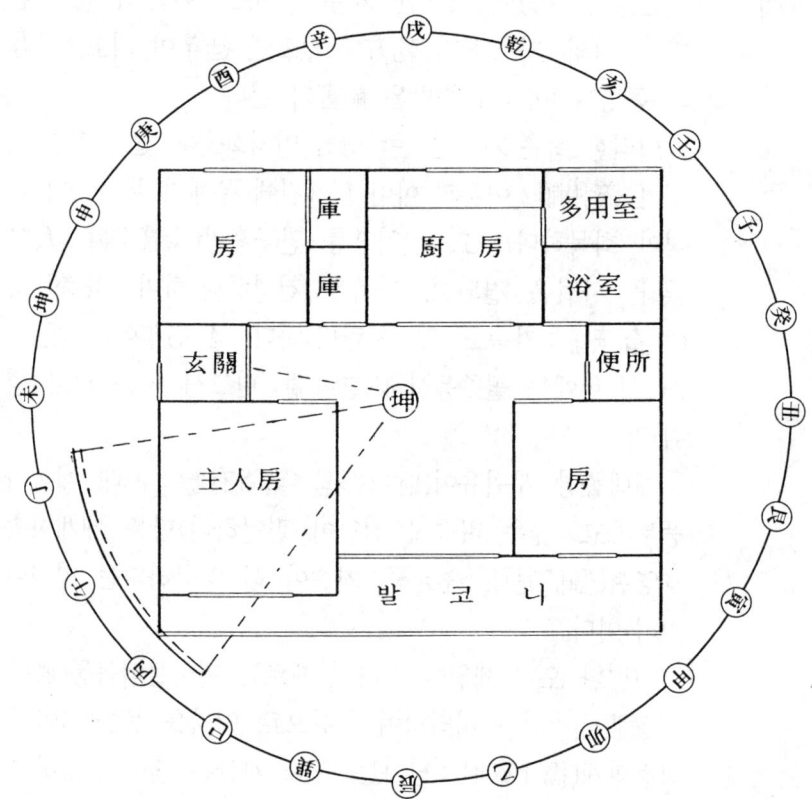

坤門과 離主는 六殺宅이다. 비록 火生土가 되지만 모녀간이라 不配가 되므로 이는 婦女子만 居하는 집이라 男子는 早死하게 된다.
六殺이 離宮에 居하면 婦女子가 극성을 부린다. 이러한 집의 家族은 간질병 환자나 정신질환자가 발생하여 재산을 탕진할 것이다. 만약 이러한 집에 오래도록 居하게 되면 핍사(乏嗣)에 과부는 필연적이다. 그리고 주방의 위치와 命에 따라서 事項은 달라질 수가 있다.

### 坤門에서 離主와 八廚와의 관계

坤門   큰방이 離方에 있으면 '離主'라 하고, 이는 六殺이 된다. 주방의 '가스대'가 坎方에 있으면, 絶命이고, 離方의 큰방과 坎方의 주방은 延年이 된다.

  이러한 집은 유성무패(有成無敗 : 무슨 일에나 실패가 없다)이며, 婦女子가 財物은 모으나, 눈먼 사람이 나오며 또는 宅內 재앙이 발생할 것이다. 아내를 잃고 여러번 장가를 가더라도 끝내는 남의 자식이 대를 잇는다.

  그리고 농아(聾啞 : 못듣고 말 못하고), 인후통(咽喉痛 : 목구멍이 아프고), 삽변(澁便 : 소변이 잘 안나오는 증세), 허로(虛勞 : 심신이 허약하고)하다.

  부녀도음태루(婦女逃淫胎漏 : 부녀자는 바람이 나서 가출하든지, 임신중 피 같은 액체가 나온다)이다. 일인수익상인(溢刃水溺傷人 : 칼날에 죽든지 물에 빠져 죽는다)에 파재화환 긴임신(破財禍患 緊臨身)이다.

坤門   큰방이 離方에 있으면 '離主'라 하고, 이는 六殺이 된다. 주방의 '가스대'가 艮方에 있으면, 生氣이다. 離方의 큰방과 艮方의 주방은 禍害가 된다.

  이러한 집은 금은전재 광진래(金銀錢財 廣進來 : 금과

은, 돈이 창고에 쌓인다)하고, 소남투 노모지회 자모유환 열지상(少男投 老母之懷 子母有歡 悅之象 : 어린 사내가 노모 품에 안기어 모자가 기뻐하는 얼굴이다)에 가업흥왕(家業興旺)하고 자녀선행(子女善行)한다.

그러나 오랜 歲月이 지나면 화염토조(火焰土燥)하므로 심동(心疼 : 가슴앓이), 경체(經滯 : 경맥이 막힌다), 적괴공심(積塊攻心 : 배 속에 핏덩어리가 뭉쳐 심장을 찌른다), 노역(癆疫 : 결핵이나 염병), 토혈(吐血) 등으로 婦女子가 요사(夭死)한다.

상음사처중취(傷陰死妻重娶 : 아내를 잃고 여러번 장가를 가게 된다)이나 婦女子가 집안을 더럽히고, 끝내는 他人으로 하여금 代를 잇게 한다.

**坤門** 큰방이 離方에 있으면 '離主'라 하고, 이는 六殺이 된다. 주방의 '가스대'가 震方에 있으면 禍害가 되고, 離方의 큰방과 震方의 주방은 生氣가 된다.

이러한 집은 초년에는 부능작가 전산진익(婦能作家 田産進益 : 부녀자가 전답과 재산을 크게 늘린다)이나, 인재청수 등과급제(人才淸秀 登科及第 : 자손이 재주와 용모가 뛰어나 과거에 급제한다)하나, 상음사처중취(傷陰死妻重娶 : 아내를 잃고 여러번 장가를 가게 된다)이다.

그리고 세월이 갈수록 노모가장 견염왕 골육구극참상(老母家長 見閻王 骨肉仇隙參商 : 노모와 호주는 죽어서 염라대왕을 만나보고 골육지간에는 원수처럼 지낸다)이고, 가족은 면황(面黃 : 누렇게 뜨고), 체수(體瘦 : 몸이 바싹 마르고), 열식(噎食 : 목이 쉬고), 풍광(風狂 : 치매), 노역(癆疫 : 결핵과 염병) 등의 질환에 대를 이어갈 자손이 없을 것이다.

## 坤門

큰방이 離方에 있으면 '離主'라 하고, 六殺이 된다. 주방의 '가스대'가 巽方에 있으면, 이는 五鬼가 된다. 離方의 큰방과 巽方의 주방은 天乙이 된다.

이러한 집은 부녀작가 전산풍후(婦女作家 田産豊厚 : 婦女子가 똑똑해서 田畓과 재산을 늘려 풍부하다)하나 단, 순음부장 자손희소(純陰不長 子孫稀少)하다.

그리고 오랜 세월이 지나면 長女나 長婦는 아기를 낳기가 어려울 것이며, 상정파재(傷丁破財 : 남자는 죽고 재물은 흩어질 것이다)이다. 노역(癆疫 : 결핵과 염병), 위장병이나 복창(腹脹 : 복부가 붓는 병), 풍광(風狂 : 치매), 열격(噎隔 : 목이 쉬고), 토혈(吐血) 등의 질환이 있게 된다.

이러한 집을 장초귀매(長招鬼魅 : 항상 도깨비와 귀신이 있다)라 한다. 그리하여 존비불화(尊卑不和 : 어른 아이간에 불화이다)이고, 갑작스런 질병으로 인하여 代를 이어갈 子孫이 없어 타인의 子息으로 하여금 財産과 代를 이어받게 한다.

## 坤門

큰방이 離方에 있으면 이를 '離主'라 하고, 六殺이 된다. 주방의 '가스대'가 離方에 있으면, 역시 六殺이 된다. 離方의 큰방과 離方의 주방은 伏位에 比和가 된다.

이러한 집은 초년에는 소료공가 도치성(焇燎空家 道熾盛 : 빈집에 불꽃처럼 재산이 일어난다)이나, 순음(純陰)이라 男子는 요사(夭死)하고 婦女子가 집안을 꾸려간다.

탄환(癱患 : 중풍으로 사지가 뒤틀린다), 안홍(眼紅 : 시력이 흐리고), 심동(心疼 : 가슴앓이), 음병(陰病 : 성병), 경체(經滯 : 경맥이 막힌다), 노역(癆疫 : 결핵과 염병) 등의 질환으로 부녀자는 夭死하게 되거나, 家門을 더럽히는 일이 있을 것이다. 男子는 아내를 잃고 여러번 장가를 가게 되나 代를 이어갈 子孫이 없을 것이다.

그리하여 끝내는 성이 다른 사람을 양자로 삼아 家業을 이어가게 할 것이다.

坤門　　큰방이 離方에 있으면 '離主'라 하고, 이는 六殺이 된다. 주방의 '가스대'가 坤方에 있으면, 比和가 되고, 離方의 큰방과 坤方의 주방(가스대)은 六殺이 된다.

이러한 집은 二土가 比和이니, 재백풍영 부귀유여(財帛豊盈 富貴有餘 : 돈과 재물이 풍부하고, 높은 벼슬에 집안이 편안하다)하나, 다녀소남 노모지가(多女少男 老母持家 : 아들보다 딸이 많고, 老母가 가정을 꾸려간다)이다.

우양전잠성수(牛羊田蠶成收 : 육축과 전답 누에 등에서 수입이 많다)이고, 가중평온도 춘추(家中平穩度 春秋 : 집안이 가을같이 풍요롭고, 봄날같이 온화하다)하나, 婦女子가 바람이 나서 가출하든지 夭死할 것이다.

그리고 가재모산(家財耗散 : 재산은 흩어지고), 음인질병창광(陰人疾病猖狂 : 부녀자는 질병을 앓거나 정신질환이 있을 것)이고, 남자는 여러번 장가를 가게 되나 끝내는 代를 이어갈 자식이 없어 남의 자식으로 하여금 家業을 넘겨받게 하여 대를 이을 것이다.

坤門　　큰방이 離方에 있으면 '離主'라 하고, 六殺이 된다. 주방의 '가스대'가 兌方에 있으면 天乙이 되고, 離方의 큰방과 兌方의 주방(가스대)은 五鬼가 된다.

이러한 집은 초년에는 발재자만(發財子晚 : 재물은 발하지만 자식은 늦다)이거나, 재산일성 자손희소(財産一盛 子孫稀少 : 재산은 한번 일어나나 자손은 적다)하니, 노모

당가 익애소아소녀(老母當家 溺愛小兒少女 : 노모가 가정을 꾸려가면서 어린 자녀를 끔찍이 사랑한다)이며, 사위를 끔찍히 사랑하게 될 것이다.

그리고 가슴앓이에 경맥이 막혀서 생명에 어려움이 있든지 결핵, 암질환, 토혈 등으로 부녀자가 夭死하지 않으면 家門을 더럽히는 일이 있을 것이다.

그러나 남자는 여러번 장가를 가더라도 끝내는 財産을 물려받을 子孫이 없어 남에게 家業을 넘겨주게 된다.

**坤門**  큰방이 離方에 있으면 '離主'라 하고, 이는 六殺이 된다. 주방의 '가스대'가 乾方에 있으면 延年이 되고, 離方의 큰방과 乾方의 주방은 絶命이 된다.

이러한 집은 가정간 존비상하 인의화순(家庭間 尊卑上下 仁義和順 : 어른과 아이 형제간에 우애가 돈독하니 가정이 화목하다)하고, 산업흥륭 인구흥왕(産業興隆 人口興旺 : 사업은 잘되고, 가족은 건강하다)하며, 육축무성(六畜茂盛 : 가축도 잘 자란다)하다. 4~5年이나, 巳·酉·丑年에는 필주응서(必主應瑞 : 반드시 좋은 일이 생김)라.

재백풍영 부귀유여(財帛豊盈 富貴有餘 : 돈과 재물이 풍부하고, 높은 벼슬에 집안이 편안하다)함은 개개아손 호영현(個個兒孫 號英賢 : 자손이 다 영특하다는 명성이 있다)이다.

그러나 오랜 세월이 지나면, 中風으로 四肢가 뒤틀어지고 몸이 虛弱하며 안질(眼疾) 등의 질환과 관재나 화재로 상정파재(傷丁破財 : 남자는 죽고 재산은 흩어지고)하고, 가족간에 不和하고 갑작스런 질환으로 대를 이어갈 자손이 없게 되므로 끝내는 외성승계(外姓承繼 : 성씨가

다른 사람이 대를 이음)될 것이다.

### (5) 坤命이 八卦方으로 출입문과 주방일 때

| 星 | 坤命에 출입문, 주방 | 吉凶 解說 |
|---|---|---|
| 生氣 | 艮方=출입문, 주방 | 五子를 得하고 |
| 延年 | 乾方=출입문, 주방 | 四子를 得하고 |
| 天乙 | 兌方=출입문, 주방 | 三子를 得하고 |
| 五鬼 | 巽方=출입문, 주방 | 二子를 得하고 |
| 伏位 | 坤方=출입문, 주방 | 오직 딸만 두게 된다. |
| 絶命 | 坎方=출입문, 주방 | 絶嗣이다.(子息이 없다) |
| 禍害 | 震方=출입문, 주방 | 先末子 夭死, 次는 女子, 終乏嗣 |
| 六殺 | 離方=출입문, 주방 | 一子를 得하고 |

어떤 坤命人이 出家하여 坎方에서 1年間 지내게 되었는데, 그 사이에 집안에서는 자식이 사망했다. 대개 상한(傷寒)과 만경(慢驚 : 경풍), 이두(痢痘 : 이질, 천연두) 등의 질병은 坎水가 신(腎 : 虛弱)이라. 이는 坤命(土)가 坎方(水)를 剋하므로 이 剋이 집안에 영향을 끼쳤는가 생각된다.

또는 과부 坤命人이 부엌의 아궁이를 坎向으로 改修했는데, 3年 內에 孫子 두 명이 익사하였다고 한다.

① 혼인(婚姻)

坤命人은 生氣인 艮方에서 求婚하거나, 艮命의 女人을 만나면 大吉하고, 兌方이나 兌命人을 만나면 次吉하다.

또는 구혼안상(求婚安床 : 침대)을 향건이취(向乾易就 : 乾向을 하고 자면 혼인이 쉽게 이루어진다)이다.

② 질병(疾病)

　坤命人의 男女는 離方에 居住하면, 심통(心痛 : 가슴앓이) 담화(痰火), 토혈(吐血) 등의 질환이 생긴다. 이러한 경우에는 天乙인 兌方으로 내로(來路 : 출입문)를 改修하면, 殺이 제거되어 완쾌된다고 한다.

　坤命人이 禍害인 震方과 五鬼인 巽方에 거주하면, 학질, 이질(痢疾), 창병(瘡病) 등이 발생하고, 絶命인 坎方에 거주하면, 男子는 상한(傷寒), 학질 등으로 허약하여 단명하고, 女子는 月經이 없어지거나, 또는 血水가 쏟아져 나오거나, 목이 잠기는 질병으로 고생한다. 이러한 경우에는 天乙인 兌向으로 부엌 아궁이나 출입문을 改修하면, 5日만에 효험을 볼 것이고, 11日이 지나면 病床에서 일어날 것이며, 두달이면 完快할 것이다. 만약 延年인 乾方位에다 '가스대나 출입문을 개수하면' 25日만에 病床에서 일어날 것이고, 비록 잔병을 앓더라도 延年을 얻으면 장수하게 될 것이다.

　그리고 주방의 '가스대'를 天乙方으로 하고, 출입문을 延年인 乾方으로 改修하거나, 부엌의 '가스대'를 延年方에다 두고, 출입문을 天乙인 兌方으로 改修하면, 더더욱 효험이 있을 것이다.

③ 재화(災禍)

　坤命人이 絶命인 坎方에 居住하면, 하천에 投身하거나, 풍파에 溺死하는 재앙을 당하고, 또한 가운데 아들은 損傷에 代가 끊기며, 小兒는 오랫동안 경풍(驚風)으로 인하여 夭死한다.

　坤命人이 六殺인 離方에 居住하면, 본인에게는 관재시비가 따르고 부인과 자녀는 痰火, 心痛 등의 질병을 앓고, 가운데 딸이 패역(悖逆)한다.

　또는 禍害인 震方에 거주하면, 관재시비가 발생하고, 재산은 흩어지고, 長男은 不孝하고, 노복불인(奴僕不仁 : 남녀 종이 난폭하다)이라.

한 壯年의 坤命人이 첨조진방(添造震方)으로 방 한칸을 增築하는데 그분의 스승이 이를 말리며, 增築 1年이 지나면 그대의 父親이 자네의 잘못을 告하리라 하니, 그 사람이 말하기를 "나의 父親은 나를 신임하는데 어찌 그러한 일이 있겠습니까?"하고 그대로 工事를 完成하였다.

그런데 다음 해에 부친은 자식의 잘못을 告하여 재산이 모두 없어졌다. 그 뒤 坤命人은 스승에게 묻기를 "子方에 있는 큰집으로 이사(移徙)를 했으면 하는데 어떻겠습니까?" 하니, 스승이 "비록 그 큰집은 훌륭하나 坤命人에게는 絶命이 되는 方位가 되는 곳이니, 먼저 坤方(伏位)이나, 艮方(生氣)으로 이사하여 몇달간 지난 뒤에는 그 집으로 入住하면 재앙이 없을 뿐 아니라 수복(壽福)을 누릴 것이라." 하였으나, 坤命人은 그 스승의 말을 배타(排他)하고는, 그 큰집으로 바로 入住하여 1年 남짓하게 居住한 후 夭死하였다고 한다.

또한 坤命人 女人이 가옥의 화해(禍害)方인 震方을 改修하니, 그의 父親이 꾸짖어 말렸으나 중지하지 않아, 이를 본 스승이 忠告하여서 工事를 중지하게 되었으므로, 災殃을 사전에 예방할 수가 있었다.

만약에 坤命人 男子가 五鬼인 巽方에 居住하게 되면, 母親이나 妻나 여식이 재물을 훔치는 일이 없으면, 家出하게 되든지 夭死하게 된다고 한다. 本人은 失職 아니면 災禍가 있을 것이고, 노비(奴婢)나 아랫사람이 逃走하게 된다.

### (6) 艮門과 艮命・八主・八廚와의 관계

垈地나 건물의 中心線 위치에서 羅經을 보아 출입문이 丑・艮・

寅方에 있으면 艮門이라고 한다.

艮命 : 三元定局에서　　上元 1864年 甲子~1923年 癸亥 出生者
　　　　　　　　　　　中元 1924年 甲子~1983年 癸亥 出生者
　　　　　　　　　　　下元 1984年 甲子~2043年 癸亥 出生者

男子 : 上元=坎宮. 中元=巽宮. 下元=兌宮에서 甲子를 붙여 逆行한다.

女子 : 上元=中宮. 中元=坤宮. 下元=艮宮에서 甲子를 붙여 順行한다.

| 巽 4<br>甲子 병인<br>癸酉 을해 | 離 9<br>戊辰 신미<br>丁丑 경진 | 坤 2<br>丙寅 갑자<br>乙亥 계유 |
|---|---|---|
| 震 3<br>乙丑 을축<br>甲戌 갑술 | 中 5<br>壬申 정묘<br>　　병자 | 兌 7<br>庚午 기사<br>己卯 무인 |
| 艮 8<br>己巳 경오<br>戊寅 기묘 | 坎 1<br>丁卯 임신<br>丙子 | 乾 6<br>辛未 무진<br>庚辰 정축 |

例 : 男子 1940年 출생자는 庚辰生으로 中元에 해당된다. 中元 男子는 巽宮에서 甲子를 붙여 逆行하면 乙丑은 震宮, 丙寅은 坤宮, 丁卯는 坎宮, 戊辰은 離宮으로 해서 庚辰은 乾命이다.

例 : 女子 1940年 출생자는 庚辰生으로 中元에 해당된다. 中元 女子는 坤宮에서 甲子를 붙여 順行하면 乙丑은 震宮, 丙寅은 巽宮으로, 庚辰은 離命이 된다.

*參考 : 男女間에 中宮에 해당되면 男子는 坤命·女子는 艮命된다.
*西紀年度別(中元 艮命)
男子 : 1929年. 1938年. 1947年. 1956年. 1965年. 1974年. 1983年.
女子 : 1927年. 1930年. 1936年. 1939年. 1945年. 1948年. 1954年. 1957年. 1963年. 1966年. 1972年. 1975年. 1981年.

### ① 艮門과 艮主圖

垈地나 建物의 中心에서 羅經을 보아 丑·艮·寅方에 출입문이 있으면 艮門이라 하고, 주인방이 丑·艮·寅方에 있으면 艮主라고 한다.

艮門과 艮主는 중산첩첩 처자상(重山疊疊 妻子傷)이라는 것은, 山이 첩첩(疊疊)되어 있으니 妻와 子息이 損傷된다는 것은 純陽이라 陰이 衰한다. 艮門과 艮主는 伏位宅이다. 二土가 상병(相幷 : 합친다)하니 田畓이 늘어 富가 된다. 즉 초년에는 순로롭게 재산이 모아지나, 오랜 세월이 지나면, 純陽이 不和하여 妻를 剋하고 子息

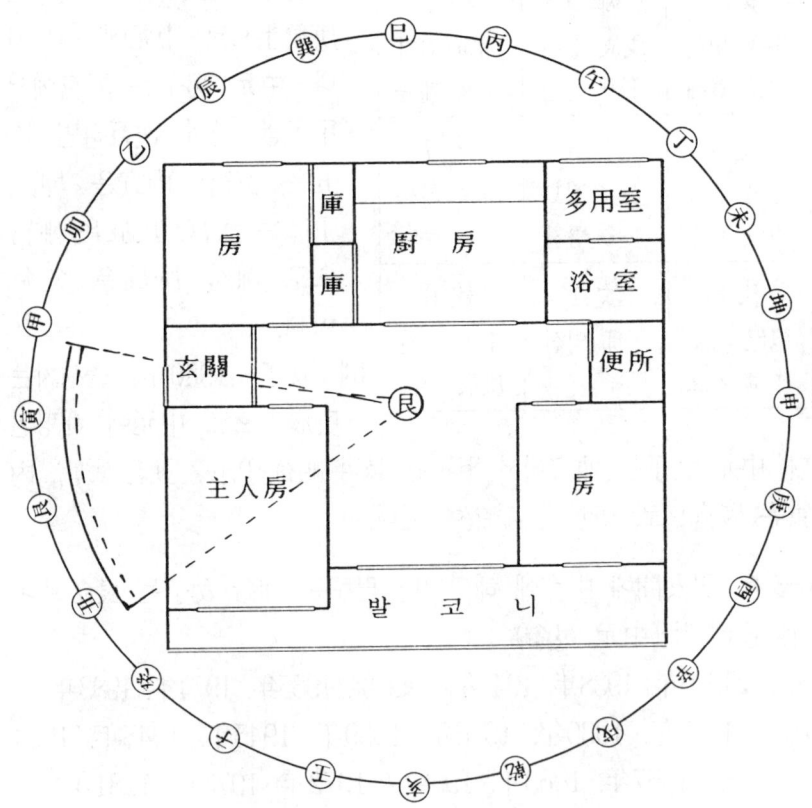

## 艮門에서 艮主와 八廚와의 관계

艮門   큰방이 艮方에 있으면 '艮主'라 하고, 이는 伏位가 된다. 주방의 '가스대'가 坎方에 있으면, 五鬼이고, 艮方의 큰방과 坎方의 주방은 五鬼가 된다.

이러한 집은 초년에는 전재진익(錢財進益 : 돈과 財物이 넉넉하다)하나, 부녀자는 단명하게 되고, 어린이 양육이 어렵다. 식질팽민(食疾膨悶 : 밥을 먹은 것같이 속이 더부룩하다)하고 황종(黃腫 : 누렇게 붓고), 치(痴 : 어리석다)이다.

그리고 농아(聾啞 : 못듣고 말 못하고) 인후통(咽喉痛 : 목구멍이 아프고), 삽변(澁便 : 소편이 잘 안나오는 증세), 허로(虛勞 : 심신이 허약함)하다.

인명액사익수 사마화도관재(人命縊死溺水 邪魔火盜官災 : 사람은 목매 죽거나 물에 빠져 죽고, 화재나 도난과 관재가 발생한다)이다. 五鬼宅은 마귀가 침입하여 가산은 흩어지고 사람이 夭死하는 집이다.

艮門   큰방이 艮方에 있으면 '艮主'라 하고, 이는 伏位가 된다. 주방의 '가스대'가 艮方에 있으면, 伏位이다. 艮方의 큰방과 艮方의 주방은 比和가 된다.

이러한 집은 이토중첩(二土重疊)하니, 초년에는 매사가 순조로우며 돈과 재물이 넉넉하나, 순양무음(純陽無陰)이므로 다질병(多疾病)으로 부녀자가 단명하니, 소아난양(小兒難養 : 어린이 기르기가 어렵다)이다.

오랜 세월이 지나면, 식질팽민(食疾膨悶 : 밥을 먹은 것같이 속이 더부룩하고 답답한 증세)이고, 황종(黃腫 :

누렇게 붓고), 복통(腹痛) 등의 질환이 있을 것이다.

그러나 끝내는 외성의자동거(外姓義子同居 : 다른 성 가진 이를 데려다 자식을 삼음)하고 부녀자는 질병으로 단명한다.

艮門　큰방이 艮方에 있으면 '艮主'라 하고, 이는 伏位가 된다. 주방의 '가스대'가 震方에 있으면 六殺이 되고, 艮方의 큰방과 震方의 주방은 六殺이 된다.

이러한 집에는 초년에는 매사가 순조로우며 돈과 재물이 넉넉하나, 질병이 많아 부녀자가 단명하게 되며 어린이 기르기가 어려울 것이다.

그리고 長子와 末子間에는 不和하고, 불사음식(不思飮食 : 먹을 생각이 없다)인데 식질팽민(食疾膨悶 : 밥을 먹은 것같이 속이 더부룩하고 답답한 증세), 면황(面黃 : 얼굴이 누렇게 뜨는 증세), 풍광(風狂 : 치매)이고 부녀자는 난산이망(難産而亡 : 난산으로 사망한다)이든지 암매추성도음(暗昧醜聲逃淫 : 바람을 피우다가 추한 소문이 나자 도망간다)일 것이다.

상인손축(傷人損畜 : 사람과 가축이 죽는다)이며, 8年 안에 재산을 다 날린다.

艮門　큰방이 艮方에 있으면 이를 '艮主'라 하고, 伏位가 된다. 주방의 '가스대'가 巽方에 있으면 이는 絶命이 된다. 艮方의 큰방과 巽方의 주방은 絶命이 된다.

이러한 집은 초년에는 매사가 순조로우며 돈과 재물이 넉넉하나, 식구가 질병으로 부녀자가 단명하게 되며 어린이 기르기가 어려울 것이다.

그리고 세월이 지나면 장부타태신사(長婦墮胎身死 : 長婦女는 죽은 아이를 낳는다)이며 부녀지가(婦女持家 : 부녀자가 집안을 꾸려간다)이니, 면황(面黃 : 누렇게 붓는다), 아사(餓死 : 굶어 죽게 됨), 풍광(風狂 : 치매), 열격(噎隔 : 목이 쉬고), 탄환(癱患 : 중풍으로 사지가 뒤틀린다), 노질(癆疾 : 양물증세)이 있을 것이다.

유년도주(幼年逃走 : 젊은 사람이 가출한다)하고 사람과 재물이 없어질 것이다. 이러한 門에 주방의 '가스대'가 있으면 전삼도사패괴(顚三倒四敗壞 : 세 번 꺼꾸러지고 네 번 무너진다)라 한다.

艮門　큰방이 艮房에 있으면 이를 '艮主'라 하고, 伏位가 된다. 주방의 '가스대'가 離方에 있으면, 이는 禍害가 된다. 艮方의 큰방과 離方의 주방도 禍害가 된다.

이러한 집은 초년에는 모든 일이 순조로우며 돈과 재물이 넉넉하나, 가족이 질병을 앓게 되고 부녀자는 단명하며 어린이 기르기가 어려울 것이다. 그리고 부녀자는 성질이 사나워지니 남편과 가족에게 두려운 존재가 된다.

두혼(頭昏 : 머리가 어지러운 증세), 탄탄(癱瘓 : 四肢가 뒤틀어진다), 안질, 대변결조(大便結燥 : 변비), 어리석고, 농아(聾啞 : 못듣고 말 못하고) 등의 증세가 있을 것이다.

이러한 집은 자손난양성정(子孫難養成丁 : 자손이 성년 될 때까지 기르기가 어렵다), 인구손상불흥 고아과부준정(人口損傷不興 孤兒寡婦準正 : 식구가 손상되니 고아나 과부가 나온다)한다.

艮門　큰방이 艮方에 있으면 '艮主'라 하고, 이는 伏位가 된다. 주방의 '가스대'가 坤方에 있으면 生氣가 되고, 艮方의 큰방과 坤方의 주방(가스대)은 生氣가 된다.

이러한 집은 이토성첩 모견유자 근선지상(二土成疊 母

見幼子 勤善之象 : 이토가 쌓였으니 어머니는 어린 자식이 부지런하고 착한 사람이 되라고 가르치는 상이다)이며, 적취재보 모자자효(積聚財寶 母慈子孝 : 재물과 보화가 쌓이고 어머니는 어질고 자식은 효도한다)로 2年에서 7年 사이에 일어난다.

그리하여 환출서성 발과갑(還出書聲 發科甲 : 글읽는 소리가 들리더니 고시에 합격한다)하고, 이는 사람마다 성실하고 어질고 착하므로 가업이 일어난다고 한다.

그러나 소성중쇠구즉 황종심동복통(少盛中衰久則 黃腫心疼腹痛 : 초년에는 왕성하게 일어나고 중년에는 쇠약해지면, 오랜 세월이 지나, 누렇게 붓는 증세와 가슴앓이와 복통으로 고생하게 된다)이다. 어머니는 어린 子女를 친히 살피다가 病苦로 死亡한다.

**艮門**   큰방이 艮方에 있으면 이를 '艮主'라 하고, 伏位가 된다. 주방의 '가스대'가 兌方에 있으면, 이는 延年이 된다. 艮方의 큰방과 兌方의 주방은 延年이 된다.

이러한 집은 음양과 부부의 正配合이 되므로 부부는 화순(和順)하고 모든 일이 순조로우며 돈과 재물이 넉넉하고 사람과 財物이 함께 發하여 富와 貴를 누리는 집이다.

여모정절 자이선 남효재량차현(女慕貞節 慈而善 男效才良且賢 : 女子는 부드럽고 아름다우며 절개를 지키고, 男子는 어질고 공손하고 재주를 갖춘 훌륭한 사람이다)이다.

그러나 오랜 세월이 지나면 가족이 질병을 앓아 婦女子가 단명하게 되며, 어린이를 기르기가 어려울 것이다.

이러한 집에 거하면 식질팽민(食疾膨悶 : 밥을 먹은 것같이 속이 더부룩하고 답답한 증세)이며, 황종(黃腫 : 누렇게 붓고), 복통(腹痛) 등의 질환이 있을 것이다.

**艮門**  큰방이 艮方에 있으면 '艮主'라 하고, 이는 伏位가 된다. 주방의 '가스대'가 乾方에 있으면 天乙이 되고, 艮方의 큰방과 乾方의 주방(가스대)은 天乙이 된다.

이러한 집은 전산무성(田産茂盛 : 전답과 재산이 많다)하여 모든 일이 순조로우며 돈과 재물이 넉넉하고 공명현달(功名賢達 : 이름을 떨치는 사람이 나타난다)하다.

아버지는 인자하시고 자식들은 효도하므로 남녀가 착한 집안이 된다. 그러나 남자는 盛하고 여자는 많은 질병으로 夭死하게 되며 어린이 기르기가 어려울 것이다.

식질팽민(食疾膨悶 : 밥을 먹은 것같이 속이 더부룩하고 답답한 증세)이고 얼굴은 누렇게 뜨고 腹痛 등의 질환이 있다. 그리하여 끝내는 자식이 없으므로 남의 자식으로 하여금 代를 잇게 한다.

② 艮門과 震主圖

垈地나 건물의 中心에서 羅經을 보아 丑·艮·寅方에 출입문이 있으면 艮門이라 하고, 주인방이 甲·卯·乙方에 있으면 震主라 한다.

艮門과 震主는 산뢰상 견소아사(山雷相 見小兒死)라는 것은 艮은 少年에 속하므로, 木剋土가 되므로 少年이 夭死한다는 것이다.

이는 六殺宅이라 가정이 불녕(不寧)이라 한다. 가족 중에 정신질환(精神疾患)이나 간질병자(癎疾病者)가 있으므로 유산을 탕진할 것이며, 황종(黃腫 : 누렇게 붓는 병), 비질팽창(脾疾膨脹 : 배가 부르고 뚱뚱해서 고통스러운 것)이고, 궁고유(窮苦有 : 어려움이 있을 것이다)이다. 오랜 세월이 지나면 극처(剋妻)하고 또는 자식이

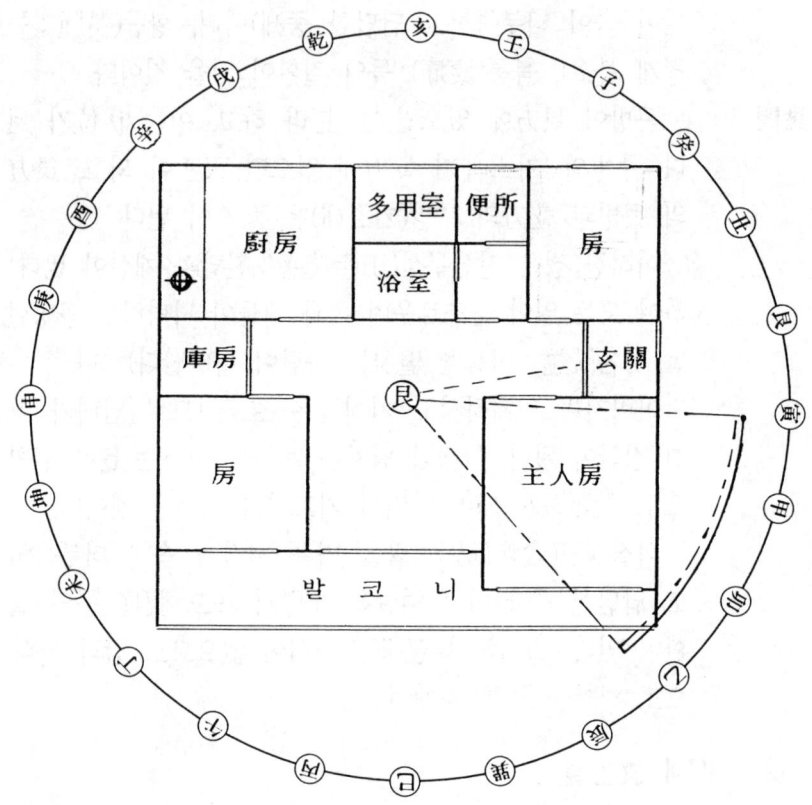

없다.

그러나 주방의 위치에 따라서 길흉이 달라질 수 있고, 家主와 婦人의 命이 合을 이루면 剋을 피할 수 있을 것이다.

### 艮門에서 震主와 八廚와의 관계

艮門　　큰방이 震方에 있으면 '震主'라 하고, 이는 六殺이 된다. 주방의 '가스대'가 坎方에 있으면, 五鬼이고, 震方의 큰방과 坎方의 주방은 天乙이 된다.

　　이러한 집은 초년에는 가정화순(家庭和順)하고 자손이 잘생기고 총명하여 고시에 합격자가 있을 것이나, 형제간에는 불화이고, 비질팽창(脾疾膨脹 : 배가 부르고 뚱뚱해서 고통스러운 것)에 면황(面黃 : 얼굴이 누렇게 뜬다), 불사음식(不思飮食 : 먹을 생각이 없다)이며, 난산이망(難産而亡 : 아기 낳다가 죽는다)이든지 암매추성도음(暗昧醜聲逃淫 : 바람 피우다가 추한 소문이 나자 도망간다)이다.

인명액사익수 사마화도관재(人命縊死溺水 邪魔火盜官災 : 사람은 목매 죽거나 물에 빠져 죽고, 화재나 도난과 관재가 발생한다)이다. 어리석고 농아(聾啞 : 못듣고 말 못하고)가 발생하며 가산은 흩어지고 사람은 죽는다.

艮門　큰방이 震方에 있으면 '震主'라 하고, 이는 六殺이 된다. 주방의 '가스대'가 艮方에 있으면 伏位이다. 震方의 큰방과 艮方의 주방은 六殺이 된다.

이러한 집은 이토중첩(二土重疊)하니, 초년에는 매사가 순조로우며 돈과 재물이 넉넉하나, 순양무음(純陽無陰)이므로 질병이 많아 부녀자가 단명하니, 소아난양(小兒難養 : 어린이 기르기가 어렵다)이다.

오랜 세월이 지나면, 식질팽민(食疾膨悶 : 밥을 먹은 것같이 속이 더부룩하고 답답한 증세)이고, 황종(黃腫 : 누렇게 붓고), 풍광(風狂), 담노(痰癆 : 가래가 목에 붙어 답답한 증세)이며 불사음식(不思飮食 : 먹을 생각이 없는 것)에 婦女子는 아기 낳다가 죽든지, 바람 피우다가 추한 소문이 나자 家出하게 될 것이며, 家畜의 손실, 失物이 있을 것이고 사람이 죽는 일이 있는데, 이러한 일들이 8년에서 13년內에 있을 것이다.

艮門　큰방이 震方에 있으면 '震主'라 하고, 이는 六殺이 된다. 주방의 '가스대'가 震方에 있으면 六殺이 되고, 震方

의 큰방과 震方의 주방은 伏位가 된다.

　이러한 집에는 초년에 장남은 사업에 성공하여 돈과 재물이 넉넉하며 이름도 떨치나, 末子는 하는 일이 잘 안 되고 부녀자는 단명하게 된다.

　그리고 長子와 末子間에는 不和이고, 불사음식(不思飮食 : 먹을 생각이 없음)인데 식질팽민(食疾膨悶 : 밥을 먹은 것같이 속이 더부룩하고 답답한 증세), 면황(面黃 : 얼굴이 누렇게 뜨는 증세), 풍광(風狂 : 치매)이고 부녀자는 난산이망(難産而亡 : 난산으로 사망)이든지 암매추성도음(暗昧醜聲逃淫 : 바람 피우다 추한 소문이 나자 도망감)일 것이다.

　상인손축(傷人損畜 : 사람과 가축이 죽음)이며, 8年 안으로 家敗에 盜難이 있을 것이다.

**艮門**　큰방이 震方에 있으면 이를 '震主'라고 하고, 六殺이 된다. 주방의 '가스대'가 巽方에 있으면 이는 絶命이 된다. 巽方의 큰방과 巽方의 주방은 延年에 夫婦正配가 된다.

　이러한 집은 초년에는 매사가 순조로우며 長子에게는 돈과 재물이 넉넉하고, 名譽로운 직위에 올라 윗사람의 信望을 받으나, 형제간에는 不和이다.

　그리고 세월이 지나면 장부타태신사(長婦墮胎身死 : 長婦女는 죽은 아이를 낳는다)이며 부녀지가(婦女持家 : 부녀자가 집안을 꾸려간다)이니 면황(面黃 : 누렇게 붓는다), 아사(餓死 : 굶어 죽게 됨), 풍광(風狂 : 치매), 열격(噎隔 : 목이 쉬고), 탄환(癱患 : 중풍으로 사지가 뒤틀린다), 노질(癆疾 : 양물증세)이 있을 것이다.

　부녀자는 아기를 낳다가 죽든지, 바람 피우다가 추한

소문이 나자 家出하게 될 것이고, 家畜에 失物이 있든지 재산 도난(盜難)과 부녀자와 어린이에게 災禍가 있는데 이러한 일들은 8~13年 안에 있을 것이라 한다.

艮門   큰방이 震方에 있으면 이를 '震主'라 하고, 六殺이 된다. 주방의 '가스대'가 離方에 있으면, 이는 禍害가 된다. 震方의 큰방과 離方의 주방은 生氣가 된다.

이러한 집은 초년에는 재물이 쌓이고 똑똑하고 총명한 자손이 고시(考試)에 합격할 것이며, 재물은 쌓이고 윗사람의 신망이 두터워 높은 직위에 오르나, 형제간에는 불화이다. 그리고 부녀자는 성질이 사나워지니 남편과 가족에게 두려운 존재가 된다.

두혼(頭昏 : 머리가 어지러운 증세), 탄탄(癱瘓 : 四肢가 뒤틀어진다), 안질, 대변결조(大便結燥 : 변비), 어리석고 농아(聾啞 : 못듣고 말 못하고) 등의 증세가 있을 것이다.

이러한 집은 부녀자가 出産中 사망하든지, 바람 피우다가 소문이 나자 家出하게 될 것이다. 家畜 損失과 도난이 있다. 8~13年內에 있을 것이라 한다.

艮門   큰방이 震方에 있으면 '震主'라 하고, 이는 六殺이 된다. 주방의 '가스대'가 坤方에 있으면 生氣가 되고, 震方의 큰방과 坤方의 주방(가스대)은 禍害가 된다.

이러한 집은 이토성첩 모견유자 근선지상(二土成疊 母見幼子 勤善之象 : 이토가 쌓였으니 어머니는 어린 자식이 부지런하고 착한 사람이 되라고 가르치는 상이다)이며, 적취재보 모자자효(積聚財寶 母慈子孝 : 재물과 보화가 쌓이고 어머니는 어질고 자식은 효도한다)는 2年에서 7年 사이에 일어난다.

그리하여 환출서성 발과갑(還出書聲 發科甲 : 글읽는 소리가 들리더니 고시에 합격한다)하고, 이는 사람마다 성실하고 어질고 착하므로 가업이 일어난다고 한다.

그러나 소성중쇠구즉 황종심동복통(少盛中衰久則 黃腫心疼腹痛 : 초년에는 왕성하게 일어나고 중년에는 쇠약해지며, 오랜 세월이 지나면, 누렇게 붓는 증세와 가슴앓이와 복통으로 고생하게 된다)이다. 부녀자는 출산 중 사망하든지, 바람 피우다가 소문이 나자 家出할 것이다.

**艮門** 큰방이 震方에 있으면 이를 '震主'라 하고, 六殺이 된다. 주방의 '가스대'가 兌方에 있으면, 이는 延年이 된다. 震方의 큰방과 兌方의 주방은 絶命이 된다.

이러한 집은 음양과 부부의 正配合이 되므로 부부는 화순(和順)하고 모든 일이 순조로우며 돈과 재물이 넉넉하고 사람과 재물이 함께 發하여 富와 貴를 누리는 집이다. 여모정절 자이선 남효재량 충차현(女慕貞節 慈而善 男效才良 忠且賢 : 여자는 부드럽고 아름다우며 절개를 지키고, 남자는 어질고 공손하고 재주를 갖춘 훌륭한 사람이다)이다.

그러나 오랜 세월이 지나면 가족이 질병을 앓아 부녀자가 단명하게 되며, 어린이를 기르기가 어려울 것이다.

이러한 집에 거하면 식질팽민(食疾膨悶 : 밥을 먹은 것 같이 속이 더부룩하고 답답한 증세)하며, 황종(黃腫 : 누렇게 붓고), 복통(腹痛) 등의 질환이 있을 것이다. 부녀자에게 불리하다.

**艮門** 큰방이 震方에 있으면 '震主'라 하고, 이는 六殺이 된다. 주방의 '가스대'가 乾方에 있으면 天乙이 되고, 震方

의 큰방과 乾方의 주방(가스대)은 五鬼가 된다.

이러한 집은 전산무성(田産茂盛 : 전답과 재산이 많다)하여 모든 일이 순조로우며 돈과 재물이 넉넉하고 공명현달(功名賢達 : 이름을 떨치는 사람이 나타난다)한다.

아버지는 인자하고 자식들은 효도하므로 남녀가 착한 집안이 된다. 그러나 남자는 盛하고 여자는 많은 질병으로 夭死하게 되며 어린이 기르기가 어려울 것이다.

식질팽민(食疾膨悶 : 밥을 먹은 것같이 속이 더부룩하고 답답한 증세)하고 얼굴은 누렇게 뜨고 치매나 천식(喘息) 등의 질환이 있을 것이다. 부녀자는 출산중에 죽든지 바람나서 家出하게 될 것이다.

그리고 家畜에 손실이 있든지 도난(盜難)이 있는데 8~13年內에 있을 것이라 한다.

③ 艮門과 巽主圖

垈地나 건물의 中心에서 羅經을 보아 丑・艮・寅方에 출입문이 있으면 艮門이라 하고, 주인방이 辰・巽・巳方에 있으면 巽主라고 한다.

艮門과 巽主는 산임지 호과부절(山臨地 戶寡婦絶)이라 하는 것은, 艮의 土가 巽의 木 위에 앉아 剋을 받으니, 과부에 절손(絶孫)이 된다는 것이다. 이러한 絶命宅에는 가정이 불녕(不寧)하다고 한다.

이는 간신(奸臣)이 권세(權勢)를 잡아, 충신을 모함하는 격이고, 노복은 도주(逃走)나 배신하게 된다고 한다.

소아난양(小兒難養)하고 비질팽창(脾疾膨脹 : 배가 부르고 뚱뚱하여 속이 답답한 증세), 누렇게 뜨고 치매가 있으며, 남녀가 短命하므로 과부가 거하니, 타인의 자식으로 하여금 代를 잇게 한다.

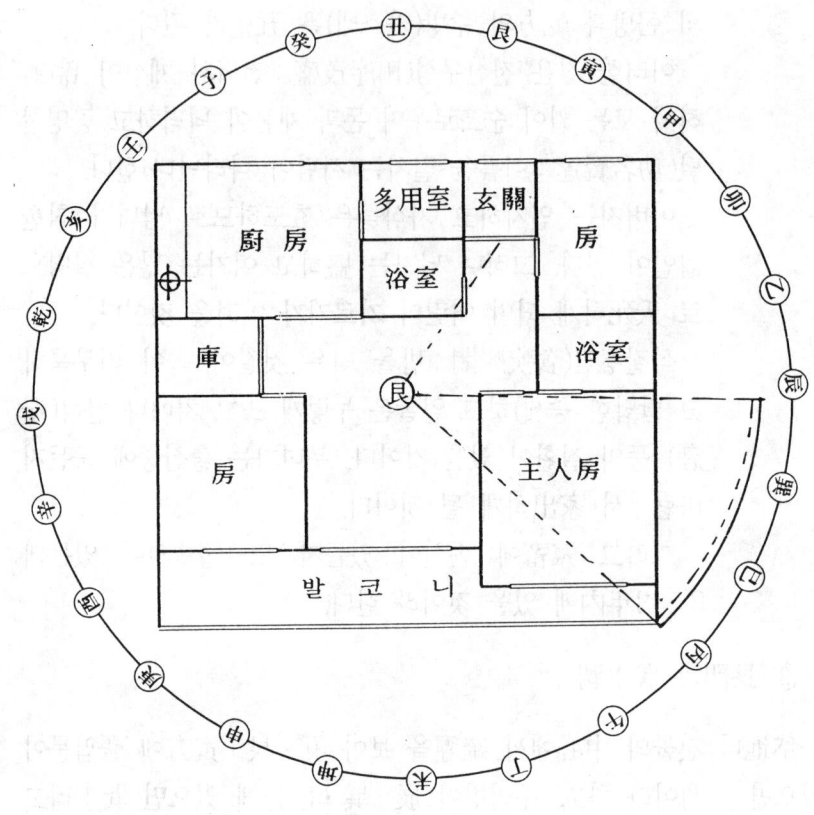

**艮門에서 巽主와 八廚와의 관계**

艮門   큰방이 巽方에 있으면 '巽主'라 하고, 이는 絶命이 된다. 주방의 '가스대'가 坎方에 있으면 五鬼이고, 巽方의 큰방과 坎方의 주방은 生氣가 된다.

　　　이러한 집은 초년에는 田畓과 재물이 있고 남녀 자손이 준수하여 총명하여 고시합격자가 있을 것이나, 장부타태신사(長婦墮胎身死 : 장자부는 죽은 아이를 낳는다)이고 子孫이 家出한다. 면황(面黃 : 얼굴이 누렇게 뜬다), 불사음식(不思飲食 : 먹을 생각이 없다)이다.

어린이는 기르기가 어렵고 재물은 흩어지고 사람은 離鄕하든지 죽게 된다. 이를 전삼도사패괴(顚三倒四敗壞)라 한다.

인명액사익수 사마화도관재(人命縊死溺水 邪魔火盜官災: 사람은 목매 죽거나 물에 빠져 죽고, 화재나 도난과 관재가 발생한다)이다. 어리석고 농아(聾啞: 못듣고 말 못하고)가 생기며, 家産은 흩어지고 사람은 죽는다.

艮門　큰방이 巽方에 있으면 '巽主'라 하고, 이는 絶命이 된다. 주방의 '가스대'가 艮方에 있으면, 伏位이다. 巽方의 큰방과 艮方의 주방은 絶命이 된다.

이러한 집은 이토중첩(二土重疊)하니, 초년에는 매사가 순조로워서 돈과 재물이 넉넉하나, 장녀나 장자부는 죽은 아이를 낳는 수가 있으며, 부녀자가 살림을 꾸려간다. 家出하는 식구가 있으며, 어린이와 재물이 없어진다.

오랜 세월이 지나면, 기고공심(氣蠱攻心: 핏덩어리가 뭉쳐 심장을 찌른다)에 약물중독자(藥物中毒者)나 몸이 뒤틀어져 거동이 불편한 사람이 나올 것이다. 그리고 화재나 관재나 도난이 있으므로 재물은 흩어지고 사람까지 상한다.

이러한 집을 전삼도사패괴(顚三倒四敗壞: 세 번 거꾸러지고 네 번 무너진다)라 한다.

艮門　큰방이 巽方에 있으면 '巽主'라 하고, 絶命이 된다. 주방의 '가스대'가 震方에 있으면 六殺이 되고, 震方의 큰방과 震方의 주방은 延年이 된다.

이러한 집에는 초년에는 장남과 장녀측은 사업성공에 명성을 떨치고 재물은 넉넉하고, 명예로운 직위에 올라 윗사람의 信望을 받으나 형제간에는 불화이다.

그리고 長子와 末子間에는 不和이고, 불사음식(不思飮

食 : 먹을 생각이 없다)인데 식질팽민(食疾膨悶 : 밥을 먹은 것같이 속이 더부룩하고 답답한 증세), 면황(面黃 : 얼굴이 누렇게 뜨는 증세), 풍광(風狂: 치매)이고 부녀자는 난산이망(難産而亡 : 난산으로 사망한다)이든지 암매추성도음(暗昧醜聲逃淫 : 바람 피우다가 추한 소문이 나자 도망간다)일 것이다.

상인손축(傷人損畜 : 사람과 가축이 죽는다)이며, 8年 안에 家敗하고 도난이 있을 것이다.

艮門　큰방이 巽方에 있으면 이를 '巽主'라 하고, 絶命이 된다. 주방의 '가스대'가 巽方에 있으면, 이는 絶命이 된다. 巽方의 큰방과 巽方의 주방은 伏位가 된다.

이러한 집은 初年에는 재주있는 부녀자가 집안을 일으킨다. 그러나 男子는 고생하여 短命한다. 치매나 四肢가 뒤틀어져 거동이 불편한 사람이 있을 것이다.

그리고 세월이 지나면 장부타태신사(長婦墮胎身死 : 長婦女는 죽은 아이를 낳는다)이며 부녀지가(婦女持家 : 부녀자가 집안을 꾸려간다)이니, 면황(面黃 : 누렇게 붓는다), 아사(餓死 : 굶어 죽게 된다), 풍광(風狂 : 치매), 열격(噎隔 : 목이 쉬고), 발암자(發癌者)가 있든지 家出하는 식구가 있을 것이다.

어린이는 기르기가 어렵고, 財物은 흩어지고, 사람은 상하게 될 것이다. 화재나 관재나 盜賊의 봉변이 있으니, 이를 말하여 세 번이나 거꾸러지고, 네 번이나 무너진다고 한다.

艮門　큰방이 巽方에 있으면 이를 '巽主'라 하고, 絶命이 된다. 주방의 '가스대'가 離方에 있으면, 이는 禍害가 된다. 巽方의 큰방과 離方의 주방은 天乙이 된다.

이러한 집은 초년에는 부녀자가 똑똑해서 土地와 財産을 늘이나, 子孫이 없어서 고부질투생(姑婦疾妬生 : 시어머니와 며느리는 서로 질투한다)이다.

그리고 부녀자는 성질이 사나워지니 남편과 가족에게 두려운 존재가 된다.

두혼(頭昏 : 머리가 어지러운 증세), 탄탄(癱瘓 : 四肢가 뒤틀어진다), 안질, 대변결조(大便結燥 : 변비), 어리석고 농아(聾啞 : 못듣고 말 못하고) 등의 증세가 있을 것이다.

이러한 집은 가출하는 식구가 있을 것이고, 화재·관재·도난이 있으므로 재산은 흩어지고, 사람이 상하게 되니, 이를 두고 세 번이나 거꾸러지고, 네 번이나 무너지는 집이라 한다.

**艮門** 큰방이 巽方에 있으면 '巽主'라 하고, 이는 絶命이 된다. 주방의 '가스대'가 坤方에 있으면 生氣가 되고 巽方의 큰방과 坤方의 주방(가스대)은 五鬼가 된다.

이러한 집은 이토성첩 모견유자 근선지상(二土成疊 母見幼子 勤善之象 : 이토가 쌓였으니 어머니는 어린 자식에게 착한 사람이 되라고 가르치는 상)이며, 적취재보 모자자효(積聚財寶 母慈子孝 : 재물과 보화가 쌓이고 어머니는 어질고 자식은 효도한다)는 2年에서 7年 사이에 일어난다.

그리하여 환출서성 발과갑(還出書聲 發科甲 : 글읽는 소리가 들리더니 고시에 합격한다)하고, 이는 사람마다 성실하고 어질고 착하므로 家業이 일어난다고 한다.

그러나 長女나 長子婦는 죽은 아이를 낳는 수가 있다. 부녀자가 가업을 꾸려간다. 家出하는 가족이 있을 것이고, 오랜 세월이 지나면, 누렇게 붓는 증세와 가슴앓이와 복통으로 고생하게 된다. 화재나 관재나 도난이 있으므로 재산은 흩어지고 사람은 상한다. 이를 전삼도사괴(顚三倒四壞)라고 한다.

艮門　　큰방이 巽方에 있으면 이를 '巽主'라 하고, 絶命이 된다. 주방의 '가스대'가 兌方에 있으면 이는 延年이 된다. 巽方의 큰방과 兌方의 주방은 六殺이 된다.

이러한 집은 陰陽과 부부의 正配合이 되므로 부부는 화순(和順)하고 모든 일이 순조로우며 사람과 財物 이 함께 發하여 富와 貴를 누리는 집이다.

여모정절 자이선 남효재량 충차현(女慕貞節 慈而善 男效才良 忠且賢 : 여자는 인자하고 착하며 절개를 존중하고, 남자는 어질고 공손하고 재주를 갖춘 훌륭한 사람이다)이다.

그러나 오랜 세월이 지나면 長女나 長子婦는 죽은 아이를 묻고, 부녀자가 살림을 꾸려가게 될 것이다.

이러한 집에 거하면 치매나 얼굴이 누렇게 뜨고, 약물 중독자나 四肢가 뒤틀어져 擧動이 불편한 사람이 있을 것이다. 家出하는 자가 있을 것이고 火災, 官災, 도난 등으로 人財損傷이다.

艮門　　큰방이 巽方에 있으면 '巽主'라 하고, 이는 絶命이 된다. 주방의 '가스대'가 乾方에 있으면 天乙이 되고, 巽方의 큰방과 乾方의 주방(가스대)은 禍害가 된다.

이러한 집은 전산무성(田産茂盛 : 전답과 재산이 많다)하여 모든 일이 순조로우며 돈과 재물이 넉넉하고 공명현달(功名顯達 : 이름을 떨치는 사람이 나타난다)한다.

아버지는 인자하고, 자식들은 效道하므로 남녀가 착한 집안이 된다. 그러나 長女나 長子婦는 죽은 아이를 낳는

제2장 三要 應用   243

수가 있다. 부녀자가 가정을 꾸려갈 것이다. 치매나 얼굴이 누렇게 뜨는 사람이 있든지, 약물중독자가 있든지 四肢가 뒤틀어져서 거동이 불편한 사람이 있을 것이다.

또한 家出하는 사람이 있으며 火災나 官災나 盜難으로 財産은 흩어지고 사람이 상한다.

이렇게 되면 세 번은 거꾸러지고 네 번은 무너진다고 하므로 吉地로 주인방을 改修하여야 한다.

④ 艮門과 離主圖

垈地나 건물의 中心에서 羅經을 보아 丑·艮·寅方에 출입문이

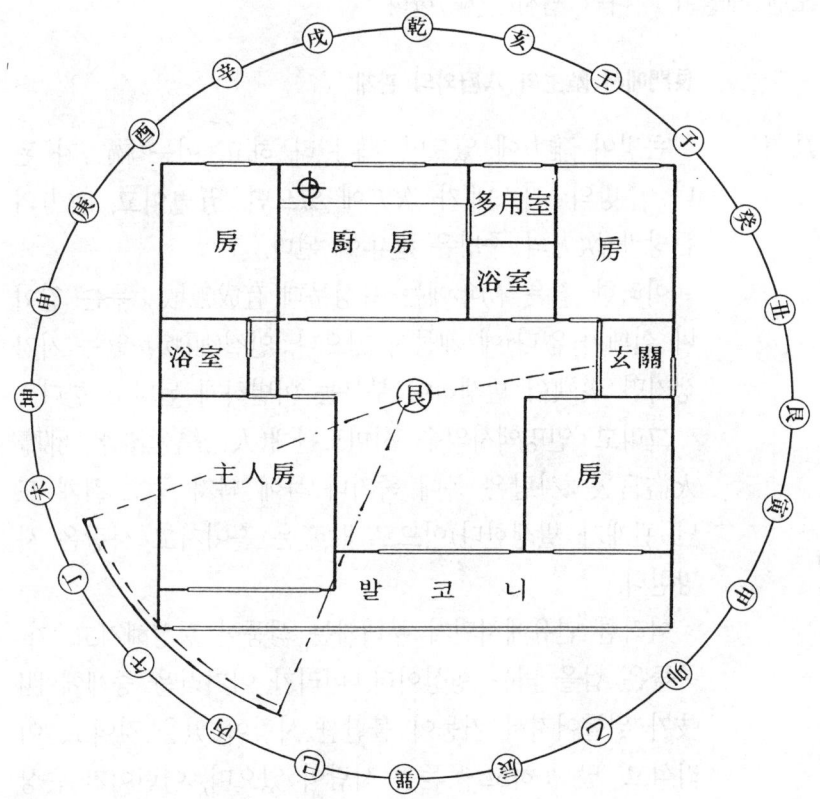

있으면 艮門이라 하고, 주인방이 丙·午·丁方에 있으면 離主라고 한다.

艮門과 離主는 귀임지호 부녀강(鬼臨地戶 婦女剛)이라 하는데 이것은, 잡귀(雜鬼)가 門戶에 들었으니 부녀자가 성강(性剛)하다는 뜻이다.

艮門과 離主는 화해(禍害)택이다. 이는 토조(土燥)이므로, 음성양쇠(陰盛陽衰)하므로 男子는 나약하고, 한부작란(悍婦作亂 : 사나운 부녀자가 내주장)하니, 夫婦不和가 잦다.

혹시 애첩투첩(愛妾妬妾 : 첩을 사랑하다가 질투를 당한다)하고 시총이교(恃寵而驕 : 첩은 남편의 편애만을 믿고 교만해진다)이고, 오랜 세월이 지나면 핍사(乏嗣)한다.

### 艮門에서 離主와 八廚와의 관계

艮門　　큰방이 離方에 있으면 '離主'라 하고, 이는 禍害가 된다. 주방의 '가스대'가 坎方에 있으면, 五鬼이고, 離方의 큰방과 坎方의 주방은 延年이 된다.

　　이러한 집은 初年에는 유성무패(有成無敗 : 무슨 일이나 실패가 없다)에 재물이 있으나, 안질(眼疾) 앓는 자가 생기면 災殃이 발생하여 부부는 이별하게 된다고 한다.

　　그리고 인명액사익수 사마도관재(人命縊死溺水 邪魔火盜官災 : 사람은 목매 죽거나 물에 빠져 죽고 화재 도난 관재가 발생한다)이므로 財産은 흩어지고 사람은 사망한다.

　　이러한 연유에서인지 부녀자는 성품이 강성해지고, 가족들은 겁을 먹는 형상이다. 머리가 어지러운 증세에 四肢가 뒤틀어져서 거동이 불편한 사람이 있을 것이고, 어리석고, 말 못하고 못듣는 사람이 있으며, 어린이가 손상

제3장 三要 應用 245

되므로 孤兒나 과부가 남게 되는 집이다.

艮門　　큰방이 離方에 있으면 '離主'라 하고, 禍害가 된다. 주방의 '가스대'가 艮方에 있으면, 伏位이다. 離方의 큰방과 艮方의 주방은 禍害가 된다.

　　이러한 집은 이토중첩(二土重疊)하니, 초년에는 매사가 순조로우며 돈과 재물이 넉넉하나, 부녀자가 短命하게 되므로 소아난존(小兒難存)이다. 식질팽민(食疾膨悶 : 밥을 먹은 것같이 속이 더부룩하고 답답한 증세)이며, 외성양자동거(外姓義子同居)이다.

　　오랜 세월이 지나면, 부녀성폭 남인구내(婦女姓暴 男人懼內 : 부녀자가 성질이 사납고 고약해서 남편을 공처가로 만든다), 두혼(頭昏 : 머리가 어지럽고)에 몸의 일부가 마비되는 현상이 있든지, 안질이 있을 것이다.

　　음인교가(陰人攪家 : 여자가 집안을 시끄럽게 함)하고 어리석고 농아(聾啞 : 못듣고 말 못하고) 등의 증세가 있을 것이다. 조손난양성정(子孫難養成丁 : 자손들이 성장하기가 어렵다)으로 고아와 과부가 생긴다.

艮門　　큰방이 離方에 있으면 '離主'라 하고, 이는 禍害가 된다. 주방의 '가스대'가 震方에 있으면 六殺이 되고, 離方의 큰방과 震方의 주방은 生氣가 된다.

　　이러한 집에는 초년에는 부능작가 전산직인(婦能作家 田産進益 : 부녀자가 능히 살림을 일으킨다)이나, 성질이 사나워서 가족을 불안하게 한다. 몸의 일부가 마비되는 사람이 있다.

　　그리고 長子와 末子間에는 不和이고, 불사음식(不思飮食 : 먹을 생각이 없다)인데 식질팽민(食疾膨悶 : 밥을 먹은 것같이 속이 더부룩하고 답답한 증세), 면황(面黃 : 얼굴이 누렇게 뜨는 증세), 풍광(風狂 : 치매)이고 부녀자는 난산이망(難産而亡 : 난산으로 사망한다)이든지 암매추성도음(暗昧醜聲逃淫 : 바람 피우다가 추한 소문이 나자 도망간다)일 것이다.

상인손축(傷人損畜 : 사람과 가축이 죽는다)이며, 8년 안에 도난이 있고 집안이 패망한다.

艮門　　큰방이 離方에 있으면 이를 '離主'라 하고, 禍害가 된다. 주방의 '가스대'가 巽方에 있으면, 이는 絶命이 된다. 離方의 큰방과 巽方의 주방은 天乙이 된다.

이러한 집은 初年에는 재주있는 부녀자가 집안을 일으킨다. 그러나 남자는 고생하여 短命하게 된다. 치매나 四肢가 뒤틀어져 거동이 불편한 사람이 있을 것이다.

그리고 세월이 지나면 장부타태신사(長婦墮胎身死 : 큰며느리는 죽은 아이를 낳는다)이며 부녀지가(婦女持家 : 부녀자가 집안을 꾸려간다)이니, 면황(面黃 : 누렇게 붓는다), 아사(餓死 : 굶어 죽게 된다), 풍광(風狂 : 치매), 열격(噎隔 : 목이 쉬고), 발암자(發癌者)가 있든지 家出하는 가족이 있을 것이다.

어린이는 기르기가 어렵고, 재물은 흩어지고, 사람은 상하게 될 것이다. 火災나 官災나 도난이 있으니, 이를 말하여 세 번이나 거꾸러지고, 네 번이나 무너진다고 한다.

艮門　　큰방이 離方에 있으면 이를 '離主'라 하고, 禍害가 된다. 주방의 '가스대'가 離方에 있으면, 이는 禍害가 된다.

이러한 집은 초년에는 소료공가 도치성(炤燎空家 道熾盛 : 빈집에 불꽃같이 재산이 일어난다)이나, 남자는 夭死하고 부녀자가 집안을 꾸려간다.

제2장 三要 應用  247

　　부녀자는 성품이 거칠고 사나워서 식구들을 불안하게
한다. 안홍(眼紅 : 시력이 흐리고), 심동(心疼), 심초(心
焦 : 속을 태운다), 두혼(頭昏 : 머리가 어지러운 증세),
탄탄(癱瘓 : 四肢가 뒤틀어진다), 안질(眼疾), 대변결조
(大便結燥 : 변비), 어리석고 농아(聾啞 : 못듣고 말 못하
고) 등의 증세가 있을 것이다.
　　이러한 집은 자손난양성정(子孫難養成丁 : 남자 자손은
성년이 되기까지 기르기 어렵다), 인구손상불흥 고아과부
준정(人口損傷不興　孤兒寡婦準定 : 어린이가 손상되고
고아나 과부가 생긴다)한다

艮門　　큰방이 離方에 있으면 '離主'라 하고, 이는 禍害가 된
다. 주방의 '가스대'가 坤方에 있으면 生氣가 되고, 離方
의 큰방과 坤方의 주방(가스대)은 六殺이 된다.
　　이러한 집은 이토성첩 모견유자 근선지상(二土成疊 母
見幼子 勤善之象 : 이토가 쌓였으니 어머니는 어린 자식
이 부지런하고 착한 사람이 되라고 가르치는 상이다)이
며, 적취재보 모자자효(積聚財寶 母慈子孝 : 재물과 보화
가 쌓이고 어머니는 어질고 자식은 효도한다)는 2年에서
7年 사이에 일어난다.
　　그리하여 환출서성 발과갑(還出書聲 發科甲 : 글읽는
소리가 들리더니 고시에 합격한다)하나, 부녀자가 성품이
사나워서 가족을 불안하게 한다. 두혼(頭昏 : 머리가 어지
럽고), 몸의 일부가 마비되는 현상이 있을 것이며, 눈이
나쁜 가족이 있다.
　　어리석고 농아(聾啞 : 못듣고 말 못하고)가 생긴다. 자
손난양성정(子孫難養成丁 : 남자 자손이 성년까지 기르기
가 어렵다), 인구손상불흥 고아과부준정(人口損傷不興

孤兒寡婦準定 : 어린이가 손상되는데, 고아나 과부가 거하는 게 당연하다)이다.

艮門　　큰방이 離方에 있으면 이를 '離主'라 하고, 禍害가 된다. 주방의 '가스대'가 兌方에 있으면, 이는 延年이 된다. 離方의 큰방과 兌方의 주방은 五鬼가 된다.

이러한 집은 陰陽과 부부의 正配合이 되므로 부부는 화순(和順)하고 모든 일이 순조로우며 돈과 사람과 재물이 함께 발하여 부와 귀를 누리는 집이다.

여모정절 자이선 남효재량차현(女慕貞節 慈而善 男效才良且賢 : 여자는 부드럽고 아름다우며 절개를 지키고, 남자는 어질고 공손하고 재주를 갖춘 훌륭한 사람이다)이다.

그러나 오랜 세월이 지나면, 부녀자가 성품이 사나워서 가족을 불안하게 한다. 그리고 머리가 어지럽든지, 몸의 일부가 마비되는 현상이 있을 것이고, 어리석고 못듣고 말 못하는 자손이 있든지, 어린이가 성년까지 기르기 어렵게 될 것이다. 끝내는 부모가 가면 어린이가 남고, 또한 과부가 사는 집이다.

艮門　　큰방이 離方에 있으면 '離主'라 하고, 이는 禍害가 된다. 주방의 '가스대'가 乾方에 있으면 天乙이 되고, 離方의 큰방과 乾方의 주방(가스대)은 絶命이 된다.

이러한 집은 전산무성(田産茂盛 : 전답과 재산이 많다)하여 모든 일이 순조로우며 돈과 재물이 넉넉하고 공명현달(功名賢達 : 이름을 떨치는 사람이 나타난다)한다. 아버지는 인자하고 자식들은 효도하므로 남녀가 착하여 집안이 화목하다.

그러나 오랜 세월이 가면 부녀자가 성품이 성품이 사

나워져서 가족을 불안하게 한다. 머리가 어지럽든지, 시력이 흐려지든지, 四肢가 뒤틀어져서 거동이 불편한 사람이 있을 것이며, 대변결조(大便結燥 : 변비)이다.

또한 어리석고 말 못하고 못듣고 하는 자손이 있든지, 어린이를 성년까지 기르기가 어려울 것이다.

이러한 집에는 어린이가 자라면 부모가 없고, 자식이 없으면 과부가 살아가게 되는 것이 필연이라고 한다.

⑤ 艮門과 坤主圖

坐地나 건물의 中心에서 羅經을 보아 丑·艮·寅方에 출입문이

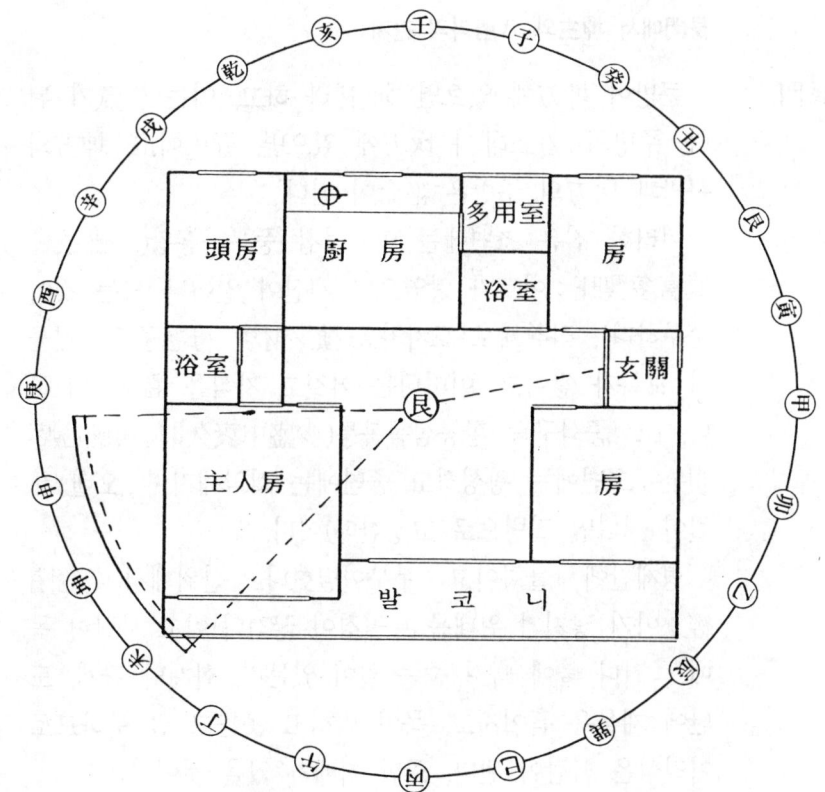

있으면 艮門이라 하고, 주인방이 未·坤·申方에 있으면 坤主라고 한다.

艮門과 坤主는 산지전산 다진익(山地田産 多進益)이라 이것은, 山과 地는 土가 합친 것이므로 田畓이 늘고 갈수록 이익이 는다는 것이다.

艮門과 坤主는 生氣宅이다. 二土가 相幷하니 토지와 전답이 많아 富가 된다. 그러므로 가도흥륭(家道興隆)하고 공명현달(功名顯達)하며, 효자손(孝子孫)에 부부장수에 부귀영창(富貴榮昌)하게 된다. 그러나 오랜 세월이 지나면, 소아난생(小兒難生)하고 黃腫, 心疼 등의 질환이 있을 것이다.

### 艮門에서 坤主와 八廚와의 관계

艮門　큰방이 坤方에 있으면 '坤主'라 하고, 이는 生氣가 된다. 주방의 '가스대'가 坎方에 있으면, 五鬼이고, 坤方의 큰방과 坎方의 주방은 絶命이 된다.

　　이러한 집은 초년에는 이토성첩 풍부다흥왕(二土成疊 豊富多興旺 : 이토가 쌓였으니 재산이 일어나 모든 것이 풍부하다), 적취재보 모자자효(積聚財寶 母慈子孝 : 재물과 보화가 쌓이고, 어머니는 어질고 자식은 효도한다)하나, 소성중쇠구즉 황종심동복통(少盛中衰久則 黃腫心疼腹痛 : 초년에는 왕성하고 중년에는 쇠약해지며, 오랜 세월이 지나면 질병으로 고생한다)이다.

　　형제간에 불화이고 부부이별한다. 산위폐경(産危閉經 : 아기 낳기가 위태롭고 월경이 끊긴다)이고 사람이 목매 죽거나 물에 빠져 죽는 일이 있든지, 화재나 관재, 도난에 재물은 흩어지고, 목이 막히고 못듣고 말 못하므로 어리석은 사람이 된다. 또한 치매가 있을 것이다.

**艮門**     큰방이 坤方에 있으면 '坤主'라 하고, 이는 生氣가 된다. 주방의 '가스대'가 艮方에 있으면, 伏位이다. 坤方의 큰방과 艮方의 주방은 生氣가 된다.

이러한 집은 이토중첩(二土重疊)하니, 초년에는 매사가 순조로우며 돈과 재물 금은보화가 창고에 쌓이는데, 모친은 막내 자식만 사랑하게 되므로 형제 사이에 불화의 소지가 있다.

그러나 오랜 세월이 지나면, 부녀자가 단명하게 되고 어린이 기르기가 어려우며, 항상 밥을 많이 먹은 것같이 속이 더부룩하고, 답답한 증세이든지 아예 먹지 못하는 증세가 생긴다. 대개가 복통 등의 질환에 고생하고, 몸에는 종기가 있을 것이다.

끝내는 재물은 있으나, 부녀자가 질병을 앓게 되므로 他姓의 자식으로 하여금 재산을 이어받게 한다.

**艮門**     큰방이 坤方에 있으면 '坤主'라 하고, 이는 生氣가 된다. 주방의 '가스대'가 震方에 있으면 六殺이 되고, 坤方의 큰방과 震方의 주방이 禍害가 된다.

이러한 집에는 초년에는 이토성첩 풍부다흥왕(二土成疊 豊富多興旺 : 艮(土)와 坤(土)가 쌓였으니, 재산이 일어나 살림이 풍부하다)하고, 2~5年 사이에 六畜이 무성하고 금전과 재물이 쌓이나, 중년에는 쇠약해지고 오랜 세월이 지나면, 황종(黃腫)과 복통으로 고생하게 될 것이다.

그리고 형제간에는 불화이고, 소화불량이나 얼굴이 누렇게 뜰 것이다. 풍광(風狂 : 치매)이고 부녀자는 난산으로 사망한다. 암매추성도음(暗昧醜聲逃淫 : 바람 피우다가 추한 소문이 나자 도망간다)일 것이다.

상인손축(傷人損畜 : 사람과 가축이 죽는다)이며, 8年 안에 家敗에 도난이 있을 것이다.

艮門　　큰방이 坤方에 있으면 이를 '坤主'라 하고, 生氣가 된다. 주방의 '가스대'가 巽方에 있으면, 이는 絶命이 된다. 坤方의 큰방과 巽方의 주방은 五鬼가 된다.

이러한 집은 초년에는 艮(土)와 坤(土)가 쌓였으니, 살림이 일어나 재산이 풍부하다. 이러한 현상은 2~5年 사이에 家畜이 무성하여 금전과 재물이 쌓이나, 질병으로 고생한다.

그리고 세월이 지나면 장부타태신사(長婦墮胎身死 : 長婦女는 죽은 아이를 낳는다)이며 부녀지가(婦女持家 : 부녀자가 집안을 꾸려간다)이니, 면황(面黃 : 누렇게 붓는다), 아사(餓死 : 굶어 죽게 된다), 풍광(風狂 : 치매), 열격(噎隔 : 목이 쉬고), 발암자(發癌者)가 있든지 四肢가 뒤틀어지는 환자가 있든지 약물중독자가 있을 것이다.

그리하여 어린이 기르기가 어려우며, 있는 자식은 가출하게 될 것이고, 화재나 도난이나 官災로 재물이 없어지고, 사람까지 잃게 된다. 아무리 애를 써도 세 번 거꾸러지고, 네 번 무너진다고 한다.

艮門　　큰방이 坤方에 있으면 이를 '坤主'라 하고, 生氣가 된다. 주방의 '가스대'가 離方에 있으면, 이는 禍害가 된다. 坤方의 큰방과 離方의 주방은 六殺이 된다.

이러한 집은 초년에는 이토성첩 풍부다흥왕(二土成疊 豊富多興旺 : 두 土가 쌓였으니 2~7年 사이에 살림이 일어나 금전 재물이 풍부하다)이나, 세월이 지나면 질병으로 고생하고, 부녀자의 성품이 거칠고 사나워서 가족들을 불안하게 한다. 안홍(眼紅 : 시력이 흐리고), 심동(心

疼), 심초(心焦 : 속을 태운다), 두혼(頭昏 : 머리가 어지러운 증세), 탄탄(癱瘓 : 四肢가 뒤틀어진다), 안질, 대변결조(大便結燥 : 변비), 어리석고, 농아(聾啞 : 못듣고 말못하고) 등의 증세가 있을 것이다.

　이러한 집은 대체로 재물은 쌓으나, 모녀가 동거하는 집이 될 것이다. 혹시 약물중독자가 있든지, 남자는 단명하게 되어 외성승계(外姓承繼)하게 된다.

艮門　큰방이 坤方에 있으면 '坤主'라 하고, 이는 生氣가 된다. 주방의 '가스대'가 坤方에 있으면 生氣가 되고, 坤方의 큰방과 坤方의 주방(가스대)은 伏位에 比和가 된다.

　이러한 집은 이토성첩 모견유자 근선지상(二土成疊 母見幼子 勤善之象 : 이토가 쌓였으니 어머니는 어린 자식이 부지런하고 착한 사람이 되라고 가르치는 상이다)이며, 적취재보 모자자효(積聚財寶 母慈子孝 : 재물과 보화가 쌓이고 어머니는 어질고 자식은 효도한다)요 2年에서 7年 사이에 일어난다.

　그리하여 환출서성 발과갑(還出書聲 發科甲 : 글읽는 소리가 들리더니 고시에 합격한다)하고, 사람마다 보면 성실하지 않은 사람이 없이 어질고 착하므로 집안이 일어난다.

　이러한 집은 초년에는 왕성하고 중년에는 쇠약해지며, 오랜 세월이 지나면 황종(黃腫)과 심복통(心腹痛)으로 고생하게 되고, 모친은 어린 자식을 친히 살피다가 병고(病苦)로 끝내 죽는다.

艮門　큰방이 坤方에 있으면 이를 '坤主'라 하고, 生氣가 된다. 주방의 '가스대'가 兌方에 있으면, 이는 延年이 된다. 坤方의 큰방과 兌方의 주방은 天乙이 된다.

이러한 집은 음양과 부부의 정배합이 되므로 부부는 화순하고 모든 일이 순소로우며 돈과 재물이 넉넉하고 사람과 재물이 함께 발하여 부과 귀를 누리는 집이다.

여모정절 자이선 남효재량 충차현(女慕貞節 慈而善 男效才良 忠且賢 : 여자는 부드럽고 아름다우며 절개를 지키고, 남자는 어질고 공손하고 재주를 갖춘 훌륭한 사람이다)이다.

그러나 오랜 세월이 지나면, 쇠약해지므로 황종(黃腫)과 심복통(心腹痛)으로 고생하게 된다. 모견유자개친 모친병사 고료야(母見幼子個親 母親病死 苦了也 : 어머니는 어린 자식들을 친히 살피다가 병고로 끝내 돌아가신다)이다.

艮門

큰방이 坤方에 있으면 '坤主'라 하고, 이는 生氣가 된다. 주방의 '가스대'가 乾方에 있으면 天乙이 되고, 坤方의 큰방과 乾方의 주방(가스대)은 延年이 된다.

이러한 집은 전산무성(田産茂盛 : 전답과 재산이 많다)하여 모든 일이 순조로우며 돈과 재물이 넉넉하고 공명현달(功名顯達 : 이름을 떨치는 사람이 나타난다)한다. 아버지는 인자하고 자식들은 효도하므로 남녀가 착하여 집안이 화목하다.

그러나 오랜 세월이 지나면, 부녀자가 단명하게 되든지 젊은 부인을 맞아들이는데, 그 부인을 편애(偏愛)하므로 그 부인은 주인의 사랑을 믿고 자만하면서 그 남편을 속여서 재산을 비축할 것이다.

그리고 황종(黃腫)이나 심복통(心腹痛)으로 고생하는 모친은 어린 자식을 친히 살피다가 병고로 끝내 죽는다.

## ⑥ 艮門과 兌主圖

垈地나 건물의 中心에서 羅經을 보아 丑·艮·寅方에 출입문이 있으면 艮門이라 하고, 주인방이 庚·酉·辛方에 있으면 兌主라 한다.

艮門과 兌主는 산택인왕 가부귀(山澤人旺 家富貴)라 하는데, 이는 山이 윤택(潤澤)하면 집의 식구는 旺하고, 富貴를 누린다고 한다.

艮門과 兌主는 延年宅이 된다는 뜻이다. 이는 夫婦正配가 되므로 少年登科에 횡재하며, 가축이 旺하므로 田畓은 증가되고, 부부

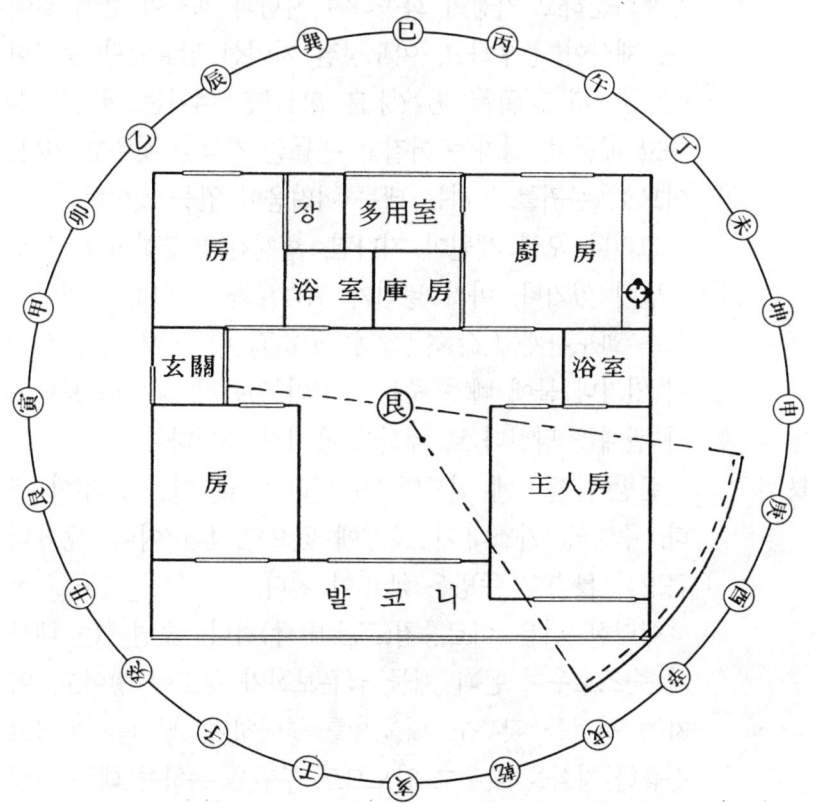

화목하므로 자효손현(子孝孫賢)하니, 수고백순(壽高百旬)에 가업이 발달한다. 자식은 넷인데 대체로 막내가 발복하게 된다.

이러한 집을 西四宅에서는 최위길택(最爲吉宅)으로 재상(宰相)이 나오는 집이라고 한다.

### 艮門에서 兌主와 八廚와의 관계

艮門   큰방이 兌方에 있으면 '兌主'라 하고, 이는 延年이 된다. 주방의 '가스대'가 坎方에 있으면, 五鬼이고, 兌方의 큰방과 坎方의 주방은 禍害가 된다.

이러한 집은 土生金으로 음양에 부부정배합이 되므로 부부화순하고 가정이 화목하여 사람과 재물이 함께 일어나, 재산이 풍부하고, 여모정절 자이선 남효재량 충차현(女慕貞節 慈而善 男效才良 忠且賢 : 여자는 정절을 갖추고 베풀며, 남자는 어질고 훌륭한 지식을 갖추고 있다)이므로, 부귀를 논하는 데는 어려움이 없을 것이다.

그러나 오랜 세월이 지나면, 형제간에 불화이고, 부부이별이 있거나, 아기 낳기가 위태로울 것이며, 인명액사 익수 화도관재(人命縊死溺水 火盜官災 : 목매 죽는 사람이 있거나 물에 빠져 죽는 사람이 있든지, 화재나 도난이나 관재를 당한다)로 재산이 흩어질 것이다.

艮門   큰방이 兌方에 있으면 '兌主'라 하고, 이는 延年이 된다. 주방의 '가스대'가 艮方에 있으면, 伏位이다. 兌方의 큰방과 艮方의 주방은 延年이 된다.

이러한 집은 이토중첩(二土中疊)하니, 초년에는 매사가 순조로우며 돈과 재물 금은보화가 창고에 쌓이고, 여자는 정절을 갖추고 베풀기를 좋아하며, 남자는 어질고 훌륭한 지식을 갖추고 있으므로 부귀를 논하는 데는 의심할 필요가 없다고 한다.

　그러나 오랜 세월이 지나면, 질병으로 부녀자가 단명할 것이므로 어린이 기르기가 어려울 것이다.

　식질팽민(食疾膨悶 : 밥을 많이 먹은 것같이 속이 더부룩한 증세)이고, 황종(黃腫 : 종기)이나 심복통(心腹痛) 질환이 있을 것이며, 부녀자가 단명하게 될 것이다.

艮門　큰방이 兌方에 있으면 '兌主'라 하고, 이는 延年이 된다. 주방의 '가스대'가 震方에 있으면, 六殺이 되고, 兌方의 큰방과 震方의 주방이 絶命이 된다.

　이러한 집은 초년에는 가정이 화목하고 사람과 재물이 함께 일어나, 재산이 풍부하고, 여자는 정절을 갖추고 베풀며, 남자는 어질고 훌륭한 지식을 갖추고 있으므로 부귀를 논하는 데는 어려움이 없을 것이다.

　그러나 오랜 세월이 지나면, 얼굴이 누렇게 뜨고 소화불량으로 음식 먹을 생각이 없을 것이다. 그리고 풍광(風狂 : 치매)이고, 부녀자는 난산이망(難産而亡 : 난산으로 사망한다)이든지, 암매추성도음(暗昧醜聲逃淫 : 바람 피우다가 추한 소문이 나자 도망간다)일 것이다.

　상인손축(傷人損畜 : 사람과 가축이 죽는다)하든지 도난으로 실물하며 집안이 패망하는 경지에 이를 것이다.

艮門　큰방이 兌方에 있으면 이를 '兌主'라 하고, 延年이 된다. 주방의 '가스대'가 巽方에 있으면, 이는 絶命이 된다. 兌方의 큰방과 巽方의 주방은 六殺이 된다.

　이러한 집은 초년에는 가정이 화목하고 사람과 재물이 함께 일어나, 재산이 풍부하고, 여자는 정절을 갖추고 베풀며, 남자는 어질고 훌륭한 지식을 갖추고 있으므로 부귀를 누린다.

그러나 세월이 지나면 장부타태신사(長婦墮胎身死 : 장부녀는 죽은 아이를 낳는다)이며 부녀지가(婦女持家 : 부녀자가 집안을 꾸려간다)이니, 면황(面黃 : 누렇게 붓는다), 아사(餓死 : 굶어 죽게 된다), 풍광(風狂 : 치매), 열격(噎隔 : 목이 쉬고), 발암자(發癌者)가 있든지 四肢가 뒤틀어지는 환자가 있든지 약물중독자가 있을 것이다.

그리하여 어린이 기르기가 어려우며, 있는 자식은 가출하게 될 것이고, 화재나 도난이나 官災로 재물이 없어지고, 사람까지 잃게 된다. 아무리 애를 써도 세 번 거꾸러지고, 네 번 무너진다고 한다.

艮門   큰방이 兌方에 있으면 이를 '兌主'라 하고, 延年이 된다. 주방의 '가스대'가 離方에 있으면 이는 禍害가 되고, 兌方의 큰방과 離方의 주방은 五鬼가 된다.

이러한 집은 음양에 夫婦正配가 되므로 초년에는 가정 화목하고 인재양발(人財兩發 : 사람과 재물이 함께 발한다)하여 부귀를 논하는 데는 어려움이 없을 것이나, 세월이 지나면 부녀자의 성품이 거칠고 사나워서 식구들을 불안하게 한다. 안홍(眼紅 : 시력이 흐리고), 심동(心疼), 심초(心焦 : 속을 태운다), 두혼(頭昏 : 머리가 어지러운 증세), 탄탄(癱瘓 : 四肢가 뒤틀어진다), 안질(眼疾), 대변결조(大便結燥 : 변비), 어리석고 농아(聾啞 : 못듣고 말 못하고) 등의 증세가 있을 것이다.

이러한 집은 대체로 부녀자에게 불리하고, 자손들을 성년이 되기까지 기르기가 어려울 것이며, 끝내는 孤兒나 과부가 남게 된다.

艮門   큰방이 兌方에 있으면, '兌主'라 하고, 이는 延年이 된다. 주방의 '가스대'가 坤方에 있으면 生氣가 되고, 兌方

의 큰방과 坤方의 주방(가스대)은 天乙이 된다.

　이러한 집은 이토성첩 모견유자 근선지상(二土成疊 母見幼子 勤善之象 : 이토가 쌓였으니 어머니는 어린 자식이 부지런하고 착한 사람이 되라고 가르치는 상이다)이며, 적취재보 모자자효(積聚財寶 母慈子孝 : 재물과 보화가 쌓이고 어머니는 어질고 자식은 효도한다)라, 이는 2年에서 7年 사이에 일어난다.

　그리하여 환출서성 발과갑(還出書成 發科甲 : 글읽는 소리가 들리더니 고시에 합격한다)하고, 사람마다 보면 성실하지 않은 사람이 없이 어질고 착하므로 집안이 일어난다.

　이러한 집은 초년에는 왕성하고 중년에는 쇠약해지고, 오랜 세월이 지나면 황종(黃腫)과 심복통(心腹痛)으로 고생하게 되고, 모친은 어린 자식을 친히 살피다가 병고로 끝내 죽는다.

艮門　　큰방이 兌方에 있으면 이를 '兌主'라 하고, 延年이 된다. 주방의 '가스대'가 兌方에 있으면, 이는 延年이 된다. 兌方의 큰방과 兌方의 주방은 伏位가 된다.

　이러한 집은 음양과 부부의 정배합이 되므로 부부는 화순하고 모든 일이 순조로우며 돈과 재물이 넉넉하고 사람과 재물이 함께 발하여 부와 귀를 누리는 집이다.

　여모정절 자이선 남효재량차현(女慕貞節 慈而善 男效才良且賢 : 여자는 부드럽고 아름다우며 절개를 지키며 베풀고, 남자는 공손하고 재주를 갖춘 훌륭한 사람이다)이다.

　그러나 오랜 세월이 지나면, 부녀자가 집안을 시끄럽게 하므로 가정불화가 있으며, 위장병으로 먹지 못하는 환자가 있을 것이다. 대체로 이러한 집은 남자보다는 부녀자가 家權을 쥐고 권리행사를 하므로 집안이 항상 불편하다.

艮門　　큰방이 兌方에 있으면 '兌主'라 하고, 이는 延年이 된다. 주방의 '가스대'가 乾方에 있으면 天乙이 되고, 兌方의 큰방과 乾方의 주방(가스대)은 生氣가 된다.

　　이러한 집은 전산무성(田産茂盛 : 전답과 재산이 많다)하여 모든 일이 순조로우며 돈과 재물이 넉넉하고 공명현달(功名顯達 : 이름을 떨치는 사람이 나타난다)한다. 아버지는 인자하고 자식들은 효도하므로 남녀가 착하여 집안이 화목하다.

　　그러나 오랜 세월이 지나면, 부녀자가 단명하게 되든지 어여쁜 젊은 부인을 맞아들이는데, 그 부인을 편애(偏愛)하므로 그 부인은 주인의 사랑을 믿고 자만하면서 그 남편을 속여서 재산을 비축할 것이다.

　　그리고 황종(黃腫)이나 심복통(心腹痛)으로 고생하는 모친은 어린 자식을 친히 살피다가 병고로 끝내 죽는다.

### ⑦ 艮門과 乾主圖

垈地나 건물의 중심에서 羅經을 보아 丑·艮·寅方에 출입문이 있으면 艮門이라 하고, 주인방이 戌·乾·亥方에 있으면 乾主라고 한다.

艮門과 乾主는 산천대축(山天大畜)이라고 한다. 艮門과 乾主는 天乙宅이다. 外艮(土)가 內乾(金)을 生하니 일가호선(一家好善)하므로 아들을 둘 수 있으며, 발재부귀(發財富貴)하므로 인정수고(人丁壽高)하나, 오랜 세월이 지나면, 극처(剋妻)에 상자(傷子)하니, 이는 純陽의 配合이기 때문이다. 그러므로 고과(孤寡 : 홀아비와 과

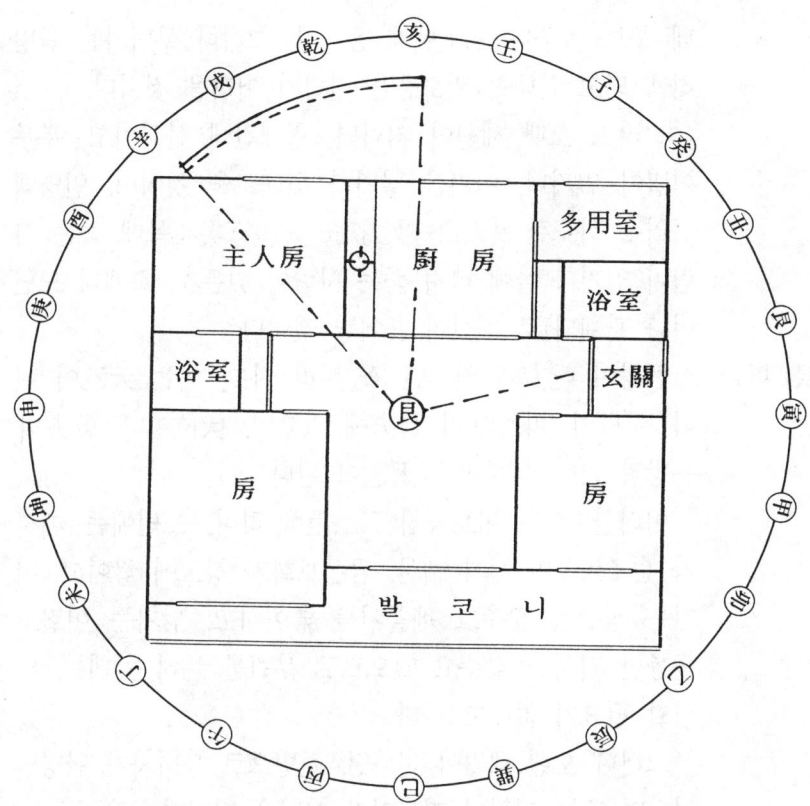

부)宅이기는 하나, 次男과 次孫은 吉한 집이라 한다.

**艮門에서 乾主와 八廚와의 관계**

艮門  큰방이 乾方에 있으면 '乾主'라 하고, 이는 天乙이 된다. 주방의 '가스대'가 坎方에 있으면 五鬼이고, 乾方의 큰방과 坎方의 주방은 六殺이 된다.

이러한 집은 초년에는 가축과 재산이 해마다 늘어나 가정이 풍요로우며, 아버지는 인자하고, 자식은 효도하므로 화목한 집이다.

그리고 이름을 떨치는 자손이 나타나 立身出世할 것인

데 주로 次子나 末子에게 응한다. 그러나 부녀자는 단명하게 되고 끝내는 외로움을 면하기 어려울 것이다.

그리고 오랜 세월이 지나면, 형제간에 불화이고, 부부이별이 있거나, 아기를 낳기가 위태로울 것이며, 인명액사익수 화도관재(人命縊死溺水 火盜官災 : 목매 죽는 사람이 있거나 물에 빠져 죽는 사람이 있든지, 화재나 도난이나 관재다)로 재산이 흩어질 것이다.

**艮門**   큰방이 乾方에 있으면 '乾主'라 하고, 이는 天乙이 된다. 주방의 '가스대'가 艮方에 있으면, 伏位이다. 乾方의 큰방과 艮方의 주방은 天乙이 된다.

이러한 집은 이토중첩(二土重疊)하니, 초년에는 매사가 순조로우며 돈과 재물, 금은보화가 창고에 쌓이고, 여자는 정절을 갖추고 베풀기를 좋아하고, 남자는 어질고 훌륭한 지식을 갖추고 있으므로 부귀를 논하는 데는, 의심할 필요가 없다고 한다.

그러나 오랜 세월이 지나면, 질병으로 부녀자가 단명할 것이며 또는 어린이 기르기가 어려울 것이다.

식질팽민(食疾膨悶 : 밥을 많이 먹은 것같이 속이 더부룩한 증세)이고, 황종(黃腫 : 종기)이나 심복통(心腹痛)의 질환이 있을 것이며, 종구고독난면(終久孤獨難免 : 끝내는 외로움을 면하기 어렵다)이므로 외성의자동거(外姓義子同居 : 타성의 자식을 의아들로 삼아 함께 산다)한다.

**艮門**   큰방이 乾方에 있으면 '乾主'라 하고, 이는 天乙이 된다. 주방의 '가스대'가 震方에 있으면, 六殺이 되고, 乾方의 큰방과 震方의 주방이 五鬼가 된다.

이러한 집은 초년에는 가축과 전답이 해마다 늘어나 살림이 풍요로우며, 아버지는 인자하고 자식은 효도하므로 가정이 화목하다. 그리고 立身出世하는 자식이 있는데 이는 주로 次子나 末子에게 해당될 것이다.

그러나 오랜 세월이 지나면, 얼굴이 누렇게 뜨고 소화불량으로 음식 먹을 생각이 없을 것이다.

그리고 풍광(風狂 : 치매)이고, 부녀자는 난산이망(難産而亡 : 난산으로 사망한다)이든지, 암매추성도음(暗昧醜聲逃淫 : 바람 피우다가 추한 소문이 나자 도망간다)일 것이다.

상인손축(傷人損畜 : 사람과 가축이 죽는다)하든지 도난으로 재산을 잃는 경지에 이를 것이다.

艮門　　큰방이 乾方에 있으면 이를 '乾主'라 하고, 天乙이 된다. 주방의 '가스대'가 巽方에 있으면, 이는 絶命이 된다. 乾方의 큰방과 巽方의 주방은 화해가 된다.

이러한 집은 초년에는 가축과 전답이 해마다 늘어나 살림이 풍요로우며, 아버지는 인자하고 자식은 효도하므로 가정이 늘 화목하다.

그러나 세월이 지나면 장부타태신사(長婦墮胎身死 : 장부녀는 죽은 아이를 낳는다)이며 부녀지가(婦女持家 : 부녀자가 집안을 꾸려간다)이니, 면황(面黃 : 누렇게 붓는다), 아사(餓死 : 굶어 죽게 된다), 풍광(風狂 : 치매), 열격(噎隔 : 목이 쉬고), 발암자(發癌者)가 있든지 四肢가 뒤틀어지는 환자가 있든지 약물중독자가 있을 것이다.

그리하여 어린이 기르기가 어려우며, 있는 자식은 가출하게 될 것이고, 화재나 도난이나 官災로 재물이 없어지고, 사람까지 잃게 된다. 아무리 애를 써도 세 번 거꾸러지고, 네 번 무너진다고 한다.

艮門　　큰방이 乾方에 있으면 이를 '乾主'라 하고, 天乙이 된

다. 주방의 '가스대'가 離方에 있으면 이는 禍害가 되고, 乾方의 큰방과 離方의 주방은 絶命이 된다.

　이러한 집은 초년에는 가축과 전답이 해마다 늘어나 살림이 풍요로우며 아버지는 인자하고 자식은 효도하므로 가정이 화목하며 次子들은 出世하게 된다.

　오랜 세월이 지나면 부녀자의 성품이 거칠고 사나워서 식구들을 불안하게 한다. 안홍(眼紅 : 시력이 흐리고), 심동(心疼), 심초(心焦 : 속을 태운다), 두혼(頭昏 : 머리가 어지러운 증세), 탄탄(癱瘓 : 四肢가 뒤틀어진다), 안질, 대변결조(大便結燥 : 변비), 어리석고, 농아(聾啞 : 못듣고 말 못하고) 등의 증세가 있을 것이다.

　이러한 집은 대체로 부녀자에게 불리하고, 자손들을 成年이 되기까지 기르기가 어려울 것이며, 끝내는 孤兒나 과부가 남게 된다.

艮門　　큰방이 乾方에 있으면 '乾主'라 하고, 이는 天乙이 된다. 주방의 '가스대'가 坤方에 있으면 生氣가 되고, 乾方의 큰방과 坤方의 주방(가스대)은 延年이 된다.

　이러한 집은 이토성첩 모견유자 근선지상(二土成疊 母見幼子 勤善之象 : 이토가 쌓였으니 어머니는 어린 자식이 부지런하고 착한 사람이 되라고 가르치는 상이다)이며, 적취재보 모자자효(積聚財寶 母慈子孝 : 재물과 보화가 쌓이고 어머니는 어질고 자식은 효도한다)는 2年에서 7年 사이에 일어난다.

　그리하여 환출서성 발과갑(還出書聲 發科甲 : 글읽는 소리가 들리더니 고시에 합격한다)하고, 인인 간차실불차인 우현량우발가(人人 看此實不差人 又賢良又發家 : 사람마다 보면 성실하지 않은 사람이 없이 어질고 착하므로 집안이 일어난다)한다.

이러한 집은 초년에는 왕성하고 중년에는 쇠약해지며, 오랜 세월이 지나면 황종(黃腫)과 심복통(心腹痛)으로 고생하게 되고, 모친은 어린 자식을 친히 살피다가 병고로 끝내 죽는다.

艮門　큰방이 乾方에 있으면 이를 '乾主'라 하고, 天乙이 된다. 주방의 '가스대'가 兌方에 있으면, 이는 延年이 된다. 乾方의 큰방과 兌方의 주방은 天乙이 된다.

이러한 집은 음양과 부부의 正配合이 되므로 부부는 화순하고 모든 일이 순조로우며 사람과 재물이 함께 발하여 富와 貴를 누리는 집이다.

여모정절 자이선 남효재량 충차현(女慕貞節 慈而善 男效才良 忠且賢 : 여자는 부드럽고 아름다우며 절개를 지키며 베풀고, 남자는 공손하고 재주를 갖춘 훌륭한 사람이다)이다.

그러나 오랜 세월이 지나면, 부녀자가 집안을 시끄럽게 하므로 가정불화가 있으며, 위장병으로 먹지 못하는 환자가 있을 것이다. 대체로 이러한 집은 남자보다는 부녀자가 家權을 쥐고 권리행사를 하므로 집안이 항상 불편하다.

艮門　큰방이 乾方에 있으면 '乾主'라 하고, 이는 天乙이 된다. 주방의 '가스대'가 乾方에 있으면 天乙이 되고, 乾方의 큰방과 乾方의 주방(가스대)은 伏位가 된다.

이러한 집은 전산무성(田産茂盛 : 전답과 재산이 많다)하여 모든 일이 순조로우며 돈과 재물이 넉넉하고 공명현달(功名顯達 : 이름을 떨치는 사람이 나타난다)한다.

아버지는 인자하고 자식들은 효도하므로 남녀가 착하

여 집안이 화목하다.

그러나 오랜 세월이 지나면, 부녀자가 단명하게 되고 장자손이 손상된다. 만약 형제가 함께 거주하게 되면 그 형제에게도 자식이 없을 것이다. 이러한 까닭은 純陽이기 때문이다.

그러므로 재산은 풍요로우나 끝내는 후사(後嗣 : 제사를 지낼 자손)가 없을 것이라고 한다.

### ⑧ 艮門과 坎主圖

垈地나 건물의 中心에서 羅經을 보아 丑·艮·寅方에 출입문이

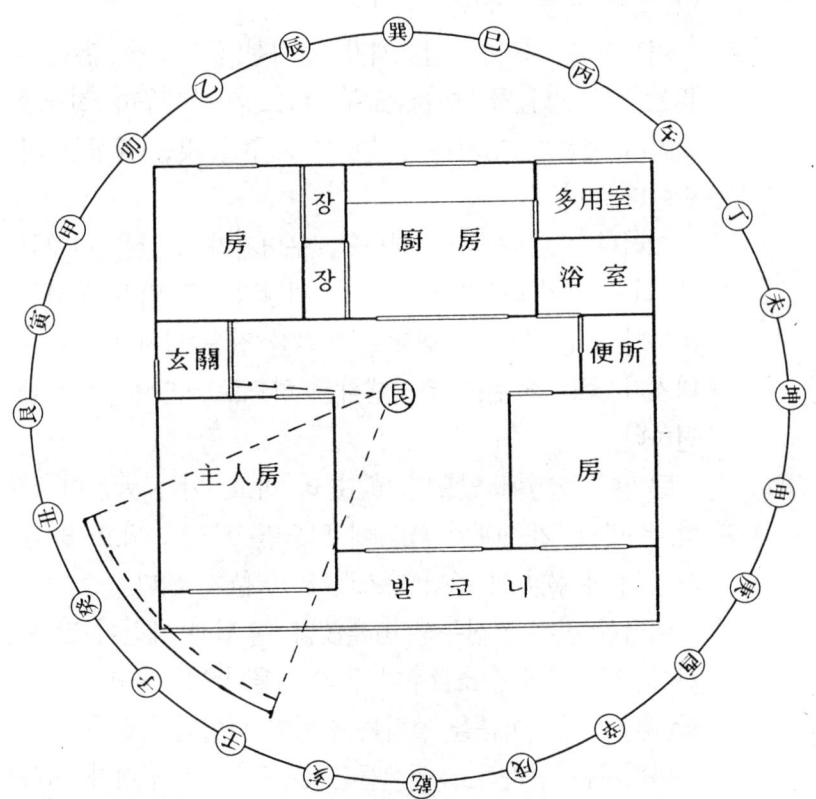

제2장 三要 應用  267

있으면 艮門이라 하고, 주인방이 壬·子·癸方에 있으면 坎主라 한다.

艮門과 坎主는 귀우왕 양락수상(鬼遇汪 洋落水傷)이라, 이것은 五鬼가 사나운 물을 만났으니 물에 빠지는 厄을 말한다. 이를 五鬼宅이라 투하자액(投河自縊)하고 관재나 구설, 도난, 화재로 재산을 탕진하게 될 것이다.

그리고 父子 형제간에 불화이고, 부녀자나 가운데 아들은 단명하게 되며, 그 외 자식은 패역(悖逆)하고, 가족들은 온갖 질병으로 고통이 심할 것이다.

### 艮門에서 坎主와 八廚와의 관계

艮門　　큰방이 坎方에 있으면 '坎主'라 하고, 이는 五鬼가 된다. 주방의 '가스대'가 坎方에 있으면 五鬼이고, 坎方의 큰방과 坎方의 주방은 伏位가 된다.

　　이러한 집은 형제간에는 불화하고, 가슴이 더부룩한 증세이고, 부녀자는 아기 낳기가 어려울 것이므로 생이별이나 死別할 것이다.

　　그리고 얼굴은 누렇게 뜨든지 목이 아픈 사람이 있을 것이고, 어리석고, 농(聾 : 못듣고), 암아(暗啞 : 말 못하고), 치매 등의 질환이 있을 것이다.

　　그러나, 혹시 초년에는 재산이 일어나 만사가 순조로우나, 자손은 적을 것이다. 잘되면 9年 간은 재산이 유지될 것이나, 인명액사익수 화도관재(人命縊死溺水 火盜官災 : 목매죽는 사람이 있거나 물에 빠져 죽는 사람이 있든지, 화재나 도난이나 관재)로 재산이 흩어질 것이다.

艮門　　큰방이 坎方에 있으면 '坎主'라 하고, 이는 五鬼가 된

다. 주방의 '가스대'가 艮方에 있으면, 伏位이다. 坎方의 큰방과 艮方의 주방은 五鬼가 된다.

이러한 집은 이토중첩(二土重疊)하니, 초년에는 매사가 순조로우며 돈과 재물 금은보화가 창고에 쌓이고, 여자는 정절을 갖추고 베풀기를 좋아하고, 남자는 어질고 훌륭한 지식을 갖추고 있으므로 부귀를 논하는 데는 의심할 필요가 없다고 한다.

그러나 오랜 세월이 지나면 가슴이 더부룩한 증세에 형제간에는 不和이고, 부부는 생이별 아니면 사별할 것이고, 얼굴은 누렇게 뜨고 목이 아픈 증세에 어리석고 말 못하고 못듣는 사람이 있을 것이고, 치매도 있다.

인명액사익수 화도관재(人命縊死溺水 火盜官災 : 목매 죽거나 물에 빠져 죽는 사람이 있고, 화재나 도난이나 관재)가 있을 것이다.

**艮門** 큰방이 坎方에 있으면 '坎主'라 하고, 이는 五鬼가 된다. 주방의 '가스대'가 震方에 있으면 六殺이 되고, 坎方의 큰방과 震方의 주방은 天乙이 된다.

이러한 집은 초년에는 가정이 화목하고 자손이 총명하나, 세월이 갈수록 형제간에 불화이고, 어리석고 말 못하고 못듣는 사람이 있을 것이며, 목매 죽거나 물에 빠져 죽거나 火災나 도난에 官災가 발생할 것이다.

그리고 오랜 세월이 지나면, 얼굴이 누렇게 뜨고 소화불량으로 음식 먹을 생각이 없을 것이다. 그리고 풍광(風狂 : 치매)이고, 부녀자는 난산이망(難産而亡 : 난산으로 사망한다)이든지, 암매추성도음(暗昧醜聲盜淫 : 바람 피우다가 추한 소문이 나자 도망간다)일 것이다.

상인손축(傷人損畜 : 사람과 가축이 죽는다)이든지 疾

病에다 집안이 패망하는 지경에 이를 것이다.

艮門　　큰방이 坎方에 있으면 '坎主'라 하고, 이는 五鬼가 된다. 廚房의 '가스대'가 巽方에 있으면 이는 絶命이 된다. 坎方의 큰방과 巽方의 주방은 生氣가 된다.

　　이러한 집은 초년에는 집안이 화목하고 발복하나, 가슴이 더부룩한 증세에 형제자매간에 不和요 부부이별이 있든지 말 못하고 못듣고 어리석은 사람이 생길 것이다.

　　그리고 세월이 지나면 장부타태신사(長婦墮胎身死 : 장부녀는 죽은 아이를 낳는다)이며 부녀지가(婦女持家 : 부녀자가 집안을 꾸려간다)이니, 면황(面黃 : 누렇게 붓는다), 아사(餓死 : 굶어 죽게 된다), 풍광(風狂 : 치매), 열격(噎隔 : 목이 쉬고), 발암자(發癌者)가 있든지 四肢가 뒤틀어지는 환자가 있든지 약물중독자가 있을 것이다.

　　그리하여 어린이 기르기가 어려우며, 있는 자식은 가출하게 될 것이고, 火災나 도난이나 官災로 재물이 없어지고, 목매 죽거나 물에 빠져 죽는 사람이 있을 것이다.

艮門　　큰방이 坎方에 있으면 이를 '坎主'라 하고, 五鬼가 된다. 주방의 '가스대'가 離方에 있으면 이는 禍害가 되고, 坎方의 큰방과 離方의 주방은 延年이 된다.

　　이러한 집은 초년에는 재산과 금전이 풍부하며 명성을 떨치는 자손이 있으나, 형제자매간에 불화하다. 오랜 세월이 지나면 어리석고 말 못하고 못듣는 사람이 있을 것이며, 부녀자의 성품이 거칠고 사나워서 가족들을 불안하게 한다. 안홍(眼紅 : 시력이 흐리고), 심동(心疼), 심초(心焦 : 속을 태운다), 두혼(頭昏 : 머리가 어지러운 증세),

탄탄(癱瘓 : 四肢가 뒤틀어진다), 안질(眼疾), 대변결조(大便結燥 : 변비), 어리석고, 농아(聾啞 : 못듣고 말 못하고) 등의 증세가 있을 것이다.

이러한 집은 대체로 부녀자에게 불리하고, 자손들을 成年이 되기까지 기르기가 어려울 것이며, 목매 죽거나 물에 빠져 죽든지, 화재, 도난, 관재로 유산을 탕진할 것이다.

艮門　　큰방이 坎方에 있으면 '坎主'라 하고, 이는 五鬼가 된다. 주방의 '가스대'가 坤方에 있으면 生氣가 되고, 坎方의 큰방과 坤方의 주방(가스대)은 絶命이 된다.

이러한 집은 이토성첩 모견유자 근선지상(二土成疊 母見幼子 勤善之象 : 이토가 쌓였으니 어머니는 어린 자식이 부지런하고 착한 사람이 되라고 가르치는 상이다)이며, 적취재보 모자자효(積聚財寶 母慈子孝 : 재물과 보화가 쌓이고 어머니는 어질고 자식은 효도한다)는 2年에서 7年 사이에 일어난다.

그리하여 환출서성 발과갑(還出書聲 發科甲 : 글읽는 소리가 들리더니 고시에 합격한다)하고, 인인 간차실불차인 우현량우발가(人人 看且實不差人 又賢良又發家 : 사람마다 보면 성실하지 않은 사람이 없이 어질고 착하므로 집안이 일어난다)한다.

이러한 집은 초년에는 왕성하고 中年에는 쇠약해지고, 오랜 세월이 지나면 어리석거나 농아자(聾啞者)나 물에 빠지거나 목매 죽는 사람이 있을 것이며, 화재, 관재, 도난으로 유산을 탕진할 것이다.

艮門　　큰방이 坎方에 있으면 이를 '坎主'라 하고, 五鬼가 된다. 주방의 '가스대'가 兌方에 있으면, 이는 延年이 된다.

坎方의 큰방과 兌方의 주방은 禍害가 된다.
　　이러한 집은 음양과 부부의 正配合이 되므로 부부는 화순하고 모든 일이 순조로우며 돈과 재물이 넉넉하고 사람과 재물이 함께 발하여 富와 貴를 누리는 집이다.
　　여모정절 자이선 남효재량 충차현(女慕貞節 慈而善 男效才良 忠且賢 : 여자는 부드럽고 아름다우며 절개를 지키며 베풀고, 남자는 공손하고 재주를 갖춘 훌륭한 사람이다)이다.
　　그러나 오랜 세월이 지나면, 부녀자가 집안을 시끄럽게 하고, 형제간에 不和이고, 어리석거나 농아(聾啞), 풍광(風狂)등의 질환자가 있을 것이고, 목매 죽거나 물에 빠져 죽는 사람이 있든지 화재나 관재, 도난이 발생하여 재산을 탕진할 것이다.

**艮門**　큰방이 坎方에 있으면 '坎主'라 하고, 이는 五鬼가 된다. 주방의 '가스대'가 乾方에 있으면 天乙이 되고, 坎方의 큰방과 乾方의 주방(가스대)은 六殺이 된다.
　　이러한 집은 전산무성(田産茂盛 : 전답과 재산이 많다)하여 모든 일이 순조로우며 돈과 재물이 넉넉하고 공명현달(功名顯達 : 이름을 떨치는 사람이 나타난다)한다.
　　아버지는 仁慈하고 자식들은 효도하므로 남녀가 착하여 집안이 화목하다. 그러나 오랜 세월이 지나면, 부녀자가 단명하든지, 형제간에는 불화이고, 부자간에는 여색을 즐길 것이고, 부녀자는 얼굴이 누렇게 뜨고 목이 아플 것이다.
　　어리석고 못듣고 말 못하는 사람이 태어날 것이고, 화재나 官災, 도난이 발생하여 유산을 탕진하든지 목매 죽거나 물에 빠져 죽는 사람이 있을 것이다.

### (7) 艮命이 八卦方으로 출입문과 주방일 때

| 星 | 艮命에 출입문. 주방 | 吉凶 解說 |
|---|---|---|
| 生氣 | 坤方=출입문. 주방 | 五子를 得하고 |
| 延年 | 兌方=출입문. 주방 | 四子를 得하고 |
| 天乙 | 乾方=출입문. 주방 | 三子를 得하고 |
| 五鬼 | 坎方=출입문. 주방 | 가운데 아들을 잃고 二子를 둔다. |
| 伏位 | 艮方=출입문. 주방 | 오직 딸만 두게 된다. |
| 絶命 | 巽方=출입문. 주방 | 先長女 後長男 夭死 各種 疾病 |
| 禍害 | 離方=출입문. 주방 | 先末子 夭死. 次는 女子. 終乏嗣 |
| 六殺 | 震方=출입문. 주방 | 長男은 失敗하고 次子를 얻는다. |

① 혼인(婚姻)

艮命人은 生氣인 坤方에서 구직을 하거나, 坤命人을 만나면 大吉하고, 다음은 兌方이나 兌命을 구혼(求婚)하고, 乾方이나 乾命을 만나면 次吉하다. 또는 구혼안상(求婚案床 : 침대)을 兌方에 놓고 兌向하여 자면 求婚이 쉽게 이루어진다고 한다.

② 질병(疾病)

한 艮命人 과부가 아들은 없고 딸만 있었다. 그런데 그 집 솥을 巽方에다 개수(改修)한 3年이 되어서, 결혼할 딸이 약물중독으로 위독하여서, 스승에게 어찌하였으면 좋겠느냐고 물었더니, 스승이 말씀하시기를 "天乙(坤)方에다 화로(火爐)을 놓고 약을 달여 먹으면 질병이 치유될 것이나 巽方의 부엌에서 만든 음식을 먹지 말아야 生命이 온전할 것이다." 하여서 스승의 말씀대로 하였더니, 과연 딸의 질병이 완쾌되었다고 하였다.

부모 때문에 자식이 상(傷)하는 경우가 있거늘, 어찌 자식 때문에 부모가 禍를 당하지 않는단 말인가? 이는 그 자식의 本命으로 주방이 吉方에 있어야 부모가 장수한다는 뜻이다. 그러므로 지혜로운 이는 이 말의 의미를 잘 추리하여 깨달아야 할 것이다.

그러므로 가족의 질병을 완쾌시키려면 먼저 부모에게 좋은 방위로 주방의 가스대를 설치하되, 자식의 命도 살펴야 하고, 특히 患者가 있으면, 그의 本命에 의한 天乙方에다 가스대를 설치하고 음식을 해 먹으면 효험이 빠를 것이다.

艮命의 남녀가 禍害인 離方을 犯하면, 남자는 풍광(風狂 : 치매), 해수병(咳嗽病), 담화증(痰火症 : 가슴이 답답하고 숨이 찬다), 창옹(瘡癰 : 등에 부스럼) 등이고, 부녀자는 토혈(吐血), 황수(黃瘦 : 누렇게 여윈다) 등의 질환이 있다.

또한 艮命人이 六殺인 震方을 犯하면, 이학석별(痢虐瀉血 : 이질 학질로 아래로 피를 쏟는 병), 질상수족(跌傷手足 : 거꾸러져 手足을 傷한다)이고, 風狂 등으로 3年 後에는 대마풍(大麻風 : 나병)에 걸린다.

만약 小兒가 絶命인 巽方에서 만든 음식을 먹거나, 巽方의 침실을 사용하게 되면 배꼽풍이나 만성 경기로 생명이 위태로울 것이다.

艮命인 남녀가 五鬼인 坎方을 犯하면, 남자는 상한증(傷寒症 : 떨리는 증세), 신허(腎虛 : 정력이 약하다), 유탁(遺濁 : 소변이 탁함) 등의 증세가 있고, 부녀자가 폐경혈붕(閉經血崩 : 월경이 끝나고 피가 쏟아짐)이거나, 소산(小産 : 임신하면 유산되는 것) 등의 증세가 발생되면 天乙方에다 가스대를 설치해 음식을 해 먹으면, 병이 제거될 것이다.

또한 延年인 兌方으로 출입문을 내거나, 兌方에다가 침실을 정하여 그곳에서 居하게 되면 질병이 완쾌될 것이라고 한다.

③ 재화(災禍)

艮命人이 六殺인 震方으로 주방을 내면, 東方에 있는 아후(啞喉 : 말을 못하는 사람) 長身인 木形人에게 사송파재(唆訟破財 : 꾀임에 의해 송사하여 재산을 날린다)하고, 長子는 불효하고 또한 질상수족(跌傷手足 : 거꾸러져 수족을 다친다)한다.

만약 아버지가 자식의 잘못을 고발하면 면인관송(免人官訟 : 관재인 송사를 면할 수 있다)한다고 한다.

艮命人이 絶命인 巽方을 犯하면, 부모와 처나 자식에게 재앙이 있게 되므로 후사(後嗣)가 없고, 또한 본인도 手足을 傷하게 되든지 夭死할 수 있다고 한다. 또한 부처불목(夫妻不睦 : 부부간에 불화)하고, 자손은 부모의 뜻을 거역한다.

艮命人이 禍害인 離方을 犯하면, 官災가 있을 수 있고, 부인은 지권(持權 : 내주장)을 하든지, 음란하여 남편을 속이니, 부노성병(夫怒成病 : 남편은 화병에 걸린다)이다.

水經에 말하기를 艮과 離는 부인이 家風을 교란(攪亂)시킨다 하였고, 또한 상유 득승지소관 파재(常有 得勝之小官 破財 : 항상 남에게 지기를 싫어하는 성품으로 하찮은 일에도 관재 시비로 재물을 날린다)하고는 상자곡읍(常自哭泣 : 항상 슬피 운다)한다.

艮命人인 부옹(富翁)의 넓은 집 부엌에 솥이 일곱 개나 있었는데, 공교롭게도 부인을 일곱이나 갈았다고 하였다.

艮命人이 五鬼인 坎方을 犯하면 다섯 차례나 크게 도난을 당하고, 火災를 당하게 된다고 한다. 그리고 처나 첩이 재물을 훔쳐 노비(奴婢)와 함께 도주하는 경우가 있을 것이며, 가운데 아들은 익사(溺死)하게 되고, 상한증(傷寒症 : 떨리는 증세)이나 신허(腎虛 : 정력이 약하다), 또한 유탁(遺濁 : 소변이 탁함) 등으로 고생하면서 몹시 빈궁해진다고 한다.

### (8) 兌門과 兌命·八主·八廚와의 관계

垈地나 건물의 中心線 위치에서 羅經을 보아 출입문이 庚·酉·辛方에 있으면 兌門이라고 한다.

○ 兌命 : 三元定局에서　上元 1964年 甲子~1923年 癸亥 出生者
　　　　　　　　　　　中元 1924年 甲子~1983年 癸亥 出生者
　　　　　　　　　　　下元 1984年 甲子~2043年 癸亥 出生者

男子 : 上元=坎宮. 中元=巽宮. 下元=兌宮에 甲子를 붙여 九宮을 逆行한다.

女子 : 上元=中宮. 中元=坤宮. 下元=艮宮에 甲子를 붙여 九宮을 順行한다.

| 巽 4<br>甲子 병인<br>癸酉 을해 | 離 9<br>戊辰 신미<br>丁丑 경진 | 坤 2<br>丙寅 갑자<br>乙亥 계유 |
|---|---|---|
| 震 3<br>乙丑 을축<br>甲戌 갑술 | 中 5<br>壬申 정묘<br>병자 | 兌 7<br>庚午 기사<br>己卯 무인 |
| 艮 8<br>己巳 경오<br>戊寅 기묘 | 坎 1<br>丁卯 임신<br>丙子 | 乾 6<br>辛未 무진<br>庚辰 정축 |

例 : 男子 1930年 출생자는 己卯生으로 中元에 해당된다. 中元 남자는 巽宮에서 甲子를 붙여 逆行하면 乙丑은 震宮, 丙寅은 坤宮, 丁卯는 坎宮, 戊辰은 離宮으로 해서 己卯가 되니 이는 兌命이다.

例 : 女子 1929年 출생자는 戊寅生으로 中元에 해당된다. 中元 女子는 坤宮에서 甲子를 붙여 順行하면 乙丑은 震宮, 丙寅은 巽宮, 戊寅은 兌命이 된다.

\* 參考 : 男女間에 中宮에 해당되면 男子는 坤命, 女子는 艮命된다.
\*西紀年度別(中元 兌命)

男子 : 1930年. 1939年. 1948年. 1957年. 1966年. 1975年. 1984年
女子 : 1929年. 1938年. 1947年. 1956年. 1965年. 1974年. 1983年

① 兌門과 兌主圖

垈地나 건물의 中心에서 羅經을 보아 庚·酉·辛方에 출입문이 있으면 兌門이라 하고, 주인방이 庚·酉·辛方에 있으면 兌主라고 한다.

兌門과 兌主는 택중소부 장가권(宅重少婦 掌家權)이라, 이것은 부녀자가 집안의 살림을 쥐고 마음대로 한다는 뜻이다.

兌門과 兌主는 伏位宅이다. 二金이 比和되니, 초년에는 發財하

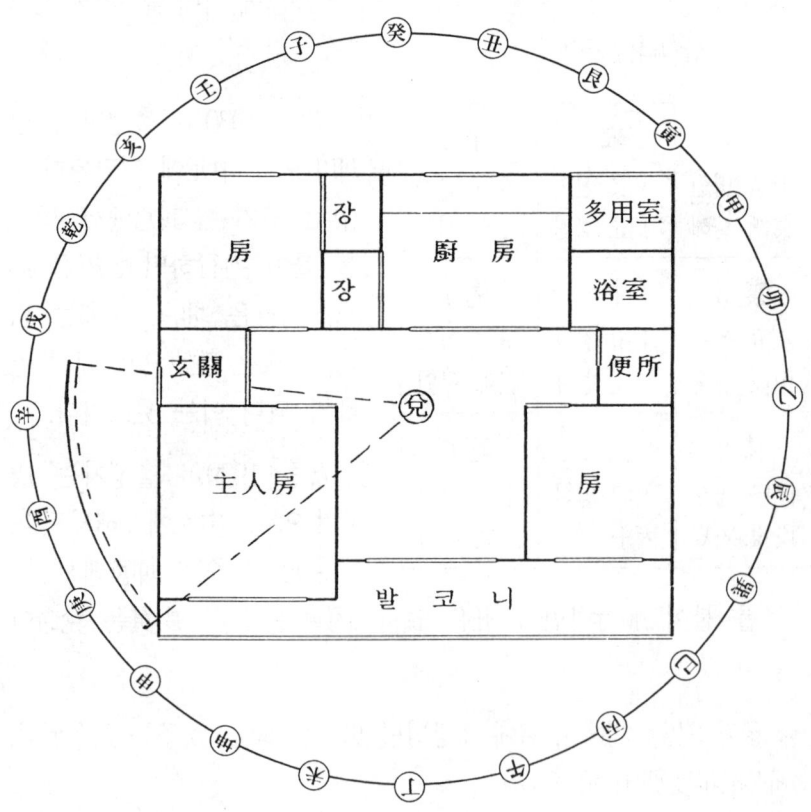

나, 오랜 세월이 지나면, 純陰이라 男子는 早死하므로 人丁이 희소하다. 그러므로 孤兒나 과부가 나온 뒤에는 주방의 방위에 따라 차차 吉하다고 하는데 命에 부합되어야만 그 本分을 다할 수 있다.

### 兌門에서 兌主와 八廚와의 관계

兌門　　큰방이 兌方에 있으면 '兌主'라 하고, 이는 伏位가 된다. 주방의 '가스대'가 坎方에 있으면 禍害이고, 兌方의 큰방과 坎方의 주방은 禍害가 된다.

이러한 집은 二金이 比和되므로 초년에는 집안에 모든 일이 잘되어 금전과 재물이 풍요로우나, 자식이 적거나 늦게 있을 것이라고 한다.

그리고 젊은 부녀자가 가권(家權)을 쥐고 마음대로 행하니 집안이 불편하다. 그러므로 배 속에 핏덩어리가 생기고, 胃病으로 먹지 못하는 환자가 발생한다.

그리고 오랜 세월이 지나면, 부녀자는 낙태(落胎)나 피가 쏟아지는 증세가 있든지, 발암(發癌) 환자가 있을 것이고, 남자는 잠결에 유정(遺精)을 하든지 토혈(吐血)할 것이다. 가운데 아들은 호음(好淫 : 여색을 즐긴다)할 것이고, 官災나 도난으로 재물이 흩어지고, 가축에게도 손실이 있을 것이다.

兌門　　큰방이 兌方에 있으면 '兌主'라 하고, 이는 伏位가 된다. 주방의 '가스대'가 艮方에 있으면, 延年이 된다. 兌方의 큰방과 艮方의 주방은 延年이 된다.

이러한 집은 음양에 부부정배합이 되므로, 和平한 기운이 집안에 가득하여, 영예로운 사람이 태어날 것인데, 작은아들과 작은딸에게 발복된다고 한다.

날로 오곡(五穀)과 재물이 창고에 가득하게 쌓이고, 자손은 학문이 탁월해서 문과급제(文科及第)하든지, 적군(敵軍)이 두려워하는 용맹스러운 무장(武將)이 나와 나라에 忠誠을 다할 것이다.

그러나 오랜 세월이 지나면 자손이 적어지거나, 출생하지 않을 수 있으며, 부녀자가 집안을 좌우하면 가정이 불평할 것이고, 위병으로 음식을 먹지 못하는 환자나 발암(發癌) 환자가 발생할 것이다.

兌門　큰방이 兌方에 있으면 '兌主'라 하고, 이는 伏位가 된다. 주방의 '가스대'가 震方에 있으면 絶命이 되고, 兌方의 큰방과 震方의 주방은 絶命이 된다.

이러한 집은 초년에는 집안의 모든 일이 잘되어 금전과 재물이 풍요로우나, 자식이 적거나, 늦게 있을 것이라 한다.

그리고 젊은 부녀자가 가권(家權)을 쥐고 마음대로 행동하니, 집안이 불편하다. 그러므로 배 속에 적(積)이 생기고, 胃病으로 먹지 못하는 환자가 발생한다.

그리고 오랜 세월이 지나면, 요통수족마(腰痛手足摩 : 허리가 아프고 팔과 다리가 마비되는 증세)가 생기는데 이러한 증세는 震命이나 巽命人에게 있을 것이며, 재물이 나가고 신병으로 고생하다가 목매 죽거나, 처참하게 자결할 것인데, 고향을 떠나 살면 면할 수 있을 것이라 한다.

兌門　큰방이 兌方에 있으면 '兌主'라 하고, 이는 伏位가 된다. 주방의 '가스대'가 巽方에 있으면, 이는 六殺이 된다. 兌方의 큰방과 巽方의 주방도 六殺이 된다.

이러한 집은 초년에는 집안의 모든 일이 순조롭게 잘되어서 금전과 재물이 넉넉하나, 자식이 적거나 늦게 있을 것이다.

그리고 젊은 부녀자가 집안을 마음대로 주무르게 되니, 집안이 불안하다. 그러므로 배 속에 적(積)이 생기고, 위병으로 먹지 못하는 환자가 발생할 것이다.

그리고 오랜 세월이 지나면, 長子는 자식이 없든지 단명할 것이고, 팔다리가 시리고 아픈 고통이 있으며, 미친 병에 가까운 치매가 있든지, 약물중독으로 사망하는 사람이 있을 것이라고 한다. 또한 못듣고 못보는 사람이 있으며, 음란한 생활로 가재(家財)와 산업(産業)을 탕진하게 되고, 男子는 고생한다.

兌門　　큰방이 兌方에 있으면 이를 '兌主'라 하고, 伏位가 된다. 주방의 '가스대'가 離方에 있으며 이는 五鬼가 되고, 兌方의 큰방과 離方의 주방은 五鬼가 된다.

이러한 집은 초년에는 집안의 모든 일이 잘되어서, 금전과 재물이 풍부하나, 자식이 적든지 늦게 있을 것이라고 한다. 그리고 부녀자가 행동이 경망스러워서 집안이 불편하다. 그리고 젊은 남녀가 단명하게 될 것이다.

얼굴이 누렇게 뜨고, 허약하여 해수나 담화(痰火), 출혈을 할 것이고, 부녀자는 얼굴이 누렇게 뜨고, 임신중에 하혈(下血)이나 피오줌이 나오는 질환이 있으며, 액익화도관재 전산퇴패(縊溺火盜官災 田産退敗 : 목을 매죽거나 물에 빠져 죽고, 화재나 도난, 관재로 재산을 다 날린다)이며, 또한 약물중독으로 남자는 주눅들고, 가축에도 손실이 있으며, 과부가 집안을 꾸려간다.

兌門　　큰방이 兌方에 있으면 '兌主'라 하고, 이는 伏位가 된다. 주방의 '가스대'가 坤方에 있으면 天乙이 되고, 兌方의 큰방과 坤方의 주방(가스대)은 天乙이 된다.

이러한 집은 초년에는 모든 일이 순조로워서 금전과 재물이 풍부하고, 남녀가 효도하고 형제간에 우애가 있으나, 자식이 적거나 얻기 어려울 것이다.

부녀자가 집안 살림을 좌지우지하므로 남자는 심기가 불편하여 위병으로 먹지 못하여 단명할 것이다.

그리하여 모녀가 함께 살아가는 집이 될 것이다. 이러한 연유는 陽이 없이 순음(純陰)으로 배치가 되었기 때문이다.

兌門　큰방이 兌方에 있으면 이를 '兌主'라 하고, 伏位가 된다. 주방의 '가스대'가 兌方에 있으면 이는 伏位가 된다. 兌方의 큰방과 兌方의 주방은 伏位가 된다.

이러한 집은 二金이 比和가 되므로 초년에는 집안의 모든 일이 잘되어서 금전과 재물이 풍부하나, 자식이 적거나 늦게 있을 것이다.

그리고 젊은 부녀자가 가권(家權)을 쥐고 마음대로 행하니 집안이 불편하다. 그러므로 배 속에 핏덩어리가 생기고, 胃病으로 먹지 못하는 환자가 발생할 것이다.

어찌할꼬, 陰만 있고 陽이 없는 집이라, 부녀자가 살림을 꾸려가고 남자는 단명하게 되는 집이다.

어쨌든 초년에는 재산이 크게 발하여 부녀자가 집안을 시끄럽게 하고, 남자가 주눅드는 집이다.

兌門　큰방이 兌方에 있으면 '兌主'라 하고, 이는 伏位가 된다. 주방의 '가스대'가 乾方에 있으면 生氣가 되고, 兌方의 큰방과 乾方의 주방은 生氣가 된다.

이러한 집은 금전과 재물이 넉넉하고 곡식은 넘치고, 자손은 총명하고, 부녀자는 예쁘고 아름답다.

乾과 兌는 본부인을 먼저 보내고, 첩을 얻어 많은 자

식을 얻게 되는데, 젊은 부인이 집안 살림을 마음대로 휘두르니 집안이 불편하여, 배 속에 핏덩어리가 생기고, 胃病으로 음식을 먹지 못하는 환자가 발생할 것이다.

② 兌門과 乾主圖

垈地나 건물의 中心에서 羅經을 보아 庚·酉·辛方에 출입문이 있으면 兌門이라 하고, 주인방이 戌·乾·亥方에 있으면 乾主라고 한다.

兌門과 乾主는 택천과모 장재원(宅天寡母 掌財源)이라, 이것은 과부(寡婦)가 집안의 財政을 도맡아 살림한다는 뜻이다.

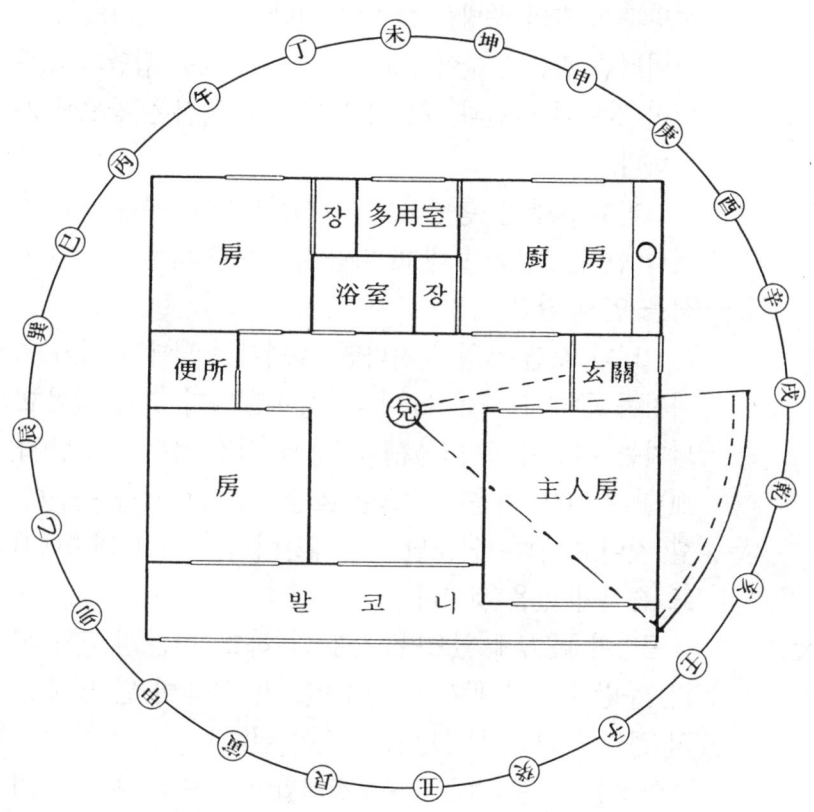

兌門과 乾主는 生氣宅이다. 二金이 比和되니, 田畓이 진익(進
益 : 늘어난다)하고, 남자는 왕성하나, 부녀자가 조사(早死)하므로
중취처첩(重娶妻妾 : 처와 첩을 거듭 얻음)한다.

그리고 兌門에서 坤方에 주방이 있으면, 초년에는 재산진익(財産
進益)에 모든 일이 순리이나, 세월이 지나면 모녀가 同居하게 되므
로 남자는 요사(夭死)하고 부녀지가(婦女持家)이다.

### 兌門에서 乾主와 八廚와의 관계

兌門　　큰방이 乾方에 있으면 '乾主'라 하고, 이는 生氣가 된
다. 주방의 '가스대'가 坎方에 있으면 禍害이고, 乾方의
큰방과 坎方의 주방은 六殺이 된다.

이러한 집은 二金이 比和되므로 초년에는 집안의 모든
일이 잘되어 금전과 재물이 넉넉하고, 곡식은 창고에 가
득하다.

그리고 자손은 총명하고 자녀는 예쁘고 아름답다. 그
러나 먼저 부인을 보내고, 다음 부인으로 하여금 많은 자
식을 얻게 된다.

그러나 오랜 세월이 지나면, 부녀자는 낙태나 피가 쏟
아지는 증세가 있든지, 발암(發癌) 환자가 있을 것이고,
남자는 잠결에 유정(遺精 : 자면서 사정)하든지 토혈(吐
血)할 것이다. 가운데 아들은 호음(好淫 : 여색을 즐긴다)
할 것이고, 官災나 도난으로 재물이 흩어지고 가축에게
도 손실이 있을 것이다.

兌門　　큰방이 乾方에 있으면 '乾主'라 하고, 이는 生氣가 된
다. 주방의 '가스대'가 艮方에 있으면, 延年이 된다. 乾方
의 큰방과 艮方의 주방은 天乙이 된다.

이러한 집은 陰陽에 부부정배합이 되므로, 和平한 기

운이 집안에 가득하여, 영예로운 사람이 태어날 것인데, 작은아들과 작은딸에게 발복된다고 한다.

　날로 오곡과 재물이 창고에 가득히 쌓이고, 자손은 학문이 탁월해서 문과급제(文科及第)하든지, 적군(敵軍)이 두려워하는 용맹스러운 무장(武將)이 나와 나라에 忠誠을 다할 것이다.

　그러나 오랜 세월이 지나면, 먼저 부인을 보내고, 다음 부인으로 하여금 많은 자식을 얻게 되고, 그 자식은 총명하고 자녀도 미려(美麗 : 예쁘다)하다.

兌門　　큰방이 乾方에 있으면 '乾主'라 하고, 이는 生氣가 된다. 주방의 '가스대'가 震方에 있으면 絶命이 되고, 乾方의 큰방과 震方의 주방은 五鬼가 된다.

　이러한 집은 초년에는 집안의 모든 일이 잘되어 금전과 재물이 넉넉하고 곡식은 창고에 가득하다.

　자손은 총명하고 여자는 미려(美麗)하나, 본부인을 먼저 보내고 다음 부인으로 하여금 많은 자식을 얻게 된다.

　그러나 오랜 세월이 지나면, 長子孫과 長婦女子가 夭死하게 되므로 후사(後嗣)가 없을 것이다.

　그리고 가슴이 꽉 막히고, 요통수족마(腰痛手足摩 : 허리가 아프고 팔과 다리가 마비되는 증세)인데, 이러한 증세는 震命이나 巽命人에게 있을 것이며, 재물이 나가고 신병으로 고생하다가 목매 죽거나 처참하게 자결할 것인데, 고향을 떠나 살면 면할 수 있을 것이라 한다.

兌門　　큰방이 乾方에 있으면 '乾主'라 하고, 이는 生氣가 된다. 주방의 '가스대'가 巽方에 있으면, 이는 六殺이 된다. 乾方의 큰방과 巽方의 주방은 禍害가 된다.

　이러한 집은 初年에는 집안의 모든 일이 순조롭게 잘

되어서 금전과 재물이 넉넉하고, 창고에는 곡식이 가득 쌓인다.

그리고 자손은 총명하고, 여자는 미려한데, 본부인을 보내고 다음 부인으로 하여금 많은 자식을 얻게 된다.

그러나 오랜 세월이 지나면, 필시 長婦女子에게는 자식이 없이 가족이 흩어지게 될 것이며, 남자는 단명하게 되므로 후사(後嗣)가 없을 것이다. 그리고 근육이 시리고 아프거나, 치매가 있든지, 약물중독(藥物中毒)으로 死亡하는 사람이 있을 것이라고 한다. 또한 못듣고 못보는 사람이 있으며, 음란한 생활로 가재(家財)와 산업(産業)을 탕진하게 되고, 남자는 주눅든다.

兌門　　큰방이 乾方이 있으면 이를 '乾主'라 하고, 生氣가 된다. 주방의 '가스대'가 離方에 있으면 이는 五鬼가 되고, 乾方의 큰방과 離方의 주방은 絶命이 된다.

이러한 집은 초년에는 집안의 모든 일이 잘되어서, 금전과 재물이 풍부하고 곡식은 창고에 가득하고, 자손은 총명하고, 부녀자는 미려(美麗)하나, 본부인을 먼저 보내고 다음 부인으로 하여금 많은 자식을 얻게 된다.

그러나 오랜 세월이 지나면, 젊은 부녀자나 남자는 단명하든지, 해수(咳嗽)에 허약하고, 부녀자는 얼굴이 누렇게 뜨고, 임신중에 하혈(下血)이나 피오줌이 나오는 질환이 있으며, 액익화도관재 전산퇴패(縊溺火盜官災 田産退敗 : 목을 매 죽거나 물에 빠져 죽고, 화재나 도난, 관재로 재산을 다 날린다)이며, 또한 약물중독으로 남자는 주눅들고, 가축에도 손실이 있으며, 과부가 집안을 꾸려간다.

兌門　　큰방이 乾方에 있으면, '乾主'라 하고, 이는 生氣가 된다. 주방의 '가스대'가 坤方에 있으면 天乙이 되고, 乾方

의 큰방과 坤方의 주방(가스대)은 延年이 된다.

이러한 집은 초년에는 모든 일이 순조로워서 금전과 재물이 풍부하고, 남녀가 효도하며 형제끼리 우애가 있으나, 본부인을 먼저 보내고, 다음 부인으로 하여금 많은 자식을 얻게 될 것이라 한다.

그러나 오랜 세월이 지나면, 자식이 생기지 않든지 남편과 자식을 잃고 과부가 가정을 꾸려갈 것이다.

兌門　　큰방이 乾方에 있으면 이를 '乾主'라 하고, 生氣가 된다. 주방의 '가스대'가 兌方에 있으면, 이는 伏位가 된다. 乾方의 큰방과 兌方의 주방은 生氣가 된다.

이러한 집은 二金이 比和되므로 초년에는 집안의 모든 일이 잘되어서 금전과 재물이 풍부하고, 오곡이 창고에 가득하다. 자손은 총명하고 부녀자는 미려(美麗)하나, 본부인을 먼저 보내고 다음 부인으로부터 많은 자식을 얻게 된다.

그러나 오랜 세월이 지나면, 長子측은 무너지고, 次子孫은 일어난다고 하나, 자식이 적거나 늦게 두게 될 것이다.

그리고 젊은 부녀자가 집안 살림을 마음대로 하게 되니, 집안이 불편하므로 가슴앓이에 위병(胃病)으로 먹지 못하는 환자가 발생한다. 이러한 집을 무정진가방(無丁振家邦 : 남자가 없이 여자가 권리행사를 한다)이라 한다.

兌門　　큰방이 乾方에 있으면 '乾主'라 하고, 이는 生氣가 된다. 주방의 '가스대'가 乾方에 있으면 生氣가 되고, 乾方의 큰방과 乾方의 주방은 伏位가 된다.

이러한 집은 금전과 재물이 넉넉하고 곡식은 넘치고 자손은 총명하고 부녀자는 예쁘고 아름답다.

乾과 兌는 지인옹녀배합(只因翁女配合 : 다만 老人과 젊은 女子와의 배합)이다.

그러므로 본부인을 먼저 보내고, 다음 부인으로 하여금 많은 자식을 얻게 되는데, 오랜 세월이 지나면 부녀자가 집안을 마음대로 권리행사하게 되므로 집안이 불편하고 그로 인하여 심장병이나 위장병 환자가 발생할 것이다.

③ 兌門과 坎主圖

垈地나 건물의 中心에서 羅經을 보아 庚·酉·辛方에 출입문이 있으면 兌門이라 하고, 주인방이 壬·子·癸方에 있으면 坎主라고

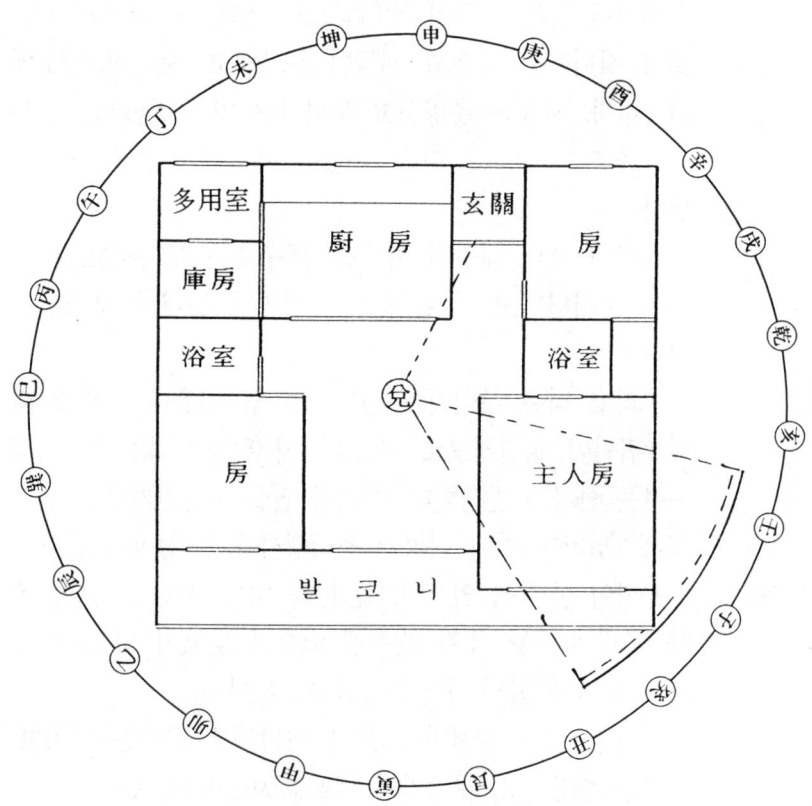

한다.

兌門과 坎主는 백호투강 육축상(白虎投江 六畜傷)이라, 이것은 兌가 白虎에 속하고, 坎은 水가 되므로 白虎가 投江함은 六畜이 傷한다 함이다.

이는 金生水의 生이 되나, 화해설기택(禍害洩氣宅)이다. 이러한 집은 산업이 퇴패(退敗)하게 되는데, 도박과 주색으로 세월을 보내게 되므로 젊은 부녀자는 단명하게 될 것이다.

다음 그림과 같이 兌門의 乾方에 주방이 있으면, 금전과 재물이 넉넉하고, 첩으로 하여금 많은 자식을 얻게 될 것이나, 本婦人을 먼저 보내게 된다.

### 兌門에서 坎主와 八廚와의 관계

兌門     큰방이 坎方에 있으면 '坎主'라 하고, 이는 禍害가 된다. 주방의 '가스대'가 坎方에 있으면 禍害이고, 坎方의 큰방과 坎方의 주방은 伏位가 된다.

    이러한 집은 금전과 재물이 있어 9年간은 뽐내며 오만하게 지낼 것이다. 그러나 가운데 자식이 익사하지 않으면, 여색으로 재산을 날릴 것이다.

    그리고 부녀자는 낙태(落胎)나 붕루(崩漏 : 피가 쏟아진다)이든지 발암(發癌)하는 자가 있을 것이다. 또는 약물중독(藥物中毒)자가 있을 것이며, 가축에도 손실이 있어 재산이 흩어진다. 이러한 집은 가족에게 관재나 도난으로 손재(損財)가 늘 있기 마련이다.

    그런데도 수성호음(水星好淫 : 가운데 자식은 여색을 즐긴다)하게 되는 집이다.

兌門     큰방이 坎方에 있으면 '坎主'라 하고, 이는 禍害가 된다. 주방의 '가스대'가 艮方에 있으면, 延年이 된다. 坎方

의 큰방과 艮方의 주방은 五鬼가 된다.

이러한 집은 陰陽에 부부정배합이 되므로, 和平한 기운이 집안에 가득하여, 영예로운 사람이 태어날 것인데, 작은아들과 작은딸에게 발복된다고 한다.

날로 오곡(五穀)과 재물이 창고에 가득 쌓이고, 자손은 학문이 탁월해 문과급제(文科及第)하든지, 적군(敵軍)이 두려워하는 용맹스러운 무장(武將)이 나와 나라에 충성을 다할 것이다.

그러나 오랜 세월이 지나면, 부녀자는 낙태나 피를 쏟게 되든지, 발암(發癌)하는 자가 있을 것이고, 또는 약물중독자나, 관재나 도난으로 재산이 흩어지고, 가축에도 손실이 있는데, 가운데 자식은 여색을 즐기면서 재산을 날리지 않으면 물에 빠져 죽을 것이다.

**兌門**  큰방이 坎方에 있으면 '坎主'라 하고, 이는 禍害가 된다. 주방의 '가스대'가 震方에 있으면 絶命이 되고, 坎方의 큰방과 震方의 주방은 天乙이 된다.

이러한 집은 초년에는 금전과 재물이 있어 가정이 화목하나, 長子孫에게는 자손이 적든지 없을 것이고, 가운데 자식은 여색으로 재산을 날리지 않으면, 익사할 것이다.

부녀자는 낙태나 붕루(崩漏 : 하혈하는 것) 질환이 있든지, 발암(發癌)하는 자가 있으며, 또한 약물중독이나, 화재나 관재로 재산이 흩어진다. 그리고 가슴이 막힌 듯 고통스럽고 요통수족마(腰痛手足摩 : 허리가 아프고 팔과 다리가 마비되는 증세)인데, 이러한 증세는 震命이나 巽命人에게 있을 것이며, 재물이 나가고 신병으로 고생하다가 목매 죽거나, 처참하게 자결할 것인데, 고향을 떠나 살면 면할 수 있을 것이라 한다.

兌門　　큰방이 坎方에 있으면 '坎主'라 하고, 이는 禍害가 된다. 주방의 '가스대'가 巽方에 있으면, 이는 六殺이 된다. 坎方의 큰방과 巽方의 주방은 生氣가 된다.

　　이러한 집은 초년에는 발재(發財)하여, 현처(賢妻)에 孝子를 두므로 집안이 편안하다. 고시합격하여 부귀를 누릴 수 있으나, 부녀자는 낙태나 피를 쏟는 질환이 없으면, 발암(發癌)하는 자가 있을 것이다. 또한 관재나 도난이 있을 것이고, 가운데 자식은 여색으로 재산을 없앤다.

　　그리고 오랜 세월이 지나면, 필시 長婦女子에게는 자식이 없이 식구가 흩어지게 될 것이며, 남자는 단명하게 되므로 후사(後嗣)가 없을 것이다. 그리고 근육이 시리고 아프거나, 치매가 있든지, 약물중독으로 사망하는 사람이 있을 것이라고 한다. 또한 못듣고 못보는 사람이 있으며, 음란한 생활로 가재(家財)와 사업을 탕진하게 되고, 남자는 주눅들고 자손이 패절(敗絕)하는 집이다.

兌門　　큰방이 坎方에 있으면 이를 '坎主'라 하고, 禍害가 된다. 주방의 '가스대'가 離方에 있으면 이는 五鬼가 되고, 坎方의 큰방과 離方의 주방은 延年이 된다.

　　이러한 집은 초년에는 금전과 재물이 풍부하고, 명성을 떨치는 자손이 있으나, 가슴앓이나 안질로 부인과 사별하게 되든지, 낙태나 피를 쏟는 질환이 없으면 發癌하는 자가 있을 것이고, 가운데 자식은 여색을 밝히거나 溺死하는 자가 있다.

　　그리고 오랜 세월이 지나면, 젊은 부녀자나 남자는 단명하든지, 해수(咳嗽)에 허약하고, 부녀자는 얼굴이 누렇게 뜨고, 임신중에 하혈(下血)이나 피 소변이 나오는 질환이 있으며, 액익화도관재 전산퇴패(縊溺火盜官災 田産退敗 : 목을 매 죽거나 물에 빠져 죽고, 화재나 도난, 관재로 재산을 다 날린다)하며, 또한 약물중독으로 남자는 주눅들고, 가축에도 손실이 있으므로 부녀자가 집안을 꾸려간다.

兌門　　큰방이 坎方에 있으면 '坎主'라 하고, 이는 禍害가 된다. 주방의 '가스대'가 坤方에 있으면 天乙이 되고, 坎方의 큰방과 坤方의 주방(가스대)은 絶命이 된다.

이러한 집은 초년에는 모든 일이 순조로워서 금전과 재물이 풍부하고, 남녀가 효도하며 형제끼리 우애가 있으나, 남편과 자식을 잃게 되고 부녀자가 가정을 꾸려갈 것이다. 낙태나 피를 쏟는 질환이 없으면, 발암(發癌)하는 자가 있을 것이다.

또한 약물중독자가 있든지 관재나 도난으로 재산에 손실이 있을 것이다. 그리고 가축이 죽는다고 한다. 부녀자는 죽은 아이를 낳을 수 있고, 노모는 중풍으로 사지가 뒤틀어져 거동이 불편할 것이고, 혹시 못듣고 말 못하는 사람이 있든지 혹이 있는 사람이 있을 것이라 한다.

이러한 집은 해마다 사람이나, 가축이 손상되므로 부부가 떨어져 살지 않으면, 양자(養子)를 들여야 한다.

兌門　　큰방이 坎方에 있으면 이를 '坎主'라 하고, 禍害가 된다. 주방의 '가스대'가 兌方에 있으면, 이는 伏位가 된다. 坎方의 큰방과 兌方의 주방은 禍害가 된다.

이러한 집은 二金이 比和되므로 초년에는 집안의 모든 일이 잘되어서 금전과 재물이 풍부하고, 오곡이 창고에 가득하다. 자손은 총명하고 부녀자는 미려(美麗)하나, 자식이 적거나 늦게 있을 것이며, 부녀자는 가권(家權)을 쥐고 마음대로 하게 되니, 집안이 불편하므로 가슴앓이에 위병(胃病)으로 먹지 못하는 환자가 발생한다.

그리고 부녀자는 낙태나 피를 쏟지 않으면, 발암(發癌)하는 자가 있을 것이며, 또한 약물중독자가 없으면, 관재나 도난으로 재산에 손실이 있을 것이고, 가축이 손상될 것이다. 그리고 가운데 자식은 여색으로 재산을 날리지 않으면, 溺死할 것이라 한다.

兌門　큰방이 坎方에 있으면 '坎主'라 하고, 이는 禍害가 된다. 주방의 '가스대'가 乾方에 있으면 生氣가 되고, 坎方의 큰방과 乾方의 주방은 六殺이 된다.

이러한 집은 금전과 재물이 넉넉하고 곡식은 넘치고, 자손은 총명하고, 부녀자는 예쁘고 아름답다.

乾과 兌는 지인옹녀배합(只因翁女配合 : 다만 노인과 젊은 女子와의 배합)이다.

그러므로 本婦人을 먼저 보내고, 다음 부인으로 하여금 많은 자식을 얻게 되는데, 오랜 세월이 지나면 부녀자가 집안을 마음대로 권리행사하게 되므로 집안이 불편하고 그로 인하여 심장병이나 위장병 환자가 발생할 것이다.

그리고 부녀자는 낙태나 피를 쏟는 질환이 없으면, 발암자가 있을 것이다. 또한 약물중독자가 없으면, 관재나 도난으로 재산 손실이 있을 것이며, 가축이 손상될 것이다. 그리고 가운데 자식은 호음(好淫)으로 재산을 날리지 않으면, 익사하게 될 것이라 한다.

④ 兌門과 艮主圖

垈地나 건물의 中心에서 羅經을 보아 庚・酉・辛方에 출입문이

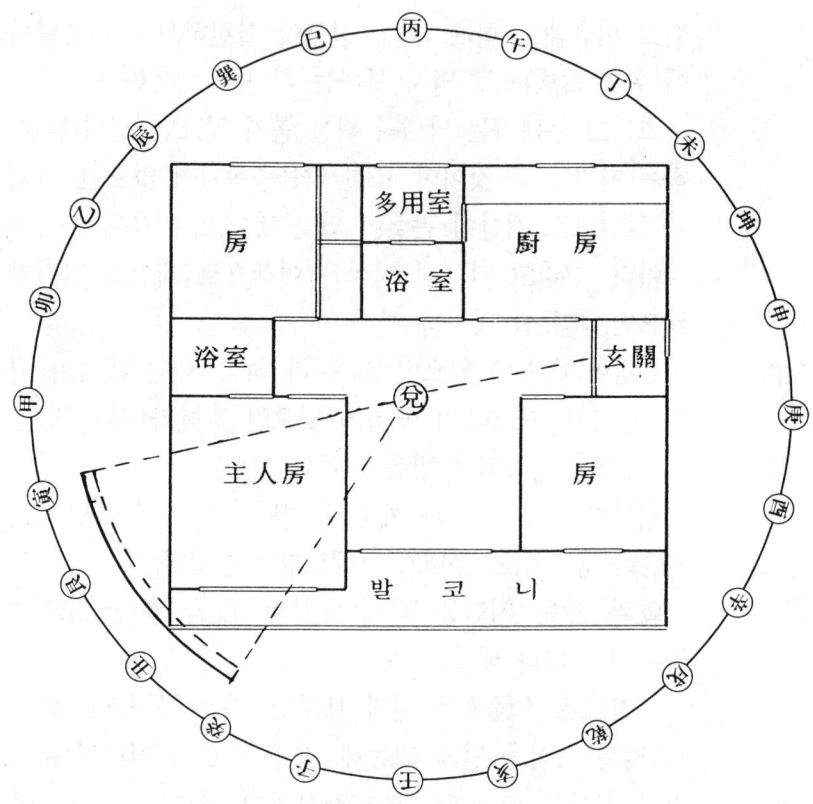

있으면 兌門이라 하고, 주인방이 丑・艮・寅方에 있으면 艮主라고 한다.

  兌門과 艮主는 택산증복 소방영(澤山增福 小房榮)이라, 이것은 兌와 艮의 配合은 福이 발하고, 특히 末子孫이 영화를 누린다.

  이는 延年宅이다. 陰陽의 夫婦正配이니, 남자는 총명하고, 여자는 수려하며, 가도화순(家道和順)하므로 부귀영창하여 과갑연면(科甲連綿 : 고시자가 연달아 있다)하는데 末子가 발복하게 되고, 壽命 長壽한다. 이러한 경사가 4~9년에 있든지 巳・酉・丑年에는 길응(吉應)될 것이라 한다.

### 兌門에서 艮主와 八廚와의 관계

兌門　　큰방이 艮方에 있으면 '艮主'라 하고, 이는 延年이 된다. 주방의 '가스대'가 坎方에 있으면 禍害이고, 艮方의 큰방과 坎方의 주방은 五鬼가 된다.

　　이러한 집은 음양에 부부정배합이 되므로, 화평한 기운이 집안에 가득하여, 영예로운 자손이 태어날 것인데, 末子와 末女에게 발복된다고 한다.

　　날로 오곡과 재물이 창고에 가득 쌓이고, 자손은 학문이 탁월해서 문과급제(文科及第)하든지 적군이 두려워하는 용맹스러운 무장(武將)이 나와 나라에 충성을 다할 것이다.

　　그러나 오랜 세월이 지나면, 부녀자는 낙태(落胎)나 피를 쏟게 되든지, 발암(發癌)하는 자가 있을 것이고, 또는 약물중독자가 없으면, 관재나 도난으로 재산에 손실이 있을 것이며, 가축이 손상되고, 가운데 자식은 여색을 즐기지 않으면 익사할 것이다.

兌門　　큰방이 艮方에 있으면, '艮主'라 하고, 이는 延年이 된다. 주방의 '가스대'가 艮方에 있으면, 延年이 된다. 艮方의 큰방과 艮方의 주방은 伏位가 된다.

　　이러한 집은 음양에 부부정배합이 되므로, 화평한 기운이 집안에 가득하여, 영예로운 사람이 태어날 것인데, 작은아들과 작은딸에게 발복된다고 한다.

　　날로 오곡과 재물이 창고에 가득 쌓이고, 자손은 학문이 탁월해서 문과급제(文科及第)하든지, 적군이 두려워하는 용맹스러운 무장(武將)이 나와 나라에 충성을 다할 것이다.

그러나 오랜 세월이 지나면 가족이 질병으로 부녀자가 단명하지 않으면, 어린이 기르기가 어려울 것이다. 그리고 식질팽민(食疾膨悶 : 밥을 먹은 것같이 속이 더부룩한 증세)하고, 황종(黃腫 : 종기)이나 복통(腹痛) 등의 질환이 있을 것이다.

**兌門**   큰방이 艮方에 있으면 '艮主'라 하고, 이는 延年이 된다. 주방의 '가스대'가 震方에 있으면 絶命이 되고, 艮方의 큰방과 震方의 주방은 六殺이 된다.

이러한 집은 음양에 부부정배가 되므로 화평한 기운이 집안에 가득하여, 영예로운 자손이 태어날 것인데, 末子와 末女에게 발복된다고 한다.

날로 오곡과 재물이 창고에 가득 쌓이고 자손은 탁월해서 文科及第하든지, 적군이 두려워하는 용맹스러운 武將이 나와 나라에 충성한다.

하지만 오랜 세월이 지나면 가슴이 막힌 듯 고통스럽고, 요통수족마(腰痛手足摩 : 허리가 아프고 팔과 다리가 마비되는 증세)인데, 이러한 증세는 震命이나 巽命人에게 있을 것이며, 재물이 나가고 신병으로 고생하다가 목매 죽거나, 처참하게 자결할 것인데, 고향을 떠나 살면 면할 수 있을 것이라 한다.

**兌門**   큰방이 艮方에 있으면 '艮主'라 하고, 이는 延年이 된다. 주방의 '가스대'가 巽方에 있으면, 이는 六殺이 된다. 艮方의 큰방과 巽方의 주방은 絶命이 된다.

이러한 집은 초년에는 화평한 기운이 집안에 가득하여, 영예로운 자손이 태어나 家門을 빛낸다. 창고에는 날로 오곡과 재물이 쌓이고, 자손은 학문이 탁월해서 문과급제(文科及第)하든지, 적군이 두려워하는 용맹스러운 무장

(武將)이 나온다.
　　그러나 오랜 세월이 지나면, 필시 長婦女子에게는 자식이 없이 식구가 흩어지게 될 것이며, 남자는 단명하게 되므로 후사(後嗣)가 없을 것이다. 그리고 근육이 시리고 아프거나, 치매가 있든지, 약물중독으로 사망하는 사람이 있을 것이라고 한다. 또한 못듣고 못보는 사람이 있으며, 음란한 생활로 가재(家財)와 산업을 탕진하게 되고, 남자는 주눅들고, 자손이 패절하는 집이다.

兌門　　큰방이 艮方에 있으면 이를 '艮主'라 하고, 延年이 된다. 주방의 '가스대'가 離方에 있으면 이는 五鬼가 되고, 艮方의 큰방과 離方의 주방은 禍害가 된다.
　　이러한 집은 초년에는 화평한 기운이 집안에 가득하여 영예로운 자손이 태어난 탁월한 학문으로 文科及第하든지 적군이 두려워하는 용맹스러운 武將이 나라에 충성할 것이고, 오곡과 재물이 날로 창고에 가득 쌓이게 된다.
　　그러나 오랜 세월이 지나면, 젊은 부녀자나 남자는 단명하든지, 해수(咳嗽)에 허약하고, 부녀자는 얼굴이 누렇게 뜨고, 임신중에 하혈(下血)이나 피오줌이 나오는 질환이 있으며, 액익화도관재 전산퇴패(縊溺火盜官災 田産退敗: 목을 매 죽거나 물에 빠져 죽고, 화재나 도난, 관재로 재산을 다 날린다)이며, 또한 약물중독으로 남자는 주눅들고, 가축에도 손실이 있으므로 부녀자가 집안을 꾸려간다.

兌門　　큰방이 艮方에 있으면 '艮主'라 하고, 이는 延年이 된다. 주방의 '가스대'가 坤方에 있으면 天乙이 되고, 艮方의 큰방과 坤方의 주방(가스대)은 生氣가 된다.
　　이러한 집은 음양에 부부정배합이 되므로 화평한 기

운이 집안에 가득하여, 영예로운 자손이 태어나 가문을 빛낸다. 창고에는 날로 오곡과 재물이 쌓이고, 자손은 학문이 탁월해서 文科에 及第하든지 적군이 두려워하는 용맹스러운 무장(武將)이 나올 것이며, 남녀가 효도하며 형제간에는 우애가 있을 것이다.

그러나 오랜 세월이 지나면, 불생부인당가 상부극자(不生婦人當家 傷夫剋子 : 어린애는 생기지 않고, 남편과 자식을 잃고, 부인이 가정을 꾸려간다)이다.

그리고 황종(黃腫 : 종기), 심복통(心腹痛)으로 고생하는 질환자가 있을 것이다.

兌門　큰방이 艮方에 있으면 이를 '艮主'라 하고, 延年이 된다. 주방의 '가스대'가 兌方에 있으면, 이는 伏位가 된다. 艮方의 큰방과 兌方의 주방은 延年이 된다.

이러한 집은 음양에 부부정배(夫婦正配)가 되므로 화평한 기운이 집안에 가득하여, 영예로운 자손이 태어나 가문을 빛낼 것이다. 창고에는 오곡과 재물이 쌓이고, 자손은 학문이 탁월해서 文科에 及第하든지, 적군이 두려워하는 용맹스러운 무장(武將)이 나올 것이고, 남녀가 효도하며, 형제간에는 우애가 있을 것이다.

그러나 오랜 세월이 지나면, 자식이 적거나 생기지 않을 것이고, 부녀자가 가권(家權)을 쥐고 마음대로 하니, 집안이 불편하여 위병(胃病)으로 먹지 못하는 환자가 없으면, 발암(發癌)하는 자가 있을 것이다. 대개가 이러한 집은 남자가 주눅들고 부녀자가 권리행사하는 집이다.

兌門　큰방이 艮方에 있으면 '艮主'라 하고, 이는 延年이 된다. 주방의 '가스대'가 乾方에 있으면 生氣가 되고, 艮方의 큰방과 乾方의 주방은 天乙이 된다.

이러한 집은 금전과 재물이 넉넉하고 곡식은 창고에 넘치고, 영예로운 자손이 태어나, 가문을 빛낼 것이다. 탁월한 자손이 문과에 及第하든지, 적군이 두려워하는 용맹스러운 무장(武將)이 나올 것이다.

그러나 본부인을 먼저 보내고, 다음 부인으로 하여금 많은 자식을 얻게 된다.

오랜 세월이 지날수록 부녀자가 집안을 마음대로 권리행사를 하니 집안이 불편하여 위병(胃病) 질환자가 발생할 것이고, 끝내는 혼자서 외로움을 면하기 어려울 것이라고 하였다.

### ⑤ 兌門과 震主圖

垈地나 건물의 중심에서 羅經을 보아 庚·酉·辛方에 출입문이 있으면 兌門이라 하고, 주인방이 甲·卯·乙方에 있으면 震主라고 한다.

兌門과 震主가 호입룡와 노고광(虎入龍窩 勞蠱狂)이라는 것은 兌인 白虎에 龍의 굴에 든 格이라 온갖 곤욕(困辱)을 당한다는 뜻이다.

이는 絶命宅이다. 金剋木이 되므로 震命人에게는 재물이 흩어지고, 연이어 傷人될 것인데, 주로 身病으로 고생하게 되면서 목을 매어 자결하지 않으면, 他에 의하여 처참한 죽음이 있을 것이다. 그래서 죽음을 면하려면 고향을 떠나 살라고 하였다.

#### 兌門에서 震主와 八廚와의 관계

兌門　　큰방이 震方에 있으면 '震主'라 하고, 이는 絶命이 된다. 주방의 '가스대'가 坎方에 있으면 禍害이고, 震方의 큰방과 坎方의 주방은 天乙이 된다.

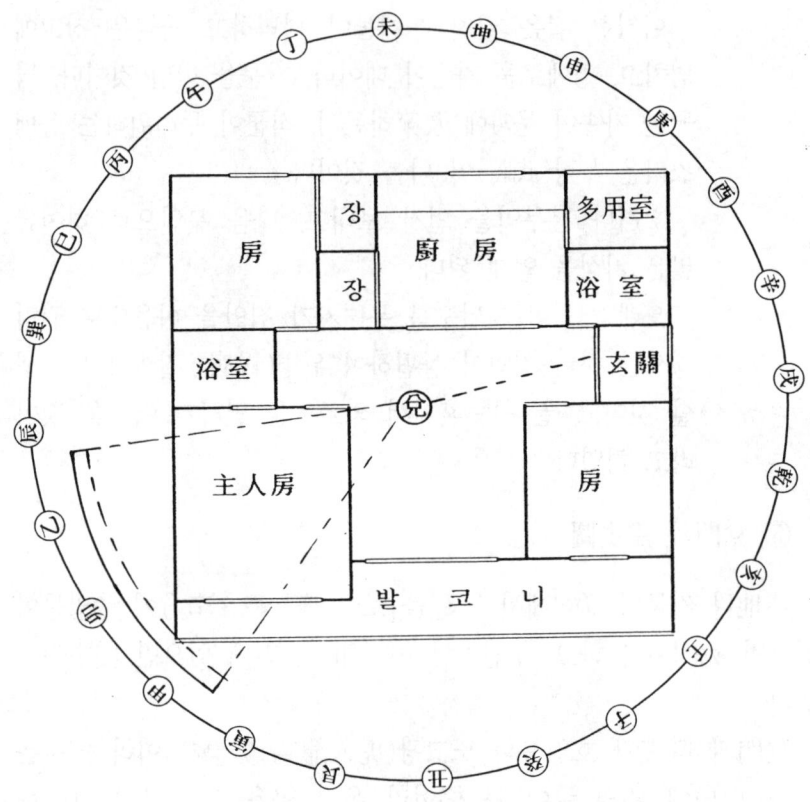

 이러한 집은 초년에는 금전과 재물이 유여하여 가정이 화목하다. 그러나 長子나 진명인(震命人)에게는 재물이 흩어지고 연이어 사람이 손상당할 것이다.
 위질환(胃疾患)이나, 가슴이 꽉 막힌 듯 답답한 증세에 허리가 아프고, 팔과 다리가 시리고 아프며 마비되는 고통이 있으며, 목매어 죽거나 신병으로 처참한 죽음이 있을 것이다.
 그리고 오랜 세월이 지나면, 부녀자는 낙태나 피를 쏟게 되든지, 발암(發癌)하는 자가 있을 것이고, 또는 약물 중독자가 없으면, 관재나 도둑을 맞아 재산에 손실이 있을 것이며, 가축이 손상되고, 가운데 아들은 여색을 즐기지 않으면 익사할 것이다.

兌門　큰방이 震方에 있으면 '震主'라 하고, 이는 絶命이 된다. 주방의 '가스대'가 艮方에 있으면, 延年이 된다. 震方의 큰방과 艮方의 주방은 六殺이 된다.

이러한 집은 음양에 부부정배합이 되므로, 화평한 기운이 집안에 가득하여, 영예로운 사람이 태어날 것인데, 작은아들과 작은딸에게 발복된다고 한다.

날로 오곡과 재물이 창고에 가득하게 쌓이고, 자손은 학문이 탁월해서 문과급제(文科及第)하든지, 적군(敵軍)이 두려워하는 용맹스러운 무장(武將)이 나와 나라에 충성을 다할 것이다.

그러나 오랜 세월이 지나면, 위질환이나 가슴이 답답한 증세에, 허리가 아프고 팔과 다리가 시리고 아프며, 마비되는 증세가 있을 것이다. 그리고 震命人에게는 신병으로 고생하다가 목매 죽는 이가 없으면 他에 의하여 처참한 죽음을 당하게 되는데, 고향을 떠나 살면 면할 수 있다고 한다.

兌門　큰방이 震方에 있으면 '震主'라 하고, 이는 絶命이 된다. 주방의 '가스대'가 震方에 있으면 絶命이 되고, 震方의 큰방과 震方의 주방은 伏位가 된다.

이러한 집은 초년에는 용모가 뛰어난 사람이 나오며 震命人은 사업에 성공하여 금전과 재물이 유여할 것이고, 명성도 떨치게 된다. 그러나 부녀자가 단명하지 않으면, 어린이 성장이 어려울 것이다. 그리고 치(痴:미련하고), 농(聾:못듣고), 우(愚:어리석고), 완(頑:욕심이 많음)의 사람이 생길 것이다.

위질환(胃疾患)으로 가슴이 막힌 듯 답답하고, 목구멍이 부어서 막힌 듯이 고통스럽고, 요통수족마(腰痛手足摩 : 허리가 아프고 팔과 다리가 마비되는 증세)인데, 이러한 증세는 長子나 震命人에게 있을 것이며, 재물이 나가고 신병으로 고생하다가 목매어 죽거나, 처참하게 자결할 것인데, 고향을 떠나 살면 면할 수 있을 것이라고 한다.

兌門     큰방이 震方에 있으면 '震主'라 하고, 이는 絶命이 된다. 주방의 '가스대'가 巽方에 있으면, 이는 六殺이 된다. 震方의 큰방과 巽方의 주방은 延年이 된다.

    이러한 집은 초년에는 화평한 기운이 집안에 가득하며, 亥·卯·未年에 태어난 子孫은 영예로울 것이다.

    그러나 震命人과 巽命人에게는 재물이 흩어지고 연이어 사람이 손상될 것이다. 위질환으로 가슴이 막힌 듯 답답하고, 목구멍이 부어서 고통스러울 것이다.

    그리고 오랜 歲月이 지나면, 필시 長婦 여자에게는 자식이 없고 가족이 흩어지게 될 것이며, 남자는 단명하게 되므로 후사(後嗣)가 없을 것이다. 그리고 근육이 시리고 아프거나, 치매가 있든지, 약물중독되는 이가 있거나 못보고 못듣는 사람이 있을 것이고, 허리가 아프고 팔과 다리가 시리고 아프며 마비가 되는 것같이 고통스러울 것이다. 그리고 신병으로 고생을 하다가 목매어 죽거나, 他에 의하여 처참한 죽음을 당하는 수가 있는데, 고향을 떠나면 면할 것이다.

兌門     큰방이 震方에 있으면 이를 '震主'라 하고, 絶命이 된다. 주방의 '가스대'가 離方에 있으면, 이는 五鬼가 되고, 震方의 큰방과 離方의 주방은 生氣가 된다.

이러한 집은 초년에는 재물이 날로 쌓이고, 총명한 자손이 태어나 연달아 고시에 합격을 할 수가 있으나, 震命人에게는 위질환이나 인후병(咽喉病) 등으로 가슴이 답답할 것이고, 허리가 아프고 수족이 시리다가 마비증세가 생기며, 신병으로 고통이 있거나, 他에 의하여 처참한 죽음을 당하는 수가 있을 것이다.

오랜 세월이 지나면, 젊은 남녀가 단명하게 된다. 또한 근육이 아프고, 약물중독으로 남자는 허약해져서 얼굴이 누렇게 뜨고, 임신중에 피오줌이 나올 것이다. 또한 목매어 죽거나 물에 빠져 죽는 자가 없으면, 火災나 官災나 도둑을 맞아 財産을 탕진할 것이다. 끝내는 부녀자가 집안을 꾸려갈 것이다.

兌門　　큰방이 震方에 있으면 '震主'라 하고, 이는 絶命이 된다. 주방의 '가스대'가 坤方에 있으면 天乙이 되고, 震方의 큰방과 坤方의 주방(가스대)은 禍害가 된다.

이러한 집은 초년에는 재산이 쌓이고 남녀가 효도하며, 형제간에는 우애가 있으나, 남편과 자식을 잃지 않으면, 자식이 없으므로 끝내는 부녀자가 집안을 꾸려간다.

세월이 지나면, 震命人에게는 재물이 손실되고, 연이어 損傷이 된다. 또한 위질환이 있으며 가슴과 목이 막혀 불편할 것이고, 허리가 아프고, 팔과 다리가 시리고 아프며 마비되는 증세가 있을 것이다.

어린이나 가축이 손상(損傷 : 죽는다)되고, 신병으로 고생하다가 목매어 죽지 않으면, 他에 의하여 처참한 사상자(死傷者)가 있을 것인데, 고향을 떠나 살게 되면 재앙을 피할 수 있다고 한다. 이러한 경우 조상의 묘소가 나쁘면 離鄕을 해도 면할 길이 없다는 것을 명심하여야 한다.

兌門　　큰방이 震方에 있으면 이를 '震主'고 하고, 絶命이 된다. 주방의 '가스대'가 兌方에 있으면, 이는 伏位가 된다. 震方의 큰방과 兌方의 주방은 絶命이 된다.

이러한 집은 초년에는 살림이 일어나 재물은 풍부하지만, 자손이 적거나 생기지 않는다. 세월이 지나면, 震命人에게는 위질불식지병(胃疾不食之病 : 위질환으로 먹지 못한다)이나 발암(發癌)하는 자가 있을 것이다.

부녀자가 집안에 권리를 행사하니 집안이 불편하고 남자는 주눅들게 된다. 가슴이나 목구멍이 답답하여 고통스럽고, 허리가 아프고, 팔과 다리가 시리고 아프며, 마비되는 증세가 있을 것이다. 震命人에게는 재물의 손실이 있으며, 연이어서 손상(損傷)이 있을 것이고, 또한 신병의 환자가 목매어 죽지 않으면 他에 의하여 처참한 죽음이 있을 수 있는데, 고향을 떠나 살면 이를 면할 것이라 한다.

兌門　　큰방이 震方에 있으면 '震主'라 하고, 이는 絶命이 된다. 주방의 '가스대'가 乾方에 있으면 生氣가 되고, 震方의 큰방과 乾方의 주방은 五鬼가 된다.

이러한 집은 금전과 재물이 넉넉하고 곡식은 창고에 넘치며, 영예로운 자손이 태어나, 家門을 빛낼 것이다. 탁월한 자손이 文科에 급제하든지, 적군이 두려워하는 용맹스러운 무장(武將)이 나올 것이다.

그러나 본부인을 먼저 보내고, 다음 부인에게서 많은 자식을 얻게 된다.

오랜 세월이 지날수록 부녀자가 집안을 마음대로 권리 행사를 하니 집안이 불편하여 위병질환(胃病疾患)을 앓는 자가 발생하고, 허리가 아프고 팔과 다리가 시리고 아프며 마비되는 증세가 있을 것이다. 震命人에게는 재물의 손실이 있으며, 연이어서 손상이 될 것이다. 또한 신병의 환자가 목매어 죽거나, 他에 의해 죽음을 당하는 자가 있을 것인데, 피하는 길은 고향을 떠나 살면 된다고 하였다.

### ⑥ 兌門과 巽主圖

垈地나 건물의 중심에서 羅經을 보아 庚·酉·辛方에 출입문이 있으면 兌門이라 하고, 주인방이 辰·巽·巳方에 있으면 巽主라고 한다.

兌門과 巽主가 호봉한지 역음상(虎逢限地 亦陰傷)이라는 것은

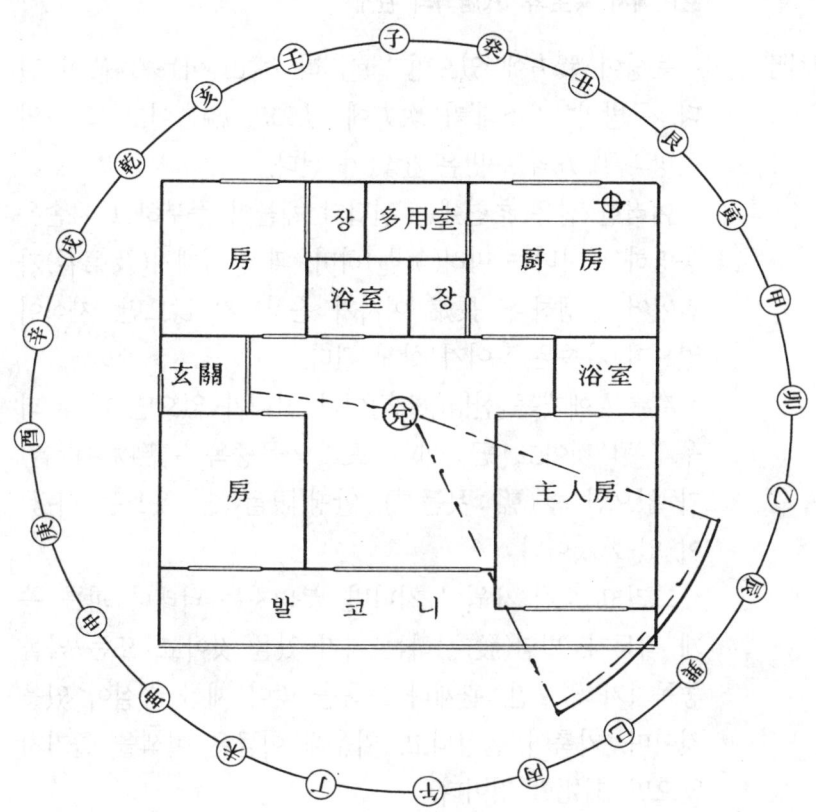

虎가 巽의 위에 앉았으니 부녀자가 손상된다는 뜻이다.

이는 六殺宅이다. 金剋木으로 두 여자가 동거하는 格이다. 陰勝陽衰하므로 剋夫이고 傷長子이니, 남자는 단명한다. 불치병자(不治病者)가 나온다.

대개 말하기는 이미 건축된 아파트에서는 방법이 없다고 하는데, 방법이 있다. 양택삼요에서 말하는 門에서 큰방과 주방의 가스대의 위치를 길흉에 단정하지 말고, 命에서 吉凶을 論하는 방법이 있으며, 吉한 집이라도 命에 합이 되지를 못하면 그 본분을 다하지 못함을 명심해야 한다.

### 兌門에서 巽主와 八廚와의 관계

**兌門**  큰방이 巽方에 있으면 '巽主'라 하고, 이는 六殺이 된다. 주방의 '가스대'가 坎方에 있으면, 禍害이고, 巽方의 큰방과 坎方의 주방은 生氣가 된다.

이러한 집은 초년에는 전답과 재물이 풍부하고 자손은 총명하고 자녀는 미려(美麗)하며, 과거 급제자(及第者)가 연이어 발생하나, 長婦 여자가 손상되지 않으면, 자식이 없으며 가족은 흩어져 살게 된다.

巽命人에게는 산병(産病)이나 치매가 없으면 바람 피우게 될 것이고, 근육이 아프고 약물중독자(藥物中毒者)가 없으면, 농(聾 : 못듣고), 안맹(眼盲 : 앞 못보는 사람)이 있을 것이다.

그리고 오랜 세월이 지나면, 부녀자는 낙태나 피를 쏟게 되든지, 발암(發癌)하는 자가 있을 것이고, 또는 약물중독자가 없으면, 관재나 도둑을 맞아 재산 손실이 있을 것이며, 가축이 손상되고, 가운데 아들은 여색을 즐기지 않으면 溺死할 것이다.

兌門　　큰방이 巽方에 있으면 '巽主'라 하고, 이는 六殺이 된다. 주방의 '가스대'가 艮方에 있으면, 延年이 된다. 巽方의 큰방과 艮方의 주방은 絶命이 된다.

　　이러한 집은 陰陽에 부부정배합이 되므로, 화평한 기운이 집안에 가득하며, 영예로운 사람이 태어나 家門을 빛내게 되는데 末子가 그렇게 된다고 한다.

　　날로 오곡과 재물이 창고에 가득하게 쌓이고, 자손은 학문이 탁월해서 문과급제(文科及第)하든지, 적군이 두려워하는 용맹스러운 무장(武將)이 나와 나라에 충성을 다할 것이다.

　　그러나 오랜 세월이 지나면, 長婦 여자가 손상되지 않으면 자식이 없으며 가족이 흩어져 살 것이다.

　　근육이 아프고 치매나 정신질환자가 없으면, 약물중독자가 있을 것이다. 巽命人이 産病으로 고생하지 않으면 음란한 생활로 家産에 손실이 있을 것이다.

兌門　　큰방이 巽方에 있으면 '巽主'라 하고 이는 六殺이 된다. 주방의 '가스대'가 震方에 있으면 絶命이 되고, 巽方의 큰방과 震方의 주방은 延年이 된다.

　　이러한 집은 초년에는 재산이 흥성하고 자손은 고시에 연이어 합격하여 화평한 가정인 것 같으나 몇 년을 지나게 되면 長婦 여자나 장남이 손상되지 않으면, 자식이 없을 것이고, 가족이 흩어져 살게 될 것이라고 한다. 근육이 아프고 치매나 정신질환자가 없으면 약물중독자가 있을 것이다.

　　위질환으로 가슴이 막힌 것처럼 답답하고, 목구멍이 부어서 막힌 듯이 고통스럽고, 요통수족마(腰痛手足摩 : 허리가 아프고 팔과 다리가 마비되는 증세)가 있는데, 이러한 증세는 震命人이나 巽命人에게 있을 것이며, 재물이 나가고 신병으로 고생하다가 목매어 죽거나, 처참하게 자결할 것이다. 고향을 떠나 살면 면할 수 있을 것이라고 한다.

兌門   큰방이 巽方에 있으면 '巽主'라 하고, 이는 六殺이 된다. 주방의 '가스대'가 巽方에 있으면, 이는 六殺이 된다. 巽方의 큰방과 巽方의 주방은 伏位가 된다.

이러한 집은 초년에는 재주가 있는 부녀자가 집안을 일으켜, 집안을 꾸려가고 있으나, 남자는 단명하게 되고 치매로 사지가 뒤틀어지든지 숨이 막히게 기침을 할 것이다.

巽命人에게는 산병(産病)이나 치매가 없으면, 바람 피우게 될 것이고, 남자는 주눅이 든다.

그리고 오랜 세월이 지나면, 필시 長婦 여자에게는 자식이 없이 식구가 흩어지게 될 것이며, 남자는 단명하게 되므로 후사(後嗣)가 없을 것이다. 또 근육이 시리고 아프거나, 치매가 있든지, 약물중독사(藥物中毒死)이거나, 못보고 못듣는 사람이 있을 것이고, 허리가 아프고 팔과 다리가 시리고 아프며 마비가 되는 것같이 고통스러울 것이다. 또한 정신질환자와 각종 질병으로 가재와 산업을 다 탕진하게 될 것이다.

兌門   큰방이 巽方에 있으면 이를 '巽主'라 하고, 六殺이 된다. 주방의 '가스대'가 離方에 있으면, 이는 五鬼가 되고, 巽方의 큰방과 離方의 주방은 天乙이 된다.

이러한 집은 초년에는 부녀자가 총명하여 가정을 잘 꾸려가므로 재산은 여유가 있으나, 남자가 단명하므로 아이가 없어 답답하다. 근육이 저리고 아프며, 치매나 약물중독자가 없으면, 못듣고 못보는 사람이 있을 것이다.

또한 부녀자는 산병(産病)이나, 중풍으로 몸이 불편하지 않으면, 정신질환이나 바람이 나서 재산에 손실이 있을 것이다. 또한 해수, 약물중독으로 남자는 고생하며, 허약해져서 얼굴이 누렇게 뜨고, 임신중에 出血이나 피오줌이 나올 것이다. 또한 목매어 죽거나 물에 빠져 죽는 자가 없으면, 火災나 官災나 도난으로 재산을 탕진할 것이며, 끝내는 부녀자가 집안을 꾸려갈 것이다.

兌門  큰방이 巽方에 있으면 '巽主'라 하고, 이는 六殺이 된다. 주방의 '가스대'가 坤方에 있으면 天乙이 되고, 巽方의 큰방과 坤方의 주방(가스대)은 五鬼가 된다.

이러한 집은 초년에는 재산이 쌓이고 남녀가 효도하며, 형제간에는 우애가 있으나, 남편과 자식을 잃지 않으면, 자식이 없으므로 끝내는 부녀자가 집안을 꾸려간다.

세월이 지나면, 巽命人에게는 재물이 손실되고, 연이어 손상된다. 그리고 근육이 시리고 아프거나, 중풍으로 몸이 불편하든지 약물중독으로 죽는 사람이 없으면, 못듣고 못보는 사람이 있을 것이다. 또한 정신질환이나, 바람이 나서 재산에 손실이 있을 것이다.

寅·午·戌年에는 화재로 人命에 재해가 있든지, 東南에서 도적이 들어와 재물에 손실이 있을 것이다.

또한 主人은 관청에 근무하면서 재물에 손실이 있든지 파직당할 것이다. 이러한 災殃이 연이어 있을 것이다.

兌門  큰방이 巽方에 있으면 이를 '巽主'라 하고, 六殺이 된다. 주방의 '가스대'가 兌方에 있으면, 이는 伏位가 된다. 巽方의 큰방과 兌方의 주방은 六殺이 된다.

이러한 집은 초년에는 살림이 일어나 재물은 풍부하지만, 자손이 적거나 생기지를 않는다. 세월이 지나면 巽命

人에게는 위질불식지병(胃疾不食之病 : 위질환으로 먹지를 못한다)이나 발암(發癌)하는 자가 있을 것이다.

부녀자가 집안에서 권리를 행사하니 집안이 불편하고 남자는 주눅들게 되므로 아이가 없어 답답하다.

근육이 저리고 아프며 치매나 약물중독자가 없으면 못듣고 못보는 사람이 있을 것이다.

또한 부녀자는 산병(産病)이나, 중풍으로 몸이 불편하지 않으면, 정신질환이나, 바람이 나서 재산에 손실이 있을 것이다.

**兌門** 큰방이 巽方에 있으면 '巽主'라 하고, 이는 六殺이 된다. 주방의 '가스대'가 乾方에 있으면 生氣가 되고, 巽方의 큰방과 乾方의 주방은 禍害가 된다.

이러한 집은 금전과 재물이 넉넉하고 곡식은 창고에 넘치고, 영예로운 자손이 태어나, 가문을 빛낼 것이다. 탁월한 자손이 文科에 及第하든지, 적군이 두려워하는 용맹스러운 무장(武將)이 나올 것이다.

그러나 本婦人을 먼저 보내고, 다음 婦人에게서 많은 자식을 얻게 된다. 오랜 세월이 지날수록 巽命人에게는 재물에 손실이 있게 되고, 연이어서 손상이 된다.

그리고 근육이 시리고 아프거나, 중풍으로 몸이 불편하든지, 약물중독으로 죽는 사람이 없으면, 농(聾 : 못듣고), 안맹(眼盲 : 못보는 것)이 있을 것이다. 부녀자에게는 산병(産病)이나, 중풍으로 사지가 뒤틀리지 않으면, 정신질환이나 바람이 나서 재산에 손실이 있을 것이다.

⑦ 兌門과 離主圖

坐地나 건물의 중심에서 羅經을 보아 庚·酉·辛方에 출입문이

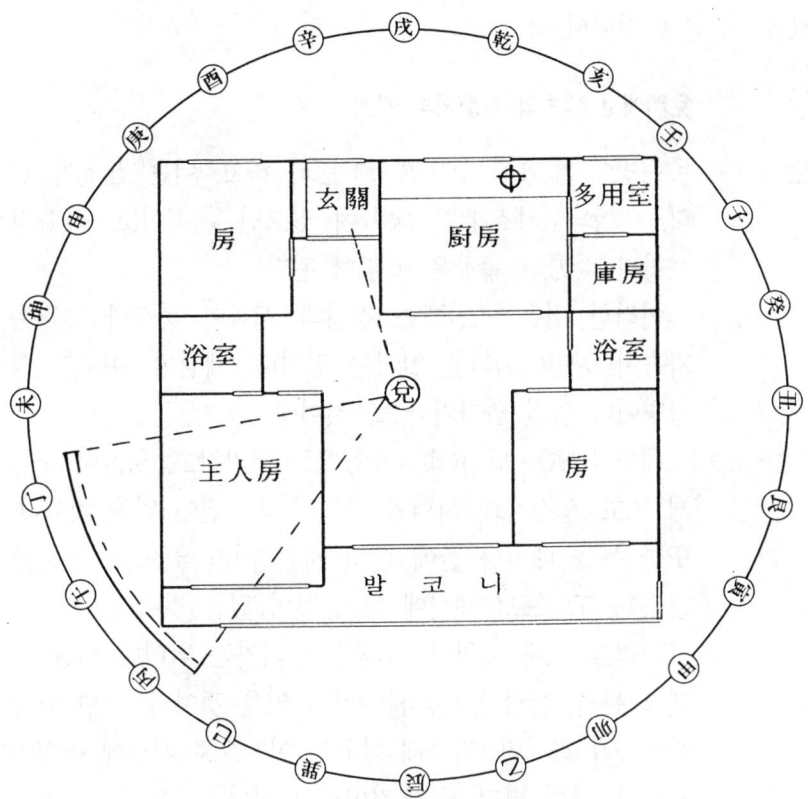

있으면 兌門이라 하고, 주인방이 丙・午・丁方에 있으면 離主라고 한다.

兌門과 離主는 五鬼宅이다. 이는 火剋金이므로 젊은 부녀자나 少女가 손상된다는 것이다.

허약하고 해수(咳嗽)나 담화(痰火), 황달 등의 증세가 있을 것이다. 부녀자에게는 임신중에 하혈을 쏟든지 소변에 피가 있을 것이고, 약물중독자가 있든지, 목을 매어 죽거나 물에 빠져 죽는 사람이 없으면, 화재나 관재나 도난으로 재산이 손실될 것이다.

그러나 끝내는 남자는 고생하고, 부녀자가 집안을 이끌어 간다. 그러나 주방의 위치와 각자의 命에 따라서 길흉이 바뀌는 방법이 있을 수 있을 것이다.

### 兌門에서 離主와 八廚와의 관계

兌門　　큰방이 離方에 있으면 '離主'라 하고, 이는 五鬼가 된다. 주방의 '가스대'가 坎方에 있으면 禍害이고, 離方의 큰방과 坎方의 주방은 延年이 된다.

　　이러한 집은 초년에는 전답과 재물이 풍부하고 많은 자손이 공명(功名)을 떨치는 집이다. 세월이 지나면, 심장병이나 안질 환자가 있을 것이다.

　　해수(咳嗽)·담화(痰火) 등으로 허약하고, 얼굴이 누렇게 뜨고, 임신중에 하혈을 하거나 피소변이 있을 것이다. 또한 목을 매거나 물에 빠져 죽는 자가 없으면, 火災나 官災나 도난으로 재산에 큰 손실이 있을 것이다.

　　그리고 오랜 세월이 지나면, 부녀자는 낙태나 피를 쏟게 되든지, 발암(發癌)하는 자가 있을 것이며, 또한 약물중독자가 없으면, 가운데 아들은 여색으로 재산에 손실이 없으면, 물에 빠져 죽을 것이라고 한다.

兌門　　큰방이 離方에 있으면 '離主'라 하고, 이는 五鬼가 된다. 주방의 '가스대'가 艮方에 있으면 延年이 된다. 離方의 큰방과 艮方의 주방은 禍害가 된다.

　　이러한 집은 음양에 부부정배합이 되므로, 화평한 기운이 집안에 가득하여, 영예로운 사람이 태어나 家門을 빛내게 되는데 末子가 그렇게 된다고 한다.

　　날로 오곡과 재물이 창고에 가득 쌓이고, 자손은 학문이 탁월해서 문과급제(文科及第)하든지, 적군이 두려워하는 용맹스러운 무장(武將)이 나와서 나라에 충성을 다할 것이다.

그러나 오랜 세월이 지나면, 필히 젊은 부녀자나 작은 딸이 손상될 것이다. 얼굴이 누렇게 뜨고 임신중에 하혈을 하든지 피소변이 있을 것이고, 목을 매거나, 물에 빠져 죽는 사람이 없으면, 火災나 官災나 도난으로 재물에 큰 손실이 있을 것이고, 또한 약물중독자가 있을 것이다.

兌門　큰방이 離方에 있으면 이를 '離主'라 하고, 五鬼가 된다. 주방의 '가스대'가 震方에 있으면 이는 絶命이 되고, 離方의 큰방과 震方의 주방은 生氣가 된다.

이러한 집은 초년에는 부녀자가 살림을 크게 일으켜 재물과 보화가 쌓이고, 자손들은 뛰어난 재주에 용모가 淸秀하여 등과급제(登科及第)를 하게 되나, 젊은 부녀자나 작은딸이 필시 손상된다. 또한 면황소갈(面黃消渴 : 황달병), 누태변혈(漏胎便血 : 임신중에 하혈이나 피오줌) 등의 질환이 있으며, 목을 매거나 물에 빠져 죽는 사람이 없으면, 화재나 관재, 도난으로 재물에 큰 손실이나 약물중독으로 손상되는 자가 있을 것이다.

오랜 세월이 지나면, 震命人에게 불리하다. 위병이나, 발암(發癌)하는 자가 있을 것이고, 허리가 아프고 팔과 다리가 마비되는 증세이고, 신병으로 고생하다가 자결하든지, 남에 의하여 처참하게 죽음을 당하는 자가 있을 것이다.

兌門　큰방이 離方에 있으면 '離主'라 하고, 이는 五鬼가 된다. 주방의 '가스대'가 巽方에 있으면 이는 六殺이 된다. 離方의 큰방과 巽方의 주방은 天乙이 된다.

이러한 집은 初年에는 재주가 있는 부녀자가 집안을 일으켜, 집안을 꾸려가고 있으나, 남자는 단명하게 되고 치매로 사지가 뒤틀어지든지 숨막히게 기침을 할 것이다.

巽命人에게는 산병(産病)이나 치매가 없으면, 바람 피우게 될 것이고, 남자는 주눅든다.

그리고 오랜 세월이 지나면, 필시 젊은 부녀자나 작은 딸이 손상될 것이다. 또한 얼굴이 누렇게 뜨고, 부녀자는 임신중에 하혈하든지 피오줌이 있을 것이다.

또한 목을 매거나 물에 빠져 죽는 사람이 없으면, 화재나 관재, 도난으로 재산에 큰 손실이 있을 것이다.

그리고 약물중독으로 손상되는 자가 있으며, 남자는 주눅들어 代가 끊어져 부녀자가 집안을 꾸려갈 것이다.

兌門　　큰방이 離方에 있으면 이를 '離主'라 하고, 五鬼가 된다. 주방의 '가스대'가 離方에 있으면 이는 五鬼가 되고, 離方의 큰방과 離方의 주방은 伏位가 된다.

이러한 집은 초년에는 재산이 불꽃같이 일어날 것이나, 남자가 夭死할 것이다. 사지(四肢)가 뒤틀리고 눈이 흐리고 가슴앓이를 하는 질환에 걸리는데 딸은 많고 아들이 적으므로 사위가 집에 들어와 독장을 치므로, 젊은 부녀자나 작은딸이 필경 손상이 될 것이다. 해수·담화(痰火) 등으로 허약하고, 면황소갈(面黃消渴 : 황달병) 누태변혈(漏胎便血 : 임신중에 하혈이나 피오줌이 나오는 증세) 등의 질환이 있을 것이고, 액익화도관재 전산퇴패(縊溺火盜官災 田産退敗 : 목을 매거나 물에 빠져 죽는 자가 있을 것이고, 화재나 관재로 재산에 손실이 있다)이든지 또한 약물중독으로 남자는 주눅들어 後代가 없으므로 부녀자가 살림을 꾸려갈 것이다.

兌門　　큰방이 離方에 있으면 '離主'라 하고, 이는 五鬼가 된다. 주방의 '가스대'가 坤方에 있으면 天乙이 되고, 離方의 큰방과 坤方의 주방(가스대)은 六殺이 된다.

이러한 집은 초년에는 재산이 쌓이고 남녀가 효도하며, 형제간에는 우애가 있으나, 남편과 자식을 잃지 않으면, 자식이 없으므로 끝내는 부녀자가 집안을 꾸려간다.

세월이 지나면, 젊은 부녀자나 작은딸이 손상되고, 남자는 단명하게 될 것이다.

해수(咳嗽)에 담화증(痰火症)이 있을 것이고, 면황소갈(面黃消渴 : 황달병), 누태변혈(漏胎便血 : 임신중에 하혈을 하든지 피오줌이 있는 것)과 안질(眼疾), 심동(心疼 : 가슴앓이), 치매 등의 질환이 있으며 남녀가 家出할 것이다. 또한 약물중독자가 있을 것이며, 남자는 주눅들어 代가 없으므로 부녀가 가정을 꾸려가게 되는데, 의자(義子)를 들여도 그 자식도 죽게 된다. 그 원인은 지화흉성속패(地火凶星速敗 : 坤方)에, 부엌은 火方에 문이나 주인방이 있기 때문이다.

**兌門**   큰방이 離方에 있으면 이를 '離主'라 하고, 五鬼가 된다. 주방의 '가스대'가 兌方에 있으면, 이는 伏位가 된다. 離方의 큰방과 兌方의 주방은 五鬼가 된다.

이러한 집은 초년에는 살림이 일어나 재물은 풍부하지만, 子孫이 적거나 생기지를 않는다. 세월이 지나면, 젊은 부녀에게는 위질불식지병(胃疾不食之病 : 위질환으로 먹지를 못한다)이나 발암(發癌)하는 자가 있을 것이다.

부녀자가 집안에서 권리를 행사하니 집안이 불편하고 남자는 주눅들게 되므로 아이가 없어 답답하다.

해수(咳嗽)에 담화증(痰火症)이 있을 것이고, 황달이나 임신중에 하혈이나 피오줌이 있을 것이다.

또한 목을 매거나 물에 빠져 죽는 사람이 없으면, 화재나 관재, 도난으로 재물에 손실이 있을 것이며, 약물중

|兌門| 큰방이 離方에 있으면 '離主'라 하고, 이는 五鬼가 된다. 주방의 '가스대'가 乾方에 있으면 生氣가 되고, 離方의 큰방과 乾方의 주방은 絶命이 된다.

이러한 집은 금전과 재물이 넉넉하고 곡식은 창고에 넘치고, 영예로운 자손이 태어나, 가문을 빛낼 것이다. 탁월한 자손이 문과에 及第하든지, 적군이 두려워하는 용맹스러운 무장(武將)이 나올 것이다.

그러나 본부인을 먼저 보내고, 다음 부인에게서 많은 자식을 얻게 된다.

오랜 세월이 지날수록 젊은 부녀자나 작은딸이 손상된다. 그리고 황달병자나, 임신중에 하혈을 하든지 피오줌 증세가 있을 것이고, 목을 매거나 물에 빠져 죽는 사람이 없으면 화재나 관재나 도난으로 재물에 큰 손실이 있을 것이다. 또한 눈이 아픈 사람이나 가슴앓이에 약물중독자나 凶死가 있으므로 남자는 주눅들어 代가 없으므로 부녀자가 가정을 꾸려갈 것이라 한다.

### ⑧ 兌門과 坤主圖

垈地나 건물의 중심에서 羅經을 보아 庚·酉·辛方에 출입문이 있으면 兌門이라 하고, 주인방이 未·坤·申方에 있으면 坤主라 한다.

兌門과 坤主가 택지재륭 이성거(宅地財隆 異姓居)라는 것은 大地 위에 못이라 재물이 풍족하나, 姓이 다른 남자와 한집에 산다.

이는 天乙宅이다. 이를 福神이라 한다. 그래서 집안이 풍부하여 경제력이 만족하다. 기가다호선(其家多好善: 많은 식구가 積善하

제2장 三要 應用  315

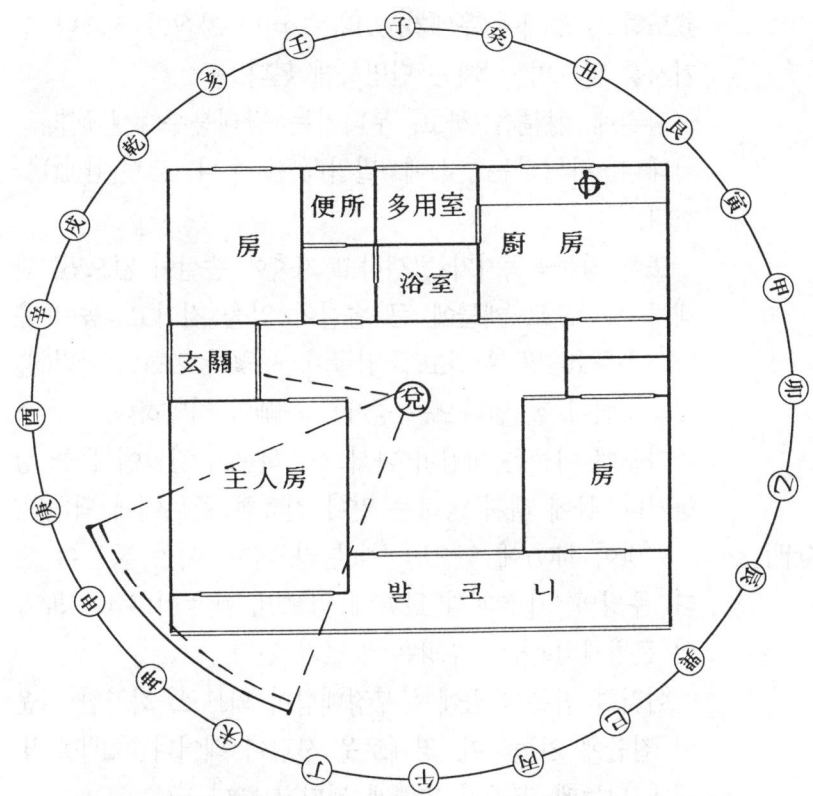

기를 좋아하고, 간불점경(看佛唸經 : 부처님 섬기는 信仰이 대단함)
하다. 그러나 陰旺陽衰하므로 多女에 少男이나, 兌門에 艮廚房이
면, 이는 陰陽에 夫婦正配가 되므로 人財兩發하는 最吉廚로서 富
貴功名한다.

### 兌門에서 坤主와 八廚와의 관계

兌門　　큰방이 坤方에 있으면, '坤主'라 하고, 이는 天乙이 된
　　　　다. 주방의 '가스대'가 坎方에 있으면 禍害이고, 坤方의
　　　　큰방과 坎方의 주방은 絶命이 된다.
　　　　　이러한 집은 초년에는 전답과 재물이 쌓이고, 남녀가

효도하며, 형제에 우애가 있다. 그러나 자식이 적거나 생기지를 않으며, 남자는 단명하게 된다.

　잠결에 射精을 하고, 부녀자는 탈태붕루(脫胎崩漏 : 낙태나 하혈하는 것)에 발암(發癌)이나 토혈(吐血)을 한다.

　또한 약물중독자가 발생하고 가축에 손실이 없으면, 관재나 도난으로 재물에 큰 손실이 있을 것이고, 농아(聾啞 : 못듣고 말 못하고), 얼굴이 누렇게 뜨고, 삽변(澁便 : 소변이 잘 안나오는 증세), 心神이 허약하다.

　가운데 아들은 바람이 나서 가출하든지 칼날에 몸을 상하거나, 물에 빠져 상하는 일이 긴요한 子孫에게 닥친다.

**兌門**　큰방이 坤方에 있으면 '坤主'라 하고, 이는 天乙이 된다. 주방의 '가스대'가 艮方에 있으면, 延年이 된다. 坤方의 큰방과 艮方의 주방은 生氣가 된다.

　이러한 집은 음양에 부부정배합이 되므로, 화평한 기운이 집안에 가득하며, 영예로운 사람이 태어나 家門을 빛내게 되는데 末子가 그렇게 된다고 한다.

　날로 오곡과 재물이 창고에 가득하게 쌓이고 子孫은 학문이 탁월해서 문과급제(文科及第)를 하든지, 적군이 두려워하는 용맹스러운 무장(武將)이 나와서 나라에 충성을 다할 것이다.

　부모에 효도하고 형제간에 우애가 있으나, 황종(黃腫)과 가슴앓이로 고생을 할 것이다.

　그리고 오랜 세월이 지나면, 자식이 적거나 생기지를 않으며, 남자는 단명하게 될 것이므로 부녀자가 가정을 꾸려가게 될 것이다.

**兌門**　큰방이 坤方에 있으면 '坤主'라 하고, 이는 天乙이 된

다. 주방의 '가스대'가 震方에 있으면 絶命이 되고 坤方의 큰방과 震方의 주방은 禍害가 된다.

　이러한 집은 초년에는 전답과 재물이 쌓이고, 남녀가 효도하며, 형제간에 우애가 있지만, 자손이 적거나 생기지를 않으며, 남자는 단명하게 될 것이다.

　그리고 木命人에게 재물이 나가고 연이어 손상이 될 것이다. 위병 질환이나 가슴이나 목구멍이 막혀 답답한 증세이고, 허리가 아프고 팔과 다리가 저리고, 마비되는 증세가 있을 것이다.

　오랜 세월이 지나면, 신병으로 고생하다가, 목매어 자결하거나, 他에 의하여 悽慘하게 죽는 경우가 있을 것이다. 이러한 재앙을 피하는 길은 고향을 떠나 길한 곳에 거하게 되면 면할 수 있을 것이다.

兌門　큰방이 坤方에 있으면 '坤主'라 하고, 이는 天乙이 된다. 주방의 '가스대'가 巽方에 있으면, 이는 六殺이 된다. 坤方의 큰방과 巽方의 주방은 五鬼가 된다.

　이러한 집은 초년에는 전답과 재물이 쌓이고, 남녀가 효도하며, 형제간에 우애가 있지만, 자손이 적거나 생기지 않으며, 남자는 단명하게 될 것이다.

　巽命人에게 산병(産病)이나 치매가 없으면, 바람을 피우게 될 것이고, 家出하는 자손이 있을 것이다.

　그리고 오랜 세월이 지나면, 농아(聾啞)나 앞 못보는 사람이 있을 것이고, 근육이 저리고 아프거나, 치매로 고생을 하게 될 것이다. 또한 약물중독자가 있어 가산을 다 없앨 것이다. 그리고 염병, 위장병, 황달 등의 질환과 관재로 남자는 고생하고, 재산은 흩어지므로 후사(後嗣)가 없게 되는 집이라고 한다.

兌門　　큰방이 坤方에 있으면 이를 '坤主'라 하고, 天乙이 된다. 주방의 '가스대'가 離方에 있으면, 이는 五鬼가 되고, 坤方의 큰방과 離方의 주방은 六殺이 된다.

　　이러한 집은 초년에는 전답과 재물이 쌓이고, 남녀가 효도하며, 형제간에 우애가 있지만, 자손이 적거나 생기지 않으며, 남자는 단명하게 될 것이다.

　　세월이 지나면, 필히 젊은 부녀자나 소녀가 손상당하게 된다. 그리고 황면소갈(黃面消渴 : 황달병)이나 누태변혈(漏胎便血 : 임신중에 하혈을 하든지 피오줌이 있는 증세)이다. 해수(咳嗽), 담화(痰火) 등의 질환이 있을 것이고, 액익화도관재 전산퇴패(縊溺火盜官災 田産退敗 : 목을 매거나 물에 빠져 죽는 자가 있을 것이고, 화재나 관재로 재산에 손실이 있다)이든지 또한 약물중독으로 남자는 고생하는데 後代가 없으므로 부녀자가 살림을 꾸려갈 것이다.

兌門　　큰방이 坤方에 있으면 '坤主'라 하고, 이는 天乙이 된다. 주방의 '가스대'가 坤方에 있으면 天乙이 되고, 坤方의 큰방과 坤方의 주방(가스대)은 伏位가 된다.

　　이러한 집은 초년에는 금전과 재물이 풍부하며, 벼슬을 하므로 집안이 편안하다. 남녀가 효도하며 형제간에는 우애가 있어 늘 가정이 화목하다.

　　그러나 자손이 적거나 생기지를 않으며, 남자는 단명하게 되므로 부녀자가 가정을 꾸려가게 될 것이다.

　　이는 純陰만 있고 陽이 없으므로 남자는 주눅들고 婦女子가 집안을 맡아 살아가는 집이니 이를 과부댁(寡婦宅)이라고 한다.

兌門　　큰방이 坤方에 있으면 이를 '坤主'라 하고, 天乙이 되

고, 주방의 '가스대'가 兌方에 있으면, 이는 伏位가 된다. 坤方의 큰방과 兌方의 주방은 天乙이 된다.

이러한 집은 초년에는 살림이 일어나 재물은 풍부하며, 남녀가 효도하며 형제간에 우애가 있어 화목은 하지만, 자손이 적거나 생기지를 않으며, 남자는 단명하게 되므로 부녀자가 가정을 꾸려가게 된다.

부녀자가 집안에 권리를 행사하니 집안이 불편하고 남자는 주눅들게 되므로 아이가 없어 답답하다.

생질과충심(生疾塊沖心 : 뱃속에 적이 생겨 심장을 찌르고) 위질불식지병(胃疾不食之病 : 위병으로 먹지를 못하는 환자가 발생한다), 즘내유음무양(怎奈有陰無陽 : 다만 陰만 있고 陽이 없다)이니 차택무정 진가방(此宅無丁振家邦 : 이러한 집은 남자가 없이 여자가 권리를 행사한다)이다.

### 兌門

큰방이 坤方에 있으면 '坤主'라 하고, 이는 天乙이 된다. 주방의 '가스대'가 乾方에 있으면 生氣가 되고, 坤方의 큰방과 乾方의 주방은 延年이 된다.

이러한 집은 금전과 재물이 넉넉하고 곡식은 창고에 넘치고, 영예로운 자손이 태어나, 가문을 빛낼 것이다. 탁월한 자손이 문과에 급제하든지, 적군이 두려워하는 용맹스러운 무장(武將)이 나올 것이다.

남녀가 부모에 효도하고 형제간에 우애가 있어 가정이 늘 화목하다. 그러나 세월이 지나면 본부인을 먼저 보내고 다음 婦人에게서 많은 자식을 얻게 된다.

오랜 세월이 지나면, 자식이 적거나 생기지를 않으며 남자가 단명하게 될 것이다.

## (9) 兌命이 八卦方으로 출입문과 주방일 때

| 星 | 兌命에 출입문. 주방 | 吉凶 解說 |
|---|---|---|
| 生氣 | 乾方=출입문. 주방 | 五子를 得하고 |
| 延年 | 艮方=출입문. 주방 | 四子를 得하고 |
| 天乙 | 坤方=출입문. 주방 | 三子를 得하고 |
| 五鬼 | 離方=출입문. 주방 | 傷中子女 而有 二子를 둔다. |
| 伏位 | 兌方=출입문. 주방 | 오직 딸만 두게 된다. |
| 絶命 | 震方=출입문. 주방 | 학리경감(虐痢驚疳=학이경감) 乏嗣 |
| 禍害 | 坎方=출입문. 주방 | 傷子, 而終 無子. |
| 六殺 | 巽方=출입문. 주방 | 先傷長子女 而有 一子를 얻는다. |

*兌命人에게 주방의 가스대 位置가 나쁘고, 가족에게는 吉하여 改修하지 못할 시는 兌命은 그 주방의 음식을 먹지 않으면 된다.

그리하여 本命人이 吉한 방위에 주방을 만들고 거기서 만든 음식을 먹으면 되는데, 그것마저 허용치 않으면 吉方에다가 移動式 가스렌지를 사용하여 음식을 만들어 먹으면 될 것이라고 한다.

① 혼인(婚姻)

兌命人은 生氣인 乾方에서 求婚하거나, 乾命人을 만나면 大吉하고 다음은 延年인 艮方에서 구혼하거나, 艮命人을 만나면 吉하며, 다음은 天乙인 坤方에서 구혼하든지 坤命人을 만나면 次吉일 것이다.

그리고 혼인이 빨리 되기를 원한다면, 艮方에서 구혼하든지, 침대를 艮方에 설치하고 居하면 효과적일 것이다.

② 질병(疾病)

兌命人이 五鬼인 離方을 犯하면, 담화(痰火) 등의 증세이고, 絶命인 震方을 犯하면 학질·이질, 질상요배수족(跌傷腰背手足 : 거꾸러져 허리와 등·손·발을 다친다)이다.

六殺인 巽方을 犯하면, 우노(憂怒 : 신경질적이다)에 손상수족(損傷手足)이다. 禍害인 坎方을 犯하면 상한(傷寒)에 허약하고, 婦人은 폐경 등의 질환인데 天乙인 坤方이나 延年인 艮方으로 주방을 改修하면, 질환이 완쾌된다고 한다.

③ 재화(災禍)

한 兌命의 부옹(富翁)이 絶命인 震方에다 여러 칸을 증축(增築)한 3年 後에 자신이 죽음을 당했다.

六殺인 巽方을 증축하면, 東南에 長身인이나 아부사송파재(啞婦唆訟破財 : 벙어리인 女子로 인해 송사에 재물을 날린다)하고, 혹 모친은 함부로 말을 해서 구설을 듣고, 부인이 음란해진다고 한다. 그리고 長婦女에게 불리하고, 눈의 손상이나 질상수족(跌傷手足)한다.

五鬼인 離方을 犯하면, 실적(失賊 : 도둑에게 財物을 잃고)하고 火災나 妻妾이 절재(竊財 : 좀도둑질 한다)한다. 또 비복(婢僕 : 계집종과 사내종)이 逃走한다. 婦人은 性剛하여 부모와 자식들에게 마음을 아프게 한다. 禍害인 坎方을 범하면, 상유득승(常有得勝 : 항상 다투기를 좋아한다), 혈붕(血崩 : 하혈)에 가운데 아들이 溺死한다. 그러나 가운데 아들의 本命이 吉하면, 末子가 대신한다고 한다.

이상의 西四宅 32門을 모두 門卦로 上起 流年을 일으켜 主人房과 주방의 吉凶을 看法한다.

그리하여 門과 주인방, 주인방과 주방, 門과 주방이 相生의 配合 관계를 이루면 길한 집이고, 상극에 不配가 되면 흉한 집이다.

乾·坤·艮·兌을 西四宅이라 하는바 여기 門과 주인방, 주방이 모두 西四宅의 乾·坤·艮·兌에 해당하여야 三吉宅으로 발복이 유구하다.

참고할 것은 아무리 吉한 집이라도 거하는 命이 길한 方位에 居하고 또 配合 관계를 잘 이루어야만 그 본분을 다할 수 있다. 현대의 주택 배치로서는 주인과 부인, 자녀의 命에 合이 되는 방위에 거하는 데 소홀함이 없어야 할 것이다.

다음은 西四宅에 관한 門과 주인방과 주방, 그리고 부엌 아궁이의 위치를 看法하고 三元命도 함께 看法한다.

이 다섯 가지를 四卦에 吉格으로 附合시킨 것이므로 이를 적용한다면, 壽福雙全하고 富貴無敵이다. 만약에 하나라도 不合이면, 福祿이 온전치 못하다. 그러므로 男女의 命에 부합되는 게 중요하다.

다음 西四宅에서는 延年·生氣·天乙이 三吉이다.

| 西四宅命 | 延 年 | 生 氣 | 天 乙 |
|---|---|---|---|
| 乾命 | 坤 | 兌 | 艮 |
| 坤命 | 乾 | 艮 | 兌 |
| 艮命 | 兌 | 坤 | 乾 |
| 兌命 | 艮 | 乾 | 坤 |

위 早見表에서 主人公의 命宮에 합치되면, 금상첨화(錦上添花)로 吉한 중에서도 더욱 吉하다.

대개 三吉宅에 부합되면, 東命(坎離震巽)과 西命(乾坤艮兌)을 막론하고, 누구든지 발복을 하지만, 다만 발복이 크고 작은 差異만 있을 뿐이다. 그런데 三吉宅(延年·生氣·天乙)에 살면서도, 발복이 안되고, 도리어 괴이(怪異)한 질병이 생기는 것은 本命에 의한 주방의 위치가 잘못되었기 때문이다.

다시 말하면, 吉宅이란 門과 주인방·주방의 관계가 반드시 延年·生氣·天乙에 해당되고, 특히 주방은 本命과 吉方으로 相生되어야만 大吉하다고 한다.

그러므로 집의 坐에서 즉 東西宅에 東門, 西四宅에 西門이 吉하다는 것이 이 三要에서는 違背된다. 다시 말해서 집의 坐가 東西宅 不問하고 門에서 主房과, 주방과 命에서 相生關係라야 하겠다.

### ○西四宅延年得位歌

延年에는 나미입택희비상(喇呢入宅喜非常)이라 不出三年 家富貴하고, 나마성군보장(喇馬成群寶庄 : 보배를 실은 노새와 말이 떼를 지어 이른다)이다. 少男女 정원앙 서기영문 세대창(正鴛鴦 瑞氣 盈門 世代昌 : 상서로운 기운이 문안에 가득하며, 대대로 집안이 창성한다)이다. 당상춘훤(堂上椿萱)은 개수역(開壽域)이요, 계전란주(階前蘭柱)는 列成行이라 한묵등과 문사부(翰墨登科 文詞富)요 풍뢰급제 무고강(風雷及第 武庫强)이라, 인의현량 다길경(仁義賢良 多吉慶)하고, 만과오곡 만창상(漫誇五穀 滿倉廂)이라, 이는 부모 장수하고, 자손은 계단에 줄지어 선 것같이 창성하여 문무과 급제이며, 현량한 인물이 많아 경사롭고 재물과 오곡과 보화상자가 창고에 가득하다는 것이다.

生氣에는 미용형단정(美容形端正)하니 육축번영 열성행(六畜繁榮 列成行)이고, 자재만배 유여량(資財萬倍 有餘糧)은 이는 용모가 단정한 인물이 나오고, 육축은 번성하며 재물은 만배나 늘어 먹고 쓰고 남는다는 것이다. 定出文臣武將이라 남아방성명양(男兒榜姓名揚)이면, 富貴榮華 大旺이다. 이는 文官과 武官이 나오고, 참된 道를 깨우친 분이며 妻子는 佛心이 돈독하여 부처님 전에 香을 사른다. 男兒는 壯元及第하여 榜에다 이름을 거니, 그야말로 富貴榮華가 크게 發한다는 것이다.

天乙에는 황사(黃蛇)入宅은 吉祥이라 兒孫이 천관병가록(遷官幷加祿)하고, 가재흥왕 보안강(家財興旺 保安康)이다. 이는 黃蛇入宅은 黃은 天이고, 蛇는 乙에다 비유하여 가장 상서로운 것으로 여긴다. 때문에 자손이 벼슬하여 녹봉이 계속 오르고, 재물이 흥하며, 家內는 우환과 질고가 없이 편안함을 말한다.

## 2. 동사택론(東四宅論)

建物의 坐가 坎(壬子癸) 離(丙午丁) 震(甲卯乙) 巽(辰巽巳)일 때 이를 東四宅이라고 하는데, 民宅 三要에서는 출입문이 坎離 震 巽方에 해당되면 이를 東四宅이라고 한다.

현관문에서 주인방과의 길흉을 논하고, 주인방에서 주방을 간법하고, 현관문에서 주방의 길흉을 논한다. 여기서 중요한 것은 나경의 위치 선정이다. 한옥에서는 건물이 배치된 대지의 중앙에서 기준을 잡아 그 지점에서 나경으로 간법하는데 대문이 離方에 있으면 이를 離門이라 하고, 離에서 주인방과 주방을 九星(生氣・五鬼・延年・六殺・禍害・天乙・絶命・伏位)으로 길흉을 논한다. 현대식인 양옥(단독빌라・APT)에서는 건물내의 중심에서 간법해야 할 것이다.

東四宅에 따른 門과 주방의 방위가 生氣이면 제일 길한 집이니, 이는 相生하고, 夫婦正配가 아닐지라도 유음유양하고, 득궁이 相生하여 生氣를 득하면 最吉이고, 延年은 中吉이고, 天乙에 해당되는 門과 主人房이 次吉하다는 것은 坎(水)生 震(木) 巽(木)은 비록 生이나 不配이기 때문이다.

이렇게 生과 配合이 되는데 三元命이 居하면, 아손(兒孫)은 만당하고 男子는 총명하고, 女子는 수려하며, 발복이 유구할 것이다.
 다만 두렵기는 연한이 未久에 길흉이 尙有不應커든 청장기왕과 (請將己往過) 三四十年 五六十年이면, 자시지(者試之)면 無一不 準하리니 행물의언(行勿疑焉)하라는 것은, 吉한 應이 아직 이르는 때가 못되어 發福이 늦는 수는 있지만 연한이 되면 반드시 發福이 있으니 의심하지 말기 바란다.
 참고할 것은 西宅에서 살펴본 바에 의하면, 門과 주인방이 吉한 배치라고 하더라도 그 房 전체가 해당되는 곳은 드물다. 그러므로 가구는 흉한 곳에 배치하고, 사람은 吉한 곳에 자게 되면 편안할 것이다. 門과 주방은 개념이 다르다는 것을 명심해야 할 것이다. 주방에서는 중요한 것이 현대식에서는 가스대의 위치라 하겠다.
 다음은 주방의 출입문이 길방에 있으면 더욱 길하다는 것이다. 그리고 부엌의 주인인 命의 吉方을 범하지 말아야 할 것임을 명심해야 함을 강조하는 바이다.

### (1) 坎門과 坎命

 垈地나 건물의 중심선 위치에서 羅經을 보아 출입문이 壬·子·癸方에 있으면 坎門이라 한다.
 ○坎命 : 삼원정국에서 上元 1864年 甲子~1923年 癸亥 出生者
  中元 1924年 甲子~1983年 癸亥 出生者
  下元 1984年 甲子~2043年 癸亥 出生者

| 三元 | 男女 | 坎 命 干 支 |
|---|---|---|
| 上元 甲子 1864~1923 | 男 | 甲子 癸酉 壬午 癸卯 庚子 己酉 戊午生 |
| | 女 | 己巳 戊寅 丁亥 丙申 乙巳 甲寅 癸亥生 |
| 中元 甲子 1924~1983 | 男 | 丁卯 丙子 乙酉 甲午 癸卯 壬子 辛酉生 |
| | 女 | 壬申 辛巳 庚寅 己亥 戊申 丁巳生 |

| 三元 | 男女 | 坎命 干支 |
|---|---|---|
| 下元 甲子 1984~2043 | 男 | 庚午 己卯 戊子 丁酉 丙午 乙卯生 |
| | 女 | 戊寅 乙亥 甲申 癸巳 壬寅 辛亥 庚申生 |

*參考 : 男女間 中宮에 該當되면 男子는 坤命. 女子는 艮命이 된다.
*西紀年度別(中元 坎命)
男子 : 1909年. 1918年. 1927年. 1936年. 1945年. 1954年. 1963年.
女子 : 1914年. 1923年. 1932年. 1941年. 1950年. 1959年. 1968年.
　　　1977年.

① 坎門과 坎主圖

垈地나 건물의 중심에서 羅經을 보아 壬·子·癸方에 출입문이 있으면 坎門이라 하고, 주인방이 壬·子·癸方에 있으면 坎主라고 한다. 坎門과 坎主가 수약중봉 처자난(水若重逢 妻子難)이라는 것은 坎水가 거듭되었으니 처와 자식이 보존키 어렵다는 것이다.

이는 伏位宅이다. 初年에는 모든 일이 순조로워 산업흥륭(産業興隆)하므로 금전과 재물이 풍부하다.

구년리교오속(九年利驕傲屬 : 9年간은 오만하고 뽐내며 산다)이나 세월이 지나면 젊은 남녀가 단명할 것이다. 또한 가운데 아들은 여색으로 재산을 낭비하든가 溺死할 우려가 있다.

**坎門에서 坎主와 八廚와의 관계**

坎門　　큰방이 坎方에 있으면 '坎主'라 하고, 이는 伏位가 된다. 주방의 '가스대'가 坎方에 있으면 伏位이고, 坎方의 큰방과 坎方의 주방은 伏位가 된다.
　　　　이러한 집은 초년에는 모든 일이 순조로워서 산업흥륭하므로 금전과 재물이 풍부하나 순양무음(純陽無陰)이라

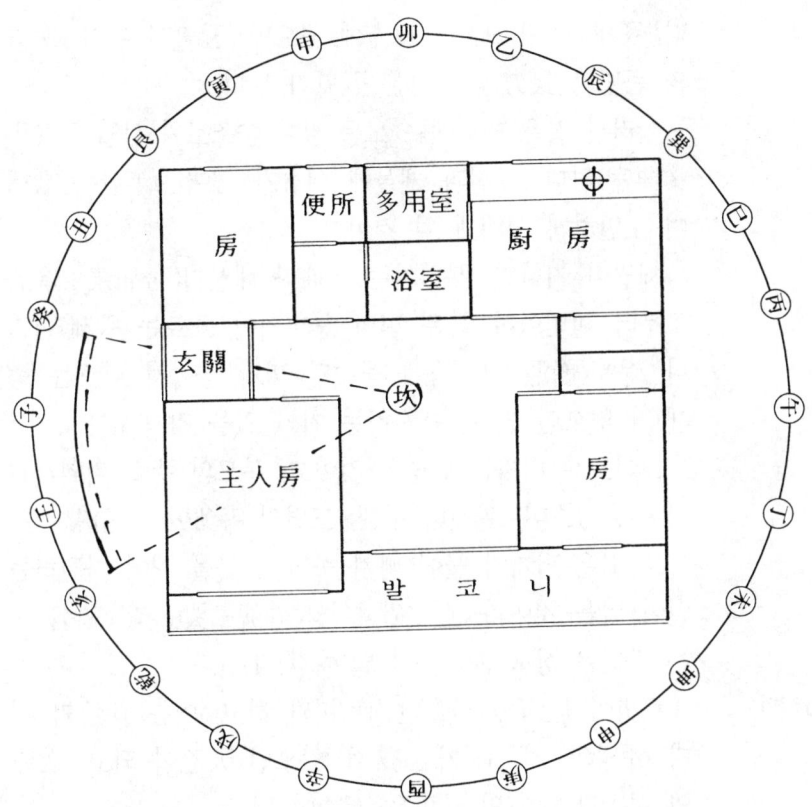

부녀자가 단명하게 된다.

　　구년리교오속(九年利驕傲屬 : 9年간 오만하고 뽐내며 산다)이나, 오랜 세월이 지나면 男子도 적어지게 된다.

　　부녀자는 낙태하든지 대산기(帶疝氣 : 陰部로부터 흰빛이나 붉은 빛의 분비액이 흐르는 증세)이거나, 붕루(崩漏 : 배 속에 뭉쳤던 피가 쏟아져 나오는 증세)가 없으면 발암(發癌)이 있을 것이라고 한다.

　　가운데 아들은 여색으로 살림에 손실이 없으면, 물에 빠져서 죽게 될 것이라고 한다.

**坎門**　　큰방이 坎方에 있으면 '坎主'라 하고, 이는 伏位가 된

다. 주방의 '가스대'가 艮方에 있으면, 五鬼가 된다. 坎方의 큰방과 艮方의 주방은 五鬼가 된다.

이러한 집은 초년에는 모든 일이 순조로워 사업흥성(事業興盛)하니, 금전과 재물에 여유가 있어 9年간은 뽐내며 오만하게 지내게 될 것이다.

세월이 지나면, 부녀자는 낙태나 대산기(帶疝氣 : 陰部로부터 흰빛이나 붉은 빛의 분비액이 흐르는 증세)이거나, 붕루(崩漏 : 배 속에 뭉쳤던 피가 쏟아져 나오는 증세)가 없으면 발암(發癌)하는 자가 있을 것이다.

그리고 부녀자는 단명할 것이고, 부모의 뜻을 거역하는 자손이 있으며, 관재나 화재, 도난의 흉액이 이른다.

또 젊은 남자가 물에 빠져 죽거나, 목을 매어 자결하는 일이 있을 것이다. 신호귀곡이양(神號鬼哭異樣 : 귀신 우는 소리는 상서롭지 못한 일)이 發生한다.

坎門　　큰방이 坎方에 있으면 '坎主'라 하고, 이는 伏位가 된다. 주방의 '가스대'가 震方에 있으면 天乙이 되고, 坎方의 큰방과 震方의 주방은 天乙이 된다.

이러한 집은 초년에는 모든 일이 순조롭고 산업흥륭(産業興隆)하여 금전과 재물이 풍부하여, 구년리교오속(九年利驕傲屬 : 9年간 오만하고 뽐내며 산다)이나, 오랜 세월이 지나면, 젊은 남녀가 단명하게 되고, 부녀자는 낙태를 하든지 대산기(帶疝氣 : 음부로부터 흰빛이나 붉은 빛의 분비액이 흐르는 증세)이거나, 붕루(崩漏 : 배 속에 뭉쳤던 피가 쏟아져 나오는 증세)가 없으면, 발암(發癌)하는 자가 있을 것이라고 한다.

젊은 남자는 여색으로 재산에 손실이 없으면, 물에 빠져 죽게 되는 일이 있을 것이다. 그러나 주로 부녀자는

제2장 三要 應用　329

단명하게 되니 불행하다.

坎門　큰방이 坎方에 있으면 '坎主'라 하고, 이는 伏位가 된다. 주방의 '가스대'가 巽方에 있으면, 이는 生氣가 된다.

이러한 집에는 남자 자손과 재물이 흥성하며, 또 많은 이가 등과급제(登科及第)하여 부귀영화(富貴榮華)에 수명장수(壽命長壽)하는 데 의심할 여지가 없다고 한다.

그러나 오랜 세월이 지나면, 부녀자는 낙태를 하든지 대산기(帶疝氣 : 음부로부터 흰빛이나 붉은 빛의 분비액이 흐르는 증세)가 있거나, 붕루(崩漏 : 배 속에 뭉쳤던 피가 쏟아져 나오는 증세)가 없으면, 발암(發癌)하는 자가 있을 것이라고 한다. 그 결과 부녀자는 단명할 것이라고 한다.

그리고 가운데 아들이나 젊은 男子는 여색으로 재산에 손실이 없으면, 물에 빠져 죽게 되는 재앙이 있을 것이라고 한다.

坎門　큰방이 坎方에 있으면 이를 '坎主'라 하고, 伏位가 된다. 주방의 '가스대'가 離方에 있으면, 이는 延年이 되고, 坎方의 큰방과 離方의 주방은 延年이 된다.

이러한 집은 초년에는 유성무패(有成無敗 : 어떤 일에도 실패가 없다)여서, 금전과 재물이 흥성하고 인정대왕(人丁大旺 : 男子가 왕성하다)하여 만사가 순조롭다.

이처럼 9年간은 뽐내며 오만하게 지낼 수가 있으나, 만약에 눈먼 사람이 생기면, 이 집에는 재앙이 발생하는 징소라고 한다.

그리고 오랜 歲月이 지나면, 부녀자는 낙태나 음부로부터 흰빛이나 붉은 빛의 분비액이 있거나 배 속에 뭉쳤던 피가 쏟아지는 증세가 없으면, 發癌하는 자가 있을 것이다.

또한 가운데 아들은 여색으로 재산에 손실이 없으면, 물에 빠져 죽게 되는 일이 있을 것이라고 한다.

坎門     큰방이 坎方에 있으면 '坎主'라 하고, 이는 伏位가 된다. 주방의 '가스대'가 坤方에 있으면 絶命이 되고, 坎方의 큰방과 坤方의 주방(가스대)도 絶命이 된다.

이러한 집은 초년에는 금전과 재물이 풍부하며, 九年간은 뽐내며 오만하게 살아갈 것이나, 남녀조영(男女凋零 : 남녀가 떨어져 살게 된다)이다.

세월이 지나면, 부녀자는 낙태나 타태(墮胎 : 유산을 하든지 죽은 아이를 낳는다)이든지, 음부로부터 흰빛이나 붉은 빛의 분비액이 흐르는 증세가 있거나, 배 속에 뭉쳤던 피가 쏟아져 나오는 증세가 없으면, 발암(發癌)하는 자가 있을 것이다.

또는 농아(聾啞 : 못듣고 말 못하고), 수류(嗖瘤 : 혹이 생긴다)하는 사람이 있거나, 중풍으로 거동이 불편한 사람이 있을 것이며, 정신질환으로 몸을 묶는 사람이 있을 것이다.

가운데 아들은 여색으로 재산의 損失이 없으면 익사할 것이고, 가축에도 손상이 있으며, 끝내는 養子를 맞이하게 된다.

坎門     큰방이 坎方에 있으면 이를 '坎主'라 하고, 伏位가 된다. 주방의 '가스대'가 兌方에 있으면, 이는 禍害가 된다. 坎方의 큰방과 兌方의 주방은 禍害가 된다.

이러한 집은 초년에는 살림이 일어나 금전과 재물이 풍부하여 九年간은 뽐내며 오만하게 살아갈 것이나, 산재횡사생 질병불시유 관재송사도적(散財橫死生 疾病不時

제2장 三要 應用 331

有 官災訟詞盜賊 : 재물은 흩어지고, 불시의 질병이거나, 비명에 죽는 사람이 있으며, 관재나 송사가 있고 도난이 있다)이다.

부녀자는 낙태를 하든가 음부에서 흰빛이나 붉은 빛의 분비액이 나오거나, 배 속에 뭉쳤던 피가 쏟아져 나오는 증세가 없으면, 발암(發癌)하는 자가 있을 것이다. 또한 젊은 남자는 가슴앓이에 吐血 등의 증세가 있으며, 여색으로 재산에 손실이 없으면, 익사(溺死)할 것이라고 한다.

坎門  큰방이 坎方에 있으면 '坎主'라 하고, 이는 伏位가 된다. 주방의 '가스대'가 乾方에 있으면 六殺이 되고, 坎方의 큰방과 乾方의 주방은 六殺이 된다.

이러한 집은 초년에는 금전과 재물이 흥성하여 九年간은 뽐내며 오만하게 지낼 수가 있을 것이다. 그러나 세월이 지나면, 부녀자는 낙태를 하든가 음부로부터 흰빛이나 붉은 빛의 분비액이 있거나 배 속에 뭉쳤던 피가 쏟아지는 증세가 없으면, 발암(發癌)하는 자가 있을 것이다.

또한 부녀자가 바람이 나서 가출하지 않으면, 정신질환(精神疾患)이 있을 것이므로 어린이 기르기가 어려울 것이다.

가운데 아들도 여색으로 재산 손실이 없으면, 물에 빠져 죽을 것이라 하고, 부자간에는 불화로 헤어져 살게 된다. 급급보수길지(急急補修吉地 : 빨리 좋은 곳으로 고치다)라고 하였으니, 어찌 당하고만 있을 수 있겠는가?

② 坎門과 艮主圖

대지(垈地)나 건물의 중심에서 羅經을 보아 壬·子·癸方에 출입문이 있으면 이를 坎門이라고 하고, 주인방이 丑·艮·寅方에 있으면, 이를 艮主라고 한다.

坎門에 艮主가 수우산극 수지사(水愚山剋 須之嗣)라는 것은 가운데 아들인 坎(水)가 艮(土)의 剋을 받으니 대를 이을 자식이 없다는 것이다.

坎門에 艮主는 五鬼宅이다. 이는 어린이에게 불리하고, 투하자액(投河自縊 : 물에 빠지거나 목매어 자살한다)하고, 관재·구설·시비와 도난으로 산재패망(散財敗亡)함은 사마입택(邪摩入宅)이기 때문이다. 즉 오귀택(五鬼宅)은 각종 질병과 재앙이 따르고, 자타상해(自他傷害)이다. 또한 질병불시유(疾病不時有)로 산재횡사(散財橫死)가 있을 것이다.

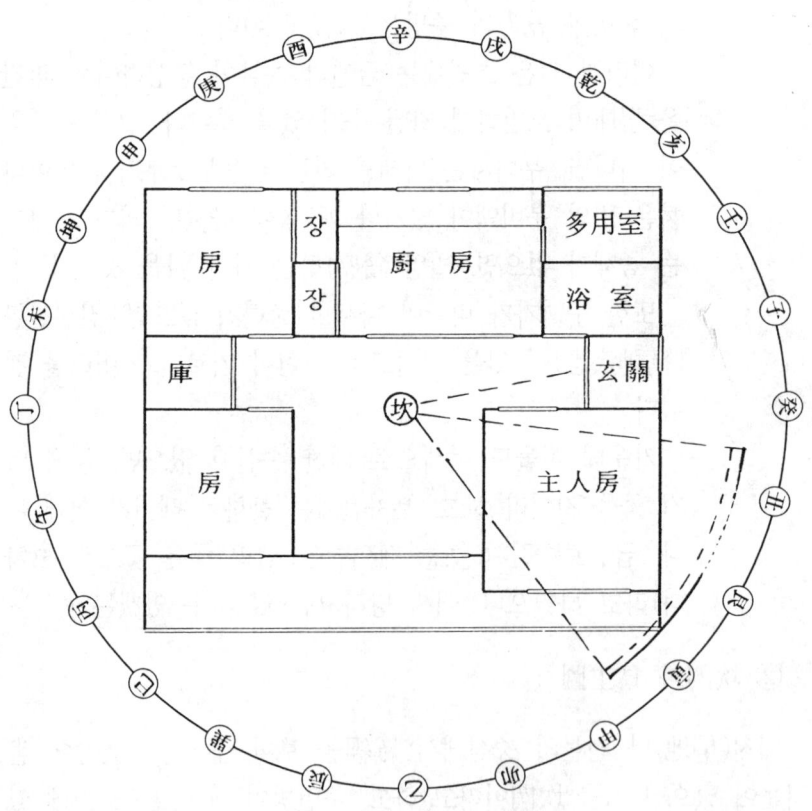

### 坎門에서 艮主와 八廚와의 관계

坎門　　큰방이 艮方에 있으면 '艮主'라 하고, 이는 五鬼가 된다. 주방의 '가스대'가 坎方에 있으면 伏位이고, 艮方의 큰방과 坎方의 주방은 五鬼가 된다.
　　이러한 집은 초년에는 금전과 재물이 흥성하여 九年간은 뽐내며 오만하게 지낼 수 있을 것이다. 그러나 세월이 지나면, 부녀자는 낙태나 음부로부터 흰빛이나 붉은 빛의 분비액이 있거나 배 속에 뭉쳤던 피가 쏟아지는 증세가 없으면 발암(發癌)하는 자가 있을 것이다.
　　형제간에는 불화이고 가운데 아들과 어린이에게는 손상이 있으며, 부녀자는 단명할 것이다.
　　오랜 세월이 지나면, 순한 자식이 부모의 뜻을 거역하고 화재나 관재, 도난으로 산재패망(散財敗亡)하게 되고, 가운데 아들은 여색으로 재산에 손실이 없으면, 물에 빠져 죽든지 목매어 죽을 것이라고 한다.

坎門　　큰방이 艮方에 있으면 '艮主'라 하고, 이는 五鬼가 된다. 주방의 '가스대'가 艮方에 있으면 五鬼가 된다. 艮方의 큰방과 艮方의 주방은 伏位가 된다.
　　이러한 집은 초년에는 모든 일이 순조로워 사업이 흥성하니, 금전과 재물에 여유가 있으나, 가족이 질병으로 단명하게 되어 어린이 양육이 어려울 것이다.
　　오랜 세월이 지나면, 식질팽민(食疾膨悶 : 밥을 먹은 것같이 속이 더부룩하고 답답한 증세)이고, 황종(黃腫 : 종기), 복통(腹痛) 등의 질환이 있을 것이다. 끝내는 타인의 자식으로 代를 잇게 한다.
　　그리고 부녀자는 단명할 것이고, 부모의 뜻을 거역하는

자손이 있으며, 관재나 화재, 도난의 흉액이 닥치게 된다.
또 젊은 남자는 물에 빠져 죽거나, 목을 매어 자결하는 일이 있을 것이다. 귀신 우는 소리 등 상서롭지 못한 일이 발생한다.

坎門　큰방이 艮方에 있으면 '艮主'라 하고, 이는 五鬼가 된다. 주방의 '가스대'가 震方에 있으면 天乙이 되고, 艮方의 큰방과 震方의 주방은 六殺이 된다.
이러한 집은 초년에는 모든 일이 순조롭고 가축형통(家畜亨通)하여 금전과 재물에 여유가 있으나, 자손은 적고, 부녀자는 질병으로 단명하게 된다.
오랜 세월이 지나면, 소화불량으로 먹을 생각이 없을 것이다. 얼굴이 누렇게 뜨고 복창(腹脹 : 배가 불러오는 증세)과 치매가 있을 것이다.
부녀자는 아기를 낳다가 사망하든지, 바람이 나서 가출할 것이다. 그리고 가축에게도 손상이 있다.
유순하던 자식이 부모의 뜻을 거역하고 화재나 관재, 도난으로 재산의 손실을 입게 되며, 가운데 아들은 여색으로 낭비를 하지 않으면 물에 빠지든지 목을 매어 죽을 것이라고 한다.

坎門　큰방이 艮方에 있으면 '艮主'라 하고, 이는 五鬼가 된다. 주방의 '가스대'가 巽方에 있으면, 이는 生氣가 된다. 艮方의 큰방과 巽方의 주방은 絶命이 된다.
이러한 집은 초년에는 사람과 재물이 흥성하며 많은 자손에 등과급제자가 있어 부귀영화에 수명장수하는 데 의심할 여지가 없다고 한다.
그러나 오랜 세월이 지나면, 횡액과 재앙이 이르러 남편과 자식이 夭死하게 되고, 거동이 불편한 사람이 있을 것이며, 부녀자는 몸이 바싹 말라 오래 살지를 못한다. 그리하여 財産은 없어지고 질병과 재앙으로 代가 끊긴다.

또한 형제간에 불화하고 부모의 뜻을 거역하며 화재나 관재나 도난으로 재산에 손실을 입게 되고, 가운데 아들은 여색으로 재산을 낭비하지 않으면, 물에 빠지거나 목을 매어 죽을 것이라고 한다.

坎門　　큰방이 艮方에 있으면 이를 '艮主'라 하고, 五鬼가 된다. 주방의 '가스대'가 離方에 있으면 이는 延年이 되고, 艮方의 큰방과 離方의 주방은 禍害가 된다.

이러한 집은 초년에는 유성무패(有成無敗 : 어떤 일에도 실패가 없다)여서, 금전과 재물이 흥성하고 인정대왕(人丁大旺 : 남자가 왕성하다)하여 만사가 순조롭다.

이러한 세월도 九年간은 뽐내며 오만하게 지낼 수가 있으나, 만약에 눈먼 사람이 생기면 이 집에는 재앙이 발생하는 징조라고 한다.

그러다가 오랜 세월이 지나면, 얼굴이 누렇게 붓고 어리석고 못듣고 말 못하며, 치매 등의 질환이 있을 것이고, 거동이 불편하고 두혼(頭昏 : 머리가 어지럽고)에 안질(眼疾)이 있을 것이다. 형제간에는 불화이고 부부간에 이별하며, 목을 매어 죽거나 익사(溺死)하는 자가 생기고 재산이 흩어질 것이다.

坎門　　큰방이 艮方에 있으면 '艮主'라 하고, 이는 五鬼가 된다. 주방의 '가스대'가 坤方에 있으면 絶命이 되고, 艮方의 큰방과 坤方의 주방(가스대)은 生氣가 된다.

이러한 집은 초년에는 가축과 기업이 일어나고 등과급제(登科及第)를 하는 사람이 있을 것이나, 각종 질환과 재난이 발생하게 된다.

세월이 지나면, 가운데 아들은 여색으로 재산을 낭비하고 황달병이나 물에 빠져 죽든지, 목매어 죽는 일이 있을 것이고, 老母는 치매로 거동이 불편하며, 부녀자는 죽은 아이를 낳든지 경체(經滯 : 월경이 막힘)나 배가 불러오는 증세가 있을 것이다. 또한 농아(聾啞 : 못듣고 말 못하다)나 수류(嫂瘤 : 혹이 생긴다)자가 있을 것이고, 남녀조령(男女凋零 : 남녀가 떨어져 살다)하므로 어린이 기르기가 어려울 것이다.

가운데 아들은 여색으로 재산의 손실이 없으면 溺死를 할 것이고, 가축에도 손상이 있으며, 끝내는 養子를 맞이하게 된다.

坎門　　큰방이 艮方에 있으면 이를 '艮主'라 하고, 五鬼가 된다. 廚房의 '가스대'가 兌方에 있으면, 이는 禍害가 된다. 艮方의 큰방과 兌方의 주방은 延年이 된다.

이러한 집은 초년에는 살람이 일어나 금전과 재물이 풍부하고 자손은 번창하며, 부부는 화순하다. 남자는 훌륭한 자질을 갖춘 남편이고, 부인은 의지와 정절을 갖춘 현처(賢妻)이므로 가정은 화순하나, 세월이 지날수록 순한 자식은 부모의 뜻을 거역할 것이고, 불시의 질환으로 횡사를 하든지 관재나 도난 등의 재난이 있을 것이다.

부녀자는 낙태나, 배 속에 뭉쳤던 피가 쏟아지는 증세가 있으며, 가슴앓이에 吐血이나 발암(發癌) 등으로 부녀자는 단명하게 된다. 그리고 순한 자식이 부모의 뜻에 거역을 하게 되고, 가운데 아들은 여색으로 재산 損失이 없으면, 익사(溺死)할 것이라고 한다.

坎門　　큰방이 艮方에 있으면 '艮主'라 하고, 이는 五鬼가 된다. 주방의 '가스대'가 乾方에 있으면 六殺이 되고, 艮方

의 큰방과 乾方의 주방은 天乙이 된다.

　이러한 집은 초년에는 전답과 재산이 많으며, 이름을 떨치는 자손이 있을 것이다.

　그러나 세월이 지나면, 순한 자식이 부모의 뜻을 거역하게 되고, 화재나 관재, 도난의 재앙이 이르고, 가운데 아들은 여색으로 재산에 손실이 없으면, 목을 매거나 溺死할 것이다.

　또한 부녀자는 배 속에 뭉쳤던 피가 쏟아지든지, 정신질환이 있을 것이므로 어린이를 기르기가 어려울 것이다.

　그리고 토사(吐瀉 : 입으로 토하고 아래로 설사를 한다)나, 發癌이 있을 것이고, 부자간에는 불화로 헤어져 살게 되니 빨리 좋은 곳으로 주방을 고치라고 하였다.

③ 坎門과 震主圖

　坌地나 건물의 중심에서 羅經을 보아 壬·子·癸方에 출입문이 있으면 坎門이라고 하고, 주인방이 甲·卯·乙方에 있으면 震主라고 한다.

　坎門과 震主는 수뢰발복 구절사(水雷發福 久絕嗣)라, 이것은 일단 발복은 한다. 그러나 오랜 세월이 지나면, 代를 이을 자손이 없어진다.

　坎門과 震主는 天乙宅이다. 救貧第一이라 初年에는 人丁이 大旺하고, 功名은 賢達하며, 科甲이 連綿한 全家吉慶이라, 호적덕제인리(好積德齊人利 : 은혜 베풀기를 좋아하여 적선을 많이 한다)이다. 그러나 오랜 세월이 지나면, 고독과거핍사(孤獨寡居乏嗣)하고, 부녀자장가(婦女子掌家 : 부녀자가 집안살림을 맡는다)함은 순양이기 때문이다. 그러나 坎門에 離廚房이면, 延年宅으로 가장 좋은 집이 된다.

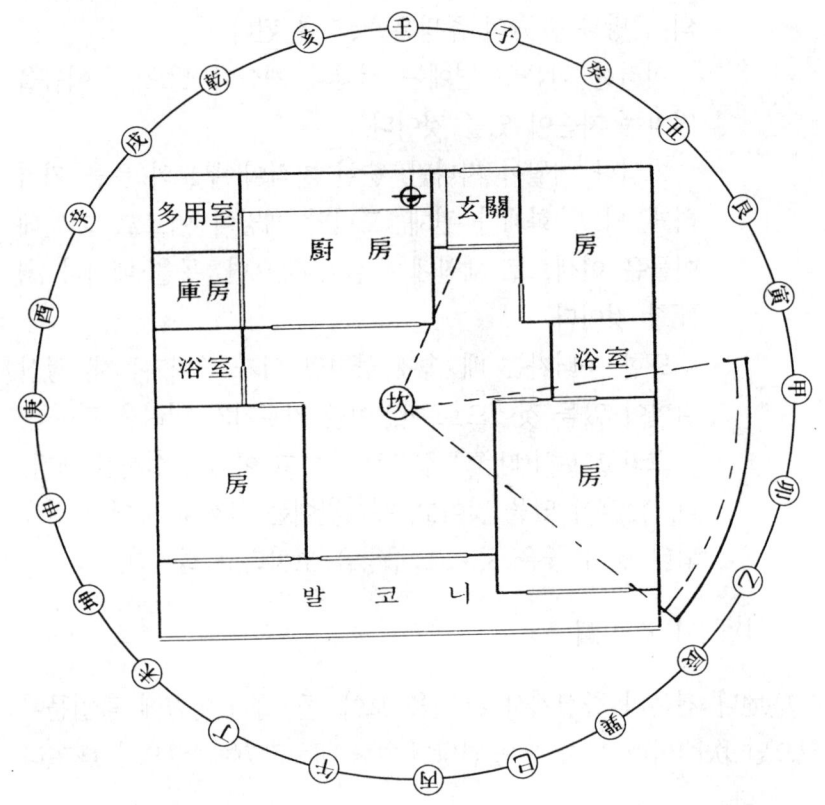

**坎門에서 震主와 八廚와의 관계**

坎門　　큰방이 震方에 있으면 '震主'라 하고, 이는 天乙이 된다. 주방의 '가스대'가 坎方에 있으면 伏位이고, 震方의 큰방과 坎方의 주방은 天乙이 된다.

　　이러한 집은 초년에는 금전과 재물이 흥성하여 九年間은 뽐내며 오만하게 지낼 수가 있을 것이다. 그러나 세월이 지나면, 부녀자는 낙태를 하든가 음부로부터 흰빛이나 붉은 빛의 분비액이 있거나 배 속에 뭉쳐있던 피가 쏟아지는 증세가 없으면 발암(發癌)하는 자가 있을 것이다.

형제간에는 불화이고 가운데 아들과 어린이에게는 손상이 있으며, 부녀자는 단명할 것이다.

오랜 세월이 지나면, 가운데 아들은 물에 빠져 죽게 되거나, 여색을 좋아하므로 산재패망(産財敗亡 : 재산과 재물에 손실이 있고, 사람마저 손상된다)하게 되고, 어린이 기르기가 어려울 것이다.

坎門　　큰방이 震方에 있으면 '震主'라 하고, 이는 天乙이 된다. 주방의 '가스대'가 艮方에 있으면, 五鬼가 된다. 震方의 큰방과 艮方의 주방은 六殺이 된다.

이러한 집은 초년에는 모든 일이 순조로워 사업이 흥성하니, 금전과 재물에 여유가 있으므로 長子는 영화를 누리게 되나, 부녀자는 질병으로 단명하게 된다.

오랜 세월이 지나면, 식질팽민(食疾膨悶 : 밥을 먹은 것같이 속이 더부룩하고 답답한 증세)이 되고, 황종(黃腫 : 종기), 복통(腹痛) 등의 질환이 있을 것이다. 끝내는 타인의 자식으로 대를 잇게 된다. 그리고 부녀자는 단명할 것이고, 부모의 뜻을 거역하는 자손이 있으며, 관재나 화재, 도난의 흉액이 이른다.

또 젊은 남자는 물에 빠져 죽거나, 목을 매어 자결하는 일이 있을 것이다. 귀신 우는 소리 등 상서롭지 못한 일이 발생한다.

坎門　　큰방이 震方에 있으면 '震主'라 하고, 이는 天乙이 된다. 주방의 '가스대'가 震方에 있으면 天乙이 되고, 震方의 큰방과 震方의 주방은 伏位가 된다.

이러한 집은 초년에는 모든 일이 순조로워서 가축형통(家畜亨通)하여 금전과 재물에 여유가 있으며, 長子는 사업성공에 功名도 얻게 된다.

오랜 세월이 지나면, 부녀자가 단명하지 않으면 어린이 양육이 어려울 것이며, 태어난 子孫이 치(痴 : 어리석고), 농(聾 : 못듣고), 우(愚 : 미련하고), 완지인(頑之人 : 고집이 센 사람이 나온다)이며, 부녀자는 질병을 앓게 될 것이다. 그리고 가축에게도 손상이 있게 된다.

그러나 이러한 배치에 큰방과 부엌의 가스대가 있어도, 居住者의 命에 따라서 사항이 다르게 된다. 다시 말해서 吉方이라도 命에서 生을 이루어야 된다는 것이다.

坎門　　큰방이 震方에 있으면 '震主'라 하고, 이는 天乙이 된다. 주방의 '가스대'가 巽方에 있으면, 이는 生氣가 된다. 震方의 큰방과 巽方의 주방은 延年이 된다.

이러한 집은 초년부터 사람과 재물이 홍성하여 많은 자손이 등과급제(登科及第)하는데 의심할 여지가 없다고 한다.

六年內에 길응(吉應 : 좋은 일이 일어난다)하는데 亥·卯·未年에는 정생계자(定生桂子 : 명성을 떨치는 자손이 태어난다)하므로 온갖 상서로운 경사가 날로 이른다.

그러나 오랜 歲月이 지나면, 자손이 적어지고 부녀자는 질병으로 단명하게 될 것이다.

坎門　　큰방이 震方에 있으면 이를 '震主'라 하고, 天乙이 된다. 주방의 '가스대'가 離方에 있으면 이는 延年이 되고, 震方의 큰방과 離方의 주방은 生氣가 된다.

이러한 집은 초년에는 유성무패(有成無敗 : 어떤 일에도 실패가 없다)여서, 금전과 재물이 홍성하고 인정대왕(人丁大旺 : 남자가 왕성하다)하여 만사가 순조롭다.

형제간에는 의리가 지극하고, 등과급제(登科及第)하는 자가 연이어 출생하는데, 이는 吉한 곳에 큰방과 주방이 있기 때문이라고 한다. 그러므로 총명한 자손과 秀才들이 태어난다.

그러나 오랜 세월이 지나면, 심동(心疼 : 가슴앓이)에 눈아픈 사람이 발생하든지 부부간에 사별이 있을 것이다.

이는 비록 吉한 配合이라도 거주자의 命이 수극(受剋)이면 단명하게 되고, 命이 剋하게 되면 질병으로 고생하게 되며, 財産에 損失이 있을 것이다.

坎門   큰방이 震方에 있으면 '震主'라 하고, 이는 天乙이 된다. 주방의 '가스대'가 坤方에 있으면 絶命이 되고, 震方의 큰방과 坤方의 주방(가스대)은 禍害가 된다.

이러한 집은 초년에는 가축과 가업이 일어나고 등과급제(登科及第)를 하며, 장자는 발복하여 영화를 누리고, 大富大貴해진다고 한다.

그러나 세월이 지나면, 자손이 적어지고 부녀자가 疾病으로 단명하게 될 것이라고 한다.

노모는 치매로 거동이 불편하며, 부녀자는 죽은 아이를 낳든지 경체(經滯 : 월경이 막힘)나 배가 불러오는 증세가 있을 것이다. 또한 농아(聾啞 : 못듣고 말 못함)자나 수류(嗽瘤 : 혹이 생긴다)자가 있을 것이고, 남녀조령(男女凋零 : 남녀가 떨어져 살고)하므로 어린이 기르기가 어려울 것이다.

가운데 아들은 여색으로 재산의 損失이 없으면 溺死할 것이고, 가축에도 손상이 있는데, 끝내는 養子를 맞이하게 된다.

坎門   큰방이 震方에 있으면 이를 '震主'라 하고, 天乙이 된다. 주방의 '가스대'가 兌方에 있으면 이는 禍害가 된다. 震方의 큰방과 兌方의 주방은 絶命이 된다.

　　　　　　이러한 집은 초년에는 살림이 일어나 금전과 재물이
　　　　　풍부하고 자손은 번창하며, 長子는 발복하여 영화를 누리
　　　　　며, 대부대귀하여진다고 한다.
　　　　　　그러나 오랜 세월이 지나면, 허리가 아프고 손과 팔 다
　　　　　리가 저리고 마비되는 증세가 있을 것이고, 신병으로 고
　　　　　생하다가 목매어 죽거나, 참사(慘死)를 당하게 될 것이다.
　　　　　　부녀자는 낙태나, 배 속에 뭉쳤던 피가 쏟아지는 증세
　　　　　가 없으면, 가슴앓이에 吐血이나 발암(發癌) 등으로 단명
　　　　　하게 된다. 그리고 불시의 관재로 재산은 흩어지고, 또한
　　　　　질병으로 남자는 단명하게 되는 등 재앙이 발생한다.
坎門　　　　큰방이 震方에 있으면 '震主'라 하고, 이는 天乙이 된
　　　　　다. 주방의 '가스대'가 乾方에 있으면 六殺이 되고, 震方
　　　　　의 큰방과 乾方의 주방은 五鬼가 된다.
　　　　　　이러한 집은 초년에는 전답과 재산이 많으며, 長子는
　　　　　발복하여 영화를 누리고 大富大貴해진다고 한다.
　　　　　　그러나 세월이 지나면, 부자간에는 불화이고, 목이 막
　　　　　히는 증세나, 근육이 저리고 아픈 증세나, 창라(瘡癩 : 나
　　　　　병) 등으로 凶死가 없으면, 화재나 관재에 家畜 손실이
　　　　　있다. 또한 부녀자는 배 속에 뭉쳤던 피가 쏟아지든지, 정
　　　　　신질환이 있을 것이므로 어린이 기르기가 어려울 것이다.
　　　　　　그리고 토사(吐瀉 : 입으로 토하고 아래로 설사를 한다)
　　　　　나, 發癌이 있을 것이고, 부자간에는 불화로 헤어져 살게
　　　　　되고 가출하는 자식이 있을 것인데, 좋은 방위로 부엌을
　　　　　고쳐 내면 이러한 재앙이 없을 것이라고 한다.

④ 坎門과 巽主圖

垈地나 건물의 중심에서 羅經을 보아 壬·子·癸方에 出入門이

있으면 坎門이라 하고, 주인방이 辰·巽·巳方에 있으면 巽主라고 한다.

坎門과 巽主가 수목영화 발여수(水木榮華 發女秀)라는 것은 水生木이 되어 榮華가 發하고, 특히 여자는 용모와 재질이 뛰어나다.

坎門과 巽主는 生氣宅이다. 五子得하여 登科함은 生氣得位宅이다. 남자는 총명하고, 여자는 秀麗하며, 효도하고 賢孫하며 전답과 육축이 興旺하고, 공명이 현달하니, 남자가 大旺하여 富貴가 雙全하는 제일의 吉宅이다. 坎門에 震廚房이 된다면, 이는 大富大貴한 집이나 오랜 세월이 지나면, 자손은 稀少하나, 長子 가운데 아들의

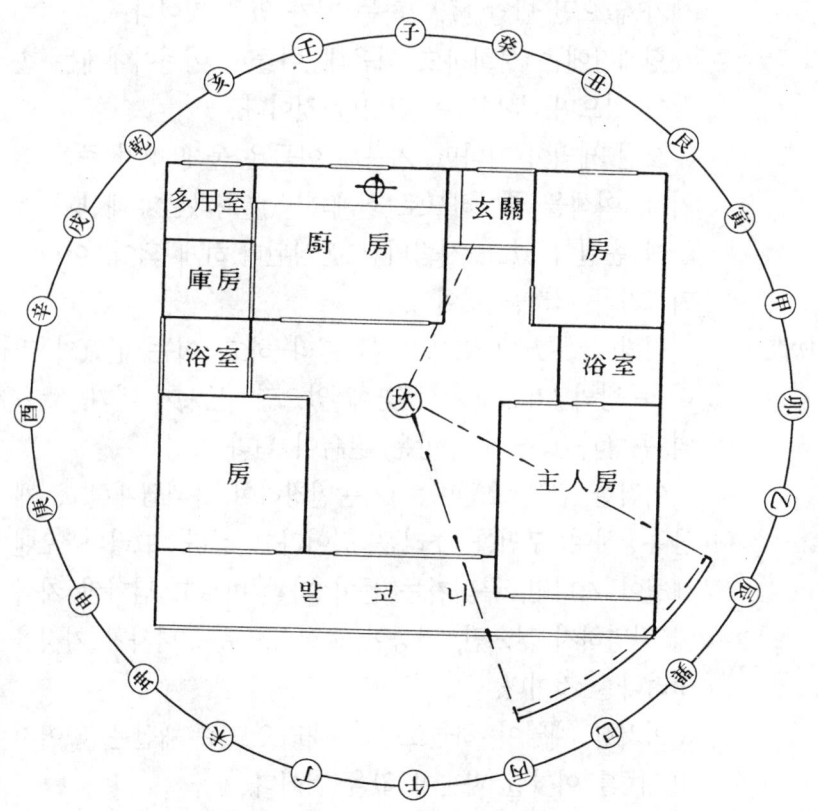

자손이 發하여 榮華를 누리지만 부녀자에게는 不利하다.

### 坎門에서 巽主와 八廚와의 관계

坎門　　큰방이 巽方에 있으면 '巽主'라 하고, 이는 生氣가 된다. 주방의 '가스대'가 坎方에 있으면 伏位이고, 巽方의 큰방과 坎方의 주방은 生氣가 된다.

　　　　이러한 집은 자손이 번창하여 등과급제하고, 재물이 흥성하여 부귀를 누리는 집이라고 하나, 오랜 세월이 지나면, 남자는 줄어들고, 부녀자는 음부로부터 흰빛이나 붉은빛의 분비액이 있거나 배 속에 뭉쳤던 피가 쏟아지는 증세가 없으면 발암(發癌)하는 자가 있을 것이다.

　　　　형제간에는 불화하고 가운데 아들과 어린이에게는 손상이 있으며, 부녀자는 단명할 것이다.

　　　　오랜 세월이 지나면, 가운데 아들은 물에 빠져 죽게 되거나, 여색을 좋아하므로 산재패망(産財敗亡 : 재산과 재물에 손실이 있고, 사람마저 손상된다)하게 되어, 어린이 기르기가 어려울 것이다.

坎門　　큰방이 巽方에 있으면 '巽主'라 하고, 이는 生氣가 된다. 주방의 '가스대'가 艮方에 있으면, 五鬼가 된다. 巽方의 큰방과 艮方의 주방은 絶命이 된다.

　　　　이러한 집은 초년에는 자손번창하여 등과급제하고, 재물흥성하여 부귀를 누리는 집이라고 한다. 그러나 오랜 세월이 지나면, 부녀자는 몸이 바싹 마르고 남자와 자식이 단명하지 않으면, 거동이 불편하므로 부녀자가 가정을 꾸려나갈 것이다.

　　　　이러한 재앙이 하늘로부터 내려오므로 재산은 없어지고, 代를 이어갈 자손이 없을 것이다.

그리고 부녀자는 단명할 것이고, 부모의 뜻을 거역하는 자손이 있으며, 관재나 화재, 도난의 흉액이 이른다. 또 젊은 남자는 물에 빠져 죽거나, 목을 매어 자결하는 일이 있을 것이다. 귀신 우는 소리가 나는 등 상서롭지 못한 일이 발생한다.

坎門   큰방이 巽方에 있으면 '巽主'라 하고, 이는 生氣가 된다. 주방의 '가스대'가 震方에 있으면 天乙이 되고, 巽方의 큰방과 震方의 주방은 延年이 된다.

이러한 집은 초년에는 자손이 번창하며 등과급제하고, 재물이 홍성하여 부귀를 누리는 데는 의심할 여지가 없는 집이다.

자귀손현(子貴孫賢)하고 형제자매간에는 우애가 지극하며, 등과급제자가 연이어 발생한다. 그리하여 일품관직(一品官職)에 올라 임금에게 고하고 은혜를 받는 영예로운 직위에 오른다.

금전과 재물이 풍부하고, 가축왕성하며, 장자손은 발복하여 부귀와 영화를 누리는데, 세월이 지나면 자손이 줄어들고, 부녀자는 질병으로 단명하게 될 것이라고 한다.

坎門   큰방이 巽方에 있으면 '巽主'라 하고, 이는 生氣가 된다. 주방의 '가스대'가 巽方에 있으면, 이는 生氣가 된다. 巽方의 큰방과 巽方의 주방은 伏位가 된다.

이러한 집은 초년부터 사람과 재물이 홍성하여 많은 자손에 등과급제자가 생겨나며 부귀영화에 수명장수하는 데 의심할 필요가 없다고 한다.

六年內에 길응(吉應 : 명성을 떨치는 자손이 태어남)이므로 온갖 상서로운 경사가 날로 이른다.

그러나 오랜 세월이 지나면, 기옹천수(氣壅喘嗽 : 숨이 막히게 기침을 하는 것)이고, 몸이 뒤틀어져서 거동이 불편한 사람이 있으며, 남자는 고생을 하다가 끝내는 홀아비나 과부가 가정을 이끌어갈 것이다.

坎門　　큰방이 巽方에 있으면 이를 '巽主'라 하고, 生氣가 된다. 주방의 '가스대'가 離方에 있으면 이는 延年이 되고, 巽方의 큰방과 離方의 주방은 天乙이 된다.

이러한 집은 초년에는 유성무패(有成無敗 : 어떤 일에도 실패가 없다)여서, 금전과 재물이 흥성하고 인정대왕(人丁大旺 : 남자가 왕성하다)하여 만사가 순조롭다.

형제간에는 우애가 지극하고, 등과급제(登科及第)자가 연이어 발생하는데, 이는 길한 곳에 큰방과 주방이 있기 때문이라고 한다. 그러므로 총명한 자손에 수재들이 태어난다.

그러나 오랜 세월이 지나면, 심동(心疼 : 가슴앓이)에 눈아픈 사람이 발생하든지 부부간에 사별이 있을 것이다.

이는 비록 길한 배합이라도 거주자의 命이 수극(受剋)이면 단명하게 되고, 命이 剋하게 되면 질병으로 고생하게 되며, 財産에 損失이 있기 때문이다.

坎門　　큰방이 巽方에 있으면 '巽主'라 하고, 이는 生氣가 된다. 주방의 '가스대'가 坤方에 있으면 絕命이 되고, 巽方의 큰방과 坤方의 주방(가스대)은 五鬼가 된다.

이러한 집은 초년에는 가축과 가업이 일어나고 등과급제(登科及第)를 하며, 장녀는 발복하여 영화를 누리고, 大富大貴해진다고 한다.

그러나 세월이 지나면, 자손이 적어지고 부녀자가 질병으로 단명하게 될 것이라고 한다.

제2장 三要 應用  347

老母는 치매로 거동이 불편하며, 부녀자는 죽은 아이를 낳든지 경체(經滯 : 월경이 막힘)나 배가 불러오는 증세가 있을 것이다. 또한 농아(聾啞 : 못듣고 말 못하고)자나 수류(嫂瘤 : 혹이 생긴다)자가 있을 것이고, 남녀조령(男女凋零 : 남녀가 떨어져 살고)하므로 어린이 기르기가 어려울 것이다.

또한 남자는 단명하게 되고, 고부(姑婦)간에는 불화한다. 얼굴은 누렇게 뜨고, 관재나 화재로 목숨을 잃든지, 공직에 있으면서 재물에 손실이 있을 것이다.

坎門  큰방이 巽方에 있으면 이를 '巽主'라 하고, 生氣가 된다. 주방의 '가스대'가 兌方에 있으면, 이는 禍害가 된다. 巽方의 큰방과 兌方의 주방은 六殺이 된다.

이러한 집은 초년에는 살림이 일어나 금전과 재물이 풍부하고 자손은 번창하며, 장녀는 발복하여 영화를 누리며, 大富大貴해진다고 한다.

그러나 오랜 세월이 지나서, 巳·酉·丑年에는 집안에 재앙이 있을 것이다. 해수, 치매, 가슴앓이에 다리가 시리고 아프며, 목을 매는 흉사라든가 화재와 가출, 가축에 큰 손실 등이 있다.

부녀자는 낙태나, 배 속에 뭉쳤던 피가 쏟아지는 증세가 없으면, 가슴앓이에 吐血이나 발암(發癌) 등으로 단명하게 된다. 그리고 불시의 관재로 재산은 흩어지고, 또한 질병으로 남자는 단명하게 되는 재앙이 발생한다.

坎門  큰방이 巽方에 있으면 '巽主'라 하고, 이는 生氣가 된다. 주방의 '가스대'가 乾方에 있으면 六殺이 되고, 巽方의 큰방과 乾方의 주방은 禍害가 된다.

이러한 집은 초년에는 전답과 재산이 많으며, 장녀는

발복하여 영화를 누리고 大富大貴해진다고 한다.

　그러나 세월이 지나면, 부자간에는 불화로 집이나 재산을 날리게 되고, 부녀자는 단명한다. 양쪽 다리가 시리고 아프며, 거동이 불편한 사람이 있을 것이다.

　또한 부녀자는 배 속에 뭉쳤던 피가 쏟아지고, 정신질환이 있을 것이므로 어린이 기르기가 어려울 것이다.

　그리고 토사(吐瀉 : 입으로 토하고 아래로 설사를 함)나, 發癌이 있을 것이며, 가출하는 자식이 있을 것이고, 부녀자는 가볍고 말을 함부로 하며, 바람을 피우지 않으면, 괴롭게 죽을 것이다.

　또한 투하자액(投河自縊 : 물에 빠져 죽든지 목매어 자살한다)하며, 가축에도 큰 손실이 있을 것이다.

⑤ 坎門과 離主圖

　대지나 건물의 중심에서 羅經을 보아 壬・子・癸方에 출입문이 있으면 坎門이라 하고, 주인방이 丙・午・丁方에 있으면 離主라고 한다.

　坎門과 離主는 수화기제 대길부(水火旣濟 大吉富)라, 이것은 坎卦와 離卦를 水火旣濟라 하며, 이 격을 이루면 大吉大富가 발한다고 한다.

　坎門과 離主는 延年宅이다. 夫婦正配이므로 四兄弟가 왕성하고, 부귀가 발하여 토지와 전답이 늘고, 육축과 가족이 흥왕하나, 오랜 세월이 지나면, 喪妻하고, 안질과 가슴앓이, 심복통으로 고생한다.

　그러나 문과 주방의 배치에 따르면 坎門에 坎廚房이 된다면, 초년에는 모든 일이 순조로워 사업이 번성하며 금전과 재물이 풍부하나 부녀자가 단명하게 된다.

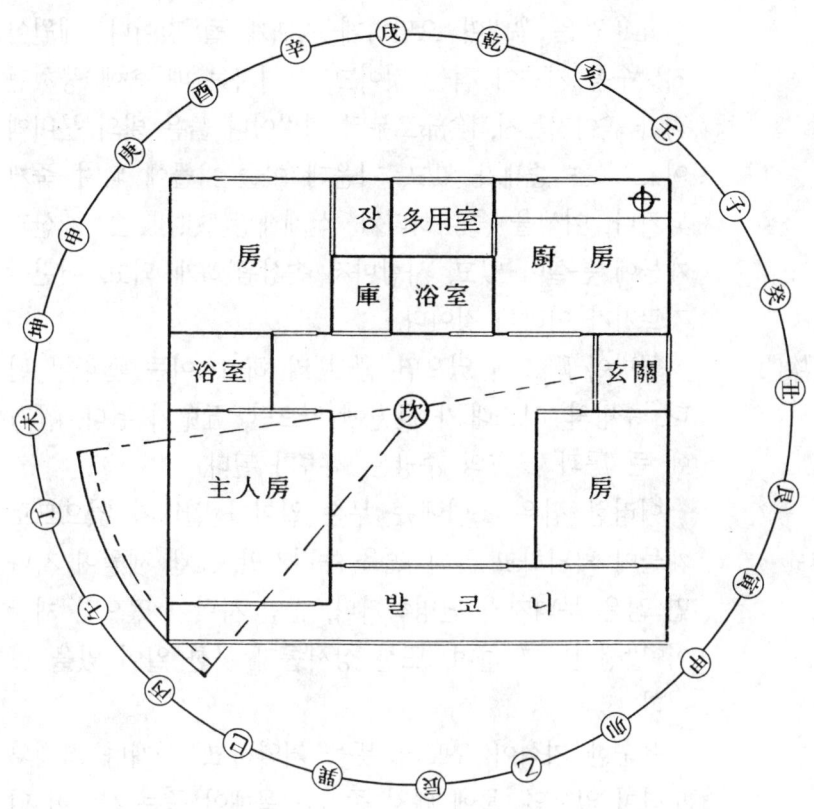

**坎門에서 離主와 八廚와의 관계**

坎門　　큰방이 離方에 있으면 '離主'라 하고, 이는 延年이 된다. 주방의 '가스대'가 坎方에 있으면 伏位이고, 離方의 큰방과 坎方의 주방은 延年이 된다.

　　이러한 집은 초년에는 유성무패(有成無敗 : 무슨 일에나 실패가 없다)이므로 재물이 넉넉하고 壽와 福을 누린다고 한다. 그러나 오랜 세월이 지나면, 젊은 부녀자가 단명하거나, 눈먼 사람이 생기는 등 재앙이 발생한다고 한다.

九年간은 뽐내며 오만하게 지내게 될 것이나, 세월이 지날수록 자손이 적을 것이고, 부녀자는 배 속에 뭉쳤던 피가 쏟아지든지, 陰部로부터 흰빛이나 붉은 빛의 분비액이 흐르는 증세가 있고, 가운데 아들은 물에 빠져 죽게 되거나 여색을 좋아하다가 산재패망(散財敗亡 : 재산과 재물에 손실이 있고, 사람마저 손상됨)하게 되고, 어린이 기르기가 어려울 것이다.

坎門　큰방이 離方에 있으면 '離主'라 하고, 이는 延年이 된다. 주방의 '가스대'가 艮方에 있으면, 五鬼가 된다. 離方에 큰 房과 艮方의 주방은 禍害가 된다.

이러한 집은 초년에는 무슨 일이나 실패가 없으므로 재물이 넉넉하고 壽와 福을 누리지만, 오랜 세월이 지나면 젊은 부녀자가 단명하거나, 눈먼 사람이 있으면 재앙이 발생한다고 하며, 또한 상서롭지 못한 일이 있을 것이다.

유순한 자식이 부모의 뜻을 거역하고, 관재나 화재와 도난이 없으면, 물에 빠져 죽거나 목매어 죽는 사람이 있을 것이며, 또한 자손은 가출하게 될 것이다.

비록 살림은 있으나 부부 사이는 벌어지고, 못듣고 말 못하는 사람이 없으면 정신질환자가 있을 것이다.

그리고 小兒는 비만해지고, 사람과 재물이 흩어지는 일이 있을 것이며, 집나간 여자는 타향에서 추하게 살아갈 것이다.

坎門　큰방이 離方에 있으면 '離主'라 하고, 이는 延年이 된다. 주방의 '가스대'가 震方에 있으면 天乙이 되고, 離方의 큰방과 震方의 주방은 生氣가 된다.

이러한 집은 초년에는 자손이 번창하며 등과급제하고,

재물이 흥성하여 부귀를 누리는 데는 의심할 필요가 없는 집이다.

자귀손현(子貴孫賢)하고 형제자매(兄弟姉妹)간에는 우애가 지극하며, 등과급제가 연이어 발생한다.

그리하여 일품관직에 올라 임금에게 고하고 은혜를 받는 영예로운 직위(職位)에 오른다.

금전과 재물이 풍부하고, 가축왕성(家畜旺盛)하며, 장자손은 발복하여 부귀와 영화를 누리는데, 세월이 지나면 심장병이나 안질환이 있으며, 부인과 사별을 하게 된다.

坎門　큰방이 離方에 있으면 '離主'라 하고, 이는 延年이 된다. 주방의 '가스대'가 巽方에 있으면, 이는 生氣가 된다. 離方의 큰방과 巽方의 주방은 天乙이 된다.

이러한 집은 초년부터 사람과 재물이 흥성하며 많은 자손이 등과급제하여 부귀영화에 수명장수하는 데 의심할 필요가 없다고 한다.

부녀자가 총명하여 가정을 화목하게 하고 어질며 베풀기를 좋아하므로 女丈夫라고 하나, 남자는 주눅들어 자식이 없거나 기르기가 어려울 것이니 여자를 의심하지 말고 부엌을 고치라고 하였다.

그리고 오랜 세월이 지나면 가슴앓이에 안질환(眼疾患)자가 있으며 남자가 고생을 하든지 아내와 死別하게 될 것이라고 한다.

坎門　큰방이 離方에 있으면 이를 '離主'라 하고, 延年이 된다. 주방의 '가스대'가 離方에 있으면, 이는 延年이 되고, 離方의 큰방과 離方의 주방은 伏位가 된다.

이러한 집은 초년에는 유성무패(有成無敗 : 어떤 일에도 실패가 없다)여서, 금전과 재물이 흥성하고 인정대왕

(人丁大旺 : 男子가 왕성하다)하여 만사가 순조롭다.

형제간에는 의리가 지극하고, 등과급제(登科及第)자가 연이어 나오는데, 이는 吉한 곳에 큰방과 주방이 있기 때문이라고 한다. 그러므로 총명한 자손에 수재들이 태어난다.

그러나 오랜 세월이 지나면 심동(心疼 : 가슴앓이)에 눈아픈 사람이 발생하든지 부부간에 사별이 있을 것이다.

이는 비록 吉한 배합이더라도 거주자의 命이 수극(受剋)이면 단명하게 되고, 명이 극하게 되면 질병으로 고생하게 되며, 재산에 손실이 있을 것이다.

坎門　　큰방이 離方에 있으면 '離主'라 하고, 이는 延年이 된다. 주방의 '가스대'가 坤方에 있으면 절명이 되고, 離方의 큰방과 坤方의 주방(가스대)은 六殺이 된다.

이러한 집은 초년에는 재산과 금전이 풍부하고 뛰어난 자손은 등과급제를 하여 명성을 떨치며, 많은 자손들이 영화를 누리며, 大富大貴해진다고 한다.

그러나 세월이 지나면, 자손이 적어지고 부녀자가 질병으로 단명하게 될 것이라고 한다.

老母는 치매로 거동이 불편하며, 부녀자는 죽은 아이를 낳든지 경체(經滯 : 월경이 막힘)나 배가 불러오는 증세가 있을 것이다. 또한 농아(聾啞 : 못듣고 말 못하고)자나 수류(嫂瘤 : 혹이 생긴다)자가 있을 것이고, 남녀조령(男女凋零 : 남녀가 떨어져 살고)하므로 어린이 기르기가 어려울 것이다.

또한 남자는 단명하게 되고, 고부(姑婦)간에는 불화한다. 얼굴은 누렇게 뜨고, 관재나 화재로 목숨을 잃든지, 공직에 있으면서 재물에 손실이 있을 것이다.

제2장 三要 應用  353

坎門　　　큰방이 離方에 있으면 이를 '離主'라 하고, 延年이 된다. 주방의 '가스대'가 兌方에 있으면, 이는 禍害가 된다. 離方의 큰방과 兌方의 주방은 五鬼가 된다.

　　이러한 집은 초년에는 금전과 재산이 풍부하고, 총명한 자손은 등과급제하여 이름을 떨치므로 많은 자손이 영화를 누린다고 한다.

　　그러나 오랜 세월이 지나면 도난이나 관재로, 자식에게 근심이 있을 것이다. 두통에 시력이 흐리고 잠이 잘 오지 않는 증세가 있으며, 부녀자는 바람이 나서 가출하지 않으면 정신질환이나, 배 속에 뭉쳤던 피가 쏟아지는 증세가 있는데 그렇지 않으면, 심장병이나 吐血이나 발암(發癌) 등으로 단명하게 된다. 그리고 불시의 관재로 재산은 흩어지고, 또한 질병으로 남자도 단명하게 되는 재앙이 발생한다.

坎門　　　큰방이 離方에 있으면 '離主'라 하고, 이는 延年이 된다. 주방의 '가스대'가 乾方에 있으면 六殺이 되고, 離方의 큰방과 乾方의 주방은 絶命이 된다.

　　이러한 집은 초년에는 금전과 재산이 풍부하고 뛰어난 자손은 등과급제를 하여 이름을 떨치면서 영화를 누린다.

　　그러나 세월이 지나면 부자간의 불화로 집이나 재산을 날리게 되고, 부녀자는 단명한다. 양쪽 다리가 시리고 아프며, 거동이 불편한 사람이 있을 것이다.

　　또한 부녀자는 배 속에 뭉쳤던 피가 쏟아지든가 정신질환이 없으면, 낙태나 죽은 아이를 낳게 될 것이다.

　　그리고 토사(吐瀉 : 입으로 토하고 아래로 설사를 함)나 發癌이 있을 것이며, 가출하는 자식이 있을 것이다. 부녀자는 입이 가벼워서 말을 함부로 하며, 바람을 피우지 않으면, 괴롭게 죽을 것이다.

　　또한 투하자액(投河自縊 : 물에 빠져 죽든지 목매어 자살한다)하며, 가축에도 큰 손실이 있을 것이다.

## ⑥ 坎門과 坤主圖

　대지나 건물의 중심에서 나경을 보아 壬·子·癸方에 출입문이 있으면 坎門이라 하고, 주인방이 未·坤·申方에 있으면 坤主라 한다.

　坎門과 坤主는 絶命宅이다. 이 집은 각종 부상과 질병으로 남녀가 단명하는데 주로 가운데 아들이 傷하고, 과부가 나오든지 어린

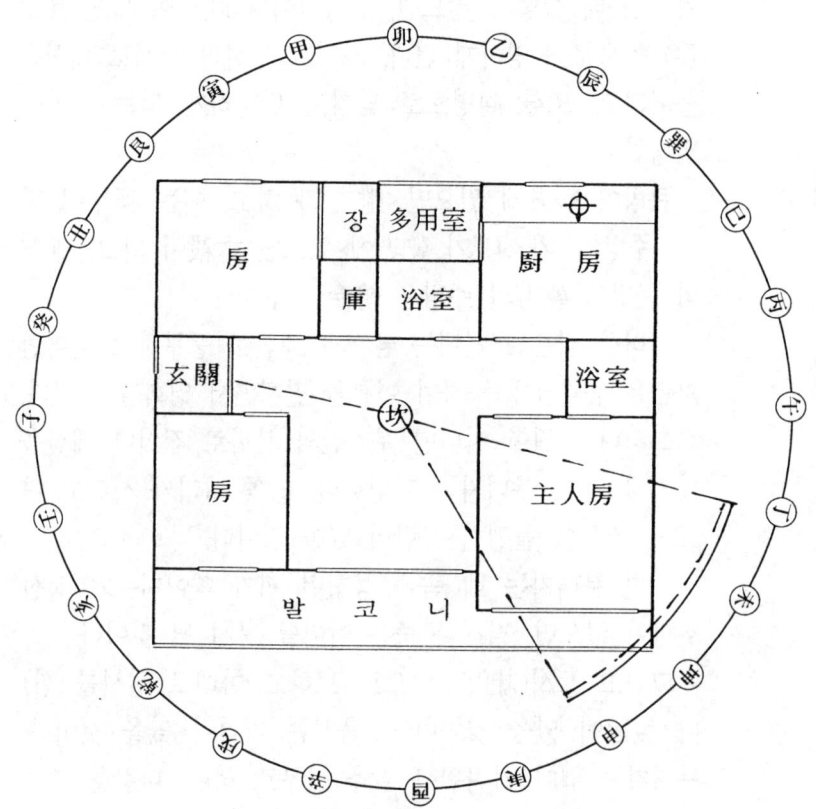

이 기르기가 어려울 것이다. 세월이 지나면 남녀는 떨어져 살아야 하고, 못듣고 말 못하고 혹붙은 사람이 있을 것이다. 또한 정신질환이나 거동이 불편한 사람이 있으며, 가축에도 큰 손실이 있을 것이다.

### 坎門에서 坤主와 八廚와의 관계

坎門 큰방이 坤方에 있으면 '坤主'라 하고, 이는 絶命이 된다. 주방의 '가스대'가 坎方에 있으면 伏位이고, 坤方의 큰방과 坎方의 주방은 絶命이 된다.
 이러한 집은 초년에는 유성무패(有成無敗 : 무슨 일에나 실패가 없다)이므로 산업흥륭(産業興隆)하여 금전과 재물이 넉넉하나, 세월이 지나면 남녀는 떨어져 살게 되고, 부녀자는 죽은 아이를 낳게 되든지, 배가 불러오는 증세가 나타난다.
 九年간은 뽐내며 오만하게 지내게 될 것이나, 세월이 지날수록 자손이 적을 것이며, 부녀자는 배 속에 뭉쳤던 피가 쏟아지든지, 陰部로부터 흰빛이나 붉은 빛의 분비액이 흐르는 증세가 있고, 가운데 아들은 물에 빠져 죽게 되거나 여색을 좋아하므로 산재패망(散財敗亡 : 재산과 재물에 손실이 있고, 사람마저 손상됨)하게 되어, 어린이 기르기가 어려울 것이다.

坎門 큰방이 坤方에 있으면 '坤主'라 하고, 이는 絶命이 된다. 주방의 '가스대'가 艮方에 있으면, 五鬼가 된다. 坤方의 큰방과 艮方의 주방은 生氣가 된다.
 이러한 집은 남녀가 떨어져 살아야 하는데, 老母는 치매로 거동이 불편하고, 부녀자는 죽은 아이를 낳든지, 발암(發癌)될 것이다. 또한 말 못하고 못듣는 사람이 없으면, 수류(嫂瘤 : 혹이 있는 사람)자가 있을 것이며, 官災로 어린이 기르기가 어려울 것이다.

심복통(心腹痛)에 사지가 뒤틀어져 거동이 불편한 사람이 없으면 정신질환자가 있을 것이라고 한다.

자식은 부모의 뜻을 거역하고, 관재나 화재, 또는 도난의 흉액이 없으면, 물에 빠져 죽든지 목매어 죽는 사람이 있을 것이다.

이러한 흉변이 주로 가운데 아들에게 있을 것이고, 해마다 가축에도 큰 손실이 있을 것이다.

坎門　　큰방이 坤方에 있으면 '坤主'라 하고, 이는 絶命이 된다. 주방의 '가스대'가 震方에 있으면 天乙이 되고, 坤方의 큰방과 震方의 주방은 禍害가 된다.

이러한 집은 초년에는 가축이 형통하여 금전과 재물이 넉넉하며, 長子는 발복하여 영화를 누리는데 부녀자는 질병으로 단명하게 될 것이다.

그리고 오랜 세월이 지나면, 노모는 치매로 정신질환의 증세가 있을 것이고, 부녀자는 근기가 약하여 죽은 아기를 낳든지 월경이 막히는 증세가 있을 것이다. 또한 농아(聾啞 : 못듣고 말 못한다)자가 없으면, 수류(嫂瘤 : 혹이 생긴다)자가 있을 것이며, 관재구설에 어린이 생육이 어렵다고 한다.

남녀가 떨어져 살아야 하고, 심복통이나 사지가 뒤틀어지는 일이 없으면, 정신질환이 있을 것이고, 해가 갈수록 사람과 가축이 손상을 입는다.

坎門　　큰방이 坤方에 있으면 '坤主'라 하고 이는 絶命이 된다. 주방의 '가스대'가 巽方에 있으면, 이는 生氣가 된다. 坤方의 큰방과 巽方의 주방은 五鬼가 된다.

이러한 집은 초년부터 사람과 재물이 흥성하고 많은 자손에 등과급제자가 있어 부귀영화에 수명장수하는데 의심할 여지가 없다고 한다. 부녀자가 총명하여 가정을 화목하게 하고 어질며 베풀기를 좋아하므로 女丈夫라고 한다.

그러나 오랜 세월이 지나면, 가운데 아들이 일찍 죽고, 노모는 정신질환에 치매가 있으며, 부녀자는 죽은 아기를 낳든지 발암(發癌)이 될 것이다. 또한 농아(聾啞 : 못듣고 말 못하고)자가 있으며, 수류(嫂瘤 : 혹이 생긴다)자가 있을 것이며, 사지가 뒤틀어져서 거동이 불편한 사람이 없으면 정신질환자가 있을 것이다. 세월이 갈수록 사람과 가축에까지 손상이 생기므로 끝내는 양자를 들이게 된다.

坎門　　큰방이 坤方에 있으면 이를 '坤主'라 하고, 絶命이 된다. 주방의 '가스대'가 離方에 있으면 이는 延年이 되고, 坤方의 큰방과 離方의 주방은 六殺이 된다.

이러한 집은 초년에는 유성무패(有成無敗 : 어떤 일에도 실패가 없다)여서, 금전과 재물이 흥성하고 인정대왕(人丁大旺 : 남자가 왕성하다)하여 만사가 순조롭다.

형제간에는 우애가 지극하고, 등과급제(登科及第)자가 연이어 나오는데, 이는 길한 곳에 큰방과 주방이 있기 때문이라고 한다. 그러므로 총명한 자손에 수재들이 태어난다.

그러나 오랜 세월이 지나면, 심동(心疼 : 가슴앓이)에 눈아픈 사람이 발생하든지 부부간에 사별이 있을 것이다. 가운데 아들이 일찍 죽고, 노모는 정신질환에 치매가 있으며 부녀자는 근기가 약하여 죽은 아기를 낳든지 월경이 막히는 증세이며, 농아자나 혹이 있거나 하여 어린이 양육이 어려울 것이다.

坎門　　큰방이 坤方에 있으면 '坤主'라 하고, 이는 絶命이 된다. 주방의 '가스대'가 坤方에 있으면 絶命이 되고, 坤方의 큰방과 坤方의 주방(가스대)은 伏位가 된다.

이러한 집은 초년에는 재산과 금전이 有餘하여 집안이 편안하다. 그러나 아들보다 딸이 많은 집으로서 노모가 가정을 꾸려가나, 끝내는 자식이 없다고 한다.

그리고 세월이 지나면, 가운데 아들은 일찍 죽고 노모는 정신질환의 치매로 거동이 불편할 것이고, 부녀자는 근기가 약하여 죽은 아기를 낳든지 월경이 막히거나, 배가 불러오는 증세가 있을 것이다.

또한 농아(聾啞 : 못듣고 말 못하고)자나 수류(瘦瘤 : 혹이 생김)자가 있을 것이고, 남녀조영(男女凋零 : 남녀가 떨어져 삶)하므로 어린이 기르기가 어려울 것이다.

즘내무아절손(怎奈無兒絶孫), 어찌할꼬 자식이 없으니 후사(後嗣) 즉, 제사를 지낼 사람이 없다.

坎門　　큰방이 坤方에 있으면 이를 '坤主'라 하고, 絶命이 된다. 주방의 '가스대'가 兌方에 있으면 이는 禍害가 된다. 坤方의 큰방과 兌方의 주방은 天乙이 된다.

이러한 집은 초년에는 발재자만(發財子晚 : 재물은 발하지만 자식은 늦다)하여 노모는 어린 자녀를 끔찍이 사랑하게 되고, 반드시 여자가 살림을 꾸려갈 것이다.

그러나 오랜 세월이 지나면, 가운데 아들은 일찍 죽게 되고 노모는 정신질환의 치매로 거동이 불편할 것이고, 부녀자는 근기가 약하여 죽은 아기를 낳든지 월경이 막히거나, 배가 불러오는 증세가 있을 것이다.

또한 농아(聾啞 : 못듣고 말 못하고)자나 혹이 있는 사람이 있으며 남녀가 떨어져 살게 되므로 어린이 기르기가 어려울 것이다. 그리고 四肢가 뒤틀어져 거동이 불편한 사람이 있으며, 세월이 갈수록 인명과 가축에 손상이 있을 것이다.

坎門　　큰방이 坤方에 있으면 '坤主'라 하고, 이는 絶命이 된다. 주방의 '가스대'가 乾方에 있으면 六殺이 되고, 坤方의 큰방과 乾方의 주방은 延年이 된다.

　　이러한 집은 초년에는 금전과 재산이 풍부하고 뛰어난 자손은 등과급제하여 이름을 떨치고, 영화를 누린다.

　　그러나 세월이 지나면, 부자간에는 불화로 집이나 재산을 날리게 되고, 가운데 아들은 단명하며, 노모는 치매로 정신에 이상이 있으며, 못듣고 말 못하고 혹이 있는 사람이 있을 것이다.

　　또한 부녀자는 배 속에 뭉쳤던 피가 쏟아지든지, 정신 질환이 없으면, 낙태나 죽은 아이를 낳게 될 것이다.

　　그리고 토사(吐瀉 : 입으로 토하고 아래로 설사를 한다)나 發癌이 있을 것이며, 가출하는 자식이 있을 것이고, 부녀자는 입이 가벼워 말을 함부로 하며, 바람을 피우지 않으면 괴롭게 죽을 것이다.

　　또한 남녀가 떨어져서 살게 되고, 사지가 뒤틀어져서 거동이 불편하므로 끝내는 양자를 맞이하게 된다.

⑦ 坎門과 兌主圖

　대지나 건물의 중심에서 羅經을 보아 壬·子·癸方에 출입문이 있으면 坎門이라 하고, 주인방이 庚·酉·辛方에 있으면 兌主라 한다.

　坎門과 兌主가 택우수설 소녀망(澤遇水洩 少女亡)이라, 이것은

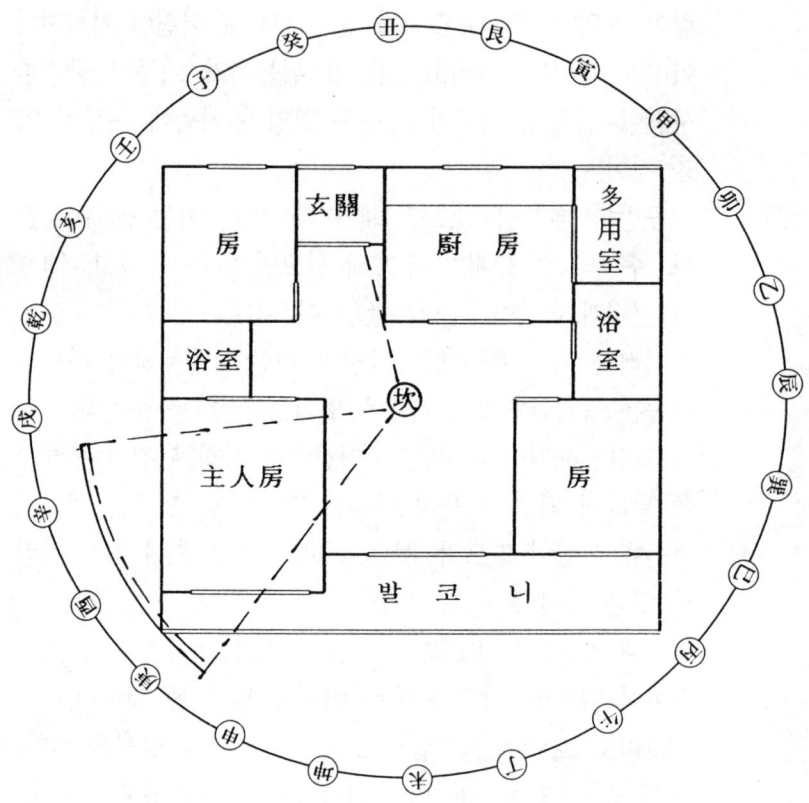

　少女인 兌金이 坎水에 金生水로 설기(洩氣)가 되니 소녀가 손상이 된다.

　坎門과 兌主는 禍害宅이다. 이는 生은 되지만 水에 洩氣되어 산재패가하고, 중취처첩(重娶妻妾 : 여러 아내를 맞이한다)하며, 부녀자가 단명하게 된다.

　그리고 해수토담(咳嗽吐痰 : 해수에 가래를 토한다)에 악창 등의 증세로 고생을 하게 된다.

### 坎門에서 兌主와 八廚와의 관계

坎門　　큰방이 兌方에 있으면 '兌主'라 하고, 이는 禍害가 된

다. 주방의 '가스대'가 坎方에 있으면 伏位이고, 兌方의 큰방과 坎方의 주방은 禍害가 된다.

이러한 집은 초년에는 유성무패(有成無敗 : 무슨 일에나 실패가 없다)이므로 산업흥륭(産業興隆)하여 금전과 재물이 넉넉하나, 세월이 지나면 부녀자가 단명하게 된다.

九年간은 뽐내며 오만하게 지내게 될 것이다. 세월이 지날수록 자손이 적을 것이고, 부녀자는 배 속에 뭉쳤던 피가 쏟아지든지, 음부로부터 흰빛이나 붉은 색깔의 분비액이 흐르는 증세가 있고, 가운데 아들은 물에 빠져 죽게 되거나 여색을 좋아하므로 산재패망(散財敗亡)이 있을 것이다.

또한 심장병이나 吐血 등의 증세가 있으며, 불시의 재앙으로 화재나 관재, 도난으로 재물이 흩어지고, 질병으로 손상받게 될 것이다.

坎門　　큰방이 兌方에 있으면 '兌主'라 하고, 이는 禍害가 된다. 주방의 '가스대'가 艮方에 있으면, 五鬼가 된다. 兌方의 큰방과 艮方의 주방은 延年이 된다.

이러한 집은 훌륭한 남편에 정절(貞節)을 갖춘 부인이어서 부부는 화목하여, 富와 貴를 함께 누리기는 하나, 세월이 지나면, 부녀자에게는 낙태나 배 속에 뭉쳤던 피가 쏟아지는 증세와 심장병에 발암(發癌) 증세에 吐血을 할 것이다. 또한 불시의 재앙인 화재나 관재나 도난이 있든지, 질병으로 산재횡사(散財橫死)할 것이다.

자식은 부모의 뜻을 거역하고, 부녀자는 단명할 것이고, 가운데 아들과 어린이에게도 불리하다.

그리고 물에 빠져 죽거나, 목을 매어 죽는 사람이 있을 것이다. 이러한 원인은 잠자고 먹는 곳에서 영향이 있다는 사실을 모두가 모르고 있으면서 그것을 부인하고 있기 때문이다.

坎門　　큰방이 兌方에 있으면 '兌主'라 하고, 이는 禍害가 된다. 주방의 '가스대'가 震方에 있으면 天乙이 되고, 兌方의 큰방과 震方의 주방은 絶命이 된다.

이러한 집은 초년에는 가축이 형통하고 금전과 재물이 넉넉하며, 장자는 발복을 하여서 영화를 누리는데 부녀자는 질병으로 단명하게 될 것이다.

그리고 오랜 세월이 지나면, 부녀자는 낙태나 배 속에 뭉쳤던 피가 쏟아지는 질병이 있을 것이고, 남자는 심장병에 吐血을 하든지 발암(發癌)이 있을 것이라고 한다. 또한 不時의 재앙으로 화재나 관재, 도난이나 질병 등으로 산재횡사(散財橫死)할 것이다.

그리고 목이 막히는 증세나 허리가 저리고 아픈 질병이 있으며, 목매어 죽거나 물에 빠져 죽거나 노상에서 흉사할 수 있을 것이므로 고아나 과부가 생길 것이다.

坎門　　큰방이 兌方에 있으면 '兌主'라 하고, 이는 禍害가 된다. 주방의 '가스대'가 巽方에 있으면, 이는 生氣가 된다. 兌方의 큰방과 巽方의 주방은 六殺이 된다.

이러한 집은 초년부터 사람과 財物이 홍성하여 많은 자손의 등과급제(登科及第)자가 있어 부귀영화에 수명장수(壽命長壽)하는 데 의심할 여지가 없다고 한다. 부녀자가 총명하여 가정을 화목하게 하고 어질며 베풀기를 좋아하므로 여장부라고 한다.

그러나 오랜 세월이 지나면, 부녀자는 낙태나 배 속에 뭉쳤던 피가 쏟아지는 증세가 있을 것이고, 남자는 심장병에 발암(發癌)으로 吐血할 것이다.

제2장 三要 應用  363

또한 불시의 재앙으로 화재나 관재나 도난이 있든지, 질병으로 산재횡사(散財橫死 : 재물은 흩어지고 사람은 불시에 죽음을 당한다)하는 재난이 있을 것이다. 참고로 巳·酉·丑年에는 필히 응흉(應凶)이 있으므로 사람이 손상되니, 살아있는 자식이더라도 무사하기가 어려울 것이다.

坎門    큰방이 兌方에 있으면 이를 '兌主'라 하고, 禍害가 된다. 주방의 '가스대'가 離方에 있으면, 이는 延年이 되고, 兌方의 큰방과 離方의 주방은 五鬼가 된다.

이러한 집은 초년에는 유성무패(有成無敗 : 어떤 일에도 실패가 없다)여서, 금전과 재물이 흥성하고 인정대왕(人丁大旺 : 男子가 왕성하다)하여 명성을 떨치는 자손이 나와 家門을 빛내게 된다.

그러나 오랜 세월이 가면, 심장병이나 안질환(眼疾患)이 있으며 부인과 사별하게 된다고 한다.

그리고 부녀자는 낙태나 붕루(崩漏 : 배 속에 뭉쳤던 피가 쏟아지는 증세)가 있을 것이고, 남자는 심장병에 발암(發癌)으로 吐血할 것이다.

또한 불시의 재앙으로 화재나 관재나 도난이 있든지, 질병으로 산재횡사(散財橫死)하는 재액이다.

坎門    큰방이 兌方에 있으면 '兌主'라 하고, 이는 禍害가 된다. 주방의 '가스대'가 坤方에 있으면 絶命이 되고, 兌方의 큰방과 坤方의 주방(가스대)은 天乙이 된다.

이러한 집은 부녀자가 낙태나 배 속에 뭉쳤던 피가 쏟아지는 증세가 있을 것이고, 남자는 심장병에 발암(發癌)으로 吐血할 것이다.

그리고 세월이 지나면, 가운데 아들이 일찍 죽고 노모

는 정신질환의 치매로 거동이 불편할 것이며, 부녀자는 근기가 약하여 죽은 아기를 낳든지 월경이 막히거나, 배가 불러오는 증세가 있을 것이다.

또한 농아(聾啞 : 못듣고 말 못하고)자나 수류(嫂瘤 : 혹이 생김)자가 있을 것이고, 남녀조령(男女凋零 : 남녀가 떨어져 살고)하므로 어린이 기르기가 어려울 것이다.

그리고 불시의 재앙으로 화재나 관재, 도난이 있든지 질병으로 산재횡사(散財橫死)하는 재액이 있을 것이다.

坎門　　큰방이 兌方에 있으면 이를 '兌主'라 하고, 禍害가 된다. 주방의 '가스대'가 兌方에 있으면, 이는 禍害가 된다. 兌方의 큰방과 兌方의 주방은 伏位가 된다.

이러한 집은 초년에는 가도흥륭(家道興隆)하나, 자식이 적거나 생기지를 않는다. 부녀자가 집안의 살림을 좌우하므로 집안이 불편하고, 위질불식지병(胃疾不食之病 : 위병으로 먹지를 못하는 병)자가 있을 것이다.

그리고 부녀자는 낙태나 붕루(崩漏 : 배 속에 뭉쳤던 피가 쏟아지는 증세)가 있을 것이고, 남자는 심장병에 암(癌) 증세로 吐血할 것이다.

또한 불시의 재앙으로 화재나 관재나 도난이 있든지, 질병으로 산재횡사(散財橫死 : 재물은 흩어지고 사람은 불시에 죽음을 당한다)하는 재난이 있을 것이다.

坎門　　큰방이 兌方에 있으면 '兌主'라 하고, 이는 禍害가 된다. 주방의 '가스대'가 乾方에 있으면 六殺이 되고, 兌方의 큰방과 乾方의 주방은 生氣가 된다.

이러한 집은 초년에는 금전과 재산이 풍부하고 총명한 자손에 자녀는 미려(美麗)하다.

그러나 세월이 지나면, 부자간의 불화로 집이나 재산을

날리게 되고, 가운데 아들은 早死하며, 老翁은 치매로 정신에 이상이 있으며, 암(癌) 증세로 吐血할 것이다.

또한 부녀자는 배 속에 뭉쳤던 피가 쏟아지든지, 정신질환이 없으면, 낙태나 어린이 기르기가 어려울 것이며, 혹시 命에 수극(受剋)이 되는 곳에 거처하는 자식이 있으면 家出하게 될 것이다.

그리고 불시의 재앙으로 화재나 관재나 도난이 있든지, 질병으로 산재횡사(散財橫死 : 재물은 흩어지고 사람은 불시에 죽음을 당한다)하는 재난이 있을 것이다.

### ⑧ 坎門과 乾主圖

대지나 건물의 중심에서 羅經을 보아 壬·子·癸方에 출입문이 있으면 坎門이라 하고, 주인방이 戌·乾·亥方에 있으면 乾主라 한다.

坎門과 乾主는 수설건기 음패절(水洩乾氣 淫敗絶)이라, 이것은 坎水에 乾金은 金生水가 되나, 설기(洩氣)가 되어서 음란하고 산재(散財)가 되면서 끝내는 후사(後嗣)가 없게 될 것이다.

坎門에 乾은 六殺宅이다. 이것이 천문락수 출음광(天門落水 出淫狂)이라는 것은 바람둥이와 미치광이가 있을 것이고, 부인과 자식을 먼저 보내는 집이란 뜻이다. 초년에는 재산이 흥성하나, 10년 내에 흩어질 것인데, 이는 순양(純陽)의 배합이기 때문이다.

#### 坎門에서 乾主와 八廚와의 관계

坎門　　큰방이 乾方에 있으면 '乾主'라 하고, 이는 六殺이 된다. 주방의 '가스대'가 坎方에 있으면 伏位이고, 乾方의 큰방과 坎方의 주방은 六殺이 된다.

　　　　이러한 집은 초년에는 유성무패(有成無敗 : 무슨 일에

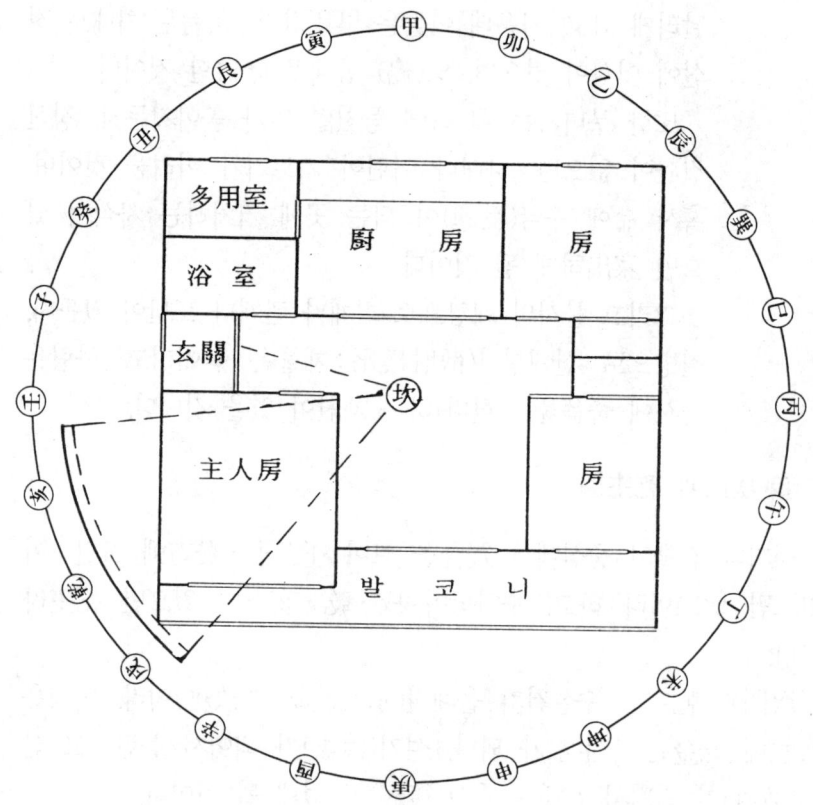

나 실패가 없다)이므로 산업흥륭(産業興隆)하여 금전과 재물이 넉넉하나, 세월이 지나면 부녀자가 단명하게 된다.

  9年간은 뽐내며 오만하게 지내게 될 것이나, 세월이 지날수록 자손이 적을 것이고, 부녀자는 배 속에 뭉쳤던 피가 쏟아지든지, 음부로부터 흰빛이나 붉은 빛의 분비액이 흐르는 증세가 있고, 가운데 아들은 물에 빠져 죽게 되거나 여색을 좋아하므로 산재패망(散財敗亡)이 있을 것이다.

  또한 부녀자는 배 속에 뭉쳤던 피가 쏟아지는 증세가 없으면, 정신질환이 있을 것이다. 그리고 부자간에 불화할 것이니 좋은 곳으로 主人房을 고쳐 내라고 하였다.

坎門     큰방이 乾方에 있으면 '乾主'라 하고, 이는 六殺이 된다. 주방의 '가스대'가 艮方에 있으면, 五鬼가 된다. 乾方의 큰방과 艮方의 주방은 天乙이 된다.

    이러한 집은 초년에는 전답과 재산이 많으며, 이름을 떨치는 자손이 있어 입신출세하고, 아버지는 지혜롭고 자식은 효도하므로 화목한 집안이다.

    그러나 세월이 지나면, 부녀자는 배 속에 뭉쳤던 피가 쏟아지는 증세가 없으면 정신질환이나, 암(癌) 질환으로 吐血하게 될 것이다. 또한 長子와의 불화로 집과 재산을 날리게 될 것이다.

    그리고 유순한 자식도 부모의 뜻을 거역하게 되고, 火災나 官災나 도적의 재난이 있으며, 물에 빠져 죽거나 목 매어 죽는 사람이 있을 것이며, 부녀자와 어린이가 단명하게 될 것이라고 한다.

坎門     큰방이 乾方에 있으면 '乾主'라 하고, 이는 六殺이 된다. 주방의 '가스대'가 震方에 있으면 天乙이 되고, 乾方의 큰방과 震方의 주방은 五鬼가 된다.

    이러한 집은 초년에는 가축이 형통하여 금전과 재물이 넉넉하며, 장자는 발복하여 영화를 누리는데 부녀자는 질병으로 단명하게 될 것이다.

    그리고 오랜 세월이 지나면 부녀자는 낙태나 배 속에 뭉쳤던 피가 쏟아지는 질병이나, 정신질환 증세가 있을 것이다. 그리하여 부녀자나 어린이가 단명하게 된다.

    또한 심장병이나 목이 막히는 증세나, 해수(咳嗽)나 근육이 저리고 아픈 증세가 있을 것이다.

    그리고 화재나 관재에 도난이 있든지, 목매어 죽거나,

칼날에 다쳐서 凶死를 하게 될 것이다. 이러한 재앙이 연이어 발생할 것이다.

坎門　　큰방이 乾方에 있으면 '乾主'라 하고, 이는 六殺이 된다. 주방의 '가스대'가 巽方에 있으면, 이는 生氣가 된다. 乾方의 큰방과 巽方의 주방은 禍害가 된다.

　　이러한 집은 초년부터 사람과 재물이 흥성하여 많은 자손에 등과급제(登科及第)하는 자가 있어 부귀영화(富貴榮華)에 수명장수하는 데 의심할 여지가 없다고 한다.

　　부녀자가 총명하여 가정을 화목하게 하고 어질며 베풀기를 좋아하므로 女丈夫라고 한다.

　　그러나 오랜 세월이 지나면, 부녀자는 낙태나 배 속에 뭉쳤던 피가 쏟아지는 증세가 없으면, 정신질환으로 단명하지 않으면, 집과 재산을 날릴 것이다.

　　또한 암(癌) 질환으로 토혈(吐血)할 것이며, 어린이와 가축이 손상될 것이다.

　　그리고 命에 수극(受剋)되는 곳에서 거처하는 자식은 가출하지 않으면, 각종 시험에 어려움이 있을 것이니, 빨리 좋은 곳으로 방을 바꾸어야 할 것이다.

坎門　　큰방이 乾方에 있으면 이를 '乾主'라 하고, 六殺이 된다. 주방의 '가스대'가 離方에 있으면, 이는 延年이 되고, 乾方의 큰방과 離方의 주방은 絶命이 된다.

　　이러한 집은 초년에는 유성무패(有成無敗 : 어떤 일에도 실패가 없다)여서, 금전과 재물이 흥성하고 인정대왕(人丁大旺 : 男子가 왕성하다)하여 명성을 떨치는 자손이 나와 家門을 빛내게 된다.

　　그러나 오랜 세월이 가면, 심장병이나 안질환(眼疾患)이 있으며 부인과 사별하게 된다고 한다.

제2장 三要 應用  369

그리고 부녀자는 낙태나 붕루(崩漏 : 배 속에 뭉쳤던 피가 쏟아지는 증세)가 없으면, 정신질환이 있을 것이다.

또한 불시의 재앙으로 화재나 관재나 도난이 있든지, 질병으로 산재횡사(散財橫死 : 재물은 흩어지고 불시에 사람이 죽는것)가 있을 것이다.

坎門  큰방이 乾方에 있으면 '乾主'라 하고, 이는 六殺이 된다. 주방의 '가스대'가 坤方에 있으면 絶命이 되고, 乾方의 큰방과 坤方의 주방(가스대)은 延年이 된다.

이러한 집은 초년에는 산업흥륭(産業興隆)하며 어린이는 잘 자라서 巳·酉·丑年에는 필히 좋을 일이 있을 것이라고 한다.

그러나 세월이 지나면 부자간에 불화하고, 암(癌) 질환으로 吐血할 것이며, 부녀자는 낙태나 붕루(崩漏 : 배 속에 뭉쳤던 피가 쏟아지는 증세)가 없으면, 정신질환의 병으로 집이나 재산을 날릴 것이다.

또한 근기가 약하여 죽은 아기를 낳든지 월경이 막히고, 배가 불러오는 증세가 있을 것이다. 그리고 농아(聾啞 : 못듣고 말 못하고)자나 수류(嫂瘤 : 혹이 생긴다)자가 있을 것이고 어린이 기르기가 어려울 것이다.

또 사지가 뒤틀어져서 거동이 불편한 사람이 없으면, 광란자가 있을 것이고, 세월이 갈수록 인명과 가축에 손상이 있을 것이다.

坎門  큰방이 乾方에 있으면 이를 '乾主'라 하고, 六殺이 된다. 주방의 '가스대'가 兌方에 있으면, 이는 禍害가 된다. 乾方의 큰방과 兌方의 주방은 生氣가 된다.

이러한 집은 초년에는 가도불화열(家道不和悅 : 집안에는 즐겁지 않은 날)이 없으며, 반드시 文人과 秀士가 나온다.

　그러나 세월이 지나면 부자간에 불화하고, 암(癌)으로 吐血하고, 부녀자는 낙태나 배 속에 뭉쳤던 피가 쏟아지는 증세가 없으면, 가출하든지 정신병(精神病)이 있을 것이므로 집과 재산을 날릴 것이다.

　또한 불시의 재앙으로 화재나 관재나 도난이 있든지, 질병으로 산재횡사(散財橫死 : 재물은 흩어지고 사람은 불시에 죽음을 당한다)하는 재난이 있을 것이다. 그런데 이러한 집의 구조에서도 거주자의 命이 凶方을 剋할 수만 있다면, 모든 흉살을 제압하여 吉할 수 있다.

坎門　　큰방이 乾方에 있으면 '乾主'라 하고, 이는 六殺이 된다. 주방의 '가스대'가 乾方에 있으면 六殺이 되고, 乾方의 큰방과 乾方의 주방은 伏位가 된다.

　이러한 집은 초년에는 금전과 재산이 풍부하여 부옹(富翁)이라고 하나, 부인과 자식을 먼저 보내게 된다.

　그리고 세월이 지나면 부자간의 불화로 집이나 재산을 날리게 되고, 가운데 아들은 단명하며, 老翁은 치매로 정신에 이상이 있으며, 암(癌) 증세로 吐血할 것이다.

　또한 부녀자는 배 속에 뭉쳤던 피가 쏟아지든지, 정신질환이 없으면 가출하게 될 것이므로, 어린이 기르기가 어려울 것이다.

　그리고 자식의 命이 수극(受剋)되는 곳에서 거처 하면 각종 시험에 어려움이 있을 것이고, 특히 몸이 바싹 마르든지, 정신병(精神病)이 없으면, 가출하게 될 것이라고 한다. 이러한 경우는 命이 길한 곳으로 居處를 옮기게 되면 온전하다고 하였다.

### (2) 坎命이 八卦方으로 출입문과 주방일 때

| 星 | 坤命에 출입문. 주방 | 吉凶 解說 |
|---|---|---|
| 生氣 | 巽方=출입문. 주방 | 五子를 得하고 |
| 延年 | 離方=출입문. 주방 | 四子를 得하고 |
| 天乙 | 震方=출입문. 주방 | 三子를 得하고 |
| 五鬼 | 艮方=출입문. 주방 | 傷中子女 而有 二子를 둔다. |
| 伏位 | 坎方=출입문. 주방 | 오직 딸만 두게 된다. |
| 絶命 | 坤方=출입문. 주방 | 傷長子 後乏嗣. |
| 禍害 | 兌方=출입문. 주방 | 傷子, 中子女 而後 無子 |
| 六殺 | 乾方=출입문. 주방 | 先傷長子後 一子를 얻는다. |

坎命人이 禍害인 兌方을 犯하면, 끝 자식을 잃게 되거나, 자식이 없을 것이다. 처방은 출입문이나 주방을 生氣方으로 개수하면 자식이 보존되거나 있을 것이라 한다.

坎命人이 兌命人에게 장가들면, 禍害가 되므로 가정불화에 수무자이유수(壽無子而有壽 : 비록 자식은 없으나 장수한다)이다.

① 혼인(婚姻)

兌命人은 生氣인 巽方에서 구혼하거나, 巽命人을 만나면 대길하고 다음은 延年인 離方에서 구혼하거나, 震命人을 만나면 吉하며, 다음은 天乙인 震方에서 구혼하거나 震命人을 만나면 次吉일 것이다.

그리고 兌命人이 禍害인 坎命人을 만나게 되면 유액(有縊 : 목매어 죽는다)이라 하였다.

또는 坎命人이 초년에는 딸만 있고 아들이 없었는데, 天乙인 震方에다 방을 만들어 그곳에 거처하였더니, 그래서인지 그후 生男을 하였다고 하였다.

또는 坎命人이 巽命의 부인을 맞아 다섯 아들을 두었는데, 수년 후에 부엌의 위치를 絶命인 坤方으로 고쳐내고 그곳에서 만든 음식을 10년간 먹고 지냈는데, 불행히도 그 자식을 다 잃게 되었다고 한다.

또는 坎命人과 巽命의 남편 사이에 다섯 아들이 있었는데, 그의 부친이 돌아가신 후에, 부엌의 위치를 絶命인 坤方으로 고친 지 8년 내에 그 子息을 모두 잃게 되었다고 한다.

또는 坎命人이 선생에게 묻기를 "나는 坎命人인데, 모르고 禍害에 해당이 되는 兌命人과 혼인을 했습니다. 그래서인지 딸만 있고 아들이 없는데 무슨 방법이 없겠느냐"고 물었다. 先生께서는 坎命인에게, "나의 말을 믿으면 즉시 延年인 離門을 내고, 生氣인 巽方에다 부엌을 옮기되, 거기서 만든 음식을 먹으라" 하였던바, 그 坎命人은 先生의 말씀대로 고쳐낸 후에 아들을 얻게 되었다고 한다. 과연 부엌의 위치를 고쳐서 아들을 얻게 되는 것을 보면 이는 神의 조화라고 믿을 수밖에 없을 것이다.

② 질병(疾病)

先生께서 야간에 어느 식당 앞에 이르니, 병자가 신음하는 소리에 식당으로 들어가니, 坎命인 婦人이 비질환(脾疾患)으로 설사와 구토로 고통받고 있었다.

先生께서는 환자인 坎命人의 天乙方인 震方에 화로를 놓고 거기서 만든 음식을 먹게 하고, "시자탕관(試煮蕩灌 : 탕재를 달여서 먹게 하다)하라" 하였다. 선생의 말씀대로 그렇게 하여 탕재를 달여서 시음하게 하니, 급음반배 병부왈 향첨호약야(及飮半盃 病婦曰 香甛好藥也 : 반잔을 마신 환자는 말하기를 약이 향기로워서 좋다고 하며 마셨다)하니, 계속하여 10여일간 약을 먹으니 질환이 완쾌

되었다고 하였다. 대개 부엌(가스대)의 위치가 絕命方에 있으면 설사와 구토 질환이 있다고 한다.

그러므로 주방에서 '가스대'의 위치가 天乙인 震方에 있어야 하고, 命에 있어야 함은 당연하다.

③ 재화(災禍)

坎命人이 출입문, 큰방, 부엌을 絕命인 坤方을 범하면 부모에게 사랑과 신임을 받지 못하고, 부인이나 첩이 설리(瀉痢 : 이질)를 앓고, 모친이나 부인, 자녀가 먼저 죽고 後嗣가 없을 것이다.

만약에 禍害인 兌方을 범하면, 필생뇌노제 액도상(必生腦怒第縊刀傷 : 집안에 정신병 환자가 생기거나 목매거나 칼날에 몸을 상한다)하고, 부부는 불화하고, 화재와 피눈물을 흘리고, 부상이 여종에게 미치며, 또는 兌方의 여인에게 사송파재(唆訟破財 : 꾀어서 송사로 재물을 날림)한다. 만약 이러한 재난을 당하지 않으면 필연코 치매나 암아(暗啞 : 벙어리) 등의 여러 가지 질환이 있을 것이다.

한 坎命人이 부엌을 禍害인 兌方에 설치한 3年 後 어려운 고비를 10여 차례나 당하고서, 다시 生氣인 巽方에다 부엌을 설치한 후로는 영원히 편안하였다고 한다.

만약에 夫婦의 命이 東西字이면, 먼저 남편의 命에 길한 곳에다가 부엌을 설치하고, 부인의 命에 길한 곳에는 휴대용 가스렌지를 설치하여 음식을 해먹게 하는 것도 한 방편일 것이다.

한 사람이 先生에게 물어왔다. "장모님이 저희 집에 있으면서 坎命인 부인이 거처하는 방에 있어서인지, 질환이 생겼으니, 어떻게 했으면 좋겠느냐."

선생이 말하기를 "집의 부인은 東命이고, 장모는 西命이니, 西命에 길한 방에서 거처하게 하고, 음식도 命에서 길방위에 만들어 먹으면 될 것이라" 하였더니, 그 사람은 이 말을 따랐다.

坎命人이 六殺인 乾方을 犯하면, 수부형책욕(受父兄責辱 : 아버지와 형의 미움을 받음)하고, 또한 부모에게는 長子가 불효하며, 노복(奴僕)이 不仁하다. 그리고 도상자액(刀傷自縊 : 칼날에 죽든지 목매어 죽는다)하고, 부녀자가 약물사(藥物死) 한다고 한다.

坎命人이 부엌을 六殺방으로 낸 1年 後에 유과로노인(有過路老人 : 지나가던 노인)이 사차문하 이패가(死此門下 而敗家 : 문앞에서 떨어져 죽으니 그집은 망했다)했다고 한다. 이러한 때문에 六殺방에다 부엌을 만들면, 사람이 상하고 관재가 발생한다고 한다.

만약 坎命인 부인이 六殺方에 부엌을 설치하게 되면 당피옹책매(當被翁責罵 : 노옹이 책망과 꾸지람을 듣는다)하고, 위에서 논하는 불행이 있을 것이다.

坎命人이 五鬼인 艮方을 犯하게 되면 먼저 끝 자식을 잃게 되고 또는 하인이나 婦人을 잃게 될 것이며, 실재피절오차(失財被竊五次 : 다섯 차례나 도둑을 맞아 실물한다)하고, 노복도주이유(奴僕逃走而有 : 노복이 까닭없이 달아남)이고, 火災가 있을 것이라고 한다.

(3) 離門과 離命

대지나 건물의 중심선 위치에서 羅經을 보아 출입문이 丙·午·丁方에 있으면 離門이라고 한다.

○ 離命 : 三元定局에서 上元 1864年 甲子～1923年 癸亥 出生者
中元 1924年 甲子～1983年 癸亥 出生者
下元 1984年 甲子～2043年 癸亥 出生者

| 三元 | 男女 | 生年 干支 |
|---|---|---|
| 上元 甲子 1864～1923 | 男 | 乙丑 甲戌 癸未 壬辰 辛丑 庚戌 己未生 |
| | 女 | 戊辰 丁丑 丙戌 乙未 甲辰 癸丑 壬戌生 |

| 三元 | 男女 | 生年 干支 |
|---|---|---|
| 中元 甲子 1924~1983 | 男 | 戊辰 丁丑 丙戌 乙未 甲辰 癸丑 壬戌生 |
| | 女 | 辛未 庚辰 己丑 戊戌 丁未 丙辰生 |
| 下元 甲子 1984~2043 | 男 | 辛未 庚辰 己丑 戊戌 丁未 丙辰生 |
| | 女 | 乙丑 甲戌 癸未 壬辰 辛丑 庚戌 己未生 |

*參考 : 男女間 中宮에 해당되면 男子는 坤命, 女子는 艮命된다.
*西紀年度別(中元 離命)
男子 : 1928年. 1937年. 1946年. 1955年. 1964年. 1973年. 1982년.
女子 : 1931年. 1940年. 1949年. 1958年. 1967年. 1976年.

① 離門과 離主圖

대지나 건물의 중심에서 羅經을 보아 丙·午·丁方에 출입문이 있으면 離門이라 하고, 주인방이 丙·午·丁方에 있으면 離主라고 한다.

離門과 離主가 화염중중 무아녀(火焰重重 無兒女)라는 것은 離火가 거듭 치열하니 자녀가 없다는 뜻이다.

離門과 離主는 伏位宅이다. 離女同居이고, 순음에 不長하니, 초년에는 發財하나, 人丁이 不旺하고, 남녀가 단명한다.

오랜 세월이 지나면, 과거핍사택(寡居乏嗣宅 : 과부가 자식이 없이 혼자서 살아가는 집)이다. 그러나 門에서 주방의 배합이 이루어지게 되면 남자는 왕성하고 오래 살 수가 있을 것이다.

### 離門에서 離主와 八廚와의 관계

離門　　큰방이 離方에 있으면 '離主'라 하고, 이는 伏位가 된다. 주방의 '가스대'가 坎方에 있으면, 이는 延年이 되고 離方의 큰방과 坎方의 주방은 延年이 된다.

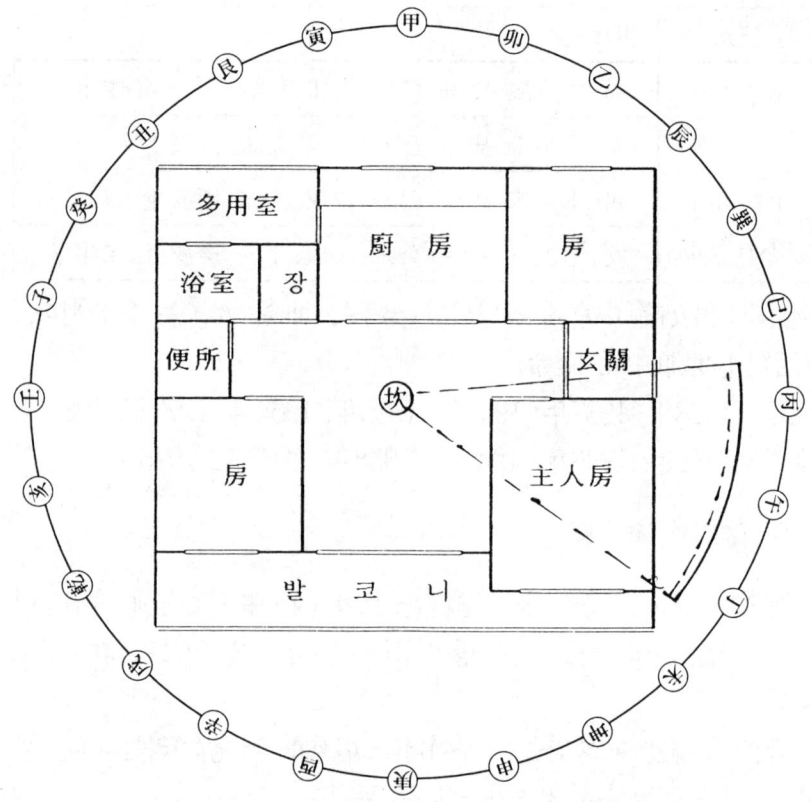

　이러한 집은 초년에는 소료공가 도치성(炤燎空家 道熾盛 : 빈집에 재산이 불꽃같이 일어난다)이며, 남자가 왕성하여 유성무패(有成無敗)를 누릴 수 있을 것이나, 세월이 지나서 안질 환자가 있으면, 남녀가 단명할 것이고, 심장병으로 고생할 것이다.

　또한 두통, 담결(痰結)과 음병(陰病)에 심초(心焦 : 속을 태운다)로 고통스러울 것이다.

　또한 탄환(癱患 : 중풍으로 사지가 뒤틀어져 거동이 불편하다)으로 어린이 기르기가 어려우며, 가운데 딸은 질병이 떠나지를 않고 어른 아이 없이 의리가 없어 사이가 나쁜 집이다.

離門     큰방이 離方에 있으면 '離主'라 하고, 이는 伏位가 된다. 주방의 '가스대'가 艮方에 있으면, 禍害가 된다. 離方의 큰방과 艮方의 주방은 禍害가 된다.

이러한 집은 초년에는 재산이 빈집에 불꽃처럼 일어나기는 하나, 남녀가 단명하게 될 것이고, 시력이 흐리고 심장병과 陰病에 속을 태우는 질환이 있을 것이다.

그리고 풍질환으로 사지가 뒤틀어져 거동이 불편한 사람이 있을 것이고, 농아(聾啞 : 못듣고 말 못하는 것)자나 精神疾患자가 있을 것이다. 또한 자손들이 가출할 것이고, 비만해지는 자손이 있을 것이다.

그리하여 비록 재물은 있으나, 부부 사이에 결함이 있으므로 8年 안에 사람과 재물이 흩어지든지, 부녀자가 가출하여, 他鄕에서 추행(醜行)을 하며 살아갈 것이라 한다. 그리고 어른 아이 할 것 없이 우애가 없이 사이가 나쁘다.

離門     큰방이 離方에 있으면 '離主'라 하고, 이는 伏位가 된다. 주방의 '가스대'가 震方에 있으면 生氣가 되고, 離方의 큰방과 震方의 주방은 生氣가 된다.

이러한 집은 초년에는 초재진보 대부대귀정출 우인수사 과갑연등 전길지주(招財進寶 大富大貴定出 友人秀士 科甲連登 全吉之廚 : 재물과 보화가 날로 들어와 큰부자와, 높은 벼슬을 하는 것은 당연하다. 총명하고 재주있는 자손이 태어나 연달아 급제하는 것은 좋은 부엌과 문이기 때문이다)이다.

만사가 형통하여 형제나 자식이 영웅이나, 재상(宰相)이 될 것이며, 부귀가 되는 것은 불문가지(不問可知)이다. 부부가 화목하고 가정이 평온하다.

그러나, 부부의 命이 宮을 극하게 되면, 시력이 흐리고 담결(痰結)이거나 심장병이나 음질환(陰疾患) 등으로 속을 태우거나, 남녀가 일찍 죽게 될 것이다.

離門　　큰방이 離方에 있으면 '離主'라 하고, 이는 伏位가 된다. 주방의 '가스대'가 巽方에 있으면, 이는 天乙이 된다. 離方의 큰방과 巽方의 주방은 天乙이 된다.

이러한 집은 초년에는 재산이 빈집에 불꽃같이 일어나 재물과 금전이 넉넉하고, 오곡이 창고에 가득하며, 현영요지상(顯榮耀之象)이나 二女同居이므로 生育이 不可하다.

부녀자가 총명하여 가정을 화목하게 하고 어질며 베풀기를 좋아하므로 女丈夫라고 한다.

그러나 오랜 세월이 지나면, 남자는 일찍 죽든지, 안홍(眼紅 : 눈이 붉게 충혈되는 병)이나, 심장병이나 음질병(陰疾病)으로 속을 태우는 질환이 있을 것이다.

또한 사지가 뒤틀어져서 거동이 불편한 사람이 있을 것이며, 사위가 집안에 들어와 左之右之하고, 어른 아이 없이 우애가 없고 사이가 나쁘다. 가운데 딸에게는 질병이 떠나지 않으며 부녀자가 가정을 꾸려갈 것이다.

離門　　큰방이 離方에 있으면 이를 '離主'라 하고, 伏位가 된다. 주방의 '가스대'가 離方에 있으면 이는 伏位가 되고, 離方의 큰방과 離方의 주방은 伏位가 된다.

이러한 집은 소료공가 도치성(炤燎空家 道熾盛 : 재산이 빈집에 불꽃같이 일어난다)이나, 純陰애 남자가 일찍 죽어서 부녀자가 가정을 꾸려갈 것이다.

그리고 담결(痰結 : 담이 뭉치고)이나, 팔이나 다리가 늘어져서 거동이 불편한 사람이 있을 것이고, 안홍(眼紅 : 눈이 붉게 충혈되는 병)이나 심장병이나 두통이나 음질환(陰疾患)이 있을 것이고, 심초(心焦 : 속을 태우는 질환) 등의 질환이 있으며, 딸은 많고 아들은 적은데, 그 아들의 생육이 어려울 것이다.

끝내는 후사(後嗣)가 없게 되므로 사위가 가계(家繼)하는데, 집안 식구들은 우애가 없고 사이가 나쁘다.

離門　큰방이 離方에 있으면 '離主'라 하고, 이는 伏位가 된다. 주방의 '가스대'가 坤方에 있으면 六殺이 되고, 離方의 큰방과 坤方의 주방(가스대)은 六殺이 된다.

이러한 집은 초년에는 재산이 빈집에 불꽃같이 일어나 재물과 금전이 넉넉하나, 아들이 없으며 남편도 단명하므로 부녀자가 가정을 꾸려갈 것이다.

부녀자는 혈병(血病)이나 안질이나 심장병으로 고생하게 될 것이고, 또한 산후병(産後病)이나 경체(經滯 : 월경이 없는 것) 증세일 것이다.

또한 노모는 치매로 거동이 불편할 것이고, 각종 재난이 있는데, 남녀가 가출하게 될 것이라고 한다.

시력이 흐려지고, 속태우는 질환으로 고생할 것이다. 딸은 많고 아들이 적은데 그 아들의 생육이 어려워 끝내는 義子나 사위로 하여금 家繼를 하는데, 어른 아이 할 것 없이 우애가 없고, 사이가 나쁘다.

離門　큰방이 離方에 있으면 이를 '離主'라 하고, 伏位가 된다. 주방의 '가스대'가 兌方에 있으면, 이는 五鬼가 된다.

이러한 집은 초년에는 재산이 빈집에 불꽃같이 일어나 재물과 금전이 넉넉하나, 아들이 없으며 남편도 단명하므로 부녀자가 가정을 꾸려갈 것이다.

그리고 담이 뭉치고, 팔이나 다리가 뒤틀어져서 거동이 불편한 사람이 있으며, 시력이 흐리다든지 심장병이나 두통이나 음질환(陰疾患)이 있을 것이고, 속을 태우는 질환이 있을 것이다. 딸은 많고 아들이 적은데 그 아들의 生育이 어려울 것이고, 도난과 자식의 근심에 심불매(心不寐 : 잠이 잘 오지를 않는 증세)로 고생한다. 부녀자는 정신질환이 없으면 가출하여 추하게 살아갈 것이다. 또한 불시의 재난으로 관재가 있든지, 횡사가 있을 것이다.

離門  큰방이 離方에 있으면 '離主'라 하고, 이는 伏位가 된다. 주방의 '가스대'가 乾方에 있으면 絶命이 되고, 離方의 큰방과 乾方의 주방은 絶命이 된다.

이러한 집은 초년에는 재산이 빈집에 불꽃같이 일어나듯하여 재물과 금전이 넉넉하나, 아들이 없으며 남편도 단명하므로 부녀자가 가정을 꾸려갈 것이다.

노옹(老翁)은 해수병으로 고생을 하든지, 중풍으로 사지가 뒤틀어져 거동이 불편할 것이다.

또한 부녀자는 낙태나 죽은 아기를 낳든지, 産後病으로 단명하지 않으면, 가출하게 될 것이므로, 어린이 기르기가 어려울 것이다.

그리고 안질환(眼疾患)이나 심장병의 증세로 잠을 이루지 못하므로 몸이 바싹 마르든지, 정신병(精神病)이 있을 것이다. 또한 오랜 세월이 지나면, 후사(後嗣)가 없어 사위로 하여금 가계(家繼)를 하니 어른 아이 할 것 없이 의리가 없고 가정이 불화하다.

② 離門과 坤主圖

대지나 건물의 중심에서 羅經을 보아 丙·午·丁方에 출입문이

제2장 三要 應用  381

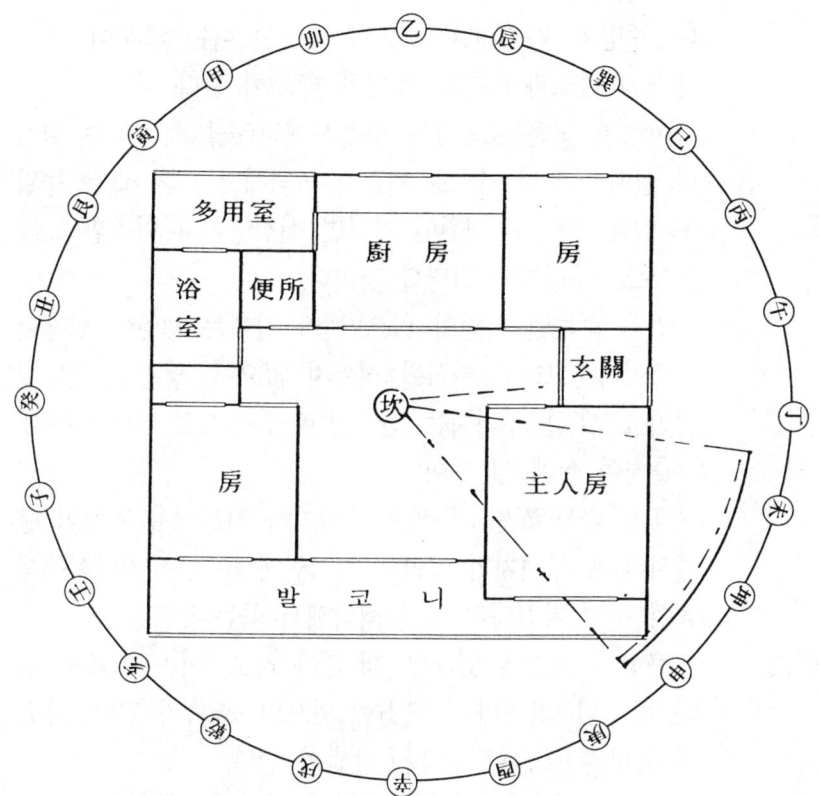

있으면 離門이라 하고, 주인방이 未·坤·申方에 있으면 坤主라 한다.

離門과 坤主는 六殺宅이다. 主火炎 土燥하니, 生이나 不配合이다. 이는 純陰이므로 人丁이 不旺하고 단명하게 된다.

초년에는 간혹 살림이 일어나나, 세월이 지나면 부녀자가 사업을 꾸려갈 것이다. 그러므로 사업체를 물려줄 자식이 없어 타인의 자식이나 사위에게 물려주게 될 것이다.

**離門에서 坤主와 八廚와의 관계**

離門    큰방이 坤方에 있으면 '坤主'라 하고, 이는 六殺이 된

다. 주방의 '가스대'가 坎方에 있으면 이는 延年이 되고, 坤方의 큰방과 坎方의 주방은 絶命이 된다.

이러한 집은 초년에는 유성무패(有成無敗 : 무슨 일이나 실패가 없다)이므로 재물이 넉넉해서 富와 貴를 누릴 수 있을 것이나, 세월이 지나면 심장병이나 안질환(眼疾患)으로 부녀자가 단명할 것이다.

만약에 눈먼 사람이 있으면 이 집에는 재앙이 발생할 징조이다. 그리고 자식이 적든지 없으며, 남편도 단명할 것이고, 또한 부녀자는 산후병(産後病)으로 고생하든지, 가출하여 살게 될 것이다.

또한 탄환(癱患 : 중풍으로 사지가 뒤틀어져 거동이 불편하다)에 부녀자가 집안을 시끄럽게 하고, 의자(義子)를 들여도 그 자식마저 몸이 쇠약해서 죽는다.

離門　　큰방이 坤方에 있으면 '坤主'라 하고, 이는 六殺이 된다. 주방의 '가스대'가 艮方에 있으면, 禍害가 된다. 坤方의 큰방과 艮方의 주방은 生氣가 된다.

이러한 집은 초년에는 가업이 흥왕하여 돈과 재물이 창고에 쌓이므로 부러울 것이 없는데 어린 사내애는 노모 품에 안기어 기뻐하면서 예불호선(禮佛好善)한다.

그러나 오랜 세월이 지나면 부녀자는 성품이 사나워지고, 자식들은 가출하게 될 것이다. 어린이는 비만해지고, 앞 못보는 사람이나, 못 듣고 말 못하는 사람이 없으면, 풍라(風癩 : 미치광이나 나환자)자가 있을 것이다.

그리하여 비록 재물은 있으나, 부부 사이에 결함이 있으므로 8年 안에 사람과 재물이 흩어지든지, 부녀자가 가출하여, 타향에서 추행을 하며 살아갈 것이라고 한다. 그리고 어른 아이 할 것 없이 의리가 없어서 사이가 나쁘다.

**離門**   큰방이 坤方에 있으면 '坤主'라 하고, 이는 六殺이 된다. 주방의 '가스대'가 震方에 있으면 生氣가 되고, 坤方의 큰방과 震方의 주방은 禍害가 된다.

이러한 집은 초년에는 부능작가 전산진익(婦能作家 田産進益 : 부녀자가 능히 살림을 크게 일으킨다)하고 인재청수 연등급제 부귀택(人才淸秀 連登及第 富貴宅 : 자손들이 뛰어난 재주에 용모가 청수하니 과거에 연달아 급제하는 부귀택이다)으로 봉고은 동우로심 종사무심 구부귀 즘금부귀 핍심인(封誥恩 同雨露深 從使無深 求富貴 怎禁富貴 逼尋人 : 임금이 내리는 은혜가 우로와 같으니, 비록 내 자신은 부귀를 구하는 데 무심하여도 그 부귀는 빠르게 나를 찾아 이른다)이다.

그러나, 오랜 세월이 지나면, 안질환(眼疾患), 심장병, 산후병(産後病)으로 남녀가 요사(夭死)하고, 노모는 치매로 고생하고, 자손은 가출하지 않으면 몸에 결함이 있다.

**離門**   큰방이 坤方에 있으면 '坤主'라 하고, 이는 六殺이 된다. 주방의 '가스대'가 巽方에 있으면, 이는 天乙이 된다. 坤方의 큰방과 巽方의 주방은 五鬼가 된다.

이러한 집은 초년에는 재백풍영(財帛豊盈 : 재물과 금전이 풍부하다)하고 부녀자가 총명하여 가정을 잘 다스리나, 현영요지상(顯榮耀之象)이나 二女同居이므로 生育이 不可하다.

이러한 부엌은 남자가 쇠약해지므로, 부인을 의심하지 말고 부엌을 고쳐내면 될 것이라 하였다.

그리고 오랜 세월이 지나면, 남자는 일찍 죽든지, 안홍

(眼紅 : 눈이 붉게 충혈됨)이나 심장병이나, 음질병(陰疾病)으로 속을 태우는 질환이 있을 것이다.

또한 사지(四肢)가 뒤틀어져서 거동이 불편한 사람이 있을 것이며, 사위가 집안에 들어와 左右하고, 어른 아이 없이 의리가 없고 사이가 나쁘다. 가운데 딸에게는 질병이 떠나지 않으며 부녀자가 가정을 꾸려갈 것이다.

離門　　큰방이 坤方에 있으면 이를 '坤主'라 하고, 六殺이 된다. 주방의 '가스대'가 離方에 있으면, 이는 伏位가 되고, 坤方의 큰방과 離方의 주방은 六殺이 된다.

이러한 집은 소료공가 도치성(焇燎空家 盜熾盛 : 재산이 빈집에 불꽃같이 일어난다)이나, 純陰이어서 남자가 일찍 죽고 부녀자가 가정을 꾸려갈 것이다.

그리고 담결(痰結 : 담이 뭉침)이나, 팔·다리가 뒤틀어져서 거동이 불편한 사람이 있을 것이고, 안홍(眼紅 : 눈이 붉게 충혈됨)이나 심장병이나 두통이나 음질환(陰疾患)이 있을 것이고, 심초(心焦 : 속을 태우는 질환) 등의 질환이 있으며, 딸은 많고 아들은 적은데, 그 아들의 생육이 어려울 것이다.

끝내는 후사(後嗣)가 없게 되므로 사위가 가계(家繼)를 하는데, 집안 식구간에 의리가 없어 사이가 나쁘다.

離門　　큰방이 坤方에 있으면 '坤主'라 하고, 이는 六殺이 된다. 주방의 '가스대'가 坤方에 있으면 六殺이 되고, 坤方의 큰방과 坤方의 주방(가스대)은 伏位가 된다.

이러한 집은 초년에는 금전과 재물이 풍부하고, 높은 자리에 있으므로 집안이 화목하나, 아들보다 딸이 많고 노모가 가정을 꾸려갈 것이다.

부녀자는 혈병(血病)이나 안질(眼疾)이나 심장병으로

고생하게 될 것이고, 또한 산후병(産後病)이나 경체(經
滯 : 월경이 없는 것)일 것이다.

또한 노모는 치매로 거동이 불편할 것이고, 각종 재난
이 있는데, 남녀가 家出하게 될 것이라고 한다.

부녀자가 집안에서 소란을 피우게 되고, 입양을 한 자
식마저 시원치 않으니, 여자를 원망하지 말고, 부엌과 방
의 위치를 옮기면 이러한 재앙을 피할 수 있을 것이다.
모두가 이렇게 지적한 성현(聖賢)의 말씀을 외면하는데,
이는 스스로가 캄캄한 밤길을 걷는 것과 같은 것이다.

離門   큰방이 坤方에 있으면 이를 '坤主'라 하고, 六殺이 된
다. 주방의 '가스대'가 兌方에 있으면, 이는 五鬼가 된다.
坤方의 큰방과 兌方의 주방은 天乙이 된다.

이러한 집은 초년에는 재산이 일어나 살아가는 데는
어려움이 없으나, 자식이 적으며 늦게 태어나므로 그 자
녀와 사위를 끔찍이 사랑하게 된다.

그러나 세월이 지나면, 婦人이 먼저 손상되고 다음은
남편이 죽는다. 시력이 흐리다든지 심장병(心臟病)이나
두통이나 음질환(陰疾患)이 있을 것이고, 속을 태우는 질
환으로 딸은 많고 아들이 적은데 그 아들의 生育이 어려
울 것이고, 도난과 자식의 근심에 심불매(心不寐 : 잠이
잘 오지 않는 증세)로 부녀자는 정신질환이 없으면 가출
하여 추하게 살아갈 것이다. 또한 불시의 재난으로 관재
가 있든지, 橫死가 있을 것이다.

離門   큰방이 坤方에 있으면 '坤主'라 하고, 이는 六殺이 된
다. 주방의 '가스대'가 乾方에 있으면 絶命이 되고 坤方
의 큰방과 乾方의 주방은 延年이 된다.

이러한 집은 초년에는 산업흥륭(産業興隆 : 사업이 잘

되고), 인구흥왕(人口興旺 : 어린이가 잘 자라고)하고 육축이 무성하여 가정은 화목하고 형제간에 우애가 돈독하다.

그러나 세월이 지나면, 노옹(老翁)은 해수병이나 치매로 사지가 불편하여 거동이 어려울 것이다.

또한 부녀자는 낙태나 죽은 아기를 낳든지, 産後病으로 短命하지 않으면, 家出하게 될 것이므로, 어린이 기르기가 어려울 것이다.

그리고 안질환이나 심장병의 증세로 잠을 이루지 못하므로 몸이 바싹 마르든지, 정신병(精神病)이 있을 것이다. 또 오랜 세월이 지나면, 후사(後嗣)가 없어 사위로 하여금 가계(家繼)를 하니 어른 아이 할 것 없이 의리가 없어 가정이 불화한다.

### ③ 離門과 兌主圖

대지나 건물의 중심에서 羅經을 보아 丙·午·丁方에 출입문이 있으면 離門이라 하고, 주인방이 庚·酉·辛方에 있으면 兌主라 한다.

離門과 兌主가 이면화광 상소녀(離免火狂 傷少女)라는 것은 離火가 兌金인 少女를 손상시킨다는 것이다.

離門과 兌主는 五鬼宅이다. 火克金하니, 산재(散財)에 극처(剋妻)함이니, 인명도안(人命盜案 : 인명이 도둑을 맞을 지경이다)이라.

두통·안질·심장병·해수·토혈 등과 열식상신(噎食傷身 : 몸을 다쳐 피를 많이 흘리거나 먹는 것이 막혀 생명을 잃을 수 있다)이거나, 부녀자는 정신질환이 없으면 추(醜)하게 살아갈 것이다. 그리고 어린이가 쇠하니, 代를 이어갈 혈육이 없을 것이다.

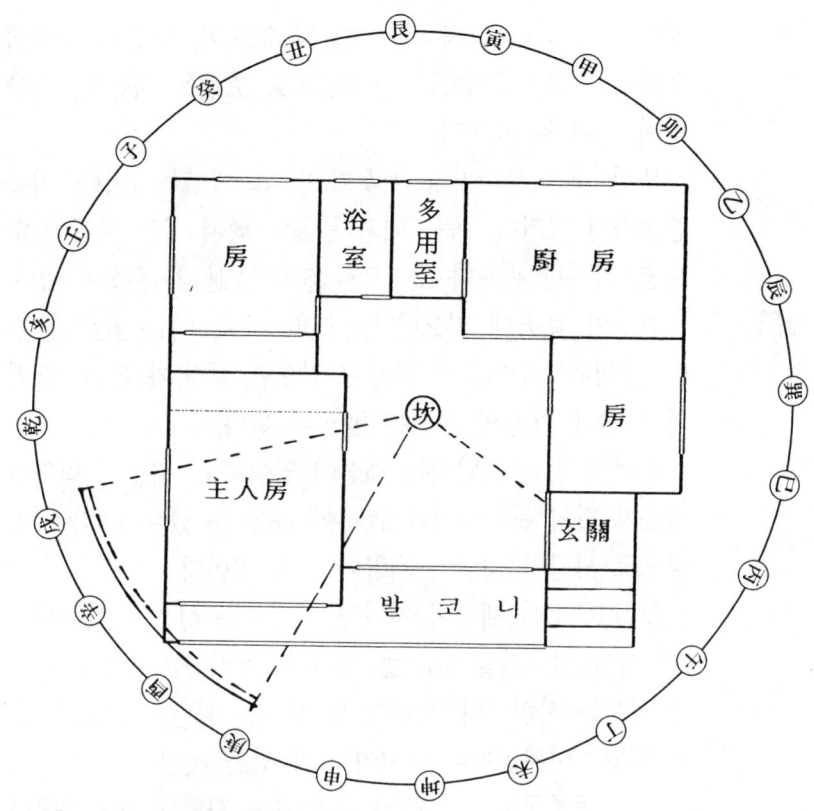

**離門에서 兌主와 八廚와의 관계**

離門　　큰방이 兌方에 있으면 '兌主'라 하고, 이는 五鬼가 된다. 주방의 '가스대'가 坎方에 있으면, 이는 延年이 되고, 兌方의 큰방과 坎方의 주방은 禍害가 된다.

　　이러한 집은 초년에는 유성무패(有成無敗 : 무슨 일이나 실패가 없다)이므로 재물이 넉넉해서 富와 貴를 누릴 수 있을 것이나, 세월이 지나면 심장병이나 안질환(眼疾患)으로 부녀자가 단명할 것이다.

　　만약에 눈먼 사람이 있으면 이 집에는 재앙이 발생할

것이다. 그리하여 자식이 적든지 없으며, 남편도 단명할 것이고, 또한 부녀자는 산후병으로 고생을 하든지, 가출하여 살게 될 것이다.

또한 젊은 부녀자나 少女가 단명하게 될 것이다. 약물중독자가 있거나, 목을 매거나 물에 빠져 죽는 사람이 없으면, 화재나 관재나 도적으로 산재(散財)와 손상이 있다.

離門　큰방이 兌方에 있으면 '兌主'라 하고, 이는 五鬼가 된다. 주방의 '가스대'가 艮方에 있으면, 禍害가 된다. 兌方의 큰방과 艮方의 주방은 延年이 된다.

이러한 집은 초년에는 재산이 일어나고, 학문이 탁월한 자손이 나와 문과급제나 武將이 나올 수 있으나, 각종 질병으로 사람과 재물에 재앙이 있을 것이다.

그리고 오랜 세월이 지나면 부녀자는 성품이 사나워지고, 자식들은 가출하게 될 것이다. 어린이는 비만해지고, 앞 못보는 사람이나, 못듣고 말 못하는 사람이 없으면, 풍라(瘋癩 : 미치광이나 나환자)자가 있을 것이다.

또 약물중독자가 있든지, 부녀자는 황달에 피오줌이나 하혈을 할 것이다. 한편 목을 매거나 물에 빠져 죽는 사람이 없으면, 화재나 관재, 도난으로 재산이 흩어지고 인명에 손상이 있으므로 代를 이어갈 자손이 없을 것이라 한다.

離門　큰방이 兌方에 있으면 '兌主'라 하고, 이는 五鬼가 된다. 주방의 '가스대'가 震方에 있으면 生氣가 되고, 兌方의 큰방과 震方의 주방은 絶命이 된다.

이러한 집은 초년에는 부능작가 전산진익(婦能作家 田産進益 : 부녀자가 능히 살림을 크게 일으킨다)하고 인재청수 연등급제 부귀택(人才淸秀 連登及第 富貴宅 : 자손들이 뛰어난 재주에 용모가 청수하니 과거에 연달아 급제하는 부귀택이다)으로 봉고은 동우로심 종사무심 구부귀 즘금부귀 핍심인(封誥恩 同雨露深 從使無深 求富貴 怎禁富貴 逼尋人 : 임금이 내리는 은혜가 雨露와 같으니, 비록 나 자신은 부귀를 구하는 데 무심하여도 그 부귀는 빠르게 나를 찾아 이른다)일 것이다.

 그러나, 오랜 세월이 지나면, 관재횡사(官災橫死 : 관재나 불시로 죽음을 당한다)에 시력이 흐리고, 잠이 잘 오지 않는 증세가 일어나고, 부녀자는 정신질환이나 추하게 살아갈 것이다.

離門 큰방이 兌方에 있으면 '兌主'라 하고, 이는 五鬼가 된다. 주방의 '가스대'가 巽方에 있으면, 이는 天乙이 된다. 兌方의 큰방과 巽方의 주방은 六殺이 된다.

 이러한 집은 초년에는 재백풍영(財帛豊盈 : 재물과 금전이 풍부하다)하고 부녀자가 총명하여 가정을 잘 다스리며, 현영요지상(顯榮耀之象)이나 二女同居이므로 生育이 불가하다.

 이러한 부엌은 남자가 쇠약해지므로, 부인을 의심하지 말고 부엌을 고쳐내면 될 것이라고 하였다.

 그리고 오랜 세월이 지나면, 남자는 일찍 죽든지, 안홍(眼紅 : 눈이 충혈됨)이나 심장병이나, 음질병(陰疾病)으로 속을 태우는 질환이 있을 것이다.

 또한 부녀자는 정신질환을 앓지 않으면 바람이 나서 추하게 살아갈 것이다. 그리고 관재횡사(官災橫死 : 불의의 사건이 발생하고, 죽음을 당한다)가 있으며, 어린 자손이 단명하니 대를 이어갈 자손이 없을 것이다.

離門 큰방이 兌方에 있으면 이를 '兌主'라 하고, 五鬼가 된

다. 주방의 '가스대'가 離方에 있으면 이는 伏位가 되고, 兌方의 큰방과 離方의 주방은 五鬼가 된다.

이러한 집은 소료공가 도치성(焇燎空家 道熾盛 : 재산이 빈집에 불꽃같이 일어난다)이나, 純陰이라 남자가 일찍 죽고 부녀자가 가정을 꾸려갈 것이다.

그리고 도난과 관재 시비와 자녀에 근심이 있을 것이다. 또한 심불매(心不寐 : 잠을 이룰 수 없는 증세)이거나, 視力이 흐리는 증세가 있을 것이다.

또 불시의 관재와 橫死가 없으면, 부녀자에게 정신질환이나, 바람이 나서 추하게 살아갈 것이다. 그리고 어린 자손이 단명하게 되니 代를 이어갈 자손이 없을 것이다.

끝내는 후사(後嗣)가 없게 되므로 사위가 가계(家繼)를 하는데, 집안에 의리가 없을 것이다.

離門    큰방이 兌方에 있으면 '兌主'라 하고, 이는 五鬼가 된다. 주방의 '가스대'가 坤方에 있으면 六殺이 되고, 兌方의 큰방과 坤方의 주방(가스대)은 天乙이 된다.

이러한 집은 초년에는 만사가 형통하여 재산이 쌓이고, 남녀가 효도하며 형제까지 우애가 있는데, 자식이 적거나 아들이 없으며 남자는 단명하게 될 것이다.

부녀자는 혈병(血病)이나 안질이나 심장병으로 고생하게 될 것이며, 또한 산후병(産後病)이나 경체(經滯 : 월경이 없는 것)일 것이다.

또한 노모는 치매로 거동이 불편할 것이고, 각종 재난이 있는데, 남녀가 家出을 하게 될 것이라고 한다.

부녀자가 집안에서 소란을 피우게 되고, 입양을 한 자식마저 결함이 있으니, 여자를 원망하지 말고, 부엌과 방을 옮기게 되면 이러한 재앙을 피할 수 있을 것이다. 모두가 이렇게 지적한 성현(聖賢)의 말씀을 외면하는데, 이는 스스로가 캄캄한 밤길을 걷는 것과 같은 것이다.

離門　　큰방이 兌方에 있으면 이를 '兌主'라 하고, 五鬼가 된다. 주방의 '가스대'가 兌方에 있으면, 이는 五鬼가 된다. 兌方의 큰방과 兌方의 주방은 伏位가 된다.

이러한 집은 초년에는 재산이 일어나 살아가는 데는 어려움이 없으나, 자식이 적으며 늦게 태어나므로 그 자녀와 사위를 끔찍이 사랑하게 된다.

그러나 세월이 지나면, 부인이 먼저 손상되고 다음은 남편이 죽는다. 시력이 흐려진다든지 심장병이나 두통이나 음질환(陰疾患)이 있을 것이고, 속을 태우는 질환으로 고생을 한다. 딸은 많고 아들이 적은데 그 아들의 生育이 어려울 것이고, 도난과 자식의 근심에 심불매(心不寐 : 잠이 잘 오지 않는 증세)로 고통을 받는다. 부녀자는 정신질환이 없으면 家出하여 추하게 살아갈 것이다. 또한 불시의 재난으로 관재가 있든지, 횡사가 있을 것이다.

離門　　큰방이 兌方에 있으면 '兌主'라 하고, 이는 五鬼가 된다. 주방의 '가스대'가 乾方에 있으면 絶命이 되고, 兌方의 큰방과 乾方의 주방은 生氣가 된다.

이러한 집은 초년에는 산업흥륭(産業興隆 : 사업이 잘됨)하고 인구가 흥왕하고 육축이 무성하여 가정이 화목하고 부인을 많이 얻어 庶出이 많다.

그러나 세월이 지나면 노옹(老翁)은 해수병이나 치매로 사지를 못써서 거동이 불편할 것이다.

또한 부녀자는 낙태나 죽은 아기를 낳든지, 産後病으로 단명하지 않으면, 가출하게 될 것이므로, 어린이 기르기가 어려울 것이며, 관재횡사(官災橫死)가 있을 것이다.

그리고 안질환(眼疾患)이나 심장병의 증세로 잠을 이루지 못하므로 몸이 바싹 마르든지, 정신병(精神病)이 있을 것이다. 오랜 세월이 지나면, 후사(後嗣)가 없어 사위로 하여금 가계(家繼)를 하니 어른 아이 할 것 없이 우애가 없고 가정이 불화하다.

### ④ 離門과 乾主圖

대지나 건물의 중심에서 羅經을 보아 丙·午·丁方에 출입문이 있으면 離門이라 하고, 주인방이 戌·乾·亥方에 있으면 乾主라고

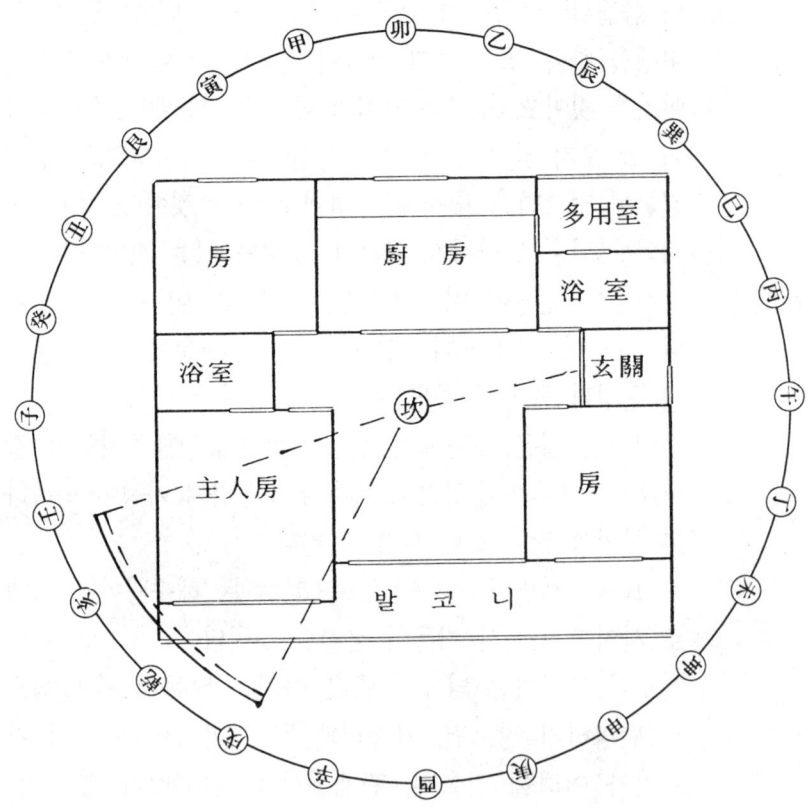

한다.

離門과 乾主는 이건노공 주불구(離乾老公 主不久)라, 이것은 離火가 乾金인 老父를 극상(剋傷)하니 세대주가 단명하게 된다는 뜻이다.

離門과 乾主는 絶命宅이다. 火剋金이니, 散財에 乏嗣함이니 부녀자가 專權하므로 인명도난(人命盜難 : 人命이 도둑맞을 지경)한다. 두통·안질환·심장병·해수·탄환과 열식상신(噎食傷身 : 몸을 다쳐 피를 많이 흘리거나 먹는 것이 막혀 生命을 잃을 수 있다)이거나, 기천(氣喘 : 숨이 차는 증세)에 가련일문절진(可憐一門絶盡 : 가문을 이어갈 혈육이 없음을 안타까워한다)이다.

### 離門에서 乾主와 八廚와의 관계

離門   큰방이 乾方에 있으면 '乾主'라 하고, 이는 絶命이 된다. 주방의 '가스대'가 坎方에 있으면, 이는 延年이 되고, 乾方의 큰방과 坎方의 주방은 六殺이 된다.

이러한 집은 초년에는 유성부패(有成無敗 : 무슨 일이나 실패가 없다)이므로 재물이 넉넉하며 富와 貴를 누릴 수 있을 것이나, 세월이 지나면 심장병이나 안질환으로 부녀자가 단명할 것이다.

만약에 눈먼 사람이 있으면 이 집에는 재앙이 발생할 것이다. 그리고 남자는 사지가 뒤틀어져 거동이 불편할 것이고, 또한 부녀자는 배 속에 뭉쳤던 피가 쏟아지지 않으면, 정신질환으로 家出하게 될 것이다.

또한 부녀자는 낙태나 죽은 아기를 낳게 될 것이고, 전염병 등으로 人命이나 가축에도 凶邪가 있으며, 인재나 관재가 있으며 끝내는 고과(孤寡)가 생긴다.

離門   큰방이 乾方에 있으면 '乾主'라 하고, 이는 絶命이 된

다. 주방의 '가스대'가 艮方에 있으면, 禍害가 된다. 乾方의 큰방과 艮方의 주방은 天乙이 된다.

이러한 집은 초년에는 재산이 일어나고, 학문이 탁월한 자손이 나와서 문과급제나 武將이 나올 수 있으나, 각종 질병으로 사람과 재물에 재앙이 있을 것이다.

그리고 오랜 세월이 지나면 부녀자는 성품이 사나워지고, 자식들은 가출하게 될 것이다. 어린이는 비만해지고, 앞 못보는 사람이나, 못듣고 말 못하는 사람이 없으면, 풍라(瘋癩 : 나환자)자가 생길 것이다.

또 부녀자는 낙태나 죽은 아기를 낳든지, 아이 가지기가 어려울 것이고, 또한 사지가 뒤틀어져서 거동이 불편할 것이다.

8年 안에 사람이 죽든지 가출자가 있게 되는데, 부녀자가 가출하면 타향에서 추행을 하며 살아갈 것이다.

離門

큰방이 乾方에 있으면 '乾主'라 하고, 이는 絶命이 된다. 주방의 '가스대'가 震方에 있으면, 生氣가 되고 乾方의 큰방과 震方의 주방은 五鬼가 된다.

이러한 집은 초년에는 부능작가 전산진익(婦能作家 田産進益 : 부녀자가 능히 살림을 크게 일으킨다)하고 인재청수 연등급제 부귀택(人才淸秀 連登及第 富貴宅 : 자손들이 뛰어난 재주에 용모가 청수하니 과거에 연달아 급제하는 부귀택이다)으로 봉고은 동우로심 종사무심 구부귀 즘금부귀 핍심인(封誥恩 同雨露深 從使無深 求富貴 怎禁富貴 逼尋人 : 임금이 내리는 은혜가 雨露와 같으니, 비록 나 자신은 부귀를 구하는 데 무심하여도 그 부귀는 빠르게 나를 찾아 이른다)이다.

그러나, 세월이 지나면 안질·심장병 또는 중풍으로 사

지가 뒤틀어져 거동이 불편할 것이며, 부녀자는 낙태나 사생아를 낳으며, 전염병으로 인명이나 가축에까지도 손상이 된다.

離門　큰방이 乾方에 있으면 '乾主'라 하고, 이는 絶命이 된다. 주방의 '가스대'가 巽方에 있으면, 이는 天乙이 된다. 乾方의 큰방과 巽方의 주방은 禍害가 된다.

이러한 집은 초년에는 재백풍영(財帛豊盈 : 재물과 금전이 풍부하다)하고 부녀자가 총명하여 가정을 잘 다스리지만 현영요지상(顯榮耀之象)이나 二女同居이므로 生育이 不可하다.

이러한 부엌은 남자가 쇠하므로 부인을 의심하지 말고 부엌을 옮기면 될 것이라고 하였다.

그리고 오랜 세월이 지나면, 중풍으로 사지가 뒤틀어져 거동이 불편할 것이고, 안질이나 심장병 질환이 있으며, 화재나 관재로 재산이 흩어질 것이다.

또한 부녀자는 양퇴동연산마(兩腿疼軟酸摩 : 양다리가 시리고 마비 증세가 있음)이든지, 낙태나 죽은 아기를 낳든지 아이를 가지기가 어려울 것이며, 전염병으로 人命이나 가축에까지도 손상이 있을 것이다. 또는 물에 빠져 죽거나, 목매어 죽는 사람이 있을 것이라 한다.

離門　큰방이 乾方에 있으면 이를 '乾主'라 하고, 絶命이 된다. 주방의 '가스대'가 離方에 있으면 이는 伏位가 되고, 乾方의 큰방과 離方의 주방은 絶命이 된다.

이러한 집은 소료공가 도치성(焇燎公家 道熾盛 : 재산이 빈집에 불꽃같이 일어난다)이나, 純陰이라 남자가 일찍 죽고 부녀자가 가정을 꾸려갈 것이다.

그리고 中風으로 사지가 뒤틀어져 거동이 불편할 것이

고, 또한 심장병이나 안질환(眼疾患)이 있으며, 음질(陰疾)이나 심초(心焦 : 속을 태운다) 등의 질환이 있을 것이다.

또 부녀자는 붕태상아역군(崩胎傷兒役軍 : 배 속의 애는 떨어지고 출생된 애는 죽는다)이니, 인구패절(人口敗絶 : 어린이가 살아 남지 못한다)이다.

그리고 인재나 관재로 재산이 흩어지고, 전염병으로 인명과 가축에도 손상이 있을 것이다.

離門　　큰방이 乾方에 있으면 '乾主'라 하고, 이는 絶命이 된다. 주방의 '가스대'가 坤方에 있으면 六殺이 되고, 乾方의 큰방과 坤方의 주방(가스대)은 延年이 된다.

이러한 집은 초년에는 만사가 형통하여 재산이 쌓이고, 남녀가 효도하며 형제끼리 우애가 있지만, 자식이 적거나 아들이 없으며 남자는 단명하게 될 것이다.

부녀자는 혈병(血病)이나 안질(眼疾)이나 심장병으로 고생을 하게 될 것이고, 또한 산후병(産後病)이나 경체(經滯 : 월경이 없는 것)가 있을 것이다.

또한 노모는 치매로 거동이 불편할 것이고, 각종 재난이 있는데, 한편 남녀가 가출하게 될 것이라고 한다.

부녀자가 집안에서 소란을 피우게 되고, 입양을 한 자식마저 결함이 있으니, 여자를 원망하지 말고, 부엌과 방을 고쳐서 옮기게 되면 이러한 재앙을 피할 수 있을 것이다. 이렇게 지적한 성현(聖賢)의 말씀을 모두가 외면하는데, 이는 스스로가 캄캄한 밤길을 걷는 것과 같은 것이다.

離門　　큰방이 乾方에 있으면 이를 '乾主'라 하고, 絶命이 된다. 주방의 '가스대'가 兌方에 있으면, 이는 五鬼가 된다. 乾方의 큰방과 兌方의 주방은 生氣가 된다.

이러한 집은 초년에는 재산은 일어나 살아가는 데는 어려움이 없으나, 부인을 먼저 보내고 다음 부인에게서 자식을 얻게 될 것이다.

그러나 세월이 지나면, 부인이 먼저 손상이 되고 다음은 남편이 죽는다. 視力이 흐려진다든지 심장병이나 두통이나 음질환(陰疾患)이 있을 것이고, 속을 태우는 질환으로 딸은 많고 아들이 적은데 그 아들의 生育이 어려울 것이고, 도난과 자식의 근심에 심불매(心不寐: 잠이 잘 오지를 않는 증세)로 부녀자는 정신질환이 없으면 가출하여 추하게 살아갈 것이다. 또한 불시의 재난으로 관재가 있든지, 횡사가 있을 것이다.

離門　　큰방이 乾方에 있으면 '乾主'라 하고, 이는 絶命이 된다. 주방의 '가스대'가 乾方에 있으면 絶命이 되고, 乾方의 큰방과 乾方의 주방은 伏位가 된다.

이러한 집은 초년에는 산업흥륭(産業興隆: 사업이 잘 됨)하여 재산은 풍부하나, 본부인과 자식을 일찍 보내고 여러 부인을 맞이하여 자식을 얻게 되나 자손 보존이 어렵다.

그리고 세월이 지나면, 노옹(老翁)은 해수병이나 중풍으로 사지가 불편하여 거동이 어려울 것이다.

또한 부녀자는 낙태나 죽은 아기를 낳든지, 산후병으로 단명하지 않으면 가출하게 될 것이므로, 어린이 기르기가 어려울 것이며, 관재횡사(官災橫死)가 있을 것이다.

그리고 안질환(眼疾患)이나 심장병 증세로 잠을 이루지 못하므로 몸이 바싹 마르든지, 정신병(精神病)이 있을 것이다. 그리고 전염병으로 人命이나 가축에도 손상이 있으며, 인구패절이 된다.

## ⑤ 離門과 坎主圖

대지나 건물의 중심에서 羅經을 보아 丙·午·丁方에 출입문이 있으면 離門이라 하고, 주인방이 壬·子·癸方에 있으면 坎主라 한다.

離門과 坎主는 음양정배 부귀국(陰陽正配 富貴局)이라, 이것은 陰火인 中女와 陽水 中男이 正配가 되므로 富貴라고 한다.

離門과 坎主는 延年宅이다. 이는 부부정배가 되므로, 복록이 온전하고, 子孝하고 孫賢하니 충의현량하며, 生四子에 兒孫이 만당하다. 오랜 세월이 지나면, 극처(剋妻)하며 심장병이나 안질과 재앙이

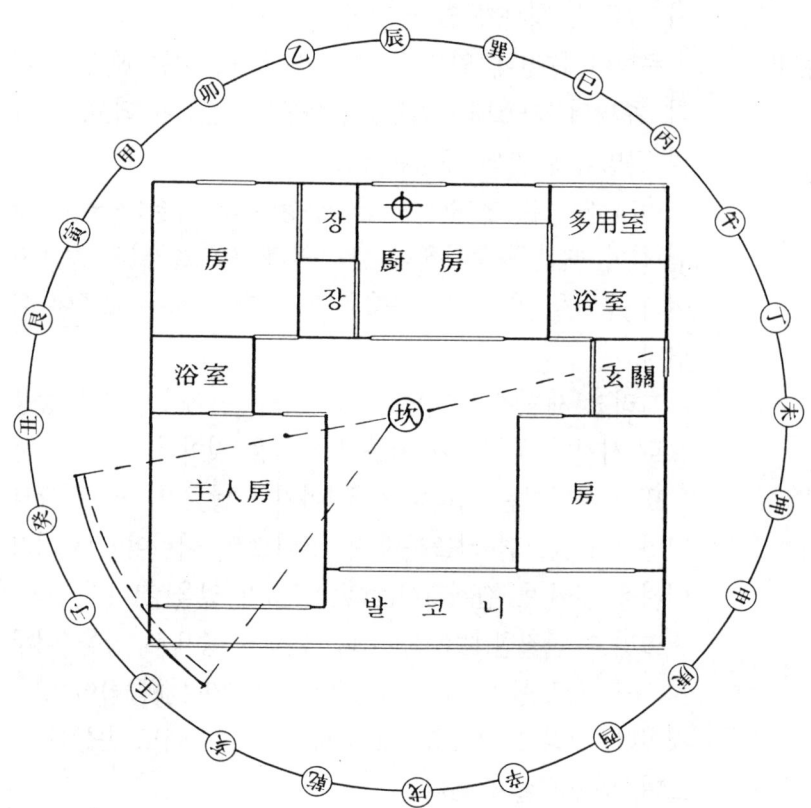

발생한다.

### 離門에서 坎主와 八廚와의 관계

離門    큰방이 坎方에 있으면 '坎主'라 하고, 이는 延年이 된다. 주방의 '가스대'가 坎方에 있으면 이는 延年이 되고, 坎方의 큰방과 坎方의 주방은 伏位가 된다.

이러한 집은 초년에는 유성무패(有成無敗)하여 산업흥륭(産業興隆)하므로 금전과 재물이 풍부하나 세월이 지나면, 아들이 적을 것이고, 심장병자나 안질 환자가 있으며, 가운데 딸이 단명한다.

만약에 눈먼 사람이 있으면 이 집에는 재앙이 발생할 것이다. 그리하여 남자는 사지가 뒤틀어져 거동이 불편할 것이고, 또한 부녀자는 배 속에 뭉쳤던 피가 쏟아지든지, 흰빛이나 붉은 빛의 분비액이 흐르는 산증(疝症)이 있을 것이다.

九年간은 뽐내며 오만하게 살아갈 것이나, 가운데 아들이 물에 빠져 죽는 일이 없으면, 여색으로 가출을 하여 재산을 탕진할 것이며, 상처(傷妻)에 자손난양(子孫難養)이다.

離門    큰방이 坎方에 있으면 '坎主'라 하고, 이는 延年이 된다. 주방의 '가스대'가 艮方에 있으면, 禍害가 된다. 坎方의 큰방과 艮方의 주방은 五鬼가 된다.

이러한 집은 초년에는 재산이 일어나고, 학문이 탁월한 자손이 나와 문과급제나 武將이 나올 수 있으나, 각종 질병으로 사람과 재물에 재앙이 있을 것이다.

그리고 오랜 세월이 지나면 부녀자는 성품이 사나워지고, 자식들은 가출하게 될 것이다. 어린이는 비만해지고,

앞 못보는 사람이나, 못듣고 말 못하는 사람이 없으면, 풍라(瘋癩 : 미치광이나 나환자)자가 있을 것이다.

그리고 비록 재물은 있으나, 부부 사이는 결함이 있으므로 사람과 재물이 흩어질 것이다.

8년만에 사람이 죽든지 가출하게 되는데, 부녀자가 가출하면 타향에서 醜行을 하며 살아갈 것이다.

離門     큰방이 坎方에 있으면 '坎主'라 하고, 이는 延年이 된다. 주방의 '가스대'가 震方에 있으면 生氣가 되고, 坎方의 큰방과 震方의 주방은 天乙이 된다.

이러한 집은 초년에는 부능작가 전산진익(婦能作家 田産進益 : 부녀자가 능히 살림을 크게 일으킨다)하고 인재청수 연등급제 부귀택(人才淸秀 連登及第 富貴宅 : 자손들이 뛰어난 재주에 용모가 청수하니 과거에 연달아 급제하는 부귀택이다)으로 봉고은 동우로심 종사무심 구부귀 즘금부귀 핍심인(封誥恩 同雨露深 從使無深 求富貴 怎禁富貴 逼尋人 : 임금이 내리는 은혜가 雨露와 같으니, 비록 나 자신은 부귀를 구하는 데 무심하여도 그 부귀는 빠르게 나를 찾아 이른다)이다.

그러나 세월이 지나면 안질이나 심방병자가 없으면, 부녀자가 단명할 것이다. 만약에 눈먼 사람이 있으면 각종 재앙이 발생할 것이다.

離門     큰방이 坎方에 있으면 '坎主'라 하고, 이는 延年이 된다. 주방의 '가스대'가 巽方에 있으면, 이는 天乙이 된다. 坎方의 큰방과 巽方의 주방은 生氣가 된다.

이러한 집은 초년에는 재백풍영(財帛豊盈 : 재물과 금전이 풍부하다)하고 부녀자가 총명하여 가정을 잘 다스리지만, 현영요지상(顯榮耀之象)이나 二女同居이므로 生育

이 不可하다.

이러한 부엌은 남자가 쇠약해지므로, 부인을 의심하지 말고 부엌을 고쳐서 옮기면 될 것이라고 하였다.

그리고 만약에 눈먼 사람이 발생하면 각종 재앙이 발생할 것이다. 심방병이나 안질로 고생할 것이며, 화재나 관재로 재산이 흩어질 것이다.

그러므로 아무리 길한 배치의 집이라도 거주자의 命에 受剋되면 불시의 재난으로 인명에 손상이 있을 것이고, 흉살 방위라도 거주자의 命이 제압을 한다면 오히려 길한 곳으로 바뀌어진다는 이치를 알고 있어야 한다.

離門　　큰방이 坎方에 있으면 이를 '坎主'라 하고, 延年이 된다. 주방의 '가스대'가 離方에 있으면 이는 伏位가 되고, 坎方의 큰방과 離方의 주방은 延年이 된다.

이러한 집은 소료공가 도치성(焇燎空家 道熾盛 : 재산이 빈집에 불꽃같이 일어난다)이나, 純陰이라 남자가 일찍 죽고 부녀자가 가정을 꾸려갈 것이다.

그리고 중풍으로 사지가 뒤틀어져 거동이 불편할 것이고, 또한 심장병이나 안질환이 있으며, 음질(陰疾)이나 심초(心焦 : 속을 태운다) 등의 질환이 있을 것이다.

이러한 집에는 거주자의 命이 合을 이루지 못하면, 재앙이 발생하여 어른 아이 할 것 없이 질병으로 살아 남기가 어려울 것이므로, 사위가 가계(家繼)를 하게 될 것이다.

그리고 화재나 관재로 재산이 흩어지고, 전염병으로 인명이나 가축에도 손상이 있을 것이다.

離門　　큰방이 坎方에 있으면 '坎主'라 하고, 이는 延年이 된다. 주방의 '가스대'가 坤方에 있으면 六殺이 되고, 坎方

의 큰방과 坤方의 주방(가스대)은 絕命이 된다.

이러한 집은 초년에는 유성무패(有成無敗 : 무슨 일이나 실패가 없다)이므로 人丁이 大旺하며 재물이 넉넉하나, 안질 환자가 있으면 이때부터 각종 재앙이 발생할 것이다.

부녀자는 혈병(血病)이나 안질이나 심장병으로 고생을 하게 될 것이고, 또한 산후병(産後病)이나 경체(經滯 : 월경이 없는 것)일 것이다.

또한 노모는 치매로 거동이 불편할 것이고, 각종 재난이 있는데, 남녀가 가출하게 될 것이라고 한다.

부녀자가 집안에서 소란을 피우게 되고, 입양을 한 자식마저 흠이 있으니, 여자를 원망하지 말고, 부엌과 방을 고쳐 옮기게 되면 이러한 재앙을 피할 수 있을 것이다. 모두가 이렇게 지적한 성현(聖賢)의 말씀을 외면하는데, 이는 스스로가 캄캄한 밤길을 걷는 것과 같은 것이다.

**離門**  큰방이 坎方에 있으면 이를 '坎主'라 하고, 延年이 된다. 주방의 '가스대'가 兌方에 있으면, 이는 五鬼가 된다. 坎方의 큰방과 兌方의 주방은 禍害가 된다.

이러한 집은 초년에는 무슨 일이나 실패가 없이, 남자는 왕성하고, 재물은 넉넉하나, 눈먼 사람이 있으면 재앙이 발생할 것이라고 한다.

그리고 세월이 지나면, 부인이 먼저 손상되고 다음은 남편이 죽는다. 視力이 흐려진다든지 심장병이나 두통이나 음질환이 있을 것이고, 속을 태우는 질환으로 고생을 한다. 딸은 많고 아들이 적은데 그 아들의 生育이 어려울 것이고, 도난과 자식의 근심에 심불매(心不寐 : 잠이 잘 오지 않는 증세)로 부녀자는 정신질환이 없으면 가출하여 추하게 살아갈 것이다. 또한 불시의 재난으로 관재가 있든지, 橫死가 있을 것이다.

離門 　큰방이 坎方에 있으면 '坎主'라 하고, 이는 延年이 된다. 주방의 '가스대'가 乾方에 있으면 絶命이 되고, 坎方의 큰방과 乾方의 주방은 六殺이 된다.

　이러한 집은 초년에는 무슨 일에나 실패가 없고, 사업을 잘하여 재산은 풍부하나, 눈먼 사람이 있으면 이때부터 재앙이 발생하므로 집이나 재산을 날릴 것이다.

　그리고 세월이 지나면 노옹(老翁)은 해수병(咳嗽病)이나 중풍으로 사지가 뒤틀어져서 거동이 불편할 것이다.

　또한 부녀자는 낙태나 죽은 아기를 낳든지, 산후병으로 단명하지 않으면, 가출하게 될 것이므로, 어린이 기르기가 어려울 것이며, 관재횡사(官災橫死)가 있을 것이다.

　그리고 안질환이나 심장병 증세로 잠을 이루지 못하므로 몸이 바싹 마르든지, 정신병(精神病)이 있을 것이다. 또 전염병으로 人命이나 가축에도 손상이 있으며, 인구패절이다.

### ⑥ 離門과 艮主圖

　대지나 건물의 중심에서 羅經을 보아 丙·午·丁方에 출입문이 있으면 離門이라 하고, 주인방이 丑·艮·寅方에 있으면 艮主라 한다.

　離門과 艮主는 화산부강 경부조(火山婦剛 經不調)라는 것은 火가 土 위에 있는 格으로 부녀자가 성품이 강직하며 월경이 불순하다는 뜻이다.

　離門과 艮主는 禍害宅이다. 그러나 星인 火가 宮인 土를 生하므로 初年에는 간혹 재물이 일어나고 公職에 있는 사람이 있으나, 부

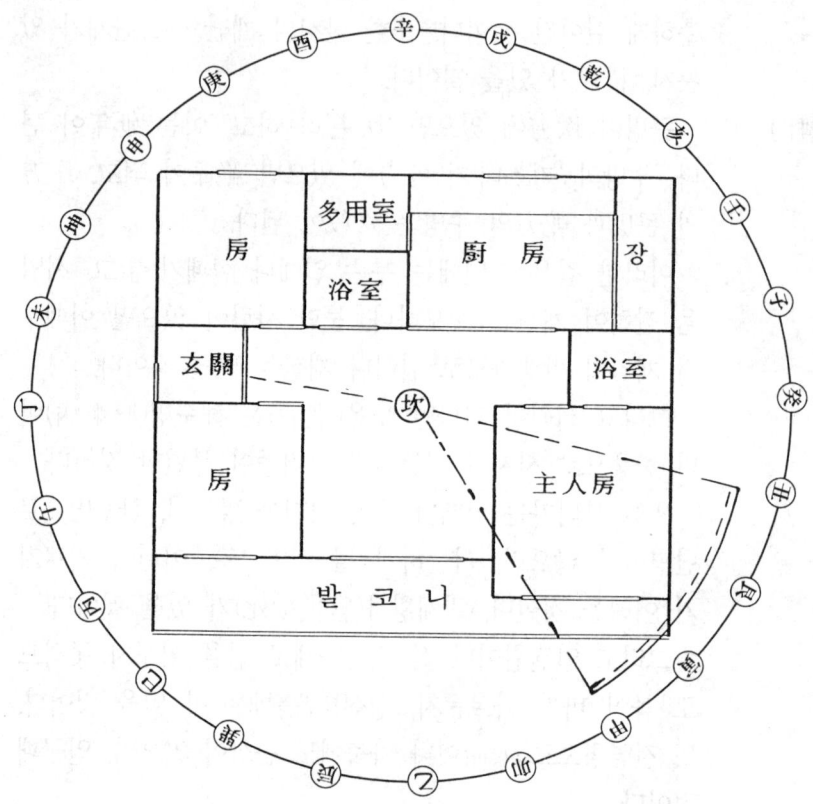

녀자가 성품이 강직한 것은 火가 강하여 土가 건조하므로 남자에게 결함이 있게 되어 부부 사이가 원만하지 못할 것이다.

### 離門에서 艮主와 八廚와의 관계

離門　　큰방이 艮方에 있으면 '艮主'라 하고, 이는 禍害가 된다. 주방의 '가스대'가 坎方에 있으면 이는 延年이 되고, 艮方의 큰방과 坎方의 주방은 五鬼가 된다.

이러한 집은 초년에는 유성무패(有成無敗)하여 산업흥륭(産業興隆)하므로 금전과 재물이 풍부하나 세월이 지나면, 아들이 적을 것이고, 심장병자나 안질 환자가 있으며, 가운데 딸이 단명하게 된다.

만약에 눈먼 사람이 있으면 이 집에는 재앙이 발생할 것이라 한다. 그리고 자손이 가출할 것이고, 또한 비만해지는 어린이가 없으면, 안맹(眼盲)·이농(耳聾)·암아(暗啞)자가 생기거나, 풍라(瘋癩 : 정신질환자나 나환자)자가 있을 것이다.

비록 재물은 있으나 부부 사이에 결함이 있고 8年 안에 사람이 죽든지 재물이 흩어지지 않으면 부인이 가출하여 타향에서 추(醜)하게 살아갈 것이다.

離門    큰방이 艮方에 있으면 '艮主'라 하고, 이는 禍害가 된다. 주방의 '가스대'가 艮方에 있으면, 禍害가 된다. 艮方의 큰방과 艮方의 주방은 伏位가 된다.

이러한 집은 초년에는 매사가 순조로워서 금전과 재물이 있으나, 부녀자에게 질병이 있으므로, 어린이 기르기가 어려울 것이다.

그리고 오랜 세월이 지나면 부녀자는 성품이 사나워지고, 자식들은 가출하게 될 것이다. 어린이는 비만해지고, 앞 못보는 사람이나, 못듣고 말 못하는 사람이 없으면, 풍라(瘋癩 : 미치광이나 나환자)자가 있을 것이다.

그리고 비록 재물은 있으나, 부부 사이는 결함이 있으므로 사람과 재물이 흩어질 것이다.

8年 안에 사람이 죽든지 가출하게 되는데, 부녀자는 가출하여 타향에서 추행(醜行)을 하며 살아갈 것이다.

離門    큰방이 艮方에 있으면 '艮主'라 하고, 이는 禍害가 된다. 주방의 '가스대'가 震方에 있으면 生氣가 되고, 艮方의 큰방과 震方의 주방은 六殺이 된다.

이러한 집은 초년에는 부능작가 전산진익(婦能作家 田

産進盆 : 부녀자가 능히 살림을 크게 일으킨다)하고 인재청수 연등급제 부귀택(人才淸秀 連登及第 富貴宅 : 자손들이 뛰어난 재주에 용모가 청수하니 과거에 연달아 급제하는 부귀택이다)으로 봉고은 동우로심 종사무심 구부귀 즘금부귀 핍심인(封誥恩 同雨露深 從使無深 求富貴 怎禁富貴 逼尋人 : 임금이 내리는 은혜가 우로와 같으니, 비록 나 자신은 부귀를 구하는 데 무심하여도 그 부귀는 빠르게 나를 찾아 이른다)이다.

그러나 세월이 지나면 부녀자는 성품이 사나워지고, 자손은 가출을 하며, 못보고 못듣고 말 못하는 사람이 없으면, 정신질환자가 있을 것이며, 사람이 죽고 재물이 흩어진다.

離門  큰방이 艮方에 있으면 '艮主'라 하고, 이는 禍害가 된다. 주방의 '가스대'가 巽方에 있으면, 이는 天乙이 된다. 艮方의 큰방과 巽方의 주방은 絶命이 된다.

이러한 집은 초년에는 재백풍영(財帛豊盈 : 재물과 금전이 풍부하다)하고 부녀자가 총명하여 가정을 다스리지만, 현영요지상(顯榮耀之象)이라든가 二女同居이므로 자손의 生育이 不可하다.

이러한 부엌은 남자가 쇠약해지므로, 부인을 의심하지 말고 부엌을 고쳐 옮기면 될 것이라고 하였다.

그리고 부녀자는 성품이 사나워지고, 자손은 가출하게 된다. 어린이는 비만해지고, 안맹(眼盲)·이농(耳聾)·암아(暗啞)자가 없으면, 풍라(瘋癩 : 정신질환이나 나환자)자가 있을 것이다. 비록 재산은 있으나 질병과 재화가 있으므로 부부 사이에 결함이 있다.

8年 안에 人命의 손상(損傷)이 있든지 재물이 흩어지

지 않으면, 부녀자가 가출하여 타향에서 추하게 살아갈 것이다.

離門　큰방이 艮方에 있으면 이를 '艮主'라 하고, 禍害가 된다. 주방의 '가스대'가 離方에 있으면, 이는 伏位가 되고, 艮方의 큰방과 離方의 주방은 禍害가 된다.

이러한 집은 소료공가 도치성(焇燎空家 道熾盛 : 재산이 빈집에 불꽃같이 일어난다)이나, 純陰이라 남자가 일찍 죽고 부녀자가 가정을 꾸려갈 것이다.

그리고 중풍으로 사지가 뒤틀어져 거동이 불편할 것이고, 또한 심장병이나 안질환이 있으며, 음질(陰疾)이나 심초(心焦 : 속을 태운다) 등의 질환이 있을 것이다.

이러한 집에서는 부녀자가 성품이 사나워지고, 자손은 이유없이 가출하게 되며, 못보고 못듣고 말 못하는 사람이 없으면, 정신질환자나 나환자가 생길 것이다.

그리고 질병과 재화로 부부 사이는 금이 가고 8년 안에 재물은 흩어지고 사람이 죽든지 도망갈 것이다.

離門　큰방이 艮方에 있으면 '艮主'라 하고, 이는 禍害가 된다. 주방의 '가스대'가 坤方에 있으면 六殺이 되고, 艮方의 큰방과 坤方의 주방(가스대)은 生氣가 된다.

이러한 집은 속성속패(速成速敗)라 한다. 부녀자의 성품이 사나워져서 남편과 가족을 두려워하게 하므로, 자손은 가출하게 되고, 이농(耳聾)·안맹(眼盲)·암아(暗啞)자가 없으면 풍라(瘋癩 : 정신질환자나 나환자)자가 있을 것이다.

비록 재물은 있으나 각종 질병과 재화(災禍)로 부부 사이에 금이 가서 8년 안에 사람이 죽든지 재산이 흩어질 것이다.

또한 노모는 중풍으로 거동이 불편할 것이고, 부녀자는

심장병이나 산후병으로 고생할 것이다.

부녀자가 집안에서 소란을 피우게 되고, 입양을 한 자식마저 잃게 되니, 여자를 원망하지 말고, 부엌과 방을 고쳐서 옮기게 되면 이러한 재앙을 피할 수 있을 것이다. 이렇게 지적한 성현(聖賢)의 말씀을 모두가 외면하는데, 이는 스스로가 캄캄한 밤길을 걷는 것과 같을 것이다.

離門　　큰방이 艮方에 있으면 이를 '艮主'라 하고, 禍害가 된다. 주방의 '가스대'가 兌方에 있으면, 이는 五鬼가 된다. 艮方의 큰방과 兌方의 주방은 延年이 된다.

이러한 집은 부부가 화순하며 초년에는 재물과 공직자가 있으나, 세월이 지나면 부녀자가 성품이 사나워지든지 단명할 것이라고 한다.

그리고 세월이 지나면, 부인이 먼저 손상되고 다음은 남편이 죽는다. 또한 視力이 흐려진다든지 심장병이나 두통이나 음질환(陰疾患)이 있을 것이고, 속을 태우는 질환으로 딸은 많고 아들이 적은데 그 아들의 生育이 어려울 것이며, 도난과 자식의 근심에 심불매(心不寐 : 잠이 잘 오지 않는 증세)로 부녀자는 정신질환이 없으면 家出을 하여 추하게 살아갈 것이다. 또한 불시의 재난으로 관재가 있든지, 橫死가 있을 것이다.

離門　　큰방이 艮方에 있으면, '艮主'라 하고, 이는 禍害가 된다. 주방의 '가스대'가 乾方에 있으면 絶命이 되고, 艮方의 큰방과 乾方의 주방은 天乙이 된다.

이러한 집은 부녀자가 성품이 사나워서 남편과 가족을 두렵게 하므로 가족의 가출이 있을 것이고, 못보고 못듣고 말 못하는 사람이나 정신질환자, 또는 나환자가 있는 등 災禍之宅이다.

그리고 세월이 지나면, 노옹(老翁)은 해수병이나 중풍으로 사지가 뒤틀어져서 거동이 불편할 것이다.

또한 부녀자는 낙태나 죽은 아기를 낳든지, 산후병으로 단명하지 않으면, 가출하게 될 것이므로, 어린이 기르기가 어려울 것이며, 관재횡사(官災橫死)가 있을 것이다.

그리고 안질환(眼疾患)이나 심장병 증세로 잠을 이루지 못하므로 몸이 바싹 마르든지, 정신병(精神病)이 있을 것이다. 또 전염병으로 人命이나 가축에도 손상이 있으며, 인구패절(人口敗絕)이다.

### ⑦ 離門과 震主圖

대지나 건물의 중심에서 羅經을 보아 丙·午·丁方에 출입문이 있으면 離門이라 하고, 주인방이 甲·卯·乙方에 있으면 震主라고 한다.

離門과 震主가 화뢰발복 부녀량(火雷發福 婦女良)이라는 것은 離 火와 震 木의 배합이 발복되고 부녀자가 선량하다는 것이다.

離門과 震主는 生氣宅이다. 이는 木火通明하니, 大富大貴하므로 공명이 현달하여 직보천구(直步天衢 : 곧바로 등청한다)하고, 妻賢子孝하고, 男聰女秀하니 3~8年에 科甲에 대길하여 평지에서 높은 직위에 오른다. 즉 一聲 雷하니 궁서생홀이 발달부귀(窮書生忽而 發達富貴 : 빈궁한 書生이 발하여 부귀를 얻는다)라는 뜻이다.

#### 離門에서 震主와 八廚와의 관계

離門　　큰방이 震方에 있으면 '震主'라 하고, 이는 生氣가 된다. 주방의 '가스대'가 坎方에 있으면 이는 延年이 되고, 震方의 큰방과 坎方의 주방은 天乙이 된다.

　　　　이러한 집은 초년에는 부녀자가 능히 살림을 크게 일

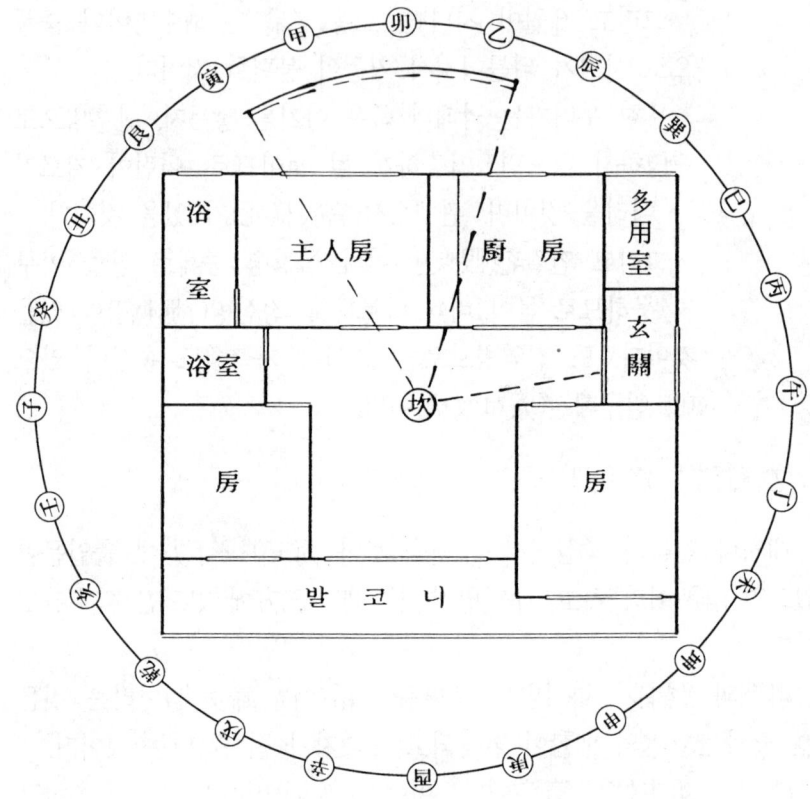

으키고, 자손들은 뛰어난 재능에 용모가 청수하며, 과거에 연달아 급제하여 富하고 貴하게 되는 집이다.

　그리하여 재물과 보화가 날로 쌓이고, 임금의 총애를 받아 자신이 힘쓰지 않아도 영화로운 직책에 오르게 된다.

　그러나 장자는 영화를 누리는데, 차자와 부녀자는 질병으로 모두 단명할 것이다.

　이러한 집에는 거주자의 命이 合을 이루지 못하든지, 눈먼 사람이 있으면 재앙이 발생할 징조라고 한다.

　심장병이나 안질환이 있으면 부녀자가 단명하므로 어

린이 양육이 어려울 것이다.

**離門**  큰방이 震方에 있으면 '震主'라 하고, 이는 生氣가 된다. 주방의 '가스대'가 艮方에 있으면, 禍害가 된다. 震方의 큰방과 艮方의 주방은 六殺이 된다.

이러한 집은 초년에는 부녀자가 능히 재산을 일으키며, 자손들은 뛰어난 재능에 용모가 청수하여 과거에 연이어 급제해서 부귀를 누린다.

그러나 오랜 세월이 지나면 부녀자는 성품이 사나워지고, 자식들은 가출하게 될 것이다. 어린이는 비만해지고, 앞 못보는 사람이나, 못듣고 말 못하는 사람이 없으면, 풍라(瘋癩 : 미치광이나 나환자)가 있을 것이다.

그리고 비록 재물은 있으나, 부부 사이가 벌어지므로 사람과 재물이 흩어질 것이다.

8年 안에 사람이 죽든지 가출자가 있게 되는데, 부녀자가 가출하면 타향에서 추행(醜行)을 하며 살아가게 될 것이다.

**離門**  큰방이 震方에 있으면 '震主'라 하고, 이는 生氣가 된다. 주방의 '가스대'가 震方에 있으면 生氣가 되고, 震方의 큰방과 震方의 주방은 伏位가 된다.

이러한 집은 초년에는 부능작가 전산진익(婦能作家 田産進益 : 부녀자가 능히 살림을 크게 일으킨다)하고 인재 청수 연등급제 부귀택(人才淸秀 連登及第 富貴宅 : 자손들이 뛰어난 재주에 용모가 청수하니 과거에 연달아 급제하는 부귀택이다)으로 봉고은 동우로심 종사무심 구부귀 즘금부귀 핍심인(封誥恩 同雨露深 從使無深 求富貴 怎禁富貴 逼尋人 : 임금이 내리는 은혜가 雨露와 같으니, 비록 나 자신은 부귀를 구하는 데 무심하여도 그 부귀는 빠르게 나를 찾아 이른다)이다.

　　세월이 지나면 長子는 사업에 성공하여 금전과 재물이 있으나, 次子나 부녀자는 질병으로 단명할 것이다. 그리고 어리석고 미련하고 고집이 센 사람이 생길 것이다.

離門　　큰방이 震方에 있으면 '震主'라 하고, 이는 生氣가 된다. 주방의 '가스대'가 巽方에 있으면, 이는 天乙이 된다. 震方의 큰방과 巽方의 주방은 延年이 된다.

　　이러한 집은 초년에는 재백풍영(財帛豊盈 : 재물과 금전이 풍부하다)하고 부녀자가 총명하여 살림을 크게 일으키며, 자손이 뛰어난 재주에 용모가 청수하니 과거에 연이어 及第하여, 금전과 재물과 보화가 쌓인다.

　　그리고 임금의 총애를 받으므로 자신이 애쓰지 않아도 영화로운 자리에 오르게 된다.

　　그러나 오랜 세월이 지나면, 돈과 재물이 풍부하고 오곡이 창고에 가득하고, 부녀자가 선량하여 주위의 존경을 받으나 아들 자식이 빗나가서 끝내는 자식이 없게 되는 것을 여자에게 탓하지 말고 방비를 하라고 하였다.

　　이러한 경우는 아무리 길한 배치라도 거주자의 命이 合을 이루지 못하면, 위에서 지적한 사항이 발생할 것이다.

離門　　큰방이 震方에 있으면 이를 '震主'라 하고, 生氣가 된다. 주방의 '가스대'가 離方에 있으면 이는 伏位가 되고, 震方의 큰방과 離方의 주방은 生氣가 된다.

　　이러한 집은 소료공가 도치성(熖燎空家 道熾盛 : 재산이 빈집에 불꽃같이 일어난다)이나, 純陰이라 남자가 일찍 죽고 부녀자가 가정을 꾸려갈 것인데, 그 부녀자는 능히 살림을 크게 일으킨다. 자손들은 뛰어난 재주에 용모가 청수하여 과거에 연이어 급제하여, 금전과 재물과 보화와 오곡이 창고에 가득하다. 그리고 임금의 총애를 받으므로 자신이 애쓰지 않아도 영화로운 자리에 오르게 된다.

그러나 오랜 세월이 지나면, 안홍(眼紅 : 시력이 흐려진다)과 심장병(心臟病)이나 음병(陰病 : 성병)이나 심초(心焦 : 속을 태우는 질환) 환자가 생길 것이다.

끝내는 후사(後嗣)가 없이 사위가 가계(家繼)할 것이다.

離門  큰방이 震方에 있으면 '震主'라 하고, 이는 生氣가 된다. 주방의 '가스대'가 坤方에 있으면 六殺이 되고, 震方의 큰방과 坤方의 주방(가스대)은 禍害가 된다.

이러한 집은 초년에는 婦女子가 능히 살림을 크게 일으킨다. 자손들은 뛰어난 재능으로 용모가 청수하니 과거에 연이어 及第를 하여 금전과 재물과 보화와 오곡이 창고에 쌓인다. 그리고 임금의 총애를 받으므로 자신이 애쓰지 않아도 영화로운 자리에 오르게 된다.

그러나 오랜 세월이 지나면, 남편과 자식이 손상되고, 부녀자는 눈병이나 심장병이나 산후병(産後病)·중풍으로 사지가 뒤틀어져서 거동이 불편할 것이다.

부녀자가 집안에서 소란을 피우게 되고, 입양을 한 자식마저 빗나가니, 여자를 원망하지 말고, 부엌과 방의 위치를 옮기게 되면 이러한 재앙을 피할 수 있을 것이다. 이렇게 지적한 성현(聖賢)의 말씀을 모두가 외면을 하는데, 이는 스스로가 캄캄한 밤길을 걷는 것과 같을 것이다.

離門  큰방이 震方에 있으면 이를 '震主'라 하고, 生氣가 된다. 주방의 '가스대'가 兌方에 있으면, 이는 五鬼가 된다. 震方의 큰방과 兌方의 주방은 絶命이 된다.

이러한 집은 초년에는 부녀자가 능히 살림을 크게 일

으킨다. 그리고 자손들은 뛰어난 재주에 용모가 청수하니 과거에 연이어 급제해서 임금의 총애를 받으므로 자신이 애쓰지 않아도 영화로운 자리에 오르게 된다.

또 금전과 재물과 보화와 오곡이 창고에 가득 쌓인다. 그러나 오랜 세월이 지나면, 젊은 부녀자가 손상되고, 도난과 관재 시비와 자녀 근심으로 잠을 이루지 못할 것이다. 심장병이나 허리가 아픈 증세가 있을 것이다.

또한 관재횡사(官災橫死 : 불의의 사건으로 송사가 있고 혹은 불상사로 죽다)나 법정 시비가 있을 것이고, 路上에서나 물에 빠져 죽는 참사가 있지 않으면, 부녀자는 정신질환이나 추하게 살며, 자손도 없을 것이다.

離門　큰방이 震方에 있으면 '震主'라 하고, 이는 生氣가 된다. 주방의 '가스대'가 乾方에 있으면 絶命이 되고, 震方의 큰방과 乾方의 주방은 五鬼가 된다.

이러한 집은 초년에는 부녀자가 능히 살림을 크게 일으키고, 자손들은 뛰어난 재능과 용모가 청수하여 과거에 연이어 급제를 해서, 임금의 총애를 받으므로 자신이 애쓰지 않아도 영화로운 자리에 오르게 된다. 그리하여 금전과 재물과 보화와 오곡이 창고에 날로 쌓인다.

그러나 오랜 세월이 지나면, 부녀자는 낙태나 죽은 아기를 낳지 않으면 산후병으로 단명할 것이며, 태어난 아기도 기르기가 어려울 것이다.

그리고 노옹(老翁)은 해수나 중풍으로 사지가 뒤틀어져 거동이 불편할 것이다.

또한 안질환이나 심장병이나 전염병으로 凶邪가 있으며 관재나 화재가 있으니, 끝내는 과부라든가 홀애비만 남게 된다.

### ⑧ 離門과 巽主圖

대지나 건물의 중심에서 羅經을 보아 丙・午・丁方에 출입문이 있으면 離門이라 하고, 주인방이 辰・巽・巳方에 있으면 巽主라고 한다.

離門과 巽主는 天乙宅이다. 이는 부녀자가 총명하여 가정을 잘 꾸려가므로 여장부라 한다. 돈과 재물이 풍부하고 오곡이 창고에 가득하다. 이는 현영요지상(顯榮耀之象)이나 단 二女同室이므로 生育이 不可하다. 그러므로 남편과 자식이 주눅들어 끝내는 후사(後嗣)가 없으니 수방음인괴양(須防陰人怪樣), 즉 여자를 의심하지 말고 방지하라고 하였다.

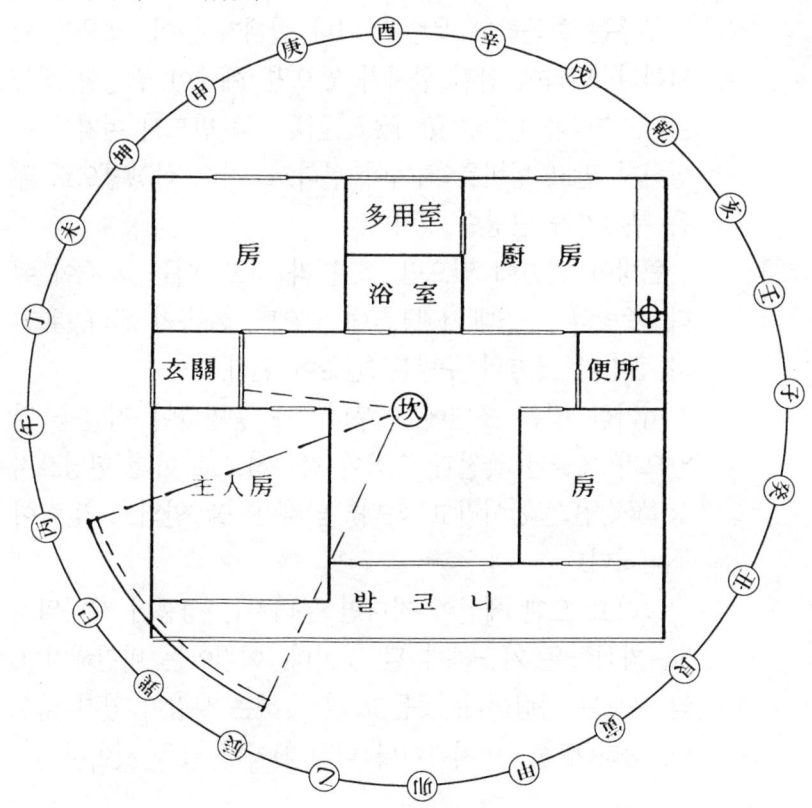

### 離門에서 巽主와 八廚와의 관계

離門　　큰방이 巽方에 있으면 '巽主'라 하고, 이는 天乙이 된다. 주방의 '가스대'가 坎方에 있으면 이는 延年이 되고, 巽方의 큰방과 坎方의 주방은 生氣가 된다.

　　이러한 집은 부녀자가 총명하여 가정을 잘 일으켜서 재물과 금전과 오곡이 풍부하므로 이를 현영요지상(顯榮耀之象)이라고 하는데, 長子는 生育이 어려울 것이다.

　　그러나 長婦의 命이 宮의 生을 받으면 자손만당(子孫滿堂)에 及第者가 나와 富貴를 누리는 데는 의심할 여지가 없을 것이다.

　　부부는 화목하고 무슨 일이나 실패가 없어, 재물은 넉넉하나, 만약에 안질 환자가 있으면, 재앙이 발생할 징조이니, 수방음인괴양(須防陰人怪樣), 즉 반드시 여자를 원망하지 말고 방비를 하여야 한다. 그리고 심장병으로 젊은 부녀자가 단명할 것이다.

離門　　큰방이 巽方에 있으면 '巽主'라 하고, 이는 天乙이 된다. 주방의 '가스대'가 艮方에 있으면, 禍害가 된다. 巽方의 큰방과 艮方의 주방은 絶命이 된다.

　　이러한 집은 초년에는 부녀자가 총명하여 집안을 잘 일으켜 재물과 금전과 오곡이 풍부하므로 이를 현영요지상(顯榮耀之象)이라고 하나, 남자가 잘 안되고 生育이 不可하다.

　　그리고 오랜 세월이 지나면 부녀자는 성품이 사나워지고, 자식들은 가출하게 될 것이다. 어린이는 비만해지고, 앞 못보는 사람이나, 못듣고 말 못하는 사람이 있지 않으면, 풍라(瘋癩 : 미치광이나 나환자)자가 있을 것이다.

또 비록 재물은 있으나, 부부 사이에 결함이 있으므로 사람과 재물이 흩어질 것이다.

8年 만에 사람이 죽든지 가출하게 되는데, 부녀자가 가출하면 타향에서 추행(醜行)을 하며 살아갈 것이다.

離門　큰방이 巽方에 있으면 '巽主'라 하고, 이는 天乙이 된다. 주방의 '가스대'가 震方에 있으면 生氣가 되고, 巽方의 큰방과 震方의 주방은 延年이 된다.

이러한 집은 초년에는 부능작가 전산진익(婦能作家 田産進益 : 부녀자가 능히 살림을 크게 일으킨다)하고 인재청수 연등급제 부귀택(人才淸秀 連登及第 富貴宅 : 자손들이 뛰어난 재주에 용모가 청수하니 과거에 연달아 급제하는 부귀택이다)으로 봉고은 동우로심 종사무심 구부귀 즘금부귀 핍심인(封誥恩 同雨露深 從使無深 求富貴 怎禁富貴 逼尋人 : 임금이 내리는 은혜가 雨露와 같으니, 비록 나 자신은 부귀를 구하는 데 무심하여도 그 부귀는 빠르게 나를 찾아 이른다)이다.

그러나 세월이 지나면 장자는 사업에 성공하여 금전과 재물이 있으나, 차자나 부녀자는 질병으로 단명할 것이다. 그리고 어리석고 미련하고 고집이 센 사람이 있을 것이다.

離門　큰방이 巽方에 있으면 '巽主'라 하고, 이는 天乙이 된다. 주방의 '가스대'가 巽方에 있으면, 이는 天乙이 된다. 巽方의 큰방과 巽方의 주방은 伏位가 된다.

이러한 집은 初年에는 부녀자가 총명하여 집안을 일으켜 금전과 재물과 오곡이 풍부하므로 이를 현영요지상(顯榮耀之象)이라고 하나, 남자에게 결함이 있고, 생육이 不可하므로 후사(後嗣)가 없을 것이다.

그래서 수방음인괴양(須防陰人怪樣), 즉 모름지기 음인의 모해를 막으라고 한다.

그러나 오랜 세월이 지나면, 중풍이나 사고로 四肢가 뒤틀어져서 거동이 불편한 사람이 생길 것이다.

또한 천수(喘嗽 : 숨이 찬 증세)로 고통이 많을 것이다. 그리고 이러한 배치는 지아비는 죽고, 자식마저 죽으니 살림을 부지하기가 어려울 것이니, 이를 고과영정이양(孤寡零丁異樣), 즉 집안에 남자가 없으니 과부가 쓸쓸하다고 한다.

離門　　큰방이 巽方에 있으면 이를 '巽主'라 하고, 天乙이 된다. 주방의 '가스대'가 離方에 있으면, 이는 伏位가 되고, 巽方의 큰방과 離方의 주방은 天乙이 된다.

이러한 집은 초년에는 부녀자가 총명하여 집안을 일으켜 금전과 재물과 오곡이 풍부하므로 이를 현영요지상(顯榮耀之象)이라고 하는데, 남자가 잘 안되고 여자가 生育不可하므로 후사(後嗣)가 없을 것이다.

그리하여 수방음인괴양(須防陰人怪樣), 즉 모름지기 음인의 침해와 괴이한 것을 방비하라고 하였다.

이러한 집은 초년에는 재산이 불꽃같이 일어나는데 그것을 좋아하지 말고 빨리 방비를 하지 않으면 안된다. 그리고 시력이 흐려지고 심장병(心臟病)이나 음병(陰病 : 성병)이나 심초(心焦 : 속을 태우는 질환)가 있을 것이다. 끝내는 후사(後嗣)가 없이 사위가 가계(家繼)를 할 것이다.

離門　　큰방이 巽方에 있으면 '巽主'라 하고, 이는 天乙이 된다. 주방의 '가스대'가 坤方에 있으면 六殺이 되고, 巽方의 큰방과 坤方의 주방(가스대)은 五鬼가 된다.

이러한 집은 초년에는 부녀자가 총명하여 집안을 일으키어 금전과 재물과 오곡이 풍부하므로 이를 현영요지상(顯榮耀之象)이라 하는데, 남자가 주눅들고, 자식의 生育이 불가하므로 後嗣가 없을 것이라고 한다.

그리고 오랜 세월이 지나면, 남편과 자식이 손상되는 것은 필연이고, 이를 지화흉성속패(地火凶星速敗)라고 한다. 부녀자는 안질환(眼疾患)이나 심장병이나 산후 중풍으로 사지가 뒤틀어져서 거동이 불편할 것이다.

부녀자가 집안에서 소란을 피우게 되고, 입양을 한 자식마저 시원치 않으니, 아내를 원망하지 말고, 부엌과 방을 고쳐 옮기면 이러한 재앙을 피할 수 있을 것이다. 이렇게 지적한 성현의 말씀을 모두가 외면하는데, 이는 스스로 캄캄한 밤길을 걷는 것과 같을 것이다.

**離門**

큰방이 巽方에 있으면 이를 '巽主'라 하고, 天乙이 된다. 주방의 '가스대'가 兌方에 있으면, 이는 五鬼가 된다. 巽方의 큰방과 兌方의 주방은 六殺이 된다.

이러한 집은 초년에는 부녀자가 총명하여 집안을 일으켜 금전과 재물과 오곡이 풍부하게 하므로 이를 현영요지상(顯榮耀之象)이라고 하나, 男子가 결함이 있고, 자식의 生育이 不可하므로, 後嗣가 없을 것이다. 그리고 오랜 세월이 지나면 가중난과(家中難過 : 집안에 어려움이 닥칠 것이다)이다.

치매나 요통(腰痛), 자액(自縊 : 목매어 죽음)의 참사가 없으면, 화재나 도난이나 관재가 있을 것이다. 또한 안홍(眼紅 : 시력이 흐려진다)이나 심불매(心不寐)의 증세가 있다.

또한 관재횡사(官災橫死 : 불의의 사건으로 법정 시비

가 있을 것이고, 路上에서나 물에 빠져 죽는 횡사)가 있으며, 부녀자는 정신질환이나 추하게 살며, 자손이 없을 것이다.

離門  큰방이 巽方에 있으면 '巽主'라 하고, 이는 天乙이 된다. 주방의 '가스대'가 乾方에 있으면 絶命이 되고, 巽方의 큰방과 乾方의 주방은 禍害가 된다.

이러한 집은 초년에는 부녀자가 총명하여 집안을 일으키어 금전과 재물과 오곡이 풍부하게 하므로 이를 현영요지상(顯榮耀之象)이라고 하는데, 男子에게 결함이 있고, 자식의 生育이 不可하므로 後嗣가 없을 것이다. 그리고 오랜 세월이 지나면, 부녀자는 낙태나 죽은 아기를 낳지 않으면 산후병으로 단명할 것이라고 하며, 태어난 아기도 기르기가 어려울 것이다.

또 노옹(老翁)은 해수병이나 중풍으로 四肢가 뒤틀어져 거동이 불편할 것이다.

또한 안질환(眼疾患)이나 심장병이나 전염병으로 凶死가 있지 않으면 관재나 화재가 있으니, 끝내는 과부나 홀아비만 남게 된다.

### (4) 離命이 八卦方으로 출입문과 주방이 있을 때

| 星 | 離命에 출입문. 주방 | 吉凶 解說 |
|---|---|---|
| 生氣 | 震方=출입문. 주방 | 五子를 得하고 |
| 延年 | 坎方=출입문. 주방 | 四子를 得하고 |
| 天乙 | 巽方=출입문. 주방 | 三子를 得하고 |
| 五鬼 | 兌方=출입문. 주방 | 雖 子千里外地라도 傷子短命 絶嗣 |
| 伏位 | 離方=출입문. 주방 | 오직 딸만 두게 된다. |

| 星 | 離命에 출입문. 주방 | 吉凶 解說 |
|---|---|---|
| 絶命 | 乾方=출입문. 주방 | 長男이 疾病으로 絶嗣한다. |
| 禍害 | 艮方=출입문. 주방 | 先傷季子女(末女) 後有二子 |
| 六殺 | 坤方=출입문. 주방 | 傷長子女 後一子 |

① 혼인(婚姻)

離命人은 生氣(震命)인 男女가 결혼을 하는 게 가장 좋고 天乙(巽命)과 延年(坎命)이 그 다음으로 좋다.

혼인이 빨리 되기를 원한다면 坎方에 침실을 정하는 게 효과적이다. 만약 離命人 남자가 禍害(艮命人) 여자를 만난다면 그 妻는 자액(自縊 : 목매어 자결하다)한다.

② 질병(疾病)

離命人이 乾(絶命)方을 범하면, 폐가 나빠져서 해수·토혈(吐血 : 기침을 몹시 하고, 피를 토한다)하고, 坤(六殺)方을 범하면, 학질·이질과 각종(脚腫 : 다리의 종기로 고생한다)하고, 兌(五鬼)方을 犯하면 폐부(肺腐 : 폐가 썩고), 해수(咳嗽 : 기침), 다심통(多心痛 : 심장병), 눈의 시력을 잃기 쉬우며, 艮方(禍害)을 범하면, 소장어구(小腸魚口 : 소장에 구멍이 나고), 양매창(樣梅瘡 : 瘡病), 양란(楊爛 : 데어 벗겨지거나 썩는다), 학질·이질 등으로 고생한다.

③ 재화(災禍)

離命人이 絶命方(乾)을 犯하면 대가 끊기고 또는 絶命方에서 쟁타파두류혈(爭打破頭流血 : 치고 받고 싸우다가 머리가 깨져서 피를 흘린다)이나, 吉方(生氣·延年·天乙)에서는 불시의 사고가 있어도 죽음을 면한다고 한다. 離命이 絶命을 犯하면 여자는 시아버지의 꾸중을 듣고 夭死한다. 離命人이 六殺方(坤)을 犯하면 부부 사이에 불화한다.

또한 六殺方에 있는 노옹(老翁)의 권유로 사송파재(唆訟破財 : 꾀어서 소송으로 재물을 날린다)를 당하고 모친과 장자와 여식까지 손상된다.

만약에 離命이 六殺方에서 오래도록 음식을 먹게 되면 약물중독으로 고생할 것이다.

離命人 婦人이 六殺方에서 오래도록 음식을 먹으면, 老翁의 꾸중을 듣게 되고, 각종(脚腫 : 다리의 종기)으로 고생한다.

離命人이 五鬼方(兌)을 犯하면, 먼저 모친이나 처를 보낼 것이고, 다음은 子女를 보낸다. 그렇지 않으면 婦人이 재물을 훔치거나 노복이 財物을 훔쳐 달아나지 않으면, 도둑을 맞거나, 화재를 당한다고 한다.

離命人이 禍害方(艮)을 犯하면, 艮方의 황동(黃童 : 황색의 아이)인에게 쟁송파재(爭訟破財)한다. 그리고 어린 子女나 노복(奴僕)이 손상될 것이라고 한다.

### (5) 震門과 震命 · 八主 · 八廚와의 관계

대지나 건물의 중심선 위치에서 羅經을 보아 출입문이 甲 · 卯 · 乙方에 있으면 震門이라고 한다.

○震命 : 上 1864 甲子~1923年 癸亥生 男子 : 坎逆行 女子 : 中順行
　　　　 中 1924 甲子~1983年 癸亥生 男子 : 巽逆行 女子 : 坤順行
　　　　 上 1984 甲子~2043年 癸亥生 男子 : 兌逆行 女子 : 艮順行

| 三元 震命 | 男女 | 生年 干支 |
|---|---|---|
| 上元 甲子 1864~1923 | 男 | 辛未 庚辰 己丑 戊戌 丁未 丙辰生 |
| | 女 | 辛未 庚辰 己丑 戊戌 丁未 丙辰生 |

| 三元 震命 | 男女 | 生年 干支 |
|---|---|---|
| 中元 甲子 1924~1983 | 男 | 乙丑 甲戌 癸未 壬辰 辛丑 庚戌 己未生 |
| | 女 | 乙丑 甲戌 癸未 壬辰 辛丑 庚戌 己未生 |
| 下元 甲子 1984~2043 | 男 | 戊辰 丁丑 丙戌 乙未 甲辰 癸丑 壬戌生 |
| | 女 | 戊辰 丁丑 丙戌 乙未 甲辰 癸丑 壬戌生 |

*參考 : 男女間 中宮에 해당되면 男子는 坤命, 女子는 艮命이 된다.
*西紀年度別(中元 震命)
男子 : 1925年. 1934年. 1943年. 1952年. 1961年. 1970年. 1979年.
女子 : 1925年. 1934年. 1943年. 1952年. 1961年. 1970年. 1979年

① 震門과 震主圖

대지나 건물의 중심에서 나경을 보아 甲·卯·乙方에 출입문이 있으면 震門이라 하고, 주인방이 甲·卯·乙方에 있으면 震主라고 한다.

震門과 震主는 처자상극 진목중(妻子相剋 震木重)이라, 이것은 木이 거듭되면, 陽이 勝하고 陰이 衰하므로 妻와 자식에게 불리하다는 뜻이다.

震門과 震主는 伏位宅이다. 이는 二男이 동거하는 격으로 초년에는 發福發貴하나, 陽勝陰衰이므로 부인이 早死하고, 人丁이 不旺하니, 오랜 세월이 지나면 과부가 생겨 남으로 하여금 代를 잇게 한다. 그러나 주방이 坎方에 居하면, 초년에는 三子를 두게 되고, 가정화목하며 부귀창성하나, 종래는 부녀자 단명에 人丁이 희소하다.

**震門에서 震主와 八廚와의 관계**

震門    큰방이 震方에 있으면 '震主'라 하고, 이는 伏位가 된

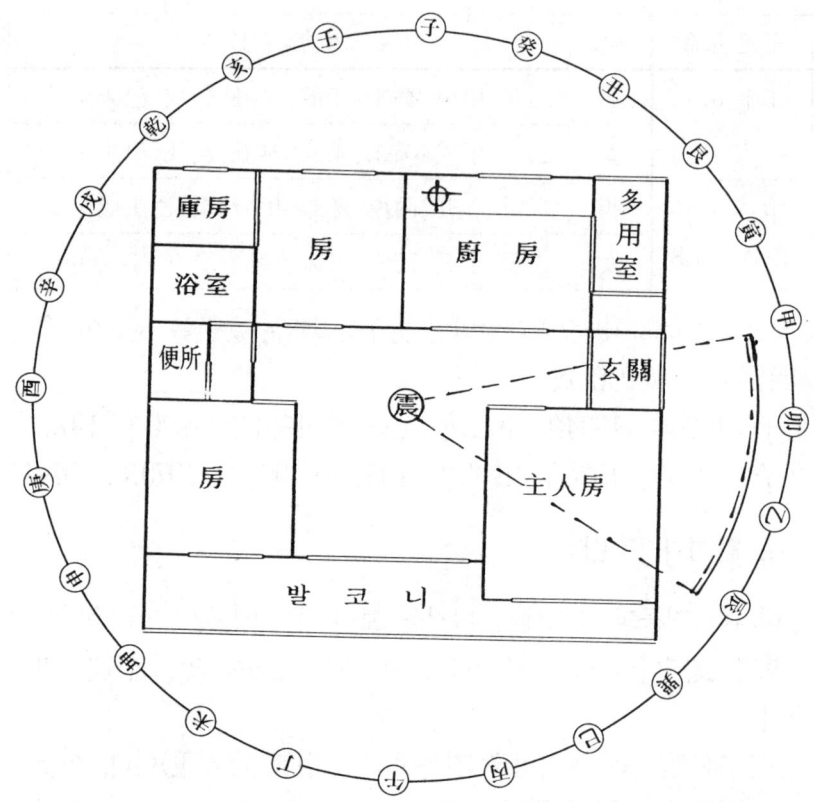

다. 주방의 '가스대'가 坎方에 있으면 이는 天乙이 되고, 震方의 큰방과 坎方의 주방은 天乙이 된다.

　이러한 집은 초년에는 사업이 형통하여 돈과 재물이 넉넉하므로 가정이 화목하다. 대체로 장자는 사업에 성공하여 금전과 재물이 있으면 명성도 떨치면서 영화를 누리는데, 세월이 갈수록 자손이 적어지고 부녀자가 단명하든지, 어린이 기르기가 어려우며 末子에게는 불리하다.

　그리고 오랜 세월이 지나면, 치(痴 : 어리석고), 농(聾 : 못듣고), 우(愚 : 미련하고), 완(頑 : 고집이 세다)하는 자가 생긴다. 여기서 검토를 해볼 만하다. 西四宅에서는 吉

星을 得하면 거의가 원만한데, 東四宅의 吉星은 得하여도 오래 가지를 못하고 疾病이 발생해서 그러함인지 몰라도 古宅의 답사(踏査)에서도 東四宅의 古宅은 거의 몸채가 철거된 것을 確認하였다.

震門　　큰방이 震方에 있으면 '震主'라 하고 이는 伏位가 된다. 주방의 '가스대'가 艮方에 있으면, 六殺이 된다. 震方의 큰방과 艮方의 주방은 六殺이 된다.

이러한 집은 장남은 사업에 성공하여 금전과 재물이 넉넉하며 명성을 떨치나, 부녀자는 夭死하고 어린이 기르기가 어려우며 末子에게도 불리하다. 그리고 치(痴 : 어리석고), 농(聾 : 못듣고), 우(愚 : 미련하고), 완(頑 : 고집이 세다)한 사람이 나오며, 부녀자는 질병을 앓게 되므로 가실난보(家室難保 : 아내와 해로하기 어렵다)하다.

또 비록 재물이 있으므로 규장우견참상(窺墻又見參商 : 다른 여자와 살림을 한다)하여도 패산절사비망(敗散絶嗣非忘 : 재산은 탕진하고 대를 이어갈 자손이 없으니 몹시 허망하다)이다.

震門　　큰방이 震方에 있으면 이를 '震主'라 하고 伏位가 된다. 주방의 '가스대'가 離方에 있으면 이는 伏位가 되고, 震方의 큰방과 震方의 주방은 伏位가 된다.

이러한 집은 二木成林이라 장남재백 유공명리(長男財帛 有功名利 : 장남은 사업에 성공하여 금전과 재물이 있으며 공을 세워 명성을 떨친다)이나, 말자패 부녀요사(末子敗 婦女夭死: 말자는 패하며 부녀자는 일찍이 죽는다)하며 소아난양(小兒難養 : 어린이 양육이 어렵다)이다.

그리고 치(痴 : 어리석고), 농(聾 : 못듣고), 우(愚 : 미련하고), 완(頑 : 고집이 세다)한 사람이 생길 것이며, 부녀자에게는 질병이 떠나지를 않는다.

　　이러한 집의 배치는 木인 陽이 盛하고, 陰이 衰하므로 부녀자에게는 각종 질병으로 苦痛이 있을 뿐이라는 것을 인지하면 어려움이 없을 것이다.

震門　　큰방이 震方에 있으면 이를 '震主'라 하고, 伏位가 된다. 주방의 '가스대'가 離方에 있으면, 이는 延年이 된다. 震方의 큰방과 震方의 주방은 延年이 된다.

　　이러한 집은 부부사정 의유심(夫婦思情 義愈心)이고, 첨정발복 다흥왕(添丁發福 多興旺)이다.

　　六年內 吉應이 없으면 亥·卯·未年에 정생계자(定生桂子 : 과거에 급제하는 자손이 태어난다)이며, 의업성가 갱칭심(宜業成家 更稱心)이니, 부자연과 진한유(父子聯科 眞罕有)이며 형제동심 영불분(兄弟同心 永不分)이라 한다. 온갖 상서로운 경사가 이르는 집이다.

　　그러나 세월이 지나면, 次子와 婦女子가 요사하고, 어린이 기르기가 어려울 것이다. 치(痴 : 어리석고), 농(聾 : 못듣고), 우(愚 : 미련하고), 완(頑 : 고집이 세다)한 사람이 생길 수 있을 것이다. 그리고 부녀자에게는 질병이 떠나지 않고 끝내는 후사(後嗣)가 없을 것이다.

震門　　큰방이 震方에 있으면 이를 '震主'라 하고 伏位가 된다. 주방의 '가스대'가 離方에 있으면 이는 生氣가 되고, 震方의 큰방과 離方의 주방은 生氣가 된다.

　　이러한 집은 총명한 자손이 태어나고 연달아 급제를 하여 영웅과 재상이 되고, 재물과 寶貨가 날로 들어와 大富해지며, 높은 벼슬을 하는 것은 불문가지(不問可知)라고 한다.

　　이는 부부가 화합하는 길주(吉廚)이기 때문이라고 하

거니와 오랜 세월이 지나면, 장자는 사업에 성공하여 돈과 재물이 있으며 명성도 떨치게 되나, 차자는 不成하고 부녀자는 단명하게 되므로 어린이 養育이 어려울 것이다.

또한 치(痴:어리석고), 농(聾:못듣고), 우(愚:미련하고), 완(頑:고집이 세다)한 사람이 있을 것이다. 그리고 거주자의 命이 不合되면 후사(後嗣)가 없을 것이다.

震門　큰방이 震方에 있으면 '震主'라 하고, 이는 伏位가 된다. 주방의 '가스대'가 坤方에 있으면 禍害가 되고, 震方의 큰방과 坤方의 주방(가스대)은 禍害가 된다.

이러한 집은 초년에는 長子가 事業에 성공하여 금전과 재물이 있으며, 명성도 떨치게 되나, 次子는 不成하고, 부녀자는 短命하게 되므로 어린이 양육이 어려울 것이다.

또한 어리석고, 못듣고, 미련하고, 고집이 센 사람이 있을 것이며, 長子는 母親의 뜻을 거역하고 아우를 업신여긴다.

그리고 오랜 세월이 지나면 도박을 즐기거나 놀러다니는 데 세월을 보내게 되니 가산을 탕진할 것이다.

부녀자는 심장병에 배가 붓든지, 황달병으로 사망하게 될 것이고, 어린이에게는 머리 뒤가 붓는 증세가 있을 것이라 한다.

전잠오곡불수(田蠶五穀不收:누에 거두기와 오곡의 농사를 모두 망쳐서 수확이 없다)이고, 어린이와 가축에게 필시 손상이 있으니 탄식할 일이로다.

震門　큰방이 震方에 있으면, 이를 '震主'라 하고, 伏位가 된다. 주방의 '가스대'가 兌方에 있으면, 이는 絶命이 된다. 震方의 큰방과 兌方의 주방은 絶命이 된다.

이러한 집은 초년에 長子는 사업에 성공하여 금전과

재물이 많으며, 명성도 떨치게 되나, 次子는 不成하고 부녀자는 단명하게 되므로 어린이 양육이 어려울 것이다.

또한 어리석고, 못듣고, 미련하고, 고집이 센 사람이 있을 것이며, 허리가 아프고 수족이 마비되는 증세가 있을 것이다.

그리고 木人이 居住하게 되면 재물이 흩어지고 인명손상이 있을 것이다.

자액상신병 처참사(自縊傷身病 悽慘死 : 신병으로 고생을 하다가 목매어 죽든지 다쳐서 처참하게 죽는다)이므로 횡화절사(橫禍絶死 : 불시의 재앙으로 자손이 끊긴다)이니 이고향즉면(離故鄕則免 : 고향을 떠나면 죽음을 면할 것이다)이라.

**震門**   큰방이 震方에 있으면 '震主'라 하고, 이는 伏位가 된다. 주방의 '가스대'가 乾方에 있으면 五鬼가 되고, 震方의 큰방과 乾方의 주방은 五鬼가 된다.

이러한 집은 초년에 長子는 사업에 성공하여 금전과 재물이 있으며, 명성도 떨치게 되나, 次子는 不成하고 부녀자는 단명하게 되므로 어린이 養育이 어려울 것이다.

또한 어리석고, 못듣고, 미련하고, 고집이 센 사람이 있을 것이며, 命에 不合되면 후사(後嗣)가 없을 것이다.

그리고 오랜 세월이 지나면, 父子간에 不和하고 長子는 살아 남기가 어려울 것이다.

또한 노옹(老翁)은 해수병으로 죽을 것이고, 인후조색(咽喉阻塞 : 목이 막히고), 근골동통(筋骨疼痛 : 근육이 아프고 당기는 증세)이 있을 것이며, 창라(瘡癩 : 나병)이거나 갑자기 죽는 사람이 있지 않으면, 화재나 관재나 도난에 상인손축(傷人損畜 : 사람이나 가축의 손상이 있다)

이니, 파재상인필정(破財傷人必定)이다.

② 震門과 巽主圖

대지나 건물의 중심에서 羅經을 보아 甲·卯·乙方에 출입문이 있으면 震門이라 하고, 주인방이 辰·巽·巳方에 있으면 巽主라 한다.

震門과 巽主는 뇌풍상배 속발복(雷風相配 速發福)이라 하는바 이것은 震은 長男이고, 巽은 長女이므로 이를 夫婦相配라 하여 매우 길한 배합이다.

震門과 巽主는 延年宅이다. 男女의 두 木이 成林되어, 科甲이

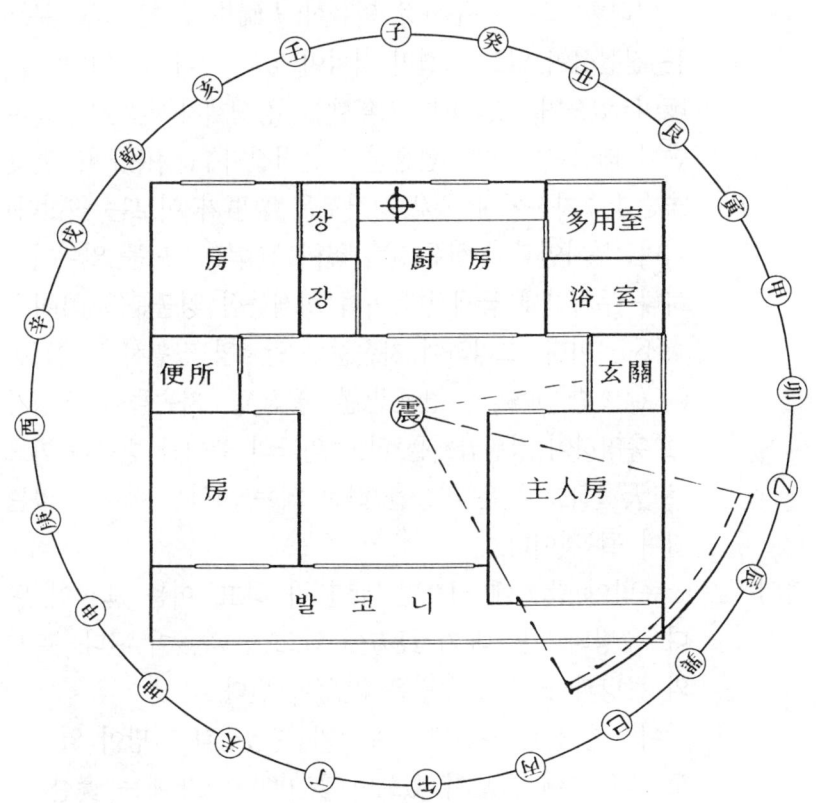

가장 길하니, 궁가홀이 대발부귀자(窮家忽而 大發富貴子 : 빈궁한 가정일지라도 갑자기 크게 富와 貴가 발하는 것)는 이러한 집 때문이다.

평지뢰성은 목성봉금고(木盛逢金故 : 金으로 잘 다듬어지는 이치이다) 공명현달(功名顯達)에 네 아들을 둘 수가 있다.

### 震門에서 巽主와 八廚와의 관계

震門　　큰방이 巽方에 있으면 '巽主'라 하고, 이는 延年이 된다. 주방의 '가스대'가 坎方에 있으면, 이는 天乙이 되고, 巽方의 큰방과 坎方의 주방은 生氣가 된다.

　　이러한 집은 부부사정 의유심(夫婦思情 義愈心 : 부부는 진실성이 있고 어질며 덕망이 있다)이니, 八年內에 吉應이 있으며, 亥・卯・未年에는 정생계자(定生桂子 : 자손이 태어난다)이며 난손천상 운집길지주(蘭孫千祥 雲集吉之主 : 자손에게 온갖 상서로운 慶事가 이르는 집이다)이며, 부자연과 진한유(父子聯科 眞罕有 : 드문 일이기는 하나 부자간에 급제한다)이며 형제동심 영불분(兄弟同心 永不分)이다. 그리하여 자손준수 탈괴명 장원사우 승군총(子孫俊秀 奪魁名 壯元思愚 承君寵 : 자손들이 잘생기고 총명하여 장원급제를 하고 임금의 총애를 받는다)이므로 大富하고 높은 벼슬을 하는 데는 의심할 여지가 없는 집이 될 것이다.

震門　　큰방이 巽方에 있으면 '巽主'라 하고, 이는 延年이 된다. 주방의 '가스대'가 艮方에 있으면, 六殺이 된다. 巽方의 큰방과 艮方의 주방은 絶命이 된다.

　　이러한 집은 초년에는 부부가 진실성과 덕망이 있으므로 八年內에 吉應이 있으며 亥・卯・未年에는 貴한 子

孫이 태어나고, 그 子孫에게 온갖 상서로운 慶事가 연달아 이른다. 아버지의 뒤를 이어 子息이 급제하고, 형제간에는 우애가 좋다.

그러나 오랜 세월이 지나면, 부녀자는 산망타태(産亡墮胎 : 아기를 낳다가 죽든지 죽은 아기를 낳는다)하므로 가실난보(家室難保 : 아내와 해로하기가 어렵다)하는데, 자식마저 없으므로 규장우견참상(窺墻又見參商 : 다른 여자와 살림을 한다)이나, 패산절사비망(敗産絶嗣非妄 : 재산은 탕진을 하고 代를 이어갈 자손이 없으니 몹시 허망하다)이라.

震門　큰방이 巽方에 있으면 '巽主'라 하고, 이는 延年이 된다. 주방의 '가스대'가 震方에 있으면 伏位가 되고, 巽方의 큰방과 震方의 주방은 延年이 된다.

이러한 집은 초년에는 부부가 진실성이 있으며 어질고 덕망이 있으므로 6年 안에 좋은 일이 있으며 亥·卯·未年에는 貴한 子孫이 태어난다. 자손은 꾸준한 노력의 결실로 아버지의 뒤를 이어 及第하며 大富하고 높은 職位에 오르며, 형제간에는 사이가 좋으므로 가정이 화목하다.

그러나 오랜 세월이 지나고 거주자의 名이 不合이 되면 長子는 사업에 성공을 하여 돈과 재물이 있으며 명성도 있으나, 次子는 不成하고 부녀자가 短命하게 되므로 어린이 養育이 어려울 것이다.

그리고 어리석고, 못듣고, 미련하고, 고집이 센 사람이 있으며, 후사가 없을까 두렵다.

震門　큰방이 巽方에 있으면 '巽主'라 하고, 이는 延年이 된다. 주방의 '가스대'가 巽方에 있으면, 이는 延年이 된다. 巽方의 큰방과 巽方의 주방은 伏位가 된다.

이러한 집은 부부사정 의유심(夫婦思情 義愈心 : 부부는 진실성이 있으며 어질고 덕망이 있다)이니, 六年 안에 좋은 일이 있으며 亥·卯·未年에는 정생계자(定生桂子 : 과거에 급제하는 자손이 태어난다)이고, 그러한 자손의 인내심과 노력의 결실로 온갖 상서로운 慶事가 이른다. 아버지의 뒤를 이어 자식이 급제를 하고 임금의 총애를 받으니 大富해지고 높은 직위에 오르는 것은 의심할 여지가 없다.

그러나 세월이 지나면, 남자가 주눅들어 夭死하고, 자식이 없으니 가정을 부지하기 어렵다.

또한 중풍으로 四肢가 뒤틀어져서 거동이 불편한 사람이 있을 것이고, 해수병으로 고생할 것이며, 끝내는 남아가 없이 홀아비나 과부가 쓸쓸히 살아갈 것이다.

**震門**   큰방이 巽方에 있으면 이를 '巽主'라 하고, 延年이 된다. 주방의 '가스대'가 離方에 있으면 이는 生氣가 되고, 巽方의 큰방과 離方의 주방은 天乙이 된다.

이러한 집은 부부는 진실성과 덕망이 있으므로 六年 안에 좋은 일이 있으며, 亥·卯·未년에는 貴한 子孫이 태어난다. 자손은 꾸준한 노력으로 아버지의 뒤를 이어 及第하고 임금의 총애를 한몸에 받아 높은 職位에 오른다.

이는 부부가 화합하는 길주(吉主)이기 때문에 자제영웅상공(子弟英雄相公 : 아들과 형제가 영웅이 되거나 재상이 된다)한다.

이러한 집은 총명한 자손이 태어나서 연이어 급제(及第)하고, 재물과 보화가 날로 들어와 큰 부자나 높은 벼슬을 하게 되는 것은 의심할 여지가 없으니 가정이 화목한 집이라 하겠다.

제2장 三要 應用  433

震門　　큰방이 巽方에 있으면 '巽主'라 하고, 이는 延年이 된다. 주방의 '가스대'가 坤方에 있으면 禍害가 되고, 巽方의 큰방과 坤方의 주방(가스대)은 五鬼가 된다.

　　이러한 집은 초년에는 부부가 진실성이 있으며 어질고 덕망이있으므로 六年 안에 좋은 일이 있으며, 亥·卯·未年에는 貴한 자손이 태어난다. 자손은 열심히 노력하여 부자간이나 숙질간에 연이어 과거급제를 하는데 임금의 총애를 받아 높은 職位에 오르게 된다.

　　그러나 오랜 세월이 지나면, 長子는 모친의 뜻을 거역하고 아우들을 미워하며 업신여긴다. 그리고 도박이나 주색으로 재산이 탕진될 것이다.

　　심장병이나 배가 부르고 음식을 먹지 못하고 어린이 머리 뒤에 혹같이 붓는 증세가 있을 것이다.

　　전잠오곡불수(田蠶五穀不收 : 누에 거두기와 오곡의 농사를 모두 망쳐 수확이 없다)이고, 어린이와 가축에게 필시 손상이 있으니 탄식할 일이로다.

震門　　큰방이 巽方에 있으면 이를 '巽主'라 하고 延年이 된다. 주방의 '가스대'가 兌方에 있으면, 이는 絶命이 된다. 巽方의 큰방과 兌方의 주방은 六殺이 된다.

　　이러한 집은 초년에는 부부가 진실성이 있으며 어질고 덕망이 있으므로 6年 안에 좋은 일이 있으며, 亥·卯·未年에는 貴한 자식이 태어난다. 자손들은 열심히 노력하여 부자나 숙질간에 연이어 及第를 하고 임금의 총애를 받아 높은 직위에 오른다.

　　그러나 오랜 세월이 지나면, 長子孫이 손상되고 재물이 흩어질 것이다. 또한 심장병이나 허리가 아픈 증세가 있을 것이고, 목매어 죽거나 노상에서 죽거나 물에 빠져서 죽는 凶邪가 있을 것이다.

　　이러한 집에는 인명횡사(人命橫死 : 불의의 사고로 죽음을 당한다)가 있든지 官災로 재산이 흩어진다.

**震門**　　큰방이 巽方에 있으면 '巽主'라 하고, 이는 延年이 된다. 주방의 '가스대'가 乾方에 있으면 五鬼가 되고, 巽方의 큰방과 乾方의 주방은 禍害가 된다.

　　이러한 집은 초년에는 부부가 진실하고 어질며 덕망이 있으므로 六年 안에 좋은 일이 있으며, 亥·卯·未年에는 귀한 자손이 태어날 것이다. 열심히 노력한 자손이 及第를 하고 임금의 총애를 받아 높은 직위에 오르게 되고, 금전과 재물이 날로 쌓이는 집이다.

　　그러나 오랜 세월이 지나면, 부자간에 불화하고 長子와 長婦女子에 손상이 있을 것이다.

　　또한 노옹(老翁)은 해수병으로 죽을 것이고, 인후조색(咽喉阻塞 : 목이 막힘), 근골동통(筋骨疼痛 : 근육이 아프고 당기는 증세)이 있을 것이며, 창라(瘡癩 : 나병)이거나 흉사인륜(凶死人倫 : 차례로 사람이 죽는 일)이 있지 않으면, 火災나 官災나 도난에 상인손축(傷人損畜 : 사람이나 가축에 손상이 있다)이니, 파재상인필정(破財傷人必定)이다.

③ 震門과 離主圖

　대지나 건물의 중심에서 羅經을 보아 甲·卯·乙方에 출입문이 있으면 震門이라 하고, 주인방이 丙·午·丁方에 있으면 離主라고 한다.

　震門과 離主가 뇌화광명 부귀창(雷火光明 富貴昌)이라 하는 것은, 雷와 火가 빛나고 밝으니 부귀가 창성하다는 뜻이다.

제2장 三要 應用  435

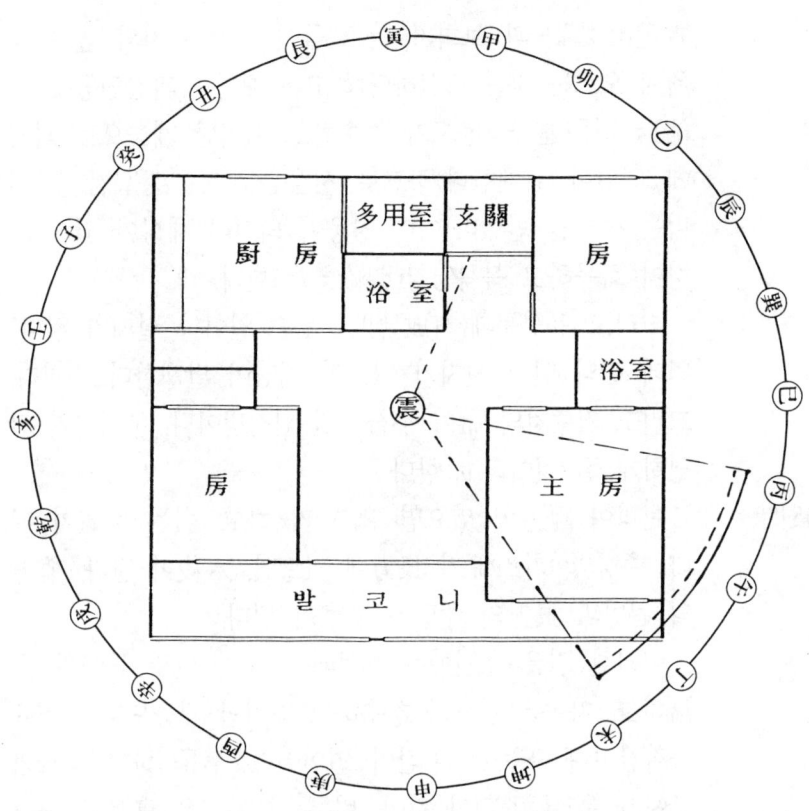

　　震門과 離主는 生氣宅이다. 木火通明하여 二星이 相生하니, 五子가 나와 登科하고, 부부화목에 해로한다. 家道榮昌하고 田産이 進益하고 六畜이 왕성하며 功名이 顯達하다. 남자는 총명하고 女秀하며, 小兒 滿堂한다. 부녀자는 현량하고 壽高百旬에 大吉하다.

### 震門에서 離主와 八廚와의 관계

震門　　큰방이 離方에 있으면 '離主'라 하고, 이는 生氣가 된다. 주방의 '가스대'가 坎方에 있으면 이는 天乙이 되고, 離方의 큰방과 坎方의 주방은 延年이 된다.
　　　　이러한 집은 초재진보 대부대귀정출(招財進寶 大富大

貴定出 : 재물과 보화가 날로 들어와 큰 부자와 높은 직위에 오르는 것은 확실하다)하고 인재청수 과갑연등(人才淸秀 科甲連登 : 용모가 청수하고 뛰어난 재능으로 과거에 연달아 급제한다)하므로 사우승군총(士遇聖君寵 : 선비는 성군을 만난다)이니 영웅이 되거나 재상이 되며 가정이 화목하고 복록영창(福祿榮昌)한다.

그리고 유성무패(有成無敗 : 무슨 일이나 실패가 없다)인데 만약 안질 환자가 있으면 재앙이 발생한다고 한다. 그리고 거주자의 命이 不合되면 심장병이나, 부녀자가 단명하게 될 것이라고 한다.

震門　　큰방이 離方에 있으면 '離主'라 하고, 이는 生氣가 된다. 주방의 '가스대'가 艮方에 있으면, 六殺이 된다. 離方의 큰방과 艮方의 주방은 禍害가 된다.

이러한 집은 초년에는 재물과 보화가 날로 들어와 大富하고, 자손은 용모가 청수하고 뛰어난 재능으로 과거에 숙질간이나 또는 兄弟간이 연이어 及第를 하며 임금의 총애가 우로(雨露)와 같아, 비록 그 자신은 富貴를 구하는 데 관심이 없어도 그 富貴는 빠르게 이른다는 것이다. 그러나 오랜 세월이 지나면, 부녀자는 아기를 낳다가 죽든지 죽은 아기를 낳게 되므로 부부가 해로하기 어렵다.

자식을 얻기 위하여 다른 여자와 살림을 차려도 끝내는 패산절사비망(敗産絶嗣非妄 : 재산을 탕진하고 代를 이어갈 자손이 없으니 몹시 허망하다)이라.

震門　　큰방이 離方에 있으면 '離主'라 하고, 이는 生氣가 된다. 주방의 '가스대'가 震方에 있으면 伏位가 되고, 離方의 큰방과 震方의 주방은 生氣가 된다.

이러한 집은 초년에는 재물과 보화가 날로 들어와 大富하고, 자손들은 용모가 청수하고 뛰어난 재능으로 과거에 연이어 及第를 하는 집안이며, 임금의 총애가 우로(雨露)와 같으니 자신이 부귀에 마음 두지 않아도 그 富貴가 저절로 구름같이 모이는 집이다.

세월이 갈수록 주로 長子에게 미치고, 末子는 잘 안되며 부녀자는 短命하므로 어린이 양육이 어려울 것이다.

그리고 치(痴:어리석고), 농(聾:못듣고), 우(愚:미련하고), 완(頑:고집이 센 사람)한 사람이 있을 것이며, 거주자의 命이 不合되면 후사(後嗣)가 없을까 두렵다.

震門　큰방이 離方에 있으면 '離主'라 하고, 이는 生氣가 된다. 주방의 '가스대'가 巽方에 있으면, 이는 延年이 된다. 巽方의 큰방과 巽方의 주방은 天乙이 된다.

이러한 집은 부부사정 의유심(夫婦思情 義愈心:부부는 진실성이 있으며 어질고 덕망이 있다)이니, 6年 안에 좋은 일이 있으며 亥·卯·未年에는 정생계자(定生桂子:과거에 급제하는 자손이 태어난다)이고, 그러한 자손의 인내심과 노력의 결실로 온갖 상서로운 慶事가 이른다. 아버지의 뒤를 이어 자식이 及第하여 임금의 총애를 받으니 大富해지고 높은 직위에 오르는 것은 의심할 여지가 없다.

자신은 富와 貴를 마음 두지 않아도 그 富와 貴가 저절로 찾아와 금은재보 운래취(金銀財寶 雲來聚:재물과 보화가 구름같이 모인다)하는 집이 될 것이다.

형제자매간에 의리가 돈독하고 뜰에는 계수나무가 숲을 이루고, 처마밑에는 자형(紫荊) 꽃이 무성하다.

震門　큰방이 離方에 있으면 이를 '離主'라 하고, 生氣가 된

다. 주방의 '가스대'가 離方에 있으면, 이는 生氣가 되고, 離方의 큰방과 離方의 주방은 伏位가 된다.

이러한 집은 夫婦에게 진실성과 덕망이 있으므로 영특한 자손들이 나고 숙질간이나 형제간에 연이어 등과급제를 하여 영웅이나 높은 직위에 오르게 되는 것은 불문가지(不問可知)이다.

그러므로 부모에 효도하고 형제자매간에는 우애가 돈독하고 가정에는 항상 웃음이 가득한 영화로운 吉主, 또는 吉廚房이다.

이러한 집은 총명한 자손이 태어나 연이어 급제하고, 재물과 보화가 날로 들어와 큰 부자나 높은 벼슬을 하게 되는 것은 의심할 여지가 없는 가정이며 화목한 집이라 하겠다.

震門

큰방이 離方에 있으면 '離主'라 하고, 이는 生氣가 된다. 주방의 '가스대'가 坤方에 있으면 禍害가 되고, 離方의 큰방과 坤方의 주방(가스대)은 六殺이 된다.

이러한 집은 초년에는 발달한다. 부부가 진실성이 있으며 어질고 덕망이 있으므로 영특한 자손을 둘 뿐 아니라 숙질간이나 형제간에 연이어 등과급제하여 영웅이 되거나 높은 직위에 오르는데 자신은 富와 貴에 마음 두지 않아도 그 부와 貴가 저절로 찾아와 재물과 보화가 구름같이 모인다.

그러나 오랜 세월이 지나면, 장자는 모친의 뜻을 거역하고 아우들을 미워하며 업신여긴다. 그리고 도박이나 주색으로 재산이 탕진될 것이다.

심장병이나 배가 부르고 음식을 먹지 못하며 어린이 머리 뒤에 혹같이 붓는 증세가 있을 것이다.

전잠오곡불수(田蠶五穀不收 : 누에 거두기와 오곡의 농사를 모두 망쳐 수확이 없다)이고, 어린이와 가축에게 필시 손상이 있으니 탄식할 일이로다.

震門     큰방이 離方에 있으면 이를 '離主'라 하고, 生氣가 된다. 주방의 '가스대'가 兌方에 있으면, 이는 絶命이 된다. 離方의 큰방과 兌方의 주방은 五鬼가 된다.

이러한 집은 초년에는 발복하여 부부에게 진실성이 있으며 어질고 덕망이 있으므로 영특한 子孫들이 나온다. 또 숙질간이나 형제간에 연이어 등과급제하여 영웅이 되거나 높은 직위에 오르며, 자신은 부와 귀에 마음을 두지 않아도 富貴가 저절로 찾아와 재물과 보화가 구름같이 모인다.

그러나 오랜 세월이 지나면, 長子孫이 손상되고 재물이 흩어질 것이다. 또한 심장병이나 허리가 아픈 증세가 있을 것이고, 목매어 죽거나 노상에서 죽거나 물에 빠져 죽는 凶死가 있을 것이다.

이러한 집에는 인명횡사(人命橫死 : 불의의 사고로 죽음을 당한다)가 있든지 관재로 재산이 흩어진다.

震門     큰방이 離方에 있으면 '離主'라 하고, 이는 生氣가 된다. 주방의 '가스대'가 乾方에 있으면 五鬼가 되고, 離方의 큰방과 乾方의 주방은 絶命이 된다.

이러한 집은 초년에는 부부가 진실되고 어질며 덕망이 있으므로 영특한 자손들이 나오고, 숙질간이나 형제간에 연이어 등과급제하여 영웅이 되거나 높은 직위에 오르며, 자신은 부와 귀에 마음을 두지 않아도 그 富와 貴가 저절로 찾아와 재물과 보화가 구름같이 모인다.

그러나 오랜 세월이 지나면, 부자간에 불화하고 長子와 長婦에게 손상이 있을 것이다.

또한 노옹(老翁)은 해수병으로 죽을 것이고, 인후조색(咽喉阻塞 : 목이 막힘), 근골동통(筋骨疼痛 : 근육이 아프고 당기는 증세)이 있을 것이며, 창라(瘡癩 : 나병)이거나 흉사인륜(凶死人倫 : 차례로 사람이 죽는 일)이 있지 않으면, 화재나 관재나 도난으로 상인손축(傷人損畜 : 사람이나 가축에 손상이 있다)이니, 파재상인필정(破財傷人必定)이다.

④ 震門과 坤主圖

대지나 건물의 중심에서 羅經을 보아 甲·卯·乙方에 출입문이

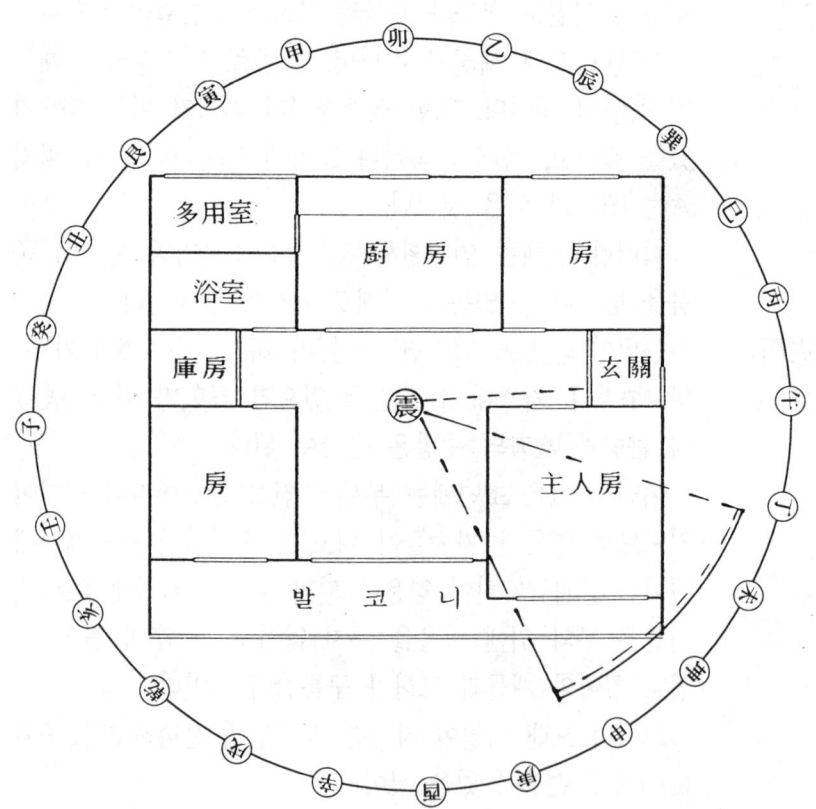

있으면 震門이라 하고, 주인방이 未·坤·申方에 있으면 坤主라 한다.

震門과 坤主는 용구입문 상노모(龍久入門 傷老母)라고 하는바 이것은, 坤은 老母로 龍에 비유되니 震木이 剋하므로 老母가 傷한다는 것이다.

震門과 坤主는 禍害宅이다. 坤土가 震木의 剋을 받으므로, 이러한 집은 長子가 모친의 뜻을 거역하고, 몸이 누렇게 붓고, 위장병 환자가 발생할 것이다. 만약에 坤主에 離命이 居하면, 초년에는 남자가 있으나 오랜 세월이 지나면 男丁이나 재물 어느 것 하나가 불안하니 이를 유정무재 유재무정(有丁無財 有財無丁)이라고 한다.

### 震門에서 坤主와 八廚와의 관계

震門　　큰방이 坤方에 있으면 '坤主'라 하고, 이는 禍害가 된다. 주방의 '가스대'가 坎方에 있으면 이는 天乙이 되고, 坤方의 큰방과 坎方의 주방은 絶命이 된다.

　　　　이러한 집은 초년에는 재물이 흥하여 가정이 화목하고 자손준수 탈괴명 장원사우 성군총(子孫俊秀 奪魁名 壯元士遇 聖君寵 : 자손들은 용모가 바르고 총명하므로 장원급제를 하고 임금의 총애를 받는다)이므로 大富해지고 높은 직위에 오르는 것은 의심할 여지가 없다.

　　　　그러나 세월이 지나면, 부녀자는 누렇게 뜨거나 붓는 병이 있고, 長子는 모친의 뜻을 거역하고 아우를 업신여기며 도박과 주색으로 가산을 탕진할 것이다.

　　　　그리고 불사음식(不思飮食 : 음식 먹을 생각이 없다)이다. 전잠오곡불수(田蠶五穀不收 : 누에 치기와 오곡 농사를 망쳐 수확이 없다)이며 가축과 소아에게도 필시 손상이 있다.

| 震門 | 큰방이 坤方에 있으면 '坤主'라 하고, 이는 禍害가 된다. 주방의 '가스대'가 艮方에 있으면, 六殺이 된다. 坤方의 큰방과 艮方의 주방은 生氣가 된다.

이러한 집은 長子는 어머니의 뜻을 거역하고 아우를 업신여기며, 도박과 주색이나 여행으로 세월을 보내게 되니 가정이 매우 어려울 것이다.

배가 붓든지 목구멍이 붓는 증세가 있을 것이고, 불사음식(不思飮食 : 음식 먹을 생각이 없다)으로 사람은 죽고 재산은 흩어지며, 누에치기나 농사를 망쳐 수확이 없다.

그리고 오랜 세월이 지나면, 부녀자는 아기를 낳다가 죽든지 죽은 아기를 낳게 되므로 부부가 해로하기 어렵다.

자식을 얻기 위하여 다른 여자와 살림을 차려도 끝내는 패산절사비망(敗産絶嗣非妄 : 재산을 탕진하고 대를 이어갈 자손이 없으니 몹시 허망하다)이라.

| 震門 | 큰방이 坤方에 있으면 '坤主'라 하고, 이는 禍害가 된다. 주방의 '가스대'가 震方에 있으면 伏位가 되고, 坤方의 큰방과 震方의 주방은 禍害가 된다.

이러한 집은 초년에는 수미(秀美)한 長男이 사업에 성공하여 재물과 금전이 넉넉하고, 사회적으로 명성을 떨치나 그밖의 아들은 잘 안된다. 부녀자는 질병을 앓거나 단명 하게 되므로 어린이 양육이 어려울 것이다.

또한 부녀자는 누렇게 뜨고 붓는 병으로 고생하게 되고 장남은 모친의 뜻을 거역하고, 아우를 업신여기고 도박이나 주색 또는 旅行으로 세월을 보내며, 심장병이나 어린이에게는 後頭病이 있다. 그리고 사람이 죽고 재산은 흩어진다.

또한 치(痴 : 어리석고), 농(聾 : 못듣고), 우(愚 : 미련하고), 완(頑 : 고집이 셈)한 사람이 있을 것이며, 거주자의 命이 不合되면 후사가 없을까 두렵다.

震門　큰방이 坤方에 있으면 '坤主'라 하고, 이는 禍害가 된다. 주방의 '가스대'가 巽方에 있으면, 이는 延年이 된다. 坤方의 큰방과 巽方의 주방은 五鬼가 된다.

이러한 집은 부부사정 의유심(夫婦思情 義愈心 : 부부는 진실성과 어질고 덕망이 있다)이고 六年 안에 좋은 일이 있으며 亥·卯·未年에는 정생계자(定生桂子 : 과거에 급제하는 자손이 태어난다)이고, 그러한 자손의 인내심과 노력의 결실로 온갖 상서로운 慶事가 있다. 아버지의 뒤를 이어 자식도 及第하여 임금의 총애를 받으니 大富해지고 높은 직위에 오르는 것은 의심할 여지가 없다.

그러나 오랜 세월이 지나면, 長子는 모친의 뜻을 거역하고 아우를 업신여기며, 도박과 주색 또는 여행으로 세월을 보내는데 가족은 심장병이나 황달병으로 사망하고 어린이는 後頭 질환이 있으므로 재산은 흩어질 것이다.

또한 전잠오곡불수(田蠶五穀不收 : 누에치기와 전답의 농사를 망쳐 수확이 없음)이며, 어린이와 가축에도 손상이 있다.

震門　큰방이 坤方에 있으면 이를 '坤主'라 하고, 禍害가 된다. 주방의 '가스대'가 離方에 있으면 이는 生氣가 되고, 坤方의 큰방과 離方의 주방은 六殺이 된다.

이러한 집은 부부에게 진실성과 덕망이 있으므로 영특한 子孫들이 나오고 숙질간이나 형제간에 연이어 登科及

第를 하여 영웅이나 높은 직위에 오르게 되는 것은 불문가지(不問可知)이다.

그리하여 부모에 효도하고 형제자매간에는 우애가 돈독하고 가정에는 항상 웃음이 가득한 영화로운 좋은 부엌이라고 하나, 門과 房의 배치가 잘못되어 장자는 모친의 뜻을 거역하고 아우를 업신여기며, 도박과 주색 또는 여행으로 세월을 보내니, 가족은 심장병이나 황달병으로 사망하고, 어린이는 머리 뒤에 혹이 생기고 가축이나 어린이에게 손상이 있다.

震門　　큰방이 坤方에 있으면 '坤主'라 하고, 이는 禍害가 된다. 주방의 '가스대'가 坤方에 있으면 禍害가 되고, 坤方의 큰방과 坤方의 주방(가스대)은 伏位가 된다.

이러한 집은 초년에는 잠시 금전과 재물이 있으며, 사회적으로 직위도 있으나, 부녀자는 누렇게 뜨고 붓는 증세이고 장자는 모친의 뜻을 거역하고 아우를 업신여기면 도박과 주색 또는 여행으로 세월을 보낸다. 가족은 심장병이나 황달병으로 사망하고 어린이는 後頭 질환이 있으며, 재산은 흩어질 것이다.

또한 목구멍이 붓든지 배가 부어서 음식 먹을 생각이 없을 것이고, 사람이 죽게 되며 재산은 흩어질 것이다.

전잠오곡불수(田蠶五穀不收 : 누에 거두기와 오곡의 농사를 모두 망쳐 수확이 없다)이고, 어린이와 가축에도 필시 손상이 있으니 탄식할 일이로다.

그러므로 조상으로부터 좋은 집과 재산을 물려받아도 보존을 하는 데는 거주자의 命이 중요함을 알아야 한다.

震門　　큰방이 坤方에 있으면 이를 '坤主'라 하고, 禍害가 된다. 주방의 '가스대'가 兌方에 있으면, 이는 絶命이 된다.

坤方의 큰방과 兌方의 주방은 天乙이 된다.

이러한 집은 초년에는 재산일성 자손희소(財産一盛 子孫稀少 : 재산은 한번 일어나나 자손은 적다)하다. 장자는 모친의 뜻을 거역하고 아우를 업신여기며, 도박과 주색 또는 여행으로 세월을 보내는데, 가족은 심장병이나 황달병으로 사망하고 어린이에게는 후두질환(後頭疾患)이 있으며, 재산은 흩어질 것이다.

또한 목구멍이 붓든지 배가 부어서 음식을 먹지 못할 것이며, 허리가 아파서 고통스러운 우환이 있을 것이고, 목매어 죽거나 물에 빠져 죽거나 교통사고로 慘狀死가 있을 것이다.

이러한 집에는 인명횡사(人命橫死 : 불의의 사고로 죽음을 당한다)가 없으면, 관재나 화재로 재산이 흩어진다.

震門

큰방이 坤方에 있으면 '坤主'라 하고, 이는 禍害가 된다. 주방의 '가스대'가 乾方에 있으면 五鬼가 되고, 坤方의 큰방과 乾方의 주방은 延年이 된다.

이러한 집은 초년에는 잠시 사업이 잘되고, 자손이 흥왕하나, 장자는 모친의 뜻을 거역하고 아우를 업신여기며, 도박과 주색 또는 여행으로 세월을 보내는데, 가족은 심장병이나 황달병으로 사망하고 어린이는 後頭疾患이 있으며 재산은 흩어질 것이다.

그리고 오랜 세월이 지나면, 부자간에 불화하고 長子와 長婦에 손상이 있을 것이다.

또한 노옹은 해수병으로 죽을 것이고, 인후조색(咽喉阻塞 : 목이 막히고), 근골동통(筋骨疼痛 : 근육이 아프고 당기는 증세)이 있을 것이며, 창라(瘡癩 : 나병)이거나 흉사인륜(凶死人倫 : 차례로 사람이 죽는 일)이 없으면,

화재나 관재나 도난으로 상인손축(傷人損畜 : 사람이나 가축에 손상이 있다)이니, 파재상인필정(破財傷人必定)이다.

⑤ 震門과 兌主圖

대지나 건물의 중심에서 羅經을 보아 甲·卯·乙方에 출입문이 있으면 震門이라 하고, 주인방이 庚·酉·辛方에 있으면 坤主라고 한다.

震門과 兌主가 용쟁호투 우상장(龍爭虎鬪 憂傷長)이라는 것은 震은 龍이고, 兌는 범이나 金이 木을 剋하니 長男이 傷한다는 뜻

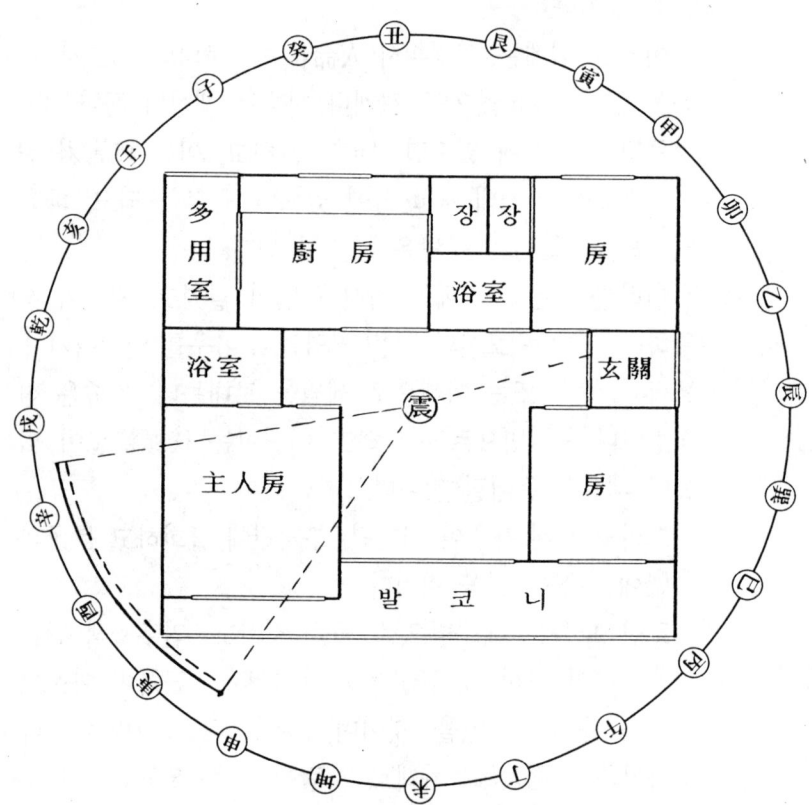

이다.

　震門과 兌主는 絶命宅이다. 음양이 상극하므로 人丁과 재물을 보전키 어렵다. 이는 木金이 刑戰하니 요퇴(腰腿)에 心腹痛하고, 영정고고(零丁孤苦:子孫이 없이 고독하다)함이니 乏嗣에 寡婦宅이 된다. 震門에 坎廚房이 된다면, 天乙이 되므로 吉凶이 相半되는 수가 있다.

### 震門에서 兌主와 八廚와의 관계

震門　　큰방이 兌方에 있으면 '兌主'라 하고, 이는 絶命이 된다. 주방의 '가스대'가 坎方에 있으면 이는 天乙이 되고, 兌方의 큰방과 坎方의 주방은 禍害가 된다.

　　　　이러한 집은 초년에는 재물이 흥하여 가정이 화목하고 자손준수 탈괴명 장원사우 성군총(子孫俊秀 奪魁名 壯元士遇 聖君寵:자손들은 용모가 바르고 총명하므로 장원급제를 하고 어진 임금의 총애를 받는다)이므로 大富해지고 높은 직위에 오르는 것은 의심할 여지가 없다.

　　　　그러나 세월이 지나면, 長子·孫이 손상되고, 우울증이나 목구멍이 붓고 심장병이나 허리가 아픈 우환과, 목매어 죽거나 물에 빠져 죽거나 교통사고로 慘狀死하는 일이 있을 것이다.

　　　　그리고 인명횡사 경가패산 고아과모 부녀지가(人命橫死 傾家敗産 孤兒寡母 婦女持家:인명에 불의의 사고가 있고, 재산 탕진에 고아나 과부가 생겨나고 부녀자가 집안을 꾸려간다)이다.

震門　　큰방이 兌方에 있으면 '兌主'라 하고, 이는 絶命이 된다. 주방의 '가스대'가 艮方에 있으면, 六殺이 된다. 兌方의 큰방과 艮方의 주방은 延年이 된다.

이러한 집에서는 우울증에 목구멍이 붓고 심장병이나 허리통증이 심하고, 목매어 죽거나 물에 빠져 죽거나 교통사고로 참상사(慘狀死)가 있을 것이다.

人命에 불의의 사고가 있고, 재산은 흩어지고 부모가 손상되므로 孤兒가 있을 것이고, 자손이 손상되며, 과부가 집안을 꾸려갈 것이다.

또한 부녀자는 아기를 낳다가 죽든지 죽은 아기를 낳게 되므로 夫婦가 해로하기 어려운데 다른 여자와 살림을 차려도 끝내는 패산절사비망(敗産絶嗣非妄 : 재산을 탕진하고 代를 이어갈 자손이 없으니 몹시 허망하다)이라.

震門　　큰방이 兌方에 있으면 '兌主'라 하고, 이는 絶命이 된다. 주방의 '가스대'가 震方에 있으면 伏位가 되고, 兌方의 큰방과 震方의 주방은 絶命이 된다.

이러한 집은 초년에는 수미(秀美)한 장남이 사업에 성공하여 재물과 금전이 넉넉하고, 사회적으로 명성을 떨치나 차자는 잘 안되고 부녀자는 질병을 앓거나 단명하게 되므로 어린이 양육이 어려울 것이다.

또한 우울증에 목구멍이 붓고 심장병이나, 허리 통증이 심하고 목매어 죽거나 물에 빠져 죽거나 교통사고로 죽는 참사가 있을 것이다. 人命에 불의의 사고가 있으며 재산은 흩어지고, 부모가 손상되며 고아가 있고 자손이 손상되므로 寡婦持家이다.

그리고 치(痴 : 어리석고), 농(聾 : 못듣고), 우(愚 : 미련하고), 완(頑 : 고집이 셈)한 사람이 있을 것이며, 거주자의 命이 不合되면 후사(後嗣)가 없을까 두렵다.

震門　　큰방이 兌方에 있으면 '兌主'라 하고, 이는 絶命이 된

다. 주방의 '가스대'가 巽方에 있으면, 이는 延年이 된다. 兌方의 큰방과 巽方의 주방은 六殺이 된다.

　이러한 집은 부부사정 의유심(夫婦思情 義愈心 : 부부는 진실성과 어질고 덕망이 있다)이니, 六年 안에 좋은 일이 있으며 亥·卯·未年에는 정생계자(定生桂子 : 과거에 급제하는 자손이 태어난다)이고, 그러한 자손의 인내심과 노력의 결실로 온갖 상서로운 경사가 따른다. 아버지의 뒤를 이어 자식이 及第하고 임금의 총애를 받으니 大富해지고 높은 직위에 오르는 것은 의심할 여지가 없다.

　그러나 오랜 세월이 지나면, 장자는 우울증에 목구멍이 붓고 심장병이나 허리에 통증이 심하고, 목매어 죽거나 물에 빠져 죽거나 교통사고로 죽는 참사가 있을 것이다.

　人命에는 불의의 사고가 있고, 재산은 흩어지고 부모가 손상되면 고아가 있을 것이고, 자손이 손상되면 과부가 집안을 꾸려갈 것이다.

**震門**　큰방이 兌方에 있으면 이를 '兌主'라 하고, 絶命이 된다. 주방의 '가스대'가 離方에 있으면 이는 生氣가 되고, 兌方의 큰방과 離方의 주방은 五鬼가 된다.

　이러한 집은 초년에는 재물과 보화가 날로 들어와 大富하고 총명한 자손들이 연이어 登科及第하는 집이다.

　만사가 형통하고 아우나 자식이 영웅이 되거나, 높은 職位에 오르는 것은 不問可知이다.

　그리하여 부모에 효도하고 형제자매간에는 우애가 돈독하며 가정에는 항상 웃음이 가득한 영화로운 좋은 부엌이라고 한다.

　그러나 門과 방의 배치가 잘못되면 우울증에 목구멍이 붓고 심장병이나 허리에 통증이 심하고, 목매어 죽거나 물에 빠져 죽거나 교통사고로 참변이 있을 것이다. 인명 횡사 경가패산(人命橫死 傾家敗産)에 孤兒나 寡婦持家가 된다.

震門　　큰방이 兌方에 있으면 '兌主'라 하고, 이는 絶命이 된다. 주방의 '가스대'가 坤方에 있으면 禍害가 되고, 兌方의 큰방과 坤方의 주방(가스대)은 天乙이 된다.

이러한 집은 초년에는 잠시 금전과 재물이 있으며, 사회적으로 지위도 있으나, 부녀자는 누렇게 뜨고 붓는 증세이고 장자는 모친의 뜻을 거역하고 아우를 업신여기며 도박과 주색 또는 여행으로 세월을 보내는데, 가족은 심장병이나 황달병으로 사망하고 어린이는 後頭질환이 있으며, 재산은 흩어질 것이다.

또한 長子는 우울증에 목구멍이 부어서 음식을 먹지 못할 것이고 허리에는 통증이 심하고, 목매어 죽거나 물에 빠져서 죽거나 교통사고로 죽는 참변이 있을 것이다.

人命에는 불의의 사고가 있고, 재산은 흩어지며 부모가 손상되어 孤兒가 있을 것이고, 子孫이 損傷되어 과부가 집안을 꾸려갈 것이며, 관재 송사가 있고, 끝내는 대를 이어갈 자손이 없을 것이다.

震門　　큰방이 兌方에 있으면 이를 '兌主'라 하고, 絶命이 된다. 주방의 '가스대'가 兌方에 있으면, 이는 絶命이 된다. 兌方의 큰방과 兌方의 주방은 伏位가 된다.

이러한 집은 財産은 있으나 子息이 적든지 없을 것이며, 少婦女子가 집안을 마음대로 하니, 가족들이 불편하고 위장병으로 먹지 못하는 환자가 있을 것이다.

앞의 그림을 보면 서남칸으로 향한 아파트나 빌라 등의 住宅이다. 평면도상으로는 거주하기에 편리하게끔 되어 있으나, 여기에 거주하는 자의 命이 불합되면 재화를 자초한다.

　먼저 목구멍이 붓든지 배가 부어서 음식을 먹지 못할 것이며, 허리가 아파서 고통스러운 우환이 있을 것이고, 목매어 죽거나 물에 빠져 죽거나 교통사고로 죽는 참사가 있을 것이다.

　이러한 집에는 인명횡사(人命橫死 : 不意의 사고로 죽음을 당한다)가 없으면, 관재나 화재로 재산이 흩어진다.

震門　　큰방이 兌方에 있으면 '兌主'라 하고, 이는 絶命이 된다. 주방의 '가스대'가 乾方에 있으면 五鬼가 되고, 兌方의 큰방과 乾方의 주방은 生氣가 된다.

　이러한 집은 초년에는 잠시 사업이 잘되어 돈과 재물이 넉넉하므로 婦人을 많이 얻어 子孫이 번창하나, 부자간에 불화하므로 장자손이 손상을 당한다.

　또한 근골동통(筋骨疼痛 : 근육이 아프고)에 인후조색(咽喉阻塞 : 목구멍이 막히고)이며, 해수(咳嗽)나 창라(瘡癩 : 나병) 등으로 사람이 차례로 죽든지, 화재나 관재나 도난으로 사람이 죽든지 가축에 손상이 있고, 재물이 흩어진다.

　장자는 우울증에 목이 아파서 죽거나 물에 빠져 죽거나 교통사고로 죽는 참변이 있을 것이다.

　인명에는 불의의 사고가 있고, 재산은 흩어지며 부모가 손상되면 고아가 있을 것이고, 자손이 없게 되므로 과부가 집안을 꾸려갈 것이다.

⑥ 震門과 乾主圖

대지나 건물의 중심에서 羅經을 보아 甲・卯・乙方에 출입문이

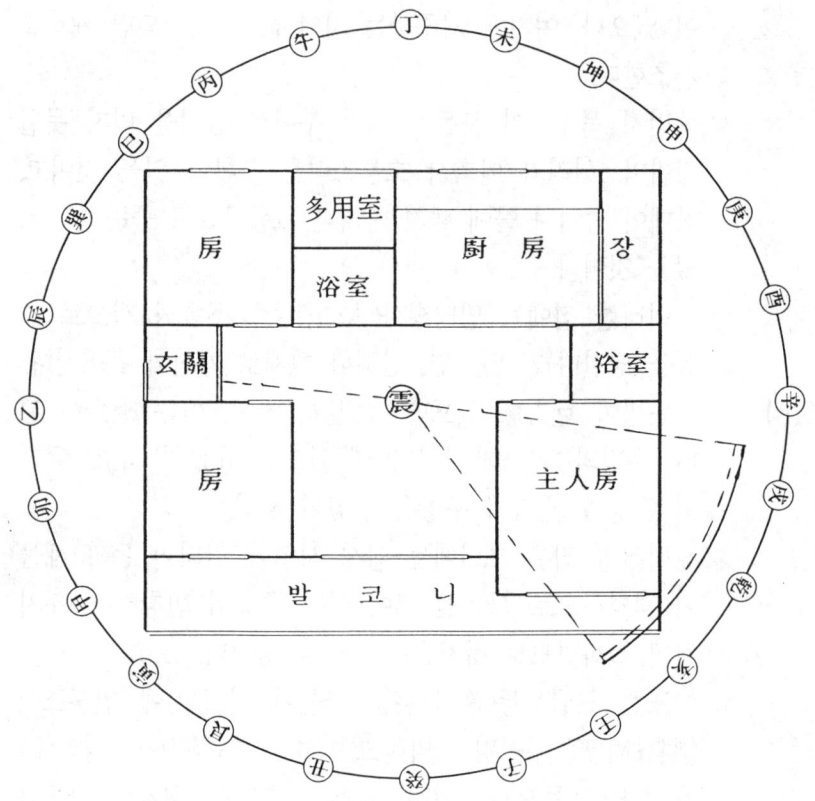

있으면 震門이라 하고, 주인방이 戌・乾・亥方에 있으면 乾主라고 한다.

震門과 乾主가 용비천상 노공앙(龍飛天上 老公殃)이라는 것은 震木이 하늘의 상징인 乾 위에 앉아 극을 받으니 노인에게 재앙이 있다는 뜻이다.

震門과 乾主는 五鬼宅이다. 화견천문 손노공(火見天門 損老公)이며 당가단명(當家短命)한다. 또한 귀괴질병(鬼怪疾病)으로 흉사 단명(凶死短命)한다. 그리고 官災 是非나 도난으로 재산이 흩어질 것이다. 창라(瘡癩)나 요퇴연산마(腰腿軟酸摩)나 심장병 질환이 있다.

### 震門에서 兌主와 八廚와의 관계

震門　　큰방이 乾方에 있으면 '乾主'라 하고, 이는 五鬼가 된다. 주방의 '가스대'가 坎方에 있으면 이는 天乙이 되고, 乾方의 큰방과 坎方의 주방은 六殺이 된다.

　　　　이러한 집은 초년에는 재물이 흥하여 가정이 화목하고 자손준수 탈괴명 장원사우 성군총(子孫俊秀 奪魁名 壯元士遇 聖君寵 : 자손들은 용모가 바르고 총명하므로 장원급제를 하고 어진 임금의 총애를 받는다)이므로 大富해지고 높은 직위에 오르는 것은 의심할 여지가 없다.

　　　　그러나 세월이 지나면, 長子孫이 손상되고, 우울증에 목구멍이 붓고 요퇴연산마(腰腿軟酸摩 : 허리와 다리가 시리고 아프며 마비되는 증세), 혈붕(血崩 : 산후에 출혈이 멈추지 않는 증세), 천수(喘嗽 : 기침과 해수병), 또한 창라(瘡癩 : 나병)로 흉사인륜(凶死人倫 : 사람이 차례로 흉하게 죽는다)이 있지 않으면, 화재나 관재나 도난으로 재산이 흩어질 것이다.

震門　　큰방이 乾方에 있으면 '乾主'라 하고, 이는 五鬼가 된다. 주방의 '가스대'가 艮方에 있으면, 六殺이 된다. 乾方의 큰방과 艮方의 주방은 天乙이 된다.

　　　　이러한 집은 초년에는 잠시 사업이 잘되어 돈과 재물이 있으나, 부자간 또는 형제간에 불화로 장자손이 손상 당하므로 자녀가 살아 남을 수가 없다.

　　　　또한 근골동통(筋骨疼痛 : 근육이 저리고 아프다)에 인후조색(咽喉阻塞 : 목구멍이 막히고)이며, 해수(咳嗽)나 창라(瘡癩 : 나병) 등으로 사람이 차례로 죽든지, 또는 화재나 관재나 도난으로 사람이 죽든지 가축이 손상되고,

재물이 흩어진다. 따라서 부부가 해로하기 어려우므로 다른 여자와 살림을 차려도 끝내는 패산절사비망(敗産絶嗣非妄 : 재산을 탕진하고 代를 이어갈 자손이 없으니 몹시 허망하다)이라.

震門  큰방이 乾方에 있으면 '乾主'라 하고, 이는 五鬼가 된다. 주방의 '가스대'가 震方에 있으면, 伏位가 되고 乾方의 큰방과 震方의 주방은 五鬼가 된다.

이러한 집은 초년에는 수미(秀美)한 장남이 사업에 성공하여 재물과 금전이 넉넉하고, 사회적으로 명성을 떨치나 차자는 잘 안되고 부녀자는 질병을 앓거나 단명하게 되므로 어린이 양육이 어려울 것이다.

또한 치(痴 : 어리석고), 농(聾 : 못듣고), 우(愚 : 미련하고), 완(頑 : 고집이 셈)한 사람이 있을 것이다. 부자간에는 불화요, 장자손이 손상당하므로 子女가 살아 남을 수 없다고 한다.

震門  큰방이 乾方에 있으면 '乾主'라 하고, 이는 五鬼가 된다. 주방의 '가스대'가 巽方에 있으면, 이는 延年이 된다. 乾方의 큰방과 巽方의 주방은 禍害가 된다.

이러한 집은 부부사정 의유심(夫婦思情 義愈心 : 부부는 진실성이 있으며 어질고 덕망이 있다)이니, 六年 안에 좋은 일이 있으며 亥·卯·未年에는 정생계자(定生桂子 : 명성을 떨치는 자손이 태어난다)하고 그러한 자손의 인내심과 노력의 결실로 온갖 상서로운 경사가 이른다. 아버지의 뒤를 이어 자식이 及第하여 임금의 총애를 받으니 大富해지고 높은 직위에 오르는 것은 의심할 여지가 없다.

그러나 오랜 세월이 지나면, 부자간의 불화로 장자손이

손상당하므로 子女 生存이 어려울 것이라고 한다.

또한 근골동통(筋骨疼痛 : 근육이 저리고 아프다)에 인후조색(咽喉阻塞 : 목구멍이 막힘)이며 해수병(咳嗽病)이나 창라(瘡癩 : 나병)로 사람이 차례로 죽든지, 화재나 관재나 도난으로 가축이 손상되고 재물이 흩어진다.

震門　큰방이 乾方에 있으면 이를 '乾主'라 하고, 五鬼가 된다. 주방의 '가스대'가 離方에 있으면 이는 生氣가 되고, 乾方의 큰방과 離方의 주방은 絶命이 된다.

이러한 집은 초년에는 재물과 보화가 날로 들어와 大富하고 총명한 자손들이 연이어 登科及第하는 집이다.

만사가 형통하고 아우나 자식이 영웅이 되거나, 높은 職位에 오르는 것은 不問可知이다.

그리하여 부모에 효도하고 형제자매간에는 우애가 돈독하며 가정에는 항상 웃음이 가득한 영화로운 좋은 부엌이라고 한다.

그러나 오랜 세월이 지나면, 부자간의 불화로 長子孫이 손상당하므로 子女 生存이 어려울 것이라고 한다. 또한 근육이 저리고 아프며 목구멍이 막히고 해수병이나 나병 등으로 사람이 차례로 죽든지, 화재나 관재가 있을 것이다.

震門　큰방이 乾方에 있으면 '乾主'라 하고, 이는 五鬼가 된다. 주방의 '가스대'가 坤方에 있으면 禍害가 되고, 乾方의 큰방과 坤方의 주방(가스대)은 延年이 된다.

이러한 집은 초년에는 잠시 금전과 재물이 있으며, 사회적으로 지위도 있으나, 부녀자는 누렇게 뜨고 붓는 증세가 있고 장자는 모친의 뜻을 거역하고 아우를 업신여기며 도박과 주색 또는 여행으로 세월을 보내니, 가산이 탕진될 것이다. 또한 목구멍이 붓고 배가 부어서 음식을 먹지 못하므로 사람은 죽고 재산은 흩어질 것이다.

그리고 부자간의 불화로 長子孫이 손상당하므로 자녀의 生存이 어려울 것이라고 한다.

또한 근골동통(筋骨疼痛 : 근육이 저리고 아프다)에 인후조색(咽喉阻塞 : 목구멍이 막힘)이며 해수병이나 창라(瘡癩 : 나병)로 사람이 차례로 죽든지, 화재나 관재나 도난으로 가축이 손상되고 재물이 흩어진다.

震門　　큰방이 乾方에 있으면 이를 '乾主'라 하고, 五鬼가 된다. 주방의 '가스대'가 兌方에 있으면, 이는 絶命이 된다. 乾方의 큰방과 兌方의 주방은 生氣가 된다.

이러한 집은 초년에는 잠시나마 집안이 화목하고 젊은 부인을 얻어서 사는데, 부자간에는 불화하고 장자손이 손상되므로 子女 生存이 어려울 것이라고 한다.

또한 근골동통(筋骨疼痛 : 근육이 저리고 아프다)에 인후조색(咽喉阻塞 : 목구멍이 막힘)이며 해수병이나 창라(瘡癩 : 나병) 등의 질병으로 사람이 손상되지 않으면, 화재나 관재, 도난으로 가축이 손상되고 재물이 흩어질 것이다.

그리고 우울증이나 심장병이나 허리통증이 있으며, 목매어 죽거나 물에 빠져 죽거나 교통사고로 죽는 참변이 있을 것이다.

이러한 집에는 인명횡사(人命橫死 : 不意의 사고로 죽음을 당한다)가 없으면, 관재나 화재로 재산이 흩어진다.

震門　　큰방이 乾方에 있으면 '乾主'라 하고, 이는 五鬼가 된다. 주방의 '가스대'가 乾方에 있으면 五鬼가 되고, 乾方의 큰방과 乾方의 주방은 伏位가 된다.

이러한 집은 초년에는 잠시 사업이 잘되어 돈과 재물

이 넉넉하나, 長子孫과 不和하며 婦人과 자식을 잃게 될 것이다.

또한 근골동통(筋骨疼痛 : 근육이 아픔)에 인후조색(咽喉阻塞 : 목구멍이 막힘)이며, 해수(咳嗽)나 창라(瘡癩 : 나병) 등으로 사람이 차례로 죽든지, 화재나 관재나 도난으로 사람이 죽든지 가축 손상이 있고, 재물이 흩어진다.

이러한 집은 장자수극난존(長子受剋難存 : 장자가 극을 받으므로 살아 남기가 어렵다), 그리고 무망순양상음(無妄純陽傷陰 : 순양으로 陰이 손상된다)이므로 파재상인필정(破財傷人必定 : 재물은 흩어지고 사람이 죽는 것이 당연하다)이라.

⑦ 震門과 坎主圖

대지나 건물의 중심에서 羅經을 보아 甲・卯・乙方에 출입문이 있으면 震門이라 하고, 주인방이 壬・子・癸方에 있으면 坎主라고 한다.

震門과 坎主는 뇌수핍사 다행선(雷水乏嗣 多行善)하는바 이것은 子息은 없는데 善行을 많이 한다는 뜻이다.

震門과 坎은 天乙宅이다. 門과 主는 生이지만, 순양의 배합으로 초년에는 대길하나, 오랜 세월이 지나면 부인과 자식을 剋하여 먼저 보내게 된다. 남녀가 好善하여 다인다의(多人多義 : 어질고 의로운 일을 많이 한다)하여 가정이 화목하고 복록영창(福祿榮昌)한다. 자손준수 탈괴명(子孫俊秀 奪魁名 : 자손은 빼어나 큰 이름을 듣는다)이다.

### 震門에서 坎主와 八廚와의 관계

震門    큰방이 坎方에 있으면 '坎主'라 하고, 이는 天乙이 된

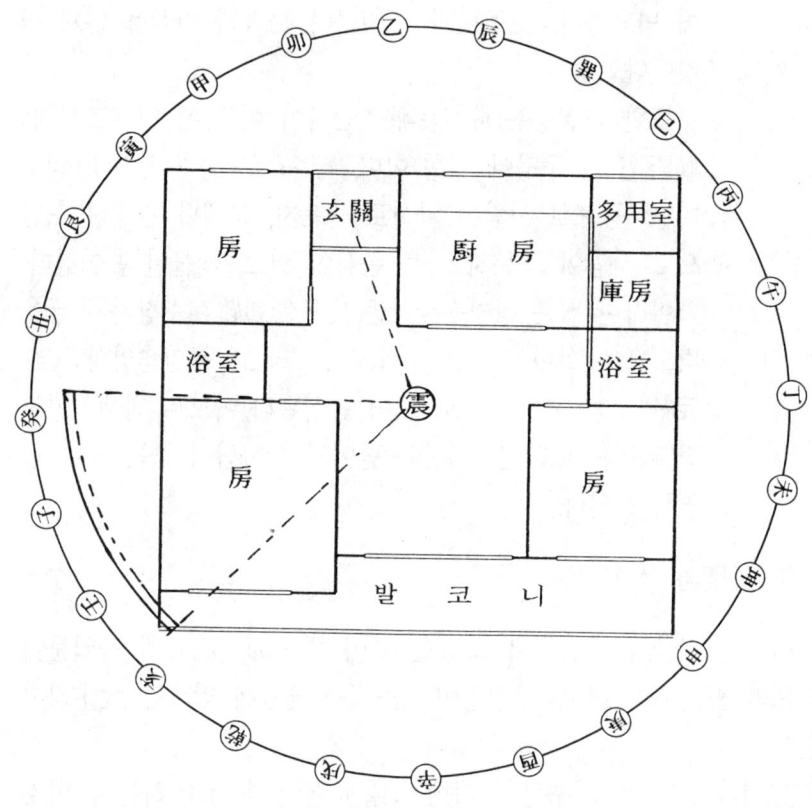

다. 주방의 '가스대'가 坎方에 있으면 이는 天乙이 되고, 坎方의 큰방과 坎方의 주방은 伏位가 된다.

　이러한 집은 초년에는 재물이 흥하여 가정이 화목하고 자손준수 탈괴명 장원사우 성군총(子孫俊秀 奪魁名 壯元士遇 聖君寵 : 자손들은 용모가 바르고 총명하므로 장원급제를 하여 어진 임금의 총애를 받는다)이므로 大富해지고 높은 직위에 오르는 것은 의심할 여지가 없다.

　그러나 세월이 지나면, 부녀자가 단명하므로 어린이 양육이 어려울 것이다. 그리고 발암(發癌)하는 자가 있든지, 부녀자에게는 낙태(落胎)나 붕루(崩漏 : 배 속에 뭉쳤던 피가 쏟아져 멈추지 않는 증세)이거나, 또한 음부에서 흰 빛이나 붉은 빛의 액이 흐르는 증세가 있다. 九年간은 뽐내며 오만하게 살았으나, 가운데 아들은 물에 빠져 죽거나, 여색으로 재산을 탕진할 것이다.

震門   큰방이 坎方에 있으면 '坎主'라 하고, 이는 天乙이 된다. 주방의 '가스대'가 艮方에 있으면, 六殺이 된다. 坎方의 큰방과 艮方의 주방은 五鬼가 된다.

이러한 집은 초년에는 재물이 흥하여 가정이 화목하고 자손준수 탈괴명 장원사우 성군총(子孫俊秀 奪魁名 壯元士遇 聖君寵 : 자손들은 용모가 바르고 총명하므로 장원급제를 하여 어진 임금의 총애를 받는다)이므로 大富해지고 높은 직위에 오르는 것은 의심할 여지가 없다.

그러나 세월이 지나면, 부녀자는 산망타태(産亡墮胎 : 아기를 낳다가 죽든지 죽은 아기를 낳는다)이므로 가실난보(家室難保 : 아내와 해로하기가 어렵다)한다. 그래서 다른 여자와 살림을 차려도 끝내는 패산절사비망(敗産絶嗣非忘 : 재산을 탕진하고 代를 이어갈 자손이 없으니 몹시 허망하다)이라.

震門   큰방이 坎方에 있으면 '坎主'라 하고, 이는 天乙이 된다. 주방의 '가스대'가 震方에 있으면 伏位가 되고, 坎方의 큰방과 震方의 주방은 天乙이 된다.

이러한 집은 초년에는 재물이 흥하여 가정이 화목하고 자손준수 탈괴명 장원사우 성군총(子孫俊秀 奪魁名 壯元士遇 聖君寵 : 자손들은 용모가 바르고 총명하므로 장원급제를 하여서 어진 임금의 총애를 받는다)이므로 大富해지고 높은 직위에 오르는 것은 의심할 여지가 없다.

그러나 세월이 지나면, 장남에게는 유리하나, 차자는

不成하고, 부녀자는 단명하므로 어린이 양육이 어려울 것이다.

또한 치(痴 : 어리석고), 농(聾 : 못듣고), 우(愚 : 미련하고), 완(頑 : 고집이 셈)한 사람이 있을 것이다.

陽宅의 배치에서는 잠자는 곳은 延年을 得하고, 음식을 만드는 가스대의 위치는 生氣를 得하고 命이 합을 이루어야 한다.

震門    큰방이 坎方에 있으면 '坎主'라 하고, 이는 天乙이 된다. 주방의 '가스대'가 巽方에 있으면, 이는 延年이 된다. 坎方의 큰방과 巽方의 주방은 生氣가 된다.

이러한 집은 부부사정 의유심(夫婦思情 義愈心 : 부부는 진실성이 있으며 어질고 덕망이 있다)이니, 六年 안에 좋은 일이 있으며 亥·卯·未年에는 정생계자(定生桂子 : 과거에 급제하는 자손이 태어난다)이고, 그러한 자손의 인내심과 노력의 결실로 온갖 상서로운 경사가 따른다. 아버지의 뒤를 이어 자식이 급제를 하고 임금의 총애를 받으니 大富해지고 높은 직위에 오르는 것은 의심할 여지가 없다.

이러한 집은 인재양발무의(人財兩發無疑 : 남자가 왕성하고 재산이 일어나는 것은 의심할 여지가 없다)하여 부부해로(夫婦偕老 : 부부는 함께하고), 자손만당(子孫滿堂 : 자손이 많다)하며 과갑(科甲)은 필연이고, 부귀영화(富貴榮華)를 누리는 집이다.

震門    큰방이 坎方에 있으면 이를 '坎主'라 하고, 天乙이 된다. 주방의 '가스대'가 離方에 있으면 이는 生氣가 되고, 坎方의 큰방과 離方의 주방은 延年이 된다.

이러한 집은 초년에는 재물과 보화가 날로 들어와 大

富하고 총명한 자손들이 연이어 登科及第하는 집이다.
　만사가 형통하고 아우나 자식이 영웅이 되거나, 높은 職位에 오르는 것은 不問可知이다.
　그리하여 부모에게 효도하고 형제자매(兄弟姉妹)간에는 우애가 돈독하며 가정에는 항상 웃음이 가득한 영화로운 좋은 부엌이라고 한다.
　그러나 오랜 세월이 지나면 심장병이나 안질환(眼疾患)자가 있는데 그렇게 되면, 부녀자가 단명하게 될 것이다.
　참고로 延年을 득해도 坎(水)과 離(火)는 水剋火가 되므로 가운데 딸인 부녀자가 손상된다는 것이다.

震門　큰방이 坎方에 있으면 '坎主'라 하고, 이는 天乙이 된다. 주방의 '가스대'가 坤方에 있으면 禍害가 되고, 坎方의 큰방과 坤方의 주방(가스대)은 絶命이 된다.
　이러한 집은 초년에는 재물이 흥하여 가정이 화목하고 자손준수 탈괴명 장원사우 성군총(子孫俊秀 奪魁名 壯元士遇 聖君寵 : 자손들은 용모가 바르고 총명하므로 장원급제를 하여 어진 임금의 총애를 받는다)이므로 大富해지고 높은 직위에 오르는 것은 의심할 여지가 없다.
　그러나 세월이 지나면, 장자는 모친의 뜻을 거역하고 아우를 업신여기며, 도박이나 주색이나 여행 등으로 세월을 보내니, 빈한해지며 재산을 날린다.
　혹 부녀자는 죽은 아기를 낳든지 고창(蠱脹 : 배가 불러오는 증세)이 있기도 하고, 귀 먹고 말 못하는 사람이 있을 것이다.
　또한 남녀가 떨어져 살게 되든지 심장병이나 중풍으로 四肢가 뒤틀어져서 거동이 불편한 사람이 있을 것이다.

震門　　　큰방이 坎方에 있으면 '坎主'라 하고, 이는 天乙이 된다. 주방의 '가스대'가 兌方에 있으면, 이는 絶命이 된다. 坎方의 큰방과 兌方의 주방은 禍害가 된다.

　　이러한 집은 초년에는 재물이 흥(興)하여 가정이 화목하고 자손준수 탈괴명 장원사우 성군총(子孫俊秀 奪魁名 壯元士遇 聖君寵 : 자손들은 용모가 바르고 총명하므로 장원급제를 하여 어진 임금의 총애를 받는다)이므로 大富해지고 높은 직위에 오르는 것은 의심할 여지가 없다.

　　그러나 세월이 지나면, 우울증이나 심장병, 또는 인후(咽喉) 질환이나 요통(腰痛 : 허리 아픈 고통) 등의 질환이 있으며, 목매어 죽거나 물에 빠져 죽거나 교통사고의 참변이 있을 것이다.

　　이러한 집에는 인명횡사(人命橫死 : 불의의 사고로 죽음을 당한다)가 없으면, 관재나 화재로 재산이 흩어진다.

震門　　　큰방이 坎方에 있으면 '坎主'라 하고, 이는 天乙이 된다. 주방의 '가스대'가 乾方에 있으면 이는 五鬼가 되고, 坎方의 큰방과 乾方의 주방은 六殺이 된다.

　　이러한 집은 초년에는 재물이 흥(興)하여 가정이 화목하고 자손준수 탈괴명 장원사우 성군총(子孫俊秀 奪魁名 壯元士遇 聖君寵 : 자손들은 용모가 바르고 총명하므로 장원급제를 하여 어진 임금의 총애를 받는다)이므로 大富해지고 높은 직위에 오르는 것은 의심할 여지가 없다.

　　그러나 세월이 지나면, 장자수극난존(長子受剋難存 : 장자가 극을 받으므로 살아남기가 어렵다)이고, 부녀자나 노옹은 해수(咳嗽)병으로 죽으니, 자녀부존(子女不存)이로다.

　　또한 인후조색(咽喉阻塞 : 목이 막히고)이거나 근골동

통(筋骨疼痛 : 근육이 당기고 아프다)이거나, 창라(瘡癩 : 나병) 등의 병에 의해 사람이 차례로 죽는 일이 없으면, 화재나 관재나 도난으로 재난이 있다. 또 가축이 손상될 것이므로 이러한 경우를 파재상정필정(破財傷丁必定)이라고 한다.

### ⑧ 震門과 艮主圖

대지나 건물의 중심에서 羅經을 보아 甲·卯·乙方에 출입문이 있으면 震門이라 하고, 주인방이 丑·艮·寅方에 있으면 艮主라고 한다.

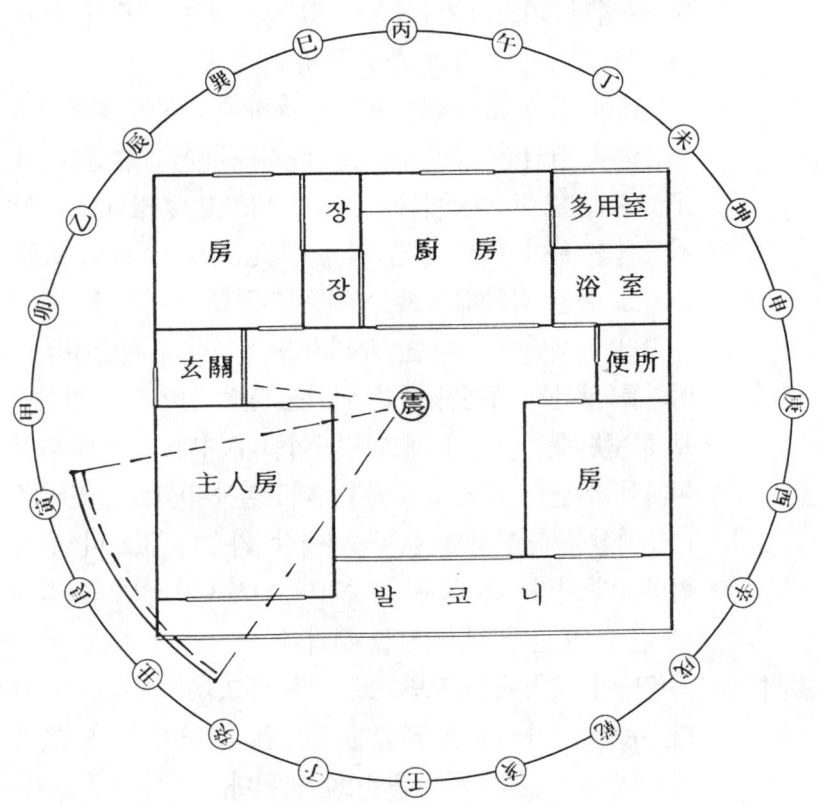

震門과 坎主가 용부산중 소아랑(龍赴山中 小兒郞)이라는 것은, 震木이 山인 艮土 위에 앉아 土를 剋한다는 뜻이다.

震門과 艮主는 六殺宅이다. 이러한 집은 가실난보(家室難保 : 재산과 가족을 보호하기 어렵다)하므로 어린이를 기르기 어렵다. 비장·위장병이 있으며, 극처(克妻)하고 상자(傷子)하니 대를 잇지 못한다. 규장우참상(窺墻又參商 : 다른 살림을 차린다)이라도 비망(悲忘 : 슬프고 허망하다), 人亡, 財散이다.

### 震門에서 艮主와 八廚와의 관계

震門　　큰방이 艮方에 있으면 '艮主'라 하고, 이는 六殺이 된다. 주방의 '가스대'가 坎方에 있으면 이는 天乙이 되고, 艮方의 큰방과 坎方의 주방은 五鬼가 된다.

　　이러한 집은 초년에는 재물이 흥하여 가정이 화목하고 자손준수 탈괴명 장원사우 성군총(子孫俊秀 奪魁名 壯元士遇 聖君寵 : 자손들은 용모가 바르고 총명하므로 장원급제를 하여 어진 임금의 총애를 받는다)이므로 大富해지고 높은 직위에 오르는 것은 의심할 여지가 없다.

　　그러나 세월이 지나면, 부녀자가 산망타태(産亡墮胎 : 아기를 낳다가 죽든지 죽은 아기를 낳는다)이므로 가실난보(家室難保 : 아내와 해로하기 어렵다)하다. 그래서 다른 여자와 살림을 차려도 끝내는 패산절사비망(敗産絶嗣悲亡 : 재산을 탕진하고 代를 이어갈 자손이 없으니 몹시 허망하다)이라. 혹 목매어 죽거나 익사자가 없으면 화재나 관재, 도난의 해가 있을 것이다.

震門　　큰방이 艮方에 있으면 '艮主'라 하고, 이는 六殺이 된다. 주방의 '가스대'가 艮方에 있으면, 六殺이 된다. 艮方의 큰방과 艮方의 주방은 伏位가 된다.

이러한 집은 초년에는 잠시나마 매사가 순조로워서 전재진익(錢財進益 : 돈과 재물이 쌓인다)하나, 부녀자가 질병으로 단명하게 되므로 어린이 양육이 어려울 것이다.

또한 식질팽민(食疾膨悶 : 밥을 먹은 것같이 속이 더부룩하고 답답한 증세)이고, 황종(黃腫 : 부스럼) 등의 질환이 있다.

그리고 세월이 지나면, 부녀자는 산망타태(産亡墮胎 : 아기를 낳다가 죽든지 죽은 아기를 낳는다)이므로 가실난보(家室難保 : 아내와 해로하기가 어렵다)하다. 그래서 다른 女子와 살림을 차려도 끝내는 패산절사비망(敗産絶嗣悲亡 : 재산을 탕진하고 代를 이어갈 자손이 없으니 몹시 허망하다)이라.

**震門** 큰방이 艮方에 있으면 '艮主'라 하고, 이는 六殺이 된다. 주방의 '가스대'가 震方에 있으면 伏位가 되고, 艮方의 큰방과 震方의 주방은 六殺이 된다.

이러한 집은 초년에는 재물이 흥하여 가정이 화목하고 자손준수 탈괴명 장원사우 성군총(子孫俊秀 奪魁名 壯元士遇 聖君寵 : 자손은 용모가 바르고 총명하므로 장원급제하여 어진 임금의 총애를 받는다)이므로 大富해지고 높은 직위에 오르는 것은 의심할 여지가 없다.

그러나 세월이 지나면 장남에게는 유리하나, 차자는 잘 안되고, 부녀자는 단명하므로 어린이 양육이 어려울 것이다.

또한 치(痴 : 어리석고), 농(聾 : 귀 먹고), 우(愚 : 미련하고), 완(頑 : 고집이 셈)한 사람이 있을 것이고, 부녀자는 아기를 낳다가 죽든지 죽은 아기를 낳을 것이므로, 다른 여자와 살림을 하여도 재산만 낭비하고 代를 이어갈 자손이 없다.

震門　　큰방이 艮方에 있으면 '艮主'라 하고, 이는 六殺이 된다. 주방의 '가스대'가 巽方에 있으면, 이는 延年이 된다. 艮方의 큰방과 巽方의 주방은 絶命이 된다.

　　이러한 집은 부부사정 의유심(夫婦思情 義愈心 : 부부는 진실성이 있으며 어질고 덕망이 있다)이니, 六年 안에 좋은 일이 있으며 亥·卯·未年에는 정생계자(定生桂子 : 과거에 급제하는 자손이 태어난다)이고, 그러한 자손의 인내심과 노력의 결실로 온갖 상서로운 慶事가 따른다. 아버지의 뒤를 이어 자식이 급제를 하고 임금의 총애를 받으니 大富해지고 높은 직위에 오르는 것은 의심할 여지가 없다.

　　그러나 오랜 세월이 지나면, 부녀자가 산망타태(産亡墮胎 : 아기를 낳다가 죽든지 죽은 아기를 낳는다)이므로 가실난보(家室難保 : 아내와 해로하기가 어렵다)하다.

　　그러므로 다른 여자와 살림을 차려도 끝내는 패산절사비망(敗産絶嗣悲亡 : 재산을 탕진하고 代를 이어갈 자손이 없으니 몹시 슬프고 허망하다)이라.

震門　　큰방이 艮方에 있으면 이를 '艮主'라 하고, 六殺이 된다. 주방의 '가스대'가 離方에 있으면 이는 生氣가 되고, 艮方의 큰방과 離方의 주방은 禍害가 된다.

　　이러한 집은 초년에는 재물과 보화가 날로 들어와 大富하고 총명한 자손들이 연이어 登科及第하는 집이다.

　　만사가 형통하고 아우나 자식이 영웅이 되거나, 높은 職位에 오르는 것은 不問可知이다.

　　그러나 오랜 세월이 지나면, 부녀자가 산망타태(産亡墮胎 : 아기를 낳다가 죽든지 죽은 아기를 낳는다)이므로 가실난보(家室難保 : 재산을 탕진하고 代를 이어갈 자손이 없으니 몹시 허망하다)하고, 혹시 자손이 있으면, 어리석고, 못듣고, 말 못하고, 거동이 불편한 사람이 생길 수 있다.

震門   큰방이 艮方에 있으면 '艮主'라 하고, 이는 六殺이 된다. 주방의 '가스대'가 坤方에 있으면 禍害가 되고, 坎方의 큰방과 坤方의 주방(가스대)은 生氣가 된다.

　　이러한 집은 초년에는 잠시 재산이 일어나며 사람마다 어질고 착하나, 세월이 지나면 장자는 모친의 뜻을 거역하고 아우를 업신여기며, 도박이나 주색이나 旅行으로 세월을 보내니, 빈한하게 살면서 재산을 날린다.

　　또한 목구멍이 아프고 배가 부어서 음식을 먹지 못하므로 인사재산(人死財散 : 사람은 죽고 재물은 흩어진다)하므로 가축과 어린이에게도 손상이 있을 것이다.

　　부녀자는 산망타태(産亡墮胎 : 아기를 낳다가 죽든지 죽은 아기를 낳는다)이므로 가실난보(家室難保 : 아내와 해로하기가 어렵다)하다.

　　그러므로 다른 여자와 살림을 차려도 끝내는 패산절사비망(敗産絶嗣悲亡 : 재산을 탕진하고 代를 이어갈 자손이 없으니 몹시 허망하다)이라.

震門   큰방이 艮方에 있으면 '艮主'라 하고, 이는 六殺이 된다. 주방의 '가스대'가 兌方에 있으면, 이는 絶命이 된다. 艮方의 큰방과 兌方의 주방은 延年이 된다.

　　이러한 집은 초년에는 잠시나마 집안이 넉넉하고 공명영현(功名榮顯 : 영예로운 자손이 나온다)하고 부녀자는 현량(賢良)하나, 세월이 지나면, 산망타태(産亡墮胎 : 아기를 낳다가 죽거나 죽은 아기를 낳는다)이므로 가실난보

(家室難保 : 아내와 해로하기 어렵다)하다. 그러므로 다른 여자와 살림을 차려도 끝내는 패선절사비망(敗産絶嗣悲亡 : 재산을 탕진하고 代를 이어갈 자손이 없으니 몹시 허망하다)이라.

그리고 우울증이나 심장병이나 허리통증이 있지 않으면, 목매어 죽거나 물에 빠져 죽거나 교통사고로 죽는 참변이 있을 것이다.

이러한 집에는 인명횡사(人命橫死 : 불의의 사고로 죽음을 당한다)가 없으면, 관재나 화재로 재산이 흩어진다.

震門   큰방이 艮方에 있으면 '艮主'라 하고, 이는 六殺이 된다. 주방의 '가스대'가 乾方에 있으면 이는 五鬼가 되고, 艮方의 큰방과 乾方의 주방은 天乙이 된다.

이러한 집은 초년에는 잠시 재산이 일어나 돈과 재물이 넉넉하나, 長子孫과 불화하므로 부인과 자식을 잃게 될 것이다.

또한 근골동통(筋骨疼痛 : 근육이 아프고)에 인후조색(咽喉阻塞 : 목이 막히고)이며 해수(咳嗽)나 창라(瘡癩 : 나병) 등으로 사람이 차례로 죽든지, 화재나 관재나 도난으로 사람이 죽든지 가축에 손상이 있고, 재물이 흩어진다.

그리고 부녀자는 산망타태(産亡墮胎 : 아기를 낳다가 죽든지 죽은 아기를 낳는다)이므로 가실난보(家室難保 : 아내와 해로하기가 어렵다)하다. 그러므로 다른 여자와 살림을 차려도 끝내는 패산절사비망(敗産絶嗣悲亡 : 재산을 탕진하고도 代를 이어갈 자손이 없으니 몹시 허망하다)이라.

### (6) 震命이 八卦方으로 출입문과 主房 또 주방則

| 星 | 震命에 출입문. 主나 廚 | 吉凶 解說 |
|---|---|---|
| 生氣 | 離方=출입문. 주방 | 五子를 得하고 |
| 延年 | 巽方=출입문. 주방 | 四子를 得하고 |
| 天乙 | 坎方=출입문. 주방 | 三子를 得하고 |
| 五鬼 | 乾方=출입문. 주방 | 雖 子千里外地라도 傷子短命 絶嗣 |
| 伏位 | 震方=출입문. 주방 | 오직 딸만 두게 된다. |
| 絶命 | 兌方=출입문. 주방 | 長男이 疾病으로 絶嗣한다. |
| 禍害 | 坤方=출입문. 주방 | 先傷季子女(末女) 後有二子 |
| 六殺 | 艮方=출입문. 주방 | 傷長子女 後一子 |

① 혼인(婚姻)

離命人은 生氣(震命)인 男女가 결혼을 하는 게 가장 좋고, 延年(巽命)과 天乙(坎命人)이 그 다음으로 좋다.

혼인이 빨리 되기를 원한다면 巽方에 침실을 정하는 게 효과적일 것이다. 만약 離命人 남자가 禍害(坤命人) 女子를 만난다면 그 妻는 자액(自縊 : 목매어 자결하다)할 것이다.

震命人이 주방의 가스대가 離方(生氣)에 있으면 반드시 五子를 둘 것이다. 만약에 老人이 生氣에 居하면 고용인이나 아랫사람이 五子를 낳게 될 것이고, 출타한 자식이 歸家할 것이다.

僧侶이면, 有 사제(寺弟) 五人을 得할 것이고, 得財할 것이다.

一老翁이 師問(스승에게 묻기를) "자구불귀(子久不歸 : 子息이 오래도록 돌아오지 않음)하니 유하법령 기가귀(有何法令 其可歸 : 돌아올 수 있는 方法이 없겠습니까)오?"

師曰 "할 수 있다. 本命의 絶命方에다 분측(糞廁 : 뒷간)으로 壓

其하고, 부엌의 아궁이를 生氣向하면 이초자(以招子 : 子息이 올 것이다)라" 하여, 그렇게 하였더니 10여일 뒤 외재기자(外在其子 : 외지에 있던 자식)에게 몽견 봉포현주신(夢見 縫袍玄廚神 : 꿈에 검은 모자에 붉은 도포를 입은 廚神)이 어왈 여부환급 하불조회(語曰 汝父喚急 何不早回 : 曰 너의 父가 부르니 속히 돌아가지 않고 무엇하냐) 하니, 기자수귀(其子遂歸 : 그 子息이 마침내 돌아왔다)라 하니, 이러한 方法으로 인환자환(人喚子還 : 사람이 부르고 자식을 돌아오도록 하였다)이라고 한다.

비록 자식이 없거나 두기를 바라거든 같은 방법을 사용하면 될 것이다. 또는 장주좌(將廚座 : 부엌 자리)가 거주자의 五鬼方이면 그 노복즉래 개불도(奴僕卽來 蓋不逃 : 하인은 달아나지 못하고 곧 돌아온다)이고, 生氣方이면 복래야(僕來也 : 하인은 돌아온다)이다.

어느 震命人이 중늙은이가 되도록 無子인데 巽命人 女子를 만나, 一年만에 子를 得하여 百世동안 健康함은 巽命人을 만났기 때문이라 한다.

어떤 사람이 스승에게 묻기를 "해아창두야곡(孩兒瘡痘也哭 : 어린아이가 두창으로 밤이면 울어대는데 어찌하면 좋겠습니까, 方法이 없겠습니까?)" 師曰 "分房과 주좌지오야(廚座之誤也 : 거처하는 방과 부엌의 위치가 잘못되었다). 兒孩는 震命人인데, 어부모신상지손방(於父母身狀之巽方 : 평상시 부모는 巽方에 거하면)에는 凶이 제거되어 도리어 吉할 것이고, 그리고 부엌의 위치를 延年方으로 하여 만든 飮食을 먹은 乳母의 젖을 먹이면 이제구주지흉(以除舊廚之凶 : 먼저 주방의 흉살을 제거할 것이고), 기해아과안(其孩果安 : 그 아이의 증세는 편하리라)" 하였다. 世之爲 父母者는 부지차법이오(不知此法而誤 : 세상의 부모들은 이 法을 모르고 있으니)는 子息이 토사(吐瀉) 경감(驚疳) 증세니, 비재(悲哉 : 비로소 슬프다)하였다.

만약에 西命孩이면, 의어부모신상지 서방거와즉길이(宜於父母身狀之 西方去臥則吉而 : 마땅히 평상시라도 父母는 西方으로 데리고 가 누우면 吉하다)나, 東方에 居하면, 凶함을 명심해야 한다. 그리고 廚座를 아이의 生氣方에 두고 만든 음식을 乳母에게 食之吉이다. 자상권 우인의사 습차법(子嘗勸 友人醫師 習此法 : 일찍이 의사인 친구에게 이 법을 쓰도록 권하였다)하였더니, 이치소아두창지류(以治小兒痘瘡之類 : 이 치료법으로 소아의 두창을 치료하였다)하여 열에 아홉은 살렸으되, 백에 하나 실수가 없었다고 하였다.

수차술자 체상제호생지덕(授此術者 體上帝好生之德 : 이 법을 전수받은 술자는 上帝가 창생을 살리기 좋아하는 은덕)이라 광인세사 속지본(廣人世嗣 續之本 : 모든 사람이 美德을 이어가도록 하는 것)은 재오장악(在吾掌握 : 내 손안에 있으니)하므로 적음공어명(積陰功於冥 : 음공을 어두운 곳에 쌓는다)하여야 後人必昌하리니, 기도증취록재(豈徒增取祿哉 : 어찌 한갓 이익만을 위해 法을 행하랴)라고 하였다.

② 질병(疾病)

離命人이 廚座를 兌方(絶命)에 놓으면, 해수병, 토혈, 상폐복(傷肺腹), 격제증(膈諸症 : 심비증)이고, 艮方(六殺)에 있으면, 양매루독(楊梅漏毒 : 성병), 비위(脾胃), 학리(虐痢), 오저(惡疽 : 등창)이고, 乾方(五鬼)에 있으면, 傷肺, 吐血, 喘息이다. 坤方(六殺)에 있으면, 학리(虐痢), 사혈루(瀉血漏 : 항문으로 피를 쏟는다)의 질병이다. 이는 가스대를 天乙인 坎方에 두고 만든 음식을 먹으면 치료될 것이다.

③ 재화(災禍)

離命人이 兌方(絶命)을 犯하면, 末子가 불효하고, 先傷子女 後傷長子末女하며 乏嗣하고, 또 공자액(恐自縊 : 주인공이 목맬까 두렵다)이다. 만약 부인이 犯하면, 노폐불사식(勞廢不思食 : 질환으로 음식맛을 잃어 먹지 못한다)이나 혹시 출입문이 吉方에 있으면 厄을 면한다.

艮方(六殺)을 犯하면, 艮方의 황왜인(黃矮人 : 황색의 키 작은 사람)이 관재 시비를 일으키고, 傷季子와 小僕이다. 乾方(五鬼)을 犯하면, 先傷老父와 長子인데, 사자액실패(思自縊失敗 : 목매어 자살하고 재물을 없앤다)하고, 火災이다. 坤方(禍害)을 犯하면, 坤方의 황왜인에게 사송파재하고 처와 불화하며, 老母不寧한다.

### (7) 巽門과 巽命・八主・八廚와의 關係

대지나 건물의 중심선 위치에서 羅經을 보아 출입문이 辰・巽・巳方에 있으면 巽門이라고 한다.

○巽命 : 上 1864 甲子~1923年 癸亥生 男子 : 坎逆行 女子 : 中順行
　　　　中 1924 甲子~1983年 癸亥生 男子 : 巽逆行 女子 : 坤順行
　　　　上 1984 甲子~2043年 癸亥生 男子 : 兌逆行 女子 : 艮順行

| 三元 震命 | 男女 | 生年 干支 |
|---|---|---|
| 上元 甲子 1864~1923 | 男 | 庚午 己卯 丁酉 丙午 乙卯生 |
| | 女 | 壬申 辛巳 庚寅 己亥 戊申 丁巳生 |
| 中元 甲子 1924~1983 | 男 | 甲子 癸酉 壬午 辛未 庚子 己酉 戊午生 |
| | 女 | 丙寅 乙亥 甲申 癸巳 壬寅 辛亥 庚申生 |
| 下元 甲子 1984~2043 | 男 | 丁卯 丙子 乙酉 勘誤 癸卯 壬子 辛酉生 |
| | 女 | 己巳 戊寅 丁亥 丙申 乙巳 甲寅 癸亥生 |

*參考 : 男女間 中宮에 해당되면 男子는 坤命, 女子는 艮命이 된다.
*西紀年度別(中元 震命)
男子 : 1924年. 1933年. 1942年. 1951年. 1960年. 1969年. 1978年.

女子 : 1926年. 1935年. 1944年. 1953年. 1962年. 1971年. 1980年

① 巽門과 巽主圖

대지나 건물의 중심에서 羅經을 보아 辰·巽·巳方에 출입문이 있으면 震門이라 하고, 주인방이 丑·艮·寅方에 있으면 艮主라 한다.

巽門과 巽主가 아녀간난 시중풍(兒女艱難 是中風)이라는 것은, 자녀가 고난을 겪는데, 이는 바람이 거듭되어 부는 형상이기 때문이다.

巽門과 巽主는 伏位宅이다. 이러한 門과 主는 二木比和하므로

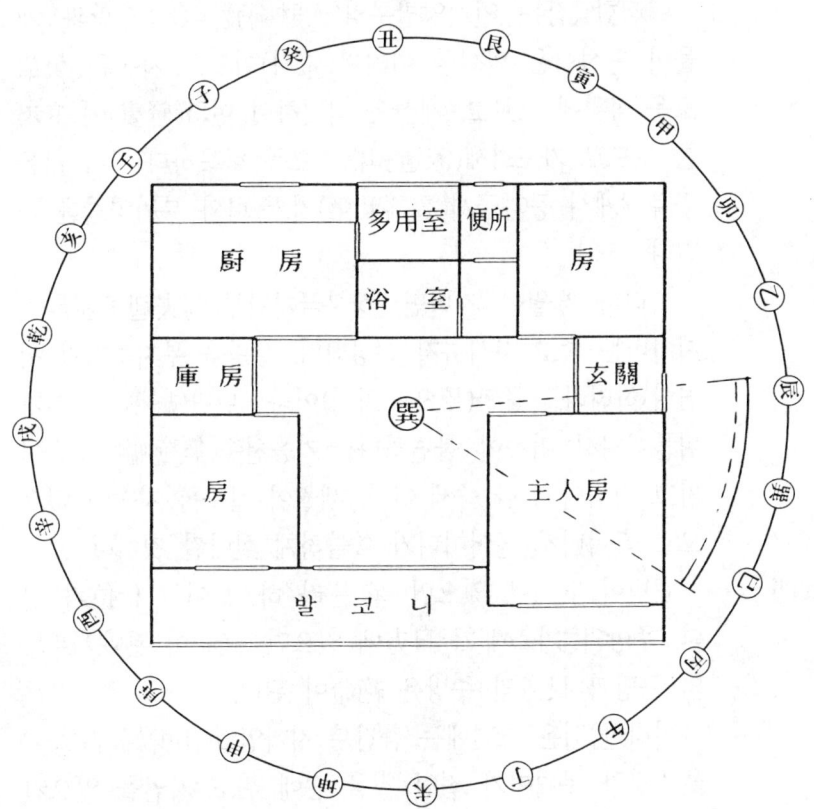

출간부 지가입업(出幹婦 持家立業 : 성격이 강한 부녀자가 집안을 장악한다)이나, 純陰이라 人丁이 短命하다. 결정(缺丁 : 남자가 없다) 풍광(風狂 : 치매), 탄탄(癱瘓 : 사지가 뒤틀어진다), 기옹(氣饔 : 숨이 막히는 증세), 천식(喘息) 등의 질환으로 영정이양(零丁異樣 : 집안에 장정이 없어 쓸쓸하다)이다.

### 巽門에서 巽主와 八廚와의 관계

巽門   큰방이 巽方에 있으면 '巽主'라 하고, 이는 伏位가 된다. 주방의 '가스대'가 坎方에 있으면 이는 生氣가 되고, 巽方의 큰방과 坎方의 주방은 生氣가 된다.

　　이러한 집은 인재양발무의(人財兩發無疑 : 사람과 재물이 왕성함은 의심할 여지가 없다)이므로 자손은 榮華로운 직위에 오르고, 재산은 넉넉하며 현처(賢妻)에 효자를 두므로 가도화해(家道和楷 : 모두 화목하다)하여 많은 子孫에게서 등과급제(登科及第)자가 나와 부귀영화를 누린다.

　　그러나 세월이 지나면, 상부극자난부(傷夫剋子難富 : 지아비는 죽고 자식마저 손상되니, 살림을 부지하기가 어렵다)하리라. 풍광(風狂 : 치매)이나 탄탄(癱瘓 : 사지가 뒤틀어져서 거동이 불편하다), 기옹천수(氣壅喘嗽 : 숨이 차고 기침이 심한 증세)이다. 세월이 갈수록 자손이 없으므로 홀아버지 홀어머니가 쓸쓸하게 살아갈 것이다.

巽門   큰방이 巽方에 있으면 '巽主'라 하고, 이는 伏位가 된다. 주방의 '가스대'가 艮方에 있으면, 絶命이 된다. 巽方의 큰방과 艮方의 주방은 絶命이 된다.

　　이러한 집은 초년에는 출간부 지가입업(出幹婦 持家立業 : 강한 부녀자가 집안 일을 손에 쥐고 가업을 일으킨다)이나, 남자는 쇠한다. 中風으로 사지가 뒤틀어져서 거동이 불편할 것이고, 기옹천수((氣癰喘嗽 : 숨이 차고 기침이 심한 증세)에 지아비는 죽고 자식마저 손상되니 살림을 부지하기가 어렵다.

경풍(驚風)이나 황종(黃腫) 비질(脾疾) 등의 질환이 있을 것이고 부녀자는 몸이 바싹 마르므로 결국 오래 살지 못할 것이다. 또한 남자도 손상이 되므로 재산은 없어지고 대를 이어갈 자손이 없으므로 과부가 義子에게 가문을 물려줄 것이라고 한다.

**巽門**  큰방이 巽方에 있으면 '巽主'라 하고, 이는 伏位가 된다. 주방의 '가스대'가 震方에 있으면 延年이 되고, 巽方의 큰방과 震方의 주방은 延年이 된다.

이러한 집은 부부사정 의유심(夫婦思情 義愈心 : 부부는 진실성과 어질고 덕망이 있다)이니, 六年 안에 좋은 일이 있으며 亥·卯·未年에는 정생계자(定生桂子 : 과거에 급제하는 자손이 태어난다)이므로 난손천상 운집길지(蘭孫千祥 雲集吉之 : 온갖 상서로운 경사가 이르는 좋은 집이다)이며, 아버지의 뒤를 이어 자식도 급제를 해서 윗사람의 총애를 받으니 높은 직위에 오르는 것은 의심할 여지가 없다.

또한 재주 있는 부인이 집안을 일으키나, 오랜 세월이 지나면, 남자에게 불리하며 단명하게 될 것이라고 한다. 그리고 중풍으로 사지가 뒤틀어져서 거동이 불편할 것이고, 숨이 차고 기침을 심히 한다. 끝내는 집안이 쓸쓸할 것이다.

**巽門**  큰방이 巽方에 있으면 '巽主'라 하고, 이는 伏位가 된다. 주방의 '가스대'가 巽方에 있으면, 이는 伏位가 된다.

巽方의 큰방과 巽方의 주방은 伏位가 된다.

이러한 집은 二木이 比和이므로 출간부 지가입업(出幹婦 持家立業 : 억센 부녀자가 집안일을 맡아 가업을 일으킨다)이나, 단 순음부장 인정단명(純陰不長 人丁短命 : 순음이라 남자는 단명한다)할 것이다.

또한 중풍으로 사지가 뒤틀어져서 거동이 불편할 것이다. 그리고 숨이 막히도록 기침을 하는데 부녀자에게도 불리하다.

그리하여 상부극자난부(傷夫剋子難富 : 지아비는 죽고 자식마저 손상되므로 있는 살림을 부지하기가 어렵다)하다.

끝내는 고과영정이양(孤寡零丁異樣 : 홀아버지나 홀어머니가 집안에 자식이 없어 쓸쓸히 살아간다)이다.

그러므로 陽宅의 배치에서는 門에서 주인방은 延年이 되도록 하고 부엌은 生氣가 되도록 하여야 하는데 거주자의 命이 合이 되었을때 그 吉應을 다 받을 수 있을 것이다.

巽門　　큰방이 巽方에 있으면 이를 '巽主'라 하고 伏位가 된다. 주방의 '가스대'가 離方에 있으면 이는 天乙이 되고, 巽方의 큰방과 離方의 주방은 天乙이 된다.

이러한 집은 초년에는 부녀작가 전산풍후(婦女作家 田産豊厚 : 부녀자가 똑똑해서 토지와 재산을 늘리어 풍부하다)하나, 단 순음부장 자손희소(純陰不長 子巽稀少 : 순음이 되어서 남자는 불성하고 자손이 귀하다)하여서, 가다호선 고부질투생(家多好善 姑婦疾妬生 : 가족들이 모두 남에게 좋은 일을 많이 하지만 시어머니와 며느리 사이는 자식이 없는 것을 근심한다)이라고 한다. 그리고 중풍으로 사지가 뒤틀어져서 거동이 불편하고 두통에 눈이 어두워지고 해수(咳嗽) 등의 질환으로 고통이 심하다.

이러한 집은 상부극자난부(傷夫剋子難富 : 지아비는 죽고 자식마저 손상되므로 있는 살림을 부지하기 어렵다)하여 타인의 자식으로 하여금 재산을 이어받게 한다.

巽門　　큰방이 巽方에 있으면 '巽主'라 하고, 이는 伏位가 된다. 주방의 '가스대'가 坤方에 있으면 五鬼가 되고, 巽方의 큰방과 坤方의 주방(가스대)은 五鬼가 된다.

이러한 집은 초년에는 똑똑한 부녀자가 살림을 일으키기는 하나, 남자는 쇠약하고 자식마저 손상되니 살림을 부지하기가 어려울 것이다. 고부불화(姑婦不和)이고, 댁내음란무주(宅內淫亂無主 : 주인이 없으니 집안에 음란한 일이 생긴다)한다.

또한 목구멍이 아프고 배가 부어서 음식을 먹지 못하므로 인사재산(人死財散 : 사람은 죽고 재물은 흩어진다)하므로 가축과 어린이에게도 손상이 있을 것이다.

만약 이러한 일이 없으면, 화재로 인명이 橫死하든지 도난으로 인하여 재산과 인명의 손상(損傷)이 있을 것이다.

그렇지 않으면 主人이 공직(公職)에 있으면 잘못하여 재물을 날릴 것이다. 이러한 일들이 寅·午·戌年에 일어나는데 太歲에 적응이 되면 이러한 흉액이 발생할 것이다.

巽門　　큰방이 巽方에 있으면 이를 '巽主'라 하고, 伏位가 된다. 주방의 '가스대'가 兌方에 있으면, 이는 六殺이 된다. 巽方의 큰방과 兌方의 주방은 六殺이 된다.

이러한 집은 초년에는 억센 부녀자가 살림을 일으키기는 하지만 남자는 쇠약해지고 자식마저 손상되니 살림을 부지하기가 어려울 것이다.

또한 중풍으로 사지가 뒤틀어져서 거동이 불편할 것이고, 숨이 차고 기침이 심하며, 심장병이나 퇴동연산마(腿疼軟酸摩 : 다리가 시리고 마비되는 증세)이므로 가중난과(家中難過 : 집안에 어려움이 닥친다)이다. 바람이 나서 家出하는 사람이 있을 것이고, 목매어 죽는 사람이 없으면, 화재나 도난으로 재산에 손실과 인명횡사(人命橫死)가 있을 것이다. 또한 가축이 남김없이 다 죽으니 어떤 名師라도 厄을 막아주지를 못할 것이다.

巽門　　큰방이 巽方에 있으면 '巽主'라 하고, 이는 伏位가 된다. 주방의 '가스대'가 乾方에 있으면 禍害가 되고, 巽方의 큰방과 乾方의 주방은 禍害가 된다.

이러한 집은 초년에는 똑똑한 婦女子가 살림을 일으키지만 남자는 쇠약해서 자식마저 손상되니 살림을 부지 하기가 어려울 것이다. 또한 중풍으로 거동이 불편한 사람이 생길 것이고, 해수병으로 고생할 것이다.

부녀자는 아기를 낳다가 죽든지 橫死를 할 것이고, 심장병이나 양퇴동연산마(兩腿疼軟酸摩 : 양다리가 시리고 아파서 걷기가 불편하다)이다.

부녀자가 음란하지 않으면 노옹(老翁)이 젊은 婦人과 음란하게 살아가므로 집안에 질서가 무너지고, 투하자액(投河自縊 : 물에 빠져서 죽거나 목매어 죽는다)하는 사람이 있을 것이다.

② 巽門과 離主圖

대지나 건물의 중심에서 羅經을 보아 辰・巽・巳方에 출입문이 있으면 震門이라 하고, 주인방이 丙・午・丁方에 있으면 離主

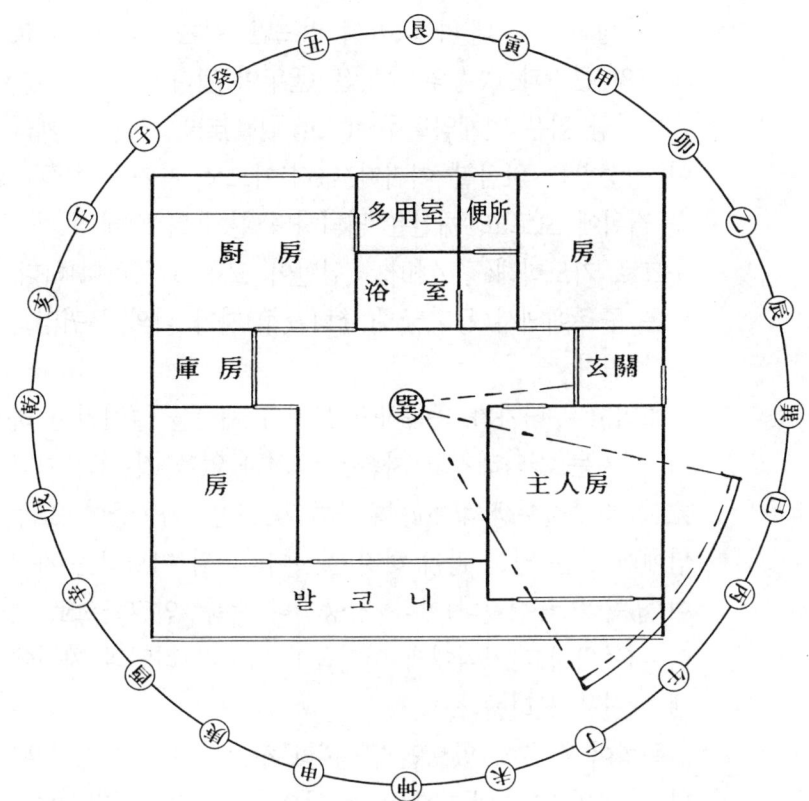

라고 한다.

巽門과 離主가 부귀핍사 화풍당(富貴乏嗣 火風當)이라는 것은, 富貴는 누리지만 子孫은 끊기는데 그것은 바람과 불이 함께 이르기 때문이다. 巽門과 巽主는 天乙宅이다. 門과 主는 木火通明하니 發富發貴하고, 고부질투(姑婦嫉妬 : 고부간에 샘을 낸다)한다. 두통, 안홍(眼紅) 질환으로 영정이양(零丁異樣 : 집안에 장정이 없어 쓸쓸하다)한다.

### 巽門에서 異主와 八廚와의 관계

**巽門**    큰방이 離方에 있으면 '離主'라 하고, 이는 天乙이 된

다. 주방의 '가스대'가 坎方에 있으면, 이는 生氣가 되고, 離方의 큰방과 坎方의 주방은 延年이 된다.

이러한 집은 인재양발무의(人財兩發無疑 : 사람과 재물이 왕성함은 의심할 여지가 없다)이므로 자손은 榮華로운 직위에 오르고, 재산은 넉넉하며 현처(賢妻)에 효자를 두므로 가도화해(家道和楷 : 집안이 모두 화목하다)하다. 많은 子孫에게서 등과급제(登科及第)자가 나와 부귀영화를 누린다.

그리고 부녀자가 똑똑하여 토지와 재산을 늘이기는 하나, 남자는 쇠약해지고 자손은 적거나 없을 것이다. 가다호선 고부질투생(家多好善 姑婦疾妬生 : 가족들이 모두 남에게 좋은 일을 많이 하지만 시어머니와 며느리는 자식이 없음을 근심한다)이다. 중풍이나 두통, 안질환으로 눈이 어두워지고 자식에게 어려움이 있으니 타인의 자식에게 재산을 물려준다.

**巽門**  큰방이 離方에 있으면 '離主'라 하고,. 이는 天乙이 된다. 주방의 '가스대'가 艮方에 있으면, 絶命이 된다. 離方의 큰방과 艮方의 주방은 禍害가 된다.

이러한 집은 초년에는 부녀작가 전산풍후(婦女作家 田産豊厚 : 억센 부녀자가 토지와 재산을 늘여서 풍부하다)하나, 남자는 不成하고 자손이 없든지 귀할 것이다. 그리하여 가다호선 고부질투생(家多好善 姑婦疾妬生 : 가족들이 모두 남에게 좋은 일을 많이 하지만 시어머니와 며느리는 서로 질투한다)이다. 가축이 번성하여 전답과 재물이 늘지만 타인의 자식에게 재산을 물려줄 것이다.

그리고 중풍으로 사지가 뒤틀어져서 거동이 불편하고 심장병이나, 누렇게 뜨고 붓는 증세가 있고 또한 부녀자가 몸이 바싹 말라 결국 오래 살지를 못하든지 橫死가 있으므로 과부가 생기며 재산이 흩어질 것이다.

巽門   큰방이 離方에 있으면 '離主'라 하고, 이는 天乙이 된다. 주방의 '가스대'가 震方에 있으면 延年이 되고, 離方의 큰방과 震方의 주방은 生氣가 된다.

이러한 집은 음양에 夫婦正配가 되므로 자귀손현(子貴孫賢)하여 형제자매간에 우애가 지극하고 과갑연면(科甲連綿 : 과거급제자가 연달아 나온다)하여 부귀를 함께 한다. 二木盛林은 해마다 다달이 나날이 시시로 좋은 일만 있으므로 관봉자조수은(官封紫詔授恩 : 일품 관직에 올라 임금의 은혜를 받음)하여 영예로운 직위에 오르게 된다. 그러나 오랜 세월이 지나고 거주자의 命이 不合이면, 남자는 쇠약해지고 자식이 적게 되든지 없어지게 될 것이므로 시어머니와 며느리는 자식이 없는 것을 근심하게 된다. 중풍이나 두통 또는 안질 환자가 있을 것이며, 있는 재산을 타인의 자식에게 물려줄 것이다.

巽門   큰방이 離方에 있으면 '離主'라 하고, 이는 天乙이 된다. 주방의 '가스대'가 巽方에 있으면, 이는 伏位가 된다. 離方의 큰방과 巽方의 주방은 天乙이 된다.

이러한 집은 二木이 比和이므로 출간부 지가입업(出幹婦 持家立業 : 억센 부녀자가 집안을 일으킨다)이나, 단순음부장 인정단명(純陰不長 人丁短命 : 순음이라 남자는 단명한다)할 것이다.

또한 중풍으로 사지가 뒤틀어져서 거동이 불편할 것이다. 그리고 숨이 막히도록 기침을 하며 부녀자에게도 불리하다.

그리하여 상부극자난부(傷夫剋子難富 : 지아비는 죽고

자식마저 손상되며 있는 살림을 부지하기 어렵다)이다. 끝내는 고과영정이양(孤寡零丁異樣 : 홀아비와 홀어미가 생기며 집안에 남자가 없다)이다.

그리고 중풍이나 안질 환자가 있을 것이다. 비록 가축이 번성하여 전답과 재물이 늘어나나, 남의 자식으로 하여금 재산을 물려받게 할 것이다.

巽門　　큰방이 離方에 있으면 이를 '離主'라 하고 天乙이 된다. 주방의 '가스대'가 離方에 있으면 이는 天乙이 되고, 離方의 큰방과 離方의 주방은 伏位가 된다.

이러한 집은 초년에는 부녀작가 전산풍후(婦女作家 田産豊厚 : 억센 부녀자가 토지와 재산을 늘여서 풍부하다)하나, 단 순음부장 자손희소(純陰不長 子孫稀少 : 순음이 되어 남자는 不成하고 자손이 귀하다)라, 가다호선 고부질투생(家多好善 姑婦疾妬生 : 가족들이 모두 남에게 좋은 일을 많이 하지만 시어머니와 며느리는 서로 질투한다)한다.

그리고 중풍으로 사지가 뒤틀어져서 거동이 불편하고 두통에, 눈이 어두워지고, 해수(咳嗽) 등의 질환으로 고통이 심하다.

한때는 재산이 불꽃같이 일어나, 자만스럽게 살기도 하였으나 심초(心焦 : 속을 태운다) 질환으로 視力이 흐려지고 심장병 등의 질환으로 후사(後嗣)가 없게 될 것이다.

巽門　　큰방이 離方에 있으면 '離主'라 하고, 이는 天乙이 된다. 주방의 '가스대'가 坤方에 있으면 五鬼가 되고, 離方의 큰방과 坤方의 주방(가스대)은 六殺이 된다.

이러한 집은 초년에는 부녀작가 전산풍후(婦女作家 田

産豊厚 : 부녀자가 토지와 전답을 늘여 풍부함)하나, 순음
(純陰)이 되어 남자는 不盛하고 자손이 적든지 없을 것
이므로 시어머니와 며느리는 서로 질투한다. 세월이 지날
수록 고부간에는 불화하고, 택내음란무주(宅內淫亂無
主 : 가정에 주인이 없으니 음란한 일이 생김)이다. 그리
고 여러 질병으로 사람이 죽든지 재물이 흩어질 것이다.

만약 이러한 일이 없으면, 화재로 人命이 橫死하거나
도난으로 인하여 재산과 인명의 손상(損傷)이 있을 것
이다.

그렇지 않으면 主人이 공직(公職)에 있으면서 잘못하
여 재물을 날릴 것이다. 이러한 일들이 寅·午·戌年에
일어나는데 太歲에 적응이 되면 이러한 흉액이 發生할
것이다.

**異門**    큰방이 離方에 있으면 이를 '離主'라 하고, 天乙이 된
다. 주방의 '가스대'가 兌方에 있으면, 이는 六殺이 된다.
離方의 큰방과 兌方의 주방은 五鬼가 된다.

이러한 집은 초년에는 부녀자가 토지와 전답을 늘여
재산은 풍부하지만, 남자는 不盛하고 자손은 적든지 없을
것이므로 부부간에는 서로 질투한다.

또한 중풍으로 사지가 뒤틀어져서 거동이 불편할 것이
고, 숨이 막히도록 기침을 할 것이며, 심장병이나 퇴동연
산마(腿疼軟酸摩 : 다리가 시리고 마비되는 증세)이므로
가중난과(家中難過 : 집안에 어려움이 닥친다)이다. 바람
이 나서 家出하는 자손이 있을 것이고, 목매어 죽는 사람
이 있지 않으면, 화재나 도난으로 재산 손실과 인명횡사
(人命橫死)가 있을 것이다. 또한 가축이 남김없이 다 죽
으니 어떤 名師라도 厄을 막아주지 못한다.

巽門      큰방이 離方에 있으면 '離主'라 하고, 이는 天乙이 된다. 주방의 '가스대'가 乾方에 있으면 禍害가 되고 離方의 큰방과 乾方의 주방은 絕命이 된다.

    이러한 집은 초년에는 부녀자가 토지와 전답을 늘이어 재산은 풍부하나, 남자는 不盛하고 자손이 적든지 없을 것이므로 부부간에는 서로 질투한다. 끝내는 있는 재산을 남의 자식에게 물려준다.

    부녀자는 아기를 낳다가 죽든지 橫死할 것이고, 심장병이나 양퇴동연산마(兩腿疼軟酸摩 : 양다리가 시리고 아파서 걷기가 불편하다)이다.

    부녀자가 바람이 나지 않으면, 노옹(老翁)이 젊은 부인과 음란하게 살아가므로 집안에 질서가 무너지고 투하자액(投河自縊 : 물에 빠져서 죽거나 목매어 죽다)하는 사람이 있을 것이다. 상인손축(傷人損畜 : 사람이 죽고 가축에도 손상이 있다)이나, 부녀자가 괴롭게 죽는다고 한다.

### ③ 巽門과 坤主圖

대지나 건물의 중심에서 羅經을 보아 辰·巽·巳方에 출입문이 있으면 巽門이라 하고, 주인방이 未·坤·申方에 있으면 坤主라고 한다.

巽門과 坤主를 지도인문 모선망(地到人門 母先亡)이라고 하는 것은 巽木이 坤土를 剋하므로 母親이 먼저 死亡한다는 뜻이다.

巽門과 坤主는 五鬼宅이다. 門이 主를 剋하므로 發禍가 最速하여 관재와 도난에 구설시비가 있으니, 표탕패산(漂蕩敗散)한다. 파식(婆熄 : 고부간)이 불화하고, 부녀작란하니 사마질병(邪魔疾病)으로 男女短命한다. 파재초화련(破財招禍連)이라 損六畜이고, 四~

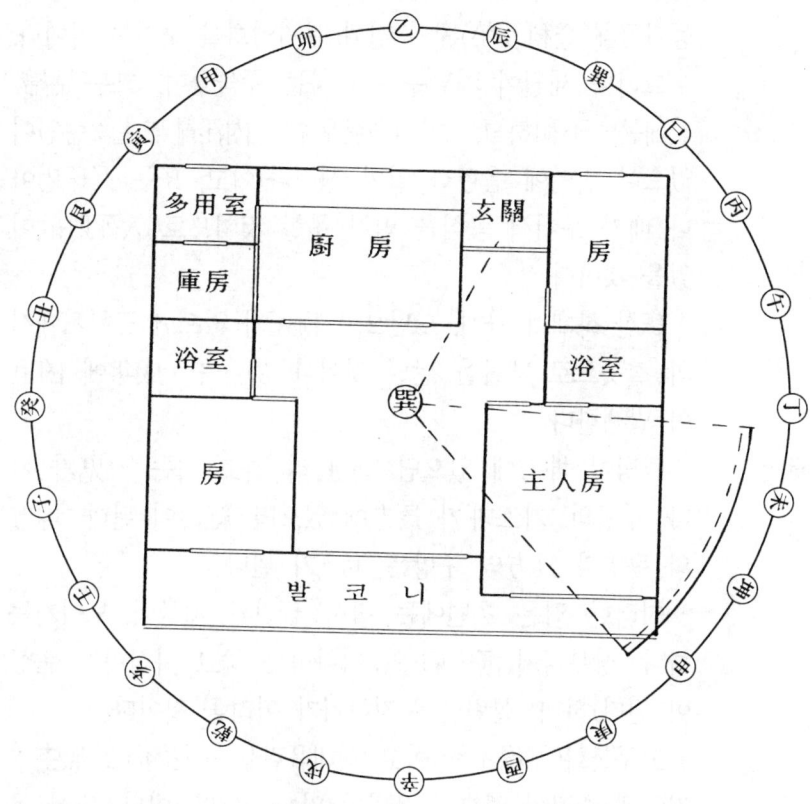

五人이 夭死하므로 寡居에 乏嗣되니 義子承繼之宅이다.

### 巽門에서 坤主와 八廚와의 관계

**巽門**　　큰방이 坤方에 있으면 '坤主'라 하고 이는 五鬼가 된다. 주방의 '가스대'가 坎方에 있으면, 이는 生氣가 되고, 坤方의 큰방과 坎方의 주방은 絶命이 된다.
　　이러한 집은 인재양발무의(人財兩發無疑 : 남자와 재물이 왕성함은 의심할 여지가 없다)이므로 자손은 영화로운 직위에 오르고, 재산은 넉넉하며 현처(賢妻)에 효도하므로 가도화해(家道和楷 : 함께 하다)하고 많은 子孫에게서 등과급제(登科及第)자가 나와 부귀영화를 누리는 집이다.

그러나 세월이 지날수록 남자는 주눅들며, 고부(姑婦) 간에는 不和하고, 댁내음란무주(宅內淫亂無主 : 주인이 없으니 집안에 음란한 일이 생긴다)이고, 또는 목구멍이나 배가 부어서 음식을 먹지 못할 것이므로 人死財散이 있을 것이다.

또한 화재나 관재, 도난으로 橫死가 없으면 근무처에서의 잘못으로 재물을 날릴 것이다. 寅·午·戌年에 凶厄이 발생한다.

巽門　　큰방이 坤方에 있으면 '坤主'라 하고 이는 五鬼가 된다. 주방의 '가스대'가 艮方에 있으면, 絶命이 된다. 坤方의 큰방과 艮方의 주방은 生氣가 된다.

이러한 집은 초년에는 잠시 금전과 재물이 모이기는 하나, 상부극자(傷夫剋子 : 지아비는 죽고 자식마저 손상이 된다)하니, 살림을 부지하기가 어려울 것이다.

고부불화(姑婦不和)이고 댁내음란무주(宅內淫亂無主 : 집안에 주장이 없으니 음란한 일이 생긴다)이다. 또한 목이 아프고 배가 부어서 음식을 먹지 못하므로 사람은 죽고 재물은 흩어질 것이다. 만약 이러한 일이 없으면 화재나 관재나 도난으로 재물에 손실이나 인명에 橫死가 있을 것이고, 근무처에서 잘못으로 재물에 큰 손실이 있을 것이다.

또한 중풍으로 사지가 뒤틀어져서 거동이 불편할 것이고, 부녀자는 몸이 바싹 마르고 끝내는 재산이 흩어지고, 후사(後嗣)가 없으므로 他人의 子息으로 하여금 代를 이어가게 할 것이다.

巽門　　큰방이 坤方에 있으면 '坤主'라 하고, 이는 五鬼가 된

다. 주방의 '가스대'가 震方에 있으면 延年이 되고, 坤方의 큰방과 震方의 주방은 禍害가 된다.

이러한 집은 음양에 夫婦正配가 되므로 자귀손현(自貴孫賢)하여 형제자매간에 우애가 지극하고 과갑연면(科甲連綿 : 과거 급제자가 연이어 나옴)하여 부귀를 함께 한다. 二木盛林하니 해마다 다달이 나날이 시시로 좋은 일만 있으므로 관봉자조수은(官封紫詔授恩 : 일품 관직에 올라 임금의 은혜를 받는다)하여 영예로운 직위에 오르게 된다. 그러나 오랜 세월이 지나면, 남자는 죽고 자식마저 손상되므로 살림을 부지하기가 어려울 것이다.

고부간에 불화하고 집안에 음란한 일이 있으며, 여러 가지 질병으로 사람이 죽지 않으면 화재나 관재, 도난으로 재물의 손실과 인명의 액운이 있으며, 부녀자는 몸이 바싹 말라 쇠약해진다.

**巽門**  큰방이 坤方에 있으면 '坤主'라 하고, 이는 五鬼가 된다. 주방의 '가스대'가 巽方에 있으면, 이는 伏位가 된다. 坤方의 큰방과 巽方의 주방은 五鬼가 된다.

이러한 집은 二木이 比和이므로 출간부 지가입업(出幹婦 持家立業 : 억센 부녀자가 집안을 일으킨다)이나, 단순음부장 인정단명(純陰不長 人丁短命 : 순음이라 남자는 단명함)할 것이다.

또한 중풍으로 사지가 뒤틀어져서 거동이 불편할 것이다. 그리고 숨이 막히도록 기침을 하므로 부녀자에게 불리하다. 그리하여 상부극자난부(傷夫剋子難富 : 지아비는 죽고 자식마저 손상되므로 있는 살림을 부지하기가 어렵다)하다.

고부불화(姑婦不和)하고 남자가 없으니 집안에 음란한

일이 생기고, 목이 아프거나 배가 부어서 음식을 먹지 못하므로 사람이 손상되지 않으면, 화재나 관재나 도난으로 재물에 큰 손실이 있으며 인명의 참사가 있을 것이다. 또 근무처에서 잘못하여 재물의 큰 손실이 있을 것이라고 한다.

**異門**  큰방이 坤方에 있으면 이를 '坤主'라 하고, 五鬼가 된다. 주방의 '가스대'가 離方에 있으면, 이는 天乙이 되고, 坤方의 큰방과 離方의 주방은 六殺이 된다.

이러한 집은 초년에는 부녀작가 전산풍후(婦女作家 田産豊厚 : 부녀자가 주장해서 토지와 재산이 풍부하다)하나, 단 순음부장 자손희소(純陰不長 子孫稀少 : 순음이 되어 남자는 불성하고 자손이 귀하다)하고, 가다호선 고부질투생(家多好善 姑婦疾妬生 : 가족들이 모두 남에게 좋은 일을 많이 하지만 시어머니와 며느리는 자식이 없음을 근심한다)한다.

그리고 중풍으로 사지가 뒤틀어져서 거동이 불편하고 두통에 눈이 어두워지며 해수(咳嗽) 등의 질환으로 고통이 심하다.

또한 상부극자난부(傷夫剋子難富 : 지아비는 죽고 자식마저 손상되므로 있는 살림을 부지하기가 어렵다)하다. 宅內淫亂無主이고 관재, 火災나 도난으로 손재나 人命橫死가 있을 것이다.

**異門**  큰방이 坤方에 있는 '坤主'라 하고, 이는 五鬼가 된다. 주방의 '가스대'가 坤方에 있으면 五鬼가 되고, 坤方의 큰방과 坤方의 주방(가스대)은 伏位가 된다.

이러한 집은 초년에는 잠시나마 금전과 재물이 넉넉하고 집안이 평온하나 아들보다 딸이 많으며, 노모가 가정을 꾸려갈 것이다. 이 집은 純陰이라 남자는 단명하게 되므로 후사(後嗣)가 없을 것이다.

또한 목이 아프고 배가 부어 먹지를 못한다. 세월이 지날수록 고부간에는 불화하고, 댁내음란무주(宅內淫亂無主 : 집안에 주장이 없으니 음란한 일이 생긴다)이다. 여러 질병으로 사람이 죽든지 재물이 흩어질 것이다.

만약에 이러한 일이 있으면, 화재나 관재나 도난으로 재산에 큰 손실이 없으며 인명에도 橫死가 있을 것이다.

그렇지 않으면 주인이 공직(公職)에 있으면서 잘못으로 재물을 날릴 것이다. 이러한 일들이 寅・午・戌年에 일어나는데 太歲에 적응되면 이러한 흉액이 발생할 것이다.

**巽門**  큰방이 坤方에 있으면 이를 '坤主'라 하고, 五鬼가 된다. 주방의 '가스대'가 兌方에 있으면, 이는 六殺이 된다. 坤方의 큰방과 兌方의 주방은 天乙이 된다.

이러한 집은 초년에는 재물은 있으나 子息이 늦든지 없을 것이다. 純陰이라 남자는 단명하게 되므로 후사(後嗣)가 없을 것이다. 또한 목이 아프고 배가 부어서 먹지 못할 것이다. 세월이 갈수록 姑婦간에 不和하고, 부녀자에게 음란한 일이 있을 것이다. 그렇지 않으면 寅・午・戌年에는 凶厄이 있는데 公職에 있는 사람은 재물의 損失이 없으면 罷職될 것이다.

가중난과(家中難過 : 집안에 어려움이 닥친다)이다. 바람이 나서 家出하는 자손이 있을 것이고, 목매어 죽는 사람이 있지 않으면, 화재나 도난으로 재산에 손실이나 인명횡사(人命橫死)가 있을 것이다. 또한 가축이 남김없이 다 죽으니 어떤 名師라도 厄을 막아주지 못할 것이다.

巽門   큰방이 坤方에 있으면 '坤主'라 하고, 이는 五鬼가 된다. 주방의 '가스대'가 乾方에 있으면 禍害가 되고, 坤方의 큰방과 乾方의 주방은 延年이 된다.

　　이러한 집은 초년에는 잠시나마 사업이 잘되어 전답을 늘여서 재산은 풍부하여 명성을 떨치는 자손이 나와 집안에 웃음이 가득하나, 세월이 지날수록 남자는 단명하게 되고 목이 아프고 배가 부어서 먹지 못하며 고부간에 불화하다.

　　부녀자는 아기를 낳다가 죽든지 橫死할 것이고, 심장병이나 양퇴동연산마(兩腿疼軟酸魘 : 양다리가 시리고 아파서 걷기가 불편함)이다.

　　부녀자가 바람이 나지 않으면, 노옹(老翁)이 젊은 부인과 음란하게 살아가므로 집안에 準則이 무너지고 투하자액(投河自縊 : 물에 빠져서 죽거나 목매어 죽는 사람이 있을 것이다)으로 상인손축(傷人損畜 : 사람은 죽고 가축에도 손상이 있다)하며, 부녀자가 괴롭게 죽는다고 한다.

④ 巽門과 兌主圖

　　대지나 건물의 중심에서 羅經을 보아 辰·巽·巳方에 출입문이 있으면 巽門이라 하고, 주인방이 庚·酉·辛方에 있으면 兌主라고 한다.

　　巽門과 兌主를 지중견호 상장부(地中見虎 傷長婦)라는 것은, 長女인 巽木이 兌金에 受剋되므로 長女나 長婦가 損傷된다는 것이다.

　　巽門과 兌主는 六殺宅이다. 門에 主가 剋하는 것은 婦女子가 서로 다투는 格이다. 그래서 木이 受剋되므로 筋骨痛, 風狂, 퇴동(腿疼), 自縊으로 남녀가 단명하게 된다. 이를 총연명사난구(總然

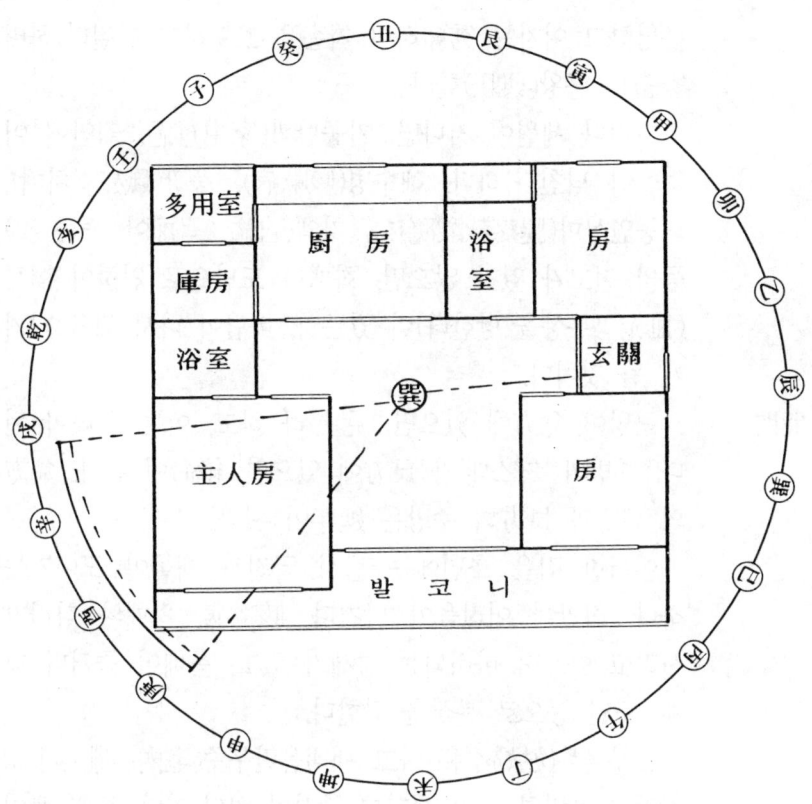

明師難救 : 비록 밝은 스승이 다 모여도 액을 못막는다)라고 하니 寡居에 乏嗣宅이라 義子承繼之宅이다.

### 巽門에서 兌主와 八廚와의 관계

巽門　　큰방이 兌方에 있으면 '兌主'라 하고, 이는 六殺이 된다. 주방의 '가스대'가 坎方에 있으면 이는 生氣가 되고, 兌方의 큰방과 坎方의 주방은 禍害가 된다.

　　　　이러한 집은 초년에는 전재풍성 과갑연등(田財豊盛 科甲連登 : 전답과 재물이 풍족하고 등과자가 연달아 나온다)하며 남총여수 자효손현(男聰女秀 子孝孫賢 : 남아는 총명하고 여자는 秀麗하며 자손은 효도하고 어질다)하며 家畜도 흥왕(興旺)한다.

그러나 세월이 지나면, 가중난과(家中難過 : 집안에 어려움이 닥친다)하다. 해수병(咳嗽病), 풍광(風狂 : 치매), 퇴동연산마(腿疼軟酸魔)나, 자액(自縊 : 목매어 죽는 것) 등의 질고가 있지 않으면, 화재나 도난으로 인하여 혈광(血光 : 부상을 당한다)이 있든지, 바람이 나서 집을 나가게 될 것이다.

異門　　큰방이 兌方에 있으면 '兌主'라 하고, 이는 六殺이 된다. 주방의 '가스대'가 艮方에 있으면, 絶命이 된다. 兌方의 큰방과 艮方의 주방은 延年이 된다.

이러한 집은 초년에는 잠시 금전과 재물이 모이기는 하나, 집안에 어려움이 닥친다. 咳嗽病, 치매와 다리가 시리고 아프며 마비되는 증세가 있고, 목매어 죽거나 화재, 도난 등으로 부상을 당한다.

고부불화(姑婦不和)하고 댁내음란무주(宅內淫亂無主 : 집안에 음란한 일이 생기고 주장이 없다)이다. 또한 목이 아프고 배가 부어 음식을 먹지 못하므로 사람은 죽고 재물은 흩어질 것이다.

만약에 이러한 일이 없으면 화재나 관재나 도난으로 재물에 손실이 있고 인명의 橫死가 있을 것이며, 근무처에 재물의 손실이 없으면 파직될 것이다. 또한 중풍으로 사지가 뒤틀어져서 거동이 불편할 것이고, 부녀자는 몸이 바싹 마르고 끝내는 재산이 흩어지고, 후사(後嗣)가 없으므로 남의 자식으로 하여금 代를 이어가게 할 것이다.

異門　　큰방이 兌方에 있으면 '兌主'라 하고, 이는 六殺이 된다. 주방의 '가스대'가 震方에 있으면 延年이 되고, 兌方

의 큰방과 震方의 주방은 絶命이 된다.

이러한 집은 음양에 夫婦正配가 되므로 자귀손현(子貴孫賢)하여 형제자매간에 우애가 지극하고 과갑연면(科甲連綿 : 과거급제를 연달아 한다)하여 부귀를 함께한다. 二木이 盛林하니 해마다 다달이 나날이 시시로 좋은 일만 있으므로 관봉자조수은(官封紫詔授恩 : 일품 관직에 올라 임금에게 고하고 은혜를 받는다)하여 영예로운 직위에 오르게 된다.

그러나 오랜 세월이 지나면, 집안에 어려움이 닥친다. 해수병, 풍광(風狂 : 치매), 퇴동연산마(腿疼軟酸摩 : 다리가 시리고 아프며 마비되는 증세)이거나 심장병이나 목매어 죽는 참변이 있지 않으면, 화재나 도난으로 인하여 부상을 당하든지, 바람이 나서 집을 나가게 될 것이다.

**巽門**  큰방이 兌方에 있으면 '兌主'라 하고, 이는 六殺이 된다. 주방의 '가스대'가 巽方에 있으면, 이는 伏位가 된다. 兌方의 큰방과 巽方의 주방은 六殺이 된다.

이러한 집은 二木이 比和이므로 출간부 지가입업(出幹婦 持家立業 : 억센 부인이 집안을 장악한다)이나, 단 순음부장 인정단명(純陰不長 人丁短命 : 순음이라 남자는 단명함)할 것이다.

또한 중풍으로 사지가 뒤틀어져서 거동이 불편할 것이다. 그리고 숨이 막히도록 기침을 하며 부녀자에게도 불리하다. 그리하여 상부극자난부(傷夫剋子難富 : 지아비는 죽고 자식마저 손상되므로 있는 살림을 부지하기가 어렵다)하다.

가중난과(家中難過 : 집안에 어려움이 닥친다)이다. 해수병이나 풍광(風狂 : 치매), 퇴동연산마(腿疼軟酸摩 : 다리가 시리고 아프며 마비되는 증세)이거나, 심장병이나 목매어 죽는 참변이 있지 않으면, 화재나 도난으로 인하여 부상을 당하는 일이 있다. 그리고 바람이 나서 家出하게 될 것이라 한다.

巽門　　큰방이 兌方에 있으면 이를 '兌主'라 하고, 六殺이 된다. 주방의 '가스대'가 離方에 있으면 이는 天乙이 되고, 兌方의 큰방과 離方의 주방은 五鬼가 된다.

　　이러한 집은 초년에는 부녀작가 전산풍후(婦女作家 田産豊厚 : 부녀자가 주장해서 토지와 재산을 늘여 풍부하다)하나, 단 순음부장 자손희소(純陰不長 子孫稀少 : 순음이 되어 남자는 不成하고 자손이 귀하다)하여서, 가다호선 고부질투생(家多好善 姑婦疾妬生 : 가족들이 모두 남에게 좋은 일을 많이 하지만 시어머니와 며느리는 자식이 없음을 근심한다)이다. 그리고 중풍으로 사지가 뒤틀어져서 거동이 불편하고 두통에 눈이 어두워지고, 집안에 어려움이 닥친다.

　　또한 해수병이나 치매가 있고, 다리가 시리고 아프며 마비되는 증세가 있거나, 목매어 죽는 참변이 있지 않으면, 화재나 도난으로 부상을 당하든지, 바람이 나서 家出한다.

巽門　　큰방이 兌方에 있으면 '兌主'라 하고, 이는 六殺이 된다. 주방의 '가스대'가 坤方에 있으면 五鬼가 되고, 兌方의 큰방과 坤方의 주방(가스대)은 天乙이 된다.

　　이러한 집은 초년에는 잠시나마 금전과 재물이 넉넉하고 집안이 평온하나 아들보다 딸이 많으며, 노모가 가정을 꾸려갈 것이다. 세월이 지나면 집안에 어려움이 닥치게 된다.

심장병이나 다리가 시리고 아프며 마비되는 증세가 있을 것이며, 목매어 죽는 참변이 있다. 부부간에 불화하고, 댁내음란무주(宅內淫亂無主 : 집안에 주장이 없으니 음란한 일이 생긴다)이다. 여러 질병으로 사람이 죽든지 재물이 흩어질 것이다. 만약에 이러한 일이 없으면, 화재나 관재나 도난으로 재산에 큰 손실이 있으며 인명에도 橫死가 있을 것이다.

그렇지 않으면 主人이 공직에서 재물에 손실이 있거나 그렇지 않으면 파직될 것이다. 이러한 일들이 寅·午·戌年에 있겠는데 태세에 적응이 되는 경우 흉액이 발생할 것이다.

**巽門**   큰방이 兌方에 있으면 이를 '兌主'라 하고, 六殺이 된다. 주방의 '가스대'가 兌方에 있으면, 이는 六殺이 된다. 兌方의 큰방과 兌方의 주방은 伏位가 된다.

이러한 집은 초년에는 재물은 있으나 자식이 늦든지 없을 것이다. 純陰이란 남자는 단명하게 되므로 후사(後嗣)가 없을 것이며 젊은 부녀자가 가정을 꾸려갈 것이다. 가중난과(家中難過 : 집안에 어려움이 닥칠 것이다)하며, 해수병(咳嗽病)이나 풍광(風狂 : 치매)이거나, 퇴동연산마(腿疼軟酸摩 : 다리가 시리고 아프며 마비되는 증세)이거나, 심장병이나, 자액(自縊 : 목매어 죽는 것) 등의 질고(疾苦)가 없으면, 화재나 도난으로 인하여 혈광(血光 : 부상을 당하여 피를 흘린다)이 있든지, 바람이 나서 집을 나가게 될 것이다. 이러한 일들이 巳·酉·丑年에 있을 것인데, 가축에도 큰 손실이 있으니 明師라도 厄을 막아주지 못한다.

**巽門**   큰방이 兌方에 있으면 '兌主'라 하고, 이는 六殺이 된

다. 주방의 '가스대'가 乾方에 있으면 禍害가 되고 兌方의 큰방과 乾方의 주방은 生氣가 된다.

이러한 집은 초년에는 잠시나마 사업이 잘되어 전답을 늘이어 재산이 풍부하고 명성을 떨치는 자손이 나와서 집안에 웃음이 가득하나, 세월이 지나면 집안에 어려움이 닥치게 된다. 횡사(橫死)가 없으면 화재나 도난으로 부상을 당한다.

부녀자는 아기를 낳다가 죽든지 횡사할 것이고, 심장병이나 양퇴동연산마(兩腿疼軟酸摩 : 양다리가 시리고 아파서 걷기가 불편하다)이다.

부녀자가 바람이 나지 않으면, 노옹(老翁)이 젊은 부인과 음란하게 살아가므로 집안에 準則이 무너지고, 투하자액(投下自縊 : 물에 빠져서 죽거나 목매어 죽는 사람이 있음), 상인손축(傷人損畜 : 사람이 죽고 가축에도 손상이 있다)이나, 부녀자가 괴롭게 죽는다고 한다.

⑤ 巽門과 乾主圖

대지나 건물의 중심에서 羅經을 보아 辰·巽·巳方에 출입문이 있으면 巽門이라 하고, 주인방이 戌·乾·亥方에 있으면 乾主라고 한다.

巽門과 乾主가 풍천동통 살장부(風天疼痛 殺長婦)라는 것은, 長女인 巽木이 乾金의 剋을 받으므로 長婦가 傷한다는 것이다.

巽門과 乾主는 禍害宅이다. 門에 主가 剋하는 것은 陽金이 陰木을 剋한다는 것이다. 이는 陽勝陰衰하므로 婦女子가 短命하든지 産亡한다. 또 부녀사음(婦女邪淫 : 부녀자가 음란한 짓을 한다)이며, 요퇴증(腰腿症 : 허리와 다리)이다. 初年에는 間有 發丁發財나, 發騷功名者는 수류심간(須留心看 : 반드시 횡사함을 보게 된

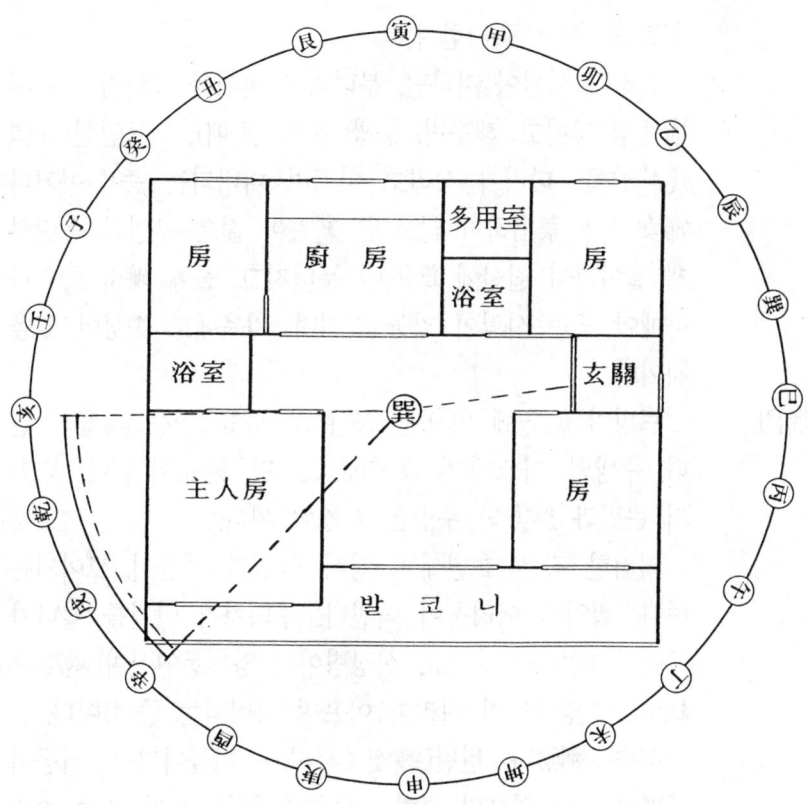

다)한다.

**巽門에서 乾主와 八廚와의 관계**

巽門    큰방이 乾方에 있으면 '乾主'라 하고, 이는 禍害가 된다. 주방의 '가스대'가 坎方에 있으면 이는 生氣가 되고, 乾方의 큰방과 坎方의 주방은 六殺이 된다.

이러한 집은 초년에는 전재풍성 과갑연등(田財豊盛 科甲連登 : 전답과 재물이 풍족하고 등과자가 연달아 나온다)하며 남총여수 자효손현(男聰女秀 子孝孫賢 : 남아는 총명하고 여자는 秀麗하며 자손은 효도하고 어질다)하며

家畜도 흥왕(興旺)한다.

그러나 세월이 지나면, 부녀자가 아기를 낳다가 죽든지 橫死할 것이고, 해수병, 풍광(風狂 : 치매), 퇴동연산마(腿疼軟酸魔 : 다리가 시리고 아프며 마비되는 증세)이거나 婦女子가 家出하지 않으면, 老人이 젊은 부인과 음란하게 살아가니 집안에 準則이 무너지고, 물에 빠져 죽거나 목매어 죽는 사람이 있을 것이며, 가축에도 손상이 있을 것이다.

巽門　　큰방이 乾方에 있으면 '乾主'라 하고, 이는 禍害가 된다. 주방의 '가스대'가 艮方에 있으면, 絶命이 된다. 乾方의 큰방과 艮方의 주방은 天乙이 된다.

이러한 집은 초년에는 잠시 금전과 재물이 모이기는 하나, 집안에 어려움이 닥친다. 부녀자가 아기를 낳다가 죽든지 橫死할 것이고, 심장병이나 양퇴동연산마(兩腿疼軟酸摩 : 양다리가 시리고 아프며 마비되는 증세)이다.

해수(咳嗽)나 탄탄(癱瘓 : 사지가 뒤틀어져서 거동이 불편하다)이 없으면 투하자액(投下自縊 : 물에 빠져 죽거나 목매어 죽는다)이 있을 것이다.

부녀자가 바람이 나지 않으면, 노인이 젊은 부인과 음란하게 살아가므로 집안에 준칙이 무너진다.

이러한 집은 세월이 지나면, 상부극자(傷夫剋子 : 지아비는 죽고 자식마저 손상된다)이므로 재산은 없어지고 代를 이어갈 자식이 없으며 부녀자는 몸이 바싹 말라 있을 것이다.

巽門　　큰방이 乾方에 있으면 '乾主'라 하고 이는 禍害가 된다. 주방의 '가스대'가 震方에 있으면 延年이 되고, 乾方의 큰방과 震方의 주방은 五鬼가 된다.

이러한 집은 음양에 夫婦正配가 되므로 자귀손현(子貴
孫賢)하여 형제자매간에 우의가 지극하고 과갑연면(科甲
連綿 : 과거급제를 연달아 한다)하여 부귀를 함께한다. 二
木이 盛林하니 해마다 다달이 나날이 시시로 좋은 일만,
있으므로 관봉자조수은(官封紫詔授恩 : 일품 관직에 올라
임금에게 고하고 은혜를 받는다)하여 영예로운 직위까지
오르게 된다.

　　그러나 오랜 세월이 지나면, 부녀자가 아기를 낳다가
죽든지 橫死할 것이고, 癱患이나 퇴동연산마(腿疼軟酸
摩 : 다리가 시리고 아프며 마비되는 증세)이거나 물에 빠
져 죽거나 목매어 죽는 참사가 있는데 그렇지 않으면, 부
녀자가 음란한 생활을 하든지 老翁이 젊은 婦人과 살게
되므로 집안의 準則이 무너진다.

**巽門**　　큰방이 乾方에 있으면 '乾主'라 하고, 이는 禍害가 된
다. 주방의 '가스대'가 巽方에 있으면, 이는 伏位가 된다.
乾方의 큰방과 巽方의 주방은 禍害가 된다.

　　이러한 집은 二木이 比和이므로 출간부 지가입업(出幹
婦 持家立業 : 억센 부녀자가 주장하며 집안을 일으킨다)
이나, 상부극자난부(傷夫剋子難富 : 지아비는 죽고 자식
마저 손상되므로 살림을 부지하기가 어렵다)이다.

　　또한 중풍으로 사지가 뒤틀어져서 거동이 불편할 것이
다. 그리고 숨이 막히도록 기침을 하며 부녀자에게도 불
리하다. 부녀자가 아기를 낳다가 죽든지 또는 橫死者가
있을 것이고, 해수병이나 탄환(癱患 : 중풍으로 사지가 뒤
틀어져서 거동이 불편함)하든지 퇴동연산마(腿疼軟酸摩 :
다리가 시리고 아프며 마비되는 증세)이거나, 투하자액
(投河自縊 : 물에 빠져서 죽거나 목매어 죽는다)이 없으

면, 부녀자가 바람이 나서 음란하게 살든지 노인이 젊은 부인과 살아가므로 집안의 준칙이 무너진다.

異門　　큰방이 乾方에 있으면 이를 '乾主'라 하고 禍害가 된다. 주방의 '가스대'가 離方에 있으면 이는 天乙이 되고, 乾方의 큰방과 離方의 주방은 六殺이 된다.

　　이러한 집은 초년에는 부녀작가 전산풍후(婦女作家 田産豊厚 : 부녀자가 주장해서 토지와 재산을 늘여 풍부하다)하나, 단 순음부장 자손희소(純陰不長 子孫稀少 : 순음이 되어 남자는 不成하고 자손이 귀하다)하여서, 가다호선 고부질투생(家多好善 姑婦疾妬生 : 가족들이 모두 남에게 좋은 일을 많이 하지만 시어머니와 며느리는 자식이 없음을 근심한다)이다.

　　그러나 오랜 세월이 지나면, 부녀자는 아기를 낳다가 죽고 또한 탄환(癱患 : 중풍으로 사지가 뒤틀어져 거동이 불편하고), 양다리가 시리고 아프며 마비되는 증세가 있으며, 물에 빠져 죽거나 목매어 죽는 사람이 없으면, 부녀자나 노인이 음란하게 살아가므로 집안의 준칙이 무너진다.

異門　　큰방이 乾方에 있으면 '乾主'라 하고 이는 禍害가 된다. 주방의 '가스대'가 坤方에 있으면 五鬼가 되고, 乾方의 큰방과 坤方의 주방(가스대)은 延年이 된다.

　　이러한 집은 초년에는 잠시나마 금전과 재물이 넉넉하고 집안이 평온하나 남자는 단명하게 되고, 자식마저 손상되니 부부간에는 不和이다. 댁내음란무주(宅內淫亂無主 : 집안에 주장이 없으니 음란한 일이 생긴다)가 없으면, 화재나 도난으로 재산에 손실이 있으며, 人命의 참사가 있을 것이다. 그리고 공직(公職)에 있으면 寅・午・戌

年에는 손재가 없으면 파직을 당할 것이다.

그리고 婦女子는 아기를 낳다가 죽지 않으면 橫死者가 있을 것이다. 또한 물에 빠져 죽거나 목매어 죽는 사람이 없으면, 中風으로 四肢가 뒤틀어져서 거동이 불편할 것이고 양다리가 시리고 아프며 마비되는 증세가 있을 것이다.

또한 婦女子가 바람이 나서 가출하든지 老人이 젊은 부인과 음란하게 살아가므로 집안의 準則이 무너진다.

**異門** 큰방이 乾方에 있으면 이를 '乾主'라 하고 禍害가 된다. 주방의 '가스대'가 兌方에 있으면, 이는 六殺이 된다. 乾方의 큰방과 兌方의 주방은 生氣가 된다.

이러한 집은 초년에는 재물이 있으나, 자식이 늦든지 없을 것이다. 부녀자는 아기를 낳다가 죽고, 또한 탄환(癱患 : 중풍으로 사지가 뒤틀어져서 거동이 불편함)하거나 투하자액(投下自縊 : 물에 빠져 죽거나 목매어 죽는다)이 없으면 양퇴동연산마(兩腿疼軟酸摩 : 양다리가 시리고 아프며 마비되는 증세)이고, 가축이나 인명에도 손상이 있을 것이다.

또한 부녀자가 바람이 나서 가출하든지 老人이 젊은 여자와 살게 되므로 집안의 準則이 무너진다.

이러한 일들이 없으면, 巳·酉·丑年에는 화재나 도난으로 財物의 손실이 있으며 가족의 부상이 있거나 橫死가 있을 것이다. 또한 子女의 家出도 있을 것이다.

**異門** 큰방이 兌方에 있으면 '乾主'라 하고 이는 禍害가 된다. 주방의 '가스대'가 乾方에 있으면 禍害가 되고, 乾方의 큰방과 乾方의 주방은 伏位가 된다.

이러한 집은 초년에는 잠시나마 사업이 잘되어 전답을

늘이고 재산은 풍부하며 명성을 떨치는 자손이 나와 집안에 웃음이 가득하나, 세월이 지나면 집안에 어려움이 닥치게 된다. 해수병(咳嗽病)이나 中風으로 몸이 뒤틀려서 거동이 불편하고, 婦女子는 아기를 낳다가 죽든지 橫死할 것이고, 심장병이나 양퇴동연산마(兩腿疼軟酸摩 : 양다리가 시리고 아파서 걷기가 불편하다)이다.

부녀자가 바람이 나지 않으면, 노옹(老翁)이 젊은 부인과 음란하게 살아가므로 집안의 準則이 무너지고, 투하자액(投下自縊 : 물에 빠져서 죽거나 목매어 죽는 것)으로 상인손축(傷人損畜 : 사람이 죽고 가축에도 손상이 있다)이나, 부녀자가 괴롭게 죽는다고 한다.

⑥ 巽門과 坎主圖

대지나 건물의 중심에서 羅經을 보아 辰·巽·巳方에 출입문이 있으면 巽門이라 하고, 주인방이 壬·子·癸方에 있으면 坎主라고 한다.

巽門과 坎主는 오자등과 시풍수(五子登科 是風水)라, 아들 五人이 登科하는 것은 水生木으로 相生을 이루었기 때문이다.

巽門과 坎主는 生氣宅이다. 門에 主가 生氣 得位에는 五子登科하고, 男女가 준수하며 子孝와 孫賢하고 兒孫이 滿堂하다. 貴는 극품(極品)이고, 부부제미(夫婦齊眉 : 부부는 다 완전하다)하며 科甲이 連綿하니, 世代榮華롭다. 人丁大旺하고 夫婦賢良하며 가무백정(家無白丁 : 집안에 벼슬 못하는 사람이 없다)이니, 第一吉宅之地다.

### 巽門에서 坎主와 八廚와의 관계

巽門　　큰방이 坎方에 있으면 '坎主'라 하고 이는 生氣가 된

제2장 三要 應用 503

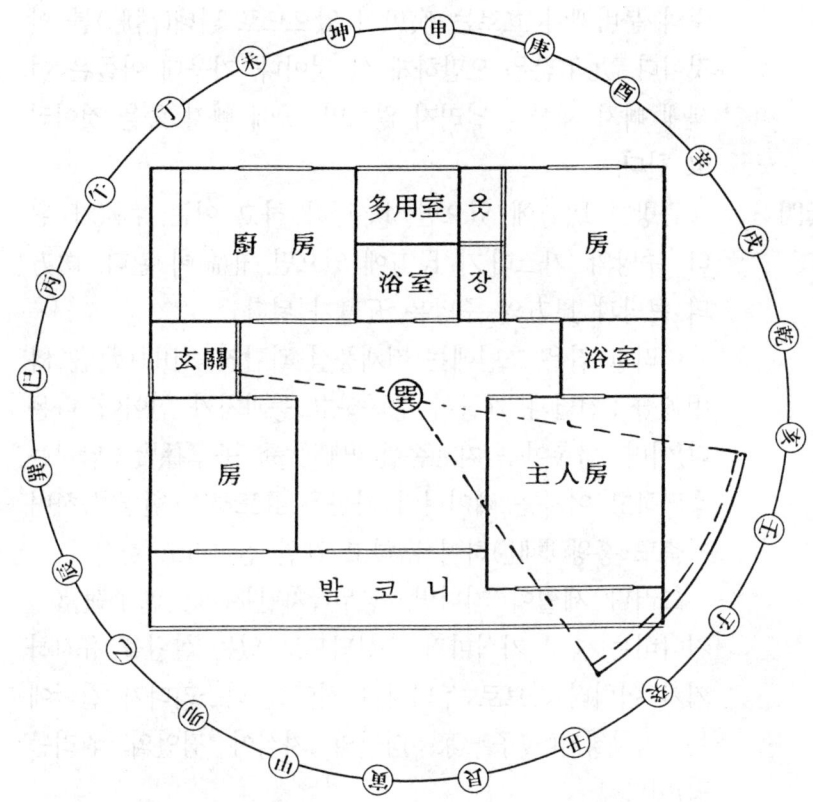

다. 주방의 '가스대'가 坎方에 있으면 이는 生氣가 되고, 坎方의 큰방과 坎方의 주방은 伏位가 된다.

이러한 집은 초년에는 전재풍성 과갑연등(田財豊盛 科甲連登 : 전답과 재물이 풍족하고 등과자가 연달아 나온다)하며 남총여수 자효손현(男聰女秀 子孝孫賢 : 남자는 총명하고 여자는 秀麗하며 자손은 효도하고 현명함)하며 家畜도 흥왕(興旺)하고 인정(人丁 : 남아)이 大旺하다.

그러나 세월이 지나면, 남자의 수가 적어지고, 부녀자에게는 발암(發癌)이거나 붕루(崩漏 : 배 속에 뭉쳤던 피가 쏟아져 멈추지를 않는 증세), 그리고 흰빛이나 붉은 빛의 분비액이 흐르는 疾患이 있으므로 낙태(落胎)를 할 것이다. 九年간은 오만하게 살 것이나, 가운데 아들은 여색에 빠져 재산을 날리지 않으면, 물에 빠져 죽을 것이라고 한다.

異門　　큰방이 坎方에 있으면 '坎主'라 하고 이는 生氣가 된다. 주방의 '가스대'가 艮方에 있으면, 絶命이 된다. 坎方의 큰방과 艮方의 주방은 五鬼가 된다.

　　이러한 집은 초년에는 전재풍성 과갑연등(田財豊盛 科甲連登 : 전답과 재물이 풍족하고 등과자가 연이어 나온다)이며, 남총여수 자효손현(男聰女秀 子孝孫賢 : 남자는 총명하고 여자는 빼어나며 자손은 효도하며 현명함)하며 가축도 흥왕(興旺)하여 富하고 貴한 집이라고 한다.

　　그러나 세월이 지나면, 상부극자난부(傷夫剋子難富 : 지아비는 죽고 자식마저 손상되므로 있는 살림을 유지하기가 어렵다)하므로 부녀자가 집안을 다스리다가 결국에는 의자장가(義子掌家 : 타인의 자식이 집안의 권리를 쥠)이다.

　　어린이 양육이 어렵고 중풍으로 사지가 뒤틀어져서 거동이 불편하며, 부녀자는 몸이 바싹 말라서 오래 살지를 못할 것이니, 이러한 횡액과 재앙은 하늘로부터 내려진 것이라 한다.

異門　　큰방이 坎方에 있으면 '坎主'라 하고 이는 生氣가 된다. 주방의 '가스대'가 震方에 있으면 延年이 되고, 坎方의 큰방과 震方의 주방은 天乙이 된다.

　　이러한 집은 음양에 夫婦正配가 되므로 자귀손현(子貴孫賢)하여 형제자매간에 우애가 지극하고 과갑연면(科甲連綿 : 과거급제를 연달아 한다)하여 부귀를 함께한다. 二

木이 盛林하니 해마다 다달이 나날이 시시로 좋은 일만 있으므로 관봉자조수은(官封紫詔授恩 : 일품 관직에 올라 임금에게 고하고 은혜를 받는다)하여 영예로운 직위에 오르게 될 것이다.

전답과 재산이 풍부하고 남자는 총명하고 여자는 빼어나며 자손들은 효도하고 현명하다.

전답에는 곡식이며 누에도 흥왕하는가 하면, 가축이 번성하여 재산이 날로 쌓이고 人丁이 왕성하는 집이다.

**巽門**  큰방이 坎方에 있으면 '坎主'라 하고 이는 生氣가 된다. 주방의 '가스대'가 巽方에 있으면, 이는 伏位가 된다. 坎方의 큰방과 巽方의 주방은 生氣가 된다.

이러한 집은 전재풍성 과갑연등(田財豊盛 科甲連登 : 전답과 재물이 풍족하고 등과자가 연달아 나온다)하며, 남총여수 자효손현(男聰女秀 子孝孫賢 : 남자는 총명하고 여자는 빼어나고 자손은 효도하고 현명함)하며, 가축의 번성으로 재산이 날로 늘어난다.

그러나 오랜 세월이 지나면, 상부극자난부(傷夫剋子難富 : 지아비는 죽고 자식마저 손상되므로 있는 살림을 유지하기가 어렵다)하므로 부녀자가 살림을 꾸려갈 것이다.

또한 중풍으로 四肢가 뒤틀어져서 거동이 불편한 사람이 있을 것이고, 기옹천수(氣壅喘嗽 : 숨이 차고 기침이 심함)이며, 고과영정이양(孤寡零丁異樣 : 집안에 남자가 없이 홀아비나 홀어미가 쓸쓸히 살아간다)이다.

**巽門**  큰방이 坎方에 있으면 이를 '坎主'라 하고 生氣가 된다. 주방의 '가스대'가 離方에 있으면 이는 天乙이 되고, 坎方의 큰방과 離方의 주방은 延年이 된다.

　　　　　이러한 집은 초년에는 전재풍성 과갑연등(田財豊盛 科甲連登 : 전답과 재물이 풍족하고 등과자가 연달아 나온다)하며 남총여수 자효손현(男聰女秀 子孝孫賢 : 남자는 총명하고 여자는 빼어나며 자손은 효도하고 현명함)하고, 가축의 번성으로 재산이 날로 늘어난다.

　　　　　그러나 오랜 세월이 지나면, 자손에 어려움이 있을 것이다. 그리하여 가다호선 고부질투생(家多好善 姑婦疾妬生 : 가족들이 모두 남에게 좋은 일을 하지만, 시어머니와 며느리는 자식이 없음을 근심한다)이라, 중풍으로 거동이 불편할 것이고, 두통에 눈이 어두워지게 된다. 재물은 있으나 타인의 자식으로 하여금 재산을 이어받게 한다.

**異門**　　큰방이 坎方에 있으면 '坎主'라 하고 이는 生氣가 된다. 주방의 '가스대'가 坤方에 있으면 五鬼가 되고, 坎方의 큰방과 坤方의 주방(가스대)은 絶命이 된다.

　　　　　이러한 집은 초년에는 전재풍성 과갑연등(田財豊盛 科甲連登 : 전답과 재물이 풍족하고 등과자가 연달아 나온다)하며 남총여수 자효손현(男聰女秀 子孝孫賢 : 남자는 총명하고 여자는 빼어나며 자손은 효도하고 현명함)하고, 가축의 번성(繁盛)으로 재산이 날로 늘어난다.

　　　　　그러나 오랜 세월이 지나면, 남자는 단명하게 되므로 후사(後嗣)가 없어진다. 세월이 갈수록 고부불화(姑婦不和)하고, 배가 붓거나 누렇게 뜨는 사람이 있을 것이며, 댁내음란무주(宅內淫亂無主 : 집안에 주장이 없으니, 음란한 일이 있을 것이다)이다. 또한 화재나 도난으로 재산에 손실이 있으며, 人命도 다치거나 橫死한다. 근무지에서 잘못하여 재물에 손실이 없으면, 파직(罷職)될 것이다.

異門  큰방이 坎方에 있으면 이를 '坎主'라 하고 生氣가 된다. 주방의 '가스대'가 兌方에 있으면, 이는 六殺이 된다. 坎方의 큰방과 兌方의 주방은 禍害가 된다.

  이러한 집은 초년에는 전재풍성 과갑연등(田財豊盛 科甲連登 : 전답과 재물이 풍족하고 등과자가 연달아 나온다)하며, 남총여수 자효손현(男聰女秀 子孝孫賢 : 남자는 총명하고 여자는 빼어나며 자손은 효도하고 현명함)하고, 가축의 번성으로 재산이 날로 늘어날 것이다.

  그러나 오랜 세월이 지나면, 가중난과(家中難過 : 집안에 어려움이 닥친다)이다. 해수병이나 심장병이나, 다리가 시리고 아프고, 목매어 죽는 사람이 있을 것이다.

  이러한 일들이 없으면, 巳·酉·丑年에는 화재나 도난으로 재물의 손실이 있으며 人命에는 부상이든지 橫死者가 있을 것이다. 또한 女子의 家出도 있을 것이다.

異門  큰방이 坎方에 있으면 '坎主'라 하고 이는 生氣가 된다. 주방의 '가스대'가 乾方에 있으면 禍害가 되고, 坎方의 큰방과 乾方의 주방은 六殺이 된다.

  이러한 집은 초년에는 전재풍성 과갑연등(田財豊盛 科甲連登 : 전답과 재물이 풍족하고 등과자가 연달아 나온다)하며, 남총여수 자효손현(男聰女秀 子孝孫賢 : 남자는 총명하고 여자는 빼어나며 자손은 효도하고 현명함)하고, 가축의 번성으로 재산이 날로 늘어난다.

  그러나 오랜 세월이 지나면, 부녀자는 아기를 낳다가 죽든지 또는 橫死者가 있을 것이다.

  부녀자가 바람이 나지 않으면, 노옹(老翁)이 젊은 부인과 음란하게 살아가므로 집안의 準則이 무너지고, 투하자액(投河自縊 : 물에 빠져서 죽거나 목매어 죽는다)이고,

양다리가 시리고 아프며 마비되는 증세이고, 中風으로 四肢가 뒤틀어져서 거동이 불편할 것이다. 가축에도 손실이 있을 것이다.

### ⑦ 巽門과 艮主圖

대지나 건물의 중심에서 羅經을 보아 辰·巽·巳方에 출입문이 있으면 巽門이라 하고, 주인방이 丑·艮·寅方에 있으면 艮主라고 한다.

巽門과 艮主가 풍산과모 다핍사(風山寡母 多乏嗣)라는 것은 巽木이 艮土을 剋하므로 과부가 생기는 즉, 乏嗣한다는 뜻이다.

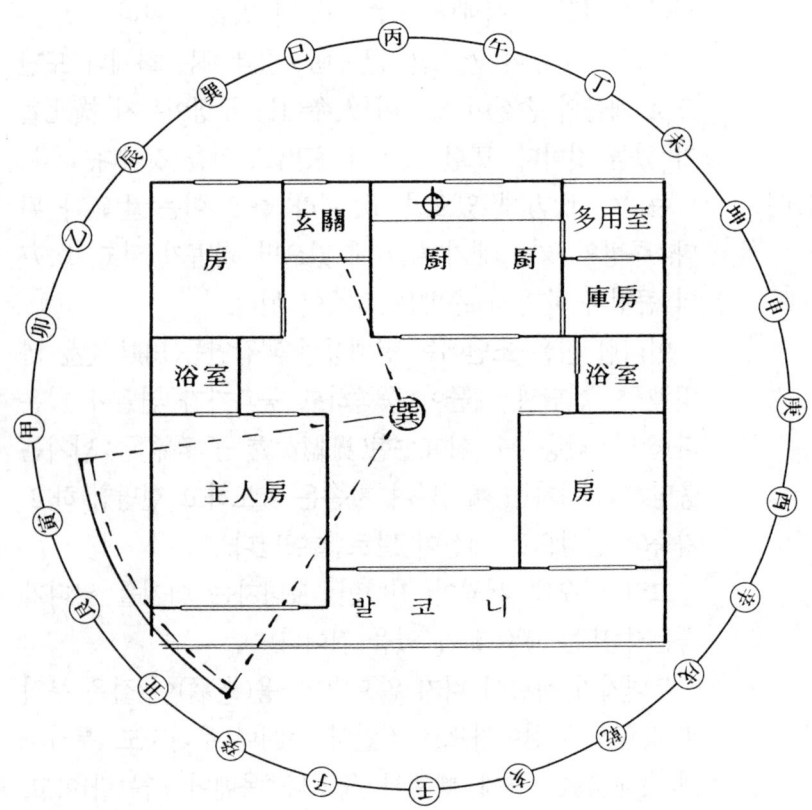

제2장 三要 應用  509

巽門과 艮主는 絶命宅이다. 門에 主가 受剋하므로 出三寡婦에 傷小兒이므로 가계는 義子이다. 관재와 도난에 황달병과 비위 질환 등 재앙이 많다. 이는 巽風이 艮爲其星하며, 其星이 好風 또는 居甲木이 臨官之地(甲의 祿은 寅이다)이니, 走巽門에 義木盛招風姑(巽門에 木盛林은 바람을 일으킨다)이므로 風疾 患者가 나오고, 少男에게 受剋되므로 오래가면은 代가 끊긴다는 것이다.

### 巽門에서 艮主와 八廚와의 관계

巽門      큰방이 艮方에 있으면 '艮主'라 하고, 이는 絶命이 된다. 주방의 '가스대'가 坎方에 있으면 이는 生氣가 되고, 艮方의 큰방과 坎方의 주방은 五鬼가 된다.

     이러한 집은 초년에는 전재풍성 과갑연등(田財豊盛 科甲連登 : 전답과 재물이 풍족하고 등과자가 연달아 나온다)하며 남총여수 자효손현(男聰女秀 子孝孫賢 : 남자는 총명하고 여자는 秀麗하며 자손은 효도하고 현명함)하며 家畜도 흥왕(興旺)하고 인정(人丁 : 남아)이 大旺하다.

     그러나 세월이 지나면, 상부극자난부(傷夫剋子難富 : 지아비는 죽고 자식마저 손상되므로 있는 살림을 유지 하기가 어렵다)하므로 부녀자가 살림을 꾸려가다가 끝내는 남의 자식에게 재산을 맡긴다.

     中風으로 四肢가 뒤틀어져서 거동이 불편할 것이고, 부녀자는 바싹 말라 오래 살지를 못할 것이다.

巽門      큰방이 艮方에 있으면 '艮主'라 하고 이는 絶命이 된다. 주방의 '가스대'가 艮方에 있으면 絶命이 된다. 艮方의 큰방과 艮方의 주방은 伏位가 된다.

     이러한 집은 초년에는 만사가 순조로워 금전과 재물이

있으나, 부녀자가 단명하므로 어린이 養育이 어려울 것이다. 그리고 식질팽민(食疾膨悶 : 음식을 먹은 것같이 속이 더부룩한 증세)이다. 절명택(絕命宅)은 비재종천횡강(飛災從天橫降 : 횡액과 재앙이 하늘로부터 내려옴)이라고 한다.

또 세월이 지나면, 상부극자난부(傷夫剋子難富 : 지아비는 죽고 자식마저 손상되므로 있는 살림을 유지하기가 어렵다)하므로 부녀자가 살림을 꾸려나가다가 결국에는 의자장가(義子掌家 : 타인의 자식에게 재산을 맡긴다)이다.

어린이 양육이 어렵고 중풍으로 사지가 뒤틀어져서 거동이 불편하며, 부녀자는 몸이 바싹 말라 오래 살지를 못할 것이다.

**異門** 큰방이 艮方에 있으면 '艮主'라 하고 이는 絕命이 된다. 주방의 '가스대'가 震方에 있으면 延年이 되고, 艮方의 큰방과 震方의 주방은 六殺이 된다.

이러한 집은 음양에 夫婦正配가 되므로 자귀손현(子貴孫賢)하여 형제자매간에 우애가 지극하고 과갑연면(科甲連綿 : 과거급제를 연달아 한다)하여 부귀를 함께한다. 二木이 盛林하니 해마다 다달이 나날이 시시로 좋은 일만 있으므로 관봉자조수은(官封紫詔授恩 : 일품 관직에 올라 임금에게 고하고 은혜를 받는다)하여 영예로운 직위에 오르게 될 것이다.

그러나 오랜 세월이 지나면 상부극자난부(傷夫剋子難富 : 지아비는 죽고 자식마저 損傷되니 있는 살림을 유지하기가 어렵다)하므로 부녀자가 살림을 맡아 하다가 남의 자식에게 맡긴다. 그리고 中風으로 거동이 불편하든지 몸

제2장 三要 應用 511

이 바싹 마를 것이다.

巽門    큰방이 艮方에 있으면 '艮主'라 하고 이는 絶命이 된다. 주방의 '가스대'가 巽方에 있으면 이는 伏位가 된다. 艮方의 큰방과 巽方의 주방은 五鬼가 된다.

이러한 집은 초년에는 억센 부인이 집안을 일으키기는 하나, 어린이 양육이 불가하며, 부녀자는 몸이 바싹 말라 결국에는 오래 살지를 못할 것이다.

이러한 집을 절사파가 인조앙(絶嗣破家 人遭殃 : 후사가 없고 재산에 손실이 많고 재앙을 만남)이라고 한다.

그리고 오랜 세월이 지나면 상부극자난부(傷夫剋子難富 : 지아비는 죽고 자식마저 손상되므로 있는 살림을 유지하기가 어렵다)하므로 부녀자가 살림을 꾸려나가게 될 것이다.

또한 중풍으로 사지가 뒤틀어져서 거동이 불편한 사람이 있을 것이고, 기옹천수(氣壅喘嗽 : 숨이 막히고 기침이 심함)이며, 고과영정이양(孤寡零丁異樣 : 집안에 남자가 없어 홀아비나 홀어미가 쓸쓸히 살아간다)이다.

巽門    큰방이 艮方에 있으면 이를 '艮主'라 하고 絶命이 된다. 주방의 '가스대'가 離方에 있으면 이는 天乙이 되고, 艮方의 큰방과 離方의 주방은 禍害가 된다.

이러한 집은 초년에는 부녀작가 전산풍후(婦女作家 田産豊厚 : 부녀자가 살림을 맡아 하는데 토지와 재산이 풍족함)이다. 그러나 세월이 지나면, 상부극자난부(傷夫剋子難富 : 지아비는 죽고 자식마저 손상되니, 있는 살림을 유지하기가 어렵다)하므로 부녀자가 살림을 꾸려나갈 것이다.

그러나 오랜 세월이 지나면, 자손에 어려움이 있을 것

이다. 그리하여 가다호선 고부질투생(家多好善 姑婦疾妬生 : 가족들이 모두 남에게 좋은 일을 하지만, 시어머니와 며느리는 자식이 없음을 근심한다)이라. 중풍으로 거동이 불편할 것이고, 두통에 눈이 어두워지게 된다. 재물은 있으나 타인의 자식으로 하여금 재산을 이어받게 한다.

**巽門**  큰방이 艮方에 있으면 '艮主'라 하고 이는 絶命이 된다. 주방의 '가스대'가 坤方에 있으면 五鬼가 되고, 艮方의 큰방과 坤方의 주방(가스대)은 生氣가 된다.

이러한 집은 2~5년 사이에 재산이 일어나며, 사람마다 어질고 착하기는 하나, 집안에 횡액과 재앙이 이른다. 상부극자난부(傷夫剋子難富 : 지아비는 죽고 자식마저 손상되니 있는 살림을 유지하기가 어렵다)하므로 부녀자가 집안을 꾸려나간다.

중풍으로 거동이 불편하든지 몸이 바싹 마르고, 황종(黃腫)이나 腹腸으로, 남자는 단명하게 되므로 후사(後嗣)가 없어진다. 세월이 갈수록 고부불화(姑婦不和)하고, 배가 붓거나 누렇게 뜨는 사람이 있을 것이며, 댁내음란무주(宅內淫亂無主 : 집안에 주장이 없으니, 음란한 일이 있을 것이다)이다. 또한 화재나 도난으로 재산의 손실이 있으며, 人命에도 부상이나 橫死가 있겠는데 그렇지 않으면 근무지의 실수로 인해 재물의 손실이 있거나 파직될 것이다.

**巽門**  큰방이 艮方에 있으면 이를 '艮主'라 하고 絶命이 된다. 주방의 '가스대'가 兌方에 있으면 이는 六殺이 된다. 艮方의 큰방과 兌方의 주방은 延年이 된다.

이러한 집은 夫婦는 어질고 착하나 가중난과(家中難過 : 집안에 어려움이 있다)이다. 가출을 하는 자손이 있을 것이고, 상부극자(傷夫剋子 : 지아비는 죽고 자식마저 손상된다)한다. 중풍으로 사지가 뒤틀어져서 거동이 불편할 것이고, 황종(黃腫)이나 부녀자는 몸이 바싹 말라 오래 살지를 못한다.

그리고 오랜 세월이 지나면, 가중난과(家中難過 : 집안에 어려움이 닥친다)이다. 해수병이나 심장병이나, 다리가 시리고 아프고, 목매어 죽는 사람이 있을 것이다.

이러한 일들이 없으면, 巳·酉·丑年에는 화재나 도난으로 재물의 손실이 있으며 人命에는 부상자, 橫死가 있을 것이다. 또한 자녀의 家出도 있을 것이다.

異門　　큰방이 艮方에 있으면 '艮主'라 하고 이는 絶命이 된다. 주방의 '가스대'가 乾方에 있으면 禍害가 되고, 艮方의 큰방과 乾方의 주방은 天乙이 된다.

이러한 집은 초년에는 전재풍성(田財豊盛 : 전답과 재물이 풍족하다)하나, 상부극자(傷夫剋子 : 지아비는 죽고 자식마저 손상된다)하고, 중풍으로 사지가 뒤틀어져서 거동이 불편하고, 부녀자는 몸이 바싹 말라 오래 살지를 못할 것이며, 재산은 흩어지고, 타인의 자식으로 하여금 代를 잇게 한다.

그리고 오랜 세월이 지나면, 부녀자는 아기를 낳다가 죽든지 또는 橫死者가 있을 것이다.

부녀자가 바람이 나지 않으면, 노옹(老翁)이 젊은 부인과 음란하게 살아가므로 집안의 準則이 무너지고, 투하자액(投下自縊 : 물에 빠져서 죽거나 목매어 죽는다)이고, 양다리가 시리고 아프며 마비되는 증세이고 중풍으로 四肢가 뒤틀어져서 거동이 불편할 것이다. 가축에도 손실이 있을 것이다.

### ⑧ 巽門과 震主圖

대지나 건물의 중심에서 羅經을 보아 辰·巽·巳方에 출입문이 있으면 巽門이라 하고, 주인방이 甲·卯·乙方에 있으면 震主라고 한다.

巽門과 震主가 풍뢰공명 여화최(風雷功名 如火催)라는 것은 巽木과 震主는 配合이 吉格으로 功名을 얻고 發福이 매우 빠르다는 뜻이다.

巽門과 震主는 延年宅이다. 門에 主가 이는 二木이 成林하니 功名 速發하고 不盛逢金에 조동량지기(造棟樑之器 : 나무가 쇠붙

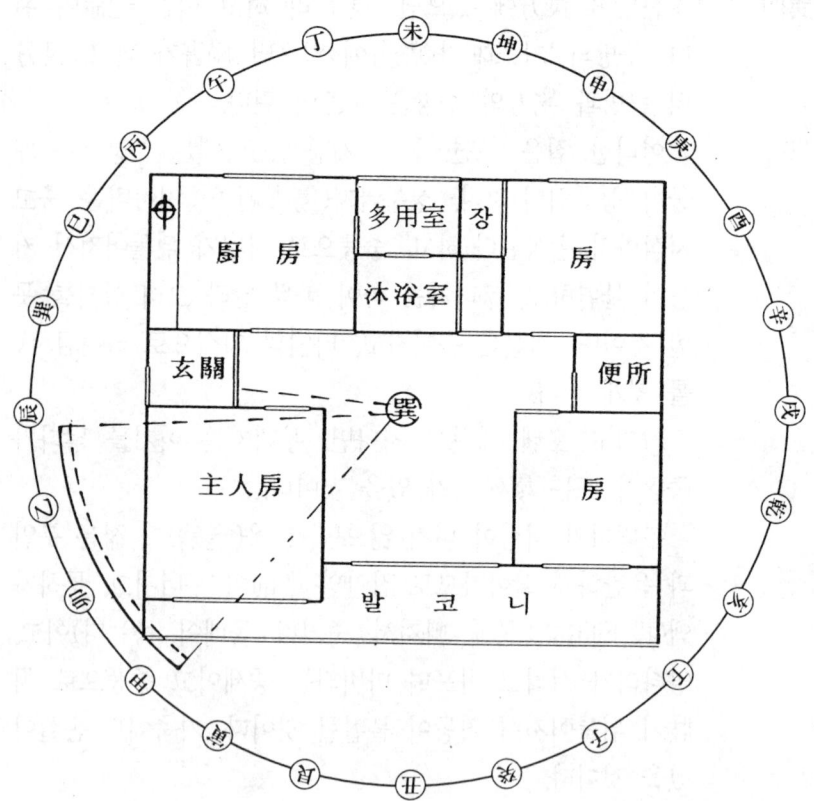

이에 의하여 잘 다듬어져 建物의 기둥과 들보가 되는 이치)니 主는 科甲이라고 한다. 이런 집은 平地에 名聲이 聲雷하므로, 관봉자조수은(官封紫詔授恩 : 관직에 올라 임금의 은혜를 받는다)이므로 功名이 우레 같다.

### 巽門에서 震主와 八廚와의 관계

巽門　　큰방이 震方에 있으면 '震主'라 하고 이는 延年이 된다. 주방의 '가스대'가 坎方에 있으면 이는 生氣가 되고, 震方의 큰방과 坎方의 주방은 天乙이 된다.

이러한 집은 초년에는 전재풍성 과갑연등(田財豊盛 科甲連登 : 전답과 재물이 풍족하고 등과자가 연달아 나온다)하며 남총여수 자효손현(男聰女秀 子孝孫賢 : 남자는 총명하고 여자는 秀麗하며 자손은 효도하고 현명함)하며 家畜도 흥왕(興旺)하고 인정(人丁 : 남자)이 大旺한다.

그리고 자귀손현 형우제공 부귀쌍전(子貴孫賢 兄友弟恭 富貴雙全 : 자식은 귀히 되고 손자는 현명하고 형제간에는 우애가 지극하여 富와 貴를 함께한다)이다.

二木이 成立하니 年月日時俱新(二木이 숲을 이루니 해마다 다달이 나날이 시시로 새로운 일이 일어난다)이니, 일품 관직에 올라 임금의 신임을 받는다.

巽門　　큰방이 震方에 있으면 '震主'라 하고 이는 延年이 된다. 주방의 '가스대'가 艮方에 있으면 絶命이 된다. 震方의 큰방과 艮方의 주방은 六殺이 된다.

이러한 집은 초년에는 전답과 재산이 풍부하며, 자식은 벼슬을 하고 손자는 현명하며 형제간에는 우애가 지극하다. 그리고 해마다 다달이 나날이 시시로 새로운 일만 있으니, 일품 관직에 올라 임금의 신임을 받아 영예로운 직위에 오르나, 세월이 지나면, 상부극자난부(傷夫剋子難富 : 지아비는 죽고 자식마저 손상되므로 있는 살림을 유지하기가 어렵다)하므로 부녀자가 살림을 주관하다가 결국에는 의자장가(義子掌家 : 타인의 자식에게 재산을 맡긴다)이다.

　어린이 양육이 어렵고 중풍으로 사지가 뒤틀어져서 거동이 불편하며, 부녀자는 몸이 바싹 말라서 오래 살지를 못할 것이라고 한다.

**巽門**　큰방이 震方에 있으면 '震主'라 하고 이는 延年이 된다. 주방의 '가스대'가 震方에 있으며 延年이 되고, 震方의 큰방과 震方의 주방은 伏位가 된다.

　이러한 집은 음양에 夫婦正配가 되므로 자귀손현(子貴孫賢)하여 형제자매(兄弟姉妹)간에 우애가 지극하고 과갑연면(科甲連綿 : 과거급제를 연달아 한다)하여 부귀를 함께한다. 二木이 盛林하니 해마다 다달이 나날이 시시로 좋은 일만 있으므로 관봉자조수은(官封紫詔授恩 : 일품 관직에 올라 임금에게 고하고 은혜를 받는다)하여 영예로운 직위에 오르게 될 것이다.

　그러나 오랜 세월이 지나든지 거주자의 명이 不合이면 次子나 부녀자가 短命하므로 어린이 양육이 불가하다.

　또한 치(痴 : 어리석고), 농(聾 : 귀 먹고), 우(愚 : 미련하고), 완(頑 : 고집이 센 사람)한 사람 등이 있을 것이다.

**巽門**　큰방이 震方에 있으면 '震主'라 하고 이는 延年이 된다. 주방의 '가스대'가 巽方에 있으면, 이는 伏位가 된다. 震方의 큰방과 巽方의 주방은 延年이 된다.

　이러한 집은 초년에는 전산흥륭(田産興隆 : 전답과 재산이 매우 넉넉하다)하고 자귀손현 형우제공 부귀쌍전 과갑연면(子貴孫賢 兄友弟恭 富貴雙全 科甲連綿 : 자식은 벼슬을 하고 손자는 현명하며 형제간에는 우애가 지극하고 富와 貴를 함께 얻어 과거에 급제하는 인물이 줄줄이 생긴다)하므로 해마다 다달이 나날이 時時로 좋은 일만 있고 일품 관직에 올라 임금의 신망을 받아 영예로운 직위에 오른다.

그러나 오랜 세월이 가든지 거주자의 命이 不合되면 상부극자난부(傷夫尅子難富 : 지아비는 죽고 자식마저 손상되니 있는 살림을 유지하기가 어렵다)일 것이고, 중풍으로 사지가 뒤틀어져서 거동이 불편할 것이며, 숨이 막히도록 기침을 할 것이다. 그리고 자식이 없이 홀아비나 홀어미가 외롭게 살아갈 것이다.

巽門　　큰방이 震方에 있으면 이를 '震主'라 하고 延年이 된다. 주방의 '가스대'가 離方에 있으면 이는 天乙이 되고, 震方의 큰방과 離方의 주방은 生氣가 된다.

이러한 집은 전답과 재산이 매우 넉넉하고 자식은 관직에 나가며 손자는 똑똑하고 兄弟간에는 友誼가 지극하며 及第하는 인물이 줄줄이 나와 年年이 다달이 나날이 시시로 좋은 일만 있으며, 임금의 신망을 받아 영예로운 직위에 올라 富와 貴를 함께 누린다.

그러나 오랜 세월이 지나면, 자손에 어려움이 있을 것이다. 그리하여 가다호선 고부질투생(家多好善 姑婦疾妬生 : 가족들이 모두 남에게 좋은 일만 하지만, 시어머니와 며느리는 자식이 없음을 근심한다)이라. 중풍으로 거동이 불편할 것이고, 두통에 눈이 어두워지게 된다. 재물은 있으나 남의 자식으로 하여금 재산을 이어받게 한다.

巽門　　큰방이 震方에 있으면 '震主'라 하고 이는 延年이 된

다. 주방의 '가스대'가 坤方에 있으면 五鬼가 되고, 震方의 큰방과 坤方의 주방(가스대)은 禍害가 된다.

이러한 집은 전답과 재산이 매우 넉넉하고 자식은 관직에 나가며 자손은 똑똑하고 형제간에는 우의가 지극하며 과거급제를 하는 인물이 줄줄이 나와 해마다 다달이 나날이 시시로 좋은 일만 있으며, 임금의 신망을 받아 영예로운 직위에 올라 富와 貴를 함께 누린다.

그러나 오랜 세월이 지나면, 자손에 어려움이 있을 것이다. 그리하여 가다호선 고부질투생(家多好善 姑婦疾妬生: 가족들이 모두 남에게 좋은 일을 하지만, 시어머니와 며느리는 자식이 없음을 근심한다)이라. 중풍으로 거동이 불편할 것이고, 두통에 눈이 어두워지게 된다. 재물은 있으나 남의 자식으로 하여금 재산을 이어받게 한다.

**巽門**  큰방이 震方에 있으면 이를 '震主'라 하고, 이는 延年이 된다. 주방의 '가스대'가 坤方에 있으면 五鬼가 되고, 震方의 큰방과 坤方의 주방(가스대)은 禍害가 된다.

이러한 집은 전답과 재산이 매우 넉넉하고 자식은 관직에 나가며 자손은 똑똑하고 형제간에는 우애가 지극하며 과거급제를 하는 인물이 줄줄이 나와 해마다 다달이 나날이 시시로 좋은 일만 있으며, 임금의 신망을 받아 영예로운 직위에 올라 富와 貴를 함께 누린다.

그러나 오랜 세월이 지나면, 남자가 단명하게 되므로 후사(後嗣)가 없어진다. 세월이 갈수록 고부불화(姑婦不和)하고, 배가 붓거나 누렇게 뜨는 사람이 있을 것이며, 댁내음란무주(宅內淫亂無主: 집안에 주장이 없으니, 음란한 일이 있을 것이다)이다. 또한 화재나 도난으로 재산에 손실이 있으며, 인명에도 크게 다치거나 橫死하는 자가 있거나 도난으로 재산에 손실이 있으며, 그런 일이 없으면, 근무하다 잘못하여 재물에 손실이 있거나, 파직될 것이다.

**異門** 큰방이 震方에 있으면 이를 '震主'라 하고, 延年이 된다. 주방의 '가스대'가 兌方에 있으면 이는 六殺이 된다. 震方의 큰방과 兌方의 주방은 絶命이 된다.

이러한 집은 초년에는 전답과 재물이 매우 넉넉하고, 자식은 관직에 나가며 손자는 현명하고 형제간에는 우애가 지극하며 과거급제를 하는 인물이 줄줄이 나와 해마다 다달이 나날이 시시로 좋은 일만 있으며, 임금의 신망을 받고 영예로운 직위에 올라 富와 貴를 함께 누린다.

그러나 오랜 세월이 지나면, 가중난과(家中難過 : 집안에 어려움이 닥친다)이다. 해수병이나 심장병, 다리가 시리고 아프고, 목매어 죽는 사람이 있을 것이다. 이러한 일들이 없으면, 巳·酉·丑年에는 화재나 도난으로 재물에 손실이 있으며 인명에는 부상하는 일이 있거나 橫死가 있을 것이다. 또한 자녀의 家出도 있을 것이다.

**異門** 큰방이 震方에 있으면 '震主'라 하고, 이는 延年이 된다. 주방의 '가스대'가 乾方에 있으면 禍害가 되고, 震方의 큰방과 乾方의 주방은 五鬼가 된다.

이러한 집은 초년에는 전답과 재산이 넉넉하고, 자식은 관직에 나아가며 자손은 똑똑하고 형제간에는 우애가 지극하며 과거에 급제하는 인물이 줄줄이 나와 해마다 다달이 나날이 시시로 좋은 일만 있으며, 임금의 신망을 받아 영예로운 직위에 올라 富와 貴를 함께 누린다.

그리고 오랜 세월이 지나면, 부녀자는 아기를 낳다가 죽든지 또는 橫死하는 자가 있을 것이다.

부녀자가 바람이 나지 않으면, 노옹(老翁)이 젊은 부인과 음란하게 살아가므로 집안의 準則이 무너지고, 투하자액(投河自縊 : 물에 빠져서 죽거나 목매어 죽는다)이고, 양다리가 시리고 아프며 마비되는 증세가 있으며, 중풍으로 사지가 뒤틀어져서 거동이 불편할 것이다. 가축에도 손실이 있을 것이다.

### (8) 巽命이 八卦方으로 출입문과 주방 또는 房일 때 子女數

| 星 | 震命에 출입문. 주방 | 吉凶 解說 |
|---|---|---|
| 生氣 | 坎方=출입문. 주방 | 五子를 得하고 |
| 延年 | 震方=출입문. 주방 | 四子를 得하고 |
| 天乙 | 離方=출입문. 주방 | 三子를 得하고 |
| 五鬼 | 坤方=출입문. 주방 | 二子를 둔다. |
| 伏位 | 巽方=출입문. 주방 | 오직 딸만 두게 된다. |
| 絶命 | 艮方=출입문. 주방 | 傷子女 痲痘 驚風 呼吸疾患 |
| 禍害 | 乾方=출입문. 주방 | 傷子女 而終 無子 |
| 六殺 | 兌方=출입문. 주방 | 傷季子後 一子得 |

① 혼인(婚姻)

巽命人은 生氣(坎命)인 남녀가 결혼하는 게 가장 좋고, 延年(震命)과 天乙(離命)이 그 다음으로 좋다.

혼인이 빨리 되기를 원하면 震方에 침실을 정하는 게 효과적이다. 만약 巽命人 男子가 禍害(乾命人) 여자를 만나면 그 妻는 자액(自縊 : 목매어 자결한다)할 것이다.

② 질병(疾病)

巽命人이 廚座를 艮方(絶命)으로 내면 양매루독(楊梅漏毒 : 매독), 비설(脾泄 : 설사), 학리(虐痢 : 이질), 대구(帶口 : 대하증), 악저(惡疽 : 등창)이며, 巽命人의 廚座가 乾方(禍害)이며, 폐·토혈·해수·천식 질환이다. 巽命人의 廚座가 坤方(五鬼)이면, 학리(虐痢), 사혈(瀉血), 누병(漏病)이다.

③ 재화(災禍)

巽命人이 艮方(絶命)에 門이나 잠자는 방이나 주방의 가스대가 있으면, 끝 자식에게 손상(損傷)이 있고, 다음은 自身이 疾病死한다.

兌方(六殺)에 門이나, 잠자는 방이나, 주방의 가스대가 있으면 사람에게 관재시비가 있고, 末女에게 손상이 있다.

乾方(禍害)에 門이나, 잠자는 방이나, 주방의 가스대가 있으면, 먼저 노부가 손상되고, 다음은 長子나 큰 하인이라고 한다. 그리고 자식이 불효하고 부녀자가 시부모로부터 구박을 받게 되며, 乾方으로부터 머리가 크고 목소리가 카랑카랑한 사람이 官災 시비를 걸어와 이기더라도 재물이 나간다.

坤方(五鬼)에 門이나, 잠자는 방이라든가, 주방의 가스대가 있으면, 어머니나 婦人이 財物을 훔치거나, 母子不和하거나 夫婦不和하는데 이런 일이 없으면 종업원이 재산을 훔쳐 도망갈 것이고, 老母나 婦人 또는 長子·여식에서 손상(損傷)이 있거나 화재가 있을 것이라 한다.

이상의 東四宅 32門을 괘(卦)로 九星을 붙여 주인방과 주방, 門의 吉凶이 相生되고 配合되면 吉하고, 相剋에 不配가 되면 나쁘다고 한다.

坎·離·震·巽이 東四宅인데 門이나 주인방이나 주방이 東方

에 있으면 三吉宅인지라 발복이 오래 간다고 한다. 東四宅에는 生氣가 최상이고 다음은 天乙·延年이 吉하다.

　＊ 東四宅(生氣) 得位

　東四宅에서 生氣를 得하면, 청룡입택(靑龍入宅) 또는 복신(福神)이라고 하는데, 이는 田畓과 財物이 흥하고 人口가 왕하며 집안이 富하고 벼슬을 하며 子孫保存에 健康 長壽하게 된다.

　生氣는 청고부귀(淸高富貴 : 맑고 고상한 인품을 타고나 부귀를 누린다)이고　신영광치전답(身榮廣置田畓 : 몸은 영귀하고 전답을 널리 장만한다)이고 처현자효 유여량(妻賢子孝 有餘糧 : 처는 어질고 자식은 효도하고 재산은 여유가 있다)이고, 자손총명준상(子孫聰明俊爽 : 자손은 총명하고 밝다)이고, 아손장원급제(兒孫壯元及第 : 손자들은 장원급제를 한다)하여 배배위관배상(襲襲爲官襲相 : 마침내 정승의 지위에 오른다)이다.

○ 東四宅 吉凶 配置圖

| 巽<br>(生氣) | 離<br>(延年) | 坤<br>(絶命) |
|---|---|---|
| 震<br>(天乙) | 坎<br>門 命 | 兌<br>(禍害) |
| 艮<br>(五鬼) | 坎<br>(伏位) | 乾<br>(六殺) |

| 巽<br>(天乙) | 離<br>(伏位) | 坤<br>(六殺) |
|---|---|---|
| 震<br>(生氣) | 離<br>門 命 | 兌<br>(五鬼) |
| 艮<br>(禍害) | 坎<br>(延年) | 乾<br>(絶命) |

| 巽<br>(延年) | 離<br>(生氣) | 坤<br>(禍害) |
|---|---|---|
| 震<br>(伏位) | 震<br>門 命 | 兌<br>(絶命) |
| 艮<br>(六殺) | 坎<br>(六殺) | 乾<br>(五鬼) |

| 巽<br>(伏位) | 離<br>(天乙) | 坤<br>(五鬼) |
|---|---|---|
| 震<br>(延年) | 巽<br>門 命 | 兌<br>(六殺) |
| 艮<br>(絶命) | 坎<br>(生氣) | 乾<br>(禍害) |

## ○西四宅 吉凶 配置圖

| 巽<br>(禍害) | 離<br>(絶命) | 坤<br>(延年) |
|---|---|---|
| 震<br>(五鬼) | 乾<br>門 命 | 兌<br>(生氣) |
| 艮<br>(天乙) | 坎<br>(六殺) | 乾<br>(伏位) |

| 巽<br>(五鬼) | 離<br>(六殺) | 坤<br>(伏位) |
|---|---|---|
| 震<br>(禍害) | 坤<br>門 命 | 兌<br>(天乙) |
| 艮<br>(生氣) | 坎<br>(絶命) | 乾<br>(延年) |

| 巽<br>(絶命) | 離<br>(禍害) | 坤<br>(生氣) |
|---|---|---|
| 震<br>(六殺) | 艮<br>門 命 | 兌<br>(延年) |
| 艮<br>(伏位) | 坎<br>(五鬼) | 乾<br>(天乙) |

| 巽<br>(六殺) | 離<br>(五鬼) | 坤<br>(天乙) |
|---|---|---|
| 震<br>(絶命) | 兌<br>門 命 | 兌<br>(伏位) |
| 艮<br>(延年) | 坎<br>(禍害) | 乾<br>(生氣) |

以上의 東西 四宅은 門에서 잠자는 큰방과 주방에서 '가스대'의 위치를 정확하게 看法하여 九星에 五行을 붙여 배속한다. 다음은 命에서 看法하여 九星이 到來하는 곳에 命의 五行을 배속해서 吉凶을 論하는 데 소홀함이 없어야 할 것이다.

다시 말해서 東四宅에 길한 配置에 잠자는 곳과 주방의 廚座가 있다고 하더라도 命의 五行이 剋을 받으면 居住者가 온전치 못할 것임을 분명히 알아야 할 것이다.

또한 震門에서 坤方의 큰방은 禍害(土)이고 乾方의 침실은 五鬼(火)이다. 또한 坎方의 주방에 '가스대'가 乾方에 있으므로 이 또한 五鬼(火)이다. 이러한 집에서 乾命인 婦人이 5년 만에 損傷되었다. 어느날 아침 갑자기 血壓으로 아주 먼길을 떠난 것이다. 살펴보건 대 乾命인 金이 火에서 잠자고 먹고 하였으니, 어떤 장사라도 이겨 낼 수가 없었을 것이다. 어디 이뿐이겠는가? 그러니 이 學問에 대해서 쉽게 適當히 생각해서는 안된다.
  聖賢께서는 만약에 하나라도 어긋나면 앞에서 論한 것을 누릴 수 없다고 하였다.

# 제3장 其他

## 1) 만수진종천상거(萬水盡從天上去)

| | |
|---|---|
| 壬山 丙向－丁　方 | 丙山 壬向－癸乾　方 |
| 子山 午向－丁　方 | 午山 子向－癸甲　方 |
| 癸山 丁向－坤　方 | 丁山 癸向－艮　方 |
| 丑山 未向－庚丙壬方 | 未山 丑向－艮壬　方 |
| 艮山 坤向－丙丁　方 | 坤山 艮向－壬　方 |
| 寅山 申向－乙巽　方 | 申山 寅向－壬癸　方 |
| 甲山 庚向－辛　方 | 庚山 甲向－乙巽　方 |
| 卯山 酉向－辛　方 | 酉山 卯向－乙巽　方 |
| 乙山 辛向－壬　方 | 辛山 乙向－甲巽　方 |
| 辰山 戌向－乾　方 | 戌山 辰向－甲乙　方 |
| 巽山 乾向－辛　方 | 乾山 巽向－甲乙　方 |
| 巳山 亥向－辛庚　方 | 亥山 巳向－甲乙　方 |

　　상기의 만수진종천상거는 二十四座 放水(물을 흘려보냄)法이다. 정택즉원 중하라반정위(靜宅則院 中下羅盤定位 : 단층집에는 집의 둘레를 기준하여 羅經을 놓고)하니, 동택즉외원 중하라반정위(動宅則外院 中下羅盤定位 : 이층 이상의 건물에는 마당까지를 둘레로 기준하여 羅經을 놓고 看法하여 放水함)한다. 즉 六合方의 生水 放出法과 같다.

## 2) 개문단결(開門斷訣)

　乾과 坎은 상호불의개문(相互不宜開門)이니 坎에 乾은 不殺이다. 남녀가 음란하고 부끄러움을 모르므로 家聲이 불결하다. 乾(金)과 坎(水)는 雖言相生이나, 有人·盜賊·落胎·退産·疾患이다.

　乾과 震은 相互不宜 開門이다. 震에 乾은 五鬼이며, 火年(丙·午·丁年)에는 傷老翁이고, 火災나 盜賊 官災로 監獄 또는 疾患에 父子不和하다.

　乾과 巽은 相互不宜 開門이다 巽에 乾은 禍害이며, 乾(陽金)이 剋巽(陰木)이므로 長婦가 落胎나 産亡한다. 男子는 風疾患으로 고생하면서 위험한 출입을 하고, 婦人이 自縊함이 있는데, 禍害(土)가 生金을 하니, 雖有財나 不免諸病이다.

　乾과 離는 相互不宜 開門이니 離에 乾은 絶命이며, 乾(金)이 受剋離(火)이므로 老翁이 咳嗽病으로 고생하고 부녀자가 火傷한다. 사마전해(邪魔纏害 : 집안에 들끓는 鬼病)으로 火災나 盜賊이 相侵하므로 歲久則 破家財敗에 乏嗣한다.

　坎과 艮은 相互不宜 개문이니 艮에 坎은 五鬼이며, 艮(土)이 剋坎(水)이므로 사마전해(邪魔纏害)하여 投河自縊이 있지 않으면 官災나 盜賊이며 가운데 아들이 夭死한다. 과부오전지환(寡婦鷔煎之患 : 과부가 아파서 걱정하며 속을 태운다)이다.

　坎과 坤은 相互不宜 開門이니 坤에 坎은 絶命이며, 坤(老母)이 剋坎(가운데 아들)이므로 母子間에 不和한다. 婦女 落胎이며 敗財이다. 인생고병 비위지재(人生蠱病脾 胃之災 : 배 속에 벌레가 들고 위장병으로 고생한다)며, 陰旺陽衰하므로 婦女持家이니, 비록 有財나 災禍를 적불면(赤不免 : 면할 길이 없다)이다.

　坎과 兌는 相互不宜 開門이니 兌에 坎은 禍害이다. 末女에게 不利하고, 火災·盜賊·官災가 發生한다. 남자는 官災是非이고,

여자는 遭産難한다. 金生水되어 비록 有子孫이 富盛하나 殘病을 막지 못한다.

艮과 震은 相互不宜 開門이니 震에 艮은 六殺이다. 不思飮食에 盜難·官災이며, 男子는 訟事이고 여자는 産厄이며 少女와 少男이 亡하고, 온역불면(瘟疫不免)이다.

艮과 離는 相互不宜 開門이니 離에 艮은 禍害이다. 少男에게 질병전신(疾病纏身：온몸에 질병이다)이고, 풍성원란(風聲媛亂：나쁜 소문)이 있다. 단 유황사출견자 소자여중수간통(有黃蛇出見者 小子與中嫂姦通)이 있을 것이다.

震과 坤은 相互不宜 開門이니 坤에 震은 禍害이다. 老母가 先亡하고, 落胎 및 疾患이고, 淫亂하여 선손재백 후인정(先損財帛 後人丁：먼저 재물이 나가고 후에 남자가 傷한다)이다.

震과 兌는 相互不宜 開門이니 兌에 震은 絶命이다. 傷長男 長女이고 官災·盜賊과 相蠱(배 속에 벌레), 疾目(눈병) 속에 더부룩한 疾患이다.

損과 坤은 相互不宜 開門이니 坤에 損은 五鬼이다. 老母에게 多災하고 難産·火災·盜賊으로 傷長男이고, 疾病에 壽命이 짧은데 이는 陰勝 陽衰함이니 婦女子 掌家한다.

損과 兌는 相互不宜 開門하니 兌에 巽은 六殺이다. 長男이 亡한다. 子孫이 전간(癲癇：간질병 환자)이며 火災·盜難에 淫亂風聲이다.

離와 坤은 相互不宜 開門이니 坤에 離는 六殺이다. 陰人이 損傷되고 退財損畜이다. 落胎와 家庭不和가 있다.

離와 兌는 相互不宜 開門이니 兌에 離는 五鬼이다. 末女가 受剋하고 火災와 盜難이 相侵하며, 邪魔가 侵入하여 血光産難이다. 老母가 生離別하고 財散敗絶이다.

### 3) 압살법(壓殺法)

壓殺이란 五鬼・六殺・禍害・絶命의 凶殺을 눌러서 凶變爲吉토록 하는 것인데, 요령은 가옥의 배치에서 냄새나는 변소를 凶殺方으로 하면 殺이 제거되거니와, 緊要한 것은 현대식 건물의 욕실에 변기의 坐向이 중요하다는 것을 銘心해야 한다. 만약 便所의 위치 선정이 生氣方에 있으면 그 집의 家主가 온전치 못할 것이다.

그러므로 生氣・延年・天乙方에다 浴室인 변기를 선정하는 것은 그 집의 災殃을 自招하는 것이니 주의한다면 災殃은 막을 수 있을 것이다.

**天干 十字圖**

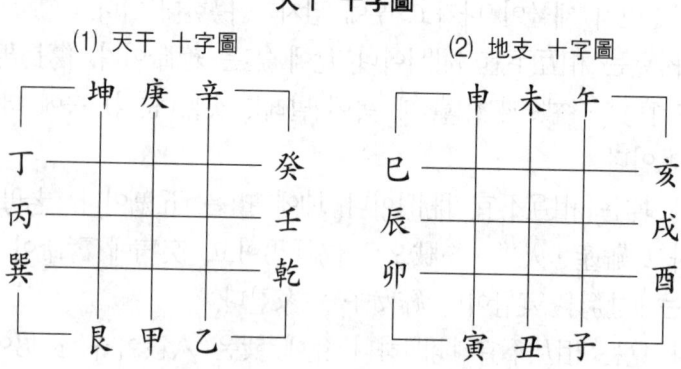

(1) 天干 十字圖    (2) 地支 十字圖

### 4) 門에서 化粧室 位置와 吉凶論

門에서 : 伏位方에 有則 努力해도 貧困 難免 諸事가 不利하다.
　　　　禍害方에 有則 財産增加하고 無病에 諸事가 順調롭다.
　　　　天乙方에 有則 服藥無效, 병床에서 일어나지를 못한다.
　　　　延年方에 有則 婚姻 難成에 無財하고 短命할 것이다.
　　　　六殺方에 有則 子孫과 財産이 늘어나고 無病長壽한다.

絶命方에 有則 多子孫이 財物增加되고 無病長壽한다.
五鬼方에 有則 田畓增加 奴婢忠誠하고 無病長壽한다.
生氣方에 有則 早死에 財産不盛하고 有子而 痴聲愚頑之人出한다.

 陽宅의 吉凶論의 경우 三要인 門에서 主人이 잠자는 방과 주방에서는 음식을 만드는 '가스대'의 위치를 吉方으로 하는 게 당연한 이치라 하겠다. 그러나 宅內에서 吉方이 있으면 흉방이 있는 게 당연하다.
 이 흉방에 냄새가 나는 변소를 배치하여 흉살을 제압하면 도리어 吉한 작용을 한다는 이론이다.
 古宅인 韓屋에서는 이러한 理論을 應用하여 六殺・禍害・五鬼方에 뒷간이나 마구간이나 심지어는 연기가 나는 굴뚝까지를 배치해서 吉凶을 논하는 데 소홀함이 없었음을 입증할 수가 있었다.
 그런데 古宅에서 발견한 것은 현재 文化財로 管理하는 집들은 한결같이 內棟의 坤門을 離門으로 改修하고 화장실은 辛方이나 戌方에 설치한 것을 곳곳에서 볼 수가 있었다. 참으로 안타까운 일이다. 그 어찌 建築할 당시의 뜻을 저버리고 임의로 大門을 개수하고 편리하다고 변소를 마음대로 설치했더란 말인가? 그후로는 환란이 거듭되었는데도 그 뜻을 몰랐다는 후손들의 말이었다.
 諸家들은 이제 이러한 연유를 살펴서 단독주택을 건축할 때 이 법을 활용할 것이며, 또한 고향의 집에서 출입문을 개수한다든지 가축 우리를 지을 때도 소홀함이 없으면 까닭없이 죽는 가축의 손실을 막을 수 있을 것이다.

## 陽 宅 秘 訣

| | | | |
|---|---|---|---|
| 初版 印刷●2002年 | 1月 | 15日 | |
| 初版 發行●2002年 | 1月 | 20日 | |

原著者●孫 瑜 憲
編著者●金 甲 千
發行者●金 東 求
發行處●明 文 堂

서울특별시 종로구 안국동 17~8
대체　010041-31-001194
전화　（영）733-3039, 734-4798
　　　（편）733-4748
FAX 734-9209
Homepage　www.myungmundang.net
E-mail　　om@myungmundang.net
등록　1977. 11. 19. 제1~148호

●낙장 및 파본은 교환해 드립니다.
●불허복제・판권 본사 소유.

값 25,000원
ISBN 89-7270-667-1　13140